DAS KIRCHENRECHT

DER

KATHOLIKEN UND PROTESTANTEN

IN

DEUTSCHLAND.

VON

DR. PAUL HINSCHIUS,

ORDENTLICHEM PROFESSOR DER RECHTE AN DER UNIVERSITÄT BERLIN.

DRITTER BAND.

I. HÄLFTE.

BERLIN,
VERLAG VON I. GUTTENTAG.
(D. COLLIN.)
1880.

DAS KIRCHENRECHT

DER

KATHOLIKEN UND PROTESTANTEN

IN

DEUTSCHLAND.

VON

DR. PAUL HINSCHIUS,

ORDENTLICHEM PROFESSOR DER RECHTE AN DER UNIVERSITÄT BERLIN.

DRITTER BAND.

I. HÄLFTE.

SYSTEM DES KATHOLISCHEN KIRCHENRECHTS MIT BESONDERER RÜCKSICHT AUF DEUTSCHLAND (FORTSETZUNG).

BERLIN,

VERLAG VON I. GUTTENTAG.

(D. COLLIN.)

1879.

SYSTEM

DES

KATHOLISCHEN KIRCHENRECHTS

MIT BESONDERER RÜCKSICHT

AUF

DEUTSCHLAND.

VON

DR. PAUL HINSCHIUS,

ORDENTLICHEM PROFESSOR DER RECHTE AN DER UNIVERSITÄT BERLIN.

DRITTER BAND.

I. HÄLFTE.

BERLIN,

VERLAG VON I. GUTTENTAG.

(D. COLLIN.)

1879.

SR. EXCELLENZ

DEM KÖN. PREUSSISCHEN STAATSMINISTER

HERRN DR. FALK

IN DANKBARER ERINNERUNG

AN DIE JAHRE 1872 BIS 1876

EHRERBIETIGST GEWIDMET.

INHALTSVERZEICHNISS.

System des katholischen Kirchenrechts.

Erstes Buch:

Die Hierarchie und die Leitung der Kirche durch dieselbe.

Zweiter Abschnitt.

Der zur Leitung der Kirche bestimmte Organismus.

Zweite Abtheilung.

Die allgemeinen, die kirchlichen Leitungsorgane betreffenden Rechtssätze, insbesondere die Lehre von den Kirchenämtern.

Dritttes Kapitel.

Von der Besetzung der Kirchenämter.

Viertes Kapitel.

Von den Rechten und Pflichten der kirchlichen Amtsträger.

Fünftes Kapitel.

Von der Erledigung der Kirchenämter.

Berichtigung.

S. 186. n. 7 Zeile 9 v. o. ist hinter „kann" einzufügen: s. auch hess. Ges. Art. 7; und Zeile 10 v. o. zu streichen: „und hess."

Erstes Buch:
Die Hierarchie und die Leitung der Kirche durch dieselbe.

Zweiter Abschnitt.
Der zur Leitung der Kirche bestimmte Organismus.

Zweite Abtheilung:
Die allgemeinen, die kirchlichen Leitungsorgane betreffenden Rechtssätze, insbesondere die Lehre von den Kirchenämtern.

Drittes Kapitel.
Von der Besetzung der Kirchenämter.

III. Die Befugniss zur Besetzung der Kirchenämter, sowie die Arten und Formen derselben.

B. Das geltende Recht.

2. Die Besetzung durch ordentliche Verleihung.

b. Die Besetzung der nicht zu den höheren gehörigen Kirchenämter.

§. 135. *bb. Die Besetzung der sonstigen Aemter, insbesondere der niedern Benefizien.*

Ausser den Kanonikaten und Stiftsstellen (s. Th. II. S. 694), sowie ausser denjenigen Aemtern, welche zur Aushülfe bei der bischöflichen Verwaltung bestimmt sind und deren Befugnisse in Stellvertretung des Bischofs geübt werden [1], kommen nur noch die zur Verwaltung des Gottesdienstes und der heiligen Handlungen, insbesondere der Seelsorge bestimmten Aemter in den einzelnen Diöcesen, welche zum grossen Theil Benefizien im eigentlichen Sinne (s. Th. II. S. 367. 368), wie Pfarreien, Kaplaneien, Mess-Benefizien (z. B. Primissarien) sind, in Betracht.

Diese werden nach heutigem gemeinen Recht vom Bischof oder dem ihm gleich stehenden Ordinarius des betreffenden Sprengels [2] als s. g. *ordinarius collator* kraft der

[1] Es gehören hierher die Aemter der General-vikare, der Offiziale, der Mitglieder der bischöflichen Kurial-Behörden (Ordinariate, General-Vikariate) und der Erzpriester. Vgl. darüber Th. II. S. 209. 224 ff. 287.

[2] D. h. einem praelatus nullius dioecesis, s. Th. II. S. 344. 345, im Mittelalter auch dem Archidiakon, a. a. O. S. 197.

In wie fern der General-Vikar, der Kapitular-Vikar, der coadiutor des Bischofs und ein zur Verwaltung des Bisthums bestellter apostolischer Vikar die betreffenden Befugnisse des ordinarius

ihm zustehenden Jurisdiktion[1] und zwar uneingeschränkt durch irgendwelche Mitwirkung dritter Personen, im Wege der s. g. *collatio libera* vergeben[2]. Für letztere spricht daher die Vermuthung und derjenige, welcher eine Einschränkung oder Ausschliessung derselben behauptet, hat den Rechtstitel einer solchen darzuthun[3].

Die Kollation, welche ein Akt der iurisdictio voluntaria ist, und daher auch vor der Konsekration[4] und ausserhalb des Amtssprengels des Ordinarius vorgenommen werden kann[5], besteht in der Erklärung des berechtigten Oberen, einer Person ein bestimmtes Amt zu übertragen[6]. Sie erfolgt heutiger Uebung nach in einer schriftlich, dem Gebrauch der betreffenden bischöflichen Kurie gemäss ausgefertigten, s. g. Kollationsurkunde[7], jedoch ist weder diese Form[8] noch irgend eine andere zur Gültigkeit der Verleihung wesentlich[9]. Das Amt wird im Augenblick der Annahme der Kollation erworben[10]. Bis zu diesem Zeitpunkte oder bis zur Ablehnung der Kollation ist der Obere gebunden, und er kann während der Zwischenzeit eine weitere Verleihung desselben Amtes nicht gültig vornehmen[11]. Falls er aber von vornherein oder nachher[12] für die Erklärung des in Aussicht genommenen Kandidaten eine Frist gesetzt hat, tritt mit dem fruchtlosen Verlauf derselben das Recht zu anderweitiger Kollation wieder ein, indessen gelangt die zuerst beabsichtigte noch immer zur Wirksamkeit, wenn der betreffende Kandidat seine Acceptation nachträglich vor der Vornahme einer späteren Verleihung durch den Ordinarius[13] erklärt[14].

Die Uebertragung des Amtes an einen Bevollmächtigten[15] und die Annahme der

auszuüben berechtigt ist, darüber s. Th. II. S. 214 n. 3. S. 241. 246. 255. 260.

1 Th. II. S. 41. u. 617.

2 A. a. O. S. 41. u. 650.

3 Ebendaselbst S. 618. Anm. 1.

4 Ebenda S. 675.

5 Ebenda S. 44.

6 In einzelnen Diöcesen wird der in Aussicht genommene Kandidat, ehe ihm die Kollation ertheilt wird, an einem Sonn- oder Feiertage von der Kanzel der betreffenden Kirche proklamirt, damit seitens der Parochianen etwaige Einwendungen gegen ihn geltend gemacht werden können, s. z. B. erzbischöfl. Freiburg. V. v. 1861. §. 9, Arch. f. k. K. R. 7, 130.

7 Formulare zu solchen über Pfarrbenefizien bei Barbosa de officio et protest. episc. formul. episc. n. 63; Bouix tract. de parocho p. 682; eine neuere Urkunde aus der Diöcese Trier lautet ihrem wesentlichen Inhalt nach: „vacante ecclesia parochiali . . . eandem tibi conferimus cum omnibus iuribus et pertinentiis et eidem connexis, animarum curam et sacrarum reliquiarum custodiam in animam tibi committentes, Hartmann Ztschr. f. Gesetzgebung d. öffentl. Rechts 4, 150. 164; ähnlich schon eine Urk. v. 1731 bei Warnkönig, staatsrechtl. Stellg. d. kath. Kirche. Erlangen 1855. S. 210.

8 Die Nothwendigkeit der Schriftform wird für das neuere Recht von van Espen J. E. U. P. II. t. 21. c. 2 n. 8 gefordert, indem er freilich dabei Solennitäts- und Beweisform nicht auseinander hält und n. 7 anerkennt, dass nach gemeinem Recht auch die mündliche Form genüge. Sein Gewährsmann Rebuffus praxis benefic. P. I. requis. ad bonam collationem n. 25 u. tract. concordat. int. Leon. X et Francisc. reg. r. de mandat. apostol. s. v. a.) literas, ed. Colon. 1610. p. 27. 1040 ist in dieser Beziehung ebenfalls unklar. Gitzler Hdbch. d. K. R. 1, 507, welcher mit van Espen übereinstimmt, beruft sich auf Gewohnheitsrecht. Ein solches ist aber nicht nachweisbar. Ebenso unrichtig ist es, wenn er die Kollationsurkunde als Vokation bezeichnet. S. auch die folgende Anm.

9 Eine solche wird in den Quellen des gemeinen Rechts nicht verlangt, wie sich denn auch kein Anhalt dafür findet, dass das gemeine Recht im Mittelalter die Anwendung von Symbolen (Th. II. S. 654) als wesentlich betrachtet hat. Dagegen spricht auch der Umstand, dass dasselbe nur das Verbot der heimlichen Verleihung kennt, s. unten §. 143.

Die Frage wird übrigens von der Mehrzahl der älteren und neueren Kanonisten nicht behandelt. Die letzteren setzen allerdings vielfach den Gebrauch von Kollationsurkunden voraus, ohne dieselben aber als wesentlich zu erklären, s. z. B. Walter K. R. §. 238; Schulte K. R. 2, 333; Gerlach K. R. §. 168.

Der hier vertretenen Ansicht Pyrrhi Conradi praxis benefic. IV. 7 n. 14. 15; Ferraris prompta bibliotheca s. v. institutio n. 9; Richter-Dove S. 579. Note 1; v. Schulte, Lehrbuch 3. Aufl. S. 299 n. 6.

10 c. 17 (Bonif. VIII.) in VI^{to} de praeb. III. 4.

11 c. 17 in VI^{to} cit.

12 c. 17 cit. Gemeinrechtlich ist eine Frist nicht vorgeschrieben. Bei Zögerung eines Kandidaten kann daher das Bedürfniss zur Festsetzung einer solchen vorliegen.

13 d. h. also ehe der Ordinarius das Benefizium einem anderen verleiht, acceptirt braucht derselbe noch nicht zu haben.

14 c. 17 cit.

15 c. 24 (Inn. III.) X. de praeb. III. 5.

Kollation durch einen solchen ist statthaft, jedoch muss die Vollmacht speziell darauf, mindestens aber in Betreff des ersten vakant werdenden Benefiziums ertheilt sein [1].

Bei Konkurrenz von zwei Kollationen desselben Amtes, welche z. B. dann möglich ist, wenn dies der Bischof und sein mit Spezialvollmacht versehener General-Vikar verschiedenen Personen verleihen, muss die Prävention entscheiden, d. h. derjenige, dessen Kollation zuerst zum Abschluss gekommen ist, erhält das Amt. Bei gleichzeitiger Kollation geht derjenige vor, welcher zuerst den Besitz erlangt hat, und falls auch dieses Moment nicht den Ausschlag geben kann, der vom Bischof Beliehene [2].

Mit der Vollendung der Kollation treten die Th. II. S. 652 gedachten Wirkungen ein.

An und für sich ist mit der Erwerbung eines Curat-Amtes zu folge freier bischöflicher Kollation auch ohne Weiteres das Recht auf Ausübung der Seelsorge verbunden, weil der Bischof das Amt nur dazu geeigneten Kandidaten verleihen darf [3]. Die Ertheilung einer besonderen *approbatio* oder *admissio ad curam* oder *institutio autorizabilis* ist also nach gemeinem Recht nicht erforderlich [4]. Nichtsdestoweniger ist sie aber, namentlich auch in einer Reihe von deutschen Diöcesen, üblich und zwar deshalb, weil in denselben der Tridentinische Pfarrkonkurs nicht praktisch ist [5] und die allgemeinen betreffs der Befähigung zur Seelsorge abgelegten Examina dieselbe nicht ein für alle Mal, sondern nur auf bestimmte Zeit gewähren [6].

Immer ist aber der Bischof nach gemeinem Recht befugt, die während seiner

[1] Reiffenstuel ius canon. univ. III. 7 n. 79. 81. Zum Stellvertreter kann auch ein Laie bestellt werden, c. I (Bonifac. VIII.) in VIto de procurat. I. 19; Reiffenstuel l. c. n. 81. Fehlt es an dem erforderlichen Special-Mandat, so bedarf es der Ratihabition. Bis zu diesem Zeitpunkt ist das Verhältniss dasselbe, wie wenn der Kandidat noch nicht acceptirt hat, d. h. der Ordinarius ist gebunden, Reiffenstuel l. c. n. 82; Phillips Lehrb. 2. Aufl. S. 262.

[2] „Propter conferentis ampliorem praerogativam“, so c. 31 (Bonifac. VIII) in VIto de praeb. III. 4 für eine konkurrirende Verleihung des Papstes oder päpstlichen Legaten und des Bischofs, eine Vorschrift, welche aber analogisch auf den hier fraglichen Fall angewendet werden kann, so auch Schulte K. R. 2, 333 n. 1.

[3] S. Th. II. S. 482 ff.

[4] So gewährt das Trid. Sess. XXIII c. 15 de ref. demjenigen, welcher ein Pfarrbenefizium erworben hat, auch ohne bischöfliche Approbation das Recht, Beichte abzunehmen, und Sess. VII. c. 13 de ref. schreibt eine solche nur für die nicht vom Bischof frei ernannten Kandidaten vor. A. M. Vering K. R. S. 481, welcher sich auf die nichts beweisenden c. 5 X. III. 4; c. 29 X de praeb. III. 5 u. c. 14 in VIto de elect. I. 6 beruft.

Uebrigens wird in neueren Kollationsurkunden die Uebertragung der Seelsorge mitunter auch ausdrücklich hervorgehoben. In Baiern ist die institutio autorizabilis, wodurch der Benefiziat erst das Recht zur Ausübung der Seelsorge erlangt, binnen 2 Monaten nach Empfang des Verleihungsdekretes ausdrücklich zu erbitten, Silbernagl Verfolg. sämmtl. Religionsgesellschaften in Bayern S. 59; Krick, d. kathol. Pfründenwesen in Baiern, Passau 1879. S. 60, jedoch wird dieselbe hier gleichzeitig mit der kanonischen Einsetzung oder Verleihung des Amtes ertheilt, a. a. O. S. 60; Stingl, Bestimmungen d. bayer. Staates üb. d. Verwaltg. d. kath. Pfarramtes. München 1879. S. 84. In der Diöcese Rottenburg wird ebenfalls ein besonderes Bevollmächtigungsdekret dem Pfarrer bei der Besitzeinweisung (Investitur) übergeben, s. Vogt Sammlg kirchl. Verordn. S. 237.

[5] S. Th. II. S. 500.

[6] So sollen in der Diöcese Paderborn die Presbyteranden auf Grund ihrer Prüfung behufs Erlangung der Priesterweihe, welche zugleich das erste Curat-Examen bildet, die Approbation zur Seelsorge nur auf ein, zwei oder drei Jahre erhalten, und die Erneuerung ist von einer wiederholten Prüfung abhängig; selbst denjenigen, welche das an Stelle des Pfarrkonkurses tretende Pfarrbefähigungs-Examen abgelegt haben, wird die Approbation nur nach Massgabe ihrer Leistungen auf kürzere oder längere Zeit gewährt, und wenn sie auch für die Regel das gedachte Examen nicht zu wiederholen brauchen, bedarf es doch für sie immer einer Erneuerung der Approbation auf Grund nochmaliger Prüfung, Gerlach, Paderborner Diöcesanrecht. 2. Aufl. Paderborn 1864. S. 17. 18. 19 ff. In der Diöcese Rottenburg sollen sich diejenigen Geistlichen, welche die allgemeine Konkursprüfung bestanden haben, behufs derselben wieder nach Ablauf von 6 Jahren stellen, jedoch kann der Bischof tüchtige Geistliche davon entbinden, v. Vogt, Sammlg v. Verordnungen f. d. Bisth. Rottenburg. Schwäb. Gmünd 1876. S. 418. In Freiburg gilt nach d. erzbischöfl. V. v. 1861. §. 11. Arch. f. k. K. R. 7, 130 die ertheilte institutio autorizabilis bez. approbatio pro cura „so lange als der Bepfründete im rechtlichen Besitze seiner Pfründe ist“.

Regierungszeit examinirten und approbirten Pfarrer, falls ein dringender Verdacht später eingetretener Unfähigkeit oder mangelnder Bewährung in der Seelsorge vorliegt, einer neuen Prüfung zu unterwerfen, sein Nachfolger sogar schon ohne einen solchen, wenn nur ein genügender Grund zu erneuerter Feststellung der fortdauernden Befähigung obwaltet[1]. Von dieser Befugniss wird auch selbst bei nur zeitweise ertheilter Approbation während des Laufes des betreffenden Zeitraumes beim Vorliegen der erwähnten Voraussetzungen Gebrauch gemacht werden können[2].

Die Besitzeinweisung in das Amt (s. Th. II. S. 654) erfolgt heute für die Regel durch die Dekane oder Erzpriester[3]. Bei den Pfarrern geschieht sie in Verbindung mit einem Gottesdienste in der Pfarrkirche unter Uebergabe gewisser Symbole, z. B. der Schlüssel der Kirche, des Evangelienbuches, sowie ferner der Schlüssel des Pfarrhauses und des Pfarrarchives[4]. An demselben Tage erfolgt auch seitens des Investirten die Ablegung des Glaubensbekenntnisses und des Obedienzeides (s. unten). Ueber den Vorgang wird ein Protokoll aufgenommen[5]. Bei der Einweisung in Kaplaneistellen fallen kirchliche und andere Feierlichkeiten gewöhnlich fort.

In einzelnen Ländern[6] findet gleichzeitig mit der erwähnten, der s. g. kirchlichen Einweisung, noch eine staatliche durch einen Staatskommissar in die Temporalien des Amtes statt, worüber noch des Näheren in der Lehre von den Pfründen zu handeln ist[7].

Die Einweisung hat die oben Th. II. S. 655 gedachten Rechtsfolgen[8].

Die erwähnten Grundsätze, welche sich für die Benefizien im eigentlichen Sinn entwickelt haben, kommen auch für diejenigen der Verwaltung der Seelsorge und anderen geistlichen Verrichtungen dienenden Aemter, welche nicht Benefizien im eigentlichen Sinne sind (z. B. Missionspfarreien, Sukkursal-Pfarreien im Gebiete des französischen Rechts, nicht festfundirte Kaplanstellen) zur Anwendung. Auch diese hat der Bischof, sofern nicht besondere Ausnahmeverhältnisse obwalten[9], kraft seiner Jurisdiktion frei zu übertragen[10].

Nicht minder folgt aus der Stellung des Bischofes als Inhabers der Regierungsgewalt in der Diöcese und als ersten Seelsorgers derselben, dass alle Priester, welche dergleichen Funktionen ohne Amt nur vorübergehender und aushelfender Weise, also

1 So nach der Praxis der Cong. conc., vgl. Richters Tridentinum S. 119. n. 1. 2; Benedict. XIV de syn. dioec. XIII. n. 21; Acta s. sed. 5, 17. 19.

2 So behält auch der Rottenburger Ordinariats-Erl. v. 1874 diese Befugniss dem Bischof ausdrücklich vor, D. Vogt a. a. O. S. 2.

3 Th. II. S. 289; vgl. auch preuss. A. L. R. II. 11. §. 404. Jedoch erhält der Dekan in jedem einzelnen Fall einen besonderen Auftrag dazu vom Bischof oder von der bischöflichen Behörde (Ordinariat etc.), s. für Baiern Silbernagl a. a. O. S. 59. 60; Krick a. a. O. S. 60. 61; Stingl a. a. O. S. 85; s. ferner die S. 3 n. 6 citirte Freiburger V. §. 13; für Würtemberg v. Vogt a. a. O. S. 234. 237; für Oesterreich Ginzel K. R. 2, 209 u. Ges. v. 7. Mai 1874. §. 7. Das betreffende Dekret wird mitunter, so in Würtemberg, dem Pfarrer bei der Besitzeinweisung übergeben.

4 Ein anschauliches Bild giebt die Verfügung v. 1829 bei v. Vogt a. a. O. S. 232 ff.

5 Dieses wird im Pfarrarchiv niedergelegt, auch vielfach eine beglaubigte Abschrift mit Bericht an die bischöfliche Behörde gesandt.

6 So z. B. in Baiern und Oesterreich (s. das Anm. 3 citirte Ges.).

7 Ueber Baiern s. vorläufig Silbernagl a. a. O.; Krick a. a. O. S. 60. 61; Stingel a. a. O. S. 85.

8 Das Amt selbst, das ius in re, wird schon durch die Kollation, s. o. S. 2 erworben. Unklar und falsch bezeichnet die citirte Freiburger Verfügung die Wirkungen der hier in Frage stehenden Handlungen. Nach §. 15 soll das ius in re erst mit der Investitur, der Besitzeinweisung des betreffenden Geistlichen, eintreten, wogegen in §. 12 bemerkt wird, dass dem Conferirten der Rücktritt nur vor der von ihm acceptirten Kollation freisteht und im §. 13, dass der Dekan nach geschehener Uebertragung der Pfründe die Investitur vorzunehmen hat.

9 Vgl. hierüber Th. II. S. 318 ff.

10 Die Ausstellung einer Uebertragungsurkunde kommt auch hierbei vor. Weil es sich dabei aber

als Hülfsgeistliche, vorzunehmen haben, seiner Deputirung[1] oder mindestens Ermächtigung (*missio canonica*) und falls es sich um seelsorgerische Funktionen handelt, seiner approbatio ad curam[2] bedürfen[3].

Die Gesetzgebung fast aller deutschen Staaten[4], sowie die Oesterreichs[5] erkennt das Recht des Bischofs zur Besetzung der hier in Rede stehenden Aemter und Hülfsämter, sowie zur Bestellung von Geistlichen zur Hülfeleistung bei den gedachten Funktionen im Princip an, jedoch ist der Bischof insoweit beschränkt, als er erstens nur solche Kandidaten auswählen darf, welche die staatsgesetzlich vorgeschriebenen Eigenschaften besitzen[6], zweitens aber bei der Ausübung der betreffenden Befugnisse einer kraft des Staatshoheitsrechtes in Anspruch genommenen Exklusive bestimmter Kandidaten unterworfen ist[7] oder sogar die staatliche Bestätigung derselben einzuholen hat[8].

Was die Altkatholiken betrifft, so haben diese den Grundsatz des katholischen Kirchenrechts, dass dem Bischof die collatio libera zusteht, hinsichtlich der Aemter der Pfarrer und ständigen Hülfsgeistlichen, sowie hinsichtlich der Bestellung von Geistlichen zu zeitweiser Dienstleistung nicht angenommen, vielmehr erfolgt die Verleihung der erwähnten Aemter durch die Wahl der Gemeinden unter Bestätigung des Bischofs, die Deputirung der unständigen Hülfsgeistlichen durch den letzteren auf Antrag des betreffenden Pfarrers und Kirchenvorstandes[9].

fast ausnahmslos um nicht dauernd verliehene Stellen handelt, ist in diesen nicht der Ausdruck: conferimus üblich. S. die Urkunde für die Uebertragung einer Sukkursal-Pfarrei (in der Diöcese Trier) bei Hartmann Ztschr. 4, 150. 165: „te ad curam animarum et administrationem sacramentorum admittendum esse duximus, prout admittimus per praesentes, dantes et concedentes tibi plenam et liberam potestatem ac licentiam, ut in ecclesia succursali . . . usque ad aliam ordinationem nostram libere ac licite confessiones audire, confitentes . . . absolvere, praedicare, sacramenta administrare et omnia generatim munia parochialia obire possis ac valeas, ea tamen lege, ut iuxta laudabiliter huc usque in hac dioecesi observatam consuetudinem examini te sistas, ad obtinendam approbationis extensionem, ut prima concessa expiraverit. Volumus insuper, ut has litteras commissionis seu nominationis tuae decano . . capituli . . . uti et definitori definitionis . . . decanatus . . quantocius ostendas atque exhibeas nobisque adventus tui diem in parochia quamprimum annunties; das in der Diöcese Mainz übliche Bestallungsdekret für die Kapläne lautet (s. die Amtsgewalt der Kapläne v. e. rheinischen Juristen. Mainz 1878. S. 25 n. 1): „Ut in parochia N. venerabilis capituli N. vicarii omnia ad praestanda eiusdem parocho N. in cura pastorali iusta et aequa obsequia suscipias, atque eius iussu vel permissu verbum dei praedicare sacramenta administrare et alia ad dictam curam spectantia officia licite et legitime peragere valeas, tibi, multum in domine confidentes, impertimur vocationem“. Ein solches für die belgischen Diöcesen bei Deneubourg, étude canonique sur les vicaires paroissiaux. Paris & Tournai 1871, p. 135, n. 5. Eine andere Urkunde, betr. die Uebertragung einer Coadjutorie für einen altersschwachen Pfarrer bei Oppenhoff Rechtsprechg. d. Ob. Trib. 17, 546. Ueber die Missionspfarreien s. auch Th. II. S. 363.

1 Allerdings kann diese auch anderen Personen zukommen, s. Th. II. S. 318 ff.

2 Eine solche Approbationsurkunde i. Arch. f. k. K. R. 9, 472.

3 c. 4 (Alex. III) X de off. arch. I. 23; vgl. auch Th. I. S 166. 169 und v. Schulte Lehrb. 3. Aufl. S. 284. 298. Ueber die Ertheilung der approbatio ad curam auf Zeit s. S. 3 n. 6.

4 Preussisches Gesetz vom 11. Mai 1873 §§. 1. 15. 29. und Gesetz v. 5. April 1873, jedoch hatte schon der durch Ges. v. 18. Juni 1875 aufgehobene Art. 18 d. preuss. Verf. Urk. jede weitere als die im Text gedachte Beschränkung aufgehoben; bairisches Konkord. art. 11 u. 12; würtemb. Ges. v. 30. Januar 1862, Art. 3; bad. Ges. v. 9. Oktober 1860. §. 8; hessische Gesetze v. 23. April 1875 betr. d. rechtl. Stellg. d. Kirchen Art. 4 u. d. Vorbildg. d. Geistlichen Art. 1. 6; kön. sächs. Ges. v. 23. Aug. 1876. §§. 18 ff.; oldenburg. Vertrag v. 5. Jan. 1830. §§. 11. 24 u. Normativ v. 5. April 1831. §. 11, vgl. dazu Arch. f. k. K. R. 31, 432; braunschw. Verf. Urk. v. 1832. §. 226; sächs.-weimar. Ges. v. 7. Okt. 1823. §. 17; sächs. goth. Regulativ v. 1811. §. 3, Arch. f. k. K. R. 36, 215; schwarzb. rudolst. V. v. 1872. §§. 1 u. 2, a. a. O. 36, 411; lippe-detmold. Edikt v. 9. März 1854. Art. 1 ff.; waldeck. V. v. 21. März 1861, Arch. f. k. K. R. 9, 22. Für Elsass-Lothringen s. französ. Konkord. Art. 10 u. organ. Art. 19.

5 Ges. v. 7. Mai 1874. §. 4.

6 S. Th. II. S. 503 ff.

7 S. darüber unten §. 151. II.

8 S. darüber unten a. a. O.

9 Synodal- u. Gem. Ordn. §§. 54. 57.

cc. Die Betheiligung dritter Personen bei Besetzung der Kirchenämter.

α. **Das Patronatrecht***.

§. 136. αα. *Begriff, Natur und Eintheilungen des Patronatrechtes.*

I. Begriff. Das Patronatrecht oder der Patronat, *ius patronatus*, ist der Inbegriff von Befugnissen und Pflichten, welche einer Person in Bezug auf eine Kirche oder ein kirchliches Amt aus einem besonderen, von ihrer Stellung in der Hierarchie unabhängigen Rechtsgrunde zustehen [1]. Die im Patronate enthaltenen Befugnisse sind das Recht, bei der Erledigung des Amtes dem verleihungsberechtigten Oberen einen geeigneten Kandidaten für dasselbe zu präsentiren (§ 138. I. 1), gewisse Ehrenrechte (a. a. O. Nr. 2), ferner nutzbringende Rechte, namentlich das Recht auf Alimente aus dem Kirchenvermögen (a. a. O. Nr. 3) und endlich gewisse Rechte zum Schutz des Interesses des Patrons an der Aufrechterhaltung der Patronatsstiftung (a. a. O. Nr. 4). Was die Pflichten betrifft, so besteht gemeinrechtlich als solche nur eine eventuelle Baulast für den Patron, nach Partikularrecht können ihm aber noch andere obliegen (s. a. a. O. Nr. II).

II. Natur des Patronates. Das Patronat gilt nach dem heutigen gemeinen Rechte als eine dem Berechtigten von der Kirche unter gewissen Voraussetzungen zu-

* tit. de iurepatron. X.III. 38, in VIto III. 19, in Clem. III. 12; vgl. ausser der Th. II. S. 618 n.* angegebenen Literatur noch: Tractatus de iurepatronatus clariss. SCtorum P. I (Rochi de Curte, Pauli de Citadinis, Jo. Nicolai Delphinatis), P. II (Ant. de Butrio, Jo. de Anania, Henr. Boich, Caes. Lambertini). Francofurt. 1609; Sigm. Finkelthaus, tract. de iurepatr. eccles. Lips. 1639; Julian. Vivianus praxis iurispatronat. acquirendi conservandique illud ac amittendi modos breviter continens s. rotae decisionibus firmata adornata et ad singulas materias secund. stylum roman. Curiae accommodata. Rom. 1648. Venet. 1670; Matth. Stephani tract. de iurepatr. Gryphisw. 1631; ed. II. Goth. 1672; Francisc. de Roye, de iuribus honorificis in eccles. lib. II. Andegav. 1667; Neap. 1763; Mollenbeck de iurepatr. eccles. Giess. 1692; Claude de Ferriere, des droits de patronages, de présentations etc. Paris 1686; Simon, traité du droit de patronage, de la présentation aux bénéfices et des droits honorifiques des seigneurs dans les églises. Paris 1686; Francisc. de Fargna, comm. in singulos canones de iurepatron. etc. t. I Montisfalisci 1717; t. II & III. Rom. 1718; F. M. Pitonius de controversiis patronorum. Venet. 1733; L. Schott, diss. sistens observat. de iurepatr. Tubing. 1778; Phil. Mayer, das Patronatrecht dargestellt nach d. allg. K. R. und nach österr. Verordn. Wien 1824; Branowitzer, üb. d. Begriff u. die ursprüngl. Erwerbsarten d. Patronatrechts nach d. K. R. Olmütz 1839; Bruno Schilling, das kirchliche Patronat. Leipzig 1854; Isidor Kaim, das Kirchenpatronatsrecht. Bd. 2. Leipzig 1866; L. Michels, quaestiones controversae de iurepatron. diss. inaugur. Berol. 1857. G. A. Schlayer, Beiträge z. Lehre v. Patronatrecht. Giessen 1865; Dove Art. Patronatrecht i. Bluntschli Staatswörterbuch 7, 761 ff.; Phillips K. R. 7, 669 ff.

Ich behandele das Patronatrecht an dieser Stelle, weil die praktisch wichtigste in demselben enthaltene Befugniss das Recht auf Betheiligung bei der Besetzung eines Kirchenamtes ist.

[1] Hiermit im wesentlichen übereinstimmend Vering K.R. S.583. Zu eng definiren v. Schulte Lehrb. S. 308 u. Phillips 7, 669, indem ersterer die Befugnisse blos auf die Besetzung und Verwaltung, letzterer gar blos auf die erstere beschränkt. In der älteren Literatur sind — abgesehen von Verschiedenheiten im Einzelnen — zwei Definitionen herrschend gewesen, die eine: „ius honorificum, onerosum et utile competens alicui in ecclesia pro eo quod dioecesani consensu ecclesiam fundavit, construxit et dotavit ipse vel is a quo causam habuit, solus vel alio concurrente“, vgl. Rochus de Curte prolegom. c. 1; Barbosa J. E. U. II. 12. n. 1; Vivianus I. 2. n. 2, und die andere: „ius seu potestas praesentandi clericum ad beneficium ecclesiasticum vacans“, s. Leuren. for. benef. P.II. qu.12; Reiffenstuel ius canon. III, 38, n. 2; Ferraris s. v. iuspatron. art. 1. n. 2, von denen die erste die Entstehungsgründe in kasuistischer, aber nicht erschöpfender Weise betont, die andere nur die eine im Recht enthaltene Befugniss hervorhebt. S. dazu auch Lippert S. 37 u. Schulte K. R., 2, 667. n. 1.

Das preuss. A. L. R. II. 11. §. 568: „Derjenige, welchem die unmittelbare Aufsicht über eine Kirche nebst der Sorge für deren Erhaltung und Vertheidigung obliegt, wird der Kirchenpatron genannt“, ist gleichfalls zu eng und ungenau, da namentlich die Hinweisung auf den für das Recht charakteristischen speziellen Titel fehlt.

gestandene Begünstigung. Es ist ein innerhalb der kirchlichen Sphäre liegendes Individualrecht kirchlich öffentlicher Natur [1], aber keine dem Civilrechte angehörige und in demselben wurzelnde Berechtigung [2]. Diese Grundauffassung hat zuerst die Gesetzgebung Alexanders III. im Gegensatz zu der ursprünglichen germanischen Anschauung vom Eigenthum des Grundherrn an der auf seinem Grund und Boden errichteten Kirchenstiftung in dem Satze, dass das Patronatrecht ein *ius spirituali annexum* sei, ausgesprochen [3], und seitdem ist sie wenn auch erst allmählich von der katholischen Kirche zur praktischen Durchführung gebracht. Allerdings sind noch manche Rechtssätze in Geltung geblieben, welche an die ursprüngliche Grundlage des Institutes erinnern.

Die katholische Kirche nimmt noch heute die gesetzliche Regelung des Patronates ausschliesslich für sich in Anspruch [4]. Indessen sind schon in früherer Zeit, namentlich aber seit dem 17. Jahrhundert [5] seitens mancher Fürsten zu Folge der weit greifenden Ausdehnung und praktischen Anwendung des Kirchenhoheitsrechtes, sodann unter der Einwirkung territorialistischer Anschauungen staatliche Ordnungen über das Patronatrecht mehr oder minder umfassenden Characters erlassen worden [6], umsomehr als man sich damals über die rechtliche Natur des Patronates nicht klar war und diesen als reines Privatrecht betrachtete.

Derartige Vorschriften bestehen ebenfalls noch heute für einzelne deutsche Länder. In diesen ist neuerdings der katholischen Kirche die Autonomie ihrer Angelegenheiten gesetzlich oder verfassungsmässig eingeräumt worden, und es fragt sich daher,

[1] Vgl. hierzu auch meine Ausführung in Dove u. Friedberg Ztschr. f. K. R. 7, 25.

[2] So J. H. Böhmer I. E. P. II. 2. §. 15, namentlich aber Kaim 2, 2. 38. 39, s. auch Seuffert Arch. 4, 413. Der Umstand, dass vielfach staatliche Verordnungen in Betreff des Patronates ergangen sind und die Patronatrechtsstreitigkeiten der Zuständigkeit der staatlichen Civilgerichte unterstehen, — das sind die Hauptargumente Kaims —, ist für die principielle Frage nach der Natur des Rechtes völlig unerheblich. Das entscheidende ist, dass es sich seinem Wesen und Charakter nach nur innerhalb der Sphäre der Kirche entwickeln und bethätigen kann. Selbst das preussische Landrecht, welches von seinem territorialistischen Standpunkt aus Th. II. tit. 11. §§. 568 ff. detaillirte Vorschriften über den Patronat aufstellt, behandelt denselben nicht einmal als ein Privat- oder Civilrecht, wie Kaim in Folge der unrichtigen Annahme, dass das Landrecht ausschliesslich Civilgesetzbuch sei, behauptet.

[3] Th. II. S. 629.

[4] Aus dieser Anschauung sind z. B. die Art. 12. 24. 25 des österr. Konk. hervorgegangen. Auch hat die Congr. conc. im J. 1872 ein weltliches Gesetz, welches das Präsentationsrecht der Patrone sogar in einer der Kirche günstigen Weise eingeschränkt hatte, für nichtig erklärt, Act. s. sed. 7, 512.

[5] So hat schon Kaiser Leopold I. i. J. 1673 eine die wesentlichen Grundsätze über den Patronat auf kanonischer Basis kodificirende Verordnung für das Herzogthum Oesterreich unter der Enns erlassen (gedruckt in dems. Jahr zu Wien), welche in die „neue Satz- und Ordnung i. d. Ertz-Hertzogthumb Oesterreich unter der Enns de iuribus incorporalibus" desselb. Kaisers von 1679, gedruckt zu Wien in dems. Jahr (auch bei P. Jos. Riegger, corp. iur. eccles. Bohemici et Austriaci. Wien 1770, 2, 286), übernommen worden ist.

[6] Dies ist vor Allem geschehen in Oesterreich, (die einzelnen Verordnungen sind u. A. angeführt bei Helfert, v. d. Besetzung, Erledigung etc. der Beneficien S. 176 ff.), sodann in ausgedehnter Weise in Preussen, s. diese Seite n. 2, wobei jedoch zu beachten ist, dass im Geltungsgebiete des allgemeinen Landrechts gerade hinsichtlich des Kirchenrechts, und insbesondere auch in Betreff des Patronates das Provinzialrecht principaliter vor dem allgemeinen Gesetzbuch zur Anwendung kommt, s. das Nähere darüber bei Jacobson, d. evangel. Kirchenrecht d. preuss. Staats. Halle 1864. S. 32 ff. Für Baden vgl. d. V. v. 24. März 1808, Reg. Bl. Nr. 12, auch bei Longner, Rechtsverh. d. Bischöfe i. d. oberrh. Kirchenprov. S. 247; Spohn, bad. Staats-Kirchenrecht S. 174.

In den meisten nicht landrechtlichen Gebieten Preussens, sowie in den meisten Staaten Deutschlands steht das katholische Kirchenrecht in Geltung, so in Hannover, Kurhessen, Nassau, im ehemaligen Herzogthum Westfalen, in den ehemals kursächsischen Theilen der Provinz Sachsen, im Eichsfelde und in Hohenzollern, ferner in Baiern, Würtemberg und im Grossherzogthum Hessen, freilich in einzelnen Punkten durch staatliche Specialgesetze modifizirt.

ob in Folge dessen die bisherigen weltlichen Gesetze über den Patronat beseitigt sind [1] und ob dadurch jede weitere Ausübung der staatlichen Gesetzgebung in Bezug auf denselben [2] ausgeschlossen ist. Beide Fragen sind, wie dies auch in der Verwaltungs- und Gerichtspraxis bisher stillschweigend geschehen ist, zu verneinen. Der Patronat ist allerdings ein innerhalb der kirchlichen Sphäre sich bethätigendes Recht, aber seiner näheren Gestaltung nach liegt er nicht ausschliesslich innerhalb desjenigen Theiles des kirchlichen Gebietes, welches durch die der Kirche eingeräumte Autonomie jeder staatlichen Einwirkung entzogen ist. Im Gegentheil kommen bei demselben mit Rücksicht darauf, dass er partikularrechtlich Berechtigungen und Pflichten in sich begreift, welche sich auf die Verwaltung des Kirchenvermögens und die Aufbringung von Leistungen zu kirchlichen Zwecken beziehen, immer Angelegenheiten in Frage, auf deren gesetzliche Regelung der Staat ebenfalls einen principiell berechtigten Anspruch besitzt, und auch noch heute trotz der der Kirche gewährten Autonomie geltend macht. Ueberdies wird dem Patronatrecht fast überall in den deutschen Staaten der bürgerliche Rechtsschutz der Civilgerichte gewährt [3], und der Staat hat die Bedingungen für diesen selbstverständlich seinerseits festzusetzen.

Die Fortdauer der bisherigen Patronatsgesetzgebung und die staatliche Festsetzung neuer Normen über den Patronat [4] ist demnach durch die verfassungsmässige Autonomie der Kirche nicht ausgeschlossen: ebensowenig eine staatsgesetzliche Anordnung, dass der Patronat aufgehoben werden und unter welchen Bedingungen dies geschehen soll [5]. Andererseits bedingt es aber die Autonomie der Kirche, dass die staatliche Gesetzgebung nur die Gestaltung des Patronates für das staatliche Gebiet oder die Bedingungen der Gewährung des staatlichen Schutzes für denselben zu regeln befugt sein kann. Soweit es sich dagegen blos um die Festhaltung und Gestaltung des Institutes für das innere kirchliche Gebiet ohne staatlichen Rechtsschutz handelt, wird der Kirche die volle Freiheit gelassen werden müssen. Es würde daher ein Eingriff in die Autonomie der Kirche sein, wenn der Staat nach gesetzlicher Beseitigung des Patronatrechtes es zu verhindern versuchen wollte, dass der Bischof noch ferner die Präsentation des bisherigen Patrons beachtet, demselben gewisse rein kirchliche Ehrenrechte (z. B. einen Vorrang bei Prozessionen) einräumt und von ihm durch Einwirkung auf sein Gewissen die Gewährung der für Reparaturbauten nöthigen Summen zu erlangen sucht [6],

[1] Diese Frage ist besonders für Preussen praktisch wichtig.

[2] Art. 17 d. preuss. Verf. Urk. v. 1850 stellt die Aufhebung des Patronates durch Staatsgesetz in Aussicht, und ebenso behält das österr. Gesetz v. 7. Mai 1874 §. 32 unter Festsetzung einzelner Vorschriften (§§. 33. 34) eine besondere gesetzliche Regelung der Patronatsverhältnisse vor.

[3] Dies erklärt sich daraus, dass bei der Beseitigung der katholischen geistlichen Gerichtsbarkeit das Bedürfniss eines ausreichenden Rechtsschutzes für den vielfach als Privatrecht aufgefassten Patronat gefühlt worden ist und damit Mangels einer besonderen Verwaltungsgerichtsbarkeit nur die Civilgerichte betraut werden konnten.

[4] Wie eine solche neuerdings z. B. in dem preuss. Gesetze v. 20. Juni 1875 üb. die Vermögensverwaltung i. d. katholischen Kirchengemeinden §§. 39 ff. erfolgt ist.

[5] Für Preussen also ein Gesetz zur Ausführung des Art. 17 der Verfassgs. Urk. v. 1850.

[6] Dagegen würden kirchliche Bestimmungen über die Betheiligung des Patrons bei der Verwaltung des Kirchenvermögens, z. B. seine Theilnahme an derselben als Mitglied des Kirchenvorstandes u. über die etwaige Nothwendigkeit seines Konsenses zu gewissen Arten der Vermögensverwaltung unter der erwähnten Voraussetzung staatlicherseits nicht anzuerkennen sein, weil solche über das der kirchlichen Autonomie anheimfallende Gebiet hinübergreifen.

Das Verhältniss würde sich im allgemeinen ähnlich dem jetzt in Folge der Einführung der obligatorischen Civilehe in Deutschland eingetretenen Verhältnisse zwischen dem staatlichen und dem katholisch-kirchlichen Eherechte gestalten.

ganz abgesehen davon, dass sich eine derartige Forterhaltung des Patronates für das forum internum der Kirche praktisch auch nicht einmal verhindern liesse.

III. Arten des Patronatrechtes. Das Patronatrecht ist entweder ein dingliches, *ius patronatus reale*, oder ein persönliches, *ius patronatus personale*.

Das erstere haftet als Realgerechtsame dergestalt an einem Gute oder Grundstück, dass durch das Eigenthum an dem letzteren zugleich der Patronatberechtigte bestimmt wird. Sein Wesen beruht auf der Verbindung mit einem Immobile. Es ist daher unrichtig, die Dinglichkeit des Patronates in den Umstand zu setzen, dass zum Erwerbe desselben neben der allgemeinen Fähigkeit und der speziellen Concession auch noch der Besitz eines eigenen Gutes gehört, sowie den Besitz eines solchen für das Sekundäre, nicht für das Primäre zu erklären [1]. Die Dinglichkeit des Patronates ist der letzte Rest der alten überwundenen Anschauung von dem Eigenthum des Grundherrn an der von ihm gestifteten Kirche, welchen die kanonische Gesetzgebung nicht beseitigt hat [2] und auch nicht hat beseitigen können [3]. In Deutschland bildet die Dinglichkeit des Patronates die faktische Regel [4], da die überwiegende Zahl aller derartigen Rechte, was sich aus der historischen Entwicklung erklärt, mit Gütern [5] verbunden ist. Die Eigenschaft des dinglichen Patronates als Accessoriums eines Gutes macht ihn in-

[1] So Rosshirt, üb. d. Patronatrecht m. bes. Rücks. auf d. fälschlich s.g. dingliche Patronatrecht i. Arch. f. k. K. R. 4, 18. Aehnlich auch Vering K. R. S. 485. Wenn letzterer meint, dass „das dingliche Patronatrecht niemals eigentliches Accessorium des Gutes sein könne, so dass auf die Qualität des Besitzers und den Erwerbstitel des Gutes nichts ankäme, dieses vielmehr dem kirchlichen ius publicum, der ganzen kirchlichen Grundverfassung widerspräche", so ist dies eine Behauptung, welche erstens die historische Entwicklung im Abendlande bis zum 12. Jahrhundert (s. Th. II. S. 621), wie dies auch in dem betreffenden Buche S. 484 thatsächlich geschehen ist, ignorirt, ferner aber verkennt, dass, wenn das Patronatrecht dem Eigenthümer des Gutes zusteht, der Erwerb nur durch das letztere vermittelt werden und die Fähigkeit jedes neuen Erwerbers allein für das Recht der Ausübung des Patronates, nicht aber für die Fortdauer der Substanz desselben entscheidend sein kann. Soll das dingliche Patronatrecht bei Veräusserung des berechtigten Gutes an einen Juden total erlöschen und erloschen bleiben, wenn dieser das Grundstück später an einen Katholiken weiter veräussert, oder soll es in diesem Fall wieder aufleben und aus welchem Grunde? Auf diese Fragen giebt jene unklare Formulirung keine Antwort.

[2] Ausdrücklich ist sie und damit die Qualität des Patronates als Accessoriums des Gutes anerkannt in c. 13 (Alex III) h. t. III. 38: „quum ratione feudorum emptorum aliterve acquisitorum . . . ius patronatus acquisieritis". Nicht anders ist das Verhältniss von den älteren Kanonisten aufgefasst worden, s. z. B. Innocenz IV comment. ad c. 13 X. cit.; Florens tractat. ad c. 7 u. 19. l. III. decr. t. 38, opp. iurid. ed. Doujat 2, 280; vgl. auch meine Abhandlung bei Dove Ztschr. f. K. R. 2, 425ff., ebenso von einer Anzahl neuerer, Phillips Lehrb. 2. Aufl. S. 270 u. K. R. 7, 671; v. Schulte Lehrb. S. 309; Richter-Dove K. R. §. 188 n. 25; Gerlach, Präsentationsrecht S. 19; Kaim 2, 18; auch in einer Entscheidung d. Congr. episcop. et regul. v. 1850, Arch. f. k. K. R. 10, 381 heisst es: „Cardinales animadvertentes, agi in casu de iurepatronatus reali, quod dicto fundo inhaeret ac propterea iuxta sc. canones cum universitate transire".

[3] Es ist dadurch allerdings die unseren heutigen Anschauungen widersprechende Verbindung einer öffentlichrechtlichen Befugniss mit einem Grundstück bis auf den heutigen Tag erhalten worden. Dieser Umstand berechtigt aber nicht, wie es Vering thut, das quellenmässig anerkannte dingliche Patronatrecht durch die Behauptung, es sei mit dem kirchlichen ius publicum unvereinbar, zu verwerfen.

Uebrigens muss ich mich dagegen verwahren, dass Vering S. 485. n. 1 mir nach dem Vorgange Rosshirts a. a. O. für das heutige Recht die Behauptung unterschiebt, dass das dingliche Patronatrecht nicht den Charakter des kirchlichen Patronatrechts habe, sondern Ausfluss des Eigenthumrechtes der Grundherrn sei. Ich habe mich schon bei Dove Ztschr. 2, 420 gegen diese Verdrehung meiner Darlegungen durch Rosshirt, wie ich glaube, mit hinreichender Klarheit ausgesprochen, so dass ich einfach darauf und auf das im Text Gesagte verweisen kann.

[4] Mit Rücksicht hierauf stellt das preuss. L. R. II. 11. §. 579: „Im zweifelhaften Falle wird vermuthet, dass der Kirchenpatronat auf einem Gute oder Grundstück hafte", sogar eine gesetzliche Vermuthung für die Dinglichkeit auf.

[5] Und zwar für die Regel mit Rittergütern. Nach dem in der Mark Brandenburg geltenden Provinzialrecht besteht sogar die Vermuthung dafür, dass dem Rittergutsbesitzer der Patronat über die zu seinem Gute gehörige Kirche zukommt, Scholz v. Hermensdorf, märk. Prov. R. 2. Aufl. §. 422, 1, 86 u. 2, 295.

dessen nicht zu einem Vermögensrecht. Die im Patronate liegenden Befugnisse erscheinen nach heutigem Recht nicht mehr als Ausflüsse des Eigenthums, vielmehr sind sie nur äusserlich mit dem Grundstück verknüpft, ohne dass sie irgend welche innere Beziehung zu dem Eigenthum an demselben haben.

Das persönliche Patronatrecht ist dagegen dasjenige, welches einer Person (physischen oder juristischen) als solcher zusteht, also auf einem persönlichen Erwerbsgrunde beruht[1]. Dagegen liegt es nicht im Wesen dieser Art des Patronates, dass er auf die Person des ersten Erwerbers beschränkt ist und mit dem Tode desselben erlischt, vielmehr findet bei ihm der Regel nach ein Uebergang auf die Rechtsnachfolger oder auf andere Personen statt (s. unten §. 139).

Bildet auch in Deutschland, wie bemerkt, der dingliche Patronat die Regel, so ist dies doch nicht nach dem katholischen Kirchenrechte der Fall. Eine gesetzliche Vermuthung besteht demnach nicht für denselben[2]. Ja im Zweifel muss der Patronat für einen persönlichen erachtet werden, weil die Dinglichkeit desselben ein besonderes ihm hinzutretendes Moment voraussetzt, also nöthigenfalls darzuthun ist.

Der Patronat kann ferner ein geistlicher, Laien- und gemischter (*ius patronatus ecclesiasticum* oder *clericale, laicale* und *mixtum*) sein.

Geistlich ist der Patronat, wenn er einer geistlichen Person in dieser ihrer Eigenschaft zukommt[3], gleichviel ob die Stiftung aus kirchlichem oder weltlichem Vermögen erfolgt ist[4].

Ein Laienpatronat liegt dagegen vor, wenn ein Patronatrecht einem Laien oder auch einer geistlichen Person, letzterer aber aus einem von ihrer kirchlichen Stellung unabhängigen Grunde zusteht.

Den Eintheilungsgrund bildet weder die Qualität der Stiftungsmittel als weltlichen

[1] Berardi comm. ad l. III. decr. diss. IV. de iure patron. c. 2, ed. Mediolani 1846. 1, 285, ebenso Kaim 2, 18, begreifen unter iuspatr. reale jedes, welches dem Berechtigten mit Rücksicht auf eine Sache oder ein Recht, also auch mit Rücksicht auf ein Amt zusteht, unter iusp. simplex aber jedes andere Patronatrecht. Allerdings wird bei dem mit einem Amt verknüpften Patronatrecht der Patron durch das Amt ebenso wie bei dem dinglichen Patronate im oben gedachten Sinne durch das Eigenthum am Grundstück bestimmt. Wenn es indessen schon der historische Entwickelungsgang allein rechtfertigen würde, an der im Text dargelegten engeren Bedeutung der Bezeichnung: dingliches Patronatrecht festzuhalten, so tritt noch der weitere Umstand entscheidend hinzu, dass der an ein Grundstück geknüpfte Patronat seinem Wesen nach nur Accessorium des Gutes sein kann, dies aber bei dem mit einem Amte in Verbindung gesetzten nicht nothwendig der Fall zu sein braucht. Hier ist die Auffassung sehr wohl denkbar, dass es sich bei einer solchen Verbindung blos um eine bestimmte, durch das Amt bezeichnete Eigenschaft des Berechtigten handelt. Eine Patronatsstiftung des Inhalts, dass dem jeweiligen Pfarrer zu X. der Patronat über die Kirche zu Y. zustehen soll, setzt zwar den letzteren in gewisse Beziehung zu der Pfarre in X., macht ihn aber noch nicht juristisch zum Accessorium des Pfarramtes. Die Möglichkeit eines Verhältnisses der letzteren Art ist freilich nicht ausgeschlossen. Ein praktisches Bedürfniss zu solchen Gestaltungen liegt indessen kaum vor. Uebrigens sind mit den beiden hier in Frage stehenden Fällen nicht diejenigen zu verwechseln, wo der Patronat einer juristischen Person, z. B. einer Pfarrei zusteht, und der zur Vertretung derselben berechtigte Amtsträger (der Pfarrer) blos das Recht auszuüben hat. — Unhaltbar ist es ferner, wenn de Roye prolegom. c. 8 behauptet, dass jeder geistliche Patronat, weil er aus kirchlichen Mitteln gestiftet sei, die Natur des dinglichen habe.

[2] Anders freilich nach preuss. R., s. S. 9 n. 4.

[3] Ueber den Begriff ist die Doktrin einig s. z. B. Vivian. P. I. l. I. c. 3. n. 2; Ferraris s. v. iuspatronatus. art. I. n. 13; Lippert S. 41; Phillips 7, 677; v. Schulte Lehrb. S. 309. Vgl. übrigens die zweitfolgende Anmerk. Den Anhalt für die Formulirung des Begriffes haben c. 6 (Innoc. III.) X. de off. leg. I. 30; c. 28 (id.) h. t. III, 38 u. c. un. (Bonif. VIII) in VIto h. t. III. 19 gegeben. Ueber die Entwicklung des geistlichen Patronates s. Th. II. S. 636.

[4] In letzterem Fall entsteht ein geistlicher Patronat, wenn der Stifter von vornherein den Patronat einer geistlichen (physischen oder juristischen) Person in Hinblick auf deren kirchliche Stellung überweist oder der Patronat nimmt die Natur des geistlichen an, wenn er später von einem Laien einer solchen Person mit Rücksicht auf ihr gedachtes Verhältniss übertragen, z. B. geschenkt wird, s. auch c. un. in VIto cit.

oder kirchlichen Gutes noch der geistliche oder nichtgeistliche Stand des Patrons, vielmehr lediglich der hervorgehobene Umstand, dass für die Zuständigkeit des Patronates die kirchliche Stellung des Berechtigten entscheidet. Allein unter dieser Voraussetzung erscheint eine Behandlung des Rechtes, welches die kirchlichen Gesichtspunkte schärfer betont (s. Th. II. S. 637), insofern gerechtfertigt, als letztere ohnehin in Betreff der sonstigen Stellung des Berechtigten massgebend sind, und darum das Sonder-Interesse des Berechtigten weniger Berücksichtigung beanspruchen kann.

Allerdings wird bei der Stiftung aus kirchlichem Vermögen fast ausnahmslos ein geistliches Patronatrecht vorliegen, weil eine geistliche Person nur kraft ihrer kirchenamtlichen Stellung über derartige Mittel verfügen kann, und demnach auch den Patronat lediglich mit Rücksicht auf diese erwirbt, so z. B. wenn ein Kloster aus seinem Kloster-, oder der Bischof aus seinem Mensalgut in einer anderen Diöcese eine Kirche stiftet. Möglich ist es aber immerhin, wenngleich allein unter besonderen Voraussetzungen, dass ein Patronat, welches zufolge einer Stiftung aus kirchlichem Vermögen entstanden ist, später auf einen Laien übergeht, und sich dadurch in ein Laienpatronatrecht verwandelt [1]. Wenn sonach durch eine Stiftung der letztgedachten Art nicht unter allen Umständen die Eigenschaft des Patronates als eines geistlichen fortdauernd bedingt ist, so kann es bei einer Stiftung aus weltlichem Vermögen nicht einmal als die Regel angesehen werden, dass dadurch ein Laienpatronat begründet wird. Eine Fundationsbestimmung dahin, dass der Patronat nicht dem Stifter selbst, sondern einer geistlichen Anstalt oder einer geistlichen Person mit Rücksicht auf diese ihre Stellung erworben werden soll, ist nicht minder erlaubt [2], wie die Uebertragung eines schon bestehenden Patronates auf eine solche Anstalt oder Person, wodurch derselbe die Natur des geistlichen Patronates annimmt [3].

Wenn oben hervorgehoben worden ist, dass der geistliche oder nichtgeistliche Stand des Berechtigten über die Natur des Patronates nicht entscheidend ist, so trifft dies allerdings nur bei physischen Personen zu. Stiftet ein Geistlicher eine Kirche oder ein Benefizium aus seinem Privatvermögen [4] oder erwirbt er einen Laienpatronat aus einem von seiner kirchlichen Stellung unabhängigen Grunde (z. B. durch Erbschaft), so ist oder bleibt sein Patronatrecht ein laikales. Andererseits bedingt es der Begriff des geistlichen Patronates nicht absolut, dass der Berechtigte ein Geistlicher oder eine

[1] Aus diesem Grunde halte ich es nicht für korrekt, wenn vielfach (s. die S. 10 n. 3 Angeführten) die Definition des geistlichen Patronates dahin gefasst wird, dass er einer geistlichen Person in dieser ihrer Eigenschaft zukommen oder durch eine Stiftung aus kirchlichen Mitteln entstanden sein muss. Der letztere Fall gehört für die Regel unter den ersteren, und wo sich beides nicht deckt, liegt eben kein geistlicher Patronat vor. Wegen des Uebergangs des geistlichen Patronates auf einen Laien s. übrigens des Weiteren unten §. 139.

Eine Stiftung aus kirchlichen Mitteln in der Weise, dass der Patronat zu Gunsten eines Laien begründet werden soll, ist praktisch desshalb ausgeschlossen, weil zu der hierbei nöthigen Veräusserung der Stiftungsmittel mangels eines genügenden Grundes kein Kirchenoberer die Genehmigung ertheilen könnte.

[2] Th. II. S. 392.

[3] Derartige Verfügungen sind namentlich in früheren Zeiten häufig vorgekommen.

[4] Diesem stehen jetzt die Ersparnisse aus dem kirchlichen Amtseinkommen gleich. Nach heutigem Recht hat der Geistliche nur eine moralische Pflicht, letztere zu frommen Zwecken zu hinterlassen. Daher entfällt die von den älteren Kanonisten in Hinblick auf c. 13 (syn. Constantinop. a. 869) C. XII. qu. 2 erforderte Bedingung, s. z. B. Riganti comm. ad reg. IX. carc. §. 2. n. 201 (merkwürdigerweise so auch noch Phillips 7, 676), dass der Geistliche die Testirfreiheit durch päpstliches Privileg erlangt haben müsse, wie dies schon Garcias tract. de benef. P. V. c. 1. n. 594 für Spanien mit Rücksicht auf die dort geltende Testirfreiheit annimmt, und es erledigt sich die Frage, ob bei einer derartigen Stiftung ohne Testirprivileg ein geistliches Patronatrecht entsteht oder die Stiftung selbst nichtig ist.

Person, welche die geistlichen Standesrechte besitzt, sein muss, vielmehr kann dies auch ausnahmsweise ein Laie sein[1], nämlich unter der Voraussetzung, dass er ein kirchliches Amt besitzt und ihm das Patronatrecht mit Rücksicht auf dasselbe zusteht[2].

Für die kirchlichen juristischen Personen, geistliche Korporationen, Stiftungen und Anstalten, gilt das Bemerkte nicht. Das Wesen einer solchen geht, im Gegensatz zur physischen Person, völlig in ihren kirchlichen Zwecken auf. Darum können sie Patronate, mögen sie dieselben durch eigene Stiftungen oder sonst erworben haben, lediglich in dieser ihrer Eigenschaft besitzen, d. h. ihre Patronate sind stets geistliche. Hieraus folgt weiter, dass über die Natur des einer juristischen Person zustehenden Patronates lediglich der Umstand entscheidet, ob diese den Charakter einer kirchlichen Korporation, Stiftung oder Anstalt trägt oder nicht. Geistlich sind daher nicht nur die Patronate der Domkapitel, Klöster, sondern auch die von ordensähnlichen Kongregationen[3], geistlichen Ritterorden[4], kirchlichen Bruderschaften, welche bischöflich approbirt und unter bischöflicher Aufsicht stehen[5], selbst wenn die Ausübung des Rechtes durch Laien erfolgt[6].

Das *ius patronatus mixtum* endlich ist dasjenige, bei welchem sowohl die ein geistliches, wie ein weltliches Patronatrecht begründenden Momente zusammen und gleichzeitig vorliegen[7]. Dies ist z. B. der Fall, wenn eine kirchliche Korporation aus ihrem kirchlichen Vermögen und ein Laie[8] aus seinen Mitteln eine Kirche oder ein Benefizium gemeinschaftlich stiften, oder eine derartige Fundation von zwei Laien gemacht wird, aber der eine derselben die daraus entstehenden Rechte einer kirchlichen Korporation oder einer geistlichen Person mit Rücksicht auf ihr Amt überweist[9].

1 Jedoch ist dies immer nur eine Ausnahme, vgl. Phillips 7, 677; v. Schulte Lehrb. S. 309. n. 6.

2 So hat die Rota das den weltlichen Sacristanen einer Kirche, den weltlichen Administratoren einer Kirchenfabrik mit Rücksicht auf diese ihre amtliche Stellung gewährte Patronatrecht für ein geistliches erklärt, und bei solchen Fragen das entscheidende Moment darin gesetzt, ob die Concession intuitu ecclesiae officio in personis oder ob sie den personis in officio gemacht worden ist, Riganti l. c. n. 203 ff. Ebensowenig ist die Ausübung des geistlichen Patronats durch einen Laien ausgeschlossen, diese hat z. B. art. 25 des österr. Konkordates den katholischen Monarchen in Betreff der dem Religionsfonds zustehenden Patronate gewährt (s. auch §. 4 des Ges. vom 7. Mai 1874), vgl. ferner unten Anm. 6.

3 So hat die Rota für die Patronate von Kanonissinnen und Beguinen entschieden, Riganti l. c. n. 213. 214.

4 Dafür die Congregatio concilii l. c. n. 293.

5 Garcias tract. de benef. P. V. c. 1. n. 604 ff; Vivianus P. I. l. I. c. 3. n. 7.

6 Wenn z. B. ein Landesfürst als Vorstand eines geistlichen Ritterordens das Recht ausübt, Riganti l. c. n. 293.

Ebenso ist es für die Natur der Patronate von Hospitälern entscheidend, ob letztere als kirchliche Anstalten zu betrachten sind oder nicht, s. Riganti l. c. n. 223 ff.

7 Nicht korrekt ist es, das gemischte Patronatrecht als das einer geistlichen und weltlichen Person zugleich zustehende Recht zu definiren, so v. Schulte Lehrb. S. 309 und Phillips Lehrb. 2. Aufl. S. 273.

8 Oder mehrere Korporationen oder Laien. Dadurch, dass mehr Personen auf der geistlichen oder Laien-Seite betheiligt sind, verliert der Patronat nicht, wie einzelne Aeltere behaupten, so z. B. Lotter de re benefic. l. II qu. 10 n. 67 seine gemischte Natur und wird nicht entweder ein geistlicher oder laikaler. Denn das Recht kann nur als einheitliches behandelt werden und hat daher auch in diesen Fällen weder ausschliesslich geistliche noch laikale Natur. Vgl. auch Fagnan. ad c. 27 X. h. t. III. 38. n. 53 ff; Leuren. for. benef. P. II. qu 17.

9 Konkurriren bei einem Patronate Laien mit Geistlichen in der Weise, dass die ersteren den letzteren mehrere Personen zu benennen haben, aus welchen diese den zu präsentirenden Kandidaten in entscheidender Weise auswählen, so liegt, wenn sonst die Momente des geistlichen Patronats gegeben sind, ein solcher im umgekehrten Fall ein Laienpatronat vor. Die gewöhnliche Meinung lässt unrichtig lediglich die Thatsache massgebend sein, ob der Wille des Geistlichen oder der Laien die Person des Kandidaten feststellt, Garcias l. c. n. 616; Vivian. l. c. n. 8; Phillips Lehrb. S. 272. Von einem gemischten Patronate, so Riganti l. c. n. 366, ist vollends keine Rede.

Die eben besprochene Unterscheidung ist einzelnen Partikularrechten, so dem preussischen allgemeinen Landrecht, unbekannt[1].

Die geistliche, laikale oder gemischte Natur des Patronates ist für den dinglichen oder persönlichen Charakter desselben gleichgültig. D. h. nicht nur ein Laien-, sondern auch ein geistlicher Patronat kann ein dinglicher sein. Es liegt darin, dass ein Patronatrecht, welches Accessorium eines Grundstücks ist, einer geistlichen Person wegen dieser ihrer Eigenschaft zusteht, an und für sich nichts Irrationelles. Ebensowenig ist der Uebergang eines Immobiles mit einem dergleichen Patronate auf einen geistlichen Patron ein Rechtsakt, welcher die accessorische Natur desselben aufzuheben an und für sich geeignet wäre, vielmehr kann gerade umgekehrt der geistliche Patron sein Recht allein auf Grund seines Erwerbstitels, also in dem gedachten Fall lediglich als Eigenthümer des Immobiles, beanspruchen und ausüben[2].

Mit Rücksicht darauf, dass das persönliche Patronatrecht nicht mit dem Tode des ersten Erwerbers erlischt, der letztere vielmehr in seiner Eigenschaft als Stifter die Befugniss hat, frei über das Schicksal derselben zu verfügen, ergiebt sich die Unterscheidung des persönlichen Patronates[3] in das *ius patronatus haereditarium* (erbliches) und *gentilitium* oder *familiare* (Familienpatronatrecht). Das erstere liegt vor, wenn der Stifter über seine Rechtsnachfolger keine Bestimmung getroffen oder seine Erben schlechthin berufen hat. In beiden Fällen vererbt es sich nach den Regeln der civilrechtlichen Erbfolge, und unterliegt der freien Verfügung sowohl des Stifters, wie auch seiner Rechtsnachfolger (s. auch §. 139). Da diese Folgen immer erst durch besondere Anordnungen ausgeschlossen werden müssen, so gilt das erbliche Patronatrecht als die Regel[4]. Der Familienpatronat kann dagegen nur auf die Mitglieder einer bestimmten Familie übergehen und erlischt mit dem Aussterben derselben. Das Subjekt eines solchen Patronates ist das durch die Successions-Ordnung[5] berufene, jeweilige Familienmitglied[6]. Da die Berechtigten bei dieser Art des Patronates sämmtlich ihr Recht aus dem Willen

[1] Die Beseitigung dieser Unterscheidung ist offenbar durch protestantische Anschauungen hervorgerufen, denn für die protestantische Kirche hat sie keine Berechtigung, s. meine Abhandlung bei Dove, Ztschr. f. K. R. 7, 37 ff.

[2] Vgl. meine Ausführungen bei Dove, Ztschr. f. K.R. 2, 429. Derselben Ansicht auch Phillips Lehrb. S. 273; v. Schulte Lehrb. S. 309. Richter-Dove, K.R §. 188. n. 19; nunmehr auch Vering K.R. S. 485, welcher früher, Arch. f. k. K.R. 7, 228 unter Berufung auf die ohne jede Begründung aufgestellte Ansicht von Maas i. d. histor.-polit. Blättern 42. S. 855 behauptet hatte, dass kirchliche Korporationen stets als moralische Personen, niemals als Grundbesitzer präsentirten, also stets nur ein persönliches und nie ein dingliches Patronatrecht ausgeübt haben, was beides augenscheinlich gar keinen Gegensatz bildet, da eine juristische Person, wenn sie Grundbesitzer ist und kraft des mit ihrem Grundeigenthum verbundenen accessorischen Rechtes präsentirt, dies nicht anders wie in ihrer Eigenschaft als juristische Person thun kann.

[3] Nicht aber des dinglichen, weil das Schicksal desselben vom Gute abhängt und sein Uebergang durch den Wechsel des Eigenthums an demselben bestimmt wird.

[4] So schon die Glosse s. v. propinquis zu c. 31 u. s. v. considerandum zu c. 35 C. XVI. qu. 7. Die Doktrin ist darüber einig. Weiteres in der Lehre vom Uebergang des Patronats.

Das österreichische Recht stimmt mit dem gemeinen Recht überein, Graf v. Barth-Barthenheim, Oesterreichs geistliche Angelegenheiten. Wien 1841. S. 53. Das preussische L.-R. II. 11. §. 579 kennt zwar nur eine Vermuthung für die Dinglichkeit, und lässt nach §. 578 die Erwerbungsurkunden darüber entscheiden, „ob das Patronatrecht nur der Person des Erwerbers oder seinen Erben oder einer gewissen Familie zukomme"; steht aber einmal die Qualität des Rechtes als eines persönlichen fest, so wird im Zweifel ebenfalls die freie Vererblichkeit anzunehmen sein, da der Patronat auch nach preuss. Recht nicht ein höchstpersönliches Recht ist und für eine andere Art der Succession immer eine besondere Bestimmung vorliegen müsste.

[5] Ueber diese ist des Näheren §. 139. II zu handeln.

[6] Nicht die Familie als Ganzes, so dass das einzelne berufene Mitglied nur zur Ausübung des Patronates berechtigt wäre, denn die Familie ist nach gemeinem Rechte keine juristische Person. Nach preussischem Recht gilt sie allerdings in gewissen Beziehungen als solche, s. §. 72. II. 4. A. L.-R.; Koch, Kommentar zum Landrecht. 6. Aufl. Anm. 25 zu §. 38 a. a. O., trotzdem er-

des Stifters herleiten und ein einzelner den übrigen ihr Anrecht nicht entziehen kann, so ist der Familien-Patronat seinem Wesen nach unveräusserlich [1]. Ja, selbst für den Fall, dass keine Anwärter aus der Familie mehr vorhanden sind, kann im Zweifel das letzte übrig bleibende Mitglied nicht über das Recht verfügen, weil der Stifter alle übrigen Personen ausgeschlossen, mithin für den Fall des Erlöschens der Familie den substantiellen Untergang des Rechtes gewollt hat.

Ferner kann der Patronat einem Berechtigten allein oder mehreren gemeinschaftlich (s. g. *ius compatronatus*) zustehen, und zwar gleichviel ob er ein dinglicher oder persönlicher, ein geistlicher oder laikaler ist. Da es lediglich auf das eben hervorgehobene Unterscheidungsmoment ankommt, so liegt die Möglichkeit vor, dass ein und dasselbe Patronatrecht für eine bestimmte Zeit ein Allein-, für eine andere ein Kompatronat werden [2] kann [3].

Die herrschende Lehre nimmt an [4], dass das Patronatrecht seiner Natur nach nicht theilbar ist und lässt demnach bei dem Kompatronate keine Getheiltheit des Rechtes eintreten. Für das im Patronate enthaltene Präsentationsrecht trifft diese Auffassung jedenfalls zu. Zunächst kann sein Objekt, das kirchliche Benefizium oder die kirchliche Anstalt, nicht in mehrere Theile zerlegt [5] und daher auf diesem Wege keine Vervielfältigung des Rechtes in eine Anzahl gleichartiger Berechtigungen herbeigeführt werden. Ebensowenig ist aber eine Theilung in der Art denkbar, dass an dem ungetheilten Objekt etwa mehrere solcher Rechte unabhängig von einander begründet würden, denn es erscheint unmöglich, mehreren Berechtigten bei der Erledigung des Benefiziums die Befugniss der Präsentation je eines Kandidaten mit der Wirkung zu gewähren, dass der kirchliche Obere verpflichtet sein sollte, ein und dasselbe Amt jedem der verschiedenen Kandidaten zu verleihen. Endlich lässt sich auch nicht einmal eine intellektuelle Theilung der einen Berechtigung für die mehreren Kompatrone annehmen, weil der Akt der Präsentation eine solche nicht gestattet [6]. Demnach kann

scheint aber eine andere juristische Konstruktion, als die im Text angegebene, nicht geboten, weil das L.-R. der Familie als juristischer Person nur Vermögensrechte (s. Th. II. Tit. 4) beilegt und ein Familienpatronat weder als Familienstiftung (§. 21 a. a. O.) noch als Familien-Fideikommiss betrachtet werden kann.

[1] S. die Entscheidung d. Congr. conc. v. 1868 in d. Acta s. sed. 4, 653 und Berardi l. c. c. 2, ed. cit. 1, 287.

[2] Wenn beim dinglichen Patronat das Eigenthum des Gutes bald auf einen, bald auf mehrere Eigenthümer oder der erbliche Patronat bei den auf einander folgenden Erbfällen bald an einen Erben, bald an mehrere Miterben übergeht.

[3] Nur beim gemischten Patronat ist dies nicht möglich, dies kann seinem Begriffe nach immer nur ein Kompatronat sein.

[4] Lippert S. 177; Schulte Lehrb. S. 309; Schlayer S. 55 ff.

[5] Dass dies in früherer Zeit, als die Anschauung vom Privateigenthum noch herrschend war, geschehen, zeigen die Verbote in c. 1 ff. X. h. t. III. 38; vgl. auch Th. II. S. 624.

[6] Bei der entscheidenden Vorbereitung dieses Aktes, der Feststellung des zu präsentirenden Kandidaten, ist allerdings eine verschiedene Einwirkung mehrerer Betheiligter in sofern denkbar, als einem einzelnen oder mehreren eine grössere Stimmzahl zustehen kann. Durch diese Stimmen wird aber niemals blos ein bestimmter Antheil des einzelnen Berechtigten an der Präsentation gebildet, vielmehr führt erst die Abstimmung in ihrem Endresultat den ebenfalls untheilbaren Akt der bindenden Auswahl des Kandidaten herbei, und es ist daher die Auffassung, dass der letztere etwa zu einem oder zwei Dritteln von einem Patron, zu der anderen Quote von einem anderen bestimmt oder präsentirt worden sei, ausgeschlossen. Die mehrfache Stimmberechtigung hat nur die Folge, dass durch sie eine stärkere Konkurrenz gegenüber den anderen Kompatronen entsteht.

In mittelalterlichen Urkunden werden mitunter partes iurispatronatus erwähnt, darunter wird aber das Recht, in einem bestimmten Alternirungsfall zu präsentiren, verstanden, vgl. z. B. dipl. a. 1217, Lacomblet, niederrh. Urkdbch. 2, 38: „allodium nostrum in H. et tres partes sive vices de patronatu ecclesie ipsius loci, quarta parte sive vice duci de Limburg reservata u. dazu dipl. a. 1275, ibid. 2, 394: „cui etiam curti annexum . . iuspatronatus ecclesie . . in O. ita quod ex una parte et una vice ecclesia Coloniensis predicta, ex altera parte et altera vice nobiles viri B. et Th. . . et W. ex tertia parte et tertia vice ad eandem ecclesiam presentabunt".

das Verhältniss mehrerer Kompatrone in Bezug auf das Präsentationsrecht nur dahin bestimmt werden, dass jedem die Berechtigung in solidum zusteht und jeder dieselbe auszuüben befugt ist, er aber in diesem Rechte und in der Ausübung desselben durch die Konkurrenz seiner Genossen beschränkt wird [1].

Andererseits sind aber im Patronatrecht auch Befugnisse enthalten, welche nicht an sich untheilbar sind, so das Recht des Patrons auf bestimmte geldwerthe Leistungen aus dem kirchlichen oder Benefizialvermögen, zu denen gemeinrechtlich auch die Gewährung der Alimente gehört [2]. Ferner gestatten wenigstens einzelne patronatische Rechte eine Theilung, im Sinne von Vervielfältigung, in der Weise, dass sie selbstständig und unabhängig neben einander mehreren zustehen und von ihnen ausgeübt werden können. Hierher gehören die Befugnisse den ungetreuen Verwalter des Kirchengutes zu denunziren und der Kirchenvisitation beizuwohnen, sodann die Ehrenrechte, wie z. B. das Recht auf einen Ehrenplatz bei Prozessionen, auf ein besonderes Begräbniss, auf Einschluss in das Kirchengebet. Endlich ist bei einzelnen Patronatsrechten, wenn sie überhaupt zur Wirksamkeit gelangen sollen, eine Beschränkung durch die Konkurrenz anderer Berechtigter gar nicht denkbar [3].

Es erscheint demnach unhaltbar, wenn die herrschende Meinung das Patronatrecht für untheilbar erklärt und damit anscheinend auch die Untheilbarkeit aller in demselben liegenden, einzelnen Befugnisse behauptet. Daher kann auch kein Bedenken dagegen obwalten, dass der Stifter zur Anordnung einer Theilung insoweit berechtigt ist, als eine solche nach dem Inhalte der einzelnen patronatischen Befugnisse möglich erscheint [4].

Es bleibt aber weiter die Frage übrig, nach welchem Principe mangels besonderer Stiftungsbestimmungen das Verhältniss mehrerer Kompatrone in Betreff der patronatischen Befugnisse zu behandeln ist, da sich gezeigt hat, dass der Grundsatz der Untheilbarkeit für diesen Zweck nicht in Betracht kommen kann.

Allein- und Kompatronate sind Gestaltungen des Patronatrechtes, welche ihrem Wesen nach die objektive Substanz des letzteren nicht berühren. Ein und dasselbe Patronatrecht kann bald Allein-, bald Kompatronat sein. Da ferner nur das erstere durch das kirchliche Recht in eingehender Weise geregelt ist, und somit als der Normaltypus betrachtet werden muss, so kann keine andere Behandlung des Kompatronates als zulässig erscheinen, als eine solche, welche für den letzteren, so weit irgend möglich, die substantielle Gleichheit mit dem Alleinpatronat aufrechterhält, und die

[1] Dasselbe gilt von dem Zustimmungsrecht mehrerer Patrone, welches bei Dignitäten an den Kathedral- und Kollegiatkirchen an Stelle des Präsentationsrechtes tritt, vgl. unten §. 138. I. 1. c.

[2] Denn die Zahlung einer Quote des für den Alimentationsberechtigten erforderlichen Bedarfs ist an und für sich nicht ausgeschlossen.

[3] So kann z. B. das Kirchengebet entweder nur für alle Kompatrone unter genereller oder spezieller Erwähnung derselben oder gar nicht gehalten werden. Dagegen lässt sich eine durch die Konkurrenz beschränkte Aufsicht über die Vermögensverwaltung, soweit kraft dieses Rechtes die Vorlegung der Rechnungen gefordert werden kann, praktisch verwirklichen, nämlich in der Weise, dass diese nicht von jedem Kompatron für sich besonders, sondern nur gemeinsam nach Beschluss sämmtlicher Kompatrone an alle oder die sich daran betheiligenden erfolgen darf, und mit einer solchen einmaligen Vorlegung der Pflicht allen Kompatronen gegenüber genügt ist.

[4] Derselbe wird daher vollkommen rechtsgiltig anordnen können, dass die vorbehaltene geldwerthe Leistung aus dem Kirchenvermögen, falls der Patronat sich in einen Kompatronat verwandelt, beim Ausscheiden eines Kompatrons in Höhe des Kopftheils zurückbehalten werden und sich um diesen vermindern, desgleichen, dass der verarmte Kompatron nur eine Quote der Alimente erhalten soll. Dagegen wäre eine Bestimmung, dass die Präsentation den einzelnen Kompatronen zu einer bestimmten Quote zukommen soll, nichtig, weil dieselbe nicht theilbar ist. Die herrschende Lehre müsste konsequenterweise auch Nichtigkeit der erstgedachten Anordnungen behaupten.

Beziehungen zu dem Objekte des Patronates und die Ausübung des Rechtes in der Weise bestimmt, dass der Inhalt des letzteren keine Veränderung erleidet, insbesondere der Kirche gegenüber keine grössern Lasten entstehen, andererseits ihr aber auch keine Vortheile erwachsen.

Will man diesem Gesichtspunkte gerecht werden, so ergiebt sich zunächst, dass die Kompatrone nach aussen hin nur als eine Einheit auftreten und nur als solche die im Patrone liegenden Befugnisse an Stelle des in anderen Fällen vorhandenen alleinigen Patrons geltend machen können. Mit Rücksicht aber darauf, dass sich die Kirche und der Kirchenobere die Ausübung einer einzelnen patronatischen Befugniss auch beim Kompatronat in vollem Umfange gefallen lassen muss und die rechtlich feststehenden Leistungen ebenfalls durch die Existenz des Kompatronates nicht vermindert werden, erscheint es gleichgültig, wer die Einheit der Kompatrone vertritt (ob also z. B. die Präsentation von allen oder blos von einzelnen ausgeübt wird, die Hebung der stiftungsmässigen Bezüge durch alle oder durch einen einzigen erfolgt), falls die betreffende Handlung nur für alle Kompatrone ihre rechtliche Wirkung äussert.

So weit das Interesse der Kirche in Frage steht, kann daher die nothwendige Gleichstellung des Kompatronates mit dem Alleinpatronat durch die Annahme einer Solidarberechtigung der einzelnen Kompatrone in Betreff aller im Patronate enthaltenen einzelnen Befugnisse erreicht werden.

Andererseits entspricht aber die reine Solidarberechtigung nicht der Stellung der Kompatrone in ihrem inneren Verhältniss zu einander. Mangels anderweitiger Anordnungen des Stifters stehen sie sich hinsichtlich ihrer Berechtigung am Kompatronate alle gleich. Keiner ist daher seinem Genossen gegenüber befugt, ohne Rücksicht auf dieselben die patronatischen Befugnisse allein und ausschliesslich geltend zu machen. Die Festsetzung einer blossen Entschädigungspflicht für eine solche Verletzung der Rechte der Kompatrone seitens eines derselben, d. h. die Beschränkung der Wirkung einer solchen auf das innere Verhältniss derselben untereinander, erweist sich bei der Natur der patronatischen Befugnisse, welche zum Theil nicht in Geld schätzbar sind, als unzureichend. Die Sicherung der Kompatrone kann daher nur dadurch erreicht werden, dass die in der Solidarberechtigung liegende Befugniss eines jeden einzelnen, den Kompatronat nach aussen, der Kirche und dem kirchlichen Oberen gegenüber, zu vertreten eingeschränkt wird, und zwar ohne dass dadurch der Grundsatz der einheitlichen Repräsentation eine Aenderung erfährt. Dies wird nur dadurch ermöglicht, dass man die Solidarberechtigung durch die Konkurrenz der übrigen auch nach aussen hin in der Art modificirt werden lässt, dass alle Kompatrone die betreffenden Handlungen gemeinsam vornehmen müssen, um den Kompatronat zu vertreten, die Solidarberechtigung aber insoweit festgehalten wird, als diejenigen, welche nicht konkurriren wollen oder an der Ausübung ihres Konkurrenzrechtes rechtlich gehindert sind, ausscheiden, und in solchen Fällen ein Handeln der übrigen Kompatrone, ja auch eines einzelnen für genügend erachtet wird.

Bei dieser Behandlung des Kompatronates bleibt es völlig unerheblich, ob die eine oder andere patronatische Befugniss untheilbar ist oder nicht. Im praktischen Resultat führt sie allerdings zur Anwendung von Grundsätzen, welche die bisherige Doktrin für die Ausübung des Präsentationsrechtes aus der Untheilbarkeit des letzteren oder des Patronates überhaupt hergeleitet hat. Dies erklärt sich aber daraus, dass sie in Betreff der untheilbaren patronatischen Befugnisse, wenn man den Rechten der einzelnen Kompatrone Rechnung tragen will, die einzig mögliche ist, dagegen für die an sich theilbaren allein deshalb geboten erscheint, weil die Regeln über den Kompatronat nur aus der Gleichstellung desselben mit dem Alleinpatronat abgeleitet werden können und bei letzterem eine Theilung der gedachten Rechte niemals in Frage steht. Die hier vertretene Auffassung führt also dazu, auch die theilbaren Befugnisse so zu behandeln, als ob sie untheilbar wären, aber nur deshalb, weil dies das Princip der durch die Konkurrenz der Kompatrone eingeschränkten Solidarberechtigung, welches für alle patronatischen Befugnisse gleichmässig Anwendung findet, bedingt. Die Untheilbarkeit des Patronates oder richtiger die Behandlung aller patronatischer Befugnisse als untheilbarer erscheint demnach nur als eine Folge des erwähnten Principes, nicht aber als dieses selbst[1].

Die ferner vielfach beliebte Eintheilung des Patronates in *ius patronatus activum* und *passivum*[2], d. h. in das Patronatrecht schlechthin und in ein solches, bei welchem ein Kandidat wegen bestimmter Eigenschaften, z. B. wegen seiner Zugehörigkeit zur Familie des Stifters oder zu einer gewissen Ortschaft ein Vorrecht vor Anderen auf die Präsentation durch den Patron besitzt, ist unhaltbar[3]. Der Bevorzugte selbst erlangt in solchen Fällen keine patronatischen Rechte, es steht hier vielmehr nur eine Beschränkung des Patrons in der Auswahl der Kandidaten in Frage. Eine solche ist aber nichts dem Patronate eigenthümliches, da sie auch bei nicht patronatischer, so z. B. bei freier Verleihung, für den Kollationsberechtigten vorkommen kann.

Endlich wird vielfach als besondere Art des Patronates noch das landesherrliche Patronatrecht hervorgehoben. Der Ausdruck ist vieldeutig. Man versteht darunter den Fall, dass der Patronat einem Landesherrn zukommt, ohne dass man bisher die dabei möglichen Verschiedenheiten genügend auseinander gehalten hätte[4]. Der Landesherr kann einen solchen deshalb besitzen, weil die Berechtigung dazu durch die landesherrliche Würde bedingt ist, ferner aber unabhängig von dieser aus solchen Gründen, welche für den Erwerb durch eine Privatperson massgebend sind[5]. Sodann bezeichnet man mit dem erwähnten Ausdruck auch die Patronate, welche nicht dem Landesherrn als solchem, sondern dem Staate zustehen[6]. Derartige Patronate werden richtiger als Staats- oder fiskalische bezeichnet, während man von einem landesherrlichen Patronate im eigentlichen Sinn nur in dem zuerst hervorgehobenen Falle sprechen sollte.

Endlich wird die Bezeichnung: landesherrliches Patronatrecht aber noch in einem wesentlich anderen Sinne gebraucht. Man versteht darunter das fälschlich aus der Souveränität hergeleitete Recht des Landesherrn, die kirchlichen Aemter

[1] Die herrschende Lehre von der Untheilbarkeit des Patronates hat allerdings das richtige herausgefühlt, aber das Verhältniss gerade umgekehrt gefasst, indem sie aus der Untheilbarkeit die beschränkte Solidarberechtigung der Kompatrone als Folge abgeleitet hat. Erklärlich ist dies, weil man gewöhnlich blos das Präsentationsrecht in das Auge gefasst, und die Richtigkeit der bisherigen Auffassung nicht in ihrer Anwendung auf die sonstigen patronatischen Rechte einer Prüfung unterzogen hat.

Was für Folgen des näheren sich aus der im Text entwickelten Ausführung ergeben, davon kann erst bei der Besprechung der einzelnen im Patronate enthaltenen Rechte (§. 138) und in der Lehre von dem Untergang und der Suspension des Patronates (§. 140) die Rede sein.

[2] Vgl. Vivianus l. c. c. 3. n. 30; Barbosa J. E. U. III. 12. n. 25; Lippert S. 50; Vering K. R. S. 487.

[3] So schon Berardi l. c. p. 288; Phillips K. R. 7, 682.

[4] S. z. B. Riganti ad reg. 42 cancell. n. 42; Phillips 7, 683.

[5] Also z. B. deshalb, weil ihm ein Familienpatronat zufällt oder weil er von einem Privaten ein patronatberechtigtes Gut aus seinem eigenen Vermögen kauft.

[6] Wie dies bei dinglichen, an Staatsdomänen haftenden Patronaten, der Fall ist.

(oder wenigstens die niederen) innerhalb seines Landes zu besetzen. Selbst, wenn die Annahme eines solchen Rechtes begründet wäre, würde dasselbe immer kein Patronat in der kirchenrechtlich feststehenden Bedeutung dieses Begriffes sein. Daher ist des Näheren davon nicht in der Lehre vom Patronate, sondern in der Lehre von der auf Grund der Kirchenhoheit staatlicherseits in Anspruch genommenen Mitwirkung bei der Besetzung der Kirchenämter (§. 151) zu handeln.

§. 137. ββ. *Die Entstehung oder die ursprünglichen Erwerbsarten des Patronates.*

Die Entstehung oder Neubegründung eines Patronatrechtes setzt einen Erwerbstitel, ferner aber die Fähigkeit des in Frage kommenden Subjektes zum Erwerbe des Rechtes, endlich auch ein Objekt voraus, welches demselben überhaupt unterworfen sein kann.

I. Die Erwerbstitel. A. Die Fundation im weiteren Sinne. Derjenige, welcher eine kirchliche Anstalt oder ein Benefizium fundirt, erwirbt an dem von ihm auf diese Weise neugeschaffenen Objekt das Patronatrecht [1]. Zugleich ist er berechtigt innerhalb der überhaupt kirchenrechtlich zulässigen Schranken die näheren Modalitäten des entstehenden Rechtes zu bestimmen [2], ja dasselbe sogar von vornherein einer anderen Person zuzuweisen [3].

Wegen ihres Stiftungs-Charakters muss die Fundation eine Liberalität enthalten, also unentgeltlich, d. h. ohne Vorliegen einer durch das Kirchenrecht begründeten Verpflichtung [4], vorgenommen werden. Ferner ist es erforderlich, dass der Wille des Stifters sich auf den betreffenden Erfolg und die Aneignung der entstehenden rechtlichen Wirkungen richtet oder wenigstens die letzteren nicht, sei es ausdrücklich, sei es stillschweigend ablehnt. Daher wird durch eine einfache Schenkung zum Zweck eines Kirchenbaues, insbesondere durch Beiträge zu Kollekten für einen solchen kein Patronat erworben.

Die Fundation, durch welche die Stiftung verwirklicht wird, besteht naturgemäss in der Bewirkung aller Handlungen und in der Gewährung aller Mittel, welche nothwendig sind, um die beabsichtigte kirchliche Anstalt oder das in Aussicht genommene kirchliche Benefizium in das Leben zu rufen und die Erfüllung der Zwecke derselben zu sichern. Der Umfang der Leistungen ist daher nach Lage der Fälle verschieden.

Handelt es sich um die Herstellung einer kirchlichen Einrichtung, für welche ein besonderes gottesdienstliches Gebäude, z. B. eine Pfarrkirche, Kapelle, nothwendig ist, so bedarf es 1. der Beschaffung des Grund und Bodens für dasselbe (*fundatio* i. eng. Sinn oder *assignatio fundi*), 2. der Ausführung des Baues (*constructio*, auch *ex-*

[1] c. 26. 31. 32 C. XVI qu. 7, welche gewöhnlich dafür angeführt werden, beweisen das nicht, s. Th. II. S. 619 n. 4. S. 621 n. 2 u. 5. Die Doktrin hat allerdings diesen Rechtssatz, welcher sich durch die historische Entwicklung des Instituts von selbst ergeben musste, an diese Stellen angeknüpft, s. Glossa s. v. fundatione, vgl. ferner c. 25 (Clem. III.) X. h. t. III. 38.

[2] Th. II. S. 392.

[3] Die gedachten Befugnisse folgen aus dem Rechte des Stifters, Inhalt und Umfang seiner Stiftung näher festzusetzen. Bei Stiftung zu Gunsten eines dritten, ist dieser der erste Erwerber, nicht der Stifter.

[4] Daher kann ein Baulastpflichtiger, welcher seiner betreffenden Verbindlichkeit genügt, niemals den Patronat erlangen, andererseits ist aber der Erwerb des letzteren nicht ausgeschlossen, wenn eine sonstige Rechtspflicht obwaltet, falls nur die Uebernahme und Begründung derselben eine freiwillige, nicht durch die Kirche geforderte ist, weil auch dann eine Begünstigung der Kirche und eine Wohlthat gegen dieselbe liegt. Deshalb erwirbt derjenige, welcher eine rechtsgiltig eingegangene oder ihm im Testament auferlegte Verpflichtung zur Fundation einer Kirche wenngleich gezwungen erfüllt, den Patronat, so auch die Rota, Vivian. P. I. l. 2. c. 3. n. 14.

structio, aedificatio)[1] und 3. der Gewährung der Mittel für die Bestreitung der sächlichen Kosten des Gottesdienstes, für die Instandhaltung des Gebäudes und für den Unterhalt der erforderlichen geistlichen Kräfte (*dotatio*)[2].

Andererseits kann aber schon die blosse Gewährung eines Fonds für den zuletzt gedachten Zweck genügen, so wenn an einer schon bestehenden Kirche ein Benefizium zur Aushülfe in der Seelsorge oder für die Abhaltung von Messen gestiftet werden soll.

In der Mitte zwischen diesen beiden Fällen liegen noch andere, so z. B. die Stiftung eines Benefiziums mit einem besonderen Altar, bei welcher zu der Dotation die Erbauung des letzteren auf Kosten des Stifters hintreten muss.

Darüber, ob eine der drei gedachten Handlungen, wenn die Vollendung der Stiftung nur durch alle oder mehrere derselben herbeigeführt werden kann, allein die Entstehung des Patronates zu Gunsten des Leistenden bewirkt, besteht mangels einer ausdrücklichen Entscheidung in den Quellen[3] ein bisher nicht zum Austrag gelangter Streit.

Eine namentlich in älterer Zeit allgemein angenommene Meinung lässt jede einzelne der erwähnten Handlungen genügen[4], andere verlangen dagegen, dass sämmt-

[1] Gleich steht natürlich die Hingabe pekuniärer Mittel, um die betreffenden Handlungen unter Leitung der kirchlichen Behörden bewirken zu lassen. Denn die Kirche erlangt hier denselben Vortheil, wie wenn der Patron selbst den Grund und Boden beschafft und das Gebäude herstellen lässt.

[2] Diesen Fall hat die Glosse zu c. 26. C. XVI qu. 7 s. v. piae mentis in dem Memorialvers: *patronum faciunt dos aedificatio fundus* allein im Auge.

[3] Am ausführlichsten über den Sprachgebrauch derselben hinsichtlich der Worte *fundatio* und *constructio* Phillips 7, 721 ff. Dass das erstere alle drei Handlungen umfassen kann, bedarf keines Beweises.

Die älteren Stellen (s. S. 18. n. 1), welche des *fundare ecclesiam* oder der *fundatores ecclesiarum* oder des *construere vel dotare ecclesiam* gedenken, sind ebenso wie Nov. LVII. c. 2 deshalb nicht massgebend, weil sie den Patronat in seiner nachmaligen Gestaltung noch nicht vor Augen haben.

In c. 25 (Clem. III) X. h. t. III. 38 heisst es allerdings: „quod si quis ecclesiam cum assensu dioecesani construxit, ex eo ius patronatus acquirit“, mit Bezug auf eine sich nur in der pars decisa findende Anfrage „si aliquis efficiatur sola constructione patronus“, indessen ist dies ebenfalls nicht entscheidend (so Schulte Syst. 2, 678. n. 3). Denn die Anfrage ist vieldeutig, sie kann auf die hier in Rede stehende Kontroverse bezogen werden, andererseits aber auch darauf, ob man ohne besonderen Vorbehalt ipso iure und ohne Zustimmung des Bischofs Patron werde. Ueberdies ist gerade der Theil der Stelle, welcher die Beziehung auf die Kontroverse ermöglicht, von Raimund a Peñaforte gestrichen, vgl. auch Phillips 7, 731. 736.

Ebenso entbehren auch die Vorschriften des Tridentinums der erforderlichen Deutlichkeit. Sess. XIV. c. 12 de ref.: „Nemo . . . nisi ecclesiam, beneficium aut capellam de novo fundaverit et construxerit seu erectam quae tamen ine sufficienti dote fuerit, de suis propriis et patrimonialibus bonis competenter dotaverit, ius patronatus impetrare . . . possit . . . In casu autem fundationis aut dotationis“, lässt in seinem ersten Satz den Patronat durch Neuerrichtung und Erbauung eines kirchlichen Gebäudes oder durch Ergänzung der Dos einer schon vorhandenen Anstalt entstehen, und stellt nachher den ersteren beiden Handlungen die Fundation gleich, so dass darunter auch die Dotirung als mitbegriffen gedacht werden darf. Wenn ferner Sess. XXV c. 9 de ref. bestimmt: „ut titulus iuris patronatus sit ex fundatione vel dotatione“, so ist einmal die Auffassung möglich, dass hier die Dotation als Titel für den in der zuerst angeführten Stelle gedachten Fall gemeint ist, aber auch die, dass durch Dotation allein schon das Patronatrecht entstehen kann, wobei es jedoch zweifelhaft bleibt, ob unter allen Umständen oder nur unter der Voraussetzung, dass sie allein zur Realisirung der Stiftung genügt. Ebensowenig ist die Stelle desselben Kapitels: „Patroni autem . . . in perceptione fructuum . . . . quorumcumque beneficiorum, etiamsi vere de iure patronatus ipsorum ex fundatione et dotatione essent, nullatenus . . . se ingerant“ entscheidend. Vgl. auch Phillips 7, 734. A. M. Schulte K. R. 2, 678. n. 3.

[4] Innoc. IV appar. ad tit. X. III. 38 rubr. n. 2: „Acquiritur autem ius patronatus tribus ex causis, s. ecclesiae constitutione, ecclesiae dotatione et territorii ad ecclesiam fundandam collatione . . . . Quilibet autem istorum patronus est“; glossa ad c. un. in VI^{to} h. t. III. 19 in casu: „Aliquis laicus habebat iuspatronatus in aliqua ecclesia, quia forte eam fundaverat i. e. donaverat fundum ad eam aedificandam *vel* eam aedificavit *vel* dotavit *vel* omnia fecit simul“. Die Glossa zu c. 30 C. XVI qu. 7 s. v. Aliquid: „non tamen propter quamlibet rem modicam datam ante consecrationem efficitur quis patronus, nisi tantum dederit, quod sufficiat ad necessaria ministrorum et ad luminaria“, behandelt allein die Dotation und geht ebenfalls davon aus, dass schon durch diese der Patronat erworben werden könne (s. auch Lippert S. 57). Ferner für diese Meinung: Lambertini tract. de iure patr. l. I. p. I. qu. 3. n. 2;

liche drei zusammentreffen müssen [1], endlich wird auch die Ansicht vertreten, dass der Patronat durch Erbauung einer Kirche, ohne Unterschied, ob darin die Anweisung des Grund und Bodens enthalten sei oder nicht, und ferner durch Dotation einer von einem Andern erbauten Kirche entstehe [2]. Selbstverständlich muss bei der erstgedachten Ansicht das Zustandekommen der kirchlichen Anstalt, für welche eine der erwähnten Leistungen gemacht wird, vorausgesetzt werden [3], weil sonst das Objekt des Patronates überhaupt nicht zur Existenz gelangt [4]. Demnach hängt die Entscheidung der Kontroverse lediglich davon ab, ob in der Bewirkung einer der erwähnten Handlungen allein schon eine zur Begründung des Patronates ausreichende Wohlthat gegenüber der Kirche gefunden werden kann [5].

Die Quellen geben, wie schon bemerkt, auf diese Frage keine direkte Antwort. Ebensowenig lässt sich daraus, dass in den Entstehungszeiten des Institutes die Grundherren die Fundation, Konstruktion und Dotation zusammen vorgenommen haben, die Unbegründetheit der ersten Meinung herleiten [6]. Denn das Institut ruht heute nicht mehr auf dem Fundament der Eigenthumstheorie.

So bleibt nichts anderes übrig, als eine Lösung aus den sonstigen feststehenden Grundsätzen über den Erwerb des Patronates zu versuchen. Es ist unbestritten anerkannt und es kann als festes Gewohnheitsrecht bezeichnet werden, dass in demjenigen Falle, wo die drei erforderlichen Handlungen von drei verschiedenen Personen geleistet werden, jede den Patronat erwirbt und somit ein s. g. Kompatronat entsteht. Dass irgend eine Verbindung unter diesen Personen zu dem gedachten Zwecke vorher eingegangen sein, oder irgend ein rechtlicher Zusammenhang zwischen ihnen bestehen muss, ist nicht nothwendig [7]. Somit reicht für jeden die Bewirkung einer einzigen

Vivian. l. c. P. II. l. 1. c. 2. n. 1. 2; Barbosa J. E. U. III. 12. n. 28; Leuren. for. benef. P. II. qu. 30; Nicollis. prax. canon. de iurepatr. n. 1; Engel coll. iur. can. III. 38. n. 19; Reiffenstuel ius can. III. 38. n. 4; Ferraris s. v. ius patronatus art. 1. n. 20 ff.; Kaim 2, 52 ff.; Richter-Dove K. R. §. 189. n. 4; Schulte K. R. 2, 677; Walter K. R. §. 235b. n. 3; Ginzel K. R. 2, 142; Vering K. R. S. 489.

1 So Nicolaus de Tudeschis (abbas Siculus), s. Fagnan. ad c. 3 X h. t. III. 48. n. 26; dieser letztere selbst a. a. O.; van Espen J. E. U. P. II. t. 25. c. 3. n. 6 ff.; Berardi comm. l. c. c. 4, ed. cit. 1, 290; Schilling S. 10; Phillips 7, 726 ff.; Gerlach Präsentationsrecht S. 66. 67.

2 de Roye de iurepatr. prolegom. c. 13; Lippert S. 62.

3 Die Realisirung dieser Voraussetzung ist praktisch sehr wohl möglich, z. B. wenn zu der Hergabe des Grundstückes durch eine Person die Beschaffung der Baukosten seitens der dazu verpflichteten Gemeinde erfolgt und zur Dotation ein Kollektenfond verwendet wird.

4 Damit entfallen Einwendungen, wie die, dass eine Kirche mit der blossen Anweisung des Grundstückes noch nicht zur Existenz gelange, und der Patron seine Rechte nicht ausüben könne, ferner, dass der Bischof den Bau einer solchen nicht ohne Dotation genehmigen oder eine schon erbaute konsekriren dürfe, s. Fagnan. l. c. u. Phillips 7, 726. 735.

5 Wenn Phillips a. a. O. sagt: „Man wendet zwar ein, dass mit solch einem Einzelerwerb durch eine jener drei Handlungen immer die conditio iuris verbunden sei, dass ein zweiter oder dritter, den einen der anderen Akte vornimmt, eo ipso Mitpatron werde. Indessen damit ist nicht viel gewonnen, denn so lange ein zweiter oder dritter einen jener andern Akte nicht vorgenommen hat, ist jener Erste, wenn er auch in der Absicht, Patron zu werden, die Handlung vorgenommen hat, doch noch nicht Patron, sondern nur Wohlthäter, wofür ihn die Kirche, wenn sie will, in einer ihr beliebigen Weise belohnen mag", so ist dies eine petitio principii.

6 So Phillips 7, 726.

7 Rochus de Curte def. VII. n. 2. p. 323; Fagnan. l. c. n. 26. 49; Vivianus l. c. n. 3; Leuren. l. c. qu. 31; van Espen l. c. n. 14; Berardi l. c. p. 291; Lippert S. 55; Kaim 2, 52; Schulte 2, 678; Phillips 7, 720. Schilling S. 10. 11 behauptet allerdings, dass durch eine dieser Handlungen niemals die Gesammtheit der Patronatsrechte, sondern nur die Theilnahme am vollen Patronate erworben werde. Dabei ist übersehen, dass bei dem mehreren berechtigten zustehenden Patronat eine Beschränkung jedes einzelnen nur durch das Vorhandensein der übrigen eintritt. Wenn er ferner zwischen vollem und unvollkommenen Patronate, je nachdem sämmtliche Befugnisse in demselben enthalten sind oder nicht, unterscheidet, so handelt es sich hier zunächst um den Erwerb des Patronates überhaupt, nicht darum, wie weit in jedem Falle die Befugnisse des Patrones gehen.

Leistung aus. Eine solche gilt als genügend, um für ihn den Patronat zu begründen, und es bedarf der Realisirung der Stiftung in vollem Umfange durch ein und dieselbe Person nicht. Ein Grund, weshalb diese Regel für den Fall keine Anwendung finden soll, dass die sonstigen Bedürfnisse für die kirchliche Anstalt ausser der Fundation oder Konstruktion unter Umständen beschafft werden, unter welchen kein weiterer Patronat entsteht, ist nicht erfindlich. Das letztere hängt vom Zufall ab und es ist willkührlich, demjenigen, welcher die Fundation bewirkt, den Patronat zuzusprechen, wenn sich ein Anderer findet, welcher in der Absicht, ebenfalls den Patronat zu erwerben, noch für die Konstruktion und Dotation sorgt, ihm denselben aber im entgegengesetzten Fall, z. B. wenn diese Leistungen aus Kollektengeldern gemacht werden, nicht zu gewähren. Es wird demnach an der heute von der überwiegenden Zahl der Kanonisten angenommenen Meinung festgehalten werden müssen, dass die Fundation, die Konstruktion, die Dotation, jede für sich allein, freilich unter der Voraussetzung, dass die beabsichtigte kirchliche Einrichtung zur Vollendung gelangt, genügt, und dass jeder, welcher eine weitere, den Patronat begründende Leistung macht, dem andern Betheiligten als Mitpatron an die Seite tritt [1].

Was die einzelnen Begründungshandlungen des Näheren betrifft, so besteht

1. die Fundation im engern Sinne oder die *assignatio fundi* in der Hingabe eines zum Baue einer Kirche ausreichenden Grundstücks. Dasselbe darf nicht mit solchen Rechten beschwert sein, welche mit der zukünftigen Bestimmung und dem zukünftigen Gebrauch der zu schaffenden neuen Einrichtung in Widerspruch stehen oder gar die erstere bei ihrer Geltendmachung ganz beseitigen könnten [2]. Die Hingabe hat in der Weise zu erfolgen, dass der Fundator sich seines Eigenthums entäussert [3] und dies, wenn auch nur mittelbar auf die neue kirchliche Anstalt (z. B. die neugestiftete Pfarrei) übergeht [4]. Da der Patronat erst entstehen kann, wenn die letztere, sein Objekt, in das Leben getreten ist, so gewährt die Fundation allein nur ein Anrecht auf denselben, welches ebenso wie der Patronat selbst vererblich ist.

[1] In Uebereinstimmung hiermit bestimmt auch das bair. Konkord. art. 11: „rex Bavariae ad ea beneficia tam parochialia quam curata ac simplicia praesentabit, ad quae ex legitimo iurepatronatus sive per dotationem sive per fundationem sive per constructionem acquisito eius antecessores duces et electores praesentabant".

Das preussische L. R. II. 11. §. 569: „Wer eine Kirche bauet oder hinlänglich dotirt, erlangt dadurch ein Recht zum Patronate", erwähnt der assignatio fundi nicht besonders. Da es sich aber auf den Boden der hier vertretenen Meinung stellt, wird auch die Anweisung des Grund und Bodens für ausreichend erachtet werden müssen.

[2] Denn das betreffende Grundstück soll die Extrakommerzial-Qualität der res sacrae annehmen. Es muss daher von allen Rechten, welche an einer solchen Sache nicht gültig bestellt werden können, frei sein, so z. B. von Hypotheken und Grundschulden, weil die Rechte der Gläubiger durch die Fundation nicht beeinträchtigt werden können. Gleich steht der Fall, wo zugleich die Mittel zur Abstossung solcher Lasten gewährt werden, wenn z. B. ein mehr als ausreichendes Grundstück zum Bauplatz gegeben und die darauf haftenden Hypotheken durch den Verkauf des nicht erforderlichen Areals getilgt werden können, Dasselbe meinen wohl Lippert S. 65; Schulte 2, 680; Kaim 2, 58, welche freilich kein festes Princip für die Unterscheidung statthafter und unstatthafter Belastung aufstellen.

[3] Rochus de Curte def. VII. n. 7. Eine Fundation liegt nicht vor, wenn der Eigenthümer einer in seinem Schlosse belegenen Kapelle dort die Abhaltung des Pfarrgottesdienstes für eine neuerrichtete Pfarrei gestattet, weil für diese keine eigene Kirche beschafft werden kann. Giebt aber dieser Grundherr die Dotation für das Pfarrbeneficium her, so erlangt er auf Grund dieses Aktes das Patronatrecht an demselben.

[4] Im Augenblick der Fundation existirt das neue Rechtssubjekt, welches durch dieselbe und die weiter erforderlichen Handlungen geschaffen werden soll, noch nicht, daher ist eine direkte Uebertragung seitens des bisherigen Eigenthümers nur dann möglich, wenn alle sonstigen Voraussetzungen erfüllt sind und der Bischof mit Rücksicht darauf, dass die Uebertragung des Grundstückes, des Gebäudes und der Dotation gesichert ist, die Errichtung der neuen kirchlichen Einrichtung ausgesprochen hat. Vorher kann die Entäusserung nur an eine Mittelsperson (z. B. den Erbauer der Kirche, den Bischof) mit der Auflage, das Grundstück später auf das neu ent-

Eine Kirche, innerhalb deren Sprengel eine andere, selbst unter Zuweisung einzelner Theile des letzteren errichtet wird, erwirbt das Patronatrecht über die neue Anstalt nicht [1], weil die Fundation eine Vermögenszuwendung ist und eine solche hier seitens der ersteren an die neugestiftete Kirche nicht vorliegt [2]. Ebenso wenig wird die Kirche, innerhalb deren Jemand einen Altar oder eine Kapelle aus seinen eigenen Mitteln stiftet, Mitpatronin [3]. Eine solche Einrichtung kann zwar nicht ohne Benutzung eines Theiles des kirchlichen Gebäudes (und bei einem durch die Anfügung einer Kapelle bedingten Erweiterungsbau eines Theiles des Grundstückes) erfolgen, indessen steht hier, wo es sich nur um eine anderweitige als die bisherige gottesdienstliche Benutzung und Verwendung des Raumes handelt, eine vermögenswerthe Zuwendung nicht in Frage.

2. Die Konstruktion bedingt die Erbauung des Gebäudes, der Kirche oder Kapelle, oder auch des Altars auf Kosten des zukünftigen Patrons ohne Gegenleistung. Gleichgültig ist es, ob das Gebäude neu hergestellt oder ein dazu geeignetes zur Kirche gegeben oder umgebaut wird [4].

Der Konstruktion steht die *reaedificatio*, die Wiederherstellung einer ganz oder in ihren Haupttheilen zerstörten oder verfallenen Kirche gleich [5]. Jedoch ist der bisherige Patron unter Ausschluss jedes Andern befugt, die Wiederherstellung vorzunehmen, weil er bei Verlust seines Patronates dazu verpflichtet ist [6] und das Recht, sich denselben

stehende kirchliche Rechtssubjekt zu übertragen, erfolgen.

[1] Vivianus P. I. l. 2. c. 7. n. 1; Schulte K. R. 2, 680. 681. Wohl aber wenn aus ihrem Vermögen die Fundation beschafft wird, c. 3. X. de eccles. aedific. III. 48, s. Th. II. S. 402. n. 2 u. S. 408. n. 4. Wenn Schulte a. a. O. S. 680 hierbei eine Modificirung durch das Verhältniss der Benefizien zu einander eintreten lassen will und unter Berufung auf eine Entschdg. d. Congr. Conc. v. 1741 bei Richter Tridentinum S. 450. n. 1 annimmt, dass ein beneficium simplex oder dessen Inhaber keinen Patronat über die auf einem zum ersteren gehörigen Grundstück errichtete Kirche erwerbe, so hat dies keinen Anhalt, die Congr. Conc. hat nur entschieden, dass aus dem Umstand, dass eine Kirche sich thatsächlich auf einem zu einem solchen Benefizium gehörigen, innerhalb der Pfarrei gelegenen Grundstücke befinde, das Patronatrecht nicht folge, offenbar, weil daraus allein die Fundation aus dem Vermögen des Benefiziums nicht erwiesen wird.

[2] Wenn Mejer in Dove u. Friedberg Zeitschr. f. K. R. 14, 245 ff. 258 von Neuem auf Grund des vielbesprochenen c. 3 X. de eccles. aedif. III. 48 (s. Th. II. S. 406. n. 5. u. S. 408. n. 4) die Ansicht vertheidigt, dass bei jeder Dismembration einer Patronatspfarrei ohne Weiteres für den Patron der Mutterkirche ein mit dem Pfarrer derselben gemeinsames Patronatrecht an der neuen Tochterkirche entstehe, so widerspricht diese Annahme den sonstigen Regeln über die Entstehung des Patronates. Sie müsste also mit voller Deutlichkeit in dem Kapitel ausgesprochen sein. Für das heutige Recht stehen ihr auch die Bestimmungen des Tridentinums (s. o. S. 19 n. 3) entgegen. Wenn Mejer diesen Einwand durch die Behauptung zu entkräften sucht, dass es sich hier nicht um Neuerwerb eines Patronates, sondern nur um Forterhaltung eines früheren handelt, so ist dies entschieden unrichtig. Die Tochterkirche ist eine selbständige Anstalt, auf welche sich die ursprüngliche Stiftung des Patrons der Mutterkirche gar nicht bezogen hat, an welcher also nur der Neuerwerb eines Patronates möglich ist. Soll ferner für den Fall, dass die Mittel zur Herstellung der neuen Kirche von einem Dritten hergegeben worden sind, dieser gemeinschaftlich mit dem Mutterkirchen-Patron und Pfarrer das Patronatrecht erwerben? Die Congr. conc. hat das letztere völlig richtiger Weise blos dem Stifter der Tochterkirche zugesprochen, s. Richters Tridentinum S. 451. n. 3.

[3] Entgegengesetzter Ansicht Vivianus l. c. n. 48; Engel l. c. n. 19; Schulte 2, 679. 681. Die Meinung des Textes ist aber die herrschende geworden, nur wird sie von den Aelteren durch Berufung auf feststehende Gewohnheit, welche hier das an und für sich Richtige getroffen hat, begründet, Hieron. Gonzalez ad reg. 8 canc. gl. 10. n. 13; Garcias l. c. P. I. c. 9. n. 41; Vivianus l. c. n. 49; Lippert S. 66.

[4] Rochus de Curte l. c. def. VII. n. 14; Vivianus l. c. c. 2. n. 10.

[5] Ein solches Gebäude hat seinen Charakter als Kirche verloren und ist exekrirt, c. 6 (Innoc. III) X. de consecr. eccl. III. 40. Die Wiederherstellung kommt daher in ihrem Resultate dem Neubau gleich. Darüber herrscht Einstimmigkeit, Rochus de Curte l. c. def. VIII. n. 12; Garcias l. c. n. 51; Fagnan. ad c. 3 X. III. 38. n. 52. 53; Vivian. l. c. P. II. c. 5. n. 5; Lippert S. 67; Kaim 2, 59; Phillips 7, 739. Vgl. übrigens auch c. 1 der Compilatio V. h. t. III. 22, welches nicht in das Corp. iur. übergegangen ist. Auch das preuss. L. R. II. 11. §. 570 hebt die Reädifikation ausdrücklich als Erwerbstitel des Patronates hervor.

[6] Darüber s. unten.

in seinem bisherigen Umfange zu erhalten, das Korrelat seiner gedachten Verbindlichkeit bildet [1].

Gleichgültig erscheint es, ob derjenige, welcher die Kirche wieder herstellt, das frühere Material des verfallenen Gebäudes dabei benutzt oder nicht [2].

Endlich gehört es zum Wesen der Konstruktion, dass der Bau nicht blos begonnen, sondern auch vollendet sein muss. Wird derselbe vorher absichtlich aufgegeben [3], so kann für denjenigen, welcher ihn angefangen hat, kein Patronat entstehen. Unterbleibt die Fortführung aber aus anderen Gründen, z. B. wegen Mangels an Geldmitteln, und vollendet ein anderer auf seine Kosten den Bau, so erwerben beide den Patronat gemeinschaftlich.

Bei der Erbauung einer Kirche auf fremdem Grund und Boden ohne Wissen des Eigenthümers desselben erlangt der letztere, falls das Gebäude erhalten bleibt [4], wegen seiner Eigenschaft als Fundator und als Erbauer den Patronat, weil er nach gemeinem Recht das Eigenthum am Gebäude erworben hat und als derjenige zu betrachten ist, welcher das letztere und das Grundstück an die Kirche hingegeben hat. Wird dagegen der Bau im Einverständniss mit dem Grundeigenthümer vorgenommen, so kommen dem Erbauer die Rechte aus der Konstruktion [5] zu.

3. Die Dotation besteht in der Gewährung von pekuniären Mitteln, der s. g. *dos*, in einer Höhe, dass sie zu den oben (S. 19) erwähnten Zwecken hinreichen [6]. Die Dotation muss der neuen kirchlichen Anstalt oder dem neuen Benefizium eigenthümlich überwiesen werden [7], dagegen braucht sie nicht in Immobilien zu bestehen [8]. Die Höhe richtet sich nach der Art und der Bestimmung der in Frage kommenden Gebäude und Benefizien [9], und ist des Näheren durch den kirchlichen Oberen [10], insbe-

[1] Auch darüber besteht keine Meinungsverschiedenheit, s. die vorhin citirten. Damit stimmt das preuss. L. R. a. a. O. §. 571 ebenfalls überein.

[2] Die Rota s. Vivian. l. XV. c. 1. n. 3, dieser selbst l. II. c. 5. n. 9; Schulte 2, 682 lassen im ersteren Falle ein Mitpatronat des früheren Patrons entstehen. Dies ist aber nicht richtig, weil das Material dem letzteren gar nicht mehr gehört und er demnach nicht als constructor gelten kann, Fagnan. l. c. n. 58; Lippert S. 67; Phillips 7, 741. Letzterer kommt unter analogischer Heranziehung der Grundsätze über den Usufruktus, l. 10 §. 7. D. VII. 4, zu dem wunderlichen Resultat, dass der alte Patron, welcher nachdem er seines Patronates für verlustig erklärt, sich später zur Reaedification entschliesst, im Gegensatz zu einem Fremden das alte Material nicht benutzen dürfe, obwohl er in der That in einem solchen Falle einem Fremden gleichsteht und über die Benutzung des Materials lediglich der Wille der Organe der betreffenden Kirchenstiftung als Eigenthümerin zu entscheiden hat.

[3] In wiefern der Beginn des Baues den Unternehmer zur Fortführung verbindet, ist eine Frage, welche sich nach den Grundsätzen des Civilrechtes entscheidet. Zu den Th. II. S. 390. n. 3 erwähnten Bestimmungen des röm. Rechts tritt noch hinzu c. 10 Nov. 131, wonach die letztwillig auferlegte Verpflichtung zum Baue einer Kirche von den Erben in fünf Jahren, zum Baue eines andern zu frommen Zwecken bestimmten Gebäudes innerhalb eines Jahres zu erfüllen ist. Dass die Erzwingung derartiger Verbindlichkeiten den Erwerb des Patronates nicht ausschliesst, darüber s. S. 18. n. 4.

[4] Nach kanonischem Recht kann der Grundeigenthümer, wenn die von einem Fremden erbaute Kirche einmal konsekrirt ist, die Beseitigung des Gebäudes nicht mehr, sondern nur Entschädigung verlangen. c. 2 (Gregor. I) C. XIV. qu. 6.

[5] Rochus de Curte def. VII. n. 7; Vivian. l. c. c. 2. n. 10 ff.

[6] Vgl. c. 9 (Nov. LXVII. c. 1. 2) Dict. I. de cons.; c. 1 (Bracar. II. a. 572) C. I. qu. 2.

[7] S. hierzu o. S. 21. n. 3.

[8] Vielmehr genügen auch Rechte an Immobilien, welche den erforderlichen Ertrag gewähren, nicht minder baares Geld und Mobilien. Letztere kann der kirchliche Obere veräussern, und es ist seine Sache, den Erlös oder das zur Dotation bestimmte baare Geld sicher anzulegen. S. auch Vivian. l. c. c. 4. n. 3. 20.

[9] Bei einer Kollegiatkirche z. B. muss die Dotation auch für die Schaffung der erforderlichen Kanonikatpfründen, bei einer Pfarrkirche mindestens für die eines Pfarrbenefiziums ausreichen, vgl. Rochus de Curte def. IX. n. 14; Vivian. l. c. n. 31.

[10] Einen gewissen Anhalt dabei gewährt auch Trid. Sess. XXIV. c. 13 de ref. (Th. II. S. 414).

sondere unter Berücksichtigung etwaiger Diöcesan-Statuten oder örtlicher Gewohnheiten zu bestimmen.

Bei Unzulänglichkeit der Dotation entsteht das Patronatrecht nicht[1], ebensowenig in Folge eines s. g. *augmentum dotis,* d. h. der Vergrösserung eines an sich ausreichenden Dotationsfonds[2].

Dagegen hat die s. g. Redotation, d. h. die Erneuerung der dos, wenn die frühere verloren gegangen ist, dieselben Wirkungen, wie die Dotation[3].

Wenn der Wiederaufbau eines zerstörten Kirchengebäudes unter Aufrechterhaltung der bestehenden kirchlichen Einrichtung selbst (z. B. der Pfarrei) aus der früher vom Patron bestellten dos erfolgt, so kann der ursprüngliche Dotant zwar nicht als Erbauer der Kirche und auf diesen Titel hin als Patron gelten[4], aber er hat sein einmal durch Dotation erworbenes Patronatrecht überhaupt gar nicht verloren, weil das Objekt desselben fortdauert. Gewährt dagegen ein anderer in einem solchen Falle die Mittel zur Erbauung und bleibt die Dotation erhalten, so tritt der erstere demjenigen, welcher den Patronat früher auf Grund der Dotation erworben hatte, als Mitpatron zur Seite.

Wird eine Ergänzung der letzteren oder eine Redotation nöthig, so hat der schon vorhandene Patron vor jedem Anderen den Vorzug[5].

Wie die Fundation, die Konstruktion und die Dotation von verschiedenen Personen vorgenommen werden können, ebensowenig ist es ausgeschlossen, dass bei jedem einzelnen dieser Begründungsakte mehrere konkurriren. In einem solchen Falle entsteht ebenfalls ein Kompatronatrecht der dabei betheiligten[6], für dessen Ausübung sie sämmtlich, gleichviel welcher Art ihre Mitwirkung bei der Entstehung des Patronates

[1] Dies folgt aus dem Begriffe der Dotation und ist auch früher von der Congr. conc. angenommen worden, Garcias l. c. P. V. c. 9. n. 52. Indessen ist diese Ansicht nicht unbestritten, dagegen z. B. Schulte K.R. 2,683. n. 3. Vgl. ferner über diese Kontroverse Rochus de Curte l. c. def. IX. n. 16; Vivian. l. c. c. 4. n. 18; Reiffenstuel l. c. n. 9. Selbstverständlich ist, dass, wenn ein Anderer das Fehlende ergänzt, die beiden Dotanten, obwohl jeder für sich allein einen unzureichenden Beitrag giebt, den Patronat zusammen erwerben. Uebrigens erwähnen schon die Aelteren, dass seitens der Bischöfe das Patronatrecht vielfach auf Grund nicht ausreichender Dotationen den Dotanten eingeräumt worden sei.

[2] Weil in diesem Falle die vorhandene kirchliche Anstalt weder neu in das Leben gerufen noch von Neuem hergestellt wird, und somit von einer Dotation in dem im Text gedachten Sinne keine Rede sein kann, so auch Vivian. l. c. c. 5. n. 2; Reiffenstuel l. c. n. 9; Phillips 7, 742 und Schulte 2, 683.

Für den Fall, dass die Dotation einer schon bestehenden Kirche unzureichend ist, bestimmt das Trid. Sess. XIV. c. 12 de ref.: nemo, nisi . . . . iam erectam (ecclesiam aut capellam) quae tamen sine sufficienti dote fuerit, de suis propriis et patrimonialibus bonis competenter dotaverit, iuspatronatus impetrare possit". Hierunter ist, wenn nicht gegen den Grundsatz des Textes verstossen werden soll, der Fall zu verstehen, wo die Vermehrung der dos so bedeutend ist, dass diese als die Hauptursache für das Inslebentreten oder die Forterhaltung der Anstalt erscheint. Einzelne Aeltere verlangen einen Zuschuss, welcher mindestens der Hälfte der vorhandenen Dotation gleichkommt, aber ohne genügenden Anhalt, s. Vivian. l. c. n. 12. 17; Berardi l. c. 1, 292.

[3] Rochus de Curte def. IX. n. 4; Vivian. l. c. n. 11; Schulte a. a. O., ebenso preuss. L. R. II. 11. §. 570.

[4] Rochus de Curte def. VII. n. 2; Vivian. l. c. n. 7; Schulte a. a. O. nehmen, ohne Unterscheidung, ob eine Suppression stattgefunden hat oder nicht, an, dass der frühere Dotant durch Verwendung der dos zur Wiederherstellung der Kirche als constructor den Patronat erwerbe. Wenn aber keine Suppression erfolgt ist, hat er denselben gar nicht verloren. In jedem Falle ist indessen die Dotation, wenn sie gleich von ihm oder seinen Vorfahren beschafft worden ist, nicht mehr sein Eigenthum, und die Erbauung aus derselben geschieht nicht auf seine Kosten, ist mithin keine den Patronat begründende constructio.

[5] Weil er das Recht schon früher erworben hat, und sich dieses durch die Konkurrenz eines andern nicht schmälern zu lassen braucht, so auch Schulte 2, 653. n. 3, dasselbe bestimmt das preuss. L.-R. II. 11. §. 571.

[6] Das ist ebenfalls unstreitig, vgl. Rochus de Curte def. IX. n. 19; Vivian. l. c. c. 2. n. 4 ff.

gewesen ist, und in welchem Maasse sie beigetragen haben [1], in gleicher Weise stimmberechtigt sind.

Eine Verbindlichkeit zur Dotation einer Kirche tritt für deren Erbauer nach den Grundsätzen des Kirchenrechtes nur dann ein, wenn er dieselbe konsekrirt oder den kirchlichen Oberen zur Konsekration veranlasst hat [2]. Abgesehen davon kann sie wie für jede andere Person nur durch einen, den Vorschriften des Civilrechtes entsprechenden, besonderen Verpflichtungsakt begründet werden.

Endlich ist derjenige, welcher sich rechtsgültig zur Herstellung einer kirchlichen Anstalt in vollem Umfange verpflichtet hat, zu verlangen berechtigt, dass ein Dritter, welcher sich dabei neben ihm betheiligen will, um das Mitpatronatrecht zu erwerben, zurückgewiesen werde. Wer eine solche Verbindlichkeit übernimmt, giebt damit seinen Willen kund, als alleiniger Stifter aufzutreten, und braucht sich nicht gefallen zu lassen, dass die Stiftung unter anderen Bedingungen, als den von ihm gewollten, auf seine Kosten in das Leben gerufen wird [3].

Der Zweck der Fundation (im weiteren Sinne) ist die Errichtung einer neuen kirchlichen Anstalt oder eines neuen kirchlichen Benefiziums, womit zugleich das Objekt für das entstehende Patronatrecht geschaffen wird. Derartige Organisationen können indessen nicht ohne Konkurrenz der kirchlichen Oberen zu Stande kommen. Hieraus folgt, dass die Fundation allein zur Begründung des Patronates nicht ausreicht, dass vielmehr die Mitwirkung des kirchlichen Oberen hinzutreten muss.

Eine solche ist zunächst geboten, insofern es sich darum handelt, ob die vom Fundator beabsichtigte kirchliche Einrichtung, also das zukünftige Objekt seines etwaigen Patronates, überhaupt in das Leben treten soll [4], und insoweit muss sie sich in der rechtsgültigen Errichtung der neuen Anstalt oder des neuen Benefiziums [5] bethätigen [6].

Bei derartigen Massnahmen ist der kirchliche Obere berechtigt, über die Art der

[1] Dass die Verschiedenheit der Leistung mehrerer bei demselben Begründungsakte keine verschiedene Stimmberechtigung gewährt, ist so gut wie allgemein anerkannt, insbesondere hinsichtlich der Dotation, auch von der Congr. Conc., Nicollis l. c. n. 7, Schlayer S. 60. n. 5a. Dagegen nehmen manche an, so Lambertini l. I. p. 1. qu. princ. 3 art. 8. n. 8; Vivian. l. c. c. 2. n. 8. 9; Phillips 7, 738, dass auf Grund der Erfüllung eines der drei Erfordernisse je eine Stimme erworben wird, so dass demjenigen, welcher die Fundation und die Konstruktion vorgenommen hat, zwei Stimmen, dem blossen Dotator aber nur eine Stimme zustehen soll. Diese Meinung hat keinen quellenmässigen Anhalt. Schlayer S. 59. 62. Schulte Lehrb. 3. Aufl. S. 321. n. 10.

[2] c. 9 (s. S. 23. n. 6) Dist. I. de cons., c. 8 (Honor. III.) X. de cons. eccl. III. 40. Schulte 2, 683. Die Annahme der älteren Doktrin, dass der Erbauer ohne Weiteres eine Pflicht zur Dotation überkomme, weil er gewissermassen Vater der Kirche sei und ein solcher die Dotationspflicht habe, Glosse zu c. 9. cit. s. v. custodum, zu c. 8. X. cit s. v. consecranda, ist unbegründet.

Civilrechtliche Gültigkeit kommt der Regel des Textes selbstverständlich in den Ländern, in welchen das gemeine Recht durch eine umfassende Partikulargesetzgebung beseitigt ist, nicht zu.

[3] Ueber den Satz des Textes ist man einig, der von den Aelteren dafür angeführte Grund, dass eine Mehrheit der Patrone sich der Kirche als schädlich erweisen könne, s. z. B. Rochus de Curte def. VII. n. 4; Vivian. l. c. c. 2. n. 7 rechtfertigt ihn freilich nicht.

[4] Denn die Regeln über die Voraussetzung der Errichtung neuer Kirchenämter (s. Th. II. S. 385 ff) kommen selbstverständlich auch für diesen Fall zur Anwendung. S. auch Phillips 7, 718.

[5] Uebrigens handelt es sich hierbei nicht immer um eine Neu-Errichtung in dem Th. II. S. 385 gedachten Sinne, vielmehr kann die Begründung eines Patronatbenefiziums auch mit Veränderungen der Kirchenämter, so z. B. einer Pfarrdismembration (a. a. O. S. 407) oder der sog. mutatio vi erectionis (a. a. O. S. 455) verbunden sein. Dann bedarf es des Vorliegens der Erfordernisse für solche Innovationen.

[6] Ausgeschlossen ist es nicht, dass derjenige, welcher die Fundation vorzunehmen beabsichtigt, sich vorher darüber mit dem kirchlichen Oberen in Verbindung setzt und sich dazu rechtsgültig verpflichtet, damit die nöthigen Schritte von diesem eingeleitet werden können.

Beschaffung der erforderlichen Mittel zu befinden [1], und daraus ergiebt sich weiter, dass er auch seine Genehmigung dazu, in welcher Weise und von wem die Fundation vorgenommen werden soll, zu ertheilen hat [2].

Zuständig ist derjenige kirchliche Obere, welcher an sich die Befugniss zur Errichtung der betreffenden Anstalt besitzt und in dessen Sprengel dieselbe begründet wird oder werden soll [3]. Bei niederen Aemtern also der Bischof oder der praelatus nullius, und an ihrer Stelle der Generalvikar [4], falls er Spezialvollmacht dazu besitzt, ferner während der Sedisvakanz der Kapitularvikar, ohne dass dieser, soweit es sich um den Konsens zur Fundation handelt, einer Konkurrenz des Domkapitels bedarf [5].

Obwohl eine stillschweigende Errichtung einer kirchlichen Anstalt oder eines Benefiziums durch den kirchlichen Oberen nicht statthaft ist, so kann doch der Konsens desselben zur Fundation stillschweigend ertheilt werden [6]. Ebenso ist es gleichgültig, ob er vor der Vornahme der betreffenden Erwerbshandlungen oder der Konsekration der Kirche oder erst nachher gegeben wird [7].

Falls die Zulässigkeit der Errichtung der Anstalt oder des Benefiziums an sich ausser Frage steht, und kein Bedenken gegen die Art der Gewährung der Mittel seitens des Fundators und die etwa festgesetzten Stiftungsbedingungen obwalten, ist er, die Fähigkeit des Stifters zum Erwerbe des Patronates vorausgesetzt, nicht berechtigt [8], seinen Konsens zu verweigern, weil unter solchen Umständen der Kirche nur ein Vortheil erwächst, dagegen ist die Versagung des Konsenses, stets gerechtfertigt, wenn der Fundator nicht alle erforderlichen Handlungen leisten (z. B. nur ein Grundstück hergeben, aber nicht bauen und dotiren) will und die Beschaffung der anderen Bedürfnisse nicht gesichert ist [9].

[1] Th. II. S. 390. 407. 455.

[2] c. 9. cit. Dict. I. de cons., c. 1. C. I. qu. 2 cit. u. vor Allem c. 25. X. h. t. cit. (S. 19. n. 3). Bei der betreffenden Prüfung kommt auch die Fähigkeit des Fundators zum Erwerbe des Patronates (s. unten No. II.) und die Zulässigkeit der etwa von ihm festgesetzten besonderen Stiftungsbedingungen (Th. II. S. 392) in Frage.

[3] Th. II. S. 388. 389. 402.

[4] a. a. O. S. 214. 215.

[5] Dass die Einwilligung des Kapitels erforderlich, und dies einstimmige Meinung der Kanonisten und der Praxis sei, wie Schulte 2, 684 behauptet, ist irrig. Der Ansicht des Textes Ferraris s. v. vicarius capitularis n. 27; Schmalzgrueber ius eccl. univ. III. 38. n. 35; Ginzel K. R. 2, 144. n. 2; Phillips 7, 719. Die Aelteren, s. Garcias l. c. P. V. c. 9. n. 79; Barbosa de off. et pot. episc. P. III. all. 70. n. 79; Leuren. for. benef. P. II. qu. 37. n. 3 gewähren diese Befugniss dem Kapitel schlechthin, weil es in die Iurisdiction des Bischofs succedirt. Diese ist aber nach dem Tridentinum durch den Kapitularvikar auszuüben, s. auch Th. II. S. 241.

[6] So z. B. nach der Errichtung des Beneficiums durch Uebertragung desselben auf den vom Fundator präsentirten Kandidaten, Leuren. l. c. qu. 36. n. 2; Phillips a. a. O., Entscheidung des Kongr. v. 1835 (thes. resolution. 95, 263): „Consensus episcopi causa est efficiens ad faciendum quis patronum; nec aliquid refert an tacita an expressa, an in actu, an ante actum, an demum post actum erectionis ecclesiastica auctoritas intercedat.“

[7] S. d. vor. Note u. d. Entsch. d. Rota bei Vivian. l. c. c. 1. n. 18. Im ersteren Falle wird der Obere freilich um sicher zu gehen, den Konsens nur unter der Bedingung ertheilen, dass allen zur Begründung des neuen Benefiziums nothwendigen Erfordernissen genügt wird. Auch kann er bei voreiliger Konsekration einer Kirche, falls für diese die Dotation nicht nachträglich bewirkt wird, in die Lage kommen, diese selbst beschaffen zu müssen, s. S. 25. n. 2.

[8] Barbosa l. c. alleg. 70. n. 26; Phillips 7, 719.

[9] Dadurch werden auch die praktischen Schwierigkeiten, welche sich aus der Meinung ergeben könnten, dass schon jede einzelne der drei Fundationshandlungen zum Erwerbe des Patronates genügte, gehoben.

Einen ferneren Grund für die Verweigerung des Konsenses bildet der Umstand, dass schon ein anderer, sei es durch Uebernahme der Fundation in vollem Umfange (s. S. 18), sei es durch sonstige Verhältnisse (s. S. 24) ein Recht auf Bevorzugung erlangt hat. Die Nichtbeachtung dieses letzteren berechtigt ebenfalls zur Beschwerde oder Appellation, kann aber mangels positiver Bestimmung nur dann, wenn der Bevorrechtete bisher schon den Patronat besass und es sich um Forterhaltung desselben durch weitere Leistungen handelt, als Nullitätsgrund für den Erwerb des Mitpatronates seitens eines Nichtbevorrechteten betrachtet werden, nicht aber in dem Falle,

Bei grundloser Verweigerung der Einwilligung steht dem Stifter die Appellation oder Beschwerde an den vorgesetzten kirchlichen Oberen zu [1].

Die Ertheilung des Konsenses wird vermuthet, wenn die kirchliche Einrichtung ordnungsmässig hergestellt und längere Zeit ihrer Bestimmung gemäss gebraucht worden ist [2].

Durch die Genehmigung der Fundation oder einer der dieselbe bildenden Handlungen entsteht als gesetzliche Folge (ipso iure) unter der Voraussetzung, dass die kirchliche Einrichtung in das Leben getreten ist, und zwar von dem Augenblick ab, wo beide Momente zusammen vorliegen, der Patronat [3]. Es bedarf daher der Regel nach eines besonderen Vorbehaltes des Patronates für den Stifter nicht, ebensowenig einer ausdrücklich auf die Entstehung des Patronates gerichteten Erklärung des kirchlichen Oberen [4]. Im Gegentheil ist zur Ausschliessung dieses Rechtes ein ausdrücklicher oder ein stillschweigender, aus konkludenten Handlungen zu entnehmender Verzicht [5] des Stifters nothwendig [6].

Nur dann, wenn die Leistung des Stifters nicht schon ohne weiteres den Charakter einer Fundationshandlung an sich trägt, nämlich bei einer blossen Vermehrung der Dotation [7], wird derselbe seinen auf Erwerb des Patronates gerichteten Willen kund zu geben haben [8].

Die Genehmigung des kirchlichen Oberen reicht in allen Fällen aus, mag es sich selbst um eine neue Patronatsstiftung, welche mit einer schon dem Patronate eines Anderen unterworfenen Kirche in Verbindung gebracht wird, z. B. um die Fundation eines neuen Altars oder einer neuen Kapelle in einer solchen, handeln, und es hat der

wo erst ein Erwerb des Patronates überhaupt in Frage steht. Hier kann indessen derjenige, welcher schon Leistungen gemacht hat, diese zurückziehen, eventuell Entschädigung verlangen, weil er die ersteren unter der Voraussetzung des Erwerbes des Patronates bewirkt hat und er an diesem nur durch den kirchlichen Oberen verhindert worden ist.

1 Barbosa l. c. n. 26; Phillips 7, 719.

2 Vivian. l. c. c. 1. n. 12; Leuren. l. c. qu. 36. n. 2.

3 c. 25. X. h. t. cit. (S. 19. n. 3) s. v. ex eo. Dafür sprechen auch c. 3. X. de eccles. aedif. III. 48 (s. Th. II. S. 402. n. 2; 408. n. 3. 4), wo ein besonderer Vorbehalt nicht erwähnt wird, und c. 41 (Innoc. III.) X. de testib. II. 20, in welchem, um den zukünftigen Beweis der Freiheit der Kirche zu liefern, die Vernehmung von Zeugen darüber angeordnet wird, dass die Fundatoren ausdrücklich erklärt haben, sich kein Recht an der Kirche vorbehalten zu wollen.

4 So auch die Praxis der Rota Garcias l. c. n. 62; Pyrrhus Corradus praxis benef. IV. 4. n. 30 und der Congr. conc. (s. S. 26 n. 6) und die überwiegende Meinung der Doktrin, Rochus de Curte def. VII. n. 12; Garcias l. c.; Vivian. l. c. c. 1. n. 9; Fagnan. ad c. 25 X h. t. III. 38. n. 4; Leuren l. c. qu. 34; de Roye l. c. c. 15; Barbosa J. E. U. III. 12. n. 35; Lippert S. 64; Kaim 2, 58; Richter-Dove K.R. §. 189. n. 7; Schulte K. R. 2, 684; Ginzel 2, 144. 145. und die bei diesen citirten. Dagegen unter den Aelteren z. B. Panormitan ad c. 3. X. III. 48; unter den Neueren Rosshirt, Gesch. d. Rechts i. Mittelalter 1, 252.

5 Ueberlassung der Besetzung des neuen Benefiziums von Anfang an an den Ordinarius unter Nichtausübung der sonstigen Patronatsbefugnisse.

6 Das preuss. L. R. verlangt ebenfalls keinen ausdrücklichen Vorbehalt des Patronates seitens des Stifters, weicht aber darin vom katholischen Kirchenrecht ab, dass es auf Grund der Fundationshandlungen auch ohne Zustimmung des geistlichen Oberen nur ein Recht auf den Patronat entstehen lässt. Der Patronat wird erst durch die hinzutretende Verleihung des Staates erworben, welche der Fundator nachsuchen muss, §§. 569—571. 573. II. 11. Verweigert werden kann diese Verleihung nur dann, wenn die das Anrecht gewährenden Bedingungen nicht vorhanden sind. Sie ist ihrem Charakter nach eine staatliche Autorisation, nicht aber ein Ausfluss eines allgemeinen Staatspatronates, s. meine Ausführung bei Koch Kommentar zum A. L. R. §. 573. II. 11. 6. Aufl. 4, 459, ebensowenig eines dem Staate zustehenden niederen Regals, so Jacobson, ev. K. R. S. 284 u. Thudichum, deutsch. K. R. 2, 141, denn zu diesen Rechten des Staates zählt das L. R. selbst II, 14. §. 23; II. 16. §§. 39—106, den Patronat nicht, weil derselbe kein nutzbares Recht ist. Nicht ausgeschlossen ist aber die Konkurrenz der geistlichen Oberen insoweit diese für die Errichtung der neuen kirchlichen Anstalt nothwendig ist, s. Th. II. S. 465 ff.

7 S. o. S. 24. n. 2.

8 So auch die Rota, Pyrrhus Corradus l. c. n. 30. 31.

Hauptpatron kein Recht auf Zustimmung[1], weil nicht ihm, sondern dem Kirchen-Oberen die Verfügung über das kirchliche Gebäude, dessen Einrichtung und Benutzung zusteht.

Endlich ergiebt sich daraus, dass der Patronat auf Grund der in der Stiftung liegenden Wohlthat erworben wird, dass sein Objekt niemals ein anderes sein kann als dasjenige, welches durch die Stiftung in das Leben gerufen worden ist. Demnach erwirbt der Stifter einer Kirche den Patronat nur auf die von ihm begründeten Benefizien, nicht aber auf andere, z. B. auf solche an später in derselben errichteten Kapellen und Altären, selbst wenn zur Herstellung derselben die überschüssigen Einkünfte des von ihm gewährten Dotationsfonds verwendet worden sind[2].

Die Frage, welche Art von Patronatrecht durch die Fundation, ob ein geistliches oder weltliches, ob ein einfaches oder Kompatronatrecht begründet wird, entscheidet sich für die Regel durch die Art der Stiftung. Einer besonderen Bestimmung darüber bedarf es nur, wenn die Eigenschaft des persönlichen Patronates als eines schlechthin vererblichen ausgeschlossen, also z. B. ein Familien-Patronat begründet werden soll oder gar statt des persönlichen Patronates ein dinglicher beansprucht wird[3]. Im letztern Falle wird der Stifter ausdrücklich zu erklären haben, mit welchem Grundstück er das neu entstehende Recht als Accessorium in Verbindung gebracht wissen will[4]. Unstatthaft erscheint dagegen die Fundationsbedingung, dass ein Patronat, welcher nach der Art seiner Begründung ein geistlicher sein würde, als Laienpatronat behandelt werden soll[5].

B. Die Ersitzung. Die konstitutive Ersitzung ist in den Quellen nicht ausdrücklich als Erwerbsgrund des Patronates anerkannt[6], indessen hat die Doktrin sich

[1] Rochus de Curte l. c. def. VIII. n. 11.

[2] Denn in diesem Fall wird die Dotation nicht aus dem Vermögen des Stifters, sondern der Kirche selbst, auf welche die Dotation übergegangen ist, genommen. c. 30 (Inn. III) X. h. t. III. 38 wird aber dafür, so z. B. von Schilling, S. 32 mit Unrecht angezogen. Dasselbe handelt von der Annahme von Hülfsgeistlichen durch den Pfarrer einer Patronatskirche, welche behufs ihrer Ordination bei derselben intitulirt werden, d. h. ihren Unterhalt aus den Einkünften der Kirche erhalten sollen, und entscheidet, dass der Patron hierbei nicht mitzuwirken habe, ihm aber bei der Erledigung der Pfarrei aus der Intitulation kein Nachtheil für sein Recht, insbesondere sein Präsentationsrecht entstehe, offenbar deshalb, weil hierbei gar nicht eine feste Anstellung auf Nebenbenefizien in Frage steht, und nach mittelalterlichem Rechte es Sache des Pfarrers war, sich mit dem erforderlichen Hülfspersonal, welches lediglich zu ihm in Beziehung stand, zu versehen, s. Th. II. S. 318. Vgl. zu dieser Stelle Gonzalez Tellez und de Roye in ihren Kommentaren. Der Schluss derselben: „per intitulationem huiusmodi nullum patronis generatur praeiudicium, quin possint alios ad illas ecclesias, quum vacaverint, praesentare, nisi de patronorum processisset assensu" beschränkt dagegen den Patron, falls er der Intitulation solcher Geistlichen zugestimmt hat, bei der künftigen Präsentation auf die Auswahl unter den letzteren.

[3] Dies folgt daraus, dass der persönliche Patronat, sowie die Vererblichkeit desselben die gemeinrechtliche Regel bildet, s. o. S. 10 u. 13.

[4] Engel colleg. un. iur. canon. III. 38. n. 24. V.

[5] Dies wäre gegen das Wesen der kirchlichen Rechtsordnung, s. Th. II. S. 392, weil dieselbe gerade wegen der kirchlichen Stellung des Patrons eine andere Behandlung seines Rechtes, als des Laienpatronates für gerechtfertigt erachtet, s. o. S. 11. Das Umgekehrte, eine Anordnung, dass der Patronat, welcher ein Laienpatronat sein würde, den die Rechte des Patrones mehr beschränkenden Regeln des geistlichen unterworfen sein soll, ist dagegen zulässig.

[6] Von den dafür gewöhnlich s. Lippert, S. 71; Schulte, K.R. 2, 685; Phillips 7, 751 angeführten c. 11 (Alex. III) X. h. t. III. 38; c. 1 (Bonif. VIII) in VIto de praescr. II. 13 handelt das erstere von der Ersitzung von Kirchen, gelegentlich der Schenkungen solcher seitens der Laien und gehört zu den Dekretalen Alexanders III. welche die Anschauung vom Eigenthum der Grundherren an Kirchen bekämpfen, s. Th. II. S. 618. Das zweite betrifft die Ersitzung des einen Bischofs gegen den andern, und hat keine nothwendige Beziehung auf das Patronatrecht.

Auch c. 24 (Inn. III) X. de elect. I. 6. erkennt nur die Befugniss einer Gemeinde zur Ausübung des Repräsentationsrechtes auf Grund des Rechtsbesitzes und c. 3 (id.) X. de causa poss. II. 12 die Möglichkeit der Ersitzung eines Mitwahlrechtes bei der Besetzung des Bischofsstuhles für nicht zum Domkapitel gehörige Regular-Kleriker an.

seit dem Ende des 15. Jahrhunderts[1] für die Zulässigkeit derselben[2], freilich unter fortdauerndem Widerspruch[3], entschieden, indem sie bona fides, iustus titulus und 40jährige Ersitzungszeit als Erfordernisse dafür aufstellte[4].

Für das heutige Recht ist diese Streitfrage durch das Tridentinum gegenstandslos geworden. Dasselbe[5] hat die Statthaftigkeit einer konstitutiven Ersitzung in 40 Jahren dadurch beseitigt[6], dass es allein einen Quasi-Besitz des Patronates seit unvordenklicher Zeit für ausreichend erklärt, den Mangel der Fundation (im weiteren Sinne) zu ersetzen. Es ist demnach darzuthun, dass seitens des Prätendenten und seiner Rechtsvorgänger patronatische Befugnisse innerhalb einer Zeit, bis zu welcher die Erinnerung

1 Die Aelteren wissen nichts davon, s. z. B. Bernardi summa III. 33. §. 1 u. die Glosse zu c. 11. X. cit. h. t. Die Statthaftigkeit der Ersitzung ist dagegen von den meisten Schriftstellern des 13. u. 14. Jahrh. verworfen worden, s. z. B. Archidiaconus (Guido de Baysio † 1313) ad c. 8. D. LXXI. und die bei Covarruvias, relect. reg. possess. P. II. §. 10. n. 2 (opp. Francof. 1599. 1, 464) angeführten. Unter denjenigen, welche sich für die Ersitzung aussprechen, lassen die meisten doch nur die unvordenkliche Präscription zu, vgl. die Citate bei Covarruvias a. a. O.) während eine andere nur sehr vereinzelt, s. z. B. Joann. Andreae ad reg. LXII. in VIto de R. J., für statthaft erklärt wird.

2 Gewiss im Geiste des kanonischen Rechts, welches die Ersitzung für öffentlich rechtliche kirchliche Befugnisse zulässt, s. Th. II., S. 458. Vgl. Paulus de Citadinis tr. iurispatron. P. III. c. 5; Covarruvias l. c. n. 2. 3. 7; Gonzalez Tellez comm. ad c. 24. X. I. 6, n. 6; Leuren. P. II. qu. 47. n. 3; Berardi l. c. c. 4, ed. cit. 1, 295. 296; Lippert S. 71; Walter, K. R. §. 235b; Schulte 2, 685; Phillips 7, 751; Ginzel i. Arch. f. k. K. R. 3, 295; Pachmann, K. R. 3. Aufl. 2, 98. n. i.

3 Da andererseits stets an der Meinung festgehalten worden ist, dass nur die unvordenkliche Verjährung hinreicht, s. Delphinat. iurispatron. l. I. n. 117; Vivianus l. c. P. I. lib. IV. c. 3. n. 6. 1, welcher aber l. II. c. 9. n. 26 auch eine 40jährige Ersitzung zulässt; de Roye proleg. c. 16; Schilling S. 12.

4 S. die beiden vorhergehenden Anmerkungen. Dass ein justus titulus für ein erst neu zu begründendes Patronatrecht nicht gedacht werden könne, so Schilling S. 12, n, 51, ist irrig. Einen solchen bildet z. B. die Fundation ohne bischöfliche Erlaubniss s. auch Schulte a. a. O. 2, 686. Auch würde ein Putativtitel nicht ausgeschlossen sein, Ginzel a. a. O. S. 298.

5 Sess. XXV. c. 9. de ref.: „decernit s. synodus, ut titulus iurispatronatus sit ex fundatione vel dotatione, qui ex authentico documento et aliis iure requisitis ostendatur, sive etiam ex multiplicatis praesentationibus per antiquissimum temporis cursum qui hominum memoriam excedat aliasve secundum iuris dispositionem.

6 Das Gegentheil wird von Ferraris s. v. iuspatr. art. 1. n. 34; Berardi l. c. 1, 297; Lippert S. 72; Schulte K. R. 2, 686 behauptet und die Vorschrift des Tridentinums auf den Fall bezogen, wo es an dem iustus titulus fehlt. Der Ansicht des Textes die Congr. Conc. (s. nachher), Devoti inst. iur. can. I. 5. sect. a. §. 54; Schilling S. 12; Richter-Dove K. R. §. 189. n. 11; Phillips 7, 751; näher begründet ist sie insbesondere von Ginzel, Arch. f. k. K. R. 3, 295 ff., vgl. auch Pachmann a. a. O. S. 98. n. i., Letzterer nimmt unter Zustimmung von Schulte Lehrb. 3. Aufl. S. 312. n. 8, welcher seine frühere Ansicht aufgegeben hat, an, dass die Worte des c. 9 cit. „aliasve secundum iuris dispositionem“ die zur Zeit des Tridentinums schon durch Ersitzung erworbenen Patronate betreffen, und somit c. 12 de ref. Sess. XIV. (s. o. S. 19. n. 3) die Zukunft, c. 9. cit. die Vergangenheit im Auge hat. Diese Annahme erscheint aber, soweit es sich um den hier fraglichen Anfang des c. 9 handelt, dem Wortlaut gegenüber nicht haltbar, und führt zu der Konsequenz, dass für die Zukunft auch die Berufung auf unvordenkliche Verjährung ausgeschlossen sein müsste. Dieser letzteren Konsequenz ist die Congr. Conc. schon in einer Entscheidung aus dem 16. Jahrh. bei Pyrrhi Corradi praxis benefic. IV. 4. n. 39; Fagnan. ad c. 19. X. III. 38. n. 13: „ut ad conficiendam immemorialem concurrant anni elapsi usque ad tempus controversiae motae et non tempus decursum usque ad publicationem concilii tantum, attendendum sit“, entgegengetreten, sie fasst ihrerseits die fraglichen Worte: aliasve etc. dahin auf (s. die Entsch. bei den angeführten): „nec obstant illa verba: aliasve etc., quia Congregatio intelligit, ut non respiciant tempus de quo iam expresse supra disposuit et voluit esse immemoriale (concilium) sed respiciunt alias clausulas et alios modos, quibus secundum ius vetus probari poterat iuspatronatus: sed quod ad tempus attinet, illud praecise et semper debet esse immemoriale nec sufficient 40 anni, etiam si alias iure veteri sufficerent.“ M. E. mit Recht. c. 12 cit. erkennt als Erwerbstitel allein die Fundation im weiteren Sinne an. Damit steht c. 9 im vollen Einklange, wenn in den Worten: sive etiam ex multiplicatis etc. nicht ein besonderer Entstehungsgrund gefunden wird, sondern wenn man diese und das Folgende zu ostendatur zieht. Die Stelle ordnet bei dieser Auslegung an, dass die Existenz des Titels des Patronates entweder direkt durch authentische Dokumente und durch andere rechtlich zulässige Beweismittel, oder indirekt durch Präsentation seit unvordenklicher Verjährung oder auf andere im Rechte zugelassene Weise, d. h. durch andere Ausübungsarten des Rechtes seit solcher Zeit dargethan werden kann.

der lebenden Generation zurückreicht, ausgeübt worden sind, und dass der letzteren keine die Patronatsberechtigung ausschliessenden Thatsachen und Verhältnisse bekannt sind [1]. Nach ausdrücklicher Vorschrift des Tridentinums genügt aber zur Feststellung des Quasi-Besitzes nur der Beweis von mindestens zwei Präsentationen [2], und zwar solchen, welche zur Wirksamkeit gelangt sind [3], falls der Prätendent derartige Handlungen überhaupt zur Begründung des Quasi-Besitzes angeführt hat [4].

Eine für sich bestehende ursprüngliche Erwerbsart des Patronates bildet die unvordenkliche Verjährung nicht. Sie ersetzt, wie auch das Tridentinum deutlich erkennen lässt, nur den direkten Nachweis des Titels, und deshalb muss gegenüber dem vom Prätendenten zu führenden Beweis auch der Gegenbeweis statthaft sein, dass der behauptete Quasi-Besitz zu irgend einer Zeit einen Anfang genommen habe, welcher das Patronatrecht nicht zu begründen im Stande war [5].

Nur partikularrechtlich, so in Preussen [6] und Oesterreich [7], ist die konstitutive Ersitzung als Erwerbsart des Patronates noch heute anerkannt.

C. Päpstliches Privileg. Im Verlaufe des Mittelalters sind sowohl von den Päpsten und ihren Legaten, wie auch von den Bischöfen [8] Patronatrechte ohne das

1 Ein Rechtsfall aus Oesterreich, wo auf Grund der unvordenklichen Verjährung die Existenz des Patronates angenommen worden ist, im Arch. f. k. K. R. 10, 457.

2 So nach der überwiegenden Meinung, welche sich dabei auf c. 40 in VI. de R. J. beruft, Nicollis l. c. n. 26; Phillips 7, 752; Schulte K. R. 2, 687. Eine Präsentationshandlung genügt nicht, so auch die Congr. Conc. bei Pyrrh. Corrad. l. c., andererseits bedarf es aber auch nicht dreier, so de Roye prolegom. c. 16; van Espen J. E. U. P. II. t. 25. c. 3. n. 19; Schilling S. 13. Das dafür angeführte c. 3 (Inn. III.) X. de causa poss. II. 12 entscheidet nichts, s. auch Lippert S. 73 n. 73.

3 Das ist selbstverständlich, denn eine vom kirchlichen Oberen als unberechtigt zurückgewiesene Präsentation ist keine Ausübung des fraglichen Rechtes, Nicollis l. c. n. 28. Dagegen brauchen die Präsentationen sich nicht auf zwei unmittelbar folgende Vakanzfälle bezogen zu haben, l. c. n. 27.

4 Denn dass der für die unvordenkliche Verjährung erforderliche Quasi-Besitz ausschliesslich durch Präsentationshandlungen dargethan werden kann, sagt das Tridentinum nicht, s. S. 29. n. 6.

Nach c. 9 cit. Trid.: „In iis vero personis seu communitatibus vel universitatibus, in quibus id ius plerumque ex usurpatione potius quaesitum praesumi solet, plenior et exactior probatio ad docendum verum titulum requiratur; nec immemorialis temporis probatio aliter eis suffragetur, quam si praeter reliqua ad eam necessaria praesentationes etiam continuatae, non minori saltem quam L. annorum spatio quae omnes effectum sortitae sint, authenticis scripturis probentur", ist für diejenigen physischen und juristischen Personen, welche eine obrigkeitliche Gewalt besitzen, wie Fürsten, Barone, Edle, weltliche und insbesondere städtische Korporationen der Beweis des Quasi-Besitzes bei der unvordenklichen Verjährung dahin verschärft, dass sie kontinuirliche, zur Wirksamkeit gelangte Präsentationshandlungen während eines Zeitraumes von 50 Jahren und zwar durch authentische Urkunden darthun müssen. Des Näheren vgl. hierzu Card. de Luca annotat. ad conc. Trident. disc. 11. n. 3 ff.; Pyrrhus Corradus l. c. n. 39 ff.; Nicollis l. c. n. 35 ff.; Phillips 7, 828.

5 Schilling S. 13 n. 53 hält die unvordenkliche Verjährung für eine besondere Erwerbsart, weil er den Beweis, dass die fragliche Kirche von den Besitzern des Patronatsrechts nicht gestiftet worden sei, hier ausgeschlossen hält, und deshalb diese letzteren, trotzdem, dass die Kirche einen andern Stifter habe, das Patronatrecht in Folge der unvordenklichen Verjährung erhalten könnten. Darüber, dass der Gegenbeweis in dem im Text angegebenen Umfange gegen die unvordenkliche Verjährung nicht ausgeschlossen ist, vergl. auch Windscheid Pandekten §. 113.

6 Im Geltungsbereich des A. L. R. Hier wird 44jähriger Besitz und fortdauernde bona fides erfordert, dagegen ist ein iustus titulus nicht nöthig, s. II. §§. 574. 575; 14. §. 35; I. 9. §§. 629—631. Soll das Recht als dingliches ersessen werden, so wird der Besitz von dem Erwerber in seiner Eigenschaft als Eigenthümer eines bestimmten Gutes ausgeübt werden müssen. Die unvordenkliche Verjährung kennt das A. L. R. überhaupt nicht.

7 Schon der tractatus de iuribus incorporalibus Leopolds I. (s. S. 7. n. 5) t. 1. §. 18 bezeichnet als Erwerbsgrund der geistlichen Lehnschaft die in Rechten gegründete Verjährung. Erforderlich ist jetzt fortdauernde bona fides und 40jähriger Besitz, hinsichtlich dessen dargethan werden muss, dass sich während des gedachten Zeitraumes mindestens drei Gelegenheiten zur Ausübung des Rechtes dargeboten haben und diese auch benutzt worden sind. Eines Titels bedarf es nicht. Ist das Recht für den Besitzer in den öffentlichen Büchern eingetragen, so ist nur ein Besitz von 6 Jahren erforderlich, allg. bürg. Ges. B. §§. 1471. 1472. 1477; Helfert Hdbch. d. K. R. §. 89.

8 Von diesen zum Theil, um sich vor Erpressungen zu schützen.

Vorliegen eines gemeinrechtlichen Entstehungsgrundes verliehen worden[1]. Schon das Koncil von Lyon (1274) sah sich genöthigt, gegen ein solches Verfahren der Bischöfe einzuschreiten[2], und im Jahre 1485 erklärte Innocenz VIII.[3] alle derartigen Privilegien für nichtig, indem er allein eine Ausnahme zu Gunsten solcher Beliehenen machte, welche die Einkünfte von beneficia non electiva um die Hälfte ihres jährlichen Ertrages vermehrt hatten. Diese Anordnung hat Hadrian VI. i. J. 1522 und zwar unter Ausdehnung auf alle seit dem Erlass der Bulle Innocenz' VIII. ertheilten Privilegien wiederholt[4], und ausdrücklich dabei hervorgehoben, dass die Nichtigkeitserklärung sich auch auf solche Indulte beziehen sollte, in denen die Fundation oder Dotation als Entstehungsgrund angegeben oder der verliehene Patronat einem aus diesen Titeln erworbenen rechtlich gleichgestellt wäre[5].

Nicht minder hat das Koncil von Trient alle nicht auf Fundation oder unvordenklicher Verjährung beruhenden Patronate, insbesondere auch die durch Privilegien erworbenen und alle aus etwaigem Quasi-Besitz derselben herfliessenden rechtlichen Wirkungen beseitigt mit einziger Ausnahme der Patronate auf Kathedralen und solchen auf andere Kirchen und Benefizien, welche den Landesherrn oder den Universitäten verliehen worden waren[6].

Für das geltende Recht ergiebt sich aus diesen Anordnungen des Koncils in Verbindung mit den Vorschriften desselben über die Erwerbstitel des Patronates

1. dass die Bischöfe keine Patronatsprivilegien zu verleihen befugt sind[7],

2. dass ein vor dem Tridentinum gewährtes päpstliches Privileg nur in den erwähnten Ausnahmefällen zum Erweise des Patronates ausreicht,

3. dass seit dem Tridentinum nur der Papst, dieser aber auch ohne Beschränkung auf die vom Koncil gemachten Vorbehalte zur Ertheilung neuer derartiger Privilegien berechtigt ist[8]. Solche sind später wiederholt gewährt worden, und obgleich dies für die Regel nur in Fällen, wenn seitens der Privilegirten gewisse Leistungen gemacht worden waren, diese aber an und für sich zur Begründung des Patronates nicht ausreichten[9],

[1] Vgl. die Const. Innoc. VIII: Cum ab apostolica v. 1485. §. 1, bullar. Taurin. 5, 316; in Betreff der Bischöfe c. 2 (conc. Lugd. v. 1274) in VI^to de reb. eccles. non alien. III. 9.

[2] S. vorige Note. In der dem Koncil von Konstanz unterbreiteten Reformakte Martins V v. 1418 (Hübler, Konstanzer Reformation S. 43) art. 8 (Hübler a. a. O. S. 142) war der Widerruf aller seit dem Tode Gregors XI. an Laien durch Privilegien ertheilte Patronate oder Präsentationsrechte, die nicht auf Fundation oder Dotation beruhten, beabsichtigt.

[3] Const. cit. §§. 2. 3.

[4] Const. Accepto, bullar. Taurin. 6, 1.

[5] Zugleich hat Hadrian die besondere, Spanien berührende Bestimmung getroffen, dass Patronate über beneficia electiva an solchen Orten, welche den Händen der Ungläubigen entrissen worden sind, fortbestehen bleiben sollten, l. c. §. 1.

[6] Sess. XXV. c. 9 de ref. cit. s. v. Reliqui patronatus.

[7] Darin würde eine Beseitigung der Grundsätze des gemeinen Rechts über den Erwerb des Patronates liegen, zu welcher den Bischöfen die Zuständigkeit fehlt.

[8] Dies folgt daraus, dass der Papst den Vorschriften des Koncils derogiren kann, s. c. 21 de ref. Sess. XXV cit. Vgl. Phillips 7, 748; Schulte K. R. 2, 688. Aeltere Kanonisten, z. B. Vivianus, l. c. C. II. c. 1 n. 25; c. 9. n. 3 nehmen das Gegentheil an, desgleichen neuerdings aus völlig haltlosen Gründen Schilling S. 13. 14.

Derjenige, welcher abgesehen von den im Tridentinum anerkannten Ausnahmefällen sein Patronatrecht auf päpstliches Privileg stützt, hat demnach darzuthun, dass dasselbe nach dem Koncil unter Aufhebung desselben ertheilt ist, Ferraris l. c. art. 1. n. 32.

[9] Brev. Gregors XVI v. 1833 an den Bischof v. Mileto §. 3, bull. Rom. cont. 19, 234: „mandamus, ut postquam orator obligationem in forma iuris valide quae transeat ad heredes, emiserit de ecclesia, domo parochiali, earumdem adnexis ac suppellectilibus tuendis et instaurandis, cum opus fuerit, et dummodo orator tot bonis stabilibus liberis tutis atque frugeriferis id suppleat quod parochiali congruae deest usque ad complementum annui liberi redditus ducatorum CXXVIII praeter incerta stolae ... auctoritate nostra apostolica ipsum oratorem eiusque heredes, dummodo catholica religione non deficiant, commemoratae ecclesiae patronos declares". Selbstverständlich können auch die näheren Modalitäten des Rechts in den

geschehen ist, so bildet doch das Vorliegen dieser Voraussetzung keine Schranke, an welche der Papst gebunden wäre [1].

II. Die Fähigkeit zum Erwerbe des Patronates. Fähig zum Erwerbe des Patronates sind sowohl physische wie auch juristische Personen.

1. Bei den physischen Personen genügt jedoch die allgemeine Rechtsfähigkeit nicht, vielmehr ist für den Erwerber auch die kirchliche Rechtsfähigkeit erforderlich. Eine solche mangelt:

a. zunächst denjenigen, welche nicht Mitglieder der katholischen Kirche sind. Sie können keinen Patronat erwerben, weil derselbe ein innerhalb der Sphäre der kirchlichen Gemeinschaft liegendes und in dieser sich bethätigendes Recht ist [2], derartige Rechte aber principiell nur den Mitgliedern einer solchen zustehen können [3]. Es gehören hierher alle Ungetauften, insbesondere die Heiden und Juden. In Betreff der letzteren ist dies auch partikularrechtlich in einzelnen deutschen Staaten [4] und in Oesterreich [5] ausdrücklich anerkannt.

Aus demselben Grunde sind vom Erwerbe eines Patronates diejenigen ausgeschlossen, welche ihre aktive Mitgliedschaft in der katholischen Kirche verwirkt haben, aber von derselben immer noch als ihren Geboten und Anordnungen unterworfen

Privilegien festgesetzt werden, s. z. B. eine Verleihung ad formam patronatus ecclesiastici i. d. Anal. iur. pontif. 1, 426. Frühere Beispiele bei Zamboni, coll. decl. Congr. conc. 4, 101.

[1] Unrichtig ist es, wenn Phillips 7, 749 und Gerlach, Präsentationsrecht S. 70 behaupten, dass ein Patronatrechts-Privilegium nur durch eine causa onerosa, d. h. eine der im Text gedachten Leistungen, z. B. ein augmentum dotis, erworben werden kann. Ersterer weist übrigens selbst auf die Ertheilung solcher wegen allgemeiner Verdienste um die Kirche, u. A. auf das von Gregor XIV. den spanischen Grafen von Cabra mit Rücksicht auf ihre erfolgreiche Bekämpfung der Mauren verliehene Privilegium, s. Riganti comm. ad part. I reg. IX canc. n. 355, hin. Der Umstand, ob eine causa onerosa das Motiv für die Verleihung gewesen ist, kommt allein für die Frage in Betracht, ob das einem so begründeten Patronate unterstehende Benefizium von der päpstlichen Reservation wegen der alternativa mensium betroffen wird. —

Im Geltungsbereiche des preuss. A. L. R. ist die Entstehung des Patronates durch päpstliches Privilegium ausgeschlossen, da dasselbe diesen Erwerbsgrund nicht kennt, dagegen kann im Gegensatz zum kanonischen Recht eine bisher patronatfreie Kirchengemeinde einer Person den Patronat über ihre Kirche übertragen. Dadurch erhält diese ein Anrecht auf denselben und den letzteren selbst, wenn die Verleihung des Staates, welche auch hier nicht verweigert werden kann, s. o. S. 27, hinzutritt, II, 11. §§. 572. 573. Andererseits ist aber der Staat, ohne dass die in §§. 569 ff. anerkannten Erwerbsgründe vorliegen, nicht zu beliebiger Verleihung von Patronaten berechtigt.

[2] S. o. S. 7.

[3] Dies scheint mir der entscheidende Gesichtspunkt zu sein, welcher nicht blos für den Patronat, sondern für alle kirchlichen Rechte gleichmässig zutrifft. Die älteren, so Rochus de Curte ref. V. n. 25 ff.; Paulus de Citadinis P. III. arg. 1. n. 13 ff. berufen sich auf c. 26. 27. 30. C. XVI qu. 7. Wenn Phillips K. R. 7, 703 und Schulte K. R. 2, 672 dafür spezielle aus dem Inhalte des Patronats hergenommene Gründe geltend machen, z. B. dass die Präsentation einen Antheil an der Kirchenregierung in sich begreife und der Patron daher im Stande sein müsse, die Qualifikation des vorgeschlagenen Kandidaten zu beurtheilen, ferner die Fürsorge für die Kirche habe und ein ausserhalb derselben stehender diese nicht wahrnehmen könne, so sind das faktische Voraussetzungen, welche, wie Schulte S. 673 n. 1 zugeben muss, nicht nothwendig zuzutreffen brauchen.

[4] Vgl. das kurhess. Ges. v. 29. Okt. 1833. §. 5, Samml. d. Ges. 1833. S. 145. Für Preussen spricht die V. v. 30. August 1816 (G. S. S. 207, auch bei Koch, Kommentar z. A. L. R. II. 11. §. 583) ein Ruhen des dinglichen Patronates für die Besitzzeit des jüdischen Grundeigenthümers aus und erkennt damit den Grundsatz an, dass der Jude zum Erwerbe unfähig ist. In Baiern hält die Verwaltungspraxis an demselben ebenfalls fest. Staatsmin. Entsch. v. 1831 u. 1851, Döllinger, fortges. Samml. 23, 396; Amtshandbuch f. d. protest. Geistlichen des Königr. Bayern 2, 259. Dasselbe muss auch in Würtemberg gelten trotz der Aufhebung des Ges. v. 25. April 1828, welches in Art. 27, Mayer, Samml. d. würtemb. Ges. betr. die Israeliten. Tübingen 1847. S. 36, den in Preussen geltenden Grundsatz angenommen hatte, weil das Gesetz vom 13. Aug. 1864 (Reg. Bl. 1864. S. 77) nur die Gleichstellung der Juden in den bürgerlichen Rechtsverhältnissen anordnet.

[5] Während hier die Juden früher nicht einmal Realitäten, mit denen ein Patronat verbunden war, an sich bringen durften, Hofdekrete v. 6. Dec. 1817, 28. März 1818, 21. Jan. 1820; Helfert, Hdbch. d. K. R. §. 88, soll jetzt in diesem Falle nur der Patronat ruhen, V. v. 18. Febr. 1860.

betrachtet werden, d. h. die Häretiker, Schismatiker und Apostaten[1]. Unter diesem Gesichtspunkt erscheinen daher nach katholischer Anschauung auch die Anhänger anderer christlicher Konfessionen, insbesondere die Protestanten unfähig, einen Patronat über katholische Kirchen und Benefizien zu erwerben[2]. In Deutschland hat sich indessen mit Rücksicht auf die reichsgesetzliche Gleichstellung der Augsburger Konfessionsverwandten mit den Katholiken und der dadurch beseitigten Anwendbarkeit der Ketzergesetzgebung auf die ersteren in Anschluss an den westfälischen Frieden[3] eine feste Uebung gebildet, dass Protestanten Patronate über katholische Kirchen und Aemter, sowie umgekehrt, erwerben und besitzen können[4], eine Gewohnheit, welche auch das preussische A. L. R.[5] für sein Gebiet gesetzlich sanktionirt hat. Gegenüber dieser Thatsache erscheint es unberechtigt, wenn in neuerer Zeit mehrfach die Strenge des kanonischen Standpunktes zur Geltung gebracht[6] und auf diese Weise der alte reichsrechtliche Grundsatz in Frage zu stellen versucht worden ist. Wenn auch zuzugeben ist, dass die Protestanten bei der Gleichberechti-

§. 2 (R. G. Bl. Nr. 45; Arch. f. k. K. R. 12, 129), was auch durch den Art. 14 des Staatsgrundgesetzes v. 21. Dezember 1867 nicht beseitigt ist, a. a. O. 36, 423.

[1] Vgl. auch Rochus de Curte def. V. n. 26; Paul de Citadinis P. III. arg. 1. n. 17 ff.; Vivianus l. 1. II. c. 6. n. 12 ff.

[2] Diese Auffassung ist auch in der vom Kardinal Consalvi im Auftrage Pius' VII erlassenen Note (esposizioni dei sentimenti della S. Santità) v. 1819 Nr. 16, Münch, Konkordate 2, 390 ausgesprochen.

[3] J. P. Osnabr. art. V. §. 31: „... Statuum catholicorum landsassii, vasalli et subditi, cuiusque generis, qui sive publicum sive privatum Augustanae confessionis exercitium a. 1624 quacunque anni parte sive certo pacto aut privilegio sive longo usu, sive sola denique observantia dicti anni habuerunt, retineant id etiam imposterum una cum annexis quatenus illa dicto anno exercuerunt aut exercita fuisse probare poterunt. Cuiusmodi annexa habentur institutio consistoriorum, ministeriorum, tam scholasticorum quam ecclesiasticorum, ius patronatus aliaque similia iura nec minus maneant in possessione omnium dicto tempore in potestate eorundem constitutorum templorum, fundationum, monasteriorum, hospitalium cum omnibus pertinentiis, reditibus et accessionibus. Et haec omnia semper et ubique observentur eo usque donec de religione christiana vel universaliter vel inter status immediatos eorumque subditos mutuo consensu aliter erit conventum nec quisquam a quocumque ulla ratione aut via turbetur." Dass dieser Artikel Patronate über katholische Kirchen unter den s. g. annexa exercitii religionis begreift, ergiebt der Umstand, dass er zwischen katholischen und evangelischen Kirchen nicht unterscheidet und dass die betreffende Stelle durch die hier vertretene Auffassung erst ihre Bedeutung gewinnt, weil es doch selbstverständlich war, dass den Protestanten ihre Patronate über evangelische Kirchen belassen wurden. Darauf, dass begriffsmässig der Patronat über katholische Kirchen kein Annexum protestantischer Religionsübung ist, so Schulte 2, 673. n. 6 kommt es nicht an, sondern darauf, was das Friedensinstrument darunter versteht, vgl. hierzu auch meine Ausführung bei Dove, Ztschr. f. K. R. 2, 431 ff. Zuzugeben ist allein soviel, dass der Artikel selbst nur die im Normaljahre den Protestanten bereits zustehenden Patronate betrifft. Der Art. 26 des J. P. O. l. c., welcher die Präsentationsrechte der Protestanten auf mittelbare, am 1. Januar 1624 im Besitze der Katholiken befindliche Kirchengüter aufrechterhält, und auf welchen Schulte, Arch. f. k. K. R. 7, 214 hinweist, ist hierbei nicht in Betracht gezogen worden.

[4] Diese Uebung bezeugen Böhmer J. E. P. III. 38. §. 68; Eichhorn K. R. 2, 713. n. 54. Sie wird auch von den Note 6 citirten Schriftstellern nicht in Abrede gestellt. Vgl. auch die Osnabrücker capitulatio perpetua von 1650 Art. 12, Gottfr. v. Meiern, Nürnb. Fried. Executionshdlgen 2, 534: „Ebenmässig sollen zwar die Praesentationes der katholischen Pfarren und Beneficien vorigen Patronis, obschon sie der Augsb. Confession zugethan sind, verbleiben", die Erklärung der Friedens-Exekutionskommissäre in den Streitigkeiten zwischen den Pfalzgrafen Wolfgang Wilhelm von Neuburg und Christian August von Sulzbach in Betreff des Patronates: „Das behielte ein jeder, jedoch müsse er solcher Religion Priester präsentiren, die des Orts Uebung wäre," a. a. O. S. 592.

[5] II. 11. §§. 340. 582.

[6] Schulte K. R. 2, 673 u. Arch. f. k. K. R. 7, 209 ff.; Phillips K. R. 7, 703 ff. u. Lehrb. 2. Aufl. S. 275, Walter K. R. § 235a. Anm. 4. Ersterer, (s. auch Lehrb. 3. Aufl. S. 310. 311) lässt aber wenigstens zu Gunsten der Ausübung von Realpatronaten die bestehende Uebung gelten.

Bei Abschluss des würtemberg. Konkordates hat übrigens der päpstliche Stuhl trotz der Anm. 2 erwähnten Erklärung dem protestantischen König von Würtemberg eine grosse Anzahl von Patronaten bestätigt, Beilage II. u. III. zum Konkordat, Arch. f. k. K. R. 6, 480 ff.; Golther, Staat u. kath. Kirche i. Würtemberg. S. 169. Die Bedeutung dieser Thatsache durch den Hinweis auf die „juristische Persönlichkeit" des Regenten abschwächen zu wollen, Vering i. Arch. f. k. K. R. 2, 705; 7, 211. n. 1, ist verfehlt.

gung der Religionsgesellschaften im modernen Staat, mit welcher es unverträglich ist, sie noch in irgend einer Beziehung als Mitglieder der katholischen Kirche zu behandeln, principiell aus demselben Grunde, wie die Nichtchristen, vom Erwerbe derartiger Patronate auszuschliessen sind, so gewährt doch der Umstand, dass die erwähnte Uebung nach heutiger Auffassung als irrationell erscheint, keinen Grund, sie für rechtsunwirksam zu machen, weil es ihr zur Zeit ihrer Entstehung und Feststellung unter völlig anderen Verhältnissen nicht an der Rationabilität gefehlt hat[1].

Den Ketzern stehen in der hier fraglichen Beziehung wegen mangelnder kirchlicher Rechtsfähigkeit diejenigen gleich, welche dem grossen Kirchenbann unterliegen[2]. Die überwiegende Meinung beschränkt die Unfähigkeit aber auf die s. g. *excommunicati vitandi*, d. h. diejenigen Personen, deren Exkommunikation unter Nennung ihres Namens öffentlich seitens des zuständigen kirchlichen Oberen bekannt gemacht worden ist. In Betreff der übrigen Gebannten, der s. g. *excommunicati tolerati*, wird dagegen meistens angenommen, dass sie durch eine Fundation mit Erlaubniss des kirchlichen Oberen das Patronatrecht erwerben, und es nur, so lange sie der Exkommunikation unterliegen, nicht ausüben können[3]. Indessen ist dabei verkannt, dass der Unterschied zwischen den excommunicati tolerati und vitandi nicht im Interesse der

[1] So wird sie auch noch für maassgebend erachtet von Richter K. R. §. 189. n. 23; Dove ebendaselbst und i. seiner Ztschr. 2, 123; Silbernagl i. Arch. f. k. K. R. 15, 466.

In Oesterreich, wo die Bestimmungen des westfälischen Friedens keine Anwendung gefunden haben, l. c. art. 5. §§. 38—41, sind Protestanten und Akatholiken unfähig, ein Patronatrecht über katholische Kirchen und Aemter zu erlangen, vgl. auch synodus Pragensis v. 1605, ed. Prag. p. 145: „Iura patronatus nullo modo ad haereticorum manus pervenire possunt, etiamsi illa sibi competere praetendant iure haereditario vel quovis alio praetextu"; jedoch hat man die Protestanten insbesondere in Böhmen, nicht minder in Ungarn, wo sie im allgemeinen durch d. V. v. 7. April 1700 u. 11. Sept. 1708 ausgeschlossen waren, zur Ausübung von Realpatronaten zugelassen, Schulte Lehrb. S. 311. n. 8 u. K. R. a. a. O.

In Frankreich konnten nach einem Edikt v. 1651 die Reformirten ihre an Grund und Boden geknüpften Patronate durch katholische Stellvertreter ausüben lassen, jedoch ist ihnen diese Befugniss schon 1655 und 1660 wieder entzogen worden, Thomassin P. II. l. 1. c. 32. n. 15; de Roye proleg. c. 38.

Vom Standpunkt des Textes aus wird dagegen die Frage, ob Angehörige der griechisch-katholischen Kirche in Deutschland zur Erwerbung des Patronates fähig sind, verneinend entschieden werden müssen. Eine desfallsige Uebung ist hier nicht nachweisbar, Dove in s. Ztschr. 2, 122. Wenn Kaim 2, 39 sich beim dinglichen Patronat für die Bejahung entscheidet, so hängt dies mit seiner falschen Auffassung, dass dieser ein reines Privatrecht sei, zusammen. Für das Gebiet des preuss. L. R. ist aber wegen §. 340. II. 11. die Zulässigkeit des Erwerbs anzunehmen, s. auch Boche-Altmann, d. preuss. legale evang. Pfarrer. 5. Ausg. Braunschweig 1875. S. 125. n. 27.

Die Altkatholiken sind vom Standpunkt der vatikanischen Kirche aus als Ketzer zum Erwerbe unfähig, nicht aber nach staatlichem Rechte in denjenigen Ländern, in welchen sie, wie in Preussen, Baden, Hessen und Baiern, s. Th. II. S. 707, als wahre Katholiken betrachtet werden.

[2] Vivianus l. c. l. II. c. 6. n. 20.

[3] Vgl. Fagnan. ad c. 25 X. III. 38. n. 12; Leuren. l. c. P. II. qu. 75; Ferraris s. v. iuspatronat. art. 4. n. 14; Berardi l. c. c. 3, ed. cit. 1, 289; v. Schulte Lehrb. 3. Aufl. S. 310; Ginzel, K. R. 2, 140; Kober, Kirchenbann 2. Aufl. S. 372; Schlayer, Beiträge S. 43, bei welchem viele Citate aus der älteren Literatur; Phillips 7, 711. Während vielfach von den Aelteren der Erwerb eines bisher nicht bestehenden Patronates und die Ausübung eines schon begründeten durch den Exkommunicirten nicht genügend auseinander gehalten werden, legen die Neueren das entscheidende Gewicht auf den Umstand des für den Patron gebotenen Verkehrs mit dem Bischof, welcher in der Zulassung der Fundation oder der Präsentation liegt, und rechtfertigen damit die zwischen den excommunicati vitandi und tolerati aufgestellten Unterscheidung, ohne zu beachten, dass in erster Linie die rechtliche Stellung, welche das Kirchenrecht dem Exkommunicirten an und für sich zuweist, massgebend sein muss. Phillips, indem er Berardi folgt, behandelt sogar diejenigen, welche noch nicht s. g. insordescentes geworden sind, d. h. sich noch nicht ein Jahr lang im Banne befinden, den tolerati gleich. Wenn er bemerkt, dass die Exkommunikation ihrer eigentlichen Bedeutung nach zur Besserung der Bestraften dienen solle, und daher die auffallende Erscheinung des gemachten Unterschiedes darauf beruhe, dass diese Besserung bei den vitandi und insordescentes nicht mehr erwartet werden könne, so beruht diese Ausführung auf einer unrichtigen Auffassung der Wirkungen der Exkommunikation.

Exkommunicirten, sondern in dem der anderen Gläubigen eingeführt worden ist, und dass er nicht auf einer Verschiedenheit der Rechtsfähigkeit der beiden Arten der Exkommunicirten beruht, vielmehr lediglich Bedeutung für das Verhältniss der letzteren zu anderen Personen und für den Verkehr mit diesen besitzt. Es müssen daher die tolerati für ebenso unfähig, wie die vitandi, erachtet werden [1]. Erwerbsunfähig sind ferner solche Personen, welche eine Schmälerung ihrer Ehre, sei es in Folge der kirchenrechtlichen Vorschriften über die Infamie [2], sei es sonst, namentlich in Folge der Bestimmungen der weltlichen Gesetzgebung erlitten haben [3], denn der Patronat ist ein kirchliches Ehrenrecht, von welchem Bescholtene ferngehalten werden müssen [4]. Unehelich Geborene sind dagegen nicht ausgeschlossen [5], weil ihre Ehre weder nach kanonischem noch nach weltlichem Rechte gemindert ist.

Andererseits hindert weder die blosse Vermögensunfähigkeit noch der Mangel der Handlungsfähigkeit den Erwerb des Patronates; denn der Patronat ist kein Privat- und Vermögensrecht und es nicht nothwendig ist, dass der Patron sein Recht selbst ausübe. Demnach steht nichts entgegen, dass einerseits Mönche [6], andrerseits Kinder, Unmündige, Minderjährige, Frauen [7] Patronatrechte erwerben können.

Endlich fragt es sich, ob der Umstand, dass einer Person kraft ihrer kirchlichen Jurisdiktion das volle Besetzungsrecht in ihrem Amtssprengel zusteht, die Erwerbung des Patronates seitens derselben über ein Amt, welches innerhalb des gedachten Bezirkes errichtet wird, oder errichtet worden ist, hindert, insbesondere ob der Bischof durch seine amtliche Stellung von dem Erwerbe eines Patronates in seiner Diöcese ausgeschlossen ist [8]. Dies ist aus inneren, in der Natur der Sache liegenden Gründen [9] zu

[1] Vgl. übrigens auch v. Schulte i. Bonner theolog. Literaturblatt 1866. S. 683 u. Lehrb. S. 327. n. 12 a. E.

[2] S. Th. II. S. 31. 633.

[3] Diese kann die Kirche aus denselben Gründen, wie beim defectus famae, Th. I. S. 31, nicht ignoriren.

[4] Arg. c. 87 in VI[to] de R. J.; Schulte 2, 673; Phillips 7, 717; Ginzel 2, 141. Die älteren nehmen freilich theilweise nur eine Unfähigkeit zur Ausübung des Rechtes an, s. z. B. Paulus de Citadinis P. III. arg. 1. n. 30 ff.; Vivianus l. c. l. II. c. 6 n. 19. Auf solche Kontroversen der Aelteren, wie z. B. die, ob eine meretrix den Patronat erwerben könne, s. z. B. Rochus de Curte def. 5. n. 3; Vivianus l. c. n. 24. braucht nicht mehr eingegangen zu werden.

Einzelne zählen als erwerbsunfähig auch diejenigen, welche sich der Simonie schuldig gemacht haben, auf, Vivianus l. c. n. 23; Schulte K. R. 2, 674. Das dafür angezogene c. 6 h. t. III. 38 ergiebt aber nur die Nichtigkeit des simonistischen Erwerbes eines Patronates, nicht die allgemeine Unfähigkeit jeder Person, welche sich überhaupt einer beliebigen Simonie schuldig gemacht hat. Eine solche kann allerdings wegen der mit der Simonie verbundenen Folgen, z. B. der Exkommunikation, erwerbsunfähig werden.

Das preuss. L. R. kennt die im Text hervorgehobenen Unfähigkeitsgründe nicht. Bescholtenen Personen soll aber nach d. G. v. 8. Mai 1837. §§. 1. 6. 22 die Ausübung des Patronates entzogen werden, vgl. unten §. 140. Nr. 5 a. E.

[5] Rochus de Curte def. 5. n. 6 ff.; Vivianus l. c. n. 28; so auch die Rota Pitonius controv. patron. alleg. 44. n. 113.

[6] Kirchlicher Rechte sind diese nicht unfähig. Besteht auch demnach für sie kein rechtlicher Hinderungsgrund, so werden sie für die Regel doch faktisch ausgeschlossen sein, weil sie wegen des Armuthsgelübdes keine Fundation machen können. Rechtlich möglich wäre aber die Erwerbung durch päpstliches Privileg, ferner durch Eintritt in ein bestehendes Familien-Patronatrecht, Pitonius l. c. alleg. 36. n. 28. Vgl. überhaupt Berardi l. c. c. 3, ed. cit. 1, 289. Phillips K. R. 7, 718.

[7] Ueber die Frauen s. c. 16 (Honor. III) IX. de conc. praeb. III. 8. Die Aelteren haben hierüber ausführlich gehandelt, s. z. B. Paulus de Citadinis P. III. arg. 1. n. 9; Garcias l. c. P. V. c. 9. n. 184; Reiffenstuel III. 38. n. 38.

[8] Vorausgesetzt ist bei der Erörterung des Textes, dass die sonstigen Erfordernisse des Erwerbes vorhanden sind, dass also der Bischof z. B. aus seinem Privatvermögen, nicht kraft kirchenrechtlicher Verpflichtung (s. o. S. 18. u. Th. II. S. 390) eine Kirche oder ein Beneficium gestiftet hat. Gleich steht der Fall, wo er einen schon bestehenden Patronat, z. B. in Folge Erwerbes des patronatberechtigten Gutes oder durch Schenkung oder in Folge einer Stiftungsbedingung (s. Innoc. III. ep. 52. 54. lib. I. ed. Migne 1, 46 ff. u. d. Urk. v. 1347 bei Lünig spicil. eccl. 2, 368) erlangt.

[9] Eine entscheidende Stelle findet sich im Corp. iur. can. nicht. c. 18 (Alex. III) X. h. t.

verneinen [1]. Der Patronat ist seinem Wesen nach von den dem geistlichen Oberen auf Patronats-Benefizien zustehenden Rechten der kirchlichen Jurisdiktion völlig verschieden. Er schränkt allerdings die letztere in gewissen Beziehungen ein, kann aber keineswegs als ein auf den Patron übertragener Bestandtheil der bischöflichen Jurisdiktion betrachtet werden. Die Rechte des Patrons sind keine jurisdiktionellen Befugnisse, haben vielmehr eine besondere eigenartige Natur [2]. Deshalb kann der Besitz der bischöflichen Jurisdiktion rechtlich eine substantielle Absorption der Patronatsrechte oder eine Aufhebung derselben durch Konfusion oder Konsolidation nicht herbeiführen [3] und keinen rechtlichen Hinderungsgrund für ihren Erwerb bilden [4]. Nur thatsächlich

III. 38: „Si episcopi post promotionem suam praesentationes personarum ad ecclesias a patronis earum pro ecclesiis sibi commissis adepti fuerint, personae idoneae quas ad eas vacantes praesentaverint, sunt admittendae" setzt zweifellos voraus, dass der Bischof thatsächlich in der Lage ist, eine Präsentation vorzunehmen, muss also entweder den Fall vor Augen haben, dass das Patronatsbenefizium in einer fremden Diöcese liegt oder dass in der eigenen Diöcese des Bischofs ein anderer das Recht zur Institution besitzt, wie ein solches einzelnen praelati inferiores, s. c. 4 (Honor. III) X. de cler. peregr. I. 22, Th. II. S. 347, insbesondere aber den Archidiakonen vielfach während des Mittelalters, a. a. O. S. 197, zugestanden hat, so auch die Glosse s. v. significasti u. praesentaverint. Vgl. über die Stelle noch Schilling S. 39; Phillips 7, 714; Schlayer S. 79.

1 So auch unter den Neueren Lippert S. 197; Schilling S. 40; Schlayer S. 84 ff. Dagegen unterscheidet Schulte, Lehrb. S. 326 n. 3 zwischen persönlichem und dinglichem Patronat, und nimmt die Möglichkeit des Erwerbes nur beim letzteren an.

2 Dies zeigt sich z. B. darin, dass bei Verabsäumung der Präsentation durch den Patron der kirchliche Obere nicht etwa kraft des auf ihn übergegangenen Rechtes des Patrons, sondern kraft seiner Jurisdiction die Besetzung der Stelle vornimmt. Beim substantiellen Untergang des Patronates fallen ferner nicht die Patronatsrechte an den kirchlichen Oberen in dessen Jurisdiction zurück, sie erlöschen vielmehr schlechthin und es wird nur die bisherige Schranke für die freie Ausübung seines allgemeinen Besetzungsrechtes beseitigt.

3 Derselben Ansicht ist offenbar auch Innocenz III. gewesen, s. ep. 144 ad Petr. archiep. Compostell. lib. I., ed Migne 1, 700: „idem monasterium, sicut abbas recognovit, . . . decernimus, ecclesiae tuae dioecesano et territorii ac patronatus iure perpetuo subiacere."

4 A. M. Gerlach, Präsentationsrecht S. 7, welchem Phillips 7, 840 folgt. Ersterer begründet seine entgegengesetzte Ansicht damit, dass das Präsentationsrecht ein Rechtsverhältniss zwischen zwei Personen bedinge, von denen die eine (der Patron) ein zwingendes Recht auf eine Handlung der anderen (des Bischofs) habe und der letzteren die Verpflichtung zu der gedachten Handlung obliege, sowie dass dieser zwingende Anspruch seinem Wesen nach voraussetze, dass die Verbindlichkeit auf einer anderen Person laste, weil Niemand mit sich in einem Rechtsverhältnisse stehen könne. Von diesen Voraussetzungen ausgehend, schliesst er weiter, dass der Bischof, wenn er selbst eine Kirche in seiner Diöcese stifte, in gar kein Rechtsverhältniss eintreten und keine Kollation durch sich selbst erzwingen, somit auch keinen Patronat erwerben könne. In diesen Ausführungen, in welchen die Bedeutung des Begriffes: Rechtsverhältniss unklar bleibt, ist völlig übersehen, dass die Präsentation des Patrones und die Pflicht des Bischofs zur Institution keine aus dem Patronatrecht hervorgehenden Korrelate sind, welche analog dem durch Obligation begründeten Rechte des Gläubigers auf Erfüllung und der gegenüberstehenden Pflicht des Schuldners zur Leistung behandelt werden dürfen. Einmal ist das Objekt des Patronates nicht eine Handlung des Bischofs, sondern die kirchliche Anstalt oder das Beneficium, und die Verpflichtung des ersteren zur Institution des vom Patron präsentirten Kandidaten ist nur eine mittelbare Folge des Rechtes des Patrons, den Inhaber des Benefiziums in entscheidender Weise zu bestimmen. Weiter hängt die Pflicht des Bischofs zur Institution untrennbar mit seinem Recht zu derselben zusammen. Beides ist aber Ausfluss seiner Jurisdiction. Kraft derselben ist er bei patronatsfreien Aemtern zur Kollation nicht nur berechtigt, sondern auch verpflichtet. Bei Patronatsbenefizien modificirt sich dies in Folge der Berechtigung des Patrons allein dahin, dass sein Kollationsrecht in ein Institutionsrecht verwandelt wird und dass er das letztere nicht zur Schmälerung der Rechte des Patrones ausüben darf. Mit anderen Worten: der Bischof ist nicht dem Patron gegenüber und wegen einer durch das Patronatrecht begründeten Verbindlichkeit zur Institution verpflichtet, sondern deshalb, weil er als kirchlicher Oberer für die Besetzung der Stelle seiner Diöcese zu sorgen hat; die Existenz des Patronates bedingt für ihn nur die Verpflichtung, die Institution nicht unter Verletzung der Rechte des Patrons vorzunehmen. Nur darauf geht der zwingende Anspruch des letzteren, nicht auf Vornahme der Institution als solcher. Somit löst sich das von Gerlach angenommene Rechtsverhältniss zwischen Patron und Bischof lediglich dahin auf, dass der letztere den Patronat anzuerkennen und diesem Anerkenntniss durch die Art der Ausübung seiner Amtshandlungen Folge zu geben hat.

Die Aelteren nehmen allerdings meistens ebenso wie Gerlach, Untergang des Patronates durch Konfusion oder Konsolidation an,

wird die Ausübung der Patronatsrechte durch die umfassenderen Rechte der kirchlichen Jurisdiktion suspendirt, wenn letztere dem Patron gleichfalls zusteht, aber auch nur insoweit, als die aus den beiden verschiedenen Stellungen herfliessenden Befugnisse sich nicht neben einander bethätigen können. Wenn daher der Bischof nicht einen Allein-, sondern einen Kompatronat erwirbt, so wird er immer als Mitpatron bei der Auswahl des an ihn selbst zu präsentirenden Kandidaten mitzuwirken befugt sein [1]. Selbstverständlich ist es ferner, dass der Patronat wieder in faktische Wirksamkeit tritt, sowie der Patron seine kirchliche Jurisdiktion verloren hat [2]. Ja auch in dem Falle, dass der Erwerb des Patronates lediglich mit Rücksicht auf das bischöfliche Amt erfolgen sollte und somit der jeweilige Diöcesanbischof für die Regel die Stellung des Patrons einnehmen würde [3], wird die Entstehung des Patronates oder die Fortdauer eines schon vorhandenen nicht ausgeschlossen [4]. Die vorhin entwickelten Gründe treffen hier ebenfalls zu und überdies ist immer die Möglichkeit vorhanden, dass das Patronatrecht zur Wirksamkeit gelangen kann [5].

2. Ausser den physischen Personen sind auch die juristischen Personen fähig Patronate zu erwerben, gleichviel, ob sie kirchliche oder rein weltliche Zwecke verfolgen [6]. Dasselbe muss von denjenigen Personenvereinen gelten, welche wie z. B. Aktiengesellschaften ein gesondertes, ihren Zwecken dienendes Vermögen besitzen, und nicht als juristische Personen im Sinne des römischen Rechtes betrachtet werden können [7].

Die Nothwendigkeit der Zugehörigkeit zur katholischen Kirche als Bedingung der kirchlichen Rechtsfähigkeit fällt für diese Rechtssubjekte fort, weil sie [8] ihrer Natur nach niemals Mitglieder einer Kirche oder einer Religionsgesellschaft sein können. Darum muss auch die Konfession derjenigen physischen Personen, welche ihr Substrat oder ihr Willens-Organ bilden, hinsichtlich der Fähigkeit zum Erwerbe des Patronates als rechtlich einflusslos betrachtet werden [9]. Indessen giebt es auch juristische Personen, welche lediglich religiöse oder kirchliche Zwecke einer bestimmten Konfession verfolgen, insbesondere die mit juristischer Persönlichkeit ausgestatteten Gliederungen der

freilich meistens ohne sich darüber auszusprechen, ob dauernd oder nur vorübergehend, so z. B. Florens ad c. 18 cit., opp. ed. Doujat 2, 288. Weitere Citate bei Schlayer S. 81. n. 7 u. 8. Die Gegner dieser Ansicht, Lambertini l. II. p. 3. qu. princ. 2. art. 19; Barbosa de off. et pot. episc. P. III. alleg. 72. n. 196, s. auch Schlayer S. 81 n. 6, finden andererseits bei der Präsentation des Bischofs an sich selbst kein Bedenken oder geben den Rath, dass er diese durch einen Bevollmächtigten ausüben lassen soll. Die Congr. Conc. hat in dem bei Richter, Tridentinum S. 451. n. 4 mitgetheilten Falle nur faktische Suspension des Patronates angenommen.

[1] Diesen Fall ignorirt Gerlach ganz. Für denselben und ähnliche Fälle haben die Aelteren, auch Phillips a. a. O., selbst diejenigen, welche beim Alleinpatronat Kosolidation annehmen, den Erwerb des Patronates durch den Bischof nicht in Zweifel gezogen, vgl. Schlayer S. 81.

[2] Z. B. wenn der patronatberechtigte Bischof resignirt.

[3] Dass z. B. der Bischof ohne kirchenrechtliche Nothwendigkeit aus überschüssigen Diöcesanmitteln eine neue Kirche oder Kapelle fundirt oder ein schon bestehender Patronat dem bischöflichen Stuhle geschenkt wird.

[4] A. M. de Roye ad c. 18. X. h. t; Schilling S. 40.

[5] Dies würde z. B. eintreten, wenn das Patronatsbenefizium in Folge einer veränderten Diöceseneintheilung der Jurisdiktion eines anderen Bischofs, als desjenigen, welcher das Patronatrecht besitzt, unterstellt wird.

[6] Auch das Trid. Sess. XXV. c. 9. de ref. (o. S. 30. n. 4) gedenkt der communitates und universitates schlechthin.

[7] Ein Patronatrecht einer Eisenbahngesellschaft erwähnt im Arch. f. k. K. R. 14, 424.

[8] Wie z. B. der Staat, die Kommunen, die Aktiengesellschaften.

[9] Es hindert demnach den Erwerb eines Patronates durch eine Stadtgemeinde oder eine Aktiengesellschaft nicht, wenn sich unter den Magistrats- oder Vorstandsmitgliedern Juden befinden. Ob diese sich bei der Ausübung des Rechtes zu betheiligen berechtigt sind, ist eine andere Frage, worüber unten §. 138.

einzelnen Kirchen und Religionsgesellschaften, wie z. B. die Pfarreien, Diöcesen, Domkapitel in der katholischen, die Pfarrgemeinden in der evangelischen Kirche, die Synagogen-Gemeinden bei den Juden. Können dergleichen nicht der katholischen Kirche angehörige Bildungen mit juristischer Persönlichkeit Patronate in derselben erwerben [1]? Diese Frage muss m. E. verneint werden. Durch ihre Zweckbestimmung sind dergleichen Institute ebenso in eine ausschliessliche Beziehung zu einer bestimmten Kirche oder Religionsgesellschaft gebracht, wie die einzelne physische Person durch ihre Mitgliedschaft in derselben. Deshalb müssen sie ebenfalls für unfähig erachtet werden, kirchliche Rechte innerhalb einer anderen religiösen Gemeinschaft zu erwerben [2].

III. Die Objekte des Patronates.

Mit Rücksicht auf die Gestaltung des kirchlichen Aemterwesens zu der Zeit, in welcher sich das Patronatrecht entwickelt hat [3], konnten als Gegenstand desselben nur kirchliche Anstalten (Pfarrkirchen, Kapellen, Oratorien) und die mit diesen verbundenen Benefizien im eigentlichen Sinne in Frage kommen. Darüber, ob der Patronat auch auf kirchliche Aemter, welchen der zuletzt gedachte Charakter mangelt, Anwendung findet, fehlt es an jeder positiven Vorschrift [4]. Die zum Begriff des Benefiziums nothwendige dauernde Verbindung eines Einkommens mit den amtlichen Funktionen und dessen feste Radicirung bilden zwar ein Moment, welches für die Stellung und die Ansprüche des Amtsträgers von Bedeutung ist, welches indessen für den Patronat und die Rechte des Patrones nicht als wesentliche Voraussetzung betrachtet werden kann. An sich waltet kein principielles Bedenken ob, demjenigen, welcher die erforderlichen Mittel zur Stiftung eines Kirchenamtes und zur Unterhaltung des Amtsträgers hergiebt, den Patronat zuzugestehen, auch ohne dass dem ersteren ein festes Recht auf einzelne Bestandtheile des Stiftungsvermögens gewährt wird, und ebensowenig würde durch den letzteren Umstand, die Ausübung der im Patronate liegenden Rechte gehindert werden [5].

Andererseits ist es aber mit dem Wesen und dem Charakter der meisten Stellungen, welche keine Benefizial-Qualität haben, unvereinbar, dass von einem Dritten eine massgebende Einwirkung auf die Besetzung derselben geübt wird.

Den Inhalt der fraglichen Kirchenämter bilden Befugnisse, welche aus der Jurisdiktion eines anderen kirchlichen Amtsträgers abgeleitet sind und bei deren Ausübung der damit betraute Beamte als Stellvertreter des letzteren handelt [6]. Es liegt daher in der Natur der Sache, dass dem Vertretenen die volle Freiheit in Betreff der Auswahl geeigneter Persönlichkeiten gewährt wird [7], und dass er dabei nicht an den Vorschlag einer anderen Person gebunden werden kann. Aus diesen Gründen ist ein Patronat-

[1] Also z. B. eine Judengemeinde, welche zum Baue eines neuen Synagogengebäudes oder einer Krankenanstalt für die jüdischen Gemeindearmen ein patronatberechtigtes Gut gekauft hat.

[2] Aus dem gedachten Grunde ist aber auch hier die für Protestanten und Katholiken in Deutschland stattfindende Gleichstellung in Betreff des Patronates (s. o. S. 35) für Institute und Stiftungen beider Kirchen zur Anwendung zu bringen.

[3] Th. II. S. 366 ff.

[4] Das Tridentinum Sess. XXV. c. 9 de ref.: „Reliqui patronatus omnes in beneficiis tam saecularibus quam regularibus seu parochialibus vel dignitatibus aut quibuscunque aliis beneficiis, in cathedrali vel collegiata ecclesia" setzt nur die Zulässigkeit an Regular-Benefizien, welche nicht als Benefizien im eigentlichen Sinne betrachtet werden können, s. Th. II. S. 374, voraus.

[5] Wie das stillschweigend vom Tridentinum (s. vor. Note) anerkannt ist. Auch kommen in der That Patronate an Benefizien, z. B. Caplaneien vor, deren Inhaber ad nutum amovibel sind, Reuss und Lingen causae selectae p. 254. 256.

[6] Th. II. 365. 368.

[7] Das Korrelat dazu bildet die rechtlich anerkannte Widerruflichkeit der Stellvertretung, welche für das neuere Recht nur eine Ausnahme hinsichtlich des Kapitular-Vikars erleidet. S. Th. I. S. 516. Th. II. S. 221. 226. 239. 287.

recht in Betreff der Stellungen der Legaten, Nuntien, General-Vikare, Kapitular-Vikare, sonstiger bischöflicher Kommissare und der Erzpriester oder Dekane [1] ausgeschlossen.

Auch für die Aemter des Missionsorganismus muss dasselbe gelten. Sie stehen den eben erwähnten Stellungen in der gedachten Beziehung gleich [2]. Ueberdies bedingen es die eigenthümlichen Verhältnisse in den Missionsländern, dass der geistliche Obere bei der Auswahl der einzelnen Beamten so wenig als möglich beschränkt wird. Endlich stehen die Missionseinrichtungen nicht unter dem gemeinen Recht, welchem das Institut des Patronates angehört [3].

Nach gemeinem Recht wird demnach die Statthaftigkeit eines Patronates nur für diejenigen Kirchenämter, welche nicht zu den gedachten Klassen gehören, angenommen werden können. Praktisch wird er damit in Betreff der blossen Kirchenämter ohne Benefizial-Qualität so gut wie bedeutungslos. Denn es bleiben von diesen nur die s. g. Regular-Benefizien [4], ferner solche Pfarrämter oder Kaplanstellen, welche nicht fest, sondern auf Widerruf besetzt werden [5] und die hinsichtlich der Manualität den Regular-Benefizien gleichstehen, übrig. An anderen wäre der Erwerb eines Patronates nur kraft päpstlichen Privilegs zulässig.

Von den Benefizien im eigentlichen Sinne sind die Kardinaltitel nicht patronatsfähig, weil die Zuweisung derselben an die einzelnen Kardinäle, ebenso wie die Ernennung der letzteren dem Papste ausschliesslich vorbehalten ist [6].

Dagegen ist die Statthaftigkeit eines Patronates an Bisthümern von den Neueren vielfach behauptet worden [7]. In der That wird derartiger Rechte an Kathedralkirchen nicht nur im Tridentinum, sondern auch in einer Reihe päpstlicher Konstitutionen gedacht [8], und es ist sogar in früherer Zeit bei der Kurie zwischen dem Patro-

1 Vgl. die vorige Note.

2 Th. II. S. 353. 354.

3 Auf diesen Gründen beruht offenbar die Anordnung des Prov. Konc. v. Baltimore v. 1829. VI (conc. coll. Lacens. 3, 29): „declaramus nullum iuspatronatus cuiuscumque generis quod sacri agnoscant canones, competere nunc alicui personae, laicorum congregationi, aedituorum coetui seu aliis quibuscumque personis in hac provincia. Declaramus etiam stipendia seu subsidia quaecumque, quae solent a fidelibus tribui vel ob loca quae in ecclesiis occupant, vel ob servitium quod ecclesiis seu missionibus sacerdotes impendunt vel ut fundus ad ecclesiam aedificandam comparetur vel ut ecclesia exstruatur (quae subsidia plerumque tribuuntur collatitia stipe et nulla assignata ecclesiae recta dota) nullum ius tribuere patronatus, quod a sacris canonibus agnoscatur". Bei den festen Gestaltungen, welche sich in einzelnen Missionsländern gebildet haben und auf die das gemeine Recht Anwendung findet, s. Th. II. S. 363, kann, weil es sich hier um Benefizien handelt, selbstverständlich ein Patronat vorkommen.

4 S. S. 38. n. 4.

5 Th. II. S. 373.

6 Th. I. S. 338. Die s. g. Kronkardinäle werden zwar auf den Vorschlag einzelner weltlicher Mächte ernannt; aber ein Patronatrecht haben diese nicht, a. a. O. S. 340.

7 Phillips 7, 698; Schulte K. R. 2, 675; Ginzel K. R. 2, 139.

8 Trid. Sess. XXV. c. 9 de ref. „exceptis patronatibus super cathedralibus ecclesiis competentibus", u. s. auch S. S. 38. n. 4. Ausser den Citaten Th. II. S. 598 n. 2. S. 599 Note. S. 611. n. 2. vergl. die gleichlautenden Konstitutionen Alexanders VIII. v. 1690 für die vom König von Portugal dotirten Bisthümer Nanking und Peking, bull. Taur. 20, 53. 57, §. 1: „dioecesi ecclesiae Machoanensis, quae de iure patronatus regum Portugalliae ex fundatione vel dotatione seu privilegio apostolica . . . esse dignoscitur"; §. 5, bez. §. 6 (l. c. p. 55 u. 59): „Petro regi et pro temporibus existentibus . . . regibus praedictis iuspatronatus et praesentandi ad dictam ecclesiam de Nankin (Pekin) videl. nobis et Romano pontifici infra annum ob locorum distantiam tam hac prima vice quam quoties illa deinceps quovis modo etiam apud sedem apostolicam vacare contigerit, per nos et pro tempore existentem Romanum pontificum huiusmodi in eiusdem ecclesiae de Nankin episcopum et pastorem ad praesentationem huiusmodi et non alias praeficiendum . . . concedimus"; const. Clem. XI. v. 1716, §. 10, l. c. 21, 726: „ad archiepiscopatum Ulyssiponensem occidentalem tam hac prima vice a primaeva illius ecclesiae huiusmodi vacantem quam imposterum in quibuscumque aliis vacationibus quandocumque et quomodocumque etiam apud sedem apostolicam occurentibus, iuspatronatus regium et nominandi et praesentandi personam idoneam nobis et Romano pontifici pro

natrecht und der königlichen Nomination auf Bisthümer unterschieden worden [1]. Andererseits kommt aber in Betracht, dass das nachmals s. g. Patronatrecht in seiner historischen Entwicklung auf die Diöcesanbenefizien beschränkt geblieben [2], und dass während des Zeitraums, in welchem das Patronatrecht seine Ausbildung gefunden hat, die Mitwirkung der Herrscher bei der Vergebung der Bisthümer von diesen als Ausfluss ihrer fürstlichen Gewalt in Anspruch genommen worden ist [3]. Erst nach der erfolgreichen Beseitigung dieser Auffassung durch die von der Kirche seit dem 11. Jahrhundert geführten Kämpfe haben einzelne Fürsten ihre Betheiligung bei der Besetzung der Bisthümer durch den Hinweis auf die von ihren Vorfahren erfolgte Gründung derselben und ein daraus hergeleitetes fürstliches Patronatrecht aufrecht zu erhalten gesucht [4] und für dasselbe auch die päpstliche Anerkennung erhalten. Auf diese Weise ist das Institut des Patronates allerdings nominell auf die Bisthümer übertragen worden, und nachdem die ersten desfallsigen Schritte von den Päpsten nur widerwillig geschehen waren [5], haben sie doch später in manchen Fällen auch freiwillig den Fürsten, namentlich mit Rücksicht auf die von diesen vorgenommene Fundirung neuer Bisthümer, ein s. g. Patronatrecht auf die letzteren zugestanden [6].

Indessen erscheint dasselbe seinem inneren Wesen nach von dem Patronate an niederen Benefizien als durchaus verschieden. Es ist nichts weiter als ein Präsentationsrecht auf Bisthümer, andere Befugnisse gewährt es dem Patrone nicht [7]. Die Aus-

tempore existenti ac per nos et eumdem Romanum pontificem pro tempore existentem dicto archiepiscopatui Ulyssiponensi occidentali apostolica auctoritate et mediantibus litteris apostolicis praeficiendam . . . Joanni regi eiusque in dictis regnis successoribus regibus similiter perpetuo reservamus, concedimus et assignamus ac iuspatronatus et praesentandi huiusmodi praedicto Joanni regi eiusque . . . successoribus non ex privilegio apostolico, sed uti ex vera, primaeva, reali et actuali, plena, integra et omnimoda fundatione et perpetua dotatione laicali ex bonis mere laicalibus factis, competere et pertinere et uti tale sub derogatione iurispatronatus ex privilegio apostolico vel consuetudine aut praescriptione acquisiti nullatenus comprehendi aut illi nullo nunquam tempore . . . (derogari posse) decernimus"; Konkordat zw. Benedikt XIV. u. Ferdinand VI. v. Spanien v. 1753, art. 1 (Nussi conventiones p. 121): „Non essendovi stata controversia sopra la pertinenza ai re cattolici della Spagna del Regio patronato ossia nomina agli arcivescovati, vescovati . . . quando vacano nel regno della Spagna, essendo il loro gius appoggiato a bolle e privilegi apostolici, ed altri titoli da essi allegati"; Const. Pii VII. für einzelne sicilische Bisthümer v. 1818. §. 2, bull. rom. cont. 15, 15: „tibi, cui iam ex legitimo patronatu partim ex apostolico indulto ius competit, ad plures regni utriusque Siciliae ecclesias praesentandi vel nominandi, in perpetuum concedimus indultum nominandi ad omnes illas archipiscopales et episcopales ecclesias regni utriusque Siciliae, ad quas nominandi iure sive ex patronatu sive ex apostolica concessione nondum gaudes"; Const. Pii XI. für Peru v. 1875, Acta s. sed. 8, 366: „Peruvianae reipublicae praeside eiusque successionibus . . . qui catholicam fidem profiteantur . . . indulgemus, ut in territorio suae reipublicae frui possint eo patronatus iure, quo ante Peruvianam regionem a ditione Hispanica seiunctam catholici Hispaniarum reges ex indulgentia sedis apostolicae ibi fruebantur, ea tamen conditione et lege ut ea quae dotis nomine adsignata sunt, tam clero tam sacro ministerio et cultui exercendo in dioecesibus territorii praedictae reipublicae serventur integre et diligenter ac fideliter praestentur simulque gubernium Peruvianum in catholica religione ferenda tuendaque perseveret. Hisce legibus et conditionibus servatis, ius erit Peruvianae reipublicae praesidi eiusque successoribus praesentandi apostolicae sedi ad vacantes sedes archiepiscopalem et episcopales ecclesiasticos viros dignos et idoneos, quibus secundum regulas ab ecclesia praescriptas canonica detur institutio ita tamen, ut intra annum a vacatione, si legitimum impedimentum non obstat, fiat praesentatio".

1 S. Riganti comm. in reg. II canc. §. 1. n. 12. Als 1577 im Konsistorium die Kirche von Trani als dem Patronatrecht der Krone Spaniens unterworfen bezeichnet war, erklärte Gregor XIII. dies für unrichtig und bemerkte, dass letztere blos ein Nominationsrecht habe.

2 Th. II. S. 621.

3 Th. II. S. 512 ff.

4 So am frühesten, seit dem 14. Jahrhundert, in Sizilien Sentis, d. monarchia Sicula S. 101 ff.; Th. II. S. 597.

5 Vgl. für Sizilien Sentis 102.

6 S. die Anführungen S. 39 n. 8.

7 Eine weitere Befugniss wird in den betreffenden päpstlichen Konstitutionen niemals angegeben. Wenn in einzelnen derselben mehrfach die Zusammenstellung: iuspatronatus et praesentandi vorkommt, so werden diese beiden Worte lediglich tautologisch gebraucht, eine Auffassung,

übung der Präsentation regelt sich nicht nach den gemeinrechtlichen Grundsätzen über den Patronat, vielmehr nach den besonderen, in den päpstlichen Spezial-Bewilligungen angegebenen Vorschriften [1]. Auch weist dieses Präsentationsrecht seinem Inhalte nach keine Verschiedenheit vom Nominationsrecht auf [2]. Sodann beruht das s. g. Patronatrecht an Bisthümern stets auf päpstlichem Privileg [3], wogegen ein rechtlicher Anspruch auf dasselbe in Folge der Fundation oder Dotation niemals anerkannt worden ist. Endlich findet sich kein Beispiel, dass andere Personen als regierende Fürsten ein derartiges Privileg erhalten haben [4]. Nur der einzige Unterschied ist päpstlicherseits früher zwischen dem Nominationsrecht und dem s. g. Patronatrechte an Bisthümern gemacht worden, dass das letztere hinsichtlich seines Widerrufes nicht den allgemeinen für einen solchen bei päpstlichen Privilegien massgebenden Gründen unterworfen worden ist [5]. Dagegen haben die neuerdings unter der Bezeichnung eines Patronats- oder Nominationsrechtes verschiedenen Regenten eingeräumten derartigen Befugnisse lediglich den Charakter eines blossen Präsentationsrechtes [6].

Im Hinblick auf diese Ausführungen kann es nicht gerechtfertigt erscheinen, wenn in der heutigen Doktrin noch die Annahme vertheidigt wird, dass die Bisthümer Objekte eines Patronates im gewöhnlichen Sinne sein können.

An sonstigen Benefizien ist das Patronatrecht nicht ausgeschlossen. Dasselbe kann abgesehen von Pfarrbenefizien, von Vikarien [7], von Benefizien an Kapellen und von solchen, welche für bestimmte Altäre gegründet sind [8], insbesondere bei Kanonikaten, Vikarien und Mansionar-Benefizien an Kathedral-, Kollegiat- und Konventualkirchen [9] selbst bei solchen Kanonikaten, mit welchen die officia des theologus oder des poenitentiarius verbunden sind [10], vorkommen.

Dagegen sind andere Objekte als Benefizien und kirchliche Anstalten, an denen solche bestehen, nicht geeignet, den Gegenstand des Patronatrechtes zu bilden, also

welche auch das spanische Konkordat v. 1753 und die Konst. für Peru bestätigt.

[1] S. S. 39 n. 8.

[2] Vgl. Th. II. S. 691. S. auch Hergenröther i. Arch. f. k. K. R. 39, 206 ff.

[3] Vivian. l. c. l. III. c. 1. n. 2; Riganti ad reg. I canc. §. 1. n. 291; s. auch die Entsch. d. Congr. conc. in Richters Tridentinum S. 450 n. 2.

[4] Dies erkennen auch Schulte u. Ginzel a. a. O. an.

[5] Nur daraus erklären sich die Fassungen in dem Privilegium für Lissabon (S. 39 n. 8); ferner die Bestimmungen in den ebendaselbst citirten Privilegien in Betreff Nankings und Pekings §. 6, bez. §. 7, a. a. O. n. 56. 60: „Decernentes iuspatronatus et praesentandi huiusmodi ex meris fundationibus et dotationibus competere illique per sedem eandem . . . quacunque ratione derogari non posse . . . nisi ipsius Petri et . . . regum praedictorum ad id expressus accedat assensus". Vgl. auch Th. II. S. 611 n. 2. Dagegen hat die Kurie immer daran festgehalten, dass die Reservation der beneficia in curia vacantia sich auch auf die einem s. g. fürstlichen Patronate unterstehenden Bischofsstühle beziehe, falls sie in dem betreffenden Privileg nicht besonders ausgeschlossen sei, vgl. hierüber und über die desfallsigen Streitigkeiten mit einzelnen Fürsten Riganti l. c. n. 280. 284.

[6] Vgl. Th. II. S. 692, namentlich n. 3 und das Privilegium für Peru, S. 39 n. 8.

[7] Dipl. v. 1288, Mecklenburg. Urkbch. 3, 317.

[8] Urkd. v. 1268. 1270, Urkdbch. d. Bisth. Lübeck S. 199. 206; v. 1448, neue Mitthlgen. d. thür. sächs. Vereins 11, 110.

[9] c. 25 (Clem. III) X. h. t. III. 38; Urk. v. 1257. 1270. 1271, Urkdbch. d. Bisth. Lübeck, S. 122. 207. 213; v. 1334, Binterim u. Mooren Erzdiöcese von Köln 4, 170; v. 1248, Mecklenbg. Urkdbch. 1, 579; vgl. auch Mayer thes. nov. ius. eccles. 1, 90. 204; 2, 192. 323; Anal. iur. pont. 1855. p. 1153 u. v. 1858. p. 548; Acta s. sed. 4, 177. 354. 438.

[10] Denn die Verbindung der gedachten officia mit einem dem Patronate unterworfenen Kanonikate, auf welche die Vorschriften des Tridentinischen Koncils, s. Th. II. S. 118. n. 1. 2 u. S. 121. n. 11, ebenfalls Anwendung finden, concil. Trident. ed. Gallemart Sess. V. c. 1. declar. n. 13; Garcias tract. de benef. P. V. c. 4. n. 162; Sentis, d. praebenda theologalis u. poenitentialis S. 46, Richters Tridentinum S. 17. n. 5, beseitigt das bestehende Patronatrecht nicht, Richter a. a. O.; Sentis a. a. O. Es tritt nur eine Beschränkung des Präsentationsrechtes des Patrons, ebenso wie bei dem Patronate auf die erste Dignität in Kathedral-, Kollegial- und Konventualkirchen ein; darüber s. unten §. 138. I. 1. c.

namentlich nicht einzelne Stellen für Mönche und Nonnen in Klöstern [1], oder gar einzelne Utensilien oder Theile von Kirchen [2]. Der Patronat ist ein positives Rechtsinstitut, und hat sich nicht nur in seiner Entwicklung ausschliesslich auf die erwähnten Objekte beschränkt, sondern ist auch allein in diesem Umfange vom kirchlichen Recht anerkannt worden.

§. 138. γγ. *Inhalt des Patronatrechtes.*

Den Inhalt des Patronates bildet eine Mehrheit von Rechten und Pflichten, von denen die letzteren aber nach gemeinem Recht eine geringe Bedeutung haben [3]. Die ersteren sind theils Ehren- [4], theils nutzbringende Rechte [5], theils solche, welche das Interesse des Berechtigten an der Aufrechterhaltung der Patronatsstiftung zu wahren bezwecken [6]. Auch das praktisch wichtigste, das Präsentations-Recht, muss im weiteren Sinn zu den Ehrenrechten gerechnet werden, weil die Kirche dem Patron damit weder einen Antheil der kirchlichen Regierung noch einen vermögenswerthen Vortheil gewähren will [7].

I. Zu den im Patronate enthaltenen Rechten gehört:

1. das Präsentationsrecht [8] (*ius praesentandi*) d. h. das Recht dem kirchlichen Oberen einen Kandidaten für die erledigte Stelle [9] vorzuschlagen.

a. Allgemeine Grundsätze. Der Patron [10] hat für das vakante Benefizium eine persona idonea [11] zu präsentiren, d. h. einen solchen Kandidaten, welcher die zum Erwerbe des fraglichen Benefiziums nach dem gemeinen Recht [12] und den etwaigen Stiftungsbestimmungen [13] erforderlichen Eigenschaften, ausserdem auch die staatsgesetzlich vorgeschriebene Qualifikation besitzt [14]. Der Laienpatron ist berechtigt, unter

[1] Es ist z. B. kein Patronatrecht, wenn sich der Stifter vorbehält, diejenigen, welche als Nonnen in ein Kloster aufgenommen werden sollen, vorzuschlagen, Pitonius, de controversis patron. t. II. alleg. 77.

[2] So hat die Congr. episcop. et regul. 1712 der Familie Caraccioli, welche einen kostbaren Marmorboden in der Kathedralkirche von Neapel hatte legen lassen, den Patronat an demselben und das daraus hergeleitete Recht, die Eröffnung von Gräbern in diesem Boden für Andere zu verbieten, abgesprochen, Pitonius l. c. t. I. alleg. 43. Ebensowenig kann von einem Patronate an Gräbern in Kirchen und auf Kirchhöfen die Rede sein. Vivian. l. c. l. 3. c. 2. n. 43 ff.

[3] Die Glosse zu c. 25 X h. t. III. 38 s. v. modeste fasst den Inhalt in folgende Verse zusammen: Patrono debetur honos, onus utilitasque — Praesentet, praesit, defendat, alatur egenus.

[4] Hierher gehören die im Text unter 1 und 2 besprochenen.

[5] Vgl. unten den Text zu Nr. 3.

[6] Vgl. unten den Text zu No. 4.

[7] So fassen schon die citirten Memorialverse die Sache auf, da das praesentet im zweiten nur unter dem honos im ersten begriffen sein kann.

[8] Vgl. ausser der S. 6. n. * citirten Literatur: H. Gerlach, das Präsentationsrecht auf Pfarreien. Regensburg 1855; Friedle i. Arch. f. k. K. R. 23, 3 ff.; Jacobson i. Herzog, Realencyklopädie 12, 86.

[9] Anwartschaften auf nicht vakante Benefizien seitens des Patrons sind nichtig, c. 16 (Honor. III) X. de conc. praeb. III. 8. Die bad. V. v. 1808 n. 3. 4 (S. 7 n. 6) erklärt aber unbestimmte Anwartschaften in schriftlicher Form für den Ertheiler, nicht für dessen Universal- und Singular-Successoren bindend, und zwar in der Weise, dass sie in einem der drei nächsten Erledigungsfälle realisirt werden müssen.

[10] Oder sein Vertreter. Vgl. darüber den Schl. dieses §.

[11] c. 5 (Alex. III) X. h. t. III. 38; Trid. Sess. VII. c. 13 de ref.; Sess. XXV. c. 9 de ref. S. dazu Friedle a. a. O. S. 18 ff. 28 ff. Für Preussen vgl. A. L. R. II. 11. §§. 328. 391.

[12] Th. II S. 476 ff. Für die dem Patronate unterliegende Theologal- oder Pönitentiar-Präbende dürfen daher nur solche präsentirt werden, welche die für die betreffenden officia vorgeschriebenen Erfordernisse, Th. II. S. 119. 122, haben, vgl. auch a. a. O. S. 702.

[13] Th. II. S. 392 ff. Durch Diöcesanverordnungen, welchen keine, das gemeine Recht abändernde Kraft zukommt, können die Vorschriften des gemeinen Rechts über die Qualifikation nicht verschärft werden, s. Entsch. d. Cong. Conc. bei Richter, Tridentinum S. 455 n. 15.

[14] Th. II. S. 503 ff. Allerdings ist eine Person, welcher diese letztere fehlt, im Sinne des kanonischen Rechtes, nicht non idonea. Daher sind die Folgen der Präsentation einer solchen auch andere, als die kanonisch vorgeschriebenen. In Baiern dürfen nur Geistliche präsentirt werden, welche den dortigen Konkurs (s. Th. II. S. 501. n. 5 u. 503 n. 1) bestanden haben, der Patron ist

mehreren tauglichen einen auszuwählen und rechtlich nicht verpflichtet, den dignior zu präsentiren [1]. Für den geistlichen Patron besteht dagegen die Beschränkung, dass er bei den dem Konkurse unterworfenen Benefizien [2] nur denjenigen präsentiren darf, welcher bei der Ablegung desselben für den würdigsten erachtet worden ist [3].

Fehlt es an einer Person, welche den besonderen Stiftungsbedingungen entspricht, z. B. an einem Geistlichen aus einer bestimmten Familie oder aus einer bestimmten Ortschaft, so genügt es, wenn ein nach dem gemeinen Recht fähiger Kandidat präsentirt wird. Der Patron kann nicht beanspruchen, dass die Stelle so lange durch einen Vikar verwaltet wird, bis sich ein Geistlicher, welcher auch die erstgedachten Eigenschaften besitzt, finden sollte [4].

Die erforderliche Qualifikation muss der Präsentirte im Augenblicke der Präsentation besitzen [5], sofern dieselbe nicht etwa nach den früher erörterten Regeln [6] auch bei jeder anderen Verleihung nachträglich erworben werden kann. Darauf, dass er die Qualifikation auch schon im Moment der Erledigung des Amtes hat, kommt nichts an [7]. Es ist ferner unrichtig, den Endpunkt der Präsentationsfrist für massgebend zu erklären [8] oder zwischen den gemeinrechtlich vorgeschriebenen und den besonderen, z. B. auf Stiftungsbestimmungen, beruhenden Erfordernissen in der Weise zu unterscheiden, dass die Erfüllung der ersteren zur Zeit der Präsentation genügt, die letzteren aber schon im Augenblick der Vakanz vorhanden sein müssen [9]. Kann gleich eine Präsentation unter der Bedingung, dass der Präsentirte innerhalb der dafür be-

aber nicht an die in dem letzteren festgesetzte Klassifikations-Ordnung gebunden, §. 20 d. V. v. 28. Sept. 1854. Für die Regel ist ohne königliche Genehmigung auch die Präsentation von landesherrlichen Tischtitulaten auf Privatpatronatsstellen unzulässig, Silbernagl, Verf. sämmtl. Religionsgesellschaften in Baiern. S. 56. Krick, kath. Pfründenwesen in Baiern S. 53; Stingl, Bestimmg. d. bayer. Staats über d. Verwaltg. d. kath. Pfarramts S. 75.

1 Th. II. S. 494; Phillips 7, 807; Gerlach S. 43.

2 Th. II. S. 494.

3 Th. II. S. 499.

4 So die Entsch. d. Congr. Conc. bei Richter a. a. O. S. 454 n. 14. Sie rechtfertigt sich daraus, dass es dem Wesen der kirchlichen Rechtsordnung widerspricht, dass durch solche Bestimmungen die Besetzung des Amtes überhaupt gehindert wird, s. Th. II. S. 392.

5 Weil die Präsentation die Erwerbung des Amtes herbeiführen soll. Die Vorschrift der S. 42. n. 11 citirten Stellen, dass der praesentatus eine persona idonea sein soll, spricht ebenfalls dafür. Dies ist auch die herrschende Meinung, Vivian. l. c. l. VI. c. 7. n. 50; Barbosa de off. et pot. episc. T. III. alleg. 72. n. 104; Leuren. for. benef. T. II. qu. 152. n. 2; Reiffenstuel ius can. un. III. 38. n. 71; Lippert, S. 164; Phillips 7, 804; Schulte K. R. 2, 694; Friedle a. a. O. S. 25.

6 Th. II. S. 482. 483.

7 S. Anm. 9 a. Schl.

8 So Gerlach S. 41, weil der Patron noch im letzten Momente der Frist zu präsentiren befugt und daher derjenige, welcher die fehlenden Eigenschaften während dieser Frist erwerben könne, fähig sei, präsentirt zu werden. Diese Ausführung würde indessen nur zutreffend sein, wenn für den Patron und den Kirchenherrn die Pflicht bestände, die Präsentation, bez. die Institution erst mit Ablauf der Frist vorzunehmen. In Fällen, wo der Erwerb eines mangelnden Erfordernisses, z. B. des vorgeschriebenen Alters, im Laufe der Frist sicher ist, hindert nichts den Patron, bis dahin mit seiner Präsentation zu warten.

9 So de Roye proleg. c. 26; Schilling S. 54. Diese Unterscheidung ist rein willkührlich, auch ist es unrichtig, dass bei besonderen Stiftungsbestimmungen diese den gerade zur Zeit der Erledigung des Amtes mit den betreffenden Eigenschaften versehenen Personen ein Vorzugsrecht vor denjenigen, welche sie erst in der Zwischenzeit erwerben, gewähren. Wenn der Stifter das Amt den Angehörigen einer bestimmten Ortschaft oder Geistlichen mit einem bestimmten Weihegrad vorbehalten wissen will, so kommt es ihm doch nur darauf an, dass Personen, welche diesem Erfordernisse entsprechen, das Amt erlangen. Dagegen auch Schulte a. a. O.; Gerlach S. 41; Friedle a. a. O. S. 24.

Vollends unhaltbar ist es auf Grund des c. 29 (Bonif. VIII) in VI^{to} de praeb. III. 4, wonach bei allgemein ertheilter päpstlicher Anwartschaft demjenigen, welcher noch nicht das zum priesterlichen Amt erforderliche Alter besitzt, eine freigewordene Priesterpfründe nicht ertheilt werden soll, die Fähigkeit zur Zeit der Erledigung des Amtes zu verlangen. Denn die Stelle legt das Gewicht gar nicht auf die Zeit der Vakanz, sondern darauf, dass die freigewordene Pfründe nach ihrer Erledigung dem unfähigen nicht übertragen werden kann, also auf die Zeit der Kollation.

stehenden Frist die ihm fehlenden Eigenschaften erwirbt, nicht für unstatthaft erachtet werden[1], so kommt diese doch erst von der Zeit ab zur Wirksamkeit, wo der Mangel fortgefallen ist[2]. Eine Rückziehung auf den Moment der bedingten Präsentation findet nicht statt[3]. Denn in diesem Zeitpunkt war der Präsentirte noch unfähig, und es fehlte somit damals an einem Faktor, welcher die Rechtswirksamkeit der Präsentation wesentlich bedingt, und dessen Entstehung nicht beliebig in eine frühere Zeit zurückverlegt werden kann[4].

Der Patron darf, wenngleich er fähig ist, sich nicht selbst präsentiren[5], auch nicht einmal durch einen dazu bestellten Vertreter[6]. Wohl aber kann er das ihm vom geistlichen Oberen angebotene Benefizium annehmen, ja sogar eine blosse Bitte an denselben auf Uebertragung des letzteren richten[7]. Die Präsentation eines Kompatrons durch die anderen ist dagegen nicht ausgeschlossen[8], und ebensowenig ist es unstatthaft, dass der Patron seine Verwandten, selbst den eigenen Sohn, präsentirt[9].

Die Präsentation (*praesentatio*)[10] selbst besteht in der Erklärung des Patrons, dass er dem kirchlichen Oberen eine bestimmte Person, welcher dieser das erledigte Patronatsbenefizium übertragen soll, vorschlägt[11]. Dagegen entzieht die Wahl von Aus-

[1] Barbosa l. c. n. 78; Leuren. l. c. qu. 127; Ferraris s. v. iuspatronatus art. 4. n. 71. 72; Phillips 7, 805. Eine derartige Präsentation liegt z. B. in der Klausel: „omni meliori modo a iure canonico exquisito", Acta s. sed. 8, 111.

[2] Selbstverständlich ist es, dass davon auch dem verleihungsberechtigten Kirchenoberen noch vor Ablauf der Frist Kenntniss gegeben wird.

[3] Gegen diese Ansicht freilich fast alle älteren Kanonisten, Garcias tract. de benef. P. VII. c. 1. n. 28; Pitonius controv. patr. t. I. alleg. 1. i. f.; Ferraris l. c. n. 72.

[4] Von einer Pendenz, welche durch Eintritt oder Ausfall der entscheidenden Thatsache beseitigt würde, ist demnach keine Rede. Die gegentheilige Meinung hebt übrigens praktisch den Grundsatz auf, dass der Patron eine persona idonea präsentiren muss, da bei später eintretender Fähigkeit des präsentirten untauglichen Kandidaten die Präsentation desselben der eines fähigen völlig gleichgestellt wird.

[5] c. 26 (Inn. III) X. h. t. III. 38: „quum nullus se ingerere debeat ecclesiasticae praelationis officiis". Die weitere herkömmliche Begründung dieser gegen einen tadelnswerthen Ehrgeiz gerichteten Vorschrift durch c. 7. X. de instit. III. 7, wonach Niemand sich selbst ein Amt übertragen kann, „quum inter dantem et accipientem debeat esse distinctio personalis", s. z. B. Lippert S. 107; Schilling S. 55; Phillips 7, 806, ist verfehlt, denn darum handelt es sich bei der Präsentation des Patrons gar nicht.

[6] Denn auch in diesem Fall ist der Patron der eigentliche Präsentant, s. die vorher citirten. Dagegen kann sich der Vertreter im Auftrage des Patrons präsentiren.

[7] Auch dies ist unbestritten, s. Note 5 und Reiffenstuel n. 73; Entsch. d. Congr. Conc. bei Richter a. a. O. S. 455. n. 17.

[8] Hier fällt der beim Alleinpatronat obwaltende Grund fort. Vgl. die Glosse s. v. concedant zu c. 15. X. h. t. III. 38, welche sich darauf beruft, dass bei einer Wahl durch Kompromiss auch einer der Kompromissare nach c. 33 X. de elect. I. 6. gewählt werden kann.

[9] c. 15 (Alex. III.) X cit. steht nicht entgegen, denn dasselbe verbietet nur die eigenmächtige Verleihung von Kirchen durch die Grundherrn an ihre Söhne und andere, bekämpft also die Konsequenzen der früher herrschenden Anschauung vom Eigenthum des Stifters an der Kirche und berührt die obige Frage gar nicht. In Betreff derselben herrscht ebenfalls keine Meinungsverschiedenheit. S. Note 5.

[10] Das Wort: *praesentare*, s. z. B. c. 3. 5. 6 (Alex. III.) X. h. t. III. 38 kommt in dieser Bedeutung erst seit der Ausbildung des heutigen Patronates, also seit dem 12. Jahrh., vor. Der Gebrauch desselben erklärt sich wohl daraus, dass in früherer Zeit eine Vorstellung des Kandidaten an den verleihungsberechtigten Oberen üblich war. Für: praesentare, *praesentatio* wird auch: *nominare*, *nominatio* gebraucht, const. Gregor. XVI v. 1833. §. 2, bull. Rom. const. 19, 234: eamque (paroeciam) ita mixtum patronatum efficere, ut vicissim ab episcopi collatione et marchionis nominatione pendere"; österr. Konk. art. 25; Entsch. d. Congr. conc. bei Richter a. a. O. S. 455. n. 17; weitere Belege bei Hergenröther i. Arch. f. k. K. R. S. 39, 195, weil die Präsentation stets die Benennung des Kandidaten bedingt. Andererseits versteht man unter Nomination auch die Erklärung des Patrons an den letzteren, ihn präsentiren zu wollen, also eine Vorbereitungshandlung der Präsentation, Pitonius l. c. alleg. 22. n. 3 ff.; Berardi comm. in l. III. decr. diss. IV. c. 7, ed. cit. 1, 313; Phillips 7, 791; Hergenröther a. a. O. S. 194. In diesem Sinne kommt der Ausdruck auch in dem in der Diöcese Rottenburg gebräuchlichen Formulare für die Präsentation des Patrons vor, v. Vogt, Samml. kirchl. Verordngen. S. 432 u. Arch. f. k. K. R. 3, 76.

[11] Eine bestimmte Form ist nicht vorgeschrieben, es ist nur nöthig, dass aus der Erklärung des Pa-

drücken, welche die Absicht oder den Willen des Patrons, dasselbe seinerseits selbst zu verleihen, erkennen lassen, der Erklärung die rechtliche Bedeutung und Wirkung der Präsentation [1].

Die Präsentation kann mündlich oder schriftlich erfolgen [2]. Eine persönliche Vorstellung des Kandidaten bei dem Kirchenoberen ist nicht erforderlich [3].

Der Patron hat die Präsentation bei Strafe der Nichtigkeit an denjenigen kirchlichen Oberen, welcher zur Vergebung des Patronatsbenefiziums berechtigt [4] ist, zu richten, bei niederen Benefizien also für die Regel an den Bischof [5] oder seinen Stellvertreter, den Generalvikar [6], während der Vakanz des Bisthums an das Kapitel und nach Ernennung des Kapitularvikars an diesen [7]. Sie gilt erst als erfolgt, wenn sie an den Oberen gelangt ist (*si pulsaverit aures episcopi*) [8].

trons sich der Wille ergiebt, dass dem benannten Kandidaten das betreffende Amt übertragen werden soll, Leuren. l. c. qu. 126. Jetzt ist die Form: „Ich präsentire zu der erledigten Pfarrei oder auf die Kirchenpfründe" gebräuchlich, so z. B. in den in Preussen von den Oberpräsidenten zu vollziehenden Präsentationsurkunden auf Benefizien landesherrlichen Patronates, vgl. auch Vogt a. a. O. Bei einer Präsentation an den Papst genügt es, dass der Patron sein Einverständniss zu der Besetzung des Amtes mit einem bestimmten Kandidaten kund giebt und zwar an einen Beamten der römischen Kurie, welcher zur Entgegennahme derartiger Erklärungen ermächtigt ist, Pyrrhi Corradi prax. benef. IV. 4. n. 34 ff.

1 c. 5. 10 (Alex. III), c. 31 (Greg. IX) h. t. III. 38.

2 c. 6 (Coelest. III) X. de his quae fiunt. III. 10; Clem. un. de exc. prael. V. 6. Vivian. l. c. l. VI. c. 8. n. 3. Die schriftliche Präsentation ist jetzt die Regel, Gerlach S. 50. Vgl. auch conc. prov. Prag. v. 1860. t. 6. c. 10. (ed. Prag. 1863. p. 233). Das Präsentationsschreiben kann dem Kirchenoberen direkt zugesendet oder auch dem Kandidaten zur Zustellung an denselben übergeben werden.

Wegen der Präsentation durch Bevollmächtigte s. unten a. Schl. des §.

3 Viele ältere, auch Schilling S. 67, verlangen dies freilich, es sei denn, dass der Kandidat dem Kirchenoberen bekannt sei und letzterer die Präsentation annehme, Barbosa l. c. n. 116; Vivian. l. c. n. 6 ff. Dagegen schon Leuren. l. c. qu. 175, so auch die Entsch. d. Congr. conc. v. 1875, Acta s. sed. 9, 99. Dass der Obere behufs Anstellung einer Prüfung das Erscheinen des Präsentirten fordern kann, ist selbstverständlich. Hier handelt es sich aber nur um die Rechtsgültigkeit der Präsentation und für diese ist nirgends die Gestellung des Kandidaten vorgeschrieben.

4 Dieser ist ein für allemal durch die kirchliche Rechtsordnung bestimmt. Eine Aenderung kann auch in dieser Beziehung nicht einmal durch eine abweichende Bestimmung des Stifters getroffen werden, es sei denn, dass die Präsentation an den Papst vorgeschrieben und von diesem die Genehmigung zu einer solchen Anordnung ertheilt worden ist, weil der untere kirchliche Obere diese Abänderung des gemeinen Rechts nicht zu gestatten die Macht hat, vgl auch de Roye prolegom. c. 21.

5 c. 4. 5 (Alex. III) X. h. t. III. 38; Trid. Sess. XIV. c. 13 de ref. Eine Ausnahme findet statt, wenn ein Anderer, z. B. ein Prälat oder eine Korporation (Domkapitel) das Besetzungsrecht hat. Im Mittelalter wurde vielfach an die Archidiakonen präsentirt, Th. II. S. 197.

Bei der Neubegründung von Patronaten nach der Publikation des Tridentinums kann aber dem praelatus inferior die Institution nicht mehr vorbehalten und die des Bischofs ausgeschlossen werden, Trid. Sess. XIV. c. 12 de ref. ed. Gallemart ad c. cit. n. 2; Leuren. l. c. P. II. qu. 2; Nicollis l. c. n. 85. 86. 89. In denjenigen Fällen, wo solchen Prälaten schon vorher Institutionsrechte zugestanden haben, ist nichts geändert. Hier erfolgt die Präsentation an diese, der Bischof hat aber vor der Institution die Fähigkeit des Präsentirten zu prüfen, Trid. Sess. VII. c. 13 de ref. u. Sess. XXV. c. 9 de ref., Stellen nach welchen das anscheinend weitergreifende c. 13 de ref. Sess. XIV. zu beschränken ist, s. auch die Entsch. d. Congr. Conc. bei Gallemart ad c. cit. n. 4; Nicollis l. c. n. 87.

6 Th. II. S. 214. n. 3.

7 a. a. O. S. 244. n. 10; c. 1 (Bonif. VIII) in VI. de instit. III. 6. Völlig unbegreiflich ist es, wie Schilling S. 66 für diesen Fall die Präsentation an den Generalvikar fordern kann. Der eingehenden Widerlegung Gerlach's S. 48 hätte es nicht bedurft.

8 de Roye prolegom. c. 22. Eine wirkliche Kenntniss desselben ist aber nicht erforderlich, es genügt vielmehr, wenn das Schreiben rechtzeitig bei der bischöflichen Behörde auf deren Bureau eingegangen ist, weil die in demselben fungirenden Beamten zur Annahme der geschäftlichen Korrespondenz namens des Bischofs kraft ihrer Stellung ermächtigt sind. Wegen der Präsentationen an den Papst vgl. 44 n. 11 a. E.

In Baiern ist das Verfahren bei den Pfründen des landesherrlichen Patronates folgendermassen geregelt. Die Kreisregierung des Bezirkes des erledigten Benefiziums hat nach Ausschreibung der Stelle die an den König zu richtenden Gesuche der Bewerber, denen Qualifikationszeugnisse des bischöflichen Ordinariates, der Distrikts-Polizeibehörde und der Distrikts-Schulinspection beizulegen sind, zu sammeln und diese nach Ablauf der Bewerbungsfrist mit

Die Frist, binnen welcher sie zu geschehen hat, beträgt bei dem Laien-Patronat vier [1], beim geistlichen sechs Monate [2] und läuft bei erst neugegründeten kirchlichen Anstalten und Benefizien von dem Zeitpunkt, in welchem der Stifter die Kenntniss vom Zusammentreffen der zum Erwerbe des Patronates nothwendigen Voraussetzungen [3] erlangt, im Uebrigen von dem Augenblick, in welchem der Patron von der Erledigung des Benefiziums Kunde erhalten hat [4]. Indessen hindert andererseits nicht jede faktische Unkenntniss den Beginn der Frist. Dieselbe muss vielmehr eine unverschuldete

ihren Gutachten an das Ministerium des Innern für Kirchen- und Schulsachen einzusenden, und kann dabei auch unter Umständen taugliche und würdige Kandidaten, welche sich nicht gemeldet haben, in Vorschlag bringen, Krick, kath. Pfründenwesen in Baiern S. 35 ff. Vor der Absendung werden die Gesuche, falls eine Pfarrstelle in Frage steht, dem bischöflichen Ordinariate zur gutachtlichen Aeusserung mitgetheilt, Erlass v. 8. April 1852. Nr. 11; Min.-Verfüg. v. 10. Nov. 1873. II. 4, Dove u. Friedberg, Ztschr. f. f. K. R. 12, 260; Krick a. a. O. S. 41; Stingl, Verwaltung des kath. Pfarramtes S. 43 ff. Demnächst erfolgt die Auswahl durch den König auf Vorschlag des Ministeriums. Dieselbe wird durch königliches Reskript der Kreisregierung mitgetheilt und der betreffende Geistliche erhält von dieser ein Benachrichtigungsschreiben, mit welchem er sich innerhalb der kanonischen Präsentationsfrist (s. o. im Text) bei dem Ordinariate zu melden hat, Krick a. a. O. S. 43. 44; Stingl. a. a. O. I. 61. 62. Die Auswahl des Kandidaten für das Benefizium wird in der baierischen Staatspraxis als: „Verleihung" bezeichnet, und die Regierung hat auch trotz eines Protestes der Bischöfe im J. 1853 an diesem Ausdruck mit dem Bemerken festgehalten, dass derselbe nicht mit der bischöflichen Kollation als gleichbedeutend angesehen werde und eine hergebrachte, der Würde der Krone entsprechende Formel sei, Krick a. a. O. S. 34. n. 1; Stingl a. a. O. S. 27.

Die Präsentation der übrigen Patrone (Gemeinden und Korporationen) bedarf mit Rücksicht auf das in Baiern bei der Besetzung von Pfarreien und Pfründen geltende Genehmigungsrecht des Königs (s. u. §. 151) der vorgängigen Bestätigung, welche nach Prüfung der Tauglichkeit des für die betreffende Pfründe in Aussicht genommenen Kandidaten von der Kreisregierung ertheilt wird, falls das Patronatrecht anerkannt ist, während dieselbe im umgekehrten Falle oder wenn sie die Bestätigung verweigern zu müssen glaubt, an das Ministerium des Innern für Kirchen- und Schulwesen zu berichten hat. Zu dem gedachten Behufe ist der Kandidat der Kreisregierung vorher anzuzeigen und erst wenn dieselbe nach Vernehmung des bischöflichen Ordinariates der Präsentation zustimmt, kann der Patron die Präsentationsurkunde auf erfolgte Benachrichtigung ausstellen und die Vorlegung der letzteren an das Ordinariat veranlassen, Krick a. a. O. S. 52 ff.; Silbernagl a. a. O. S. 57; Stingl. a. a. O. S. 70.

[1] Das. 3 Later. Koncil v. 1179, c. 15, Mansi 22, 227 hatte eine dreimonatliche Frist festgesetzt; sie ist aber in dem diese Bestimmung wiedergebenden c. 3. X. h. t. III. 38 in eine viermonatliche, und zwar wohl bei der Abfassung der Gregorianischen Sammlung, sowie mit Rücksicht auf die einen solchen längeren Zeitraum annehmende Dekretale Innocenz' III., c. 27 eod., umgeändert worden.

[2] c. 22 (Alex. III.) eod. spricht allgemein von einer sechsmonatlichen Frist. Da aber die in der vor. Note gedachte Bestimmung vor der betreffenden Dekretale ergangen ist und das gedachte Koncil für die Kollation von Beneficien eine sechsmonatliche Frist eingeführt hat, c. 2. X. de conc. praeb. III. 8, so ist anzunehmen, dass Alexander III. diese auch nur für das geistliche Patronatrecht hat massgebend sein lassen wollen. So ist das Verhältniss schon in der Glosse des Bernhard de Botone s. v. minus idoneae zu c. 4. X. de off. iud. ord. I. 31 aufgefasst, und diese Auffassung durch c. un. (Bon. VIII.) in VI^to h. t. III. 19. bestätigt worden. Partikularrechtlich ist die Frist mitunter anders bestimmt. Nach preuss. A. L. R. II. 11. §. 398 beträgt die Frist in allen Fällen 6 Monate, in Oesterreich ebenfalls ohne Unterschied zwischen geistlichem und Laienpatronat sechs Wochen für den Patron, welcher sich im Lande, drei Monate für den Patron, welcher sich ausserhalb befindet, und zwar angerechnet von der Mittheilung der Bewerber seitens des Ordinarius, Hofdekret v. 18. Juni 1805, Kropatscheck, Samml. 20, 448; Jacksch 9, 267; Rieder 1, 382. Durch die allgemeine derogat. Klausel des österr. Konk. Art. 34. 35 sind diese Fristen nicht beseitigt. Gegen Ginzel K. R. 2, 154. n. 6 s. Schulte, Lehrb. 3. Aufl. S. 322. n. 20; vgl. auch conc. prov. Prag 1860. t. 6. c. 10 (ed. Prag. 1863 p. 233). Uebrigens ist faktisch auch die frühere Praxis beibehalten worden, Friedle a. O. S. 41. Die in Baden durch V. v. 1808 (S. 7. n. 6) festgesetzte Frist von 3 Monaten ist schon 1815 auf 6 ausgedehnt worden (Spohn, bad. Staatskirchenrecht S. 176). Die auf Grund einer Verständigung mit der Regierung ergangene erzbischöfliche V. v. 30. Nov. 1861 §. 3, Arch. f. k. K. R. 7, 129, hat dagegen die kanonischen Fristen angenommen.

[3] Also z. B. von der nach der Annahme der Errichtungshandlung ertheilten Genehmigung des kirchlichen Oberen (s. o. S. 27), oder dem das Patronat gewährenden päpstlichen Indulte (s. o. S. 30), s. auch Vivian. l. c. P. II. l. 5. c. 2. n. 25.

[4] Arg. c. 3 (Inn. III.) X. de suppl. negl. I. 10; c. 5 (id.) X. de conc. praeb. III. 8; Garcias tract. de benef. P. X. c. 2. n. 34 ff.; Vivian. l. c. P. II. l. 7. c. 2. n. 7; Leuren. l. c. qu. 139. n. 2; Schilling S. 63. n. 307.

sein[1], da der Patron sich auch seinerseits um das Patronatsbenefizium zu bekümmern hat. Die Beurtheilung darüber steht dem kirchlichen Oberen zu[2]. Ebenso hat derselbe die Angaben des Patrons über den Zeitpunkt, in welchem derselbe die Kunde von der Vakanz erhalten haben will, zu prüfen und nöthigenfalls unter Zuziehung des Patrons festzustellen[3].

Die Frist wird kalendermässig ohne Rücksicht auf die Zahl der Monatstage berechnet[4]. Wenn sie auch im allgemeinen ein tempus continuum ratione cursus ist, so wird ihr Lauf doch durch unverschuldete Hinderungsgründe gehemmt[5]. Aus diesem Grunde lassen die Kanonisten bei landesherrlichen und staatlichen Patronaten die Frist überhaupt nicht laufen[6].

Eine Verkürzung der Frist durch den kirchlichen Oberen ist rechtlich nicht zulässig[7], ebenso wenig eine Verlängerung, wohl aber ist er in der Lage, eine solche thatsächlich, freilich nicht über die ihm selbst für die Verleihung des Amtes zustehende Frist zu gewähren[8].

[1] Arg. c. 5. X. cit.

[2] Eine solche Unkenntniss wird z. B. kaum anzunehmen sein, wenn die Erledigung des Amtes in der Pfarrei notorisch, Clem. un. i. f. de conc. praeb. III. 3, und der Patron in derselben anwesend ist. Falls der letztere sich auf weite Reisen begiebt, so muss es ihm zur Schuld angerechnet werden, wenn er keinen Bevollmächtigten hinterlassen oder keine Fürsorge dafür getroffen hat, dass ihm Nachrichten gegeben werden können.

[3] Von einer Beweislast im civilprocessualischen Sinne kann hierbei keine Rede sein, man kann also nicht sagen, dass der kirchliche Obere, welcher den Ablauf der Frist behauptet, stets dem Patron seine Kenntniss beweisen muss, so z. B. Leuren. l. c. P. II. qu. 139. n. 3, Schulte 2, 698. n. 3. Da der kirchliche Obere eine verspätete Präsentation nicht zulassen soll, andererseits aber auch dem Patron die volle Frist zu gewähren hat, so hat er eine Offizialuntersuchung anzustellen und nach dem Ergebniss derselben über den entscheidenden Zeitpunkt zu befinden. Eine Aufforderung an den Patron oder ein Erbieten desselben, seine Unkenntniss zu beschwören, erscheint dabei nicht ausgeschlossen, arg. c. 8 in VI^to de elect. I. 6. Heute ist meistens eine schriftliche Mittheilung über die Erledigung des Beneficiums durch die Kirchenbehörde, Bischof oder Dekan, an den Patron üblich, s. v. Vogt, Samml. kirchl. Verord. f. Rottenburg 1876, S. 433.

[4] Vivian. l. c. l. VII. c. 4. n. 14; Leuren. l. c. qu. 139. n. 1. Dafür, dass auch a momento ad momentum gerechnet werden müsse, so z. B. Garcias l. c. P. X. c. 2. n. 43; Vivian. l. c. n. 2; Leuren. l. c. spricht keine gesetzliche Bestimmung, ganz abgesehen davon, dass dies auch praktisch undurchführbar ist.

[5] Arg. c.5.X. cit. III.8; Leuren. l. c. qu. 140. n. 1; Lippert S. 103; Schilling S. 64, Schulte 2, 698. So z. B. wenn der Patron wegen des schlechten Ertrages des Beneficiums keinen Kandidaten finden kann, Richters Tridentinum S. 455. n. 18.

[6] Garcias l. c. n. 34 i. f.; Riganti ad reg. XLII. canc. n. 42; Leuren. qu. 135. n. 2; 139. n. 5; Richter Tridentinum S. 456. n. 18. Dass dies die herrschende, weit verbreitete Ansicht ist, kann nicht, so anscheinend Schulte, Lehrb. 3. Aufl. S. 322. n. 21, bestritten werden. Die Bestimmung des baier. Konkordats Art. 11, welcher für alle Patronate, staatliche und private, ausdrücklich die gemeinrechtlichen Fristen festsetzt, will offenbar damit die Geltung dieses Grundsatzes für Baiern beseitigen, hebt ihn aber nicht allgemein auf. Uebrigens ist auch in Baiern bestimmt, Min.-Erl. v. 12. März 1850, Döllinger, fortgesetzte Samml. 23, 162, dass der Landesherr nach Ablauf der Frist zu erinnern ist, ohne dass das s. g. Devolutionsrecht in Anspruch genommen werden kann, Stingl a. a. O. S. 43. D. sachs.-weimar. Ges. v. 7. Okt. 1823. §. 17. bei O. Müller, Lexik. d. K. R. 5, 377, schliesst sogar ausdrücklich bei landesherrlichen Patronaten die s. g. Devolution an den Bischof aus.

[7] Das würde eine Aufhebung des gemeinen Rechtes durch den dafür nicht zuständigen kirchlichen Oberen zum Nachtheil des Patrons sein, c. 17 in VI^to de R. J.; Ferraris s. v. iuspatronatus art. 4. n. 32; Acta s. sed. 10, 550. A. M. Vivianus l. c. l. 7. c. 7. n. 1 ff., welcher aber hierbei die Festsetzung von Präklusivfristen vor dem öffentlichen Aufgebot zur Anmeldung etwaiger Ansprüche auf das Präsentationsrecht oder das Benefizium mit der Präsentationsfrist verwechselt.

[8] Die gemeine Meinung, Vivian. l. c. n. 10; Pyrrhus Corradus prax. benef. l. 4. c. 2. n. 66 ff.; Leuren. l. c. qu. 137. n. 2 ff.; Ferraris l. c. n. 30; Friedle a. a. O. S. 40, nimmt eine rechtliche Befugniss des Oberen an, weil er bei einer Erstreckung der gedachten Art dies lediglich zu seinem Nachtheil thue und der Richter eine rechtlich festgesetzte Frist aus genügenden Gründen erstrecken könne. Dabei wird aber übersehen, dass es sich hier um eine gemeinrechtlich präjudizielle Frist handelt, welche im öffentlichen Interesse angeordnet ist und daher nicht verlängert werden darf. Auch liegt es im allgemeinen kirchlichen Interesse, dass der Obere nicht durch die Ausdehnung der Frist in die

Der Patron kann statt eines Kandidaten auch gleichzeitig mehrere zur Auswahl präsentiren[1], nur dem geistlichen steht diese Befugniss bei einem dem Konkurse unterworfenen Benefizium nicht zu[2]. Durch die Vornahme der Präsentation hat der Patron seine Befugniss ausgeübt und absorbirt[3]. Nach allgemeinen Rechtssätzen könnte er jedenfalls bis zu dem Zeitpunkt, wo der Kirchenobere die Präsentation verworfen hätte, zu einem weiteren nachträglichen Vorschlage nicht befugt sein. Das kanonische Recht hat diese Konsequenz aber nur in Betreff des geistlichen Patrons festgehalten[4], dagegen dem Laienpatron weitere Nachpräsentationen bis zur Entscheidung des kirchlichen Oberen, das s. g. *ius variandi*, gestattet[5]. Ja dieses Recht kann nicht einmal durch einen selbst eidlich bestärkten Vertrag zwischen dem Patron und dem Erstpräsentirten ausgeschlossen werden[6]. Die Wirkung der Nachpräsentation

Lage gesetzt wird, die ihm zustehende Prüfung in aller Eile vornehmen zu müssen. Daran kann er freilich nicht gehindert werden, gerade dem zu spät präsentirten Kandidaten das Amt zu verleihen und so thatsächlich für den Patron die Frist zu erstrecken. Nach meiner Meinung hat aber der Patron trotz der vorgängigen Prorogation des Oberen kein Recht auf die Berücksichtigung des zu spät präsentirten Kandidaten, welches ihm die gemeine Meinung konsequenterweise einräumen muss. Nach preuss. A. L. R. II. 11. §. 398 ist dagegen eine Verlängerung der Frist statthaft.

[1] Das ist auch dem geistlichen Patron durch keine gesetzliche Bestimmung verboten und für die Kirche vortheilhaft, weil der Bischof weniger beschränkt wird. So auch der tract. de iurib. in corporalibus (S. 7. n. 5) I. §. 5. Für Kompatrone gestattet es Clem. 2. h. t. III. 12. Endlich steht dem auch nicht entgegen, dass der Patron möglichst würdige wählen soll, weil er gerade wegen etwaiger Zweifel, wer unter mehreren an sich würdigen für den würdigsten zu erachten, zu der Präsentation mehrerer veranlasst werden kann. Vgl. Rochus de Curtel. c. def. II. n. 34; Gonzalez Tellez comm. ad c. 5. X. h. t. III. 38. n. 5; Friedle a. a. O. S. 34. Nach preuss. L. R. II. 11. §§. 327. 374 ff. 386 ist aber nur die Präsentation eines Kandidaten zulässig; ebenso noch d. bad. V. v. 1808. Nr. 16, weil die Ernennung des Patrons mit der Aushändigung der Ernennungsurkunde an den Ernannten den Patron bindet.

[2] Aus dem o. S. 7 angegebenen Grunde.

[3] Kayser i. Arch. f. k. K. R. 2, 414.

[4] c. 24 (Luc. III.) X. h. t. III. 38. Dadurch ist aber nicht ausgeschlossen, dass der geistliche Patron, wenn er unwissentlich einen Unfähigen präsentirt hat, und die Unfähigkeit vor der Zurückweisung des Bischofs in Erfahrung bringt, nicht einen andern Kandidaten vorschlagen kann. Die Frage, um die es sich im Text handelt, ist die, ob weitere Vorschläge auch nach einer völlig gültigen und ordnungsmässigen Präsentation gestattet sind.

[5] c. 24. cit.: „Quum autem advocatus clericum *unum* idoneum episcopo praesentaverit et postulaverit postmodum eo non refutato alium aeque idoneum in eadem ecclesia admitti: quis eorum alteri praeferatur, iudicio episcopi credimus relinquendum, si laicus fuerit, cui ius competit praesentandi." In der vollständigen Dekretale, abgedruckt in der Ausgabe des s. g. Ulpianus de edendo von Royer-Collard. Paris 1836. p. 22 fehlen die Worte: „eo non refutato." Da die Ausnahme offenbar deshalb zugelassen ist, weil man bei den Laien nicht die gleiche Einsicht, wie bei den geistlichen Patronen voraussetzte, und die dem Kirchenoberen eröffnete grössere Auswahl nur im Interesse der Kirche liegt, so kann das Recht zur Variation auch nicht auf eine einmalige Nachpräsentation, so z. B. Vivian. l. X. c. 4. n. 1 ff.; Schilling S. 83, beschränkt werden, Gerlach S. 58; Schlayer S. 11, wo die ältere Literatur angeführt ist; Richter-Dove §. 190. n. 10; Schulte 2, 696; Friedle a. a. O. S. 47. Das preuss. L. R. gewährt auch dem Laienpatron die Variation nicht, s. Anm. 1.

[6] Der entgegengesetzten Meinung eine Reihe Aelterer, Barbosa, J. E. U. III. 12. n. 177; Fagnan. ad c. 24. X. h. t. n. 26, u. die Citate bei Schlayer S. 15; ferner Lippert. S. 122; Schilling S. 85, welcher letzterer sogar den Patron, wenn er vertragswidrig einen zweiten nachpräsentirt und dieser das Amt erlangt hat, dem Erstpräsentirten mit einer Entschädigungsklage haftbar macht. Die Ungültigkeit eines solchen pactum de non variando ergibt sich aber daraus, dass dem Patron die Nachpräsentation im öffentlichen Interesse zum Wohle der Kirche eingeräumt ist, um auf diese Weise bei späterer, besserer Einsicht noch andere Kandidaten für das Amt in Vorschlag bringen zu können, und diesem öffentlichen Interesse gegenüber das individuelle Interesse des Erstpräsentirten zurückstehen muss, Schlayer S. 21. Von diesem Standpunkt aus erscheint der Eid zur Bekräftigung des pactum, weil er gegen die kirchliche Ordnung und das Wohl der Kirche gerichtet ist, nichtig, c. 27. X. de iureiur. II. 24; c. 1 in VI^{to} eod. II. 11; Schlayer S. 22.

Ein Verzicht des Patrons gegenüber dem Bischof würde dem Erstpräsentirten kein Recht auf Unterlassung der Variation geben, weil der erstere dadurch nicht gehindert wird, eine Nachpräsentation zuzulassen, Schlayer S. 17.

Stirbt der Patron während der Frist, so kann sein Nachfolger im Patronate während derselben nachpräsentiren, Vivian. P. II. l. 12. c. 5. n. 36.

ist die, dass der Kirchenobere unter den mehreren vorgeschlagenen Kandidaten frei auswählen darf[1] (s. g. *variatio cumulativa*). Keineswegs aber ist der Patron berechtigt, die frühere Präsentation zu widerrufen und den erst präsentirten Kandidaten zurückzuziehen (s. g. *variatio privativa*)[2]. Nicht minder erscheint es unrichtig, dass für diese letztere Art der Variation im Zweifel eine Vermuthung spreche[3]. Ein Prozess zwischen mehreren von einem Patron oder von Kompatronen Präsentirten hindert die kumulative Nachpräsentation nicht[4].

[1] D. h. dass die s. g. gratificatio des Bischofs eintritt.

[2] Die Aelteren verwerfen fast einstimmig die Statthaftigkeit der privativen Variation, vgl. Anonymi notabilia decretalium (zw. 1234 u. 1241) zu c. 24. X. cit.: „Si laicus unum episcopo praesentet et postea alium, arbitrio episcopi relinquitur, quis eorum alteri praeferatur", v. Schulte, Beiträge z. Liter. üb. d. Dekretalen. Wien 1871. S. 62; die Glossen zu c. 24. X. cit. u. c. un. in VIto h. t. III. 19 im Casus — (die Bemerkung der ersteren s. v. alium: „dando secundum videtur patronus recedere a priore" heisst nicht, dass der Patron die Präsentation des ersteren rechtswirksam widerrufen kann, sondern dass er seinen Willen geändert zu haben scheint, und spricht nichts über die rechtlichen Folgen dieser angeblichen Willensänderung aus) —; Rochus de Curte l. c. def. II. n. 30; Vivianus l. c. P. II. l. 10. c. 1. n. 10; Fagnan. ad c. 24. X. h. t. n. 7; Ferraris l. c. art. 4, n. 45 und die weiteren Citate bei Schlayer S. 6. n. 7. Ebenso auch die Rota, Ferraris l. c. n. 44. Die entgegengesetzte Meinung bei Aug. Berojus, comm. ad l. III. decr. Lugd. 1551. fol. 161. Neuerdings ist die letztere wieder von Lippert a. a. O. S. 116 und in Weiss Arch. d. Kirchenrechtswissenschaft 3, 72, sowie von Schilling S. 73, vertheidigt, während andererseits die ältere herrschende Ansicht festgehalten wird von Vermehren in Weiss Arch. 2, 125 u. 5, 52; Kaim 2, 142; Gerlach S. 51; Kaiser im Arch. f. k. K. R. 2, 412; Schlayer S. 3; Phillips 7, 817; Richter-Dove §. 190. n. 10; Schulte K. R. 2, 695; Ginzel 2, 155; Friedle a. a. O. S. 46; und zwar m. E. mit vollem Recht.

Was zunächst das c. 24. X. h. t. betrifft, so wird das: eo non refutato von Lippert u. Schilling dahin interpretirt: „wenn ihn der Patron nicht zurückgezogen hat" und argumento a contrario der Schluss gezogen, dass wenn der letztere die frühere Präsentation widerrufen habe, dem Bischof die s. g. Gratifikation nicht zustehe. Refutare kommt allerdings im mittelalterlichen Latein in der Bedeutung von dimittere vor, aber nur in der Verbindung mit: rem, also in der Bedeutung, eine Sache (nicht eine Person) zurückweisen. Abgesehen davon ist die Beziehung des refutare auf den Patron unnatürlich, da dieser nach der Präsentation den Kandidaten nicht mehr einfach zurückweisen oder fallen lassen kann, sondern dieses Fallenlassen dem Bischof gegenüber erklären oder die Präsentation widerrufen muss, demnach die Stelle zu übersetzen wäre: „Wenn der Patron einen zweiten nachpräsentirt, indem er erklärt, den ersten nicht zurückzuweisen oder nicht fallen zu lassen. Die herrschende Meinung fasst dagegen die fraglichen Worte dahin auf: wenn der Bischof den präsentirten nicht zurückgewiesen, d. h. noch keine Entscheidung abgegeben hat. Dafür ist, abgesehen von der sprachlichen Ungezwungenheit, auch der Umstand entscheidend, dass allein bei dieser Uebersetzung in der Stelle ein fester Termin für die Variation des Patrons bestimmt und diese vollständig geregelt wird. Sind doch die anscheinend interpolirten Worte wohl gerade deswegen in die Stelle eingeschoben worden.

Ueberdies ist die privative Variation aus inneren Gründen unhaltbar. Die erstmalige Präsentation bildet einen Rechtsakt. Die Widerruflichkeit eines solchen ist aber nicht die Regel, sondern die Ausnahme. Diese müsste also durch besonderes Gesetz zugelassen oder mindestens aus innerlichen Gründen gerechtfertigt sein. Letzteres ist indessen nicht der Fall. Wenn der Patron auch befugt ist, ohne Beschränkung ein fähiges Subjekt zu präsentiren, so ist es doch verfehlt, daraus, wie Lippert thut, den Schluss zu ziehen, dass derselbe seine einmal erfolgte Präsentation beliebig oft widerrufen kann. Mit der letzteren hat er sein Recht vielmehr konsumirt. Das Interesse der Kirche gebietet es zwar, dem Patron eine etwaige Korrektur seiner Präsentation zu ermöglichen. Die privative Variation erfüllt aber diesen Zweck nicht, weil der Nachpräsentirte nicht stets der würdigere zu sein braucht. Ob dies der Fall ist, darüber kann allein die Entscheidung dem kirchlichen Oberen zustehen. Fällt diese negativ aus, so zeigt sich, dass kein Grund zur Nachpräsentation vorhanden war, und es muss dann dem Bischof die Möglichkeit bleiben, auf die erste Präsentation zurückzugreifen. Daher kann dieser nicht jede Bedeutung durch die Nachpräsentation gewonnen werden, d. h. die Variation kann nur eine kumulative, nicht aber eine privative sein.

[3] So Lippert, Patronat S. 120. Die Annahme fällt mit der Unstatthaftigkeit der privativen Variation in sich zusammen.

[4] Auch dies ist nicht unbestritten, gegen die Ansicht des Textes z. B. Vivian. l. c. P. II. l. 10. c. 1. n. 12 ff. Die Kontroverse knüpft an c. 1. 2 (Bonif. VIII.) in VIto ut lite pend. II. 8 an. Das erstere bestimmt, dass wenn bei Streitigkeiten über kirchliche Wahlen einer der gewählten stirbt oder zurücktritt, eine neue Wahl, so lange der Streit wegen des Rechtes des Ueberlebenden oder der noch am Prozesse Betheiligten nicht sein Ende erreicht hat, nichtig sein soll. Das zweite erklärt nicht blos Wahlen, sondern auch Präsentationen an Stelle der streitenden, durch den Tod oder sonst ausgeschiedenen Be-

Der Patron kann endlich auch statt seinerseits selbst zu variiren, dem Kirchenoberen die Ermächtigung ertheilen, ausser den Erstpräsentirten andere geeignete Kandidaten bei der Verleihung des Benefiziums zu berücksichtigen [1].

Das Präsentationsrecht des Patrons schliesst die dem Kirchenoberen sonst zukommende freie Besetzung des Patronatsbenefiziums aus, und beschränkt dasselbe, soweit seine Ausübung rechtlich gestattet ist. Der Kirchenobere darf daher die letztere nicht hindern. Insbesondere ist er verpflichtet, das Benefizium seinerseits nicht vor dem Ablaufe der Präsentationsfrist einseitig zu vergeben [2]. Eine derartige Verleihung ist zwar nicht absolut, wohl aber relativ nichtig [3] und auf Antrag des Patrones oder bei rechtzeitiger Präsentation desselben zu kassiren [4].

Andererseits ist aber der Kirchenobere, falls der Patron die Frist hat unbenutzt verstreichen lassen, seinerseits berechtigt, das Benefizium kraft seiner ordentlichen Verleihungsgewalt [5] zu besetzen.

Ferner hat der Patron einen positiven Anspruch darauf, dass der Kirchenobere einem tauglichen und ordnungsgemäss präsentirten Kandidaten, oder bei der Präsentation mehrerer solcher einem derselben das Patronatsbenefizium verleiht [6].

werber, bis zur Entscheidung des Prozesses in Betreff des Rechtes der noch übrig bleibenden Parteien für nichtig. Die erste Stelle berührt die patronatischen Präsentationen gar nicht, die zweite will dagegen eine Präsentation lediglich wegen des Fortfalles eines schon Präsentirten aus dem Prozesse verhindern, entscheidet also nicht über Präsentationen, welche, wie die kumulative Nachpräsentation, aus einem völlig davon verschiedenen Grunde vorgenommen werden. Vgl. auch Schlayer S. 71 ff.

1 Diese Befugniss folgt aus demselben Grunde, wie die zur Variation, und muss dem Patron umsomehr zugestanden werden, als dadurch thatsächlich die freie Kollation des Bischofs herbeigeführt wird. Für die hier vertretene Ansicht Entsch. d. Congr. conc. v. 1869, Acta s. sed. 4, 438.

2 Daher bildet die Ordination auf den Titel des Patronatsbenefiziums oder einzelne davon abgezweigte Einkünfte ohne Konsens des Patrons kein Hinderniss für die Präsentation desselben, c. 30 (Inn. III.) X. h. t. III. 38. S. auch S. 28. n. 2.

3 Absolute Nichtigkeit nehmen Kaim 2, 136 u. Kremski, de iure devolutionis p. 57 an. Wenngleich dafür c. 32 (Tolet. IX. a. 655). C. XVI. qu. 7 zu sprechen scheint, so bietet doch c. 8 (Alex. III.) X. h. t. III. 38 eher für die entgegengesetzte Ansicht eine Stütze. Für diese spricht auch der innere Grund, dass das Präsentationsrecht lediglich ein Vortheil für den Patron ist, und der letztere keine Pflicht hat, dasselbe auszuüben. Ein allgemeines kirchliches Interesse wird durch die Verletzung seines Rechtes nicht berührt, und es genügt daher zur Wahrung des letzteren, wenn die Verleihung auf seinen Antrag für nichtig erklärt wird. So hat auch die frühere Doktrin die Sache aufgefasst, Garcias, tr. de benef. P. V. c. 9. n. 231 ff.; Barbosa, de off. et pot. episc. P. III. alleg. 72. n. 171; Vivian. l. c. P. II. l. 12. c. 5. n. 1 ff.; Ferraris l. c. art. 4. n. 63; vgl. ferner Gerlach S. 46; Phillips 7, 791; Friedle a. a. O. S. 39.

4 Jedoch muss dieses Recht innerhalb der Präsentationsfrist geltend gemacht werden, weil mit Ablauf derselben die Präsentation ausgeschlossen und jedes Interesse des Patrons entfallen ist. Dagegen kann der Patron nicht für verpflichtet erachtet werden, auch während derselben schon vor erfolgter Nichtigkeitserklärung zu präsentiren. Denn die äusserlich gültige Besetzung der Stelle bildet einen Hinderungsgrund für den Lauf der Frist.

Selbstverständlich liegt ein Antrag auf Kassation immer in einer ordnungsmässigen Präsentation. Dadurch ist auch der Patron geschützt, der rechtzeitig am letzten Tage präsentirt, während der Obere an demselben Tage einseitig das Amt vergiebt. Durch nachträgliche Genehmigung, sowie durch den Eintritt solcher Gründe, welche das Präsentationsrecht beseitigen (z. B. durch wissentliche Präsentation eines indignus seitens des geistlichen Patrons s. unten), wird das Anfechtungsrecht ausgeschlossen.

5 Nicht kraft Devolutionsrechtes, wie vielfach angenommen wird, s. z. B. Vivian. P. II. l. 12. c. 3. n. 3; Richter-Dove K. R. §. 195. Der Kirchenobere tritt nicht in das Recht des Patrons ein, vielmehr fällt nur die dadurch bewirkte Beschränkung seines Kollationsrechtes fort, s. de Roye proleg. c. 28; van Espen J. E. U. P. II. t. 25. c. 5. n. 25; Kaim S. 136; Friedle a. a. O. S. 38. Vgl. unten §. 148. Auch der Umstand, dass er die etwaigen besonderen Stiftungsbedingungen bei der Verleihung ebenso wie der Patron beachten muss, kann nicht für die Annahme eines Devolutionsrechtes geltend gemacht werden; diese Verpflichtung ergiebt sich daraus, dass solche Bestimmungen auch unabhängig vom Patronatrechte rechtswirksam sind, Th. II. S. 392.

Nach preuss. L. R. II. 11. §§. 398. 401 kann der Patron bei Versäumung der Frist noch so lange nachträglich präsentiren, als der Kirchenobere nicht die Besetzung der Stelle in Angriff genommen hat.

6 Darin liegt auch zugleich der Anspruch, dass der Kirchenobere, falls er die Tauglichkeit des

Eine Folge dieses Anspruches ist es, dass der von ihm Präsentirte nach Massgabe der Ausübung der Präsentation ein Recht auf Berücksichtigung seitens des Kirchenoberen erlangt[1]. Nähere Voraussetzung des letzteren ist es aber, dass die Präsentation bereits an den Kirchenoberen erfolgt ist[2], und der Präsentirte seinerseits innerhalb der Frist die Präsentation entweder vorher angenommen oder ihr nachträglich zugestimmt hat[3]. Je nach der Ausübung der Präsentation gestaltet sich das Recht des Präsentirten, weil es eben nur eine Folge derselben ist, verschieden.

Präsentirt ein geistlicher Patron nur einen Kandidaten, so erlangt derselbe, weil der erstere keinen anderen nachpräsentiren darf, andere Bewerber also nicht in Betracht kommen können, ein Anrecht auf die Verleihung des Benefiziums[4]. Er kann dasselbe seinerseits selbstständig und unabhängig vom Patron verfolgen, da er durch die Annahme der Präsentation neben demselben selbstständig berechtigter Interessent geworden ist. Das Recht des Kandidaten steht in diesem Falle seiner Wirkung nach dem Rechte, welches der Gewählte durch Annahme einer Wahl erlangt[5], gleich, und ist deshalb von den Kanonisten schon seit Jahrhunderten als *ius ad rem* bezeichnet worden[6].

Wenn dagegen der geistliche oder Laien-Patron bei der ersten Präsentation mehrere vorschlägt, so erhält jeder nur ein Recht darauf, dass der Kirchenobere keinem anderen als einem der präsentirten Kandidaten das Benefizium überträgt, oder mit anderen Worten darauf, dass jeder andere ausgeschlossen bleibt[7]. Weiter geht auch der

Kandidaten noch nicht festgestellt hat, die erforderliche Prüfung vornimmt. Als ius ad rem kann man die desfallsige Befugniss des Patrons, so Kaim 2, 152, freilich nicht bezeichnen.

Ueber die Folgen der Verletzung des Rechtes gilt das zu S. 50. n. 3 bemerkte, s. noch Leuren. P. II. qu. 181. Auch berechtigt dieselbe den Patron zur Klage auf Anerkennung seines Patronatrechtes.

[1] Von einer Cession des Rechtes des Patrones auf Verleihung des Amtes an den Präsentirten, so konstruirt Kaim 2, 154, das Verhältniss, kann keine Rede sein, denn der Patron selbst hat kein Recht darauf, dass ihm das Benefizium übertragen werde, kann es also auch nicht cediren.

[2] Der Nomination in dem S. 44. n. 10 gedachten Sinne, der Erklärung des Patrons an den Kandidaten, ihn präsentiren zu wollen, legt das kanonische Recht, selbst wenn diese von dem letzteren acceptirt ist, keine andere Bedeutung als die einer blossen Vorbereitung der Präsentation, Leuren. l. c. qu. 122. n. 2; Nicollis prax. can. de iurepatr. n. 60; Phillips 7, 791; Hergenröther im Arch. f. k. K. R. 39, 195, nicht aber die eines Rechte und Pflichten zwischen den beiden gedachten Personen erzeugenden Rechtsgeschäftes bei, wie Kaim 2, 155 ohne jede nähere Begründung annimmt. Dies erklärt sich daraus, dass bei der kanonischen Ausgestaltung des Patronats offenbar alles, was an das frühere Verleihungsrecht des Patrons hätte erinnern können, beseitigt worden ist, und dass, wenn man die Einwirkung des Patrons auf das Benefizium unter Controle des Kirchen-Oberen stellen wollte, man nur den gegenüber diesem vorgenommenen Akten rechtliche Bedeutung beilegen konnte. Ausserdem ist auch offenbar die Absicht mit bestimmend gewesen, unerlaubte, namentlich simonistische Vereinbarungen zu verhindern.

Das preuss. L. R. II. 11. §§. 374 ff. nennt die Nomination in dem hier gedachten Sinne, dem Sprachgebrauch der evangelischen Kirche folgend, Vokation und legt derselben die Kraft einer bindenden Offerte und nach der Annahme durch den Kandidaten, die eines Vertrages bei, auf Grund dessen die Präsentation durch den Patron zu erfolgen hat. Die letztere Auffassung hat auch das bad. Recht, s. V. v. 1808. No. 5. 16, s. auch S. 48. n. 1.

[3] Vivian. l. c. l. 8. c. 7. n. 19. Leuren. l. c. qu. 122. n. 1, weil der Obere, ehe er die Prüfung oder Verleihung vornimmt, darüber Sicherheit haben muss, dass der Präsentirte das Benefizium annehmen will. Die Acceptation kann auch stillschweigend durch konkludente Handlungen erfolgen, z. B. dadurch, dass der Kandidat selbst dem Kirchenoberen das ihm seinem Inhalte nach bekannte Präsentationsschreiben übergiebt.

[4] c. 24 i. f. (Luc. III) X. h. t. III. 38.

[5] So sagt schon Innoc. IV ad c. cit. „praesentatio clericorum vim electionis habet." Vgl. Th. II. S. 637. 653.

[6] Vivian. l. c. c. 8. n. 1.

[7] Phillips 7, 790 gesteht jedem Präsentirten ein bedingtes ius ad rem, nämlich bedingt dadurch, dass die übrigen Präsentirten hinwegfallen, zu. Dies ist unrichtig. Das Wesen des ius ad rem besteht darin, dass das Benefizium einem Berechtigten ausschliesslich verfangen ist. Ein solches Recht kann allerdings auch an sich von einer Bedingung abhängen, aber die hier angenommene Bedingung, dass das ius ad rem der übrigen nicht zur Verwirklichung kommt, steht mit dem Begriff des ius ad rem in Widerspruch,

Anspruch desjenigen Kandidaten, welchen der Laienpatron zunächst allein präsentirt hat, nicht, weil der letztere vermöge seines Variationsrechtes [1] während des Laufes der Frist immer noch andere vorschlagen [2], ja sogar dem Kirchenoberen selbst die Auswahl geeigneter Kandidaten überlassen kann.

Das Recht jedes der Präsentirten auf Berücksichtigung bei der Besetzung der Stelle bedingt es ferner, dass der Kirchenobere dasselbe nicht doloser Weise vereitelt. Wenn aber der letztere dies gethan und einem anderen Geistlichen das Benefizium verliehen hat, so kann derjenige, welcher von einem Laienpatron präsentirt ist, diese Verleihung zwar nicht anfechten [3], wohl aber vom Kirchenoberen, falls er durch dessen Handlungsweise allein das Benefizium verloren hat, als Schadensersatz die Uebertragung eines gleich guten Benefiziums verlangen [4].

Die erfolgte Präsentation gewährt dem Kirchenoberen die Möglichkeit, nunmehr seinerseits zu den behufs Besetzung des Benefiziums erforderlichen Handlungen zu schreiten. Zu diesen ist er sofort nach Eingang der Präsentation befugt, und keineswegs verpflichtet, etwa mit Rücksicht auf das dem Laienpatrone zustehende Variationsrecht den Ablauf der Frist abzuwarten [5]. Einer sofortigen ausdrücklichen Erklärung des Oberen über die erfolgte Präsentation bedarf es nicht. Die Zulassung derselben vor der ihm zur Pflicht gemachten Prüfung könnte der Natur der Sache nach doch immer nur eine vorläufige sein [6].

Behufs der Ermöglichung einer eingehenden Untersuchung ist zunächst ein öffent-

weil bei einer Mehrheit von Berechtigten das Benefizium keinem allein verfangen sein kann.

1 S. o. S. 48. Das im Text charakterisirte Recht kann aber jeder selbstständig in Folge der Annahme seiner Präsentation ausüben.

2 Auch wenn ein Kandidat allein präsentirt ist, kann man nicht von einem ius ad rem, welches gegenüber dem Oberen, aber nicht gegenüber dem Patrone wirksam sei (so Schulte 2, 699) sprechen. Ein solches existirt überhaupt dem letzteren gegenüber niemals, die Nachpräsentation des geistlichen Patrons ist nicht wegen eines Individualrechtes des Präsentirten gegen denselben, sondern aus anderen allgemeinen Gründen (s. S. 48) ausgeschlossen.

3 c. 5 (Alex. III), c. 24 (Luc. III), c. 29 (Innoc. III) X. h. t. III. 38.

4 c. 29 X. cit. Der Fall, an welchen die Bestimmung anknüpft, ist der, dass der allein Präsentirte vom Bischof, obwohl er fähig war, „malitiose" zurückgewiesen worden ist, und ein in Folge dessen während der Verhandlung seiner Appellation vom Patron innerhalb der Frist Nachpräsentirter das Amt vom Bischof übertragen erhalten hat. Hätte der letztere ihn in diesem Falle nicht unrechtmässig zurückgewiesen, so würde er das Benefizium beim Mangel jeglichen anderen Bewerbers erhalten haben. Hier ist also der Causalnexus zwischen der Handlung und dem daraus erwachsenen Nachtheil offenbar. Auf eine blos objektiv unrechtmässige Verwerfung, so anscheinend Kaim 2, 154 und v. Schulte Lehrb. 3. Aufl. S. 323, lässt sich die Schadenspflicht nicht ausdehnen, ja nicht einmal auf die dolose Verwerfung eines von mehreren zugleich Präsentirten, weil hier der Bischof ohnehin beliebig auswählen konnte, also der erwähnte Causal-Zusammenhang nicht obwaltet.

So lange der Kirchenobere kein geeignetes Benefizium zur Verfügung hat, ist der gedachte Anspruch nicht realisirbar. Dass bis dahin dem Uebergangenen Alimente gewährt werden müssen, so Vivian. l. c. l. XI. c. 3. n. 6, ist nicht richtig. Die Stelle will offenbar keine Entschädigung in Geld — weil bei der Abschätzung des Interesses nicht blos die Einkünfte des Benefiziums, sondern auch die mit dem Amte verbundenen Pflichten geistlichen Charakters berücksichtigt werden müssten — festsetzen. Uebrigens braucht der dem Zurückgewiesenen erwachsene Schaden nicht einmal immer in der Entziehung des Unterhaltes zu bestehen.

Auf die Verwerfung eines vom geistlichen Patron präsentirten Kandidaten bezieht sich die Stelle nicht. Dieser ist berechtigt, die Kassation der an einen andern erfolgten Verleihung des Benefiziums zu verlangen und sich das letztere selbst auf diesem Wege zu verschaffen.

5 Dies folgt daraus, dass der Patron mit der Präsentation sein Recht ausgeübt hat, s. auch Leuren. P. II. qu. 189. 192. n. 8; Gerlach S. 55; Phillips 7, 823.

6 Daher rathen die älteren Kanonisten, die Präsentation nur mit der Klausel: „si et in quantum", (sc. de iure admitti debeat et praesentanti ius competat et praesentato nihil obiciatur) zuzulassen, Vivian. P. II. l. 9. c. 1. n. 1; Pyrrhi Corradi prax. benef. IV. 3. n. 2.

Bei sofortiger Verwerfung der Präsentation kann sowohl der Präsentirte, wie auch der Patron Beschwerde erheben, um die Annahme der ersteren, die Prüfung des Kandidaten und eventuell die Institution des letzteren zu erzwingen, Pyrrh. Corr. l. c. n. 5; Leuren. l. c. qu. 133. n. 1.

liches Edikt oder eine öffentliche Aufforderung zur Meldung an alle diejenigen zu erlassen, welche eine Betheiligung bei der Besetzung der Stelle oder ein Recht auf Grund einer anderweitigen Präsentation in Anspruch nehmen oder Einwendungen, namentlich in betreff der Präsentation, der Person des Präsentanten oder der des Präsentirten zu machen haben, und dafür zugleich in dem Edikte eine bestimmte Frist festzusetzen. Die unter Verabsäumung dieses Aufgebotes erfolgte Besetzung des Benefiziums zieht die Nichtigkeit der dem Präsentirten ertheilten Institution nach sich [1].

Das Ediktalverfahren ist aber nicht erforderlich, wenn es durch eine entgegenstehende Gewohnheit beseitigt ist [2].

Die vom kirchlichen Oberen in Betreff der Rechtsgültigkeit und Ordnungsmässigkeit der Präsentation vorzunehmende Untersuchung hat sich vor Allem auch auf die Tauglichkeit des präsentirten Kandidaten zu erstrecken [3], sofern diese nicht schon anderweit festgestellt worden ist. Letzteres kann der Fall sein, wenn ein präsentirter Geistlicher, welcher das erforderliche Befähigungs-Examen bereits bestanden hat [4], insbesondere wenn von dem geistlichen Patron ein im Pfarrkonkurse für dignus erklärter Kandidat präsentirt wird [5].

Die Prüfung kann der Bischof durch die examinatores synodales oder prosynodales [6] vornehmen lassen [7], auch (soweit er dazu berechtigt ist) von einzelnen dem Präsentirten entgegenstehenden Hindernissen dispensiren.

Bei der etwaigen Verwerfung des Präsentirten sind die Gründe mitzutheilen [8],

[1] So die communis opinio im Anschluss an c. 47 (Bonif. VIII) in VI^to de elect. I. 6., welches ein derartiges Verfahren freilich nur bei Wahlen vorschreibt, Glosse zu c. cit. s. v. electione; Vivian. l. c. n. 4ff., Pyrrh. Corrad. l. c. n. 19ff., Leuren. l. c. qu. 192 u. die dort citirten. Ein Edikts-Formular bei Vivian. l. c. c. 2. n. 2; Aufgebote aus dem 14., 15. u. 16. Jahrh. i. Arch. f. kath. K. R. 36, 55 u. Würdtwein, dioeces. Mogunt. 1, 192. 200. 252. 306. Das Aufgebotsverfahren findet sich schon angeordnet in der Synode v. Lüttich v. 1283. c. 14. §. 11, Hartzheim 3, 702.

Bekannte Interessenten sollen mangels entgegenstehender Gewohnheit besonders geladen werden, Vivian. l. c. c. 1. n. 7; Garcias tr. de benef. P. IX. c. 4. n. 10ff.

Eine durchgreifende Präclusiv-Wirkung hat die Doctrin und Praxis mit dem blossen Ablauf der Ediktal-Frist nicht verbunden, diese vielmehr erst an die nachher stattgehabte Institution geknüpft. Daher hat man dem wahren Patron, falls die Präsentation von einem Nichtberechtigten vorgenommen war, eine solche auch noch nach Ablauf der Ediktal-Frist gestattet, nicht minder den Kirchen-Oberen für befugt erklärt, alle etwa später angemeldeten Ansprüche von amtswegen zu untersuchen, vgl. Garcias l. c. n. 8ff., Vivian. l. c. c. 3; Pyrrh. Corrad. l. c. n. 30ff., Leuren. l. c. qu. 143. Die Wirkung dieses Aufgebotsverfahrens ist demnach die, dass es dem Oberen das Recht gewährt, ohne Berücksichtigung der nicht angemeldeten Ansprüche vorzugehen und die Geltendmachung solcher behufs Anfechtung einer bereits erfolgten Institution ausschliesst.

Das Recht zur Variation (s. o. S. 48) wird durch den Erlass der Ediktalien nicht beseitigt.

[2] Pyrrh. Corrad. l. c. n. 29; Leuren. l. c. qu. 192. n. 3. In Italien ist das Verfahren theilweise noch üblich, s. Acta s. sed. 10, 551; Lingen u. Reuss, causae selectae in S. Congr. conc. propositae. p. 467, während es in den deutschen Diöcesen nicht vorkommt. Dagegen ist die o. S. 2. n. 6 erwähnte Proklamation auch bei Patronatspfründen in der Erzdiöcese Freiburg vorgeschrieben.

[3] Trid. Sess. VII. c. 13, wo das: *a* vor quibusvis ecclesiasticis, welches sich in den meisten Ausgaben findet, unrichtig ist, Giraldi exposit. pontif. ed. Rom. 1769. p. 831, Ginzel K. R. 2, 155; Trid. Sess. XXV. c. 9 de ref. Hat ein praelatus inferior das Institutionsrecht, so hat die Prüfung trotzdem seitens des Bischofs zu erfolgen, Trid. l. c. Vgl. auch o. S. 45. n. 5.

Nur bei den von den Universitäten Präsentirten fällt die Prüfung fort, Trid. Sess. VII. c. 13. de ref., aber nicht der etwa mit Rücksicht auf das Benefizium nach Sess. XXIV. c. 18. de ref. erforderte Pfarrkonkurs.

[4] S. Th. II. S. 502 u. o. S. 3; vgl. auch v. Vogt, Sammlg. d. Verordn. f. Rottenburg. Schwäb. Gmünd S. 432. n. 5.

[5] S. Th. II. S. 499 und Anm. 2 dazu.

In diesem und dem in der vorigen Anmerkung erwähnten Fall ist allerdings noch eine weitere Prüfung geboten, wenn durch die Stiftungsurkunde besondere Qualifikationsbedingungen festgesetzt sind.

[6] Th. II. S. 495ff.

[7] v. Schulte Lehrb. 3. Aufl. S. 318. n. 2, bei Parochial-Benefizien, welche nicht dem Pfarrkonkurse unterworfen sind, muss dies sogar geschehen, Trid. Sess. XXIV. c. 18 de ref.

[8] Die von Schilling S. 60. n. 286 dafür irriger Weise als conc. Later. III adpend. I. 37 citirte ep. Alex. III. ad abb. s. Remig. v. 1170 o.

weil der Patron und der Präsentirte ohne Kenntniss derselben nicht in der Lage sind, das ihnen zustehende Recht der Appellation [1] geltend zu machen [2]. Der Patron kann aber auch statt zu appelliren, einen anderen Kandidaten nachpräsentiren [3]. Die Frist ist im Falle einer verzeihlichen Unkunde des Patrons die ursprüngliche (4- oder 6-monatliche) [4]. Wenn dagegen die Präsentation eines Unfähigen wissentlich oder aus nicht entschuldbarer Nachlässigkeit erfolgt ist, so geht der geistliche Patron für den betreffenden Vakanzfall der Ausübung seines Präsentationsrechtes verlustig [5], der Laienpatronat kann dagegen noch innerhalb des Laufes der ersten Frist eine andere Präsentation vornehmen [6].

1171, Mansi 21, 948 handelt von der Zurückweisung eines seitens eines inkorporationsberechtigten Klosters präsentirten Vikars.

[1] Pyrrh. Corrad. l. c. n. 6 ff.; Leuren. l. c. qu. 133. n. 2. Vgl. auch Th. II. S. 499. Anm. 2 a. E. Durch die Appellation wird der Bischof an der Besetzung der Stelle gehindert. Bis zur Entscheidung darüber muss er einen Vikar oder Oekonomen einsetzen, Leuren. l. c. qu. 153. n. 2.

[2] Auch muss der Präsentirte in die Lage versetzt werden, beurtheilen zu können, ob er malitiose zurückgewiesen ist, vgl. S. 52.

[3] c. 5. 29. X. h. t. III. 38. Dadurch wird, wenn der Bischof den zweiten instituirt, der zuerst Präsentirte, auch wenn er appellirt und durchdringt, von dem Erwerbe des Benefiziums ausgeschlossen.

[4] Arg. c. 26 (Bonif. VIII.) in VIto de elect. I. 6. Vgl. auch u. Note 6.

[5] Hergeleitet durch die seit Jahrhunderten feststehende Doktrin aus c. 7. §. 3 (Lat. III. v. 1179), c. 20. 25 (Inn. III.) X. de elect. I. 6; c. 2 (Alex. III.) X. de suppl. negl. I. 10; c. 18. 26 (Bonif. VIII.) in VIto de elect. I. 6, s. auch Th. II. S. 667.

Für Benefizien, auf welche ein im Konkurs approbirter zu präsentiren ist, hat die Vorschrift keine praktische Bedeutung.

[6] Dies ist indessen früher nicht unbestritten gewesen. Vgl. über diese Frage Lippert i. Weiss Arch. f. d. Kirchenrechtswissenschaft 1, 95. Die Ansicht, welche den Laienpatron ebenso wie den geistlichen des Präsentationsrechtes für verlustig erklärt, hat sich namentlich auf Novelle 123 c. 18 gestützt, vgl. die Bemerkung in der Glosse zu c. 4. X. de off. iud. I. 31 s. v. minus idoneae u. bei Fagnan. ad c. 4 cit. n. 35. 39 ff. Indessen kann das Novellenrecht auf den heutigen Patronat, welcher erst seit dem 12. Jahrh. seine kanonische Regelung erhalten hat, keine Anwendung finden. Ferner lässt sich das Gegentheil aus c. 4 (Alex. III) X. cit. entnehmen. Die Stelle spricht aus, dass, wenn der Bischof das Benefizium auf die Präsentation des Laienpatrons wegen Unfähigkeit des präsentirten Kandidaten nicht besetzen kann, von ihm ein Oekonom für die Verwaltung während der Vakanz eingesetzt werden soll, geht also davon aus, dass selbst bei wissentlicher Präsentation eines Unfähigen der Bischof nicht zur Besetzung berechtigt ist und kein Verlust der Präsentationsbefugniss für den Patron eintritt. Dies hat schon Bernhard de Botone angenommen. Weiter hat man sich darauf berufen, dass der Laienpatron variiren könne und dass die Präsentation eines Unfähigen wirkungslos, mithin rechtlich so gut wie gar keine Präsentation sei, Fagnan. l. c. n. 36 ff. Das entscheidende ist aber, dass das kanonische Recht nirgends die gedachte Strafe für den Patron festgesetzt hat. Die Konstitution Pauls IV: Postquam divina v. 1558 §. 4 (bull. Taurin. 6, 540) hat allerdings allen Patronen die Präsentation eines entsprungenen Mönches (apostata monachatus) bei Strafe des Verlustes des Präsentationsrechtes für den betreffenden Erledigungsfall untersagt, indessen ist diese schon durch die const. Pii IV: Sedis apostolicae v. 1560 (l. c. 7, 15), welche dieser Strafe nicht mehr erwähnt, beseitigt worden. Seit längerer Zeit übrigens besteht über die Sache selbst und die Frist keine Meinungsverschiedenheit mehr, vgl. Lippert a. a. O. S. 108 ff.; Schilling S. 60; Kaim 2, 138; Phillips 7, 809; Schulte K. R. 2, 694; Richter-Dove K. R. §. 190. n. 11.

Dagegen herrscht keine Uebereinstimmung darüber, ob im Falle einer entschuldbaren Präsentation eines Unfähigen dem Patron, wie im Text angenommen, eine neue volle 4monatliche Frist oder blos der Rest der ursprünglich begonnenen offen bleibt. Für das letztere z. B. Vivian. l. c. P. II. l. 7. c. 4. n. 32; Fagnan. ad c. 4. I. 31 cit. n. 33; Reiffenstuel l. c. III. 38. n. 85; Richter-Dove K. R. §. 190; Schulte a. a. O. 2, 694; anscheinend auch Phillips 7, 809; für die Ansicht des Textes Lippert a. a. O. S. 114; Schilling S. 60; Kaim 2, 139. Für letztere spricht das c. 26 cit. und der Umstand, dass auch sonst, wenn die Präsentation ohne Schuld des Patrons nicht zur Wirkung gelangt, diesem die volle Frist von Neuem läuft.

Uebrigens muss der Patron, der weltliche, wenn er sich diese Frist, der geistliche, wenn er sich überhaupt das Recht zur Nachpräsentation erhalten will, seine Unkenntniss der Unfähigkeit des Präsentirten und die Unverschuldetheit derselben beweisen arg. c. 20 X. I. 6. Da dem geistlichen Patron unter den gedachten Voraussetzungen die Befugniss zur Nachpräsensation zusteht, so ist es ihm auch nicht zu verwehren, dass er, falls er schon nach erfolgter Präsentation Kenntniss von der Unfähigkeit des Kandidaten erlangt hat, noch vor der Verwerfung desselben durch den Bischof nachpräsentirt, so auch v. Schulte Lehrb. 3. Aufl. S. 319. n. 6.

Bei Präsentation eines Unfähigen durch einen Stellvertreter treffen den Patron die erwähnten Nachtheile im Allgemeinen nicht, wohl aber dann,

Bei der Präsentation mehrerer fähiger Kandidaten soll der Kirchen-Obere unter diesen zwar den dignior auswählen [1], indessen entsteht aus der Verleihung der Stelle an einen anderen der Kandidaten keine Nichtigkeit der Besetzung [2].

Was die Frist betrifft, innerhalb welcher die Institution (*institutio collativa*) [3] vorzunehmen ist, so beträgt diese für Parochial-Benefizien jeder Art des Patronates zwei Monate, angerechnet vom Tage der erfolgten Präsentation. Bei schuldbarer Verzögerung des kirchlichen Oberen fällt das Benefizium der päpstlichen Besetzung anheim, indessen kann der Patron statt sich an den päpstlichen Stuhl zu wenden, bei solchen Benefizien, auf welche ein Ordinarius zu instituiren hat, auch die Institution bei dem Metropoliten oder bei dem Bischof der nächsten Kathedrale nachsuchen [4]. Für andere Fälle hat das kanonische Recht keine Frist festgesetzt. Bei ungerechtfertigter Zögerung des Oberen mit den die Institution vorbereitenden Handlungen (z. B. der Prüfung) oder mit der Institution selbst, bleibt dem Patron und dem Präsentirten nichts anderes übrig, als die vorgesetzte Instanz im Wege der Beschwerde anzugehen, damit diese eine Frist setzt und nach fruchtlosem Verlauf der letzteren entweder mit Zwangsmitteln gegen den säumigen vorgeht oder statt dessen die erforderlichen Handlungen selbst vornimmt [5].

Die institutio collativa [6] besteht in der Erklärung des verleihungsberechtigten Oberen, dass er dem Präsentirten auf Grund des patronatischen Vorschlags das fragliche Benefizium überträgt [7]. Sie kann mündlich oder schriftlich — letzteres ist das heute übliche — ertheilt werden [8].

Wenn die Institution nach erfolgter Präsentation unmöglich wird, z. B. dadurch, dass der Kandidat vorher stirbt oder auf das Benefizium verzichtet oder die Qualifikation

wenn er seinem Mandatar wissentlich oder verschuldeter Weise die Präsentation eines bestimmten, unfähigen Kandidaten aufgetragen hat, Leuren l. c. qu. 155. n. 2.

Nach preuss. L. R. geht der Patron, welcher ein untaugliches Subjekt vorgeschlagen hat, falls er ein Geistlicher ist, des Präsentationsrechtes für den betreffenden Fall verlustig, II. 11. § 392, sonst nicht, und es kommt dann dem Patron, wenn die gesetzliche Frist verlaufen ist, noch eine sechswöchentliche Nachfrist für eine andere Präsentation zu statten, a. a. O. §. 399.

1 Th. II. S. 493; Nicollis prax. canon. s. v. iuspatr. n. 91.

2 Th. II. a. a. O.; vgl. auch Pyrrh. Corrad. l. IV. c. 6. n. 51; Leuren. l. c. qu. 193. n. 3.

3 Th. II. S. 650.

4 Const. Pii. V: In conferendis v. 1576 (Th. II. S. 494. n. 7) §. 4: „nec non parochialium ecclesiarum similium quae jurispatronatus ecclesiastici vel laicorum seu clericorum et laicorum simul fuerint, si praesentatus intra tempus eisdem patronis a iure praefixum praevio examine iuxta formam dicti concilii (sc. Trident. s. Th. II. S. 494 u. o. S. 53. n. 7) approbatus petatur institui institutioque ipsa per II menses a die praesentationis dilata fuerit, collationem, provisionem, institutionem et omnimodam dispositionem nobis et ipsi sedi ac personis indulta huiusmodi conferendi, providendi seu instituendi obtinentibus respective reservamus, data tamen in parochialibus iuris patronatus optione ipsis patronis, ut, si institutio ad ordinarios spectabit, ipsis ordinariis illam facere negligentibus et ultra dictos menses differentibus possint pro huiusmodi institutione obtinenda habere recursum ad metropolitanum vel viciniorem ordinarium aut ad sedem apostolicam.“

5 Vgl. Vivian. l. c. P. II. l. 7. c. 5 n. 10; Pyrrh. Corrad. l. IV. c. 3. n. 12 u. c. 7. n. 11; Barbosa de off. et pot. episc. P. III. alleg. 72. n. 191 ff.; Leuren. l. c. qu. 177. n. 2; Reiffenstuel III. 7. n. 72. 73; Ferraris l. c. art. 4. n. 33. Ein derartiges Verfahren schon angeordnet von Innocenz III ep. I. 87, ed. Migne 1, 75.

6 Vgl. Th. II. S. 650.

7 Vivian. l. c. P. II. l. 13. c. 1. n. 3.

8 Leuren l. c. qu. 186. Formulare bei Vivian. l. c. c. 4. n. 1; Barbosa de off. et pot. episc. form. episcop. n. 21; v. Vogt, Samml. kirchl. Verordn. f. Rottenburg S. 236.

Verleiht der Papst ein Patronatsbenefizium auf Präsentation oder mit Konsens des Patrons, so geschieht dies nicht in der Form der institutio collativa, sondern der der collatio, also nicht mit den Worten: instituimus, sondern: conferimus et providemus, oder bei der Verleihung in forma commissoria mit der Anweisung an den Beauftragten: auctoritate nostra conferas, Pyrrhi Corradi praxis benef. IV. 7. n. 31.

verliert, so läuft dem Patron die ursprüngliche volle Frist von Neuem und zwar von dem Moment, wo er von den betreffenden Thatsachen Kunde erlangt hat [1].

Hat sich der Patron bei der Präsentation einer Simonie schuldig gemacht, so ist diese und auch die etwa darauf erfolgte Institution nichtig [2].

b. Besonderheiten. Beim Kompatronat steht zwar jedem der Mitpatrone das Präsentationsrecht in solidum zu, die Gleichberechtigung aller bedingt es indessen, dass falls nicht besondere statutarische Bestimmungen, z. B. in der Stiftungsurkunde getroffen sind, eine wirksame Präsentation nicht von einem wider Willen der anderen vorgenommen, diese vielmehr nur gemeinsam erfolgen kann [3]. Als präsentirt gilt derjenige, welcher die relative Stimmenmehrheit der Berechtigten auf sich vereinigt hat [4]. Jeder der Mitpatrone hat eine Stimme, jedoch können die Erben eines solchen nur zusammen die Stimme ihres Erblassers führen [5]. Gemeinrechtlich ist nicht vorgeschrieben, dass die Kompatrone den Kandidaten in gemeinsamer Berathung festzustellen und gemeinsam dem Kirchenobern zu präsentiren haben [6], es kann daher auch jeder Mitpatron seinen Kandidaten dem Oberen allein bezeichnen und der Obere hat aus diesen Einzelvorschlägen das Resultat, d. h. die als massgebend zu betrachtende Gesammtpräsentation nach der oben gedachten Regel zu ermitteln. Der Kandidat, welcher in der Minorität verblieben ist, gilt nicht als präsentirt, und braucht daher, falls der Mehrheits-Kandidat unfähig ist, nicht instituirt zu werden, vielmehr steht den Kompatronen

[1] Arg. c. 26 (Bonif. VIII.) in VIto de elect I 6. Vivian. l. c. l. VII. c. 4. n. 30; Leuren. l. c. qu. 141.

[2] Arg. c. 13 (Alex. III.) 27 (Coelest. III.) X. de simon. V. 3; c. 2 (Paul. II.) eod. tit. in Extr. comm. V. 1; Schilling S. 68; Schlayer S. 33. 35.

Die Frage, ob der Laienpatron in einem solchen Falle bei noch laufender Frist nachpräsentiren darf, kann jedenfalls nur dann aufgeworfen werden, wenn man mit Schlayer S. 33 annimmt, dass der Patron den Patronat in Folge seiner strafbaren Handlung nicht verliert. Vgl. über die darüber bestehende Kontroverse unten §. 140.

[3] Vgl. oben S. 16.

[4] c. 3 (Later. III. a. 1176) X. h. t. III. 38. Die Stelle verlangt zwar, dass der Mehrheits-Kandidat auch „maioribus iuvatur meritis“, indessen ist dies zur Gültigkeit der Präsentation nicht erforderlich, weil der Kandidat nur dignus, nicht aber der dignior zu sein braucht, s. o. S. 43; vgl. Fagnan. ad c. 3. X. cit. n. 15. Nach preuss. L. R. II. 11. §§. 344. 345 entscheidet die „überwiegende“, d. h. absolute Majorität.

[5] Clem. 2. h. t. III. 12, welche eine unter den Glossatoren über die zuletztgedachte Frage entstandene Kontroverse entscheidet, s. Glosse dazu s. v. plures. Dagegen bleibt es bei der Regel, dass jeder der Kompatrone nur eine Stimme hat, wenngleich sie zu der Stiftung in verschiedenem Umfang beigetragen, s. o. S. 24. 25, oder bei Entstehung des Kompatronats durch Beerbung verschiedene Erbquoten erhalten haben, Schlayer S. 60, oder beim dinglichen Patronate verschiedene Antheile des berechtigten Grundstückes besitzen, denn die Clem. 2 cit. will nur das Stimmverhältniss der mehreren Erben des Kompatrons nach dem bei der Intestat-Erbfolge massgebenden Princip der Succession in stirpes regeln, auf andere Verhältnisse nimmt sie keine Rücksicht. Für den dinglichen Kompatronat a. M. Lippert, Patronat S. 86. Dagegen auch Schilling S. 49. Steht derselbe Patronat mehreren Gütern gemeinsam als dinglicher zu, so bestimmt sich das Stimmverhältniss nach den Gütern, so dass der Patron, welcher zwei dieser Grundstücke besitzt, auch zwei Stimmen führt, Schilling S. 49, ebenso preuss. L. R. a. a. O. §. 352. Dass dies Stimmverhältniss statutarisch, z. B. durch die Stiftungsurkunde, anders geregelt werden kann, ist selbstverständlich. Das preussische A. L. R. II. 11. §§. 344 ff. 352 hat denselben Grundsatz, wie das katholische Kirchenrecht. Für den nicht ausdrücklich erwähnten Fall, dass der Kompatronat mehreren Eigenthümern eines Grundstücks zusteht, gewährt die Praxis aber den Miteigenthümern ein Stimmrecht nach Verhältniss der Antheile, Simon u. v. Strampff Rechtssprüche 4, 244, was unrichtig ist, s. meine Ausführung bei Dove u. Friedberg, Ztschr. f. K. R. 7, 20.

[6] Freilich hat die Congr. conc., Richters Tridentinum S. 456. n. 19, in Betreff eines einer Pfarrgemeinde zu zwei Dritteln und einer Familie zu einem Drittel zustehenden Patronates angenommen, dass diese letztere ihre Stimme in der Versammlung der Hausväter der Parochie, in welcher seitens der letzteren über die Präsentation beschlossen wird, ausüben müsse. Das preuss. L. R. a. a. O. §§. 345 ff. giebt dagegen dem Kirchenoberen bei einer nicht mit absoluter Majorität erfolgten Präsentation das Recht, den Patronen zur Vereinigung über einen Kandidaten eine Frist zu setzen, mit deren fruchtlosem Verlauf das Recht zur Präsentation für den betreffenden Fall erlischt.

unter denselben Voraussetzungen, wie dem Einzelpatron das Recht zu einer neuen Präsentation offen [1], eventuell tritt freie Besetzung der Stelle ein [2]. Eine Ausnahme findet nur beim geistlichen Patronat statt, wenn die in der Mehrheit befindlichen Kompatrone wissentlich einen unwürdigen präsentirt haben, denn ihre Präsentation ist nicht nur nichtig, sondern beraubt sie zugleich des Präsentationsrechtes, so dass nur der Vorschlag der übrigen als rechtlich wirksamer bestehen bleibt. Haben die vorgeschlagenen Kandidaten jeder die gleiche Stimmenanzahl erhalten, so ist gar keine Präsentation erfolgt und der Kirchenobere hat nach Ablauf der Frist die freie Besetzung [3]. Eine Entscheidung durch das Loos unter den in Aussicht genommenen Kandidaten ist unstatthaft und macht die Präsentation nichtig [4].

Der Lauf der Präsentationsfrist beginnt für jeden der Kompatrone selbstständig und unabhängig von den anderen nach Massgabe der allgemeinen Regeln (s. o. S. 46). Diejenigen, gegen welche die Frist bereits abgelaufen ist, können sich also bei einer erst später vorzunehmenden Präsentation nicht mehr wirksam betheiligen [5]. Ebenso fallen alle diejenigen aus, in deren Person bei einer solchen einer der die Präsentation des Einzelpatrons ausschliessenden Gründe eintritt [6]. In beiden Fällen kommt es also lediglich auf die Stimmen derjenigen an, welche sich ihr Präsentationsrecht bewahrt haben, weil nur diese noch allein für die Präsentation in solidum berechtigt sind [7].

Die Kompatrone können aber statt des ebengedachten Weges auch den Modus wählen, dass sie verschiedene Kandidaten dem Kirchenoberen in der Weise vorschlagen, dass letzterer einen derselben für die Stelle auswählt [8]. Da mit dieser Befugniss ein Mittel gegeben sein soll, lang andauernde Vakanzen wegen etwaiger Uneinigkeiten unter den Patronen zu verhüten, so muss die Vornahme derartiger Präsentationen von

[1] Nach dem S. 51 Bemerkten kann die Frist für die einzelnen Kompatrone eine verschiedene sein, je nachdem sie den Unfähigen wissentlich oder unwissentlich präsentirt haben. Stimmen oder Vorschläge derjenigen Patrone, für welche die Frist abgelaufen ist, mögen sie ihre Präsentation in gemeinschaftlicher Berathung festgestellt oder jeder einzeln an den Kirchenoberen gerichtet haben, kommen nicht in Betracht.

Nach preuss. A. L. R. a. a. O. §. 347 soll falls der Kirchenobere bei mangelnder Einigung der Patrone die Stelle besetzt, für die Regel keiner der Minoritäts-Kandidaten für dieselbe ausgewählt werden.

[2] Andere nehmen freilich an, dass der Kirchenobere bei Unfähigkeit des Majoritäts-Kandidaten einen der Minorität zu instituiren hat, Gonzalez Tellez ad c. 3 X. cit. III. 38. n. 2; Leuren. l. c. qu. 195. n. 3; Kaim S. 129; Schilling S. 47; manche, z. B. Vivian. l. c. l. XII. c. 8. n. 12; Reiffenstuel III. 38. n. 93 beschränken dies auf den Fall, dass die Mehrheit wissentlich einen Unfähigen präsentirt hat, indessen verlieren Laienpatrone in diesem Falle ihr Präsentationsrecht nicht. Der Meinung des Textes Lippert S. 87. n. 98.

[3] Fagnan. ad c. 24 X. h. t. III. 38. n. 23; Reiffenstuel l. c. n. 94; Phillips 7, 801. Nach anderen, z. B. Leuren. l. c. qu. 195. n. 2; Lippert S. 87. Anm. 98; Schilling S. 47 soll der Obere nur unter den Präsentirten wählen dürfen. Wenn Reiffenstuel l. c. n. 95 beim geistlichen Patronat in dem gedachten Fall dem Kirchenoberen bei gleichstimmiger Präsentation auch noch vor Ablauf der Frist die sofortige Besetzung gestattet, weil der geistliche Patron nicht variiren könne, so ist dabei übersehen, dass die Variation eine gültige Präsentation voraussetzt, eine solche aber hier gar nicht stattgefunden hat.

[4] So nach der Praxis der Congr. conc., Richters Tridentinum S. 456. n. 20, weil ein solches Verfahren dem c. 3 X. III. 38 widerspricht.

[5] So die Praxis der Rota, Garcias tract. de benef. P. X. c. 2. n. 41; Vivian. l. c. l. 7. c. 2. n. 13; Leuren. l. c. qu. 139. n. 6, der Congr. conc., thesaur. resol. 92, 27; vgl. ferner Lippert S. 103; Schilling S. 64; Kaim S. 136; Schlayer S. 55.

[6] So die Congr. conc., thes. resol. 94, 338; 101, 12; Schlayer S. 56.

[7] Ueber die irrige Annahme einzelner, dass bei simonistischer Veräusserung des Patronats durch einen der Kompatrone der Bischof an dessen Stelle trete, s. Schlayer S. 56. n. 3. Vgl. auch o. S. 16.

[8] Nach positiver Vorschrift der Clem. 2 cit.: „Et ut facilius provideatur ecclesiis, non inconveniens reputamus, patronos ipsos inter se posse libere convenire de rectore ab eis alternis vicibus praesentando; quibus etiam ex eadem causa permittimus, ut plures ad vacantem ecclesiam possint eo modo praesentare personas quod una ex eis eligi per episcopum valeat et admitti.«

einem Mehrheitsbeschluss der Kompatrone unabhängig sein[1], und jedem einzelnen, welcher eine volle Stimme hat[2], das Recht dazu unabhängig von den andern zugestanden werden. Ja, wenn auch nur einer von ihnen in dieser Weise präsentirt hat, können die Vorschläge der übrigen Patrone an den Kirchenoberen ebenfalls nur als unter der Bedingung der Auswahl seitens des letzteren erfolgt gelten[3].

Endlich steht es den Kompatronen auch frei — selbstverständlich ist dazu Einstimmigkeit nöthig — besondere Vereinbarungen über die Art der Ausübung der Präsentation zu treffen, insbesondere festzusetzen, dass die letztere von jedem einzelnen nach einem bestimmten Turnus für die Gesammtheit vorgenommen werden soll[4]. Eine derartige Uebereinkunft bedarf der Genehmigung des kirchlichen Oberen zu ihrer Gültigkeit nicht[5] und bindet die Rechtsnachfolger der Kompatrone[6], bis sie etwa zufolge einstimmigen Beschlusses derselben wieder aufgehoben wird. Nicht minder wird eine Observanz, welche sich unter den Kompatronen über die Ausübung des Präsentationsrechtes gebildet hat, für rechtsgültig zu erachten sein[7].

Wird die Präsentation im Turnus ausgeübt, so präsentirt der jeweilige Berechtigte (Turnarius) zwar stets Namens seiner Mitpatrone, aber aus eigenem Recht, nicht als Bevollmächtigter der letzteren. Sein desfallsiges Recht ist erst konsumirt, wenn die von ihm vorgenommene Präsentation zur Wirksamkeit gelangt oder lediglich durch sein Verschulden (z. B. Versäumniss der Frist) ohne eine solche geblieben ist. Im

1 Andernfalls würde das Mittel seinen Zweck verfehlen. Aus demselben Grunde kann die Anordnung der Clem. 2 auch nicht dahin aufgefasst werden, dass sie den Kompatronen das Recht giebt, mehrere Kandidaten, welche durch Majoritätsbeschluss bestimmt werden, zu präsentiren.

Gerlach S. 37 u. Friedle a. a. O. S. 9 beschränken die Befugniss der Kompatrone zu solchen Einzelpräsentationen auf den Fall, dass sie ein selbstständiges Recht auf eine soche (z. B. nach der Stiftungsurkunde) haben, was aber mit der Clem. unvereinbar ist.

2 Die mehreren Erben eines Kompatrones können demnach auch diese Art der Präsentation nur gemeinsam vornehmen, s. S. 56. Vgl. Phillips 7, 800.

3 Bei der entgegengesetzten Annahme würde man wieder zu einer Mehrheits-Entscheidung über die Art der Präsentation gelangen.

Des näheren stellt sich das Verhältniss zwischen den beiden Arten der Präsentation dahin: 1. Haben die Kompatrone unter einander abgestimmt und ist eine Majorität erreicht, so ist damit der zu präsentirende Kandidat festgestellt, an welchen alle gebunden sind. 2. Wenn dies aber nicht geschehen oder dabei für keinen Kandidaten eine relative Majorität erreicht ist, so ist keine Einigung erfolgt und es kann dann jeder Patron noch selbstständig in der durch die Clem. 2 gestatteten Art präsentiren. 3. Für den Fall endlich, dass seitens einzelner Kompatrone Präsentationen ohne Rücksicht auf die Clem. erfolgt sind und somit dem Kirchenoberen die Feststellung der Gesammtpräsentation nach der Majorität der Patronatsstimmen überlassen ist, hat jede Präsentation auch nur eines Patrons, welche die der Clem. entsprechende Auflage erhält und vor Ablauf der Frist erfolgt ist, die Wirkung, dass der Kirchenobere nur aus den präsentirten Kandidaten wählen darf.

4 Clem. 2 cit. (s. 57. n. 8) erwähnt speziell nur der Festsetzung eines Turnus. Da sie aber die Vereinfachung und Erleichterung der Präsentation bezweckt, so können andere darauf abzielende Vereinbarungen unter den Patronen, z. B. dass der Senior präsentirt oder die übrigen zu einer gemeinsamen Sitzung mit Präklusionsfolge für die Ausbleibenden zusammenberuft, nicht ausgeschlossen sein. Vgl. Lippert S. 89; Schilling S. 48; Phillips 7, 799. Nach d. bad. V. v. 1808. n. 29 (S. 7. n. 6) muss sogar bei Kompatronaten die Präsentation stets wechselweise durch einen der Kompatrone erfolgen, es sei denn, dass einer von ihnen das Recht dazu durch Stiftung, Vereinbarung oder Herkommen erlangt habe.

5 Clem. 2 cit. Die Statthaftigkeit derartiger Vereinbarungen, mindestens ohne Zustimmung des kirchlichen Oberen, war vorher in Frage gestellt worden, s. Inn. IV comm. ad c. 1. X. h. t. III. 38. n. 1. Vgl. auch Glosse s. v. libere ad Clem. 2 cit.

Ein Zwang des Kirchenoberen gegen die Patrone zur Eingehung einer solchen Abmachung, dafür namentlich Pitonius l. c. alleg. IX n. 1 ff., ist unstatthaft, s. Schlayer S. 65.

6 Auch das folgt aus der ratio legis.

7 Ausdrücklich lässt auch das preuss. L. R. II. 11. §. 352 in dem Falle, wo der Patronat an mehreren Gütern haftet, über die Höhe des Stimmantheils Verträge und rechtsverjährte Gewohnheit entscheiden.

letzteren Fall geht das Präsentationsrecht aber nicht auf die übrigen Kompatrone zurück [1], vielmehr tritt die freie Kollation des kirchlichen Oberen ein.

Das Variationsrecht steht den Kompatronen beim Laienpatronate ebenfalls zu, wenn indessen die Person des Präsentirten durch die Majorität bestimmt wird, bedarf es einer solchen auch zu einer gültigen Variation [2].

Weitere Besonderheiten kommen beim Kompatronat vor, wenn derselbe ein gemischter ist.

Bei gemeinschaftlicher Ausübung eines solchen durch die Kompatrone können die verschiedenen in Betreff des geistlichen und weltlichen Patronates geltenden Grundsätze nicht gleichzeitig zur Anwendung gebracht werden, weil die Kompatrone nach aussen hin als Einheit erscheinen [3], es gilt vielmehr die Regel, dass der gemischte Patronat, je nach dem es den Patronen im gegebenen Falle am vortheilhaftesten ist, bald als geistlicher, bald als Laienpatronat behandelt wird [4]. Die Präsentationsfrist beträgt daher sechs Monate [5], die Variationsbefugniss richtet sich nach denselben Regeln, wie beim Laienpatronat [6], eine Beschränkung auf die im Pfarrkonkurse für digni erachteten Kandidaten findet nicht statt [7], ebensowenig tritt Verlust des Präsentationsrechtes bei wissentlicher Präsentation eines indignus ein [8] und endlich erwirbt der Präsentirte durch die Präsentation kein ius ad rem auf das Patronatsbenefizium.

Wird dagegen der gemischte Patronat nach einem zwischen dem geistlichen und dem Laienpatron festgesetzten Turnus ausgeübt, so kommen für jeden Fall, je nachdem der erstere oder der letztere präsentirt, die Regeln über das geistliche oder Laienpatronatrecht zur Anwendung [9].

[1] A. M. Berardi l. c. lib. III. diss. 4. c. 7, ed. cit. 1, 312, welcher ebenso wie Phillips 7, 800 für das Gegentheil mehr aus Billigkeitsgründen argumentirt.

[2] Weil diese eine zweite Präsentation ist und die erste in ihrer Wirkung abschwächt. Wenn aber fundationsmässig jeder selbstständig zu präsentiren hat, kann er auch allein variiren, Schulte K. R. 2, 696; Friedle S. 48. Dasselbe wird ferner gelten müssen, wenn von dem Rechte des Einzelvorschlages zur Auswahl durch den Bischof (s. S. 57) Gebrauch gemacht worden ist. Bei einer Präsentation durch den Turnarius hat nur letzterer das Recht zur Nachpräsentation, es sei denn, dass er vor der Besetzung gestorben oder unfähig geworden ist; hier wird sein Nachfolger im Turnus für ihn eintreten können.

[3] S. o. S. 16.

[4] Glosse zu c. un. h. t. in VIto III. 19. s. v. ecclesiasticus; Rochus de Curte def. 1. n. 16; de Roye prolegom. c. 7; Fagnan. ad c. 27. X. h. t. III. 35. n. 26 ff.; Leuren. l. c. qu. 18; Reiffenstuel III. 38. n. 52; Lippert S. 44; Kaim S. 13; Schilling S. 7; Ginzel K. R. 2, 137.

[5] Vgl. die citirte Glosse; Fagnan l. c. n. 29; Schulte K. R. 2, 697; Friedle S. 35.

[6] Diese Konsequenz wird freilich von den meisten, namentlich den älteren Kanonisten nicht anerkannt. Für die Regel gesteht man vielmehr nur dem Laienpatron die Variation zu, und beschränkt diese auf die für ihn sonst geltende 4monatliche Frist, Vivian. l. c. P. II. l. 10. c. 1. n. 25 ff.; Leuren. l. c. qu. 148; Ferraris s. v. iuspatronatus art. 4. n. 36 ff.; Lippert S. 46. n. 27; Friedle S. 44. Dabei ist aber verkannt, dass die Variation den Charakter einer Nachpräsentation hat. Sie kann also bei gemeinsamer Ausübung des Patronates, ebenso wie die Präsentation selbst, nur gemeinsam erfolgen und muss entweder beiden Patronen oder keinem gestattet werden. Die Frist für die Variation wird daher auch auf 6 Monate zu bemessen sein. Das Richtige bei Schilling S. 80.

[7] S. Th. II. S. 494. n. 8.

[8] Schilling S. 82.

[9] Vgl. Ioan. Andr. ad c. 16. §. 3. in VIto de praeb. III. 4; Garcias tract. de benef. V. 1. n. 615: Leuren l. c. qu. 18; Barbosa J. E. U. III. 12. n. 17; Schulte K. R. 2, 671; Lippert S. 45; Schilling S. 7. Deshalb hat der Laienpatron, wenn er der Turnarius ist, auch blos die viermonatliche Präsentationsfrist, nicht wie Phillips 7, 680 unter nicht beweisender Berufung auf Riganti ad rog. XLII. canc. n. 44 annimmt, die sechsmonatliche, s. auch Friedle S. 35. 36. Nur ist der Patron in keinem Falle an den Pfarrkonkurs gebunden, s. o. Anm. 7; Barbosa de off. et potest. parochi P. I. c. 2. n. 126. Die Praxis der Congr. Conc. hat die Vorschriften über die Anwendung des Pfarrkonkurses auf Pfarrbenefizien geistlichen Patronats strikt dahin interpretirt, dass der Konkurs nur bei Beneficien rein geistlichen, und nicht bei denjenigen des gemischten Patronates stattfindet.

Die im Text erwähnte Behandlung des gemisch-

Für den Fall, dass das **Patronat-** oder mindestens das **Präsentationsrecht streitig** ist, also ein Prozess darüber zwischen dem angeblichen Patron und dem institutionsberechtigten Kirchenoberen schwebt, wird sowohl die Präsentation wie auch die Besetzung des Benefiziums gehindert, vielmehr hat der letztere zur Verwaltung desselben einen Administrator oder Verweser einzusetzen [1].

Wird dagegen der Streit zwischen zwei Personen geführt, von welchen jede das Recht für sich ausschliesslich oder wenigstens die Mitwirkung bei der Präsentation der andern in Anspruch nimmt, so kann derjenige, welcher sich bona fide [2] im Besitze des Präsentationsrechtes befindet [3], d. h. bei dem vorhergehenden letzten Erledigungsfall mit Effekt präsentirt hat, die Präsentation vornehmen [4]. Diese und die darauf erfolgte Institution bleibt auch dann gültig, wenn er im Prozesse unterlegen ist.

Ein Streit über den Besitz selbst oder über das Recht, wobei keine der Parteien sich im Besitze befindet, hemmt den Lauf der Präsentationsfrist nicht. Es hat daher, falls der Prozess nicht innerhalb desselben entschieden wird, der Kirchenobere die Stelle zu besetzen [5].

Während nach gemeinem Recht [6] der Einzelpatron durch seinen oder die mehreren Patrone durch ihren Willen die Person des zukünftigen Amtsträgers allein zu bestimmen haben, kann der Patron in dieser Befugniss dadurch beschränkt sein, dass ein Dritter einen entscheidenden Einfluss auf die Auswahl der zu präsentirenden Person besitzt und so-

ten Patronates wird auch eintreten müssen, wenn jeder der Patrone nach den Fundationsbestimmungen selbständig präsentirt und der Bischof aus den vorgeschlagenen Kandidaten auswählt.

[1] Arg. c. 4 (Alex. III.) X de off. ind. ord. I. 31.

[2] Das Erforderniss der Redlichkeit ist allerdings nicht ausdrücklich im Corpus iuris erwähnt. Wach bei Dove und Friedberg, Ztschr. f. K. R. 6, 301 u. 323 erklärt dieselbe daher nicht für nothwendig. Es ist ferner auch richtig, dass die Begründung der herrschenden Ansicht seitens der Aelteren, welche die Präsentation schiefer Weise als eine Frucht des Patronates aufgefasst haben, durch die Berufung darauf, dass nur der b. f. possessor die fructus consumti nicht zu erstatten brauche, vgl. Rochus de Curte l. c. def. V. n. 50; Paulus de Citadinis l. c. P. VI. art. 3. n. 64: Gonzalez Tellez comm. ad c. 19. X. h. t. III. 38. n. 2 nicht gerechtfertigt wird. Mit dem Geiste des kanonischen Rechtes, welches, wie c. 5. 20. X. de praescr. II. 26 zeigen, auf Grund der mala fides keine Rechte entstehen lässt, ist aber allein die herrschende Ansicht vereinbar. Für diese spricht auch die Dekretale Alexanders III. in app. ad conc. Later. P. 47. c. 2, Mansi 22, 413: „. . . dum . . . rex Scotiae patrimonium (comitis S) . . . detinuisset occupatum quibus voluit . . . ecclesias, quarum gerebat patronatum, eo inconsulto concessit. Quoniam igitur . . . tenemur, unicuique iura sua integra servare . . . mandamus quatenus . . . si ita esse tibi constiterit, intrusos amoveas".

[3] c. 19 (Alex. III.) X. h. t. III. 38; c, 24 (Inn. III.) X. de elect. I. 6. Das Trid. Sess. XXV. c. 9. de ref. hat hieran nichts geändert.

[4] Glosse ad c. 3. X. de causa poss. II. 12. s. v. ultimo; Garcias tr. de benef. P. V. c. 5. n. 141; Vivian. l. c. l. 12. c. 8. n. 18; de Roye ad c. 19. X. h. t.; Reiffenstuel III. 38. n. 100 ff.; Lippert S. 91; Friedle S. 15; Schilling S. 27. 50, oder derjenige, welcher sein Recht von einem solchen rechtmässig herleitet. So auch bad. V. v. 1808. Nr. 2 (o. S. 7. n. 6).

[5] c. 12. 22 (Alex. III.), 27 (Inn. III.) X. h. t. III. 38. Derjenige, welcher den Prozess gewinnt, ist aber berechtigt, selbst den schon angestellten Geistlichen dem Kirchenoberen noch nachträglich zu präsentiren, um sich in den Besitz des Präsentationsrechtes zu setzen, c. 12. cit. vgl. Schilling S. 50. n. 228. Missverstanden sind die Stellen von Kremski, de iure devolutionis diss. inaug. Berol. 1853. p. 26 ff., welcher dem schon in erster Instanz obsiegenden Prätendenten, wenn das Urtheil vor Ablauf der Präsentationsfrist ergangen ist, die Präsentation gewährt.

Auf den Streit der mehreren Präsentirten unter einander hat die Rota und die Doktrin diese Vorschrift aber nicht angewendet, hier muss also der Kirchenobere bis zur Entscheidung des Prozesses warten, Barbosa de off. et pot. episc. III. 72. n. 141; Reiffenstuel III. 382. n. 105; Ferraris s. v. iuspatronatus art. 4. n. 103. Beim Wegfall eines derselben während der Dauer des Prozesses kann der Patron nicht zu einer neuen, im rechtlichen Sinne ersten Präsentation mit neuer Frist schreiten, c. 2 (Bonif. VIII.) in VIto ut lite pend. II. 8, Schlayer S. 72. Die Variation ist aber zulässig, s. o. S. 49, ebenso die Subrogation eines der schon Präsentirten an Stelle des Fortfallenden, endlich auch die Präsentation eines Mitpatrons, welchem noch die ursprüngliche Frist läuft. Schlayer S. 73. Dass der Kirchenobere den allein übrig bleibenden der mehreren streitenden Präsentirten stets das Benefizium verleihen muss, so Berardi l. c. ed. cit. 1, 311; Phillips 7, 803, folgt aus c. 1. 2. tit. cit. in VIto und der 29 Kanzleiregel nicht.

[6] Eine gemeinrechtliche Ausnahme s. S. 61. n. 3.

mit die im Präsentationsrecht enthaltenen Befugnisse zwischen dem Patron und einer anderen Person getheilt sind. Es kommt insbesondere vor, dass Jemand dem Patron eine bestimmte Anzahl von Personen zu bezeichnen (*nominare*) hat und der letztere aus diesen den oder die zu präsentirenden Kandidaten auszuwählen verpflichtet ist[1]. Das Recht des ersteren wird Nominationsrecht (ius nominandi) genannt[2]. Geht dasselbe soweit, dass der Nominant nur eine einzige Person zu benennen hat, so wird das Präsentationsrecht eine rein formelle Befugniss ohne realen Inhalt, ein blosses Ehrenrecht, weil der Patron den ihm bezeichneten Kandidaten präsentiren muss[3]. Der Nominant ist als solcher weder Patron noch Mitpatron, kann letzteres aber selbstverständlich sein, wenn er das Patronatrecht aus einem der rechtlich anerkannten Titel erworben hat[4]. Immer aber darf er nur Personen nominiren, welche der Patron wirksam präsentiren kann[5], d. h. allein solche, welche idoneae sind.

c. Fortfall und Beschränkung des Präsentationsrechtes. Das Präsentationsrecht ist zwar regelmässig im Patronate enthalten, erscheint aber andererseits für den Begriff desselben nicht absolut wesentlich, vielmehr kann es auch fehlen. Dies ergiebt sich daraus, dass nach positiver gesetzlicher Vorschrift[6] der Laienpatron[7] auf die ersten (Prälaten-) Stellen in den Kathedral- und Kollegiat-Kapiteln oder in

[1] Der Nominant hat die freie Wahl unter den Personen, welche überhaupt das Amt erhalten sollen, einer einzelnen unter diesen kann er es aber durch seine Handlung nicht verschaffen, umgekehrt kann letzteres zwar der Präsentant, aber er hat seinerseits nicht die freie Wahl der Personen, welche im allgemeinen in Berücksichtigung kommen sollen.

[2] Vgl. darüber Gerlach a. a. O. S. 60; Friedle S. 33; Hergenröther i. Arch. f. k. K. R. 39, 195. Ein solches Nominationsrecht steht z. B. der Universität München in Betreff einzelner Pfarreien königlichen Patronates zu, Krick, kath. Pfründenwesen in Baiern S. 34. n. 1; über die frühere Zeit s. Kreittmayr, Anmerkgn. z. Cod. Maxim. bavar. Th. V. c. 19. §. 22. n. 1.

[3] Gemeinrechtlich entsteht das gleiche Verhältniss, wenn der Patron ein geistliches Patronatrecht auf ein dem Konkurse unterworfenes Benefizium hat und die Institution einem fremden Bischof oder einem anderen Prälaten zusteht. Hier hat der Patron den vom Diöcesanbischof im Konkurse am würdigsten erachteten Kandidaten dem Institutionsberechtigten zu präsentiren, Trid. Sess. XXIV. c. 18 de ref.

[4] So ist es z. B. möglich, dass beim Kompatronat nach den Stiftungsbestimmungen einzelne der Kompatrone das im Text gedachte Nominationsrecht auszuüben und die anderen aus den nominirten zu präsentiren haben.

[5] Die Nomination ist ein Theil der Präsentation, folglich gelten für sie auch dieselben Regeln, wie für die letztere. Unfähige Kandidaten kann also der Patron zurückweisen. Benennt der Nominationsberechtigte aus Nachlässigkeit überhaupt keine Kandidaten oder nicht rechtzeitig oder nur unfähige so spät, dass eine weitere Nomination nicht mehr möglich erscheint, so wird der Patron allein und selbständig präsentiren dürfen, weil der Nominant aus dem schon erwähnten Grunde ebenfalls an die Präsentationsfrist gebunden ist, und sein Recht mit Ablauf derselben fortfällt. So auch der Tract. de iurib. incorporal. (S. 7. n. 5) I. §. 10, welcher vorschreibt, dass die Nomination dem Patron wenigstens einen Monat vor Ablauf der Präsentationsfrist kund gethan werden soll. Ist der Patron in den gedachten Fällen gehindert worden, noch seinerseits innerhalb der Frist zu präsentiren, so ist dies ein von ihm nicht verschuldetes Hinderniss, wodurch diese für ihn verlängert wird.

Im umgekehrten Falle, wenn der Nominant rechtzeitig dem Patrone die Nomination kundgegeben hat, letzterer aber die Frist versäumt hat, kann der erstere, selbst wenn er nicht Kompatron ist, beanspruchen, dass der geistliche Obere seine Nomination berücksichtigt und zwar in der Weise, dass er einem der mehreren Benannten, ja bei bestehender Verpflichtung des Patrons, den allein Nominirten zu präsentiren, diesem letzteren das Benefizium verleiht. Denn die Nachlässigkeit des Patrons kann das Nominationsrecht nicht zum Vortheil des Kirchenoberen beseitigen. Andererseits hat der letztere aber, weil die Nomination nicht an ihn erfolgt, von amtswegen blos wegen des Vorhandenseins des Nominanten keine Rücksicht auf diesen zu nehmen, und kann die Stelle nach Ablauf der Präsentationsfrist frei besetzen. Deshalb wird ihm der Nominationsberechtigte, will er sich anders sein Recht wahren, von der Benennung noch vor der Vollendung der Frist Kenntniss geben müssen.

[6] c. 25 (Clem. III.) X. h. t. III. 38: „. . . in conventuali ecclesia non electioni praelati faciendae sed iam factae honestius patroni postulatur assensus, nisi patronus aliter de sua iurisdictione obtineat, ut partes suas interponere debeat electioni tractandae". Auch c. 8. (Inn. III.) X. de cons. I. 4 erwähnt eines Falles, wo die Patrone von der Wahl des Abtes ausgeschlossen sind.

[7] Vgl. c. 51. (Gregor IX.) X. de elect. I. 6.

den Konventualkirchen[1] weder zu präsentiren noch bei der Wahl des Kapitels oder des Konventes in entscheidender Weise mitzuwirken, sondern nur zu der bereits erfolgten Wahl seine Zustimmung zu geben[2], d. h. soviel als dem zur Bestätigung berechtigten kirchlichen Oberen etwaige Einwendungen gegen die Gültigkeit der Wahl oder die Tauglichkeit der gewählten Person zu unterbreiten befugt ist[3]. Weiter gehende Rechte, insbesondere das Präsentationsrecht, kann der Laienpatron nur erlangen, wenn er sich diese bei der Fundation ausdrücklich vorbehält[4] und ein päpstliches Indult dafür erwirkt[5]. Für den geistlichen Patron genügt allerdings schon die

[1] So hat die Doktrin übereinstimmend den Ausdruck: ecclesia conventualis in c. 25. cit. aufgefasst, Glosse dazu s. v. in conventuali; Fagnan. ad c. 25. X. cit. n. 15; Vivian. l. c. P. I. l. III. c. 1. n. 44. 51; Leuren. l. c. qu. 33; Nicollis praxis can. de iurepatr. n. 52; Reiffenstuel III. 38. n. 68. Vergl. ferner c. 51 cit. I. 6; const. Innoc. VIII.: Cum ab apostolica sede v. 1485, §. 2, bullar. Rom. ed. Taurin. 5, 316: „attendentes, quod iuxta canonicas sanctiones iuspatronatus praesentandi ad regimina monasteriorum, prioratus, praeposituras et alias conventuales necnon in cathedralibus et metropolitanis et collegiatis ecclesiis huiusmodi dignitates (ad quas personae idoneae per conventus et capitula illarum seu illorum . . . eligi consueverunt) in laicum nullo modo cadere potest, nisi ex speciali sedis praedictae privilegio". Wegen der Bischofsstellen s. o. S. 39.

[2] Dass diese von ihm eingeholt wird, kann er aber fordern, Glosse s. v. honestius zu c. 25. cit. III. 18; Nicollis l. c. n. 54.

[3] Diese Berechtigung folgt aus dem Assensrecht, de Roye ad c. 25. X. cit; Florens ad h. t. X. cit. 6, opp. ed. Doujat 1, 127; Reiffenstuel l. c.; Berardi l. III. diss. IV. c. 4, ed. cit. 1, 294; Phillips 7, 699. Vgl. auch Th. II. S. 603.

Auf andere Stellen, namentlich die Kanonikate, an den erwähnten Kirchen bezieht sich c. 25. X. h. t. III, 38 nicht, diese unterliegen dem Präsentationsrecht. Vgl. auch S. 41. n. 9.

[4] c. 25 cit. h. t. macht die Ausnahme: „nisi patronus aliter de sua iurisdictione obtineat". Darunter ist theils das Recht geistlicher Personen, an einer Prälatenwahl bei einer andern Kirche theilzunehmen (vgl. Th. II. S. 603. 604), s. Glosse zu c. cit. v. nisi, theils ein ausdrücklicher ein besonderes Recht des Patrons konstituirender Vorbehalt, s. die cit. Glosse, Florens l. c. 127; Nicollis l. c. n. 55; J. H. Böhmer J. E. P. III. 38. §. 81; Lippert S. 82, s. auch die folgende Anm., theils ein specielles, einem Fürsten, wie z. B. das dem Kaiser auf Grund des Wormser Konkordates (Th. II. S. 558) zustehende Recht bei den Wahlen der Bischöfe und Aebte gegenwärtig zu sein, s. de Roye ad c. 25. X. cit. u. Schulte K. R. 2, 676 n. 1, verstanden worden. Der Zusammenhang der Stelle ergiebt so viel, dass in den fraglichen Worten ein besonderes, vom Patronate unabhängiges Recht, welches aus einer Regierungs- oder hoheitlichen Gewalt des Patrons herfliesst, gemeint ist. Dass dabei aber an die von Schulte erwähnten Rechte gedacht werden kann, möchte ich bezweifeln, da diese nach dem Investiturstreit vom geistlichen Standpunkte aus sicherlich nicht als Ausflüsse einer fürstlichen oder kaiserlichen iurisdictio bezeichnet werden konnten. Vielmehr ist wohl an ein mit der kirchlichen Leitungsgewalt zusammenhängendes Wahlrecht des Kirchenoberen zu denken, so an das Recht des Bischofs bei den Wahlen zu den gedachten Stellen an den Kathedral- oder Konventualkirchen Theil zu nehmen; dieser soll ein solches durch Dotation oder Redotation derselben, also dadurch, dass er Patron wird, nicht verlieren. Die blosse Theilnahme eines, nicht mit Leitungsgewalt über die Kirche ausgestatteten Geistlichen an der Prälatenwahl kann ferner ebenfalls nicht als iurisdictio bezeichnet werden, ebensowenig lässt sich das Wort auf ein kraft Vorbehalt des Patrons entstandenes Recht beziehen.

Die Bestimmung selbst steht jedenfalls mit der Tendenz der päpstlichen Gesetzgebung, die Eigenthumstheorien der Patrone zu bekämpfen, Th. II. S. 628 ff., im Zusammenhang: sie will offenbar bei diesen wichtigen Stellen, welche vielfach mit den betreffenden Kirchen von weltlichen Grossen gestiftet worden waren, Th. II. S. 385. Anm. 5, jeden direkten, an das Eigenthum des Stifters erinnernden Einfluss beseitigen.

[5] Das ist die herrschende Meinung, s. Vivian. l. c. P. I. l. 3. c. 1. n. 44. 45. 51. Pyrrhus Corradus l. c. IV. 4. n. 30. 37; Leuren. l. c. qu. 33; Nicollis l. c. n. 55; Reiffenstuel III. 38 u. 68; Ferraris l. c. art. 1. n. 28; Phillips 7, 699; Schulte 2, 676. Wenn Böhmer l. c. u. Kaim S. 157 nur die bischöfliche Zustimmung für erforderlich halten, so steht dem c. 51. X. cit. I. 6 in Betreff des Laienpatrons entgegen, da letzteres keine weitergehende Ausnahme zu Gunsten desselben zulässt, und diese gemeinrechtliche Anordnung nur durch den Papst beseitigt werden kann, s. übrigens auch die Anm. 1 cit. const. Innoc. VIII. Im Mittelalter scheint man aber sich nicht stets daran gehalten zu haben, s. dipl. v. 1303, bei Hontheim, hist. Trevir. 2, 21, in welchem der Erzbischof von Trier ein derartiges Patronatrecht über eine Collegiatkirche zu Oberwesel anerkennt. Nach heutigem Recht kommt übrigens noch in Betracht, dass dem Papst ausschliesslich die Errichtung von Kirchen der gedachten Art zusteht, s. Th. II. S. 385, er also auch die für die Entstehung des Patronates erforderliche Genehmigung zu ertheilen hat. Uebrigens ist derselbe selbstverständlich berechtigt, dem Patron auch ohne desfallsigen Vorbehalt ein solches zu gewähren. Die Existenz des Privilegs kann nach den Entscheidungen der Rota nicht

Genehmigung des Bischofs [1], falls dieser überhaupt zur Errichtung des betreffenden Amtes zuständig ist [2].

Noch weniger widerstrebt es dem Wesen des Patronats, dass die Auswahl der Kandidaten seitens des Patrons über die gemeinrechtlichen Grenzen hinaus im öffentlich-kirchlichen Interesse und durch besondere dem Kirchenoberen kraft dieser seiner Stellung zukommende Befugnisse beschränkt ist [3], sei es durch die Stiftungsurkunde, sei es in Folge von Verjährung, sei es durch Gewohnheitsrecht oder durch partikuläre Rechtsnormen. Letzteres kommt in Oesterreich vor. Hier kann der Laienpatron nur aus denjenigen, ihm vom Ordinariate benannten Kandidaten präsentiren, welche sich auf die übliche öffentliche Ausschreibung der Stelle gemeldet und bei Seelsorge-Stellen auch im Pfarrkonkurse [4] bestanden haben. Der geistliche Patron ist sogar an den s. g. Ternavorschlag gebunden, d. h. ihm werden bei Seelsorge-Aemtern unter den Bewerbern diejenigen drei, welche für die würdigsten erachtet worden sind, besonders bezeichnet, und er darf allein einen von diesen präsentiren [5].

nur durch Vorlegung des letzteren, sondern auch durch eine praescriptio immemorialis cum fama privilegii oder durch den Nachweis einer solchen Anzahl von mittelst authentischer Dokumente belegten Präsentationen, dass sich auf ein päpstliches Privileg schliessen lässt, dargethan werden, Vivian. l. c. n. 46 ff.

Derartige päpstliche Koncessionen in Innoc. III. reg. XIII. ep. 21 (ed. Migne 3, 220), ferner in ep. Leon. X. v. 1514, Riedel cod. diplom. Brandenburg. I. 8, 475 (in Betreff der Propsteien an den Kathedralen von Brandenburg und Havelberg für den Markgrafen v. Brandenburg), Const. Pii VII. v. 1818. §. 1, bull. Rom. cont. 15, 117.

1 Auf ihn bezieht sich das gegen den Laienpatron ausgesprochene Verbot nicht.

2 S. Th. II. S. 388.

3 Gemeinrechtlich ist eine solche Beschränkung schon stets für den geistlichen Patron festgesetzt s. o. S. 43, eine besondere sogar noch in dem S. 61. n. 3 erwähnten Falle. Das ebendaselbst erwähnte Nominationsrecht kann allerdings' auch im Privat-Interesse der begünstigten Person bestehen.

4 Denn dieser findet in Oesterreich auch bei derartigen, einem Laienpatronate unterstehenden Stellen Anwendung, Th. II. S. 500.

5 Konkordat Art. 24. Daran hat das Ges. v. 7. Mai 1874 §. 4 nichts geändert, s. Gautsch v. Frankenthurm, d. konfessionellen Gesetze S. 45; v. Schulte, Lehrb. 3. Aufl. S. 319.

Auch bei einfachen Benefizien ist der Patron an die Bewerber gebunden, welche sich in Folge der öffentlichen Aufforderung gemeldet haben.

Ueber die Frist, s. o. S. 46. n. 2.

Wenn die Nomination und die Präsentation getrennt sind, hat der Bischof auch dem Nominationsberechtigten die erforderlichen Mittheilungen zu machen, welcher einen Monat vor Ablauf der Frist, d. h. also wenn der Patron im Lande ist, binnen 14 Tagen, andernfalls binnen zwei Monaten, die Nomination vornehmen muss, Friedle a. a. O. S. 41.

Nach Art. 25 des Konkordates (vgl. auch Art. 17 der Note: Ecclesia v. 18. Aug. 1855, Arch. f. k. K. R. 1, XXIII) sollte der Kaiser bei der ihm zustehenden Präsentation für die Kanonikate und Pfarreien, welche einem auf dem Religions- oder Studienfonde beruhenden Patronate unterworfen sind, ebenfalls an den Ternavorschlag des Ordinariats gebunden sein. Durch §. 4 des angeführten Gesetzes (alle vom Diöcesanbischofe zu verleihenden, „nicht unter einem Privatpatronate stehenden kirchlichen Aemter und Pfründen, welche ganz oder zum grössern Theil aus dem Staatsschatze, dem Religionsfonde oder andern öffentlichen Mitteln dotirt werden, können nur auf Grund einer durch die Staatsgewalt vorgenommenen Präsentation verliehen werden. Im Verordnungswege wird bestimmt, durch welche Organe dieses Präsentationsrecht in den einzelnen Fällen auszuüben ist") ist die Beschränkung aber beseitigt worden, Gautsch v. Frankenthurm 45. 46. Die in Aussicht genommene Verordnung ist, so weit mir bekannt, bisher nicht ergangen. Bisher präsentirte bei Pfründen mit einem Jahres-Ertrage unter 1000 Fl. für den Religions- oder Studienfond die Statthalterei, im Uebrigen die Finanzbehörde (z. B. die Finanz-Landes-Direktion), bei Pfründen mit höherem Einkommen das Kultus-, bez. Staatsministerium selbstständig oder nach eingeholter kaiserlicher Entschliessung, v. Schulte S. 319; Ginzel K. R. 2, 158. n. 2.

Das preuss. L. R. II. 11. §§. 329 ff. beschränkt den Patron bei Pfarrstellen insofern, als der ausgewählte Kandidat zunächst vor der Gemeinde eine Probepredigt und Katechisation halten und die letztere dann mit ihrer Erklärung über die Würdigkeit desselben vernommen werden soll. Diese Vorschrift, welche das protestantische s. g. votum negativum auf die katholische Kirche überträgt, ist indessen nicht praktisch. Wenn der Patron protestantischer Konfession ist, so hat er drei Kandidaten zur Probepredigt zuzulassen und denjenigen von ihnen zu präsentiren, welchen die Gemeinde mit Stimmenmehrheit ausgewählt hat, a. a. O. §§. 340 ff. Für den Fall, dass mehrere Kompatrone vorhanden sind, kommen für die Bestimmung der drei Kandidaten die oben S. 56. n. 4 ff. erwähnten Regeln zur Anwendung, a. a. O. §§. 349 ff. Auf fiskalische oder

2. An Ehrenrechten[1] und zwar solchen, welche dies im engeren Sinne (*iura honorifica* oder *honores*) sind, weil sie in besonderen äusseren Vorzügen vor den übrigen Gläubigen bestehen[2], gewährt das gemeine Recht dem Patron

a. nur das *ius* oder den *honor processionis*[3], d. h. das Recht des Vortrittes vor den übrigen Laien bei feierlichen Umzügen, Prozessionen, in und ausserhalb der Kirche.

Die sonst noch vorkommenden Ehrenrechte (s. unter b bis k) beruhen nicht auf dem gemeinen, vielmehr nur auf Gewohnheits- oder geschriebenem Partikular-Recht, welches freilich von der gemeinrechtlichen Gesetzgebung niemals in Frage gestellt ist[4]. Hieraus folgt, dass sie nach gemeinem Rechte nicht ohne Weiteres in Anspruch genommen werden können, vielmehr nur dann, wenn sie im Partikularrechte oder nach Gewohnheitsrecht begründet, oder wenn sie bei der Stiftung vorbehalten oder durch Ersitzung (soweit letztere statthaft ist) erworben sind[5]. Es gehört hierher:

b. Das Recht auf einen besonderen Sitz oder Betstuhl an ausgezeichneter Stelle in der Kirche, z. B. dicht an dem Chor oder auch in demselben oder auf der Emporkirche, der s. g. *honor sedis*[6].

c. Das Recht auf die Fürbitte oder auf das Kirchengebet (*ius precum, honor intercessionum* o. *precum* o. *ecclesiasticae recitationis*)[7]

Staatspatronate sind diese Vorschriften in Preussen nicht angewendet worden, weil der Staat und der Fiskus konfessionslos sind, dagegen Sommer, neues Arch. f. preuss. R. Jahrg. 10. S. 638. — Uebrigens kommen auch gewisse Beschränkungen des Präsentationsrechtes bei denjenigen landesherrlichen Patronaten vor, welche den Fürsten zur Beilegung des Streites über das s. g. landesherrliche Patronatrecht in diesem Jahrhundert seitens des Papstes oder der Bischöfe eingeräumt worden sind, s. u. §. 151. I. u. II. A.

[1] Vgl. hiezu besonders die o. S. 6. n.* citirte Schrift von de Roye.

[2] Historisch hängt die Entstehung dieser Rechte offenbar damit zusammen, dass der Patron als Grundherr und als Eigenthümer der Kirche und des kirchlichen Vermögens derselben nicht nur gegenüber den anderen Gemeindemitgliedern, sondern auch dem Geistlichen, welcher in älterer Zeit vielfach von ihm abhängig war (s. Th. II. S. 624), eine besonders hervorragende Stellung einnahm, wie sich dies auch in der damals für den Patron üblichen Bezeichnung: senior (a. a. O. S. 626) zeigt. Vgl. auch Kaim 2, 281.

[3] c. 25 (Clem. III) X. h. t. 38. Ueber die Bedeutung des aditus processionis in c. 26. C. XVI. qu. 7 und in anderen Stellen, s. Th. II. S. 619. n. 4 u. S. 620. n. 1. Die Glosse zu c. 26 cit. versteht darunter merkwürdiger Weise einmal die Vorstellung (Präsentation) des Geistlichen beim Bischof, ferner auch die „promotio" des Klerikers zu dem Amte, welche der Patron veranlasst. Vgl. auch Pontificale Romanum, tit. de ecclesiae dedicatione et consecratione, wonach der Bischof zum Stifter spricht: „scias . . . quod a ss. patribus statutum est, in diei dedicationis anniversario solemni, fundatores et eorum heredes in processionibus primos esse debere". Dagegen begreift der honor processionis nicht den Anspruch des Patrons auf feierlichen Empfang und feierliche Einholung durch die Geistlichkeit beim Betreten der Kirche in sich. Ein solches Recht legt schon die Glosse im casus zu c. un. in VI[to] h. t. III. 19 dem Patron nur bei, wenn er gleichzeitig der Landesherr ist. Vgl. auch de Roye, de iurib. honorif. II. c. 3; Fagnan. ad c. 25, cit. n. 26; Reiffenstuel III. 38. n. 110; Ferraris l. c. art. 4. n. 105. 108; Schilling S. 97; Schulte 2, 701.

[4] In Baden sind durch die V. v. 1808, s. o. S. 7. n. 6, denjenigen Patronen, denen nicht Standes- oder grundherrliche Berechtigungen zur Seite stehen, die Ehrenrechte abgesprochen.

[5] Daher kann der Besitz der Ehrenrechte auch behufs des Beweises des Patronates geltend gemacht werden, wenn diese partikular- oder gewohnheitsrechtlich mit demselben verbunden sind, a. M. Kaim S. 282. n. 1.

[6] syn. Vigorn. (a. 1240. c. 2, Mansi 23, 526): „. . Nec laici stent in cancellis, dum celebrantur divina: salva tamen reverentia patronorum et sublimium personarum": syn. Exon. a. 1287 c. 12, l. c. 24, 802: „audivimus quod propter sedilia in ecclesia rixantur multoties parochiani, duobus vel pluribus unum sedile vindicantibus. . . . Statuimus, quod nullus de cetero quasi proprium sedile in ecclesia valeat vendicare, nobilibus personis et ecclesiarum patronis dumtaxat exceptis: sed qui orandi causa primo ecclesiam introierit, iuxta propriae voluntatis arbitrium sibi eligat orandi locum". Auch die Glosse zu c. un. in VI[to] h. t. III. 19 erwähnt im Casus des honor des Patrons „in sessionibus". Das Vorrecht ist auch anerkannt im preuss. L. R. II. 11. §. 588 u. dem kön. sächs. Gesetz v. 11. Aug. 1855 Beilage, §. 10. Nr. 3, Schreyer, Codex d. sächs. K. R. S. 764. Vgl. Lippert S. 130; Kaim S. 295; Schilling S. 93; Phillips 7, 774.

[7] Schon die Synode von Merida v. 666. c. 19 bestimmt: „eorum nomina a quibus eas ecclesias constat esse constructas vel qui aliquid his sanc-

d. Das Recht auf eine Begräbnissstätte in der Kirche, oder — da jetzt fast überall die Bestattung in den Kirchen aus sanitätspolizeilichen Rücksichten verboten ist — [1] auf dem Kirchhofe an hervorragender Stelle und zwar ohne Entgelt (*ius* oder *honor sepulturae*) [2], welches auch auf die Ehefrau und die Descendenten des Patrons, mitunter auch auf andere Familienglieder ausgedehnt ist [3]. Im Zusammenhange damit steht

e. das Recht auf Kirchentrauer [4], insbesondere auf Trauergeläute (*luctus ecclesiasticus*) [5], wenn der Patron selbst oder ein naher Angehöriger desselben stirbt.

f. Das Recht, seinen Namen, sein Wappen oder eine Gedenktafel an den inneren oder äusseren Wänden der Kirche anzubringen [6] (*ius* oder *honor inscriptionis*, vielfach unrichtiger Weise *ius lystrae* o. *listrae* [7] genannt). Selbstverständlich ist es, dass beim geistlichen Patronate nur das Wappen der berechtigten Kirche oder geistlichen Anstalt, nicht aber das Wappen desjenigen Geistlichen, welcher als Vertreter den Patronat ausübt, angebracht werden kann [8].

g. Der *honor thuris* o. *suffitus*, wonach dem Patron, falls er männlichen Geschlechtes ist, bei der Messe der Weihrauch aus dem Weihrauchfass besonders gespendet werden muss [9].

tis ecclesiis videntur aut visi sunt contulisse, si viventes in corpore sunt, ante altare recitentur tempore missae; quod si ab hac decesserunt aut discesserint luce, nomina eorum cum defunctis fidelibus reciteutur suo in ordine".

Mitunter geht das Recht auch auf Einschluss der Ehefrau und der Kinder des Patrons in das Kirchengebet, preuss. L. R. II. 11. §. 589 (der Familie), ebenso in Würtemberg, V. v. 17. Mai 1807, v. Vogt, Samml. d. Verordn. f. Rottenburg. S. 624, und auf Abhaltung eines entsprechenden Gottesdienstes bei freudigen und traurigen, den Patron betreffenden Ereignissen, Lippert, S. 129; Kaim S. 293; Schilling S. 98. Anerkannt ist es auch in Baiern, Beilage IV zur Verf. Urk. v. 1818. §. 4 u. Beilage VI. §. 24, neues Amtshdbch. f. prot. Geistliche in Baiern 2, 246 ff. u. dazu Min.-Erl. v. 18. Okt. 1824, v. 24. April 1829 u. v. 18. Okt. 1837, Döllinger Samml. 5, 452. 453. 268, sowie im Königreich Sachsen, s. vor. Anm.

[1] Darüber in der Lehre vom Begräbniss.

[2] Erwähnt in der cit. Glosse zu c. un. in VI^to III. 19, vgl. auch syn. Cicestr. v. 1292. c. 5, Mansi 24, 1100: „In ecclesiis vel earum cancellis non fiant sepulturae . . . villarum dominis et patronis ecclesiarum et illarum uxoribus, rectoribus et vicariis exceptis, per quos vel per quas accreverit honor illis ecclesiis notabiliter et perpetuo duraturus".

[3] Preuss. L. R. II. 11. §§. 590. 591 (für die Ehefrau, eheliche Descendenten und beim Patron wohnende Seitenverwandte). Vgl. im Allgemeinen Lippert S. 131; Kaim S. 299; Schilling S. 99.

[4] Vgl. Lippert S. 131; Kaim S. 301; Schilling S. 101; preuss. L. R. a. a. O. §§. 593. 594.

[5] Anerkannt auch in Baiern, s. S. 64. Anm. 7; im Königr. Sachsen, a. a. O. Anm. 6; in Würtemberg gebührt das Trauergeläute dem Patron als solchem nicht, vielmehr ist für den einzelnen Fall der Nachweis zu führen, dass dasselbe hergebracht sei, Min. Erl. v. 14. Mai 1827, Süskind u. Werner, Repertorium 3, 416. Dies gilt aber nicht, wenn der Patron Standesherr oder Rittergutsbesitzer ist, weil er dann wegen dieser Eigenschaft Anspruch darauf hat, V. v. 12. April 1807, v. Vogl a. a. O. S. 624.

[6] Vgl. Lippert S. 182; Kaim S. 288; Schilling S. 102. Anerkannt im preuss. L. R. II. 11. §. 592 („Ehrenmäler für sich und seine Familie in der Kirche zu errichten").

[7] Denn dies Wort bedeutet soviel als Streifen, ferner die schwarze Behängung (der Kirche) bei Trauerfällen, Du Fresne Du Cange s. v. litra.

[8] Der jeweilige Patron ist kraft seines Patronates nicht befugt, die Wappen seiner Rechtsvorgänger fortzunehmen, denn diese sind mit demselben Rechte, wie das seinige angebracht. Wenn man dem einzelnen Mitpatron dieses Recht überhaupt Kaim S. 290 oder wenigstens beim dinglichen Patronat abspricht, Schilling S. 102, und im ersteren Falle richterliche Bestimmung über den Berechtigten verlangt, im andern aber die Anbringung eines combinirten Wappens sämmtlicher Patrone fordert, so ist dies unrichtig, da die Ehrenrechte aus den S. 16 entwickelten Gründen von sämmtlichen Patronen gefordert werden können. So auch preuss. L. R. II. 11. §§. 605. 606. Verunstaltungen und Ueberfüllungen der Kirche hat der kirchliche Obere allerdings kraft seines Rechtes, über eine äussere, der Bestimmung des Gebäudes entsprechende Einrichtung zu wachen, seinerseits zu verhüten. Von diesem Gesichtspunkt aus können daher auch Beschränkungen dieses Rechtes, welches als Individualrecht dem öffentlichen Interesse weichen muss, eintreten.

[9] Vgl. hierzu und zu dem Folgenden Lippert S. 129; Kaim S. 297; Schilling S. 103.

h. Der *honor aquae benedictae* o. *ius aspersionis* darin bestehend, dass der Patron zuerst mit Weihwasser besprengt wird [1].

i. Der *honor panis benedicti* et *candelae benedictae*, des Inhalts, dass dem Patron vor allen Anderen beim Abendmahl die Hostie und bei der Vertheilung von Kerzen an Mariä Lichtmess zuerst eine besondere Kerze gereicht wird [2].

k. Das Recht auf den Friedenskuss (*osculum pacis*), d. h. auf Darreichung des Krucifixes zum Kusse bei der Kommunion.

Die Natur der erwähnten Ehrenrechte bedingt es, dass sie nicht von allen Patronen, vielmehr nur von solchen, deren Patronatrecht sich auf eine Kirche bezieht, geltend gemacht werden können, denn ihre Ausübung ist nur unter dieser Voraussetzung denkbar, nicht aber dann, wenn die Patronatsstiftung blos in einem Benefizium oder in einem damit verbundenen Altar besteht. Die Bethätigung einzelner Rechte in Kapellen, z. B. des s. g. ius listrae, früher auch des ius sepulturae, ist allerdings praktisch nicht ausgeschlossen, aber immer wird es darauf ankommen, ob das bestehende Sonderrecht oder die obwaltenden Rechtstitel eine solche rechtfertigen.

Was sodann die Frage betrifft, ob der protestantische Patron die erwähnten Ehrenrechte beanspruchen kann, so ist diese jedenfalls, so weit solche Auszeichnungen, welche eine aktive Betheiligung des Patrons bei gottesdienstlichen Handlungen voraussetzen (s. die unter a. b. g—k erwähnten), in Frage kommen, zu verneinen, denn es widerspricht sowohl der Natur der Sache, dass die katholische Kirche einen Protestanten zu solchen Handlungen zulässt und ihn dabei noch besonders auszeichnet, als, auch, dass der protestantische Patron in der gedachten Art an katholischen Kultushandlungen Theil nimmt. Bei den anderen Rechten, dem der Fürbitte und des Trauergeläutes, sowie bei dem ius inscriptionis und dem ius sepulturae, soweit bei letzterem nur eine Grabstätte auf dem Kirchhof in Betracht kommt [3], steht das erwähnte Moment nicht hindernd entgegen, indessen wird mit Rücksicht darauf, dass die Vornahme derartiger Handlungen für Andersgläubige, wie z. B. die des Gebetes und des Trauergeläutes für den protestantischen Landesherrn etwas durchaus exceptionelles ist, mangels besonderer gesetzlicher Bestimmung [4], die Berechtigung protestantischer Patrone, selbst wenn solche Rechte z. B. kraft Gewohnheit für den katholischen hergebracht sind, besonders nachzuweisen sein [5].

Was endlich die Ausübung der Ehrenrechte bei vorhandenem Kompatronate betrifft, so bringt es die Anwendung des oben (S. 16) erörterten Prinzips mit sich, dass eine solche im Allgemeinen seitens aller Patrone erfolgen kann, weil hierbei für die Regel eine Beeinträchtigung des einen durch den andern nicht stattfindet [6], mithin eine

[1] Die Darreichung des aspergillum, des Weihwassergefässes, um sich selbst zu besprengen, kann der Patron aber nicht verlangen.

[2] Auch am Palmsonntage eine Palme.

[3] Bei dem jetzt unpraktischen Begräbniss in der Kirche liegt aber die Sache ähnlich wie bei der aktiven Betheiligung am Gottesdienst.

[4] So gewährt das preuss. L. R. die von ihm anerkannten Ehrenrechte, s. die vorhergehenden Anmerkungen, offenbar auch dem protestantischen Patron, denn der §. 582. II. 11. spricht die Ausübung des Patronates, wozu die der erwähnten Ehrenrechte ebenfalls gehören, nur denjenigen ab, welche zu keiner vom Staate geduldeten christlichen Religionspartei gehören.

[5] Praktisch wird die Bethätigung der gedachten Rechte wohl selten vorkommen. Die o. S. 33. Anm. 3. angeführte Bestimmung des westfälischen Friedens kann für die Lösung der im Texte behandelten Fragen nicht in Betracht kommen, weil die Ehrenrechte, abgesehen von dem zu *a* erwähnten, nicht gemeinrechtlich fixirt, also auch nach gemeinem Recht nicht als Ausflüsse des Patronates gelten.

[6] Z. B. wenn der eine Mitpatron gleichzeitig mit den anderen an hervorragender Stelle bei den Prozessionen einherschreitet, die mehreren Kompatrone im Patronatsstuhl dem Gottesdienst beiwohnen oder neben einander im Kirchengebet genannt werden.

Beschränkung durch die Konkurrenz der Kompatrone nicht geboten erscheint. Eine solche muss aber eintreten, wenn in Folge der Geltendmachung derartiger Rechte durch jeden einzelnen der Kompatrone entweder die Last für die Kirche vergrössert[1] oder die kirchliche Ordnung gestört werden würde[2]. In derartigen Fällen hat der Kirchenobere den Umfang und die näheren Bedingungen der Ausübung festzusetzen[3]. Dagegen bleibt es den Kompatronen überlassen, sich über die Art der beschränkten Ausübung[4] und falls nach den erwähnten Anordnungen nicht alle Kompatrone die Ehrenrechte beanspruchen können, sich über einen oder mehrere, welchen die Geltendmachung der letzteren zustehen[5] oder in deren Interesse sie erfolgen[6] soll, zu benehmen. Bei etwaigen Abstimmungen werden die Regeln, welche in Betreff der Stimmabgabe bei der Präsentation gelten, zur Anwendung gebracht werden können[7]. Erfolgt keine Einigung oder ergiebt die Abstimmung kein Resultat, so bleibt die Ausübung des Rechtes so lange suspendirt, bis entweder eine Vereinbarung unter den Kompatronen getroffen oder durch Ausscheiden einzelner der Grund zur Beschränkung fortgefallen ist.

3. Was die nutzbringenden Rechte des Patrons betrifft, so gewährt das gemeine Recht demselben nur einen Anspruch auf Alimente[8]. Jedoch ist dieser dadurch bedingt, 1. dass der Patron in eine solche bedrängte Lage geräth, dass er sich selbst nicht mehr den nöthigen Unterhalt verschaffen kann[9], 2. dass er seine Dürftig-

Das preuss. L. R. II. 11. §§. 605. 606 gesteht jedem Kompatrone die Ehrenrechte uneingeschränkt zu, wenn der Patronat auf mehreren Gütern zu gleichem Rechte haftet.

[1] Dies kann z. B. der Fall sein, wenn der honor sepulturae für eine grosse Anzahl von Kompatronen in Anspruch genommen, für eine solche bei nicht ausreichendem Patronatsstuhl eine Vergrösserung desselben beansprucht wird.

[2] Z. B. dadurch, dass eine zu grosse Anzahl von Wappen in der Kirche angebracht werden soll und dadurch der kirchliche Charakter des inneren Raumes beeinträchtigt werden würde. Kaim S. 290 spricht überhaupt dem einzelnen Mitpatron das ius lystrae ab, überlässt aber doch wieder die Bestimmung des berechtigten der richterlichen Entscheidung. Schilling S. 102 gestattet nur beim persönlichen Patronat jedem der Kompatrone die Ausübung des Rechtes, beim dinglichen soll ihnen dagegen blos die Befugniss zustehen, ein aus ihren einzelnen kombinirtes Wappen, über dessen Zusammenstellung mangels einer Einigung der Richter zu entscheiden habe, anbringen zu lassen. Alle diese Aufstellungen sind principlos und haben keinen Grund für sich.

[3] Weil er die Aufsicht über die Ausübung des Patronates hat und das öffentliche Interesse der Kirche vertritt.

[4] Z. B. bei nicht zureichendem Patronatsstuhl dahin, dass derselbe nach einem bestimmten Turnus benutzt wird. Ferner kann vereinbart werden, dass ein solcher ebenfalls in Betreff des Vorranges der Kompatrone unter sich bei der Vertheilung der Kerzen stattfinden soll. Unter diesem Gesichtspunkt erscheint auch die Anbringung eines kombinirten Wappens (s. Anm. 2) zulässig.

[5] Z. B. des ius lystrae.

[6] Z. B. die des honor sepulturae.

[7] Weil das, was für das wichtigste und bedeutsamste Recht der Kompatrone gilt, analogisch auf die Ausübung geringerer Befugnisse ausgedehnt werden kann. Daher wird man auch die vom Stifter festgesetzte Vertheilung der Stimmen massgebend sein lassen müssen, wenngleich sie von diesem nur für die Präsentation angeordnet sein sollte.

[8] c. 25 (Clem. III) X. h. t. III. 38: „si ad inopiam vergat (patronus), ab ecclesia illi modeste succurritur, sicut in sacris est canonibus institutum". Unter den letzteren sind c. 30 u. c. 29. C. XVI. qu. 7. gemeint. Der erstere enthält einen Theil des c. 38 Tolet. IV a. 633: „Praebendum est a sacerdotibus vitae solatium indigentibus et maxime his quibus restituenda vicissitudo est. Quicumque ergo fidelium de facultatibus suis ecclesiae aliquid devotione propria contulerint, si forte ipsi aut filii eorum redacti fuerint ad inopiam, ab eadem ecclesia suffragium vitae pro temporis usu percipiant. Si enim clericis vel monachis seu peregrinis aut quamlibet necessitatem sustinentibus pro solo religionis intuitu in usum res ecclesiasticae largiuntur, quanto magis his consulendum est, quibus retributio iusta debetur?" und zwar den mittleren Satz: „Quicumque" bis „percipiant". Der Kanon selbst stellt es als eine Pflicht der Dankbarkeit hin, dass die Kirche allen denjenigen, welche ihr Zuwendungen gemacht haben, also nicht blos den Patronen, wenn sie in bedrängte Lage gerathen, ihrerseits Unterhalt gewähre. Schon Gratian hat dieser Stelle in dem dictum vor derselben (welches in den bisherigen Ausgaben als Theil des vorangehenden c. 29 erscheint, aber handschriftlich nicht dazu gehört, ed. Friedberg Note 283 l. c.) „Si vero fundatores ecclesiarum ad inopiam vergere ceperint, ab eisdem ecclesiis temporalis vitae suffragia percipiunt" eine besondere Beziehung auf den fundator oder Patron gegeben, was c. 25 X. cit. sanktionirt hat.

[9] Wenn Phillips 7, 783 unter Berufung auf die Glosse modeste zu c. 25 cit.: „habito respectu ad facultatem ecclesiae et ad qualitatem personae",

keit nicht selbst verschuldet hat[1], 3. dass keine andere, gesetzlich zu seiner Alimentation verpflichtete Person vorhanden ist[2], 4. dass die Kirche über den laufenden Bedarf, also über dasjenige hinaus, was für die Unterhaltung des Gebäudes und für die Bestreitung der sächlichen und persönlichen Kosten des Gottesdienstes gebraucht wird, Ueberschüsse[3] besitzt, andererseits aber gleichviel, ob das vorhandene Vermögen noch aus der ursprünglichen Patronatsstiftung herrührt oder verloren gegangen und durch anderes ersetzt worden ist[4]. Seinem Umfange nach geht der Anspruch nur auf den nothwendigen Unterhalt, bei dessen Bemessung allerdings auf die früheren Verhältnisse des Patrons Rücksicht zu nehmen ist[5].

Das erwähnte Recht steht nur demjenigen Patron, welcher die Kirche gestiftet hat, sowie seinen Nachkommen, welche den Patronat durch Erbgang überkommen haben[6], also insbesondere nicht demjenigen, welcher durch einen sonstigen Erwerb des

diese Voraussetzung dahin fasst, dass der Patron nicht mehr vermag, auch nur einigermassen seinem Stande entsprechend mit seiner Familie zu leben, so ist das irrig. c. 25 spricht von inopia, und die Nothwendigkeit, unstandesgemäss zu leben, setzt keineswegt in allen Fällen eine solche voraus. Selbstverständlich ist es auch, dass dem Patron, welcher sich durch eigene Thätigkeit unterhalten kann, das Recht nicht zusteht, vgl. auch Lippert in seinen Annalen d. K. R. 3, 87.

1 Dies folgt aus der Natur der Sache, da nicht einmal eine sittliche Pflicht für die Kirche vorliegt, durch eigene Schuld heruntergekommenen Individuen Unterstützungen zu gewähren, und auf dieser Pflicht die statuirte Rechtspflicht beruht. Nur Lippert in seinen Annalen 3, 82 vertheidigt das Gegentheil. Uebrigens ergiebt sich die kirchliche Auffassung aus der Anrede des Bischofs an den Fundator, pontificale Roman. de eccl. dedicatione: „et si casu ad egestatem pervenerint (fundatores et eorum heredes) grata recordatione ecclesia fundatoris piam liberalitatem recognoscit". Vgl. auch die Entsch. d. Congr. conc., Acta s. sed. 7, 695.

2 Dies ist die gemeine Meinung Vivian. l. c. P. I. c. 2. n. 20; Leuren. l. c. P. II. qu. 106. n. 3; Ferraris l. c. art. 4. n. 129; Phillips 7, 782; Richter-Dove §. 191; Schulte 2, 701. Der Widerspruch Kaims S. 330 ist unbegründet. Die Subsidiarität der Haftbarkeit folgt einmal aus der ratio legis, sodann aus dem Umstand, dass die inopia der Kirche gegenüber noch nicht vorhanden ist, wenn der Patron von seinen alimentationspflichtigen Verwandten Unterhalt erlangen kann.

3 Bei der Feststellung derselben bleiben natürlich alle Vermögensmassen, welche stiftungsmässig zu besonderen Zwecken, z. B. für Messen u. s. w. verwendet werden müssen, ausser Betracht.

Es kommt allerdings vor, dass dem verarmten Patron durch Auferlegung einer Pension auf das Benefizium, durch Offenhaltung der Stelle und Zuweisung eines Theils der für den Benefiziaten bestimmten Einkünfte und auf andere Weise der Unterhalt verschafft wird, ohne dass dabei die oben im Text erwähnten Beschränkungen festgehalten werden. In solchen Fällen handelt es sich aber um eine Gnade, welche der Papst nach vorheriger Erörterung der Verhältnisse durch die Congregatio concilii gewährt, vgl. die Entscheidungen bei Lingen u. Reuss, causae selectae p. 251. 256. 258.

Dass dagegen andererseits für die Ermittelung der Leistungsfähigkeit nur das absolut Nothwendige, insbesondere nur die congruae für den Benefiziaten in Berechnung gezogen und die bisherigen Ausgaben, sowie das Einkommen des Benefiziaten im Interesse des Patrons gekürzt werden müssen, so Kaim S. 327. 328, ist unrichtig, vielmehr kann der Patron erst auf dasjenige, was bei einer auskömmlichen und anständigen Bemessung des Bedarfs übrig bleibt, Anspruch machen, weil die Kirche nicht verpflichtet ist, mit Rücksicht auf den Patron sich in ihren Ausgaben auf das knappste Mass zu beschränken. So weit es nach dem Bemerkten erforderlich, wird sich freilich der Benefiziat eine Minderung seiner Einkünfte gefallen lassen müssen. Niemals kann ihm aber ein Theil derselben deshalb, weil er ein anderweites eigenes Einkommen, z. B. aus Privatvermögen, besitzt, entzogen werden. Der Anspruch des Patrons wird allein durch die Höhe des Kirchenvermögens bedingt, durch nichts anderes, Ferraris l. c. n. 128. Wenn endlich behauptet wird, dass die Alimente nur aus den Früchten und Einkünften des Vermögens, niemals aber aus dem Kapital gewährt zu werden brauchen, Leuren. l. c. qu. 106. n. 5; Kaim S. 327, so findet dies in c. 25 X. h. t. keinen Anhalt. Nur soviel ist richtig, dass dazu unter der im Text gedachten Voraussetzung allein im äussersten Falle geschritten werden kann, weil der festgestellte Bedarf der Kirche auch für die Zukunft gesichert bleiben muss.

4 c. 25 cit. macht in dieser Beziehung keinen Unterschied, s. auch Ferraris l. c. art. 4. n. 123.

5 Das bezeichnet c. 25 cit. mit: „modeste". Denn ein Almosen soll der Patron nicht erhalten, daher kann er nicht gezwungen werden, die Wohnung des Pfarrers zu theilen, oder gar ein etwa der Kirche gehöriges Armenhaus zu beziehen. Vgl. auch die Entsch. d. Congr. conc. v. 1874, Acta s. sed. 7, 695.

6 c. 25 X. cit. in Verbindung mit dem in Bezug genommenen c. 30 C. XVI. qu. 7 ergiebt, (s. auch Pontif. Roman. Anm. 1), dass nur der fundator und seine Abkömmlinge den Anspruch

patronatsberechtigten Gutes Patron geworden ist, beim Kompatronat unter den erwähnten Voraussetzungen aber jedem einzelnen zu [1]. Geht der Patronat nicht auf eine Kirche und deren Benefizien, sondern nur auf einen Altar und ein einzelnes Benefizium, so kann dem Patron zwar die Alimentationsberechtigung nicht abgesprochen werden, jedoch ist dieselbe auf das Vermögen des betreffenden Benefiziums zu beschränken, weil der Patron oder sein Vorfahr nur insoweit die Stellung des Stifters einnimmt.

Auf die Ehefrau und die Kinder des Patrons [2] erstreckt sich die Alimentationspflicht der Kirche nicht.

Steht der Patronat einer juristischen Person zu, so kann von einer derartigen Berechtigung nicht die Rede sein [3].

Sie hört auf, wenn der Patron sein Patronatrecht verliert [4], ferner wenn eine der unter 1, 3 und 4 erwähnten Voraussetzungen fortfällt [5].

Sonstige nutzbringende Rechte an dem Vermögen der Patronatsstiftung, z. B. das Recht auf bestimmte jährliche Gefälle, Zinsen, Abgaben, Zehnten u. s. w. kann der Patron nach gemeinem Recht nur durch einen besonderen Vorbehalt bei der Stiftung erwerben [6], und zwar bedarf es dazu selbstverständlich der Zustimmung desjenigen

haben, so auch Vivian. l. c. P. I. c. 2. n. 20; Lotter. de re benef. P. II. qu. 5 n. 4 ff.; Leuren. l. c. qu. 106. n. 2; Kaim S. 325; v. Schulte, Lehrb. 3. Aufl. S. 324. Vgl. auch die Entsch. d. Congr. conc. bei Lingen u. Reuss l. c. p. 250.

[1] Natürlich nur so weit die überschüssigen Mittel der Kirche reichen, Kaim S. 326; Schilling S. 106. Eine Verminderung der Höhe der Alimente kann aber von der Kirche nicht deshalb verlangt werden, weil ihre Verpflichtung durch die Konkurrenz mehrerer verarmter Patrone im Vergleich zum Alleinpatronat erhöht wird. Denn nach positiver Vorschrift haben sämmtliche Abkömmlinge des Stifters den Anspruch auf Alimente. Dagegen Schulte K. R. 2, 702 ohne nähere Begründung. Dass demjenigen, welcher selbst oder dessen Vorfahr zur Stiftung einen grösseren Beitrag geleistet hat, auch eine grössere Unterstützung gewährt werden muss, so Rochus de Curte l. c. def. IV. n. 3; Lippert S. 140; Kaim S. 326, lässt sich nicht rechtfertigen, denn der Gedanke eines entsprechenden Ersatzes für die aufgewendeten Stiftungsmittel an den Patron liegt der Alimentationspflicht nicht zu Grunde.

[2] Vielfach wird das Gegentheil angenommen, Barbosa J. E. U. III. 12. n. 218; Reiffenstuel III. 38. n. 114; Ferraris l. c. art. 4. n. 115; Lippert S. 138; Kaim S. 325. Für die Ansicht des Textes Schilling S. 105; Schulte 2, 702. Unter den filii in c. 30 C. XVI. qu. 7 sind die Nachkommen des Patrons, die heredes, wie es im Pontific. Roman. (S. 68. n. 1) heisst, welche nach seinem Ableben an seine Stelle treten, nicht die im Falle seiner Verarmung etwa vorhandenen Descendenten, zu verstehen.

[3] Merkwürdiger Weise spricht Lippert S. 141 einem ganzen verarmten Kolleg die Alimentationsberechtigung zu. Die juristische Person als solche bedarf aber nicht der Alimentirung; es könnte ihr nur das etwa verlorene Vermögen ersetzt werden, um ihre Zwecke weiter zu erfüllen.

[4] Also auch dadurch, dass er es auf einen anderen überträgt.

Die Frage, ob der Stifter oder seine Nachkommen, trotzdem dass ersterer bei der Stiftung von vornherein auf das regelmässig für ihn entstehende Patronatrecht verzichtet hat, die Berechtigung geltend machen kann, wird meistens bejaht, Ferraris l. c. art. 4. n. 118; Berardi l. c. diss. IV. c. 7. ed. cit. 1, 315, weil derjenige Stifter, welcher sich in dieser Weise liberal gegen die Kirche zeige, noch mehr Berücksichtigung als der Patron verdiene. Dabei ist aber übersehen, dass die Alimentations-Berechtigung gesetzlich an den Patronat gebunden ist und der Verzicht auf den letzteren auch den auf die erstere einschliesst.

[5] Partikularrechtlich ist der Alimentationsanspruch des Patrons im preuss. L. R. II. 11. §§. 595—597 anerkannt, jedoch steht derselbe jedem Patron zu und ist auch nicht davon abhängig, dass der Patron schuldlos in Armuth gerathen, in Oestereich nach d. V. v. 1679. (o. S. 7. n. 5) tit. I. §. 13, wonach die Kirche dem unverschuldet in Armuth gerathenen Patron „nach zimblichen Dingen Hülff zu laisten verbunden.“ In Baden ist dagegen durch d. V. v. 1808 No. 31 (s. o. S. 7. n. 6) den Patronen das Recht ausdrücklich abgesprochen.

[6] c. 23 (Luc. III) X. h. t. III. 38; c. 15 (Clem.) X. de cens. III. 39; c. 9. Trid. Sess. XXV. de ref. Auch für die Durchführung dieses Satzes bedurfte es erst der Beseitigung der früheren Auffassung, dass die Patronatsstiftung mit ihrem Vermögen im Eigenthum des Stifters stehe und dieser in Folge desselben die Güter der Kirche in seinem Interesse nutzen könne, s. Th. II. S. 624. 628, namentlich Anm. 3 dazu, S. 633. Einkünfte der Patrone werden ferner erwähnt in c. 18 (Inn. III) X. de sent. et re iud. II. 27. Gegen die Bedrückung der Kirche durch Abgaben eifert schon c. 14 Later. III. v. 1179, c. 4. X. h. t. III. 38, ferner c. 23 cit. h. t., welches die Forderung von

Kirchen-Oberen, welcher die Patronatsstiftung überhaupt zu genehmigen hat[1]. Eine spätere Erhöhung ist nur unter denselben Voraussetzungen, wie die Belastung des Kirchengutes überhaupt gestattet[2].

4. Das Interesse des Patrons, welches er an der Aufrechterhaltung der ihm unterstehenden Stiftung hat, ist nach gemeinem Recht geschützt durch die ihm zustehende s. g. *cura beneficii*. Diese umfasst

a. die Befugniss darüber zu wachen, dass die Patronatsstiftung in ihrem Bestande und für ihren Zweck erhalten, sowie dass das Stiftungsvermögen fundationsmässig verwaltet und benutzt werde. Wie weit die desfallsigen Berechtigungen des Patrons gehen, darüber entscheidet zunächst die Stiftungsurkunde, in welcher auch eine aktive Betheiligung bei der Vermögensverwaltung vorbehalten werden darf[3].

Mangels derartiger besonderer Bestimmungen kann der Patron nach gemeinem Recht nur von der Verwaltung des Vermögens Kenntniss nehmen, und bei den vorgesetzten Kirchenoberen die Abstellung bemerkter stiftungswidriger Missbräuche und die Entfernung ungetreuer oder sorgloser Verwalter, auch in dringenden Fällen die Abhaltung einer ausserordentlichen Revision beantragen[4]. Er ist daher befugt, die Vorlegung der Inventarien, der Voranschläge oder Etats und der Rechnungen zu verlangen, weil er ohne diese Unterlagen seine Rechte nicht auszuüben im Stande ist[5],

foderum (Futter für Pferde), von albergariae (Wohnung und Bewirthung) und des regium (ursprünglich Kopfsteuer, also eine vom Patron verlangte Abgabe) verbietet, s. auch Th. II. S. 630; gegen die Geltendmachung der s. g. custodia oder guardia d. h. der auf lehnrechtlichen Anschauungen beruhenden Einziehung und Nutzung der Kirchengüter durch die Patrone während der Vakanz, wo diese nicht auf der Stiftungsurkunde oder auf alter Gewohnheit beruht, und da, wo dies der Fall ist, gegen die missbräuchliche Ausübung dieses Rechtes, c. 13 (Lugdun. II. v. 1274) in VIto de elect. I. 6, u. Glosse dazu s. v. custodia, vgl. auch Th. II. S. 632. Anm. 7 u. 8.

1 Die Genehmigung braucht natürlich nicht speciell für den Vorbehalt ertheilt zu werden, sie ist z. B. in dem zur Entstehung des Patronats überhaupt nothwendigen Konsense, wenn dieser auf Grund der vorgelegten Fundationsbedingungen gegeben worden ist, enthalten. Der Kirchenobere hat aber, wenn solche Vorbehalte gemacht werden, zu prüfen, ob die dadurch bedingten Belastungen das Fundationsvermögen nicht derart beschränken, dass es zur ordnungsmässigen Unterhaltung der beabsichtigten kirchlichen Stiftung unzulänglich wird. Wenn dies der Fall ist, muss der Konsens verweigert werden, falls der Stifter seine Ansprüche nicht herabmindert. Nach ertheiltem Konsense kann er dazu nicht mehr gezwungen werden.

2 Vgl. darüber in der Lehre von der Belastung und Veräusserung der Kirchengüter.

Bei einem Kompatronat lässt sich mit Rücksicht auf die Ausführungen oben S. 16 nicht der Eintritt einer Theilung der geldwerthen Leistungen nach Massgabe der Zahl der Patrone annehmen. Die Höhe einer solchen vermindert sich daher nicht durch den Fortfall eines der Mitpatrone. Zur Erhebung sind nur sämmtliche Patrone, bez. ein von diesen bestellter Bevollmächtigter berechtigt. Soll jeder die auf ihn fallende Quote selbstständig einziehen, so bedarf es dazu eines Einverständnisses unter den Patronen, andererseits aber auch der Zustimmung des Verpflichteten, weil dieser die Leistung ungetrennt und auf einmal zu machen berechtigt ist und sich wider seinen Willen nicht zu Theilzahlungen zu verstehen braucht.

3 Dies ergiebt Trid. Sess. XXIV. c. 3 de ref. Die Mitverwaltung der sonst kirchenrechtlich berufenen Organe und das Aufsichtsrecht der kirchlichen Oberen kann aber nicht ausgeschlossen werden, dies würde dem Wesen der kirchlichen Rechtsordnung widersprechen und deshalb unzulässig sein, s. Th. II. S. 392.

4 Die Doktrin hat sich dafür auf c. 31. 32. C. XVI. qu. 7 (Th. II. S. 621) gestützt. Weitergehende, nicht stiftungsgemäss vorbehaltene Betheiligung des Patrons verbietet Trid. l. c. u. Sess. XXV. c. 9 de ref.

Beim Kompatronat wird jeder Mitpatron diese Rechte ausüben können (vgl. o. S. 16), weil durch solche Anträge weder den Rechten seiner Genossen präjudizirt, noch eine besondere Last für den kirchlichen Oberen, welcher auch solche Anträge von Nichtpatronen in Erwägung nehmen müsste, herbeigeführt wird.

5 Auf c. 7 (Alex. III) h. t. III. 38. u. c. 3. §. 3 (Later. III v. 1179) X. de privil. V. 33 kann man sich dafür — so z. B. Ginzel K. R. 2, 162 u. Schilling S. 91 — nicht berufen, denn diese Stellen handeln von der Rechnungslegung bei der Inkorporation, vgl. Lotter: de re benef. l. I. qu. 11. n. 67 ff.; Leuren. l. c. P. II. qu. 95. n. 5; Michels quaest. de iurepatr. p. 11. 12. Wenn die ersteren beiden dem Patron das minutatim exigere rationes absprechen, so ist das nur insofern richtig, als damit eine Rechnungsablage im eigentlichen Sinn gemeint ist. Die Einsicht der Details der Rechnung kann ihm aus dem im

dagegen kann er nicht fordern, dass er bei der Rechnungsablage der Verwalter zugezogen[1] wird, noch weniger ein Recht auf Dechargirung derselben geltend machen. Die passive Theilnahme an der Visitation, soweit sich diese auf die Verwaltung der Temporalien bezieht, muss ihm dagegen gestattet werden[2].

Die erwähnten Rechte des Patrones beziehen sich, wenn sein Patronatrecht sich auf eine Kirchenstiftung als Ganzes, z. B. eine Pfarrkirche erstreckt, nicht nur auf das ursprüngliche Fundations-, sondern auch auf das später anderweit hinzugekommene Vermögen[3], andernfalls aber nur auf die Gütermassen des seinem Patronat unterworfenen speziellen Benefiziums.

In betreff der Verwaltung der geistlichen Seite des Amtes, z. B. der Administration der Sakramente und sonstigen Kultushandlungen hat der Patron kein Aufsichtsrecht, wohl aber kann er einen Nachweis darüber verlangen, ob die stiftungsmässig vorgeschriebenen Gottesdienste, z. B. die angeordneten Messen, abgehalten worden sind.

Partikularrechtlich gehen die Befugnisse des Patrons hinsichtlich der Verwaltung des Kirchenvermögens vielfach über die ihm gemeinrechtlich gesteckten Grenzen hinaus[4].

b. Weiter steht dem Patron das Recht zu, bei der Veräusserung der Kirchengüter mit seinen Einwendungen gehört zu werden, bez. zu derselben seine Genehmigung zu ertheilen[5].

c. Nicht minder hat er das Recht, bei Veränderungen der seinem Patronate unterstehenden kirchlichen Einrichtung oder des Patronatsbenefiziums zugezogen zu werden[6], dem Laienpatron steht sogar die Befugniss zu, in einzelnen derartigen Fällen seine Zustimmung zu ertheilen[7].

Text hervorgehobenen Grunde nicht verwehrt werden.

Das Recht auf Vorlegung der gedachten Papiere muss beim Kompatronat gemeinsam von den Patronen ausgeübt werden, weil anderenfalls eine unstatthafte Belastung der Kirche, wenn jeder einzelne nach einander diesen Anspruch geltend macht, erfolgt; s. o. S. 16. Ueber die Art der gemeinsamen Ausübung findet das o. S. 67 Bemerkte Anwendung.

[1] So Lippert S. 136, welcher indessen übersieht, dass diese Befugniss dem Patron zur Ausübung seines Rechtes nicht nothwendig wesentlich ist.

[2] Ginzel K. R. 2, 162. n. 7; Schilling S. 90. Dagegen Schulte 2, 700. Das Trid. Sess. XXIV. c. 3 i. f., auf welches sich letzterer beruft, setzt in dem erwähnten Kapitel, das von der Visitation handelt, und zwar in den Worten: „Patroni vero in iis quae ad sacramentorum administrationem spectant, nullatenus se praesumant ingerere, neque visitationi ornamentorum ecclesiae aut bonorum stabilium seu fabricarum proventibus se immisceant, nisi quatenus id eis ex institutione ac fundatione competat; sed episcopi ipsi haec faciant et fabricarum redditus in usus ecclesiae necessarios et utiles, prout sibi expedire magis visum fuerit, expendi curent", doch offenbar die Anwesenheit der Patrone bei den Visitationen voraus und verbietet ihnen nur, sich in Betreff des Kirchenschmucks und der festliegenden Güter einzumischen, also aktiv neben dem Bischof einzugreifen, keineswegs bei der Visitation behufs blosser Kenntnissnahme der Lage der Verhältnisse gegenwärtig zu sein. Anscheinend hat auch Schulte, s. Lehrb. 3. Aufl. S. 324. n. 3, da er jetzt sagt: „die Visitation mit vorzunehmen steht ihm nur zu, wenn die Stiftung dies Recht giebt", geändert.

[3] Denn dieses tritt nur als Accessorium zu der vom Patron oder dessen Vorfahren in das Leben gerufenen Stiftung hinzu und braucht von demselben nicht einmal gesondert gehalten zu werden, so auch Schilling S. 90; Michels l. c. p. 39.

[4] Nach Partikularrecht steht ihm vielfach ein aktives Recht auf Betheiligung bei der Verwaltung zu, z. B. in der Weise, dass er selbst mit in das Verwaltungs-Organ als Mitglied einzutreten oder ein solches zu ernennen befugt ist. Das Nähere darüber kann erst in der Lehre von der Verwaltung des Kirchenvermögens dargelegt werden.

[5] S. darüber die Lehre von der Veräusserung des Kirchengutes.

[6] Vgl. Th. II. S. 399. 406. 410. 419. 422. 423. 454. 455. 461, auch für die Veränderung des s. g. status beneficii (a. a. O. S. 455) muss dies angenommen werden. Dieses Recht kommt jedem einzelnen Kompatron zu, weil hierbei sein besonderes Recht insofern in Frage steht, als die substantielle Veränderung des Benefiziums auch seine Mitberechtigung am Patronate beeinflusst.

[7] A. a. O. S. 406. 410. 422. 454. Die Ergänzung des mangelnden Konsens ist aber allein in dem Falle des Trid. Sess. XXIV. c. 15 de ref., a. a. O. S. 460. n. 10, ausgeschlossen.

II. Unter den dem Patron obliegenden Pflichten wird vielfach zunächst:

die s. g. Schutzpflicht, die *defensio* der Kirche, d. h. die Pflicht, über die Erhaltung der kirchlichen Anstalt und ihres Vermögens zu wachen, sowie letztere gegen Angriffe zu vertheidigen, aufgezählt und dieselbe gemeinschaftlich mit den unter I. 4. a und b. erwähnten Rechten, unter dem Ausdruck: Advokatie des Patrones oder auch cura beneficii begriffen [1]. Die ältere Doktrin hat diese Pflicht, unter Verwechselung der Advokatie im eigentlichen Sinne mit dem Patronate, lediglich aus der in den Dekretalen für den Patron vorkommenden Bezeichnung: advocatus hergeleitet [2], wobei offenbar weiter der Umstand von Einfluss gewesen ist, dass die Patrone in manchen Fällen auch zugleich die Advokatie über das ihrem Patronate unterworfene kirchliche Institut besessen, und ferner auch so lange der Patronat als ein nutzbares Recht behandelt wurde [3], schon in ihrem eigenen Interesse Beeinträchtigungen und Schmälerungen desselben abzuwehren, sich genöthigt gesehen haben. Das gemeine Recht der katholischen Kirche giebt aber für die Annahme einer derartigen Pflicht des Patrons keinen Anhalt [4]. Wenn man gleich einräumen kann, dass der Besitz eines öffentlichen Rechtes den Inhaber gewöhnlich auch zugleich zur Ausübung desselben verpflichtet [5], also Recht und Pflicht Korrelate sind, so fragt es sich dabei doch immer, ob die betreffende Pflicht blos eine ethische ist oder ob sie durch besondere Bestimmungen für eine rechtliche, also für eine äusserlich erzwingbare erklärt worden ist. Sodann aber weiter, ob das fragliche Recht seiner Natur nach ein derartiges korrelates Verhältniss bedingt. Beim Patronat ist dies aber nicht der Fall [6]. Derselbe bildet ein dem Patron in seinem eigenen Interesse gewährtes Individualrecht. Durch seine Nichtausübung erleidet die Ordnung der kirchlichen Verwaltung keine Störung, vielmehr ist der kirchliche Organismus so eingerichtet, dass er auch ohne Vornahme der dem Patrone zugewiesenen Funktionen seine Aufgaben erfüllen kann. So wenig weder das Recht noch die Doktrin jemals eine der Präsentationsbefugniss entsprechende Verbindlichkeit des

Auf demselben Boden steht das Partikularrecht, das preuss. L. R. II. 11. §. 239 verlangt bei Veränderungen in bestehenden Parochien die Anhörung der Interessenten, mithin auch des Patrons. Ueber Baiern s. Th. II. S. 472. Ebenso soll in Würtemberg dem Patron Gelegenheit gegeben werden, bei Veränderungen von Patronatspfarreien seine Rechte geltend zu machen, andererseits ist aber ein ungegründeter Widerspruch zu verwerfen, Min. Erl. v. 21. April 1817, Reyscher Samml. würtemb. Ges. 10, 521. Dasselbe gilt in Baden nach d. V. v. 1808 (s. S. 7. n. 6) Nr. 27. 28, mit der Massgabe, dass dem Patron im Falle seines Widerspruchs bei der Zertheilung ein Antheil am Ernennungsrecht auf die neugestiftete Pfründe und bei der Union ein solches in Betreff derjenigen, mit welcher die Patronatspfründe vereinigt wird, vorbehalten werden muss. In beiden Ländern haben die geistliche und Staatsbehörde über den Widerspruch zu entscheiden, die letztere, weil sie überhaupt bei derartigen Veränderungen ihre Zustimmung zu geben hat, Th. II. S. 467. 468.

[1] Paul de Citadinis P. VI. art. 5. n. 1 ff.; Fagnan. ad c. 24 X. h. t. n. 3 ff.; Reiffenstuel III. 38. n. 117; Schulte 2, 702; Schilling S. 109. 111.

[2] S. Paul de Citadinis u. Fagnan. a. a. O.

[3] S. Th. II. S. 633.

[4] Vgl. die S. 70. n. 4 citirten Stellen. Die Worte in c. 32 (Tolet. IX. c. 2 v. 655): „curam habeant sollicitam" lassen sich ihrem Zusammenhang nach nur als Zugeständniss eines Rechtes an die Fundatoren, nicht als Aufbürdung einer Pflicht auffassen, wie denn auch der Text in der Hispana dafür die Fassung: „curam permittantur habere sollicitam" aufweist. Die kirchliche Gesetzgebung des Mittelalters hatte überdies bei ihrer Tendenz, die Eingriffe der Patrone in die Verwaltung der Patronatskirchen zurückzuweisen, wahrlich keine Veranlassung, gerade durch Anerkennung der behaupteten Pflicht der Patrone diesen für solche eine besondere Handhabe zu gewähren. Vgl. hierzu auch Lippert, Patronat S. 144 ff. Uebrigens erkennt selbst Schilling S. 110, welcher die bekämpfte Ansicht vertritt, an, dass die Quellen nichts für dieselbe ergeben.

[5] So stützt sich z. B. Schilling darauf, dass die fragliche Verbindlichkeit des Patrons der Natur der Sache nach in dem Rechte der cura beneficii enthalten sei.

[6] Mit Recht nennt daher Kaim S. 334 die Schutzpflicht des Patrons nur eine moralische.

Patrons zur Präsentation anerkannt hat, ist es begründet, eine dem Recht der cura beneficii korrelate Pflicht zu der letzteren anzunehmen [1].

Dagegen besteht gemeinrechtlich die Verbindlichkeit des Patrons unter gewissen Voraussetzungen, die Kosten für die bauliche Unterhaltung und für die Wiederherstellung bestimmter kirchlicher Gebäude zu bestreiten. Sie liegt nicht jedem Patron ob, und ist nur dann, wenn der Patron aus dem patronatsbelasteten kirchlichen Institute Einkünfte zieht, direkt erzwingbar, während im entgegengesetzten Falle die Verweigerung ihrer Erfüllung nur den Rechtsnachtheil zur Folge hat, dass der Patron seines Patronatrechtes für verlustig erklärt wird [2].

Eine Nothwendigkeit zur Vertretung des Patrons in der Ausübung des Patronatrechtes [3], d. h. in der Ausübung der im Patronate liegenden Rechte und in Betreff der Erfüllung der etwaigen Patronatspflichten, liegt vor:

a. bei Handlungsunfähigen, also Wahnsinnigen, Kindern [4] und Unmündigen [5]. Diese werden, wie in anderen Beziehungen, durch ihren Vater oder ihren Vormund vertreten, Minderjährige [6] sind aber ihre desfallsigen Befugnisse, gleich viel, ob sie unter väterlicher Gewalt oder Vormundschaft stehen, selbst wahrzunehmen befugt.

[1] Ein Rechtsnachtheil entsteht ebenfalls nicht für den Patron, wenn er sich um die Verwaltung des kirchlichen Vermögens nicht bekümmert. Einzelne Aeltere haben allerdings angenommen, dass er des Patronates verlustig wird, wenn er einen ungetreuen Verwalter nicht denuncirt, vgl. z. B Rochus de Curte def. 3. n. 3, das hat aber gleichfalls keinen quellenmässigen Anhalt. Vollends unhaltbar ist es, wenn Schilling S. 113 auch eine Pflicht des Patrons behauptet, die Kirche aktiv und passiv in Prozessen zu vertreten, wenigstens gegenüber den kirchlichen Oberen, während er andererseits verlangt, dass der Patron dabei im Einverständnisse mit diesen handele oder Ratihabition derselben nachsuche. Das preuss. L. R. II. 11. §. 568 folgt allerdings der Meinung, dass dem Patron eine Verbindlichkeit zur Vertheidigung der Kirche obliegt. Von seinem Standpunkt aus ist dies aber konsequent, weil der Patron bei Prozessen die Vollmacht mit auszustellen (§. 658. a. a. O.) hat, eine Vorschrift, die freilich durch das Gesetz vom 20. Juni 1875 theilweise modificirt ist, s. vorläufig Koch, Kommentar z. A. L. R. 6. Aufl. zu §. 658 cit.

[2] Partikularrechtlich geht dagegen diese s. g. Baulast des Patrons vielfach weiter. Des Näheren vgl. darüber die Lehre von der Erhaltung und Wiederherstellung der kirchlichen Institute und Gebäude, vorläufig s. die Entsch. d. Congr. conc. v. 1686 bei Richter Tridentinum S. 121. n. 4 u. v. 1827, Thesaur. resolut. 87, 239: an patronatus teneatur restaurare ecclesiam parochialem in casu? Resp. Affirmative, praefixo patrono termino duorum mensium vel ad perficiendas reparationes vel ad renuntiandum iuripatronatus."

[3] Die hier erörterten Fragen sind bisher nur in der freilich wichtigsten, aber doch immer zu engen Beziehung auf die Präsentation behandelt worden.

[4] Darüber ist die Doktrin einig. Rochus de Curte def. V. n. 12; Vivian. l. c. l. 5. c. 3. n. 15. 19.

[5] Unter Berufung auf die Verlöbnissfähigkeit der Unmündigen gestatten die meisten Kanonisten dem impubes infantia maior auch die alleinige Präsentation neben dem Vormund und lassen diese der etwa gleichzeitig erfolgten Präsentation des letzteren vorgehen, Rochus de Curte def. V. n. 12 ff.; Vivian. l. c. n. 15 ff.; Ferraris s. v. iuspatron. art. 4. n. 4, und die bei diesen Citirten. Diese Analogie ist aber nicht gerechtfertigt. Vielmehr hat es auch für diesen Fall bei der Regel, dass der Unmündige wegen seiner beschränkten Handlungsfähigkeit entweder durch seinen Vormund vertreten werden oder mit Zustimmung desselben handeln muss, zu verbleiben, um so mehr, als auch den unmündigen Kanonikern das Recht der Theilnahme an der Bischofswahl in c. 32. (Bonif. VIII.) in VI^{to} de elect. I. 6 abgesprochen wird. Diese Ansicht hat übrigens in neuerer Zeit immer mehr an Anhängern gewonnen, s. Lippert S. 99; Schilling S. 37; Gerlach S. 34; Phillips 7, 794; Schulte 2, 697; Friedle a. a. O. S. 5.

[6] So wenigstens für die Präsentation die ältere, bis in die neuere Zeit unangefochten herrschende Meinung, vgl. vor. Note, Schilling S. 37; Schulte 2, 697; Friedle a. a. O. S. 6, auf Grund des cit. c. 32 und des c. 3 (Bonif. VIII) in VI^{to} de iud. II. 1, wonach der pubes minor in Benefizial- und anderen Spiritualsachen Prozessfähigkeit besitzt. Wenn einzelne Neuere, Lippert, Gerlach, Phillips a. a. O. die Nothwendigkeit der Mitwirkung des Tutors oder Kurators bei der Präsentation seitens eines Minderjährigen dadurch zu begründen suchen, dass sie auf die dem letzteren mangelnde geistige Reife und die Beseitigung des Unterschiedes zwischen Tutel und Kuratel hinweisen, so steht dem entgegen, dass das kanonische Recht seinerseits nach den beiden gedachten Stellen die Handlungsfähigkeit des Minderjährigen in Nichtvermögensangelegenheiten anerkennt. Dieser Grundsatz ist weder durch die Veränderung des weltlichen Vormundschaftsrechtes noch durch die

b. bei juristischen Personen. Die Patronatsangelegenheiten einer solchen sind von dem verfassungsmässigen Vertretungsorgan derselben zu verwalten [1]. Bei geistlichen Korporationen werden sie mangels besonderer statutarischen Vorschriften durch Majoritätsbeschlüsse der stimmfähigen Mitglieder erledigt [2], die Präsentation insbesondere ist in der Weise auszuüben, dass der zu präsentirende Kandidat durch eine nach den allgemein geltenden Regeln [3] vorzunehmende Wahl bestimmt wird [4]. Der vorsitzende Prälat kann, so fern ihm nicht etwa für ein ausschliessliches Präsentationsrecht eine hergebrachte Gewohnheit zur Seite steht [5], nicht selbstständig präsentiren, vielmehr allein den gewählten Kandidaten dem institutionsberechtigten Kirchenoberen bezeichnen [6].

Dagegen gewährt die väterliche Gewalt an sich, abgesehen von der Handlungsunfähigkeit des Kindes, ebensowenig wie die ehemännliche Gewalt, ein Recht auf die Ausübung des Patronates des Kindes oder der Ehefrau durch den Vater oder Ehemann. Der Patronat ist kein Vermögensrecht und unterliegt daher als solcher weder dem väterlichen oder ehemännlichen Niessbrauchrecht, noch fällt er in die eheliche Gütergemeinschaft [7].

Nach der Auffassung des gemeinen Rechtes ist der Patronat kein höchstpersönliches Recht, welches der Patron blos in eigener Person ausüben dürfte, vielmehr steht es ihm frei, sich in seinen Patronatsangelegenheiten in ihrer Gesammtheit oder auch nur in einzelnen derselben, z. B. bei der Ausübung des Präsentationsrechtes, durch einen Bevollmächtigten vertreten zu lassen.

Der letztere wird aber stets einer besonderen darauf gerichteten Vollmacht bedürfen, eine General-Vollmacht zur Verwaltung aller den Machtgeber betreffenden Angelegenheiten kann nicht für ausreichend erachtet werden, weil eine solche sich der herkömmlichen Fassung und Bedeutung nach nur auf das Vermögen des Vertretenen bezieht und der Patronat kein Vermögensstück ist. Dagegen genügt eine allgemein auf die Wahrnehmung der Patronatsgeschäfte gerichtete Vollmacht für die Besorgung

Erhöhung der Anforderungen für die Mitgliedschaft in den Kapiteln und die Stimmberechtigung in diesen (s. Th. II. S. 66. 81. 482. 484.) beseitigt worden.

Allerdings müssen in den Ländern, wo wie z. B. in Altpreussen der Patronat durch die weltliche Gesetzgebung geregelt ist, auch die Vorschriften der letzteren über die Handlungsfähigkeit auf den Patron zur Anwendung kommen und falls demnach der Minderjährige im Allgemeinen nicht als voll handlungsfähig gilt, vgl. z. B. A. L. R. II. (11. §. 599) 18. §. 999 u. Vormundsch. Ordn. v. 1875. §. 27, wird er auch der Mitwirkung des Vormundes bei Patronatsangelegenheiten bedürfen.

1 Also z. B. bei städtischen Patronaten von dem Magistrat. Vgl. auch preuss. A. L. R. II. 11. §§. 615. 616. Steht einer Pfarrgemeinde das Patronatrecht zu, so muss mangels einer besonderen Repräsentation derselben, welche sie als solche nach katholischem Kirchenrecht nicht besitzt, die Versammlung der selbständigen männlichen Parochianen die Präsentation vornehmen, Entsch. d. Congr. conc. bei Richter, Tridentinum S. 456. n. 19.

2 So z. B. die Frage, ob zur Erhaltung des Patronates die verfallene Kirche wieder aufgebaut werden soll.

3 S. Th. II. S. 125 ff.; Friedle a. a. O. S. 12.

4 c. 6 (Coelest. III.) X. de his quae fiunt III. 10. Die Stelle ist nicht so aufzufassen, dass der Vorsitzende (der Prälat) zu seiner Präsentation nur den Konsens der Korporation einzuholen hat. Er besitzt nur eine Virilstimme, denn es soll der conventus oder die sanior et maior pars desselben entscheiden und zu diesem gehört er selbst.

5 c. 6. X. cit. III. 10.

6 Weil er nach aussen hin die Korporation repräsentirt, c. 21 (Innoc. III.) X. de rescr. I. 3. Vgl. überhaupt Schilling S. 43; Phillips 7, 793. 803; Friedle a. a. O. S. 12 ff.

7 Anders freilich nach preuss. A. L. R. II. 11. §. 599: „Wem die Gesetze die Verwaltung des Inbegriffs der Güter und Gerechtsame eines Andern übertragen haben, der ist auch das dazu gehörige Kirchenpatronat in dessen Namen auszuüben berechtigt."

Ueber Besonderheiten, welche auch im Gebiet des gemeinen Rechts entstehen können, wenn der Patronat mit einem Grundstück verknüpft ist und dieses dem väterlichen und ehemännlichen Recht unterworfen wird, vgl. §. 139.

aller derartigen Angelegenheiten, insbesondere auch für die Vornahme der Präsentation Namens des Machtgebers [1].

Der Vertreter des Patrons, mag er ein nothwendiger oder ein frei gewählter sein, muss, soweit es sich um die Ausübung der im Patronate liegenden Rechte durch ihn handelt, für seine Person zur Erwerbung eines Patronates fähig sein [2]. Dies folgt daraus, dass an der Verwaltung der kirchlichen Angelegenheiten einer bestimmten Konfession nur solche Personen theilzunehmen befugt sind, welche derselben als Mitglieder angehören, und im übrigen die von der betreffenden Kirche erforderte Qualifikation besitzen. Der Umstand, dass der Vertreter die fraglichen Befugnisse nicht kraft eigenen Rechtes und im eigenen Interesse wahrnimmt, erscheint einflusslos. Denn kraft seiner Vertretungsbefugniss entscheidet sein Wille, und nicht der des Vertretenen darüber, in welcher Art und Weise die Berechtigung vorkommenden Falls ausgeübt werden soll [3].

Ist im Falle einer nothwendigen Vertretung der Vertreter, z. B. der Vormund, wegen seiner Unfähigkeit von der Wahrnehmung der Patronatsangelegenheiten ausgeschlossen, so muss er seinerseits einen fähigen Bevollmächtigten bestellen [4]. Handelt es sich dagegen um ein aus mehreren Personen bestehendes Vertretungsorgan, so bedarf es dieses Ausweges erst dann, wenn alle Mitglieder desselben unfähig sind, während im ungekehrten Falle die Vertretung durch die fähigen geführt wird [5].

Diese Regeln kommen aber nicht zur Anwendung, wenn die Ausübung solcher Patronats-Befugnisse in Frage steht, welche sich nicht als eine Theilnahme an der Verwaltung kirchlicher Angelegenheiten darstellen, vielmehr rein vermögensrechtlicher Natur sind, wie z. B. die Geltendmachung des Alimentationsanspruches oder die Erhebung von Alimenten, sowie die Einziehung von vorbehaltenen Prästationen (durch den nichtfähigen Vormund eines wahnsinnigen Patrons), ebensowenig wenn es sich um die Erfüllung von Pflichten gleichen Charakters, wie die Gewährung der zur Reparatur des kirchlichen Gebäudes erforderlichen Mittel, handelt. Für diese Fälle treffen die Gründe, welche die Ausschliessung des unfähigen Vertreters bedingen, nicht zu.

Endlich ist auch der fähige Vertreter einer physischen Person von der Geltendmachung derjenigen Patronatsrechte, welche höchst persönlicher Natur sind, wegen dieses Charakters derselben ausgeschlossen. Es gehören hierher die Ehrenrechte, welche eine direkte Beziehung auf die Person des Patrons haben [6]. Diese letzteren können aber für die Person des Patrons beansprucht werden, so weit die Handlungsunfähigkeit

[1] Das Verlangen einer Specialvollmacht für die Präsentation, vgl. z. B. Leuren. l. c. qu. 99. n. 2 lässt sich durch die analogische Heranziehung von c. 3. in VIto de off. vic. I. 13, s. Th. II. S. 214. n. 3 nicht rechtfertigen. Ferner ist die herkömmliche Annahme, dass ein Prokurator für die Ausübung des Präsentationsrechtes überhaupt nicht oder nur in gewissen nothwendigen Ausnahmefällen vor der Erledigung des Patronatsbenefiziums gültig bestellt werden könne, Barbosa de off. et pot. episc. P. III. alleg. 72. n. 115; Leuren. l. c., Friedle a. a. O. haltlos; gegen das Verbot, Expektativen auf unerledigte Aemter zu ertheilen, wird dadurch nicht verstossen, s. auch Berardi l. c. p. 313.

[2] S. o. S. 32.

[3] Selbst wenn der Vertreter mit speciellen Anweisungen seines Machtgebers versehen ist, erscheint das Handeln des ersteren nach aussen hin doch als Ausfluss seines Willens, und ein Dritter hat kein Recht, Auskunft über seine etwaige Instruktionen zu verlangen.

[4] Vgl. auch preuss. A. L. R. II. 11. §§. 582. 583.

[5] Vgl. preuss. V. v. 1816 (s. o. S. 32. n. 4): „5. Wo das Patronat einer Kommune zusteht, können jüdische Mitglieder derselben an dessen Ausübung keinen Theil nehmen."

[6] S. o. S. 64 ff. unter a—d. g—k, dagegen wird der Vertreter, namens seines Bevollmächtigten, das ius inscriptionis ausüben, also den Namen oder das Wappen desselben in der Patronatskirche anbringen lassen können.

oder die geminderte Handlungsfähigkeit desselben die Erweisung der kirchlichen Ehrenbezeichnung an ihn nicht hindert oder seine Theilnahme an der fraglichen kirchlichen Funktion nicht ausschliesst. In letzterer Beziehung steht z. B. nichts entgegen, dass der unmündige Patron in angemessener Begleitung, also auch der seines Vertreters, dem Gottesdienste in dem Patronatsstuhle beiwohnt, in ersterer nichts, dass dem Patron, welcher im Kindesalter oder während einer Geisteskrankheit stirbt, der honor sepulturae gewährt wird.

Juristische Personen können als solche keinen Anspruch auf Ehrenrechte machen, welche eine Theilnahme am Gottesdienst voraussetzen und die Person des Patrons betreffen, daher entfällt die Möglichkeit ihrer Ausübung durch die Vertreter desselben, es sei denn, dass die letztere gewohnheitsmässig mit Rücksicht auf die Stellung und Bedeutung der juristischen Person hergebracht sei [1]. Der Geltendmachung der anderen Ehrenrechte, also des ius precum und des honor inscriptionis, steht nichts entgegen, aber diese erfolgt für den Patron selbst [2], nicht für die Vertreter.

§. 139. δδ. *Die Verfügungsberechtigung des Patrons in Betreff des Patronatrechtes (Uebergang desselben).*

I. Das Patronatrecht ist kein höchstpersönliches Recht, es kann daher sowohl von dem ersten Erwerber wie auch von dessen Nachfolgern auf andere Personen übertragen werden.

A. Der dingliche Patronat folgt dem rechtlichen Schicksale desjenigen Gutes, dessen Accessorium er ist, und geht auf denjenigen über, welcher das Gut durch rechtsgültigen Titel unter Lebenden (z. B. Kauf, Tausch, Schenkung, Ersitzung) oder von Todeswegen (als Erbe oder Legatar) erwirbt [3]. Gelangt das Gut an einen patronatsunfähigen Erwerber [4], so ruht das Patronatrecht so lange, als das Grundstück im Eigenthume desselben verbleibt [5]. Das Gleiche gilt, wenn der Erwerb ein simonistischer gewesen [6], z. B. der Patronat bei dem Gutskaufe besonders zu Geld angeschlagen worden ist.

[1] So z. B. der honor processionis für den Magistrat der Stadt oder die Vorsteher des Klosters, wenn dem ersteren oder letzteren ein Patronat zusteht. In derartigen Fällen wird die den Vertretern erwiesene Ehrenbezeugung als eine solche gegen die von ihnen vertretene juristische Person betrachtet. Die öffentliche Anerkennung des Werthes, welcher auf die von der letzteren verfolgten Zwecke gelegt wird, kann nicht anders ausgedrückt werden, als dass man sich diese gewissermassen in den Vertretern personificirt vorstellt.

[2] Es wird also für die Stadt, für das Kloster gebetet, vgl. auch o. S. 65.

[3] Vgl. c. 13 (Alex. III.) h. t. III. 38 und o. S. 9, ferner preuss. L. R. II. 11. §. 581. Dass bei einer Konfiskation des berechtigten Gutes der Staat (Fiskus) ebenfalls den damit verbundenen Patronat erwirbt, ist namentlich von den Aeltern aus dem haltlosen Grunde in Zweifel gezogen worden, weil der weltliche, die Konfiskation anordnende Richterspruch nicht mit über den Patronat als ius spirituali annexum, entscheiden könne, s. z. B. Paul. de Citadinis P. XIV. n. 5; Ferraris l. c. art. 2. n. 21, folgt aber aus dem Begriffe des dinglichen Patronates. Dieser Ansicht Rochus de Curte def. 10. n. 66; Lippert S. 194; Kaim S. 88; Schilling S. 20; v. Schulte, Lehrb. 3. A. S. 314. n. 4; Vering K. R. S. 491. Phillips 7, 769 erkennt dieselbe ebenfalls als principiell richtig an, verlangt aber dennoch den Eintritt libera collatio des Bischofs, damit die Kirche nicht gleichzeitig mit dem Delinquenten bestraft werde und jede Aussicht auf Befreiung vom Patronate verliere. Auf diese letztere hat die Kirche indessen kein Recht.

[4] Vgl. o. S. 32.

[5] Von einem Erlöschen des Rechtes kann hier nicht die Rede sein. Denn das Gut, der Träger desselben existirt fort und kann wieder in die Hände eines zum Erwerbe und zur Ausübung des Richters fähigen übergehen. Vgl. auch die S. 32. n. 4 u. 5 citirten partikularrechtlichen Vorschriften.

[6] c. 6 (Alex. III.) X. h. t. III. 38; Trid. Sess. XXV. c. 9 de ref. Diese Stellen sprechen zwar den Verlust des Patronates schlechthin aus. Da die Strafandrohung in denselben sich indessen nur gegen den Schuldigen richtet, und die Auf-

Bei einer Parcellirung des berechtigten Gutes geht das Recht auf alle Erwerber der Trennstücke über und es entsteht für dieselben ein Kompatronat [1]. Bei blosser Abzweigung einzelner Parcellen, durch welche das Gut in seinem Bestande nicht wesentlich verändert wird, bleibt es auf dem ursprünglichen Stammgrundstück haften [2]. Eine völlige Lostrennung des dinglichen Patronates von dem berechtigten Gute (d. h. die Verwandlung desselben in einen persönlichen durch Vorbehalt bei der Veräusserung) ist unstatthaft und nichtig [3], kann also den Uebergang des Rechtes auf den Erwerber des Gutes nicht hindern. Die einzige Ausnahme bildet der Fall, wenn der bisher dingliche Patronat durch Schenkung in einen geistlichen umgewandelt wird [4].

Schliesslich kommt noch in Frage, welchen Einfluss die Beschränkung des Eigenthümers in dem Gebrauche und der Benutzung des berechtigten Gutes durch desfallsige Rechte, welche für andere Personen begründet werden, auf den Patronat äussert. In diesen Fällen ist im Allgemeinen ein Uebergang des Rechtes selbst seiner Substanz nach auf derartige Berechtigte ausgeschlossen, denn der Eigenthümer giebt sein Eigenthum am Grundstücke, dasjenige Recht, auf welches sich seine Stellung als Patron gründet, nicht auf. Es kann sich daher nur darum handeln, ob mit der Begründung

hebung des Zusammenhanges des Patronates mit dem Gute nicht als Strafe festgesetzt ist, so können allein der Veräusserer und der Erwerber für ihre Person das Recht verlieren, d. h. es muss ein Ruhen desselben eintreten, so lange einem von beiden das Eigenthum am Gute zusteht.

[1] Wenn der Patronat einmal auf das Gut radicirt ist und dieser Zusammenhang das weitere Schicksal des Rechtes bestimmt, so muss dieses Bestimmungsmoment so lange seine Wirkung äussern, als letztere nicht unmöglich gemacht wird. Dies geschieht aber durch die Parcellirung nicht, denn das frühere einheitliche Gut dauert in seinen Trennstücken fort. Dieselbe Ansicht vertritt das preuss. Ob.-Tribunal, Striethorst Archiv f. Rechtsfälle 31, 89 und die preussische Verwaltungspraxis. Andererseits wird, so von Koch, Kommentar zum preuss. L. R. zu II. 11. §. 581, der Untergang des Patronates und von Michels, quest. controv. p. 42. 43 die Suspension der in demselben liegenden Rechte bis zur Wiedervereinigung der getrennten Parcellen angenommen, weil das bisherige Gut, als Inbegriff von Rechten und Pflichten, der Träger des Patronates, durch die Dismembration vernichtet werde. Letzteres ist nicht richtig, der fundus als solcher ist nicht untergegangen, und die Qualität des Gutes als eines besonders berechtigten, z. B. eines Rittergutes, ist für das dingliche Patronatrecht, nicht wesentlich, wie beide Schriftsteller irrthümlich voraussetzen, sondern völlig gleichgültig (S. auch das Th. II. S. 633 mitgetheilte Beispiel eines an eine Wiese geknüpften dinglichen Patronates). Des Näheren vgl. meine Ausführungen bei Dove u. Friedberg Ztschr. f. K. R. 7, 3 ff.

Endlich ist es auch unrichtig, dass bei einer Theilung des Gutes der Patronat als Alleinpatronat auf dem grösseren Theil haften bleibt, so Lippert S. 157; Kaim S. 79; Schulte K. R. 2, 689. n. 5. Die dafür cit. l. 24. D. XVIII. 1; c. 16. X. h. t. III. 38, Trid. Sess. XXV. c. 9 de ref. u. die Glosse zu c. 13. X. h. t. beweisen nichts. Vgl. auch Dove, Ztschr. a. a. O. S. 21. 22.

[2] Denn dergleichen unwesentliche Veränderungen haben keinen Einfluss auf den Träger des Rechtes, das Gut, da ein solches nicht bis in die kleinsten Theile hinein absolut unveränderlich ist.

[3] Die Zulässigkeit einer solchen nehmen an Schilling S. 17. n. 72 u. v. Schulte Lehrb. 3. A. S. 314, ersterer unter Berufung auf das nichts beweisende c. 9. X. h. t. III. 38. Mit Veräusserung des berechtigten Gutes erlischt der Titel, aus welchem der Patronat bisher dem Eigenthümer zugestanden hat. Der Vorbehalt desselben als eines persönlichen Rechtes stellt sich demnach als ein Neu-Erwerb ohne einen vom kanonischen Recht anerkannten Entstehungsgrund dar. Nur ein päpstliches Privileg (s. S. 30) könnte daher die Nichtigkeit beseitigen. Vgl. meine Ausführung a. a. O. S. 27 ff. Es ist daher prinzipiell unrichtig, wenn e. preuss. K. O. v. 9. Jan. 1812 (G. S. S. 3) angeordnet hat, dass bei Veräusserung der Domainen die Patronate dem Staate vorbehalten, die Patronatslasten aber als Kanon auf die veräusserten Güter gelegt werden sollen, und wenn in Oesterreich (v. Schulte a. a. O. S. 311) beim Verkaufe von Staatsgütern an nichtkatholische Käufer die Patronatsrechte dem Kaiser reservirt, die Lasten aber auf den Erwerber übertragen werden.

[4] Dies folgt aus c. 8. X. h. t. III. 38 u. c. un. in VIto h. t. III. 19, wonach der Laienpatron den Patronat ohne weiteres an eine geistliche Anstalt schenken kann, ohne dass ein Unterschied zwischen den verschiedenen Arten des Patronates gemacht wird, s. meine Ausführung bei Dove a. a. O. S. 31.

Wenn einzelne ältere, vgl. de Roye zu c. 11. X. h. t. III. 38 verneinen, dass der dingliche Patronat im Gegensatz zum persönlichen durch Schenkung an eine solche Anstalt ein geistlicher werde, weil das Grundstück eine weltliche Sache bleibe, so beruht dies auf einer falschen Auffassung des geistlichen Patronats, s. o. S. 10.

von Rechten der erwähnten Art der Erwerber unter Ausschluss des Eigenthümers die Befugniss zur Ausübung des Patronates [1] erlangt.

Von dieser Regel tritt aber nach der ausdrücklichen Vorschrift der Quellen eine Ausnahme bei der Bestellung eines dominium utile [2] am berechtigten Grundstück ein, weil das nutzbare Eigenthum in früherer Zeit als eine Art des Eigenthums betrachtet worden ist, so dass also der Vasall oder sonstige nutzbare Eigenthümer bei der Belehnung nicht blos die Ausübung des dem Gute zustehenden Patronates, sondern dieses letztere selbst erhält [3].

Bei der Konstituirung der erwähnten Rechte kann der Uebergang des Patronates, bez. die Ausübung desselben stets durch einen besonderen Vorbehalt des Eigenthümers ausgeschlossen werden [4].

Ist aber keine derartige Verabredung getroffen, so geht nach feststehender Annahme das Recht bei Hingabe des Gutes zu Lehn, zu Emphyteuse oder zu Erbleihe auf den Vasallen, den Emphyteuta oder Erbzinsmann über [5]. Ob dasselbe aber auch für andere Nutzungs- und Gebrauchsberechtigte — bei diesen kann nach dem Vorbemerkten allein das Recht zur Ausübung in Frage stehen — anzunehmen sei, darüber ist noch keine Einigung erzielt worden. Die eine Meinung schliesst den Uebergang auf alle anderen als diejenigen, welchen man ein s. g. dominium utile zuschreibt, mithin namentlich auf den Niessbraucher und Pächter aus [6]. Andere setzen das entscheidende Moment in die Dinglichkeit des Nutzungs- und Gebrauchrechtes [7], und erklären auch den Niessbraucher, nicht aber den Pächter [8], zur Ausübung berechtigt. Eine dritte Ansicht lässt dagegen das Recht auf Fruchtgenuss entscheiden und gewährt die Befugniss auch dem Pächter, aber nicht dem Pfandgläubiger [9]. In neuester Zeit endlich ist der Uebergang bei allen solchen Rechtsverhältnissen, bei welchen der Berechtigte noch einen selbständigen Anspruch auf Detention des ganzen Grundstückes gegen den Eigenthümer besitzt, insbesondere auf den Niessbraucher, Pächter, Pfandgläubiger, Pekaristen, behauptet worden [10].

[1] Dieser Unterschied zwischen dem Uebergang des Rechtes selbst und der blossen Ausübung desselben ist von den Aeltern bei Erörterung der hier in Rede stehenden Kontroversen nicht beachtet und erst neuerdings mit Recht betont worden, s. Schilling S. 214; Schulte 2, 691 und Wach i. Dove u. Friedberg Ztschr. f. K. R. 6, 253. 307. Für die Stellung der zur Ausübung berechtigten Person kommen die S. 74 in Betreff des Vertreters des Patrons entwickelten Grundsätze zur Anwendung.

[2] c. 13 (Alex. III.) h. t. III. 38, welches den Erwerb des Rechtes selbst voraussetzt.

[3] Im Gegensatz zu dem blos zur Ausübung berechtigten kommen ihm also alle Ehrenrechte für seine Person zu.

[4] Die gegen die Statthaftigkeit eines solchen bei der Eigenthumsveräusserung sprechenden Gründe (o. S. 77. n. 3) treffen hier nicht zu. Ausdrücklich ist die Rechtsgültigkeit übrigens auch anerkannt bei der Verleihung eines Gutes ad firmam (s. u. Anm. 10) in c. 7 (Alex. III.) h. t. III. 38.

[5] Für das Lehn ergiebt sich dies aus c. 13 (Alex. III.) X. h. t. III. 38. Dem Vasallen hat eine feste Meinung den Emphyteuta und den Erbzinsmann, d. h. diejenigen, welchen man ebenso wie dem ersteren ein s. g. dominium utile zuschrieb, freilich in Anschluss an das zur Begründung derselben untaugliche c. 7 (Alex. III.) X. h. t. (vgl. S. 79) seit Innocenz IV. ad c. 7 s. v. ad firmam, gleichgestellt, vgl. Lippert S. 169. Schilling S. 22; Kaim S. 83; Phillips 7, 766; Schulte 2, 691. 692; Wach a. a. O. S. 311. Das preuss. L. R. erkennt nur den Uebergang auf den Vasallen, nicht auf den Erbzinsmann und Erbpächter an, II. 11. §§. 598. 599 u. II. 18. §. 999.

[6] Diese Ansicht führt auf Innocenz IV. zurück, vgl. Wach a. a. O. S. 246 ff. Sie ist die herrschende gewesen. Dafür u. A. Fagnan. ad c. 7. X. h. t. n. 15. Lippert S. 169. 170; Richter-Dove §. 189. n. 17; Walter K. R. §. 235b.

[7] Helfert Hdbch. d. K. R. §. 90; Kaim S. 82. 87; Schilling S. 24. 25; Schulte 2, 691.

[8] Indessen wird auch dem Pfandgläubiger von den Vertretern dieser Meinung das Recht zur Ausübung abgesprochen.

[9] So z. B. Schmalzgrueber III. 38. n. 89 ff.

[10] So von Wach in der Abhlg. bei Dove u. Friedberg Ztschr. f. K. R. 6, 243, welcher dessen diss. inaug. de transferenda ad firmarium

Wenn die einzige Quellenstelle, welche für die Entscheidung dieser Kontroversen einen Anhalt bietet, bei der Verleihung eines Gutes zur Firma die Ausübung des Rechtes auf den Firmar übergehen lässt [1], also festsetzt, dass der letztere mangels besonderer Vereinbarung bei diesem Leiheverhältniss dinglicher Natur zu Gebrauch und Nutzung ein Recht auf das Accessorium des Gutes, den Patronat, erlangt, so bilden das Recht auf Gebrauch und Fruchtgenuss und die in Folge der Dinglichkeit eintretende direkte, vom Willen des Eigenthümers unabhängige Beziehung des Berechtigten zur Sache [2] die Momente, auf welche sich die Annahme gründet, dass der Eigenthümer dem Berechtigten auch den Gebrauch des Accessoriums, d. h. die Ausübung des Patronates, habe gewähren wollen, während die Einräumung eines blos durch den Eigenthümer vermittelten obligatorischen Rechtes auf Gebrauch und Fruchtgenuss es wegen der fortdauernden direkten Beziehung des ersteren zur Sache mindestens zweifelhaft erscheinen lässt, ob derselbe auch auf die Ausübung solcher Rechte, welche nicht zum Gebrauche und Fruchtgenuss nothwendig sind, habe verzichten wollen [3]. Es werden daher wohl der Niessbraucher, der deutsche Erbpächter, der Ehemann, welcher nach dem bestehenden Güterrecht ein dingliches Nutzungsrecht an dem inferirten Grundstück, der Vater, welcher ein solches an Grundstücken seiner Kinder in väterlicher Gewalt erhält, nicht aber der Pächter und der Prekarist ohne besondere dahin zielende Verabredung die Ausübung des Patronates beanspruchen können [4].

Bei der Bestellung eines Faustpfandrechtes, selbst eines antichretichen, verbleibt die Ausübung dem Eigenthümer [5]. Dagegen steht sie bei der Sequestration des Grund-

advocatione, Regimonti Pr. 1865 zu Grunde liegt. Er geht davon aus, dass der prinzipielle, entscheidende Rechtsatz aus c. 7. X. h. t. III. 38, welches den Uebergang des Patronates auf den s. g. Firmar unter Berücksichtigung der englischen Gestaltung des Rechtsinstitutes der s. g. firma ausspricht, entwickelt werden müsse. Die Firm besteht nach seinen erschöpfenden Ausführungen, welche zugleich die bisherigen irrigen Auffassungen der älteren Kanonisten, ferner Lipperts S. 162 ff. widerlegen, in der Ueberlassung eines dinglichen und veräusserlichen Rechtes auf eine die Substanz nicht schädigende Nutzung fremder Sachen und nutzbarer Rechte für eine bestimmte Zeit gegen Erlegung eines bestimmten Pachtschillinges, wobei der Firmar die Detention der Sache erhält, a. a. O. S. 282 ff. Mit Rücksicht hierauf nimmt Wach zunächst den Uebergang der Ausübung bei allen solchen dinglichen Rechten, bei denen der Berechtigte ebensowie der Firmar einen Anspruch auf Detention der Sache und auf vollen Gebrauch und Fruchtgenuss hat, also bei der deutschen Erbpacht und beim Niessbrauch an; weiter aber erachtet er weder das Moment der Dinglichkeit noch das des Rechtes auf Gebrauch und Fruchtgenuss für so wesentlich, dass durch den Mangel beider die analoge Anwendung des den Firmar betreffenden Rechtssatzes ausgeschlossen werde. Als entscheidend bleibt sonach allein das Recht auf Detention stehen, und mit Rücksicht hierauf wird das Prinzip, welches Wach aufgestellt wissen will, aber selbst nicht formulirt hat, so wie im Text geschehen, gefasst werden müssen.

[1] c. 7 X. cit., s. d. vor. Note.

[2] Wach geht darin fehl, dass er als entscheidendes Kriterium den Umstand hinstellt, ob die Ausübung des Patronates Fruchtgenuss und Gebrauch zur Voraussetzung hat, und dies an sich richtiger Weise verneint. Darum handelt es sich hier aber gar nicht, sondern vielmehr darum, welches sind die wesentlichen Voraussetzungen, bei deren Vorliegen eine stillschweigende Ueberlassung der Ausübung des Patronates in c. 7. X. angenommen wird.

[3] Dies leugnet Wach. Wenn er meint, dass bei diesen Rechten zwar das Recht an der Hauptsache nicht die Pertinenz ergreift, vielmehr der Anspruch auf volle Gebrauchsüberlassung auch auf die Nebensache auszudehnen sei, indessen die Präsumtion des Willens in beiden Fällen dieselbe bleibe, so liegt darin eine petitio principii. Ausser dem im Text hervorgehobenen Moment kommt weiter in Betracht, dass sich für die Ausschliessung obligatorisch Berechtigter (also vor allem des Pächters) eine seit Jahrhunderten feststehende Meinung gebildet hat, s. Wach S. 244. 251, wogegen die wenigen Kanonisten, welche sich für die entgegengesetzte Ansicht ausgesprochen haben, von der falschen Auffassung, dass das ad firmam tenere jede Gebrauchsüberlassung gegen Preis in sich begreife, also von einer irrigen Auslegung des c. 7 cit., beeinflusst worden sind, s. Wach S. 253. 254.

[4] Nach preuss. L. R. II. 11. §. 600 nicht der Niessbraucher, wohl aber der Ehemann und der Vater, s. a. a. O. §. 599. Wegen des Erbpächters S. 78. n. 5.

[5] Wach a. a. O. S. 313 kommt von seinem Standpunkt aus (s. Anm. 10 auf S. 78) zu dem entgegengesetzten Resultat und beruft sich dafür auch auf c. 18 (Innoc. III) X. de sent. et re iud. II. 27.

stücks, wenn diese den Zweck hat, beiden streitenden Theilen die Verfügung zu entziehen, gleichviel, ob sie auf gerichtlicher Anordnung beruht, dem Sequester zu [1], es sei denn, dass sich die beiden streitenden Theile über eine anderweitige Ausübung geeinigt hätten. Erfolgt aber eine solche Massregel im Wege der Exekution oder des Konkurses, so erlangt der Verwalter die Ausübung des Rechtes nicht [2].

B. Das persönliche Patronatrecht kann unter Lebenden ebenfalls auf einen anderen übertragen werden, und zwar

1. durch Schenkung [3]. Einer Einwilligung des kirchlichen Oberen, also für die Regel des Bischofs, bedarf es dazu nicht, wenn ein Laienpatronat an eine persona

Aus der ursprünglichen Fassung des letzteren ergiebt sich freilich, dass die Präsentation des Eigenthümers und gleichzeitigen Pfandschuldners deshalb für gültig erklärt ist, weil derselbe sich bei der Verpfändung den Patronat vorbehalten hat. Die entscheidenden Worte: „asserens quod sibi retinuerat iuspatronatus expresse" sind aber von Raimund a Peñafoole gestrichen, und dadurch hat die Stelle gerade den entgegengesetzten Sinn, nämlich den erhalten, dass die Präsentation des Eigenthümers der des Pfandgläubigers vorgeht, d. h. der letztere an sich nicht zu einer solchen berechtigt ist. (Kaim S. 91 hat die Stelle missverstanden.) Dies ist auch die herrschende Meinung Vivian. l. c. l. I. c. 2. n. 81; Fagnan. ad c. 7 X. h. t. III. 38. n. 16; de Roye prolegom. c. 36; Lippert S. 175; Kaim S. 89; Schilling S. 23; Schulte 2, 692; Richter-Dove §. 189. n. 17; Phillips 7, 766. Allerdings ist die gewöhnliche Begründung, dass der Gläubiger bei der Antichrese alle Früchte, wozu auch die Präsentation zu rechnen sei, restituiren oder auf das Kapital anrechnen müsse, das eine oder andere aber hier nicht möglich sei, unzutreffend. Als Motiv der Vorschrift mag wohl die Besorgniss vor simonistischen und wucherlichen Geschäften in Frage gekommen sein, ohne dieselbe aber würde man mit Fug und Recht dem nutzungsberechtigten Pfandgläubiger nach Analogie des c. 7 X. h. t. III. 38 ebenfalls die Ausübung des Patronates zusprechen müssen. Daraus erklärt es sich auch, dass der gemeinrechtliche Grundsatz zunächst für zweifelhaft gehalten und auf einzelnen Partikularsynoden besonders festgestellt worden ist, s. Mainz 1223 c. 27, Mone Ztschr. f. Gesch. d. Oberrheins 3, 138: „si aliquis praediumsuum cui attinet iuspatronatus obligaverit quia frequens super hoc emergerit dubitatio, quis habeat praesentare, dominus vel creditor . . . . statuimus, ut non quidem creditor sed dominus habeat praesentare, etiamsi non exceperit ius patronatus; hoc ita duximus statuendum, si contractus usurarius vel in fraudem usurarum initus fuerit inter ipsos, indignum enim est quod creditori ex illicito contractu praesentatio beneficii ecclesiastici adquiratur vel aliquid commodi ultra fortem"; 1261. c. 16 (Mansi 23, 1085) u. Mainz 1310 (l. c. 25, 320) „ad omnem quoque dubitationis sive quaestionis materiam amputandam statuimus, ut si quis praedium suum, cui ius attinet patronatus, cuiquam obligaverit indistincte, ius praesentandi apud ipsum obligantem resideat, cum tale ius aestimari non possit et ergo in sortem nequeat computari, cum semper fructus rei pignoratae in sortem debeant computari iuxta canonicas et legitimas sanctiones," (vgl. c. 6 (Innoc. III.) X. de pign. III. 20), wiederholt zu Salzburg 1420. c. 22 (Hartzheim 5, 18).

Für das preuss. L. R. gilt nach der Regel des §. 598. II. 11. dasselbe, wie für das gemeine Recht.

1 Das bedingt der Zweck der Sequestration. Diese soll die streitige Sache und ihre Accessorien jeder Einwirkung der Parteien entziehen, und daher muss der Sequester in der Lage sein, für den erst künftighin festzustellenden Berechtigten alle Befugnisse der Sache auszuüben. So auch die überwiegende Meinung, Garcias tr. de benef. P. V. c. 6. n. 1 ff.; Vivian l. c. P. I. l. 4. c. 5. n. 27; Schilling S. 26; Richter-Dove K. R. §. 189. n. 17; Schulte 2, 692; Phillips 7, 770; Overkamp i. Arch. f. k. K. R. 10, 370, dafür auch eine Entsch. der Congr. episcop. et reg. a. a. O. S. 381. Unrichtig ist es, einen Unterschied zwischen einer nothwendigen und freiwilligen Sequestration aufzustellen oder alles von der Veranlassung und der Art der Sequestration abhängig zu machen, so Lippert S. 174. 175 oder endlich, wie Kaim S. 93. 94 und Wach a. a. O. S. 317 dem Sequester die Präsentation abzusprechen und die Besetzung des Bischofs eintreten zu lassen. Selbstverständlich hat aber der Sequester auf die Ehrenrechte keinen Anspruch.

2 Beides sind Massregeln, welche sich nur auf die geldwerthen Vermögensobjekte des Eigenthümers, zu denen der Patronat nicht gehört, beziehen. Das österr. Recht, s. Hofdekret v. 27. Sept. 1799 (Kropatscheck Samml. 13,456) lässt bei eintretendem Konkurse die Ausübung des Patronates ruhen. Nach preuss. L. R. II. 11. §. 602 wird dagegen bei einer Beschlagnahme des Gutes schuldenhalber der Eigenthümer an der Ausübung seines Patronates nicht gehindert, nur sollen die Rechte und die Befugnisse, welche sich auf das Kirchenvermögen beziehen, durch den gerichtlichen Administrator wahrgenommen werden. Dieser hat aber kein Recht in den Kirchenvorstand einzutreten, Ges. v. 20. Juni 1875. §§. 5. 26. 27. 39, auch kann der in Konkurs verfallene Patron letzteres nicht selbst thun, sondern nur einen befähigten Vertreter zum Mitglied ernennen. Bei einer Beschlagnahme des Gutes durch den Fiskus aus andern Gründen als Schulden halber, geht nach §. 604 a. a. O. das Recht der Ausübung auf den letztern über.

3 c. 14 (Alex. III.) X. h. t. III. 38.

ecclesiastica, d. h. an eine kirchliche Korporation oder Anstalt[1] oder einen geistlichen Amtsträger[2] verschenkt[3], also der Patronat in einen geistlichen verwandelt wird, ferner nicht wenn der eine Mitpatron dem andern sein Recht durch Schenkung überträgt[4]. In allen andern Fällen, d. h. wenn der Laien-Patronat an einen Laien oder der geistliche überhaupt, gleichviel ob an einen solchen oder auch eine andere kirchliche Anstalt übergehen soll, ist die Genehmigung des kirchlichen Obern nöthig[5]. Bei der Schenkung eines geistlichen Patronates müssen überdies alle Bedingungen einer gültigen Veräusserung kirchlicher Güter vorliegen[6].

2. Dagegen ist die Uebertragung des persönlichen Patronates durch lästige Geschäfte, z. B. durch Kauf, Tausch, lehenrechtliche Verleihung, ausgeschlossen[7]. Ein derartiger Vertrag setzt für die Regel die Gewährung einer geldwerthen Gegenleistung voraus und enthält eine Simonie[8]. Er ist nicht nur nichtig[9], sondern der Patron verliert auch sein Patronatrecht[10], weil er sich durch Abschluss eines solchen Vertrages des gedachten Vergehens schuldig macht. Wenn dagegen die Gegenleistung keinen Geldwerth hat und somit die Begriffsmerkmale der Simonie entfallen, z. B. der Patronat gegen eine res spiritualis, wie einen anderen Patronat vertauscht[11] oder gegen Uebertragung des Patronates zu Gunsten des früheren Patrons auf ein denselben be-

[1] Z. B. an ein Kloster, ein Kapitel, eine Pfarrkirche.

[2] An den Propst, Dekan in einem Kapitel.

[3] c. 8 (Alex. III) X. h. t. III. 38; c. un. §. 1 (Bonif. VIII) in VI^to h. t. III. 19, welches eine frühere Kontroverse entscheidet. Innoc. IV ad c. 8 X. h. t. n. 1 z. B. hielt auch bei Schenkung an einen Laien den Konsens des Bischofs nicht für erforderlich. Andererseits waren aber einzelne Bischöfe gerade den Schenkungen von Patronaten an Klöster entgegengetreten und so hat schon Urban IV. 1261, Posse analecta Vaticana. Oeniponti 1878. S. 128, ein Statut der Mainzer Provinz, dass bei derartigen Schenkungen der bisherige Patron sein Recht verlieren, und dasselbe an den Diöcesanbischof übergehen solle, zu Gunsten der Johanniter in Deutschland aufgehoben.

c. un. cit. spricht u. A. auch von einer Schenkung an die bisher dem Patronat unterworfene Kirche selbst. Dass die Kirche dadurch frei wird, wie Schulte K. R. §. 690 n. 5, Schilling S. 17. n. 73, Phillips 7, 760 annehmen, weil eine Schenkung nur an einen Dritten geschehen kann, halte ich nicht für richtig. Dagegen die Glosse zu c. un. cit. s. v. eidem. Der Dritte ist hier die Kirchenstiftung, als juristische Person gedacht, denn Objekt des Rechtes ist die kirchliche Anstalt nur, soweit sie sich aus geistlichen und weltlichen Bestandtheilen zusammensetzt, nicht als juristische Person. Der Geistliche der Kirche kann mindestens immer einzelne Patronatsrechte ausüben, z. B. die für den Patron fundationsmässig festgesetzten Bezüge erheben. Die Präsentation ist sogar möglich, wenn ein Kompatronat in Frage steht, wenn eine patronatspflichtige Kaplansstelle vorhanden ist oder der Patronat einer Kollegiatkirche, welchem einzelne Kanonikate derselben unterworfen sind, in Frage steht. Im letzteren Fall würde das Kapitel zu diesen präsentiren. Vgl. auch Lippert S. 161.

[4] Weil hier keine Neuerung der Kirche gegenüber eintritt, sondern nur die Beschränkung des einen Mitpatrons durch den andern fortfällt. Uebrigens besteht darüber keine Meinungsverschiedenheit, s. Glosse s. v. liberaliter ad c. 14 X. cit., Ferraris l. c. art. 2. n. 30; Lippert S. 162; Kaim S. 78; Schilling S. 18; Phillips 7, 761; Schulte 2, 690.

[5] Glosse zu c. 8. X. h. t. cit. s. v. contulerit u. zu c. 11 ibid. s. v. liberaliter. Dies ergiebt auch c. un. §. 1 in VI^to cit. h. t. arg. e contrario namentlich im Hinblick auf c. 17 X. h. t., was Kaim S. 78 bei seiner Polemik gegen die Ansicht des Textes, welche die herrschende ist, übersieht, vgl. Vivian. l. c. P. I. l. 4. c. 1. n. 28, 29. 33; Barbosa J. E. U. III. 12. n. 246. 250. 253; Ferraris l. c. art. 2. n 26ff.; Lippert S. 160; Schilling S. 17; Schulte 2, 690; Phillips 7, 759.

Mangelt der Konsens, so ist die Schenkung nichtig. Bei nachträglicher Ertheilung wird sie erst von dem Zeitpunkt der letzteren an gültig, stirbt also der Patron vorher, so ist der Erbe an dieselbe nicht gebunden, Vivian. l. c. n. 37ff.

[6] c. un. (Paul II.) in Extrav. comm. de reb. eccl. non alien. III. 4. Mit Rücksicht auf diese Stelle hat die Rota den Konsens des Papstes für erforderlich erklärt, Vivian. l. c. n. 33.

[7] c. 6. 16 (Alex. III) X. h. t. III. 28; Trid. Sess. XXV. c. 9. de ref.

[8] c. 9 (Gregor. IX) X. de rer. permut. III. 19.

[9] c. 16. X. cit. Ein Beispiel eines solchen nichtigen Vertrages von 1870 i. Arch. f. k. K. R. 27, 61.

[10] c. 6. X. cit. u. Trid. l. c. Die Kirche oder das Benefizium wird dann patronatsfrei.

[11] Gewöhnlich wird hierfür das nichts beweisende c. 5. X. de rer. permut. III. 19 angeführt, Ferraris l. c. n. 47. Passender wäre die Berufung auf c. 6 eod. tit., welches den Tausch von inkorporirten Pfarreien zwischen zwei Konventualkirchen für statthaft erklärt.

schwerendes, spirituelles Recht verzichtet wird [1], so ist ein derartiger Vertrag nicht unstatthaft, bedarf aber zu seiner Gültigkeit stets der Genehmigung des geistlichen Oberen [2].

3. Ohne Willen des bisher berechtigten kann ein persönliches Patronatrecht nur durch translative Ersitzung auf einen anderen übergehen [3]. Abgesehen von fortdauernder bona fides [4] bedarf es für den Ersitzenden, wenn es sich um einen geistlichen Patronat handelt, des Quasi-Besitzes von 40 Jahren [5], eines iustus titulus aber nur in dem Fall, dass ein Laie ein solches Recht ersitzen will [6]. Zur Ersitzung eines Laienpatronates genügt bei vorhandenem iustus titulus der Quasi-Besitz von 10 Jahren inter praesentes und von 20 Jahren inter absentes, anderenfalls blos ein Quasi-Besitz von 30 Jahren [7].

[1] So hat die Congr. conc. einen Vertrag genehmigt, wonach eine Gemeinde ihr Patronatrecht über eine Pfarrkirche einem Kollegiatkapitel übertragen, dieses aber auf ein ihm in der Pfarrei zustehendes Zehenrecht verzichtet hat, Richters Tridentinum S. 452. n. 10. Ein anderes Beispiel bietet die const. Pii VII v. 1818, bull. Rom. cont. 15, 146. Wo die Erwerbung des Patronates zwar simonistisch, aber in der Absicht, der Kirche einen Vortheil zu verschaffen, z. B. um derselben das Benefizium oder dessen Vermögen zu erhalten, erfolgt ist, lässt die Congr. conc. unter Umständen Sanation des nichtigen Geschäftes eintreten, Richters Tridentinum. S. 452. n. 9.

[2] Man citirt dafür das nicht passende c. 5. X. cit. III. 19. Die Nothwendigkeit des Konsenses ergiebt sich aber daraus, dass der Patronat kein der freien Verfügung des Patrons unterliegendes Vermögensrecht ist, auch die Analogie des c. 6. X. eod. führt dazu. Schilling S. 17 hält ebenso wie schon de Roye prolegom. c. 18 die Genehmigung für nicht erforderlich, wenn Laienpatronate vertauscht werden, Lippert S. 159 nach dem Vorgange Aelterer, s. z. B. Rochus de Curte def. X. n. 27, wenn der Patronat durch Tausch auf einen Laien übergehen soll. Diese Unterscheidungen haben keinen Halt. Soll ein geistlicher Patronat vertauscht werden, so müssen auch die kanonischen Vorschriften über Veräusserungen erfüllt werden, s. S. 81. n. 6.

[3] Eine direkte Beweisstelle fehlt. Wie die mittelalterliche Doktrin aber in Folge ihrer Auffassung der Ersitzung als einer allgemeinen Erwerbsart von Rechten die Zulässigkeit einer konstitutiven Ersitzung des Patronates angenommen hat, o. S. 28, so hat sie auch selbstverständlich kein Bedenken gegen die Statthaftigkeit der translativen gehabt.

Die beschränkenden Vorschriften des Tridentinums, s. a. a. O., beziehen sich nicht auf die letztere Art der Ersitzung.

[4] c. 20 X. de praescr. II. 26; c. 1 eod. in VI^to II. 13.

[5] c. 8 X. eod. II. 26. Falsch Kaim S. 100, welcher auch hier 10 bez. 20, resp. 30jährige Besitzdauer annimmt. S. u. Anm. 7.

[6] Ein solcher ist nach c. 1 in VI^to cit. erforderlich, wenn dem Präscribirenden eine Vermuthung entgegensteht. Letzteres ist aber hier der Fall, weil der geistliche Patronat seiner Natur nach sich nicht in den Händen von Laien, wenigstens zu eigenem Recht, befinden kann (s. S. 12. n. 2). Dies ist aber nicht unbestritten. Schilling S. 19. n. 83, Schulte 2, 690. Anm. 9 i. f. halten die translative Ersitzung des geistlichen Patronates durch einen Laien für unstatthaft, aber so gut sonst für Laien eine Ersitzung von Rechten, deren sie nicht absolut unfähig sind, zulässig ist, muss dies auch in Betreff des Patronates gelten. Ferner verlangt Schilling bei der Ersitzung eines geistlichen Patronats durch einen Geistlichen in Uebereinstimmung mit manchem Aeltern, s. Barbosa III. 12. n. 104; Lippert S. 75, stets einen iustus titulus. Seine Berufung darauf, dass der geistliche Patronat ein Theil der kirchlichen Verfassung geworden sei und daher die gesetzliche Vermuthung gegen die translative Verjährung des geistlichen Patronates streite, ist irrig, s. auch Schulte a. a. O.

[7] So z. B. Reiffenstuel III. 38. n. 15; Ferraris l. c. art. 2. n. 39; Lippert S. 74; Phillips 7, 767. Auch darüber ist man nicht einig. Einzelne, z. B. Corarruvias relect. reg. possessor. P. II. §. 10. n. 8 (opp. ed. Francof. 1599. 2, 467) verlangen auch in diesem Falle Quasi-Besitz von 40 Jahren, aber mit Unrecht, weil es sich hierbei gar nicht um eine Ersitzung gegen die Kirche handelt. Dagegen lassen Eichhorn K. R. 2, 710 u. Richter §. 189. n. 22 allein die dreissigjährige Ersitzung zu, bei welcher das Vorhandensein des Titels gleichgültig ist, und zwar aus dem Grunde, weil die Regeln über die Ersitzung der Servituten nicht auf alle andern Rechte anwendbar seien. Schulte 2,691. n. 1 u. Schilling S. 19 erklären eine 10-, bz. 20jährige Ersitzung ohne Titel für genügend mit Rücksicht darauf, dass das kanonische Recht allein für die Ersitzung von Rechten in den im c. 1 in VI^to cit. gedachten Fällen einen iustus titulus fordere. Indessen hat sich die Kontroverse, welche c. 1 in VI^to cit. entscheidet, lediglich um die Frage gedreht, ob für die längere Ersitzung namentlich gegen Kirchen ein Titel erforderlich sei oder nicht, und zwar ohne Unterschied, ob es sich um Sachen oder andere Rechte handle, vgl. Innoc. IV ad c. 17 X. de praescr. II. 26. n. 1 ff. u. ad c. 8 X. de imm. eccles. III. 49. n. 2 ff.; Glossa Bernardi ad c. 17 X. cit. II. 26 s. v. iustus titulus u. ad c. 31 X. de decim. III. 30. s. v. quem allegavit (vgl. auch Knitschky de praescr. iur. can. Jenae 1863. p. 34 ff.), wie sich denn in der That c. 1 in VI^to cit. gar nicht ausschliesslich

Für die translative Ersitzung eines gemischten Patronates kommen dieselben Grundsätze wie für die des geistlichen zur Anwendung [1].

Der Nachweis der unvordenklichen Verjährung ersetzt aber in allen Fällen den Beweis des derivativen Titels [2].

Die translative Ersitzung eines dinglichen Patronates als eines persönlichen ist nicht möglich, weil die Loslösung desselben von dem berechtigten Gute unzulässig ist [3], und eine solche Verjährung daher nicht den Charakter einer translativen, sondern einer unstatthaften konstitutiven Ersitzung [4] haben würde.

Eine gegen den Patron verhängte Konfiskation seines Vermögens hat auf das persönliche Patronatrecht keinen Einfluss. Es verbleibt vielmehr dem Patrone, und geht insbesondere nicht auf den Fiskus über [5], weil es kein Vermögensobjekt bildet [6].

Der persönliche Patronat ist im Zweifel ein *ius patronatus hereditarium*. Der Patron kann letztwillig über sein Recht verfügen, es also einem oder mehreren seiner Erben oder dritten Personen im Wege des Legates [7] zuzuwenden. Hat er keine Bestimmung darüber getroffen, so geht das Recht auf sämmtliche Testaments-Erben und wenn er kein Testament hinterlassen hat, auf alle Intestaterben über [8]. Beim Vorhandensein mehrerer Erben entsteht ein Kompatronat und zwar succediren alle zu gleichem Recht selbst dann, wenn ihre Erbportionen ungleich sind [9]. Nur in dem Fall, wenn neben den Söhnen Enkel vorverstorbener Söhne erben, treten diese letzteren an die Stelle ihres Vaters, so dass sie allein gemeinschaftlich die Stimme des letztern zu führen haben [10]. Dasselbe gilt, wenn von mehreren ursprünglichen Patronen jeder mehrere Erben hinterlässt [11]. Im Wege der Erbschaftstheilung, sei es einer freiwilligen, sei es einer durch Klage (die actio familiae herciscendae) erzwungenen, kann der Patronat

auf die Ersitzung von Rechten bezieht. Deshalb erscheint es nicht gerechtfertigt, bei der Ersitzung von 10 bez. 20 Jahren von dem Erforderniss des Titels abzusehen. Ebensowenig ist es aber haltbar, die letztgedachte Art der Ersitzung ganz auszuschliessen, denn die kanonistische Doktrin hat die Grundsätze von der Sachersitzung auch auf die Verjährung der Rechte angewendet, vgl. Hostiensis summa aurea lib. II. rubr. de usucapionibus n. 4 u. rubr. de praescr. rer. immobil. n. 4; Reiffenstuel ius canon. II. 26. n. 150; Ferraris s. v. praescriptio §. 5. n. 3. Partikularrechtlich, so nach preuss. L. R. II. 11. §. 576 u. österr. bürgerl. G. B. §§. 1471. 1472 gelten die allgemeinen Regeln von der Ersitzung auch in Betreff der des Patronatrechtes.

1 In Gemässheit der S. 59 gedachten Regel.

2 c. 1 in VI^to cit. II. 13.

3 S. o. S. 77. Mit der Ersitzung des Gutes und dem dadurch herbeigeführten Uebergang des Eigenthums an dem letzteren auf den Ersitzenden vollzieht sich selbstverständlich der translative Erwerb des Patronates für denselben.

4 S. o. S. 29.

5 Dafür de Roye prolegom. c. 18.

6 Die älteren nahmen in diesem Falle theils Suspension des Rechts, theils Untergang desselben und Freiwerden der kirchlichen Stiftung vom Patronate (so auch noch Phillips 7, 769) an. Vgl. darüber Schlayer a. a. O. S. 57 Anm. Beides ist aber ungerechtfertigt, s. auch Schlayer S. 58 Anm. u. v. Schulte Lehrb. S. 314. n. 3.

7 Das ist unbestritten, Schulte 2, 689, Schilling S. 15. Manche Aeltere, z. B. Vivian. P. I. l. 4. c. 1. n. 18 verlangen freilich für ein solches Legat an einen Laien den Konsens des Kirchenoberen, aber mit Unrecht, denn in seinen letztwilligen Verfügungen ist der Patron an einen solchen nicht gebunden. Dass der heres ex re certa am Patronate nicht participirt, so Schulte 2, 689, ist nur für den Fall richtig, wenn er nach bestehendem Civilrecht blos als Legatar behandelt wird.

8 c. 31. 36. C. XVI qu. 7; c. 41 (Inn. III.) X. de test. II. 20; Clem. 2. h. t. III. 12.

9 Das folgt aus den Ausführungen S. 15 ff. über die Behandlung des Kompatronates.

10 Clem. 2 cit., welche eine frühere desfallsige Kontroverse entscheidet, vgl. die Glosse dazu s. v. plures u. Lippert S. 87. n. 99. Da darin der Grundsatz ausgesprochen ist, dass die Erben nie mehr Rechte als ihr Vorfahr erhalten sollen, so muss diese Regel auch beim Eintritt weiterer Grade angewendet werden. Hinterlässt der Patron also einen Sohn A, von einem vorverstorbenen Sohn B zwei Enkel C und D, und von einem weiteren verstorbenen Enkel E dieses Sohnes drei Urenkel F, G und H, von einem gleichfalls vorverstorbenen Sohn I vier Urenkel K, L, M, N, so führen A, ferner zusammen C, D, F, G, H, endlich K, L, M und N gemeinschaftlich je eine Stimme und bei der Beschlussfassung darüber, wie die gemeinsame Stimme von C, D, F, G, H abzugeben ist, haben wieder C, D je eine, F, G, H aber zusammen nur eine Stimme.

11 Clem. 2 cit.

nicht einem der Miterben überwiesen werden [1]. Zulässig ist dies nur vermittelst eines der an sich statthaften Verträge unter Lebenden [2]. Beim Universal-Fideikommiss geht der Patronat entweder allein auf den Universal-Fideikommissar oder auf ihn und den Fiduciar gemeinschaftlich über, je nachdem der erstere die ganze Erbschaft ausschliesslich erhält oder dem letzteren eine Quote derselben verbleibt [3], es sei denn dass etwa der Testator das Patronatrecht dem einen oder anderen ausschliesslich bestimmt hätte.

Fehlt es an Erben des Patrons, so erlischt das Recht und die kirchliche Anstalt wird frei. Auf den Fiskus geht dasselbe nicht über [4].

Die bisher dargelegten Grundsätze in Betreff des Ueberganges des persönlichen Patronates kommen nicht zur vollen Anwendung, wenn der Stifter von vornherein oder einer seiner späteren Nachfolger besondere Anordnungen über das fernere Schicksal des Rechtes getroffen [5], namentlich die Personen, welche in dasselbe nachfolgen sollen, ja wohl auch zugleich die Successions-Ordnung für dieselben, bestimmt hat.

Eine nicht selten vorkommende Anordnung der erwähnten Art ist die, dass der Patronat der Familie des Patrons oder der einer andern Person zustehen d. h. ein *ius patronatus gentilitium* oder *familiare* sein soll [6]. Ein solches Patronatrecht ist unveräusserlich [7], kann demnach weder unter Lebendigen noch von Todeswegen durch den jeweiligen Berechtigten gültig übertragen werden, während freilich die Erwerbung des Rechtes seitens eines Dritten auf Grund der Ersitzung nicht ausgeschlossen ist, weil

[1] Beides ist ausgeschlossen, weil der Patronat kein Vermögensobjekt und die Zuweisung eines Aequivalentes an die anderen Miterben nicht möglich ist. An der Unzulässigkeit der Adjudikation des Patronats durch den Theilungsrichter hat die herrschende Ansicht von jeher festgehalten, vgl. Schlayer S. 62; Phillips 7, 757.

[2] Vgl. o. S. 80 ff. So können z. B., wenn der Erblasser eine der Zahl der Erben entsprechende Zahl von Patronatsrechten besessen hat, diese zufolge gegenseitiger Uebereinkunft sich gegenseitig je eins derselben unter Austauschung ihrer Antheile an den übrigen Kompatronaten zuweisen, s. auch Schlayer S. 62. 63.

[3] Der Fiduciar also die Quart oder auch eine vom Testator bestimmte grössere Quote zurückbehält, in welchem Falle wie bei mehreren Miterben ein Kompatronat zwischen beiden entsteht. Die Ansicht des Textes rechtfertigt sich aus der Kombination der die Stellung des Fiduciars und des Fideikommissars betreffenden Grundsätze und der kirchenrechtlichen Regel, dass der Patronat das Schicksal der Erbschaft theilt. So auch Lippert S. 179; Schilling S. 15. Die Aelteren nehmen vielfach an, dass der Fiduciar den Patronat behalte, indem sie sich dafür auf die Analogie des römischen Satzes, dass das Recht an einem sepulchrum nicht auf den Fideikommissar übergehe, berufen, s. z. B. Rochus de Curte l. c. def. X. n. 21; Vivian. P. t. l. 4. c. 2. n. 76; Ferraris l. c. art. 2. n. 13. Dabei ist aber übersehen, dass der Universal-Fideikommissar nach neuerer Anschauung materiell die Stellung eines wirklichen Erben annimmt. Kaim S. 99 lässt dagegen den Patronat in allen Fällen auf den Universal-Fideikommissar übergehen, weil zu vermuthen sei, dass der Erblasser die Erbschaft mit allen Rechten auf diesen habe übertragen wollen. Dem steht aber entgegen, dass unter Umständen dieser Wille des Testators nicht realisirt werden kann und der Fiduciar gesetzlich als Miterbe behandelt wird. Nach denjenigen Partikularrechten, welche wie das preuss. L. R. I. 12. §§. 50 ff. 466 ff., den Universal-Fideikommissar als einen wirklichen zweiten (Nach-) Erben betrachten, kann der Uebergang auf denselben nicht zweifelhaft sein.

[4] Dies ist die herrschende Meinung: Vivian. l. c. n. 79; Pitonius l. c. alleg. 15. n. 26; Phillips 7, 758; v. Schulte Lehrb. S. 314 n. 3. A. M. Schlayer S. 57, weil der Fiscus als Erbe zu betrachten sei. Indessen ist derselbe nicht wirklicher Erbe, sondern nur an Erbesstatt (s. Windscheid Pandekten §. 622). Das kanonische Recht erkennt ferner den Uebergang des Patronates nur auf denjenigen an, welcher sein Recht vom Patron durch dessen Willen oder durch Verwandtschaft, bez. Ehe mit ihm herleiten kann. Deshalb wird man selbst für diejenigen Gebiete, deren Gesetzbücher, vgl. z. B. preuss. L. R. II. 16. §§. 16 ff. u. österr. B. G. B. §§. 760 das Recht des Fiskus als wahres Erbrecht behandeln, ebensowenig ein Eintreten des Fiskus für zulässig erachten können, da diese Gesetze in der vorhin gedachten Beziehung keine Abweichung aufgestellt haben.

[5] So gut ein späterer Rechtsnachfolger den Patronat verschenken und frei darüber bestimmen kann, ist er auch befugt, in dieser Weise über sein Recht zu verfügen, s. auch S. 87.

[6] Eine andere hierher gehörige Anordnung ist es, wenn z. B. der Stifter nach seinem Tode den Patronat dem X, sodann dem Y, bez. dessen Söhnen und für den Fall des Fortfallens oder des Todes derselben der Pfarrkirche Z zuweist.

[7] S. o. S. 14.

der Stifter wohl bindende Verfügungen für seine Rechtsnachfolger, nicht aber für dritte Personen zu treffen befugt ist. Ein derartiges Patronatrecht erlischt ferner mit dem Aussterben der berechtigten Familie [1]. Sind die Mitglieder der Familie nur allgemein, z. B. durch Ausdrücke, wie meine Familie, meine Descendenten u. s. w. bezeichnet, so sind damit sowohl die männlichen, wie auch die weiblichen Abkömmlinge und deren weitere Descendenz berufen, und zwar ohne Vorzug des Manns- vor dem Weiberstamme [2]. In Ermanglung einer Vorschrift in Betreff der Successions-Ordnung wird die Intestaterbfolge jedoch mit der Massgabe Anwendung finden müssen, dass allein die nach der Stiftungsurkunde qualifizirten Familienglieder succediren [3]. Ob bei der Berufung einer bestimmten Kategorie von Familiengliedern, z. B. der Agnaten allein (*ius patronatus agnatitium*), die nicht zu dieser gehörigen ein für alle Mal ausgeschlossen sind, oder nach Aussterben derselben zur Succession gelangen können, darüber entscheidet zunächst der Inhalt der Stiftungsurkunde. Im Zweifel wird aber auch hier die Beschränkung auf die vom Stifter bezeichnete Klasse der Verwandten anzunehmen sein [4].

C. Uebertragung der Ausübung des Patronates. Wie bereits oben S. 74 dargelegt ist, steht es dem Patron ferner frei, sein Recht durch einen Bevollmächtigten ausüben zu lassen [5]. Principiell erscheint aber auch eine Uebertragung der blossen Ausübung des Patronates an eine andere Person zu selbstständigem Rechte seitens des Patrons nicht ausgeschlossen [6]. Einerseits ist eine Stellvertretung im Patronate statthaft und andererseits ist in der Befugniss des Patrons, das Recht seiner Substanz zu veräussern, zweifellos auch die geringere enthalten, sich der Ausübung desselben zu Gunsten eines anderen zu begeben. Ob der Patronat ein persönlicher oder dinglicher ist, macht hierbei keinen Unterschied. Eine derartige Uebertragung

[1] S. o. S. 14. Dass in solchen Fällen der Patronat in der Hand des zuletzt Berechtigten den Charakter des iuspatr. hereditarium erhalte, dieser also frei darüber verfügen dürfe, wie z. B. Fagnan. ad c. IX. h. t. III. 38. n. 23 ff.; Reiffenstuel III. 38. n. 24; Phillips 7, 756 annehmen, lässt sich damit, dass der Patronat für die Regel vererblich sei und diese Eigenschaft beim Aussterben der Familie wieder hervortrete, nicht begründen. Wenn der Stifter den Patronat auch nur schlechthin und ohne ausdrückliche Ausschliessung Fremder seiner Familie überweist, so hat er damit seinem Rechte schon im Augenblick der Entstehung den besonderen Charakter aufgeprägt, dass es von der civilrechtlichen Erbfolge unabhängig sein soll. Die letztere bleibt also ein für alle Mal beseitigt, sofern er sie nicht etwa für eine gewisse Eventualität selbst vorgeschrieben hat.

[2] Denn im Zweifel ist anzunehmen, dass der Stifter unter der Familie die Familie im weiteren Sinne, d. h. alle diejenigen, welche von einer bestimmten Person durch eheliche Geburt abstammen, gemeint habe, so Garcias tr. de benef. P. V. c. 9. n. 143. 144; Vivian. l. c. P. I. l. 4. c. 9. n. 8 ff.; Leuren. for. benef. P. II. qu. 59. n. 5; Lippert S. 49. Andere, s. z. B. Berardi l. c. diss. IV. c. 5, ed. cit. 1, 302, wollen die Frauen erst nach Aussterben des Mannsstammes zulassen. In der Entscheidung der Congr. conc. Acta s. sed. 11, 476, ist angenommen, dass zur Familie nur diejenigen gehören, welche den Namen des Stifters tragen, also nur die Nachkommen von Männern aus derselben.

[3] Nach Vivian. l. c. n. 37; Berardi l. c. 1, 301 soll die Gradualfolge eintreten. Für die Intestaterbfolge spricht aber, dass diese die allgemeine, subsidiäre Erbfolge-Ordnung ist.

[4] A. M. Phillips 7, 755, welcher sich auf die Regel: provisio hominis non tollit provisionem iuris communis beruft. Hat aber der Stifter allein eine bestimmte Verwandtschaftsklasse berufen oder nur eine bestimmte, blos für den Mannsstamm gebräuchliche Successionsordnung angeordnet, so ist auch ohne anderweite ausdrückliche Bestimmung desselben anzunehmen, dass er den von ihm bezeichneten Personen ausschliesslich das Recht habe zuwenden wollen. Vgl. auch die const. Pii IV Romanum decet v. 1560, worin erklärt wird, dass bei einem durch Privileg nach der Primogenitur-Ordnung an Herzöge und Grafen verliehenen Patronate die Nachfolge der weiblichen Linie ausgeschlossen sei, bull. Taur. 7, 75.

[5] S. auch o. S. 77. Wegen der Ausübung des Patronates handlungsunfähiger Personen durch ihre Vertreter s. o. S. 73.

[6] Dies nimmt auch v. Schulte Lehrb. S. 318 an.

kann durch Willensakt unter Lebenden [1], und auch solche von Todeswegen [2] erfolgen. Andererseits ist aber der Patron dabei denselben Beschränkungen, wie bei der Veräusserung des Patronates selbst unterworfen, d. h. es ist jeder lästige Vertrag, so weit derselbe eine Simonie begründen würde, unerlaubt und nichtig, und ferner bedarf es der Zustimmung des kirchlichen Oberen in den Fällen, wo sie zur Veräusserung des Patronates überhaupt erfordert wird [3].

Wenn dagegen die herrschende Meinung sogar dem Niessbraucher bei einem Niessbrauch am ganzen Vermögen ohne weiteres das Recht auf Ausübung des dem Vermögensinhaber zustehenden persönlichen Patronates gewährt [4], so erscheint dies nicht gerechtfertigt; der Patronat ist kein fruchttragendes [5] noch überhaupt ein Vermögensrecht. Schon deshalb fällt er nicht unter das Recht des Usufruktuars auf Nutzung und Gebrauch, welches sich allein auf derartige Objekte bezieht. Sodann aber bildet er auch ferner kein Accessorium des Vermögens des Patrons, vielmehr eine neben den Vermögensrechten des Patrons selbstständig dastehende Berechtigung [6]. Demgemäss verbleibt die Ausübung des Patronates der Ehefrau, auch wenn ihr ganzes Vermögen in die Gütergemeinschaft eingebracht oder dem Mann als dos bestellt oder seinem ehemännlichen Niessbrauch unterworfen wird [7].

II. Ausser den bisher besprochenen Dispositionen des Patrons über das Patronatrecht können aber ferner auch solche Verfügungen in Frage kommen, welche die bisherige Gestaltung desselben berühren und diese in der einen oder

[1] So kann z. B. der Patron die Ausübung seines Patronates, insbesondere des Präsentationsrechtes einer geistlichen Korporation, einem Domkapitel, einem Kloster übertragen. Die Congr. conc. hat ferner ein Abkommen, wonach der zur Wiederherstellung des Pfarrhauses unvermögende Patron einem anderen für die Bewirkung derselben das Präsentationsrecht auf dessen Lebenszeit überlassen hat, für gültig erklärt, Richters Tridentinum S. 454. n. 11.

[2] In diesem Falle mit bindender Kraft für den Erben. Ein Beispiel dafür bietet z. B. eine testamentarische Anordnung, dass für die mehreren Erben, welchen der Patronat als Kompatronat zufällt, einer derselben das Recht ausüben soll.

[3] S. o. S. 81. Beim Familienpatronat, sowie bei demjenigen, wo der Stifter die zukünftigen Berechtigten ein für alle Mal bestimmt hat, hat aber eine derartige Verfügung des Patrons keine Kraft für den Nachfolger, weil er dessen stiftungsmässige Rechte nicht schmälern kann.

[4] Vivian. l. c. P. I. l. 4. c. 7. n. 8 ff.; Fagnan. ad c. 7 X. h. t. III. 38. n. 56; Schulte K. R. 2, 691; Phillips 7, 769. Gewöhnlich ist dabei der Fall eines der Wittwe hinterlassenen ususfructus omnium bonorum am Vermögen des Ehemanns in das Auge gefasst.

[5] Dies hat die ältere Doktrin vielfach angenommen, indem sie die Präsentation als fructus des Patronates betrachtete, s. z. B. Vivian. l. c. l. 4. c. 1. n. 5 ff. Sie denken dabei aber an die s. g. universitas einer villa nebst Grundstücken und Berechtigungen, mit welcher ein Patronat verbunden ist, d. h. an ein dingliches Patronatrecht, s. meine Ausführung bei Dove, Ztschr. f. K. R. 2, 425, gehen aber nicht davon aus, dass der persönliche Patronat stets ein Accessorium des übrigen Vermögens des Patrons ist.

[6] Die Aelteren sprechen allerdings vielfach von dem transire des iuspatronatus cum universitate, Innoc. IV. ad c. 13. X. h. t. III 38; Fagnan. ad c. 7. eod. n. 19. 21; Vivian. l. c. P. I.

Das preuss. L. R. II. 11. §. 599 nimmt im Gegensatze zu der Ansicht des Textes ein Recht zur Ausübung bei jedem an, welcher nach den Gesetzen ein Recht zur Verwaltung des Ingriffs der Güter und Gerechtsame eines Andern besitzt, und zwar ohne Unterschied, ob die Verwaltung der betreffenden Person blos, wie z. B. dem Vormunde, behufs Vertretung des Handlungsunfähigen oder wie dem Ehemann in Betreff der Frauen, dem Vater in Betreff des nicht freien Vermögens der Kinder, auch zu eigenem Vortheil zusteht.

[7] Die Aelteren sind freilich der entgegengesetzten Meinung, Vivian. l. c. l. 4. c. 7. n. 7 ff., wiewohl sie andererseits zugeben, dass der persönliche Patronat allein nicht zur Dos bestellt werden kann, l. c. n. 5. In der Eigenschaft als Bevollmächtigter kann allerdings auch der Ehemann und der Vater das der Frau, beziehentlich dem Sohne zustehende Patronatrecht ausüben, und wo civilrechtlich eine Präsumtion für eine solche Vertretung besteht, bedarf es zunächst nicht des Nachweises der Bevollmächtigung, s. die Entsch. d. österr. Verwaltungsgerichtshofes v. 1878 bei Samitsch, österr. Ztschr. f. Gesetzgebung u. Rechtsprechung d. Verwaltgs. Rechtspflege 2, 86, welche sich auf allg. bürg. G. B. §§. 91. 1034. 1238. 1239 stützt.

anderen Beziehung verändern. Der Patron will z. B. das bisher erbliche in ein Familienpatronatrecht umwandeln, einem Dritten ein Nominationsrecht bei der Präsentation einräumen, besondere Bestimmungen hinsichtlich der Qualifikation der Geistlichen treffen, auf einzelne im Patronate enthaltene Befugnisse, wie auf das ausdrücklich vorbehaltene Recht, bestimmte Einkünfte zu ziehen, verzichten.

Für die Beurtheilung der Statthaftigkeit derartiger Bestimmungen kommen folgende Gesichtspunkte in Betracht.

Selbstverständlich sind zunächst alle Anordnungen ausgeschlossen, welche bei der Begründung kirchlicher Anstalten oder Benefizien überhaupt unzulässig erscheinen [1].

Eine weitere Schranke findet die Verfügungsbefugniss des Patrons an den von dem Stifter selbst getroffenen Festsetzungen. Durch diese hat das Recht ein für alle Mal seine Gestaltung erhalten, und sowenig wie ein sonstiger, bei einer Stiftung betheiligter Interessent die Macht hat, die Stiftungsbedingungen abzuändern, ebensowenig kann eine solche Befugniss dem Patron eingeräumt werden. Die Anwendung dieses Grundsatzes auf Familien- und andere Patronate, für welche der Stifter die zur Nachfolge Berechtigten selbst bestimmt hat, unterliegt keinem Zweifel, weil alle diese ihr Recht direkt vom Stifter herleiten und einen Anspruch darauf besitzen, dass es seiner Zeit in der ursprünglichen, vom Stifter gewollten Gestalt an sie gelangt. Derselbe Grundsatz muss aber auch für andere Patronate, deren zukünftige Inhaber zwar der jeweilige Patron selbst durch Rechtsakte unter Lebenden und von Todeswegen bestimmen kann, welche aber sonst ihrer Qualifikation und Ausübung nach durch den Stifter später normirt sind, gelten [2]. Die Befugnisse, welche dem Patron in dieser Hinsicht zukommen, gehen nach gemeinem Recht nur so weit, als der Stifter die Freiheit des Berechtigten nicht durch besondere Anordnungen eingeschränkt hat, weil der letztere die Gestaltung des Rechtes in massgebender Weise für alle seine Nachfolger zu bestimmen befugt ist [3].

Andererseits ist es dadurch nicht ausgeschlossen, dass der Patron für die Dauer seines Rechtes auf die Ausübung stiftungsmässiger Befugnisse ganz verzichtet oder soweit er allein dabei betheiligt ist [4], sie in veränderter Weise geltend macht, jedoch haben darauf bezügliche, den Stiftungsbestimmungen widersprechende Rechtsakte über die gedachte Zeitdauer hinaus keine Kraft.

Soweit dagegen der Patronat nicht durch den Stifter selbst seine nähere Gestaltung erhalten hat, stehen dem jeweiligen Patron Verfügungen der oben erwähnten Art [5] mit voller, seine Nachfolger bindender Rechtswirkung zu [6]. Derartige Anordnungen stellen sich als eine zu der ursprünglichen Patronats-Stiftung hinzutretende Nachstif-

[1] Th. II. S. 392.

[2] Vivian. l. c. P. III. l. 14. c. 3. n. 6.

[3] Man darf daraus, dass nach gemeinem Recht der Patron auf das iuspatronatus hereditarium verzichten und es dadurch zum substantiellen Untergang bringen kann, nicht folgern, dass er auch die vom Stifter getroffenen Anordnungen abzuändern berechtigt ist, das erstgedachte Recht ist nicht das Maius, welches die eben gedachte Befugniss als Minus in sich schliesst.

[4] Wenn der Kompatron z. B. sich von einem anderen Mitpatton die zu präsentirenden Personen nominiren lässt, obwohl er stiftungsmässig allein zur Präsentation befugt ist. Den Kirchenoberen berührt das freilich nicht, dieser braucht nur auf eine den Stiftungsbedingungen entsprechende Präsentation Rücksicht zu nehmen.

[5] Für den Familienpatronat und einen Patronat gleichen Charakters ist jede solche Aenderung ausgeschlossen. Dies ergiebt sich aus dem schon oben im Texte hervorgehobenen Grunde.

Ueber die Zulässigkeit eines Verzichtes auf den Patronat vgl. den folgenden §.

[6] So z. B. die Verwandlung des erblichen in einen Familienpatronat, Entscheidung der Congr. conc. bei Richter, Tridentinum S. 454. n. 14.

tung dar, und bedürfen, wie diese erstere, der Genehmigung des kirchlichen Oberen [1]. Erst damit erlangt das Recht seine neue, modificirte Gestalt. Bei einem Kompatronat können solche Verfügungen, welche auf die Substanz des Patronates und die die Ausübung desselben betreffenden Rechte Einwirkungen äussern, z. B. ein Verzicht auf das Präsentationsrecht, eine Einschränkung desselben auf einen engeren Kreis, als die gemeinrechtlich qualificirten Geistlichen, nur von sämmtlichen Kompatronen mit Einstimmigkeit beschlossen werden.

§. 140. εε. *Untergang und Suspension des Patronatrechtes.*

Das Patronatrecht geht unter und erlischt seiner Substanz nach, so dass das bisher patronatpflichtige kirchliche Institut oder Benefizium wieder der freien Verleihung des kirchlichen Oberen anheimfällt:

1. durch Verzicht des Patrons. Das Recht zu einem solchen steht demselben nur dann zu, wenn er in der freien Verfügung über den Patronat nicht beschränkt ist. Es darf also z. B. der Stifter die Beseitigung des Rechtes auf diesem Wege nicht ausdrücklich ausgeschlossen haben [2], oder dasselbe kein Familien- oder ein sonstiger Patronat sein, bei welchem die Anwärter ihr Recht direkt vom Stifter herleiten [3].

Die Befugniss, den Patronat durch Verzicht aufzugeben, folgt aus der allgemeinen Regel, dass jeder Berechtigte beliebig seinem Rechte entsagen und dass gemeinrechtlich dem Patron keine andere Pflicht, als die Baulast obliegt [4], die Erfüllung derselben aber nicht direkt erzwungen werden darf, sondern nur indirekt dadurch, dass der Patron seines Patronates für verlustig erklärt wird [5]. Daher bedarf es auch nach gemeinem Rechte keiner Zustimmung des geistlichen Oberen, damit der Verzicht Rechtsgültigkeit erlange [6]. Sind dagegen mit dem Patronate als solchem [7] nach Partikularrecht oder observanzmässig bestimmte Lasten verknüpft, so kann sich der Patron von diesen nicht einseitig durch Verzicht frei machen, vielmehr ist die Einwilligung des geistlichen Oberen dazu erforderlich [8].

1 S. o. S. 25. u. Th. II. S. 392.

2 Denn eine solche Verfügung muss jeder, welcher das durch die Stiftung hervorgerufene Objekt erwirbt, gegen sich gelten lassen.

3 So auch die Congr. conc. s. Richter, Tridentinum S. 454. n. 12. Ebensowenig kann der Vasall zum Nachtheil des Obereigenthümers auf den Patronat verzichten.

4 S. 73. n. 2.

5 Also kein anderes Resultat erreicht wird, als dasjenige, welches schon der freie Verzicht des Patrons herbeiführt. Man kann sich dafür auch auf c. un. in VI^to h. t. III. 19 berufen, denn wenn der Patron nach dieser Stelle sein Recht ohne Weiteres durch Schenkung in einen geistlichen Patronat zu verwandeln befugt ist (s. o. S. 80), so wird er auch die Kirche selbst patronatfrei machen können.

6 A. M. Schilling S. 118, wegen der irrigerweise dem Patron beigelegten Pflichten und Ginzel K. R. 2, 151 aus dem keineswegs allgemein zutreffenden Grunde, dass zum Aufgeben eines erworbenen Rechtes nicht weniger Bedingungen als zum Entstehen desselben erforderlich sind. Uebrigens ist es doch sicherlich etwas Anderes, ob der regelmässige Zustand, die Freiheit der Kirche und des verleihungsberechtigten Oberen wieder hergestellt, oder ein Recht, welches diese beschränkt, begründet werden soll. Die Ansicht des Textes ist die herrschende, s. Glosse zu c. 35 CXVI. qu. 7. s. v. coheredes; Leuren. for. benef. P. II. qu. 120. n. 1; Reiffenstuel l. c. III. 38. n. 125; Lippert S. 195; Kaim S. 381; Eichhorn K. R. 2, 717; Richter-Dove §. 192; Schulte K. R. 2, 702. 703.

7 Hat der Patron eine Verpflichtung aus einem anderen Grunde, z. B. wegen eines Zehntrechtes, so kann er auf seinen Patronat ebenfalls verzichten, weil ein solcher Verzicht auf den anderweiten Titel seiner Verbindlichkeit gar keinen Einfluss äussert. A. M. Schulte a. a. O. S. 703.

8 Denn in diesem Falle läge eine Veräusserung im weiteren Sinne vor. Daher verlangt auch das preuss. L. R., welches eine subsidiäre, aber direkte Baulast des Patrons kennt, II. 11. §. 610, Genehmigung des geistlichen Oberen und der ebenfalls mitpflichtigen Gemeinde. Auch nach österr. R. kann der Patron, welchem Lasten obliegen, nicht verzichten, um sich von denselben frei zu machen, Hofdekr. v. 3. Sept. 1784. u. 19. Okt. 1784 (Hdbch. d. Gesetze Josephs II. 2. Aufl. 6, 588).

Die vorstehenden Grundsätze finden auch auf das dingliche Patronatrecht Anwendung. Die accessorische Qualität hindert wohl die Lostrennung des Patronates und die Umwandlung desselben in einen persönlichen, nicht aber die Beseitigung desselben überhaupt[1].

Ob der Verzicht ausdrücklich oder stillschweigend erfolgt, ist gleichgültig. Im letzteren Falle müssen aber konkludente Handlungen vorliegen, aus denen mit Sicherheit auf den betreffenden Willen des Patrons geschlossen werden kann, wie z. B. die Zustimmung des Patrons zu solchen Veränderungen des patronatspflichtigen Benefiziums, welche den Fortbestand seines Rechtes unmöglich machen[2].

2. Fortfall des berechtigten Subjects. Der lediglich auf die Person des Patrons beschränkte Patronat geht mit dem Tod desselben, der Familien-Patronat mit dem Aussterben sämmtlicher berechtigter Anwärter, das gewöhnliche iuspatronatus hereditarium beim Mangel von Erben[3], der mit einem Amte verbundene oder einer Korporation zustehende persönliche Patronat mit der Aufhebung des Amtes oder der Korporation[4] unter[5].

3. Ferner erlischt der Patronat durch Untergang seines Objekts, also der demselben unterworfenen kirchlichen Anstalt oder des Patronatsbenefiziums, sowie durch rechtsgültig vorgenommene Veränderungen des Objekts, welche die Fortdauer des Rechtes ausschliessen, und zwar auch gegen den Willen des Patrons[6].

Dagegen wird das Patronatrecht nicht schon allein dadurch beseitigt, dass die seitens des ersten Stifters in das Leben gerufenen Einrichtungen, z. B. die Gebäude verfallen, oder die von ihm gewidmeten Fonds verloren gehen[7]. Dies ist deshalb unrichtig, weil die Entstehung des Patronates wohl durch die Erbauung und Dotation bedingt ist, aber nicht seine weitere Existenz. Dem Patron legt das gemeine Recht keine Verpflichtung auf, die kirchliche Stiftung fortwährend in dem ursprünglichen Stande zu erhalten, noch macht es gar den Fortbestand des Patronates davon abhängig. Dies zeigt sich deutlich darin, dass die Reparatur- und Neubauten von Pfarrkirchen nicht in erster Linie dem Patrone, sondern der Fabrica und bei Unzulänglichkeit derselben denjenigen, welche Einkünfte der betreffenden Kirche beziehen, z. B. den Zehntherrn, Benefiziaten, zur Last fallen[8]. So lange daher trotz der erwähnten Umstände die ur-

[1] Der o. S. 77 erwähnte Grund, welcher die Lostrennung hindert, kommt beim Verzicht nicht in Frage.

[2] So zu der unio per confusionem Th. II. S. 431, zu der Suppression a. a. O. S. 461, regelmässig auch zu der mutatio vi erectionis, z. B. zur Verwandlung einer Pfarr- in eine Kollegiatkirche, a. a. O. S. 455, nicht aber zu einer unio per aequalitatem oder subiectiva und zur Inkorporation, denn in diesen Fällen tritt nur eine Suspension einzelner patronatischer Rechte ein, a. a. O. S. 426. 428. 451. 452. Letzteres gilt auch bei der Translation a. a. O. S. 399. Dagegen ist es irrig, so Lippert S. 195, einen Verzicht auf Grund der Unterlassung der Präsentation bei zwei während der Verjährungszeit erfolgten Erledigungsfällen anzunehmen.

[3] S. o. S. 84.

[4] Denn ein solcher Patronat ist kein Vermögensrecht, gehört also nicht zu den bona vacantia, welche der Fiscus einzuziehen berechtigt ist. Ueber die Succession des letzteren in Patronate säkularisirter geistlicher Institute s. u. §. 151.

[5] Auch ein Untergang des dinglichen Patronates ist möglich, so z. B. wenn das berechtigte Gut auf einer Insel liegt und in Folge des Versinkens der letzteren oder einer Zerstörung derselben durch das Meer verschwindet. Ueber die Parcellirung des berechtigten Gutes s. o. S. 77.

[6] S. die Anführungen in Anm. 2 u. S. 71 a. E.

[7] Wenn der Verlust schon an die im Text angegebenen Thatsachen geknüpft wird, s. Lippert S. 185. Schilling S. 118, so beruht dies wohl mehr auf inkorrekter Ausdrucksweise. Unrichtig ist es jedenfalls, dass Phillips 7, 835 von einem Wiedererwerb des Patronates durch Reaedifikation oder Redotation seitens des bisherigen Patrons spricht. Das verfallene Kirchengebäude als solches bildet allein nicht den Gegenstand des Patronates und durch seine Wiederherstellung wird nicht ein neues Objekt des Patronates geschaffen, weil die kirchliche Stiftung, z. B. die Pfarrei, dieselbe bleibt, wenn auch das Gebäude sich ändert.

[8] Trid. Sess. XXI. c. 7 de ref.

sprüngliche Stiftung besteht, kann von einem Verluste des Patronates blos in Folge der oben gedachten Thatsachen nicht die Rede sein[1]. Diese werden erst dann von Einfluss, wenn die Fortdauer der Stiftung nicht durch andere vor dem Patron dazu verpflichtete Personen ermöglicht werden kann und die Weigerung desselben die erforderlichen Aufwendungen zu machen festgestellt[2], oder wenigstens der Untergang des Objektes des Patronatrechtes thatsächlich eingetreten ist[3].

Das Vorhandensein von Anwärtern, welche einen stiftungsmässigen Anspruch auf den Patronat haben, hindert im letztgedachten Falle, ebensowenig wie in demjenigen, wo das Objekt des Patronatrechts durch einen Rechtsakt des kirchlichen Oberen, z. B. die Suppression sein Dasein verliert, das Erlöschen des Patronates, weil dadurch seine Fortexistenz thatsächlich unmöglich wird. Die Weigerung des jeweiligen Inhabers eines solchen Rechtes aber, die erforderliche Wiederherstellung der Kirche vorzunehmen, zieht nur für seine Person den Verlust desselben nach sich. Es tritt also der Nachfolgeberechtigte an seine Stelle, und dieser kann sich das Recht dadurch erhalten, dass er seinerseits die erwähnten Handlungen leistet[4].

Wenn die Suppression einer kirchlichen Anstalt wider Willen des Patrons und trotzdem, dass er die zur Forterhaltung derselben nothwendigen Mittel gewähren, z. B. die Kosten für einen Neubau bestreiten will, verfügt wird, so hat der Patron — es sei denn etwa ein ausdrücklicher Vorbehalt bei der Stiftung oder bei der Ueberweisung gemacht worden — weder ein Recht auf Herausgabe der früher aus Patronatsmitteln beschafften Vermögensstücke noch auf ihren Erlös. Die ersteren sind mit der Begründung der Kirche oder des Benefiziums dauernd der Stiftung überwiesen und kirchliches Gut geworden, welches nicht mehr in seinem Eigenthum steht, vielmehr der ordnungsmässigen Verfügung der kirchlichen Organe und Oberen anheimfällt[5].

4. Das Patronatrecht, selbst ein Familienpatronat[6] oder eine einzelne in demselben enthaltene Befugniss kann auch durch Verjährung untergehen. Der blosse Nichtgebrauch (*non usus*), sei es aller oder einzelner Rechte, genügt aber nicht[7], vielmehr allein die Ersitzung der Freiheit vom Patronate[8] (*usucapio libertatis*), d. h. es muss

[1] Wenn also ein durch Dotation begründetes Benefizium später noch von anderer Seite, z. B. durch Legate weitere Einkünfte erhalten hat und durch diese nach Verlust des ursprünglichen Patronats-Vermögens die Fortexistenz desselben ermöglicht wird, bleibt der Patronat bestehen und geht nicht unter.

[2] Bei verweigerter Wiederherstellung des Baues ist der Patron seines Rechtes für verlustig zu erklären, s. o. S. 73; vgl. ferner o. S. 22. 23. Möglich ist es übrigens auch, dass durch Eintreten eines Dritten mit den erforderlichen Leistungen der Patronat unter Verwandlung in einen Kompatronat erhalten bleibt, o. S. 23 ff.

[3] Z. B. wenn eine Patronatskapelle, um welche sich der Patron wegen des Uebertritts der Bevölkerung zum Protestantismus nicht mehr bekümmert, und auf welche kein Benefiziat mehr angestellt wird, ohne formelle Suppression verfällt.

[4] Will er dies nicht, so ist wieder gegen ihn, wie gegen den ersten zu verfahren, und es tritt dann der an zweiter Stelle berechtigte Nachfolger ein.

[5] A. M. Phillips 7, 836, welcher dem Patron gestattet, sich dergleichen Sachen, falls er sie schon vorher sammt den Schlüsseln der Kirche in seiner Gewahrsam (!) gehabt hat, anzueignen, ihn aber mit Bezug auf c. 38 ff. D. I. de consecr. verpflichtet, die konsekrirten und benedicirten Sachen an eine andere Kirche zu geben.

[6] Aus den o. S. 84 hervorgehobenen Gründen. S. aber die folgende Anm.

[7] A. M. die Aelteren, s. z. B. Vivian. P. III. l. 15. c. 1. n. 9; Leuren l. c. qu. 120. n. 6 u. 12; Reiffenstuel III. 38. n. 125. VI; Ferraris l. c. art. 2. n. 74; Lippert S. 195, welche zwei ungenutzte Gelegenheiten zur Ausübung des Präsentationsrechtes; Kaim S. 381, welcher eine, Schilling S. 122, welcher drei solcher verlangen. Auch d. österr. B. G. B. §§. 1472. 1484, lässt Verlust durch Nichtgebrauch eintreten, wenn das Recht während 30 bez. 40 Jahren bei drei sich darbietenden Gelegenheiten nicht ausgeübt worden ist. Dabei wird theils der Gesichtspunkt des Verzichts, theils der der Veräusserung unzulässiger Weise hineingezogen, und mit Rücksicht auf das letztere die Unverjährbarkeit des Familienpatronats behauptet, vgl. über das letztere Leuren. l. c.

[8] So Eichhorn K. R. 2, 719; Richter-

die versuchte Ausübung der patronatischen Befugnisse durch die zuständigen kirchlichen Organe [1] bona fide [2] gehindert worden sein, und der Patron sich dabei während der Verjährungszeit, d. h. beim geistlichen 40, beim Laienpatronate 30 Jahre, lang beruhigt haben.

Der Nichtgebrauch ist kein allgemein für alle Rechte anerkannter Aufhebungsgrund. Ferner besteht gesetzlich für die Nichtausübung des Präsentationsrechtes kein anderes Präjudiz, als dass der Patron für den betreffenden Erledigungsfall seiner Einwirkung auf die Besetzung der geistlichen Stelle verlustig wird, und auf die Nichtgeltendmachung der übrigen Patronatsbefugnisse ist gar kein Nachtheil gesetzt. Es ist somit die Nichtausübung rechtlich in das freie Belieben des Patronates gestellt, und darum bedarf es noch des Eintrittes anderer Umstände als des blossen Nichtgebrauches zur Beseitigung seines Rechtes [3].

5. Sodann führen gewisse strafbare Handlungen den Verlust des Patronates für den Patron und damit, soweit nicht etwa ein dingliches Patronatrecht [4] und ein solches, bei welchem stiftungsgemäss bestimmte Anwärter [5] vorhanden sind, in Frage steht, das Erlöschen des Rechtes ohne Weiteres (ipso iure) herbei. Solche Vergehen bilden

a. die simonistische Veräusserung des Patronates [6]. Ob eine derartige Präsentation dieselbe rechtliche Folge habe, ist streitig. Eine analogische Anwendung der für das erste Vergehen angedrohten Strafen [7] erscheint, ganz abgesehen von der Bedenklichkeit einer solchen bei Strafgesetzen überhaupt, nicht gerechtfertigt, weil im ersten Falle der Patron sein Recht verliert und sein Mitkontrahent es nicht erwirbt, wogegen bei demjenigen, welcher sein Präsentationsrecht zur Erlangung unerlaubter Vortheile verwerthet hat, von der zuletzt gedachten Folge keine Rede sein kann [8]. Vielmehr muss für einen solchen Patron, da er wegen der Simonie der grossen Exkommunikation verfällt, als Wirkung der letzteren, die Suspension seines Patronatrechtes eintreten. Er ist also, so lange bis er absolvirt wird, gehindert, seine patronatischen Rechte auszuüben [9].

Dove §. 192; Schulte K. R. 2, 703; Ginzel K. R. 2, 151; Phillips 7, 835; Vering K. R. S. 493. Von den Aelteren verlangt Pyrrh. Corradus, prax. benef. IV. c. 4. n. 22. 23 wenigstens eine Handlung des kirchlichen Oberen, welche mit dem existirenden Patronatrecht im Widerspruch steht. Auf dem Standpunkt des Textes steht auch das preuss. L. R. II. 11. §. 612.

1 Also des Bischofs, wenn präsentirt, des Pfarrers, wenn von diesem eine kirchliche Ehrenbezeigung, dieses, bez. des Kirchenvorstandes, wenn das freie Begräbniss auf dem Kirchhofe oder die Anbringung von Ehrentafeln in der Kirche beansprucht wird.

2 c. 20. X. de praescr. II. 26. Von einem Titel ist hierbei selbstverständlich nicht die Rede.

3 Der Nachweis der Erfordernisse der usucapio libertatis kann auch hier durch den der unvordenklichen Verjährung ersetzt werden.

4 S. o. S. 76 n. 6.

5 Weil diese in einem solchen Fall an Stelle des schuldigen in das Recht eintreten.

6 S. o. S. 81.

7 Auf Grund der Analogie nimmt Ginzel K. R. 2, 151 den Untergang des Patronates an, so früher auch Schulte K. R. 2, 706.

8 Daher ist es auch nicht begründet, wenn Schilling S. 68 diese Analogie zur Rechtfertigung seiner Ansicht, dass der Patron für sich und seine Nachfolger blos mit dem Verluste des Präsentationsrechts zu bestrafen sei, verwendet. Ebenso ist die Berufung Lipperts S. 196 für diese Meinung auf römische und kanonische Stellen, welche simonistisch ordinirende und wählende Kleriker ihrer Aemter entsetzt erklären oder mit Entsetzung und Irregularität bedrohen, verfehlt. Vgl. Schlayer a. a. O. S. 33 ff.

9 In soweit ist der Ausführung von Schlayer a. a. O., welchem Richter-Dove §. 192. n. 9 beitritt, zuzustimmen. Wenn derselbe aber weiter annimmt, dass der Bischof den schuldigen Patron wegen der ihn treffenden excommunicatio latae sententiae als excommunicatus toleratus nur von der Ausübung der Präsentation zurückhalten könne, und erst nach der Publikation der Exkommunikationssentenz, wodurch er zum excommunicatus vitandus werde, zurückweisen müsse, bis er Absolution erlangt habe oder bis ein fähiger Rechtsnachfolger eintrete, so ist diese Unterscheidung unhaltbar, s. o. S. 34. Ebensowenig erscheint seine Annahme, dass die simonistische Präsentation der wissentlichen Präsentation eines unfähigen gleichzustellen und demnach der Laienpatron noch innerhalb der Frist, falls er während

b. Die Tödtung und Verstümmlung eines der bei der Patronatskirche angestellten Geistlichen[1].

c. Die Verübung von Eingriffen in das Vermögen der Patronatskirche, namentlich die Einziehung von Einkünften oder Vermögensstücken derselben seitens des Patrons zu eigenem Nutzen[2].

d. Ob auch die Ketzerei, die Apostasie und das Schisma des Patrons den dauernden Verlust des Patronates nach sich zieht, darüber besteht Streit. Die überwiegende Mehrzahl der Kanonisten bejaht die Frage[3], während manche Neuere nur eine Suspension auf so lange annehmen, als der Patron bei der Lossagung von der Gemeinschaft der Kirche beharrt[4]. Diese letzte Ansicht ist aber mit dem Princip, welches die Bestrafung der gedachten Vergehen beherrscht[5], der Entziehung der kirchlichen Rechtsfähigkeit, unvereinbar[6].

dieser die Absolution erlangt, nachpräsentiren könne, also sein Vorschlagsrecht für den betreffenden Vakanzfall nicht verliere, zutreffend. Das Recht des Patrons zur Nachpräsentation in dem ersterwähnten Fall ist eine singuläre Ausnahme, und sie kann nicht analogisch auf den hier in Rede stehenden Fall übertragen werden. In diesem hat der Patron durch seine eigene strafbare Handlung die Nichtigkeit verschuldet, und es liegt daher kein Grund vor, ihm unter solchen Umständen noch besonders durch Gestattung einer Nachpräsentation zu privilegiren. Vgl. übrigens auch Phillips 7, 839 u. Schulte i. Bonner theol. Literatur-Bl. v. 1866 S. 683. Wenn der letztere seinerseits unter analoger Anwendung des c. 6 (Inn. III) X. de cler. excomm. V. 27, nach welchem der Bischof excommunicirten Klerikern, welche weiter celebriren, die kirchlichen Benefizien entziehen kann, annimmt, dass derselbe den Patron des Patronates für immer, beim dinglichen für die Zeit seiner Besitzdauer des berechtigten Grundstückes für verlustig erklären könne, so vermag ich seine Ausführung ebenfalls nicht für begründet anzuerkennen. Es steht ihr das Bedenken, dass Strafgesetze nicht analogisch ausgedehnt werden können, entgegen. Auch wird in c. 6 X. cit. die Strafe deshalb gegen den Kleriker angedroht, weil er eine ihm während seiner Exkommunication verbotene Handlung vornimmt, also zu dem Vergehen, welches diese für ihn nach sich gezogen hat, noch ein neues hinzufügt. Eine solche doppelte Schuld hat aber der Patron, welcher simonistisch präsentirt hat und dadurch in den Bann verfallen ist, nicht auf sich geladen. Das preuss. L. R. II. 11. §. 613 straft den Patron, welcher „um Bestechung oder anderer unerlaubter Privatvortheile willen präsentirt“, für seine Person mit Verlust des Präsentationsrechtes bei der betreffenden und allen folgenden Vakanzen; ebenso d. bad. V. v. 1808. Nr. 15 (S. 7. n. 6).

[1] c. 12 (Later. IV. v. 1215) X. de poen. V. 37, ohne Grund dehnen Schilling S. 125; Schulte 2, 706; Richter-Dove §. 192 diese Vorschrift auf jede beliebige thätliche Verletzung und Realinjurie aus. Das amittant in c. 12 cit. deutet auf einen Verlust ipso iure, so auch die Aelteren, s. z. B. Barbosa ius eccl. III. 12. n. 254, Leuren. l. c. qu. 120 n. 8; Ferraris l. c. n. 78. Dagegen Pachmann K. R. 3. Aufl. 2, 110; v. Schulte Lehrb. S. 326 n. 10. Der Grund des letzteren, dass der Patron ja durch Urtheil wegen der Verletzung zu bestrafen ist, würde, wenn er zutreffend wäre, beweisen, dass in Folge von strafbaren Handlungen niemals der Verlust eines Rechtes ipso iure eintreten konnte. Es fragt sich ja gerade, ob das Urtheil erst die Strafe zur Anwendung bringt oder den erfolgten Eintritt derselben blos deklarirt.

Wenn endlich Richter-Dove a. a. O. den Verlust des Rechtes für den jeweiligen Inhaber eintreten lässt, so hat diese vereinzelt dastehende Ansicht, welche der in Bezug genommene Gewährsmann Lippert S. 193 nicht theilt, keinen Anhalt.

Selbstverständlich ist es, dass die Strafe für den Patron fortfällt, wenn ihm die Handlung nicht zugerechnet werden kann oder wenn, wie z. B. im Fall der Nothwehr, die Strafbarkeit derselben ausgeschlossen ist, vgl. auch v. „nefando ausu“ in c. 12. X. cit.

[2] Trid. Sess. XXII. c. 11 u. XXV. c. 9 de ref. Auch in diesem Fall lässt Richter-Dove a. a. O. unbegründeter Weise nur Verlust für den jeweiligen Inhaber eintreten.

[3] Vivian. P. III. t. 15 c. 2. n. 5. 6; Leuren. l. qu. 120. n. 7; Ferraris art. 2. n. 79; Phillips 7, 838; Ginzel K. R. 2, 140. 150; Pachmann a. a. O. S. 109; Lippert S. 194, von denen der erste allerdings sofortigen Wiedererwerb im Falle der Rückkehr zur katholischen Kirche annimmt.

[4] Schilling S. 127; Schulte K. R. 2, 706 u. Lehrb. S. 327.

[5] Vgl. die Zusammenstellung bei München, d. kanon. Gerichtsverfahren u. Strafrecht 2, 322 ff.

[6] Die von Schulte a. a. O. nicht beachteten c. 13 §. 5 (Later. IV.) X. de haer. V. 7 u. c. 19 (Bonif. VIII.) in VIto h. t. V. 2 bestätigen dies insofern, als eine Gesetzgebung, welche die Ketzer mit der Infamie, dem Verluste der Fähigkeit zum Testiren, zum Zeugniss und zur Erlangung öffentlicher Aemter, sowie mit der Konfiskation des Vermögens bestraft, ihnen doch unmöglich kirchliche Rechte belassen kann.

Wegen anderer strafbarer Handlungen oder Beeinträchtigungen der Kirche tritt der Verlust des Patronats nicht ein, insbesondere nicht wegen

Wenn gleich dieser Standpunkt nach der herrschenden staatsrechtlichen Auffassung in Betreff der erwähnten s. g. kirchlichen Verbrechen nicht mehr massgebend sein kann, so muss doch heute der Austritt aus der katholischen Kirche, gleichgültig, ob damit der Uebertritt zu einer andern Religionspartei verbunden ist oder nicht, den Verlust des Patronates nach sich ziehen, weil derjenige, welcher aus der katholischen Kirche ausscheidet, damit auch die ihm innerhalb derselben bisher zustehenden Rechte verliert. Jedoch gilt dies in Deutschland nicht für den Uebertritt zur protestantischen Kirche und in den deutschen Staaten, welche die altkatholische Kirche als gleich berechtigt mit der vatikanisch-katholischen anerkennen, also in Preussen, Baden, Hessen, Baiern, nicht für den Uebertritt zu der ersteren [1].

Wenn sich der Patron nicht selbst, sondern ein Vertreter desselben [2], insbesondere derjenige einer juristischen Person, gleichviel einer weltlichen oder geistlichen, einer den Verlust des Patronates nach sich ziehenden Handlung schuldig gemacht hat, so tritt derselbe für den Patron nicht ein [3]. Ebensowenig kann der Vertreter, weil er andererseits nicht Patron ist und die gedachten Strafen nur für den Patron selbst angedroht sind, wegen einer solchen Handlung mit dem Verlust des Rechtes zur Ausübung bestraft werden. Ist aber das Vergeben für jeden mit einer solchen Strafe bedroht, welche die Unfähigkeit zum Patronate nach sich zieht [4], so wird der bisherige Vertreter in Folge dieses Umstandes von der ferneren Ausübung ausgeschlossen.

Obgleich in den erwähnten Fällen der Patron durch den Verlust des Patronates eine Strafe erleiden soll, so muss doch die substantielle Beseitigung des Rechtes nothwendiger Weise auch die Freiheit des bisherigen Berechtigten von den damit verbundenen Pflichten nach sich ziehen, selbst wenn diese umfassender als die gemeinrechtlichen sein sollten [5]. Hätte diese naturgemässe Konsequenz ausgeschlossen bleiben sollen, so müsste in den betreffenden Strafandrohungen eine darauf bezügliche Ausnahme gemacht worden sein.

Wenn auch das kanonische Recht für gewisse Handlungen des Patrons den Ver-

Verletzung des Bischofs oder eines Kardinals, so z. B. Vivian. l. c. n. 12; Pachmann 2, 109, nicht wegen Undanks des Patrons gegen die Kirche, wie die Aelteren, s. Vivian. l. c. n. 4; Barbosa l. c. n. 254; Leuren. l. c. n. 11; Ferraris l. c. n. 83 annehmen, ohne die Handlungen, welche einen solchen enthalten sollen, einmal näher anzugeben.

[1] S. o. S. 33. 34.

[2] Als solche sind auch diejenigen zu betrachten, welche ein selbständiges Recht auf Ausübung des Patronates haben, wie z. B. der Niessbraucher. Der nutzbare Eigenthümer des Patronatsgutes ist dagegen selbst Patron (s. o. S. 78), er verliert den Patronat, aber nur für seine Person. Wenn daher das Gut an einen Nachfolger oder an den Lehnsherrn übergeht, tritt es für diese wieder in Kraft.

[3] Das folgt aus allgemeinen strafrechtlichen Grundsätzen. Vgl. auch Schulte, Lehrb. S. 10. n. 10; Schlayer S. 40 will das allerdings für die Vertreter von juristischen Personen nicht gelten lassen, weil das Trid. Sess. XXV. c. 9 jeden Patron, auch communitates, universitates, collegia quaecunque, in dem S. 92 zu c. erwähnten Falle seines Rechtes für verlustig erklärt. Da dies aber nur unter der Voraussetzung der Begehung der betreffenden Handlung geschieht, so könnte höchstens daraus gefolgert werden, dass das Tridentinum annimmt, es könne eine solche strafbare Handlung auch durch eine Korporation, z. B. durch Beschluss ihrer Mitglieder, begangen werden, keineswegs aber bestimmt das Koncil, dass die strafbare Handlung des Vertreters immer und ohne Weiteres der juristischen Person zugerechnet werden muss und letztere die Strafe dafür zu erleiden hat.

Wenn der Patronat einer geistlichen Person mit Rücksicht auf ein Amt zusteht, so kann ähnlich wie beim Familienpatronat der Verlust nur für den schuldigen Inhaber eintreten, weil hier von vornherein stiftungsgemäss der Nachfolger in dem späteren Amtsträger gegeben ist und der erstere dem letzteren nicht präjudiziren kann. A. M. auch hier Schlayer S. 41.

[4] Wie in den S. 92 unter b und d gedachten Fällen mit der Exkommunikation.

[5] So auch Schulte, Lehrb. S. 326. n. 10. Die Ausnahme, welche er für den dinglichen Patronat macht, ist nur insofern begründet, als die Pflichten als reale an dem im Eigenthum des Patrons verbleibenden Grundstück haften.

lust des Patronates angedroht hat, so hat es diesen doch nicht allgemein für den Fall festgesetzt, dass derselbe gewisse Strafen erleidet, welche ihn an dem Erwerbe eines Patronatrechtes hindern würden [1]. Es kann daher in diesen Fällen, also wenn der Patron der grossen Exkommunikation verfällt oder die Ehrenrechte verliert, nur eine Suspension der Ausübung des Patronates, so lange der betreffende Zustand dauert, eintreten [2]. Dagegen enthebt diese den Patron nicht der mit seinem Rechte verbundenen Verpflichtungen, welche sich lediglich als Lasten und nicht etwa blos als Korrelate einer in dem Patronate enthaltenen Befugniss darstellen [3], nachzukommen. Denn die Unfähigkeit und die dadurch bedingte Suspension der Ausübung tritt nur deshalb ein, weil Personen, welche derartigen Strafen unterworfen sind, nicht gestattet werden kann, kirchliche Rechte auszuüben, während es nicht im entferntesten ausgeschlossen ist, dass sie der Kirche gegenüber ihre Leistungen und Verpflichtungen erfüllen [4]. Ueberdies ist auch die Erfüllung von Pflichten, welche mit einem Rechte verbunden sind, keine Ausübung des letzteren.

6. Wenngleich das Patronatrecht ein Individualrecht ist, so kann demselben doch durch einen Akt der kirchlichen Gesetzgebung, d. h. seitens des Papstes oder eines allgemeinen Koncils derogirt und dasselbe auf diese Weise beseitigt werden [5].

Als Derogation wird aber auch und zwar überwiegend die Beseitigung des im Patronate enthaltenen Präsentationsrechtes für einen einzelnen Erledigungsfall durch den Papst bezeichnet [6], eine Befugniss, welche man aus dem vom päpstlichen Stuhl in

1 S. o. S. 34. 35.

2 Darüber, dass die Konfiskation nicht hierher gehört, s. o. S. 83.

Der Unterschied, welcher sich sonach zwischen dem Ketzer und dem Exkommunicirten ergiebt, s. o. S. 32. 92, obwohl beide kirchlich rechtsunfähig sind, beruht darauf, dass die Exkommunikation eine Censur ist, und dem davon Betroffenen seine Rechte begriffsmässig nicht für immer, sondern nur bis zur Besserung entzieht.

Was die Ehrminderung betrifft, so kommen hierbei die Vorschriften des weltlichen Rechts ebenfalls in Betracht. Nach dem preuss. G. v. 8. Mai 1837. §. 1. 6. 12. (G. S. S. 99) sind bescholtene Personen — als solche müssen jetzt diejenigen gelten, welchen nach §§. 32 ff. 35 ff. Reichs-Str.-G.-B. die bürgerlichen Ehrenrechte oder die Fähigkeit zur Bekleidung öffentlicher Aemter aberkannt sind — von der Ausübung des Patronates, sowohl des persönlichen, dinglichen, als auch des Familienpatronates für sich und andere ausgeschlossen. Dies wird jetzt mit Rücksicht auf die angeführten §§. des Reichs-Str.-G.-B. für alle deutschen Staaten maassgebend sein. Das erwähnte preuss. G. weicht aber insofern vom gem. R. ab, als es die Regierungen verpflichtet, von Amtswegen die Unfähigkeit festzustellen und demnächst auf Kosten des Patrons die Verwaltung des Patronates im staatlichen Auftrage zu führen, ferner darin, dass der Patron die Ausübung seines Rechtes allein durch königliche Wiedereinsetzung in den vorigen Stand wieder erhalten kann (§§. 7. 8. 9. 11). Die Min.-Verf. v. 30. Juni 1849, M. Bl. f. d. i. Verw. S. 95, Beiträge z. preuss. K. R. 1, 28 hat diese an sich prinzipwidrigen Vorschriften zwar durch d. Verf.-Urk. für beseitigt erklärt, aber mit Unrecht, s. o. S. 8.

Ueber die Suspension im Konkurse s. o. S. 80. n. 2.

3 Zu dieser letzteren Kategorie gehört z. B. die dem partikularrechtlich (s. o. S. 71) anerkannten Rechte auf aktive Betheiligung bei der Vermögensverwaltung entsprechende Pflicht für die Erhaltung des Kirchenvermögens Sorge zu tragen.

4 Dies bestimmt auch das Anm. 2. cit. G. v. 1837. §§. 9. 12. Von Lasten, welche dem Patron wegen dieser seiner Stellung, aber nur in Verbindung damit auf Grund eines anderen Titels obliegen, wie z. B. die Baulast, wenn er kirchliche Einkünfte nicht kraft seines Patronates bezieht, wird er selbstverständlich ebensowenig frei.

5 Das Trid. Sess. XXV. c. 9 hat z. B. alle Patronate, welche sich nicht auf einen der drei rechtlich anerkannten Titel oder die unvordenkliche Verjährung gründeten, s. o. S. 18 ff., also auf früheren Privilegien beruhten, abgesehen von einzelnen Ausnahmen, s. o. S. 31, aufgehoben, o. S. 30. Ueber frühere derartige päpstliche Anordnungen vgl. ebendaselbst. Ebensowenig kann die Befugniss der gedachten gesetzgebenden Organe, etwaigen Stiftungsbedingungen zu derogiren, zweifelhaft sein, Vivian. l. c. P. III. l. 14. c. 7. n. 16; vgl. auch Th. II. S. 393.

6 Regula cancellar. apostol. XLII: „Item voluit, quod super quovis beneficio ecclesiastico de iurepatronatus laicorum non expediantur literae, nisi ponatur expresse, quod tale beneficium tanto tempore vacavit, quod eius collatio ad sedem apostolicam legitime est devoluta vel quia tempus patronis laicis ad praesentandum a iure praefixum lapsum existat aut ad id patronorum ipsorum

Anspruch genommenen, allgemeinen Besetzungsrecht aller Benefizien hergeleitet hat[1]. Unmöglich konnte man sich aber bei der Kurie der Einsicht verschliessen, dass nachdem einmal die kirchliche Gesetzgebung den Patronat anerkannt hatte, es nicht gut angänglich war, beliebig in die meistens durch vermögensrechtliche Aufwendungen erworbenen Individualrechte der Patrone einzugreifen und hat daher von Anfang an das Laien- und das geistliche Patronatrecht in der fraglichen Beziehung verschieden behandelt. Den Inhabern des letzteren war wegen ihrer kirchlichen Stellung und ihrer hierarchischen Unterordnung unter den Papst als obersten Hauptes der Kirche der Widerstand gegen etwaige Reservationen und Derogationen in Bezug auf die ihrem Rechte unterworfenen Benefizien von vornherein mehr erschwert, und überdies hatten sie einen nicht unbeträchtlichen Theil ihrer Patronate keineswegs durch eigene Stiftungen, sondern in Folge von Schenkungen aus Laienhänden erworben. Auf sie brauchte man also weniger als auf die Laien, namentlich auf die vielfach betheiligten weltlichen Fürsten und Grossen[2], Rücksicht zu nehmen. Daher ging noch die 42. Kanzleiregel[3] in ihrem ersten Theil, welcher auf Johann XXII. (1316—1334) zurückgeführt wird[4], davon aus, dass eine päpstliche Verleihung von Laienpatronatsbenefizien nur dann vorkommen könne, wenn die Besetzung derselben an den päpstlichen Stuhl devolvirt sei[5] oder der Patron einer solchen Vergebung ausdrücklich zugestimmt habe[6] und bezeichnete damit nur solche Fälle, wo in der That von einer Verletzung des patronatischen Rechtes keine Rede ist[7].

Der zweite Theil derselben Kanzleiregel, welcher von Innocenz VIII. (1484—1492) herrührt, und demnach zu einer Zeit erlassen worden ist, wo die Beschränkungen

accedat assensus. Et si per ipsum iuripatronatus huiusmodi derogari contigerit, iurispatronatus huiusmodi mentio dispositive ac specifive et determinate, non autem conditionaliter fiat, si illud ad aliquem regem, ducem, marchionem vel alium principem pertineat. Et si de hoc in literis provisionis vel mandato de providendo de dicto beneficio similis mentio facta non fuerit, non censeatur quomodolibet derogatum."

1 Vgl. Glosse s. v. apostolicis zu Clem. 2 de praeb. III. 2.

2 Gregor IX. hat im J. 1239 auf den Protest der englischen Magnaten die von ihm erfolgte Vergebung einer Laienpatronatkirche in der Diöcese York widerrufen müssen und erklärt: „cum intentionis nostrae non fuerit nec existat, ut beneficia in regno Angliae constituta quae ad praesentationem pertinent saecularium patronorum, autoritate nostra cuiquam conferantur. . . . . . districtius inhibendo, ne alicui de cetero liceat ecclesias praedicti regni, in quibus sunt laici patroni, praeter eorum assensum apostolicae sedis autoritate conferre," Potthast reg. n. 10836, Mansi 23, 88.

3 S. S. 94. n. 6.

4 Riganti ad reg. 42. canc. n. 3.

5 Dieser Fall kann nur dann eintreten, wenn der Patron nicht präsentirt hat, weil für die Bestätigung des vom letzteren vorgeschlagenen Kandidaten keine gesetzliche Frist bestimmt ist, Riganti l. c. n. 11—16.

6 Jedoch wurde sowohl ein ausdrücklicher wie stillschweigender Konsens, selbst wenn die Provisionsbulle die Klausel: „dummodo accedat consensus patronorum" enthielt, für ausreichend, ebensowenig eine Wiederholung desselben nach Ausfertigung der päpstlichen Verleihungsurkunde für erforderlich erachtet, Riganti l. c. n. 51. 55 ff. Die bei der Kurie entstandene Kontroverse, ob der Fall, wo der Bischof wegen Nichteinhaltung der Präsentationsfrist zu besetzen habe, mit Rücksicht darauf, dass der Papst mit den niedrigeren Kollatoren stets konkurriren könne, nicht unter die erste Ausnahme zu subsumiren sei, oder ob in demselben nach der für die zweite aufgestellten Regel auch Zustimmung des Patrons erfordert werden müsse, Riganti l. c. n. 19, ist von Julius III. (1550—1555) durch ausdrückliche Erweiterung der Regel auf den Fall der Verabsäumung der Präsentationsfrist seitens des Patrones im Sinne der ersten Alternative entschieden worden, Riganti l. c. n. 5. 18.

Die päpstliche Derogation galt aber in diesem Falle für ausgeschlossen, wenn der Stifter eine auch nur vom Bischof bestätigte dahingehende Bestimmung getroffen, l. c. n. 35; eine längere als die gesetzliche Präsentationsfrist bestimmt hatte, l. c. n. 28 ff., 40 (s. aber o. S. 47) oder endlich wenn der Patronat einem Fürsten zustand, n. 42 (vgl. o. a. a. O.).

7 Indessen haben die Päpste noch im 16. und 17. Jahrhundert bei der Vakanz von Laien-Patronatsbeneficien apud sedem apostolicam (s. u. §. 145) öfters Derogationen ohne das Vorliegen solcher Gründe vorgenommen und das Recht der Patrone nicht geachtet, Riganti l. c. ad reg. 1. canc. §. 1. n. 333 ff.

der päpstlichen Eingriffe in die Benefizien-Verleihung seitens der Reform-Koncilien des 15. Jahrhunderts ihre praktische Bedeutung schon theilweise verloren hatten, setzt dagegen das Derogationsrecht des Papstes in Betreff der Benefizien des Laienpatronates voraus, indem er für derartige Verfügungen als Bedingung ihrer Gültigkeit nur ein formelles Erforderniss, die ausdrückliche Aufhebung der patronatischen Berechtigung, verlangt[1]. Trotzdem war es Grundsatz der Kurialpraxis, dass das päpstliche Derogationsrecht[2] nur beim Vorliegen dringender, materieller Gründe ausgeübt werden sollte, und als solche wurden herkömmlicher Weise insbesondere die Erledigung des Benefiziums bei der Kurie durch Tod seines Inhabers[3], die Litigiösität des ersteren zwischen verschiedenen Präsentirten oder Patronatsprätendenten[4], und endlich die medietas vocum, d. h. der Fall, wo von mehreren Patronen mit Stimmengleichheit präsentirt worden ist[5], betrachtet[6]. Principiell hat die Kurie dieses Recht für die Benefizien in allen katholischen Ländern in Anspruch genommen[7], in Frankreich ist die Geltendmachung desselben aber durch eine Gewohnheit, welche sich wohl an die die päpstlichen Reservationen beschränkenden Bestimmungen des Konkordats von 1516 angelehnt hat[8], ausgeschlossen worden.

Im Gegensatz zum Laienpatronate galt beim geistlichen[9] der Papst und in Vertretung desselben auch ein päpstlicher Legat de latere[10] befugt, nach seinem freien Ermessen Derogationen in beliebiger Art und Weise, also auch stillschweigend durch thatsächliche Besetzung des Benefiziums, vorzunehmen[11].

Heute ist das päpstliche Derogationsrecht in Folge der erheblichen Beschränkung der päpstlichen Reservationen in einzelnen, der völligen Aufhebung derselben in anderen Staaten, unpraktisch geworden, auch würde die Ausübung desselben in den Ländern, in welchen wie z. B. in Preussen das Patronatrecht durch die weltliche Gesetz-

[1] S. 94. n. 6. Wenn der Patronat einem Fürsten zusteht, muss der Eigenschaft desselben speciell erwähnt werden, so dass allgemeine, darauf bezügliche Klauseln, wie z. B. „non obstante, quod iuspatronatus sit laicorum, etiam nobilium et illustrium" oder „personarum cuiuscumque conditionis" nicht genügen, Riganti ad reg. 42. n. 82.

[2] Vivian. P. III. l. XIV. c. 2. n. 1; Riganti l. c. n. 19.

[3] Vivian. l. c. n. 8; Riganti l. c. n. 137, nicht aber auf andere Weise, z. B. durch Erlangung eines zweiten inkompatiblen Benefiziums unter päpstlicher Autorität oder durch Beförderung des Inhabers zu einem Bisthum, ferner nicht wenn der Patron präsentirt hat, ehe seitens des Papstes über das Benefizium disponirt worden war, ebensowenig, wenn der Patronat einem König zustand, Riganti n. 139 ff.

[4] Vivian. l. c. n. 14 ff.; Riganti n. 169 ff.; Leuren. for. benef. P. II. qu. 114. n. 2.

[5] Vivian. l. c. n. 19; Riganti n. 158 ff.; Leuren. l. c. n. 3. Hier findet kein Eingriff in die Rechte der Patrone statt, denn es liegt gar keine gültige Präsentation vor, s. o. S. 57; es wird nur das Besetzungsrecht des unteren Kollators ausgeschlossen. Vgl. auch Phillips 7,833. Dasselbe gilt in Betreff der von Riganti l. c. n. 279 ff. aufgezählten Fälle, dass der Patron simonistisch präsentirt, sich Eingriffe in das Kirchenvermögen erlaubt, einen Geistlichen an der Patronatskirche getödtet oder verstümmelt hat, oder in Ketzerei verfallen ist. In allen diesen Fällen sind päpstliche Derogationen vorgekommen, obwohl sie streng genommen, unnöthig waren, weil unter den gedachten Voraussetzungen der Patronat entweder suspendirt wird oder verloren geht, s. o. S. 90 ff.

[6] Andere Fälle von Derogationen zählt Vivian. l. c. n. 12. 22 ff. auf. Die Darstellung bei Riganti l. c. n. 184 ff. 294 ff. zeigt aber, dass man den Kreis derselben später, etwa seit dem 17. Jahrhundert, enger gezogen hat.

[7] Nach Riganti l. c. n. 183 besonders in Deutschland, Italien, Spanien, Portugal u. Polen und hier auch ausgeübt.

[8] Rebuffus, praxis benefic. P. III. signaturae s. v. nec non iurispatronatus n. 12. 36, ed. Colon. 1610. p. 125. 127; Riganti l. c. n. 222 ff.

[9] In Bezug auf die gemischten Patronate ist früher das Derogationsrecht ebenfalls ausgeübt worden, später, seit dem 17. Jahrhundert, aber nicht mehr, Vivian. l. c. n. 11; Riganti l. c. n. 300 ff.

[10] Dieses Recht hat schon Innocenz III. dem letzteren zuerkannt, c. 28. X. h. t. III. 38, vgl. auch Th. I. S. 514. 515.

[11] Vivian. l. c. c. 1. n. 97; c. 2. n. 6. 7; Riganti l. c. n. 81.

gebung ohne Anerkennung der erwähnten Befugniss geregelt ist[1], rechtlich wirkungslos sein.

7. Endlich kann auch als Aufhebungsgrund des Patronates noch die Beseitigung desselben durch die staatliche Gesetzgebung in Frage kommen[2].

Was schliesslich die Einwirkung der erörterten Erlöschungsgründe auf Kompatronate betrifft, so beseitigen diejenigen, welche einen substantiellen Untergang des Patronates wider Willen des Patrons herbeiführen, auch das Kompatronatrecht in vollem Umfange. Dies gilt ausnahmlos bei der Beseitigung des Rechtes durch Untergang des Objektes, und durch einen Akt der kirchlichen oder weltlichen Gesetzgebung[3], ferner auch, wenn die Subjekte des Kompatronates sämmtlich fortfallen. Geht blos eines derselben unter, stirbt z. B. allein eine der gemeinschaftlich berechtigten Familien aus, so dauert der Patronat fort. Die Begehung strafbarer Handlungen, welche den Verlust des Patronates nach sich ziehen, hebt dagegen selbstverständlich nur die Mitberechtigung des schuldigen Kompatrons auf. Ebenso kann jeder Kompatron nur diese letztere einseitig aufgeben, soll der Kompatronat also überhaupt erlöschen, so müssen alle Kompatrone auf ihr Recht verzichten. Die usucapio libertatis zerstört endlich das Kompatronatrecht allein unter der Voraussetzung, dass sie gegen sämmtliche Kompatrone vollendet ist. Gegenüber dem einzelnen kann sie nur dann von Wirkung sein, wenn ihm seine Theilnahme am Kompatronate bestritten und in Folge dessen die Ausübung des Rechtes durch ihn gehindert wird. Geschieht letzteres aber deshalb, weil die Existenz des Patronates überhaupt in Frage gestellt wird, so erhält die Ausübung desselben durch einen Kompatron stets das ganze Recht für alle, weil jeder derselben in solidum zur Vertretung desselben berechtigt ist, falls seine Mitgenossen nicht neben ihm konkurriren wollen[4].

In denjenigen Fällen, wo einer der Kompatrone ausscheidet, und nicht ein anderer für denselben in Folge stiftungsmässiger Bestimmungen eintritt[5], behalten die übrigen allein den Kompatronat[6]. Dies folgt ebenfalls aus der nur durch die Konkurrenz der übrigen beschränkten Solidarberechtigung der Kompatrone.

Durch den Wegfall eines der Kompatrone wird mithin kein bestimmter Antheil an dem Patronatrecht frei, vielmehr hört blos die bisherige Beschränkung der übrigen Kompatrone durch die Mitberechtigung ihres Genossen auf.

Hieraus ergiebt sich, dass der Bischof oder der sonstige kirchliche Obere nicht kraft dieser seiner Stellung neben die übrigen Patrone eintreten kann[7], weiter, dass

[1] S. o. S. 7. n. 2.

[2] S. o. S. 8. Dass die Konsolidation kein Erlöschungsgrund des Patronates ist, ergeben die Ausführungen o. S. 35.

[3] Ueber den Umfang der Wirksamkeit solcher weltlichen Gesetze s. o. S. 8.

[4] S. o. S. 16.

[5] Dies kann z. B. bei einem zwei Familien zustehenden Patronate der Fall sein, wenn der Kompatron aus der einen berechtigten Familie seine Berechtigung simonistisch veräussert hat. Hierdurch verliert er diese letztere, und an seine Stelle tritt das nächst berufene Familienglied ein.

[6] Beim Vorhandensein von blos zwei Kompatronen verwandelt sich demnach der Mitpatronat in ein Alleinpatronat.

[7] Selbst nicht, wenn einer der Kompatrone auf sein Recht verzichtet und dabei ausdrücklich bestimmt, dass sein Antheil frei werden solle. Darin liegt eine Anordnung, welche dem Wesen seines Rechtes widerspricht, mithin ungültig ist, denn es wird dadurch die in der Natur des als untheilbar zu behandelnden Kompatronates begründete Erweiterung des Rechtes der anderen Kompatrone in Folge des Wegfalls des einen Berechtigten aufgehoben, und Bestimmung darüber zu treffen, steht dem einzelnen Kompatron kraft seiner Berechtigung am Patronate nicht zu. Selbstverständlich ist es dagegen nicht ausgeschlossen, dass der Kompatron diese letztere durch einen gültigen Rechtsakt auf den Bischof überträgt, dann wird der letztere aber Mitpatron und konkurrirt als solcher neben den anderen. Ob ein zu Gunsten des Bischofs auf den Kompatronat abgegebener Verzicht in der zuletzt gedachten Weise auszulegen ist, bleibt Sache der Willensinterpretation im einzelnen Fall.

Endlich steht nichts entgegen, dass im Wege

was die Kompatrone selbst betrifft, die Zahl der Stimmen sich nunmehr um eine[1] vermindert[2], sofern nicht etwa der ausscheidende Kompatron zu einer blos eine einzige Stimme oder eine gewisse Stimmzahl führenden Gruppe gehört hat[3], und dass endlich etwaige stiftungsmässige Prästationen an die übrigbleibenden Kompatrone in voller Höhe weiter gezahlt werden müssen[4].

Dieselben Grundsätze finden Anwendung, wenn für einen der Kompatrone die Ausübung seines Rechtes blos suspendirt[5] wird, nur mit der Abweichung, dass der letztere in einem solchen Fall nicht dauernd ausscheidet, vielmehr nach Beseitigung des Suspensionsgrundes wieder in den Genuss seines Rechtes eintritt.

§. 141. β. *Nominations-, Präsentations- und Vorschlagsrechte dritter Personen.*

Bei der Besetzung der in den §§. 134 und 135 erwähnten kirchlichen Aemter ist eine Betheiligung dritter Personen auch auf Grund eines anderen Rechtstitels, als des Patronates, ja selbst im weiteren Umfange als sie das im letzteren enthaltene Präsentationsrecht gewährt, möglich.

I. Das Nominationsrecht. Das katholische Kirchenrecht gewährt einem Dritten in einer Anzahl von Fällen die Befugniss, ein erledigtes Amt zu übertragen. Hier verleiht der Berechtigte das Amt selbst. Man kann daher ein solches Ernennungsrecht auch als freies Verleihungsrecht bezeichnen. Indessen steht dasselbe in seiner rechtlichen Bedeutung der regelmässig eintretenden collatio libera, dem vollen Verleihungsrecht[6], des Bischofs nicht gleich. Der Ernannte erlangt zwar mit der Verleihung das Amt, nicht aber ohne Weiteres die Befugniss zur Ausübung desselben, vielmehr bedarf er dazu noch einer von dem kirchlichen Oberen nach stattgehabter Prüfung des Kandidaten und des Ernennungsaktes zu ertheilenden missio canonica oder Approbation, bei Seelsorge-Aemtern der s. g. approbatio pro cura oder institutio autorizabilis[7], ohne dass der Erwerb des Amtes in solchen Fällen erst von der Gewährung

der Stiftung oder der Nachstiftung die Wirkungen, welche in Folge der Solidarberechtigung der Kompatrone eintreten, auch für den Fall des Ausscheidens eines Kompatrons abgeändert werden können, dass z. B. dem Bischof eine Mitwirkung bei der Feststellung des zu präsentirenden Kandidaten gewährt wird, s. Richter Tridentinum S. 554. n. 13.

[1] Oder wenn er etwa mehrere Stimmen zufolge der Stiftung zu führen hatte, um die Zahl derselben.

[2] Auch diese Konsequenz kann aber der Stifter oder Nachstifter beseitigen.

[3] Ueber die erstgedachte Komplikation s. o. S. 83. n. 10. In solchen Fällen behält die Gruppe ihre frühere Anzahl von Stimmen ohne Rücksicht auf die Zahl der zu ihr gehörigen Kompatrone. Derjenige, welcher fundationsmässig mehrere Stimmen besitzt, braucht sich beim Fortfall eines der anderen Kompatrone keine Reducirung derselben gefallen zu lassen, wenn auch dadurch das Stimmverhältniss für ihn vortheilhafter und für die übrigen nachtheiliger wird, denn die Festsetzung einer grösseren Zahl von Stimmen für einen der Berechtigten ist eine Begünstigung, welche nicht nothwendig durch ein bestimmtes Verhältniss zu der Zahl der sonstigen Stimmen bedingt ist. So hat auch die Congr. conc. 1838 in einem Falle, wo einer Familie stiftungsgemäss zwei Stimmen, und 4 Hospitälern je eine Stimme zugetheilt, von den letzteren aber zwei durch die weltliche Regierung später aufgehoben worden waren, entschieden, dass den ersteren ihre bisherige Stimmberechtigung verbleibe, und jedes der fortbestehenden Hospitäler je eine Stimme zu führen habe, Richter's Tridentinum S. 454. n. 13.

[4] Falls nicht etwa von vornherein für jeden gesondert ein bestimmter Betrag festgesetzt ist.

[5] Z. B. durch Exkommunikation.

[6] v. Schulte Lehrb. 3. Aufl. S. 304. 305 gebraucht allerdings den Ausdruck: freies und volles Verleihungsrecht identisch. Dadurch erschwert man sich aber die Auseinanderhaltung der hier in Rede stehenden Fälle und derjenigen, in welchen ein anderer als der Bischof unter Ausschluss desselben das Amt in dem hier gebrauchten Sinn voll verleiht.

[7] Vgl. Th. II. 650. 651; v. Schulte a. a. O.; Hergenröther i. Arch. f. k. K. R. 39, 212. 213.

dieser Genehmigung datirt, weil durch letztere nur die Tauglichkeit des Beliehenen und die Gültigkeit des Ernennungsaktes festgestellt werden soll [1].

Derartige Ernennungs- oder Nominationsrechte kommen in der Regel nur für kirchliche Korporationen (Kapitel, Klöster) und kirchliche Amtsträger, sowie für den Staat und den Landesherrn vor. Ein solches Recht hat

1. das Institut oder der Amtsträger, zu dessen Gunsten eine incorporatio quoad temporalia et spiritualia erfolgt ist, in Bezug auf die Besetzung der Stelle des Vikars [2];

2. das Dom- oder Kollegiatkapitel, welchem die cura habitualis zusteht [3], hinsichtlich der Bestellung derjenigen Geistlichen, welche die cura actualis auszuüben haben [4];

3. der Landesherr in Betreff der Anstellung der Hofgeistlichkeit an seiner Hofkapelle [5];

4. der Landesherr oder die nach dem Verwaltungsrecht des betreffenden Staates zuständige Behörde hinsichtlich der Anstellung der Militärgeistlichen [6] und der Geistlichen an Staats-Anstalten [7], wie z. B. an Gefängnissen, Kranken- und Irrenhäusern.

Während das Ernennungsrecht in den ersten beiden Fällen darauf beruht, dass es sich hier nur um die Bestellung von Stellvertretern für den eigentlich Berechtigten handelt, stehen in den beiden letzten, abgesehen davon, dass vielfach die Hofkapellen Eigenthum des Landesherrn, die Garnisonkirchen und Kirchen in öffentlichen Anstalten Eigenthum des Staates sind, derartig berechtigte persönliche oder staatliche Interessen in Frage, dass die massgebenden kirchlichen Organe die gedachten Befugnisse der Landesherren und der Staaten entweder ausdrücklich anerkannt oder mindestens nicht angefochten haben.

5. Ausser den erwähnten Fällen ist schon in früherer Zeit, etwa seit dem 15. Jahrhundert, den Landesherren durch päpstliche Indulte ein Mitwirkungsrecht bei der Besetzung gewisser Aemter eingeräumt worden, weil entweder die Kurie den Ansprüchen derselben nachgeben musste, oder durch dergleichen Bewilligungen anderweite Zuge-

1 v. Schulte a. a. O. Wird sie wegen Untauglichkeit verweigert, so zeigt sich, dass der Ernennungsakt nichtig war.

2 Th. S. 452.

3 Darüber, dass hier keine Inkorporation vorliegt, s. Th. II. S. 454. n. 1.

4 Th. II. S. 304. 305. Ueber die Frist in den Fällen 1 u. 2 s. unten S. 104. n. 2.

Auch das früher übliche Ernennungsrecht der Hülfsgeistlichen durch die Pfarrer, s. Th. II. S. 319. 320, gehört hierher.

5 Müller Lexikon des Kirchenrechts. 2. Ausg. 1, 398 u. 2, 179; Permaneder K. R. §. 247. Vgl. schon conc. Clarom. v. 1095. c. 18, Mansi 20, 817: „ut nullus princeps capellanum habeat nisi quem sibi episcopus suus aut archidiaconus procuratorem animae delectum constituat". Die Hofkapellen und die Hofgeistlichkeit sind zwar vielfach von der Gewalt der Ordinarien eximirt, indessen unterstehen sie, auch in diesem Falle, wenn nicht ein weiter gehendes, besonderes Privilegium vorhanden ist, den letzteren als Delegaten des apostolischen Stuhles nach Massgabe des c. 16 (Inn. III.) X. de privil. V, 33, s. Trid. Sess. XXIV. c. 11 de ref.; Fagnan. ad c. 16 cit. n. 7 ff.; Ferraris s. v. capella n. 37 ff.

6 So in Oesterreich s. Th. II. S. 340; ferner jetzt auch in Preussen hinsichtlich der stellvertretenden Militärgeistlichen, a. a. O. S. 342.

7 Preuss. Ges. v. 11. Mai 1873. §. 29; würtemb. Ges. v. 30. Jan. 1862 Art. 2; bad. Ges. v. 9. Okt. 1860. §. 8, dazu Spohn bad. Staatskirchenrecht S. 17; hess. Ges. v. 23. April 1875, betr. d. Vorbildg. d. Geistl. Art. 6. Ueber Baiern s. Silbernagl Verfassg. sämmtl. Religionsgesellschaften S. 418; Stingl, Verwaltg. d. kath. Pfarramtes S. 279. 280. Ueber Sachsen Ges. v. 23. Aug. 1876 §. 18. und Schreyer Cod. d. sächs. Kirchenrechts S. 505. n. **. Die Anstellung erfolgt gewöhnlich durch die Centralbehörde, unter welcher die Anstalten stehen, entweder allein oder in Konkurrenz mit dem Kultusministerium. Vgl. noch Thudichum deutsch. K. R. 2, 170. Uebrigens bestehen an den öffentlichen Anstalten nicht immer besondere Aemter, vielmehr kommt es auch vor, dass Geistliche blos mit der Vollziehung bestimmter gottesdienstlicher Funktionen betraut werden, z. B. in Würtemberg, s. Hauber i. Dove Ztschr. f. K. R. 2, 378.

ständnisse und Vortheile zu erlangen suchte [1]. Was den rechtlichen Charakter dieser Befugnisse betrifft, so bleibt es freilich für manche Fälle bei den dürftigen Nachrichten und bei der kurzen Fassung der Urkunden zweifelhaft, ob ein Nominationsrecht in der hier gebrauchten Bedeutung des Wortes [2] oder blos ein Präsentationsrecht, d. h. das Recht, dem kirchlichen Oberen mit bindender Wirkung eine Person für die Uebertragung des Amtes zu bezeichnen [3], in Frage gestanden hat. Im 16. Jahrhundert haben sogar

[1] Daraus erklärt es sich auch, dass derartige Indulte nur vorübergehend für einzelne Fälle ertheilt worden sind, so hat z. B. Eugen IV. Friedrich III. 1446 gestattet, 100 Benefizien in seinen Erblanden zu verleihen, Chmel regesta Friderici III. (IV.) n. 2018, wo der Inhalt des Privilegs aber seinem Wortlaut nach nicht mitgetheilt ist. Eine gleiche Ermächtiguug hat Herzog Albert von Oesterreich für 20 Benefizien von Nikolaus V. i. J. 1450 erhalten. Gerbert historia silvae nigrae. S. Blas. 1783. 3, 361.

[2] dipl. des Kurfürsten Ernst v. Sachsen v. 1476, Schöttgen u. Kreysig Nachlese d. Historie v. Obersachsen. Dresden u. Leipzig 1730 ff. 8, 690: „Nachdem . . . der Babst (Sixtus IV.) Uns und . . . unseren lieben Brudern . . . und unser beiderseits Erben . . . die sunderliche Gnade gethan, dass wir alle Dignitaten und Prälaturen der Kirche zu Meissen, es sey Dhum-Probstei, Techaney, Scholasterei und ander Archidiakonat doselbst, so sich die hinfür vorerledigen, zum ewigen Gezeiten von der Hand verleihen mogen".

[3] Nur dieses ist gemeint in der Bulle Eugens IV. v. 1444, Teschenmacher annal. Cliviae. ed. Francof. et Lips. 1721. cod. prob. p. 82: „. . . concedentes ut omnia et singula dignitates, personatus, administrationes et officia, monasteria, prioratus caeteraque beneficia ecclesiastica quaecunque in dictis dominiis . . . . vacantia et in posterum . . . quomodolibet vacatura quaecunque, quodcunque et qualiacunque et cuiuscunque valoris fuerint, quae in turno sive mense ordinariorum vacare contigerit . . . dummodo non sint apostolicae sedi reservata, personis idoneis per ipsos ducem et primogenitum tibi nominandis auctoritate praefata apostolica conferre et de illis providere ac personas, quibus huiusmodi beneficia contuleris, in corporalem possessionem ipsorum beneficiorum inducere . . . valeas" (vergl. dazu Knapp [praes. Dewis] diss. de iurepatronatus in ducatibus Juliae et Montium. Dusseldorp. 1779. p. 21. n. d; Laspeyres Gesch. d. kathol. Kirche Preussens S. 184. n. 4; C. Varrentrapp Hermann v. Wied. Leipz. 1878. S. 27); in der von Leo X. 1514 bestätigten Bulle Alexanders VI. v. 1498 für den Herzog von Pommern in Betreff der Propsteien an verschiedenen Kollegiatkirchen, Wachsen hist. dipl. Gesch. der Altstadt Colberg. Halle 1767. p. 103 ff.; in dem französischen Konkordat v. 1516, Nussi conventiones inter s. sedem et civilem potestatem p. 23: „Monasteriis vero et prioratibus conventualibus et vere electivis . . . vacantibus . . . idem rex illorum occurente huiusmodi vacatione, religiosum eiusdem ordinis in aetate XXIII annorum ad minus constitutum infra simile tempus VI mensium a die vacationis . . . computandorum, nobis et successoribus nostris aut sedi huiusmodi nominare et de persona per regem huiusmodi monasterio vacanti nominata per nos et successores nostros seu sedem huiusmodi provideri, prioratus vero personae ad illum per eundem regem nominatae conferri debeat. Si vero idem rex presbyterum saecularem vel religiosum . . . inhabilem nobis . . . seu sedi huiusmodi nominaret, talis nominatus recusari . . . debeat, sed rex ipse infra trimestre a die recusationis . . . computandum alium . . . qualificatum . . . nominare et de persona ad monasterium nominata illi provideri, ad prioratum vero nominato prioratus ipse per nos . . . seu sedem praedictam conferri debeat. Alioquin dictis IX mensibus effluxis, nulla seu de persona minus idonea . . . facta nominatione semper . . . per nos . . . seu sedem praedictam monasteriis provideri, personatus vero personis . . . qualificatis dumtaxat conferri libere possint". Dasselbe gilt auch für solche Fälle, wo das Präsentationsrecht zugleich als Patronat bezeichnet wird, s. das Indult Clemen's VII. Th. II. S. 611. n. 2, und ferner die Indulte Alexanders VIII. v. 1690 zu Gunsten der Könige von Portugal in Betreff der Dignitäten, Kanonikate und anderen Benefizien an den Kathedralen zu Nanking und Peking, bull. Taurin. 20, 56. 60.

Hierher gehören weiter die Indulte, welche die Päpste den Herrschern von Sizilien und Spanien auch für andere als Bischofsämter, für Kloster- und Stiftsprälaturen und Kanonikate, nachdem sie auf diese wegen angeblicher Stiftungen, ebenso wie auf die Bisthümer, ein Patronatrecht geltend gemacht hatten, ertheilen mussten, s. Th. II. S. 598. n. 2 u. S. 599 Anm., Sentis die Monarchia Sicula S. 101 ff.; Hergenröther i. Arch. f. kath. K. R. 10, 16 ff. Die Streitigkeiten, welche in Spanien über den Umfang dieses s. g. Patronates, namentlich darüber, auf welche Arten von Benefizien dasselbe und darüber, ob es auch gegenüber einer Reservation in päpstlichen Monaten Anwendung finde, zwischen den Herrschern und den Päpsten entstanden sind, Hergenröther a. a. O. S. 198 u. 11, 252. 256, haben erst in dem Konkordate v. 1753 Art. 21 dadurch ihre Beilegung gefunden, dass dem päpstlichen Stuhle 52 Benefizien zur Besetzung vorbehalten wurden und im Uebrigen der Papst (Art. 5) den beanspruchten Universalpatronat oder das Präsentationsrecht des Königs anerkannte, Nussi l. c. p. 125: „la Santità sua accorda a S. M. il Re e ai Re suoi successori perpetuamente il diritto universale di nominare et presentare indistintamente in tutte le chiese metropolitane, cattedrali, collegiate et diocesi de' regni della Spagna . . . alle dignità maggiori post pontificalem, ed altre in cattedrali e dignità principali ed altere in collegiate, canonicati, porzioni, prebende, abbazie, priorati, commende, parrocchie, personati, patri-

in Deutschland einzelne Fürsten, beeinflusst von den protestantischen Anschauungen über die landesherrliche Gewalt in Kirchensachen und geleitet von dem Bestreben, innerhalb der katholischen Kirche ihres Landes zu reformiren, sich derartige Rechte aus eigener Machtvollkommenheit beigelegt[1], während die Päpste[2] es nicht wagten, hiergegen[3] Einsprache zu erheben, weil sie sich bei der Bekämpfung des Protestantismus nicht des Beistandes der katholischen Landesherren berauben konnten. Auch diese Rechte sind bald als Patronate, bald als Verleihungsrechte bezeichnet worden[4], indessen lag es in der Natur der damaligen Verhältnisse, dass sie seitens der Landesherren, wenn irgend angänglich, als Kollationsrechte behandelt wurden[5].

Das geltende Recht der katholischen Kirche kennt ebenfalls eine Nomination der Regenten. Sie besteht für die Regel in Betreff der Kapitelsstellen und beruht auf den neueren Vereinbarungen und Konkordaten der einzelnen Staaten mit der Kurie. Die Bewilligung derselben ist meistentheils als Koncession für die staatlich zu Gunsten der Kirche übernommenen Leistungen erfolgt[6], daneben hat aber auch der Umstand bestimmend gewirkt, dass in einzelnen Ländern solche Befugnisse schon früher in Geltung gewesen sind[7]. Derartige Nominationsrechte kommen heute in Preussen, Baiern, Oesterreich[8], Spanien[9], in den Republiken Mittel- und Südame-

moniali, officii, benefizi ecclesiastici secolari e regolari, con cura e senza cura, di qualunque natura siano, esestenti al presente e che in avvenire si fondassero senza i fondatori riservassero a se e a suoi successori il ius di presentare . . . . et per maggiore abbondanza al ius che avea la S. Sede per razione delle riserve di conferire . . . li benefizi . . . surroga la M. S. del Re cattolico e re suoi successori dando loro il ius universale di presentare alli suddetti benefizi . . ., non dovendosi in avvenire concedere a verun nunzio apostolico nella Spagna l'indulto di conferire i benefizi nei mesi apostolici senza l'espressa permissione di S. Maiesta e de' suoi successori". (Art. 6): „. . . . si conviene, che tutti li presentandi e nominandi da S. M. cattolica e dai suoi successori alli soppradetti benefizi . . . debbano indistamente ricevere le istituzioni e collazioni canoniche da' loro rispettivi ordinari".

1 So hat der Herzog Johann IV v. Cleve auf Bitten seiner Stände das Recht der Besetzung der dem Papste auf Grund der alternativa mensium reservirten Dignitäten, Benefizien und Offizien, um dieselbe mit geeigneten Persönlichkeiten zu versehen, seit dem J. 1525 in die Hand genommen, und dieses Recht ist auch von seinen Nachfolgern geübt worden, Knapp l. c. p. 6ff.

2 Im J. 1550 hat zwar der Herzog von Cleve ein Indult für das angemasste Besetzungsrecht in Rom nachgesucht, ein solches ist zwar abgeschlagen, andererseits aber die Ausübung desselben geduldet worden, Knapp l. c. p. 13.

Auch die bairischen Kurfürsten haben im 16. Jahrhundert die Propsteien der Chorstifte und die Dekanate, nicht minder die in den päpstlichen Monaten reservirten Benefizien verliehen. Dieses Recht wurde theils auf eine uralte Gewohnheit, theils auf ein päpstliches Indult von 1563 gestützt, v. Kreittmayr, Anmerkungen üb. d. codic. Maximil. zu Th. V. c. 19. §. 18. n. 8 u. 9; v. Sartori, geistl. u. weltl. Staatsrecht d. deutschen Erz.-Stifter. II. 2. Abschn. 2. S. 317; v. Freyberg pragmat. Gesch. d. bair. Gesetzgebung 3, 33; Friedberg, Grenzen zw. Staat und Kirche S. 203 (c. 4. art. 5), und ist auch ausdrücklich in dem Konkordate v. 1583 mit den Bischöfen v. Salzburg, Passau, Freising, Regensburg und Chiemsee (bei v. Freyberg a. a. O. S. 381) anerkannt.

3 Es handelte sich also hier um Befugnisse, welche kraft der landesherrlichen Gewalt beansprucht worden sind und zum Theil kein anderes kirchliches Fundament als die Tolerirung seitens der Päpste aufweisen konnten.

4 In der angeführten Dissertation von Knapp l. c. wird beides als identisch behandelt.

5 So in den Kleve'schen Landen, s. z. B. das Kollationspatent der Kleve-Märkischen Regierung v. 1670, Mooren, d. Dortmunder Archidiakonat S. 184 („dass wir solchen Pastorat J. G. B. hinwiederum konferiret haben"), und das von dieser und der Düsseldorfer Regierung gebrauchte Formular für die Verleihung von Kanonikaten bei Knapp l. c. p. 20. n. c. Dabei blieb es dem Erwerber selbst überlassen, sich seinerseits mit der kirchlichen Behörde wegen der Erlangung der Mission oder Approbation in Verbindung zu setzen, Mooren a. a. O. S. 184.

6 Vgl. die Anmkgn. 8ff.

7 So z. B. in Baiern, s. Anm. 2 u. Th. II. S. 697, und in Spanien, s. S. 100. n. 3, wo der frühere s. g. Universalpatronat durch das Konkordat v. 1851 art. 18. 23. 26, Nussi l. c. p. 287. 289. 290 beseitigt worden ist. Vgl. Anm. 9.

8 Vgl. Th. II. S. 695ff.

9 Konkordat v. 1851 art. 18: „Ad dignitatem decani in cunctis ecclesiis et quovis tempore et modo vacet, regia maiestas perpetuo nominabit. Canonicatuum de officio (s. Th. II. S. 123. n. 8) provisio ad praelatos et capitula . . . pertinebit. Caeteris dignitatibus ac canonicatibus maiestas sua et archiepiscopi atque episcopi stricte alternando providebunt. Beneficiati seu cappellani

rikas[1], in einzelnen schweizerischen Kapiteln[2] vor. Im Allgemeinen wird die Nomination aber ebenso wie bei den Bisthümern[3] rechtlich als Präsentationsrecht behandelt[4]. Es ist selbstverständlich, dass nur ein fähiger Kandidat nominirt werden darf. Eine Frist für die Nomination ist meistens nicht festgesetzt[5]. Da die letztere kein auf dem Boden des gemeinen Kirchenrechts erwachsenes Rechtsinstitut ist, so lassen sich die sonst für die Benefizien-Besetzung geltenden gemeinrechtlichen Fristen nicht zur Anwendung bringen[6].

Die Ersitzung des Nominationsrechtes, sei es in der einen oder anderen der hier in Frage stehenden Bedeutungen, ist ausgeschlossen[7].

adsistentes vicissim per ipsam maiestatem suam et praelatos ac capitula nominabuntur. Praebendarum, canonicatuum et beneficiorum eorundem nominatio, quoties ob possessoris dimissionem vel ad alterum beneficium promotionem vacent, iis exceptis, quae summo pontifici reservata sunt, ad regiam maiestatem semper et quandocumque spectabit. Idem prorsus servabitur, quoad ea quae vacent sede vacante aut vacua supersint tempore mortis, translationis vel resignationis praelati cuius erat ius conferendi. Regiae maiestati similiter competet prima nominatio ad dignitates, canonicatus ac beneficia in cathedralibus noviter erigendis nec non ad illa quae in nova Vallisoliti metropolitana augebuntur praeter tamen summo pontifici reservata et canonicatus de officio . . . . Singuli porro ad praedicta beneficia nominati institutionem et collationem canonicam a propriis ordinariis semper et omnino consequi teneantur". art. 23: „Quae in superioribus articulis circa praebendarum ac beneficiorum et cappellaniarum provisionem . . in ecclesiis cathedralibus statuta sunt, etiam in collegiatis plene atque in omnibus vigebunt ac observabuntur."

[1] Konkordat mit Costarika v. 1852 art. 8, Guatimala v. 1852. art. 8, Nicaragua v. 1861. art. 8, S. Salvador v. 1862. art. 8, Nussi l. c. p. 299. 306. 363. 369 (in allen für den Präsidenten der Republik ein indultum nominandi ad capituli praebendas sive sint dignitates sive canonicatus sive inferiora beneficia usque ad VI dumtaxat), Venezuela v. 1862. art. 10, Nussi p. 358 („Praeses reipublicae ad omnes cathedralium ecclesiarum dignitates et canonicatus exceptis iis, qui *de officio* appellantur, nominabit. Ad reliquas praebendas idem praeses ecclesiasticos viros dioecesanis antistibus praesentabit, qui canonicam ipsis, dummodo digni reperti fuerint, dabant institutionem"), vgl. auch das Konkordat mit Ecuador v. 1862. art. 13, Nussi p. 353, welches freilich i. J. 1878 von dem Präsidenten der Republik für aufgehoben erklärt ist, Arch. f. k. K. R. 40, 321.

[2] In Basel und in S. Gallen, Gareis u. Zorn, Staat u. Kirche i. d. Schweiz 2, 87 u. 199.

[3] Th. II. S. 692. 693.

[4] Dies zeigt die Bestimmung im Art. 18 a. Schl. des spanischen Konkordats (S. 101. n. 9). Ebenso verlangt der Vertrag wegen S. Gallen v. 1845 Art. 12, Nussi l. c. p. 270, die institutio canonica für die staatlich ernannten Benefiziaten. Dass dies von jeher die Auffassung der Kurie gewesen ist, zeigen das französische Konkordat v. 1516 (S. 100. n. 3), sowie die Konkordate für Portugal v. 1778 Art. 2. 3 und für Mailand und Mantua v. 1784, Nussi p. 137. 139, nach welchen die nominirten Kandidaten vor der Besitzeinweisung in ihre Benefizien die päpstliche Institutionsbulle, bez. die bischöfliche Institution zu erwirken haben. Daher können diejenigen Konkordate, welche wie die Anm. 1 angeführten schlechthin der Nomination gedenken, nur gleichfalls in diesem Sinne ausgelegt werden. Ebenso wenig wird auf den Gebrauch der Ausdrücke: nominare und praesentare in dem Konkordat mit Venezuela (s. a. a. O.) Gewicht zu legen sein. Der Gegensatz liegt in dieser Stelle nicht in der Art des Vorschlagsrechtes, sondern in der Art der Benefizien. Vgl. auch Hergenröther i. Arch. f. k. K. R. 39, 205 und Th. II. S. 699.

[5] Wohl deshalb, weil beim Fürsten oder bei der Regierung ein gerechtfertigter Grund zur Zögerung vorausgesetzt wird, Th. II. S. 693. n. 5.

[6] Es wird vielmehr in solchen Fällen mit der betreffenden Regierung in Verhandlung getreten werden müssen, um sie zur Nomination zu veranlassen.

[7] Nur der Nachweis der unvordenklichen Verjährung erscheint geeignet, den Beweis eines besonderen Titels zu ersetzen. Es kann keinem Bedenken unterliegen, die Vorschrift des Trid. Sess. XXV. c. 9 de ref. über das Patronatrecht wegen der Gleichheit des Grundes auch auf das Nominationsrecht anzuwenden, und zwar umso weniger, als dasselbe Nominations- und Präsentationsprivilegien in Bezug auf den Widerruf den Patronatrechten gleichstellt, vgl. o. S. 31, also die Begründung solcher für die Zukunft auf anderem Wege, als dem eines ausdrücklichen päpstlichen Privilegs hat abschneiden wollen.

Andere Nominations- oder Präsentationsrechte als die im Text genannten sind nur Singularitäten. Hierher gehören die Wahlrechte in Betreff der Stellen von Pfarr- oder Hülfsgeistlichen, welche einzelnen Gemeinden zustehen, ohne dass diese auf einen Patronat zurückführen, vgl. Th. II. S. 320. n. 2 u. S. 638.

Bei der Ernennung der Geistlichen für s. g. *capellae laicales*, Th. II. S. 393. 394, und der von Hausgeistlichen oder Hauskaplänen handelt es sich nur um die Uebertragung gewisser geistlicher Funktionen an dieselben, nicht um die Verleihung eines Amtes. Hat der betreffende Geistliche die erforderliche Approbation, so bedarf es nur einer Erlaubniss des kirchlichen Oberen zur Uebernahme der Stellung, um zu konstatiren, dass diese mit seinen sonstigen Verpflichtungen nicht unvereinbar ist, vgl. in Betreff der

Das Nominationsrecht kann übrigens auch gewissen Beschränkungen unterliegen, z. B. der, dass der Berechtigte aus einer bestimmten, ihm vom Kirchenoberen vorzuschlagenden Zahl von Kandidaten nominiren muss [1], oder dass der erstere dem letzteren mehrere Personen (auch mehrere Male hinter einander) zu benennen verpflichtet ist [2]. Im ersteren Fall erhält der bezeichnete Kandidat mit der Designation an den kirchlichen Oberen ein Recht auf Verleihung des Amtes, während ein solches im letzteren, selbst wenn nur ein einzelner vorgeschlagen sein sollte, nicht begründet wird [3].

II. Abgesehen von der Nomination kann die Betheiligung dritter Personen bei der Besetzung eines kirchlichen Amtes auch in einem nicht bindenden Vorschlage einer oder mehreren Personen an den kirchlichen Oberen bestehen. Ein solches Recht kommt namentlich in Betreff derjenigen Aemter vor, welche keine Benefizien sind, so z. B. der Landdechantenstellen [4]. Dasselbe hat nur die Bedeutung, den kollationsberechtigten Oberen auf geeignete Persönlichkeiten aufmerksam zu machen, bindet denselben aber niemals in seiner Auswahl an die bezeichneten Kandidaten.

§. 142. *dd. Die Verleihungsfrist.*

Erst das 3. Lateranensische Koncil von 1179 hat für die Kirchenämter, welche nicht zu den höheren gehören [5], eine bestimmte Verleihungsfrist eingeführt. Nach seiner Anordnung sollen die der freien Verleihung des Bischofs oder eines anderen ordentlichen Kollators oder des Domkapitels unterstehenden Benefizien und Offizien innerhalb einer sechsmonatlichen Frist wieder besetzt werden, eine Vorschrift, welche auch auf die der gemeinschaftlichen Verleihung des Bischofs und des Kapitels unterliegenden derartigen Aemter ausgedehnt [6], in Betreff der durch Wahl zu besetzenden Prälaturen mit iurisdictio episcopalis oder quasi-episcopalis aber ausdrücklich ausgeschlossen worden ist [7].

Die Aemter, auf deren Besetzung die Regel Anwendung findet, brauchen nicht Benefizien im eigentlichen Sinne zu sein, es fallen vielmehr auch solche, welche keine Benefizial-Qualität haben, unter dieselbe [8]. Jedoch werden diejenigen auszunehmen sein, denen es an der objektiven Perpetuität fehlt oder deren Charakter nicht min-

Hausgeistlichen conc. Mogunt. v. 1310, Magdeburg v. 1403, Patav. v. 1470. c. 10; Bamberg v. 1491. tit. 10, Hartzheim 4, 180; 5, 478. 591. 601. 683.

1 So ist z. B. im spanischen Konkordat Art. 26 bestimmt, dass zum Ersatz für den früheren Universal-Patronat (S. 100. n. 3.) der Ordinarius drei von den im Pfarrkonkurse approbirten Kandidaten dem König vorzuschlagen und dieser einen davon zu nominiren hat.

2 Ein Theil der Kapitelstellen an Kathedralen in den Missionsländern (so in England und in Luxemburg, Acta concil. collect. Lacens. 3, 923 und Arch. f. k. K. R. 36, 346) wird in der Weise besetzt, dass vom Kapitel „tres ecclesiastici viri semel, iterum et tertio episcopo exhibeantur, ut idoneus et undequaque commendatus ab eodem canonicus instituatur; aliter electio libere ad episcopum pertineat.“

3 Denn derartige Bestimmungen sind gerade deshalb getroffen, um dem Kirchenoberen eine grössere Auswahl zu sichern und der Berechtigte ist daher nicht befugt, ihm diese zu verschränken.

4 Th. II. S. 286. Wegen ähnlicher Rechte bei der Besetzung der Missionsbisthümer vgl. a. a. O. S. 690. n. 5.

5 c. 2 in c. 2 X. de conc. praeb. III. 8. Dass auch die der Verleihung des Kapitels unterliegenden Aemter gemeint sind, ergiebt die Anordnung, dass der Bischof diese nach Ablauf der Frist besetzen soll. Neuere Ausnahmen von der Regel s. Th. II. S. 696.

6 c. 15 (Inn. III) X. eod.

7 Also auch hinsichtlich der bischöflichen Stühle, c. 11 (Greg. I) D. L., Th. II. S. 660. c. 41 (Later. IV v. 1215) X. I. 6 erwähnt zwar nur der Regular-Prälaturen, aber auch Säkularkirchen mit Prälaturen der im Text gedachten Art sind nach dem Fortfall des Prälaten ecclesiae viduatae im Sinne des c. 41 cit., vgl. Th. II. S. 699. n. 4 u. Reiffenstuel ius canon. I. 6, n. 280.

8 Dies ergiebt die Erwähnung der officia in c. 2 X. cit. III. 8.

destens die fortdauernde Erhaltung der einmal getroffenen Einrichtungen bedingt[1]. Als solche kommen im Gegensatz zu den Manualbenefizien, namentlich auch den Regularbenefizien, welche eine dauernde Unterlage haben[2], die Kirchenämter in Frage, deren Funktionen nur in übertragenen Befugnissen eines Inhabers der ordentlichen Jurisdiktion bestehen, und welche, weil es sich hier blos um Hülfsleistungen für einen solchen handelt, entweder nicht nothwendig wieder besetzt zu werden brauchen oder bei denen begrifflich eine Abänderung des Umfanges der Amtsbefugnisse statthaft ist. Zu der ersteren Kategorie gehören die Aemter des General-Vikars, der bischöflichen Kommissare, sowie der Offizialats- und Konsistorialräthe, zu der letzteren die der Landdekane, ferner die Missions-Aemter, insbesondere auch die Missions-Pfarreien. Bei allen diesen Aemtern kann zwar thatsächlich eine Kontinuität der einmal geschaffenen Einrichtungen vorkommen, da sie aber nicht rechtlich nothwendig ist, so ist auch der Bestand des Amtes nicht gesichert, und es entfällt die Voraussetzung, unter welcher überhaupt ein Zwang zur Wiederverleihung desselben und die Anordnung einer Frist für die letztere denkbar ist[3].

Für die Anwendung der Regel in der eben gedachten Tragweite wird nur erfordert, dass das fragliche Amt der freien Verleihung des Berechtigten in dem gerade vorkommenden Erledigungsfall untersteht, dagegen erscheint es gleichgültig, ob dies regelmässig der Fall ist oder die Besetzungsberechtigung nur aus besonderen Gründen, z. B. weil der Patron die Präsentationsfrist versäumt hat, eingetreten ist[4].

Die Regel bezieht sich endlich nur auf die Benefizien freier Verleihung, nicht aber auf solche, in Bezug auf welche dieselbe im gegebenen Fall ausgeschlossen ist, und der kirchliche Obere blos eine institutio collativa oder confirmatio vorzunehmen hat[5].

Die sechsmonatliche Frist läuft von dem Zeitpunkt der erlangten Kunde der Erledigung des Amtes[6], sofern die Unkenntniss nicht eine selbstverschuldete ist[7]. Sie

[1] Die Rechtfertigung für diese Unterscheidung liegt einmal darin, dass unter den in c. 2 X. cit. erwähnten officia nur die in den Kapiteln statutarisch feststehenden Aemter, Th. II. S. 112, verstanden werden können, ferner in den weiter im Text hervorgehobenen sachlichen Gründen.

[2] Th. II. S. 368 u. 374. Diese unterstehen der Regel des Konzils, Leuren. for. benef. P. II. qu. 789. n. 1. Ebenso wendet die Praxis der Congr. conc. auf die Nomination oder Präsentation der Vikare durch die Inkorporationsberechtigten und die Inhaber der cura habitualis, wohl auch unter Analogie der Präsentationsfrist beim Patronatrecht, die sechsmonatliche Frist an, s. Act. s. sed. 4, 420.

[3] Der Bischof, in dessen Ermessen es steht, einen Generalvikar zu ernennen, Th. II. S. 209, kann nicht verpflichtet werden, nach Abgang des bisherigen einen neuen binnen sechs Monaten zu bestellen; desgleichen erscheint es begriffswidrig, dass er eine erledigte Landdekan-Stelle innerhalb dieser Zeit wieder verleihen soll, obwohl er berechtigt ist, den Sprengel zu ändern, (Th. II. S. 285), also auch die Stelle durch Zutheilung des bisherigen Bezirks an andere Dekane ganz eingehen zu lassen. Der zuletztgedachte Grund trifft auch für die Missionsämter wegen der absoluten Beweglichkeit des betreffenden Organismus zu. Für diese kommt weiter der Umstand in Betracht, dass sie nicht unter dem gemeinen Recht stehen. Wenn das 3. Koncil v. Quebec v. 1863 VI. §. 2, coll. concil. Lac. 3, 674, den Bischof anweist, einen neuen Missionspfarrer „statim“ nach der Erledigung der Stelle zu ernennen, aber keine Frist dafür festsetzt, so zeigt dies, dass es die gemeinrechtliche Vorschrift nicht für anwendbar erachtet hat.

[4] Leuren. l. c. qu. 789. n. 1.

[5] Garcias tract. de benef. P. X. c. 4. n. 1. Mit Rücksicht darauf, dass die Frist bei der collatio necessaria (Th. II. S. 650) ausgeschlossen ist, hat die Doktrin angenommen, dass sie sich nicht auf die Wiederbesetzung von Benefizien bezieht, auf welche behufs eines von ihren Inhabern vorzunehmenden Tausches verzichtet worden ist, Garcias l. c. n. 2 ff.; Leuren. l. c. qu. 789. n. 2.

In allen diesen Fällen kann die Institution oder Konfirmation durch den Interessenten vermittelst einer Beschwerde bei dem höheren Kirchenoberen erzwungen werden, Garcias l. c. n. 6 ff.; Leuren. l. c. o. S. 55.

Ueber die einzige Ausnahme von der Regel des Textes vgl. oben a. a. O.

[6] c. 5 (Innoc. III) X. de conc. praeb. III. 8; c. 3 (id.) X. de suppl. negl. I. 10.

[7] So auch die Glosse zu c. 3. X. I. 10. s. v. a notitia u. die Rota, Ferraris s. v. beneficium art. 3. n. 67.

Bei erst neu errichteten Aemtern muss die Frist

wird kalendermässig berechnet[1] und ist kein tempus continuum, sondern ein tempus utile. Durch den Eintritt eines gerechtfertigten Hindernisses[2] wird ihr Lauf für die Zeit, für welche dasselbe obwaltet, gehemmt. Die volle Frist steht dem Berechtigten nach Fortfall des Hindernisses[3] nur dann von Neuem zu, wenn die Besetzung keine Wirkung hat äussern können, z. B. weil sie ohne Verschulden des Kollators, welcher die Unfähigkeit des Beliehenen nicht gekannt hat, nichtig war oder der in Aussicht genommene Kandidat die Annahme abgelehnt hat oder vor derselben gestorben ist[4].

Bei schuldbarer Versäumniss der Frist verliert der Berechtigte für diesmal die Befugniss zur Verleihung des Amtes und es tritt für ihn ein Anderer kraft s. g. Devolutionsrechtes ein[5].

§. 143. *ee. Die sonstigen Voraussetzungen der ordnungsmässigen Verleihung.*

1. Die Kollation, die Institutio collativa und die Konfirmation sind Willenserklärungen des Verleihungsberechtigten, welche rechtliche Wirkungen erzeugen. Sie sind demnach nur dann gültig, wenn die allgemeinen Erfordernisse rechtsbeständiger Willenserklärungen vorliegen, müssen also bestimmt, ernstlich und frei sein. Eine in zweifelhaften Ausdrücken abgegebene, sich selbst oder dem Begriff des Aktes widersprechende[6], oder nur zum Schein oder scherzweise gemachte Erklärung ist absolut nichtig. Eine durch Zwang[7] oder durch Betrug veranlasste Uebertragung des Amtes kann von dem Vergabungsberechtigten aufgerufen werden. Besondere, vom gemeinen Recht abweichende Grundsätze hat das kanonische Recht in den fraglichen Beziehungen nicht entwickelt[8].

2. Die Uebertragung des Amtes soll ferner *aperte, palam, non clandestine* erfolgen, d. h. zur Vermeidung jedes Verdachtes etwa dabei begangener unerlaubter Handlungen nicht geheim, vielmehr öffentlich oder in der gebräuchlichen Form vorgenommen werden[9]. Der blosse Verstoss gegen diese Vorschrift macht aber den Akt nicht nichtig,

von der Errichtung ab, und in dem Falle, dass die freie Kollation erst in Folge besonderer Umstände (z. B. Versäumung der Präsentation durch den Patron) eintritt, von der erhaltenen Kenntniss derselben, berechnet werden.

[1] Dies ist die herrschende Meinung, Garcias l. c. c. 2. n. 42. Dagegen erscheint es unrichtig, auch eine computatio a momento ad momentum eintreten zu lassen, so Garcias l. c. n. 43. Diese ist nirgends vorgeschrieben und bildet nur die Ausnahme.

[2] Als solches erkennt Fagnan. c. 5. X. III. 8 eine Reise des Oberen nach Rom zum Papste, ferner die Suspension des ersteren an. Das letztere ist aber dahin zu beschränken, dass die Nachsuchung der Absolution nicht schuldbarer Weise unterlassen wird, so schon die Glosse s. v. suspensionis. Von einer blos faktischen Suspension durch Verbannung des Bischofs, s. Gonzalez Tellez ad c. cit. n. 9, ist in der Stelle sicherlich nicht die Rede. Das Auffällige, dass derjenige, welcher wegen seiner eigenen Handlungen die Suspension verschuldet hat, als verhindert betrachtet wird, verschwindet, wenn man erwägt, dass in denjenigen Fällen, wo der Bischof durch Censuren von der Ausübung seiner Jurisdiktion ausgeschlossen ist, ein apostolischer Vikar oder Administrator ernannt wird, welcher auch die Benefizien bischöflicher Kollatur zu besetzen hat, Th. II. S. 258, s. auch Potthast regesta n. 1393. 1501. Vgl. übrigens ferner c. 1 (Inn. IV) in VI^{to} de suppl. negl. I. 8.

Einen weiteren Hinderungsgrund bildet auch die Vakanz des bischöflichen Amtes, s. Th. II. S. 241.

[3] So Leuren. l. c. qu. 790.

[4] Leuren. l. c.

[5] Vgl. darüber unten §. 148.

[6] Z. B. die gleichzeitige oder alternative Verleihung des Amtes an zwei Kandidaten, Leuren. l. c. qu. 772.

[7] Gewöhnlich wird nur dieser hervorgehoben und bemerkt, dass die Verleihung: *libere, sine vi ac metu* erfolgen müsse, vgl. z. B. Schulte 2, 321; Permaneder §. 238.

[8] So hat es namentlich in Betreff der Wirkung des Zwanges das römische Recht adoptirt, vgl. c. 1. 3. 5. X. de his quae vi metusve I. 40.

[9] c. un. (Inn. III) X. ut eccles. benef. sine deminutione III. 12.

eine s. g. collatio *occulta* ist also gültig, wenn kein sonstiger Nichtigkeitsgrund vorliegt [1].

3. Eine bestimmte Form für die Uebertragung eines Amtes, mag diese in der Kollation, der Institutio collativa oder Konfirmation bestehen, ist gemeinrechtlich nicht vorgeschrieben [2]. Herkömmlicher Weise geschieht die Uebertragung aber in schriftlicher Form, durch Zustellung einer Urkunde [3].

4. Die Uebertragung muss ferner bei Strafe der Nichtigkeit ohne Entgelt oder ohne andere Gegenleistungen, *gratis*, also unter Ausschluss jeder Simonie geschehen [4], widrigenfalls der Geber und der Empfänger ipso iure der Exkommunikation verfallen [5]. Erlaubt ist dagegen die Entrichtung einer Gebühr zum Vortheil der Kirche oder zu frommen Zwecken [6], sowie die einer Taxe für die Ausfertigung der Urkunde an die Kanzlei des die Uebertragung vornehmenden Kirchenoberen [7].

5. Endlich können der auf die Uebertragung des Amtes gerichteten Willenserklärung keine Beschränkungen beigefügt werden, welche mit dem Zweck der Uebertragung, der Besetzung oder Wiederbesetzung des Amtes, unvereinbar sind. Deshalb darf

A. die Uebertragung nicht von einer Bedingung abhängig gemacht werden, sie hat bei Vermeidung des Eintritts der Nichtigkeit vielmehr *pure* zu geschehen [8]. Denn

[1] c. un. cit.; Leuren. l. c. qu. 773. Indessen wird der Verleiher den gegen ihn sprechenden Verdacht nöthigenfalls durch Beweis von sich ablehnen müssen, c. un. cit.; Garcias tract. de benef. P. VIII. c. 4. n. 3 ff.

[2] Vgl. Th. II. S. 699. 700; und in diesem Theil o. S. 2. Im Mittelalter ist — offenbar in Folge des Einflusses germanischer Rechtsanschauungen — bei Uebertragung von kirchlichen Aemtern die Anwendung von Symbolen gebräuchlich gewesen, Th. II. S. 654. n. 7. Die spätere, vom römischen Recht beeinflusste Doktrin hat aber die Bedeutung dieses symbolischen Uebertragungsaktes, der s. g. Investitur, nicht mehr richtig gewürdigt, und einerseits aus demselben eine Besitzeinweisung gemacht (vgl. a. a. O.), andererseits aber in Folge dessen an Stelle der früheren formellen Uebertragung auch keine neue Form zu setzen vermocht. Aus der Nichtbeachtung dieser Entwicklung erklärt es sich, dass noch heute solche Unklarheiten, wie sie S. 4. n. 8 hervorgehoben sind, vorkommen.

[3] S. die Citate in der vorigen Anm. Die Ausfertigung solcher haben schon einzelne mittelalterliche Partikularkoncilien vorgeschrieben, s. z. B. conc. Lambeth. v. 1281. c. 24, Mansi 24, 421.

[4] c. 8 (conc. Turon. 1163), c. 9 (Later. III 1179), c. 16 (Luc. III), c. 34 (Innoc. III) X de simon. V. 3; c. 2 (Paul. IV) eod. in Extr. comm. V. 1; c. 14 de ref. Trid. Sess. XXIV.; const. Pii IV: Romanum pontificem v. 17. Okt. 1564, bull. Taur. 7, 365; Pii V: Durum nimis (Th. II. S. 701. n. 1); Pii V: Cum primum §. 8. v. 1. April 1566 (b. Taur. p. 436). Von einzelnen Missbräuchen werden in den Partikularconcilien namentlich Schmausereien aus Anlass der Verleihung von Benefizien verboten, c. 10. Trev. v. 1310, c. 19 Vallomolet. v. 1322, Mansi 25, 251. 693. Zur Steuerung der Simonie ist auch wiederholt die Ableistung eines Eides dahin, dass der Erwerber das Benefizium ohne eine solche erlangt habe, vorgeschrieben worden, c. 3 conc. ap. castr. Gonter. v. 1231; c. 7 Fritzlar. v. 1246, Mansi 23, 234. 727, Mediolan. I. v. 1565, acta 5. eccles. Mediolan. Mediol. 1844 ff. 1, 20; Prag. v. 1605 c. 27, Hartzheim 8, 746. Eine derartige Eidesformel für die Kanoniker von Chartres aus dem 13. Jahrh. bei Rozière recueil n. 349, 2, 684.

[5] Die Eigenschaft dieser dem Papst zur Absolution vorbehaltenen Censur als latae sententiae ist durch die Const. Pii IX v. 12. Oktober 1869 unter n. 8. 9, Arch. f. k. K. R. 23, 329, aufrechterhalten.

[6] Th. II. S. 761.

[7] Dekret Innocenz' XI v. 1678 (Taxa Innocentiana), u. A. abgedruckt bei Ferraris s. v. taxa. Des Näheren bestimmen sich die Gebühren nach den besonderen Diöcesananordnungen, da die Taxe Innocenz' XI nur insoweit zu Grunde gelegt zu werden braucht, als sie besondere Bestimmungen enthält, Entscheidung d. Congr. episc. et regul. v. 1697, acta conc. coll. Lac. 1, 147. 148.

[8] Die Doktrin hat sich hierfür auf die analogische Anwendung des c. 2 (Innoc. IV) in VI^to de elect. I. 6 berufen, vgl. die Glosse zu c. 2 s. v. incerta; Garcias l. c. P. VIII. c. 2. n. 1 ff.; Leuren. l. c. qu. 769. n. 2. Selbstverständlich gilt dies nicht von s. g. conditiones iuris, welche ausdrücklich ausgesprochen werden, denn diese sind in der That keine Bedingungen, Garcias l. c. n. 4 ff. Leuren. l. c. n. 2. Daher war es rechtlich zulässig, dass der päpstliche Exekutor bei der Reorganisation des Domstiftes Köln die Ernennung der Dignitäre und Kanoniker unter der Bedingung vorgenommen hat, dass letztere ihre Parochialbenefizien und Kanonikate an anderen Kirchen ipso iure verlieren sollten; Hüffer Forschungen z. französ. rhein. K. R. S. 341. Vgl. u. §. 158.

es entspricht dem Wesen und Zweck der Besetzung, dass diese sofort und unbeschränkt ihre Wirkung äussert[1].

B. Ferner soll das Amt dem neuen Inhaber in seinem bisherigen Bestande ohne Erschwerung der durch dasselbe geforderten Pflichten, ohne eine anderweitige Mehrbelastung und ohne Schmälerung der Einkünfte, d. h. *ex integro, sine deminutione,* übertragen werden[2]. Diese Bestimmung bezweckt nicht nur eigennützige und simonistische Handlungen des Verleihungsberechtigten zu hindern, sondern auch die willkürliche Umgehung der für die Aenderungen von Benefizien bestehenden Vorschriften seitens des Kollators durch blos die Person des neuen Amtsträgers treffende Anordnungen auszuschliessen. Erscheinen solche (Dismembrationen, Divisionen, Veränderungen des status beneficii, Auferlegung von Pensionen) erforderlich, so steht nichts entgegen, dass sie vor Vergebung des Benefiziums von dem Bischof oder dem sonst dafür zuständigen Kirchenoberen[3] vorgenommen werden, es sind dabei aber die rechtlich vorgeschriebenen Formen und Erfordernisse[4] zu beobachten. Nicht minder ist es gestattet, dass vor der Verleihung des Amtes von dem zu Innovationen desselben berechtigten geistlichen Oberen[5] Anordnungen, welche zeitweise[6] das Benefizium belasten oder den Ertrag desselben schmälern, aus einem gerechtfertigten und nothwendigen Grunde getroffen werden[7], z. B. die Bestimmung, dass ein Theil der Einkünfte für die Ansammlung eines nothwendigen Baufonds, zur Dotirung einer erforderlichen Kaplansstelle, zur Deckung dringender Bedürfnisse oder Schulden der Diöcese oder zur nothwendigen Erhöhung des Mensaleinkommens des Bischofs[8] verwendet wird. Selbstverständlich ist es aber stets, dass das Benefizium einen so ausreichenden Ertrag gewährt, dass dem anzustellenden Benefiziaten ein angemessener Lebensunterhalt (die s. g. congrua) bleibt[9].

[1] Daher ist es unrichtig, wenn Pachmann K. R. §. 189 a. E. unter nichts beweisender Berufung auf c. 42 (Gregor I) C. VII. qu. 1, dies an sich für zulässig, aber nicht für üblich hält. Der Beifügung einer Suspensivbedingung widersprechen auch die Vorschriften über die Innehaltung bestimmter Besetzungsfristen, der einer Resolutivbedingung der unter C des Textes entwickelte Gesichtspunkt.

[2] c. 15 (Lat. II. v. 1139) C. I. qu. 3; c. 7 (Later. III. v. 1179) X. de cens. III. 39; c. un. X. cit. III. 12.

[3] Denn in dieser Beziehung kommt nicht die Befugniss zur Verleihung des Amtes, sondern das Recht zur Verfügung über die Substanz desselben in Frage. Auch deshalb, weil beide Berechtigungen nicht stets in derselben Hand ruhen, kann der Kollator nicht Auflagen machen, welche thatsächlich eine zeitweise Innovation des Benefiziums herbeiführen.

[4] Vgl. Th. II. S. 401 ff.

[5] Vgl. Anm. 3.

[6] Selbst wenn der Erwerber dadurch auch für seine ganze Amtsperiode getroffen wird, jedoch muss sich die Massregel immer als eine vorübergehende darstellen.

[7] Nach ausdrücklicher Vorschrift des c. un. cit. III. 12. Diese Ausnahme erklärt sich daraus, dass die bestehenden kirchlichen Einrichtungen so lange wie möglich erhalten werden sollen, Th. II. S. 396, und es daher angemessen erscheint, so lange von Innovationen Abstand zu nehmen, als der erforderliche Zweck durch Massregeln vorübergehenden Charakters erreicht werden kann.

[8] Engel collegium univ. iur. can. III. 12. n. 3; Leuren. l. c. qu. 776. n. 2 u. 3; vgl. auch Th. II. S. 414.

[9] Weil das Benefizium wieder besetzt werden soll.

Auf eine Einbehaltung der vollen Einkünfte des Benefiziums bezieht sich c. un. III. 12 cit. nicht. Eine solche ist nur möglich ohne Wiederbesetzung der Stelle. Ob der Bischof eine derartige Massregel ohne päpstliches Privileg anzuordnen befugt ist, darüber herrscht Streit unter den Aelteren mit Rücksicht auf c. 32 (Honor. III) X. de verb. sign. V. 40, wonach ein einem Bischof gewährtes Privileg, die vollen Einkünfte der vakant werdenden Benefizien auf zwei Jahre zur Tilgung seiner Schulden zu verwenden, dahin auszulegen ist, dass sich dasselbe auch auf die Präbenden und die beneficia maiora erstreckt. Theils hat man mit Rücksicht auf diese Stelle ein derartiges Privileg für erforderlich erachtet, theils aber ein solches für unnöthig erklärt, weil dasselbe allein zur grösseren Sicherheit nachgesucht worden sei, wobei dann wieder die Beschränkung gemacht wird, dass der Bischof die Befugniss nur bei einem gerechtfertigten Grunde habe, z. B. bei der obwaltenden Nothwendigkeit, einen Baufond für die reparaturbedürftige Kathedrale anzusammeln, sonst aber nicht, insbesondere nicht, um sich selbst

Bestimmungen, welche den erwähnten Regeln zuwider getroffen sind, müssen für nichtig erachtet werden.

Auf diejenigen Kirchenämter, bei denen der Kreis der Amtsbefugnisse veränderlich ist, und der Inhaber kein Benefizium im eigentlichen Sinne [1], sondern nur einen Anspruch auf ein Honorar oder eine Entschädigung erwirbt [2], finden die erwähnten Grundsätze keine Anwendung.

C. Sodann muss die Uebertragung des Amtes dauernd, *in titulum* [3], also nicht auf bestimmte Zeit, provisorisch oder auf Widerruf, und mit der Wirkung, dass der neu ernannte Amtsträger sowohl alle Rechte wie auch alle Pflichten des Amtes erlangt, erfolgen. Ausdrücklich sind diese Grundsätze vom kanonischen Recht zwar nicht ausgesprochen, sie ergeben sich aber nothwendig aus der Regelung des kirchlichen Benefizienwesens [4]. Nur unter dieser Voraussetzung ist die Entwicklung des Begriffes des Benefiziums [5] und die Annahme eines ius in re an demselben [6] erklärlich. Ferner steht es damit allein in Einklang, dass das beneficium als regelmässiger Ordinationstitel gilt [7], dass das kirchliche Recht überall, wo es sich um nicht nothwendig provisorische Verwaltungen handelt, auf feste Anstellung dringt [8], dass die Inhaber von Benefizien nur unter bestimmten Voraussetzungen derselben verlustig erklärt werden dürfen [9], und dass die später eintretende physische Unfähigkeit des Benefiziaten keinen Grund zur Absetzung desselben gewährt [10]. Endlich ergiebt sich dies daraus, dass alle Fälle, in denen eine andere Besetzung, als die oben gedachte vorkommt, nur als Ausnahmen der erwähnten Regel erscheinen. Abgesehen von den Aemtern, welche ihrem Wesen nach an und für sich nur für einen beschränkten Zeitraum zur Existenz gelangen können [11], ist die dauernde Besetzung ausgeschlossen:

a. bei den Regularbenefizien wegen des Verhältnisses, in welchem ihre Inhaber als Ordensgeistliche zu ihren Ordensoberen stehen [12],

b. bei denjenigen Aemtern, welche zum Inhalt nur die Befugnisse eines anderen Amtes haben und nur Hülfsämter für die Verwaltung dieses letzteren sind [13],

c. bei den Missionsämtern (mit Ausnahme der Missionsbisthümer) wegen der nothwendigen Beweglichkeit des Missionsorganismus, abgesehen davon, dass auch für diese die unter b hervorgehobenen Gesichtspunkte in Frage kommen [14],

d. bei Aemtern, welche wegen verschiedener eigenthümlicher obwaltender Umstände einen irregulären Charakter, wie z. B. die französischen Sukkursal-Pfarreien [15], haben [16].

oder seiner Mensa einen Vortheil zu verschaffen. Vgl. Leuren. l. c. qu. 776. n. 3. Richtig erscheint allein die erstgedachte Ansicht, weil der Bischof gemeinrechtlich verpflichtet ist, die Benefizien zu besetzen und nicht Massregeln treffen kann, welche ihm dies auch nur zeitweise unmöglich machen.

1 Vgl. o. S. 104.

2 Vgl. Th. II. S. 223. Auch die Landdekane erhalten nur bestimmte Gebühren und Emolumente.

3 c. 3 (Leo IV? vgl. auch Phillips K. R. 7, 408) C. XXI. qu. 1; c. 2 (Plac. v. 1095) Dist. LXX.

4 S. namentlich Schulte K. R. 2, 335; vgl. auch Leuren. l. c. qu. 774.

5 Th. II. S. 367.

6 Th. II. S. 653.

7 Th. I. S. 66. 67.

8 So in Betreff der der Vikare bei der incorporatio quoad temporalia und der quoad temporalia et spiritualia, Th. II. S. 448. 452. Vgl. auch Th. II. S. 713, Nachtrag zu S. 304. Anm. 8.

9 S. darüber unten in der Lehre von der Absetzung.

10 Th. II. S. 324. n. 5.

11 Wie das des Kapitularvikars.

12 Th. II. S. 374.

13 Hierher gehören insbesondere die Aemter der Generalvikare, bischöflichen Räthe und Landdekane.

14 Th. II. S. 354. 360.

15 Th. II. S. 294. n. 1.

16 Es gehören hierher auch solche Manualbenefizien, welche nicht Regular-Benefizien sind, z. B. die Aemter der unständigen Vikare, welche die cura habitualis der Kapitel ausüben, wenn für sie

Hinzu treten endlich diejenigen Fälle, wo ein Amt, wenngleich es an sich dauernder Besetzung unterliegt, nur provisorisch verwaltet wird. Dies muss geschehen, wenn und so lange der Benefiziat zur Verwaltung des Benefiziums unfähig ist. Ferner ist eine solche interimistische Vertretung auch während der Erledigung des Benefiziums geboten, falls die Funktionen desselben, wie z. B. bei einem Pfarramt, nicht in der Zwischenzeit eingestellt werden können. Dass das kanonische Recht aber einen solchen Zustand nur als einen vorübergehenden betrachtet, zeigt die Festsetzung einer allgemeinen Kollationsfrist für Benefizien, sowie die Vorschrift, dass das Pfarramt, das Prototyp des niederen Benefiziums, allein während eines sechsmonatlichen Zeitraums provisorisch verwaltet werden soll [1].

Ebenso wie die nicht dauernde Besetzung nach kirchlichem Recht die Ausnahme bildet, erscheint es nach demselben gleichfalls nur als eine solche, wenn das Benefizium Jemandem nicht mit der Wirkung, dass er dadurch alle mit demselben verbundenen Rechte und Pflichten erlangen soll, sondern zu einem anderen, dem Amte selbst fremden Zweck, gleichviel ob dauernd, für die Lebenszeit des Erwerbers, oder nur für einen beschränkten Zeitraum, übertragen wird. Die technische Bezeichnung für eine solche Uebertragung, bei welcher die Pfründe, als fruchttragendes Objekt, ohne Rücksicht auf die damit verbundene geistliche Seite des Amtes, in Betracht kommt, ist seit dem Mittelalter *commenda, commendare beneficium* oder *ecclesiam* [2]. Diese Art der Verleihung ist von der Kommendation der älteren Zeit, welche nur da vorgekommen ist, wo eine provisorische Verwaltung im Interesse einer Kirche oder eines Amts geboten war [3], verschieden. Sie tritt in der erwähnten Art etwa seit dem 13. Jahrhundert auf und ist dazu benutzt worden [4], um Personen, welche an sich nicht fähig waren, ein Benefizium zu erwerben, oder welche wegen des Verbotes des gleichzeitigen Besitzes mehrerer Bene-

ein Benefizium besteht, ferner die der Kapellane bei den capellaniae ecclesiasticae, Th. II. S. 373. 394.

[1] c. 15 (Lugdun. II. 1274) in VIto de elect. I. 6.

[2] Vgl. über die Kommenden Thomassin vetus et nova disciplina P. II. l. 3. c. 10 ff.; van Espen J. E. U. P. I. t. 31. c. 7; Riganti comm. ad reg. canc. XLIII. n. 46 ff.; Devoti institutiones canon. II. 14. §§. 23 ff.; Berardi comm. ad l. III. decret. diss. II. obs. 3, ed. Mediolan. 1846. 1, 251.

[3] Hierher gehörte insbesondere die Uebertragung der Verwaltung der vakanten bischöflichen Kirchen an Intercessoren oder Visitatoren seit dem 5. Jahrh. Th. II. S. 229 u. Th. I. S. 315, für welche schon das Wort: commendare gebraucht wird, Th. II. S. 230. n. 10. Auf derartige interimistische Administrationen bezieht sich wohl auch c. 3 (Leo IV?) C. XXI. qu. 1; ob auch c. 12 (Alex. III) X. de accus. V. 1 u. c. 54 §. 5 (Gregor IX) X. de elect. I. 6 erscheint sehr zweifelhaft, vielmehr ist bei diesen Stellen wohl an eine commenda im späteren Sinne zu denken.

[4] Dies ergiebt das c. 15 (Lugdun. II. 1274) in VIto cit. I. 6. Danach soll eine Pfarrkirche bei Strafe der Nichtigkeit Niemandem, welcher nicht das erforderliche Alter und den Priestergrad besitzt, kommendirt werden, und dies soll auch selbst beim Vorliegen der gesetzlichen Qualifikation nur hinsichtlich einer einzigen Pfarrkirche, wenn es das Interesse derselben nothwendig oder nützlich erscheinen lässt, sowie allein auf sechs Monate geschehen. Vgl. auch die folgenden Anmerkungen. Die älteren, s. z. B. Thomassin l. c. c. 13 ff.; Berardi l. c. 237 ff. rechnen hierher auch die in der karolingischen und in der derselben folgenden Zeit häufig vorkommende Vergebung von Klöstern an Laien, auch an Weltgeistliche, seitens weltlicher Grossen, namentlich seitens der Könige, vgl. Waitz, deutsche Verfassungsgesch. 4, 130. 180; 6, 207 ff.; Dümmler, Gesch. des ostfränk. Reichs 1, 115. 278 u. 2, 640. Wenngleich diese Verleihungen mit den späteren Kommenden sich darin berühren, dass sie wie diese im Interesse der Begabten erfolgt sind, so galten doch die Klöster in der damaligen Zeit ebenso wie die Oratorien und Kirchen als Objekt des Eigenthums, Th. II. S. 622. n. 7, nicht als rein kirchliche Anstalten. Für die Kommende im späteren Sinne ist es aber gerade wesentlich, dass ein ausschliesslich kirchlichen Zwecken dienendes Objekt, ohne Rücksicht auf diese, anderen Interessen dienstbar gemacht wird. Ebensowenig gehören solche Fälle hierher, wo Bischöfe oder Kardinäle zugleich andere geistliche Stellen, namentlich Abteien dauernd innegehabt haben, s. z. B. Gregor VII reg. VI. 27. VII 7. 8, ed. Jaffé p. 363. 388.

fizien an dem Erwerb eines zweiten oder dritten gehindert waren, ein solches, insbesondere aber das Recht auf die Einkünfte desselben, zu verschaffen.

Das Aufkommen dieser Art der Kommenden hängt offenbar mit dem verschärften Verbot der Pluralität der Benefizien durch die damalige kirchliche Gesetzgebung zusammen[1], da eine derartige Verleihung ein Mittel bot, die gegen die Kumulation von Benefizien gerichteten Vorschriften zu umgehen[2]. Wenn aber auch die allgemeine kirchliche Gesetzgebung schon i. J. 1274 Kommenden an Pfarrkirchen, welche nicht durch eine für diese obwaltende Nothwendigkeit oder einen augenscheinlichen Nutzen derselben geboten waren, verboten hatte[3], so war diese Vorschrift nicht nur an sich unzulänglich, sondern es waren auch gerade die Päpste selbst, welche in Betreff der höheren Benefizien und Klöster von den Kommenden in ihrem eigenen Interesse sowie zum Vortheil der Kurie und der Würdenträger und Beamten der letzteren den ausgedehntesten Gebrauch gemacht haben[4]. Allerdings suchten im 14. Jahrhundert einzelne Päpste diesem Unwesen zu steuern[5], indessen drängten die Verhältnisse, in wel-

[1] c. 28 (Later. IV. v. 1215) X. de praeb. III. 5.

[2] Dies zeigen die Partikularkonzilien, welche gegen das Ueberhandnehmen dieser Art der Kommenden einschreiten, vgl. c. 28 conc. Salmur. v. 1253, Mansi 23, 817: „nonulli episcopi et alii praelati . . . ecclesias parochiales, quae proprios possunt habere sacerdotes, clericis . . . habentibus alias ecclesias parochiales vel competenter beneficiatis, ut possint eos pluribus onerare beneficiis, commendant unam vel duas ecclesias parochiales . . . ut sic habeant commendatas quas secundum canones habere non possunt intitulatas. Quod fieri de cetero prohibemus statuentes ut qui taliter ecclesias commendatas recepit vel de cetero receperit, careat ecclesia sic commendata et conferens potestate conferendi illam ecclesiam illa vice sit privatus;" Londin. v. 1268, ibid. p. 1244: „quidam . . . vacantes ecclesias sibi commendari procurant, amplectentes iuris verba non sensum, quod aliquando permittit unam ecclesiam intitulatam et aliam commendatam. Et cum . . . propter necessitatem vel utilitatem vacantis ecclesiae ius commendationis, non tam praeceptoriae, quam permissivae, fuerit introductum: ipsi ad cupiditatis suae lucrum omnia convertentes, in ipsarum ecclesiarum dissipationem, non solum unam sed plures recipiunt commendatas. . . . Inposterum autem inhibemus, ecclesiam quamlibet commendari, nisi iusta et legitima causa id exposcat." Hiernach kann es keinem Zweifel unterliegen, dass das c. 15 in VIto cit. (S. 109. n. 4) gerade im Interesse der Aufrechterhaltung des Verbotes der Pluralität der Benefizien erlassen ist. Dies wird auch dadurch bestätigt, dass die scharfen Massregeln, welche das Konzil von Reading in England 1279 gegen die Verletzung des Verbotes und die Umgehung desselben durch Verleihung von Kommenden verfügt, ausdrücklich auf die erwähnte Anordnung gestützt werden, Mansi 24, 257 ff.

Ausser dem im Text hervorgehobenen Moment kommt noch Folgendes in Betracht. In der gedachten Zeit war eine Anzahl von Bischöfen aus ihren morgenländischen Diöcesen vertrieben worden, Th. II. S. 173 und zur Versorgung derselben ist ebenfalls die Kommende benutzt worden, van Espen l. c. n. 20, wie dies früher schon in ähnlichen Fällen, s. den Brief Innocenz' III. über die Kommendirung von Capaccio an den vertriebenen Erzbischof v. Salerno v. 1202, V. 63, ed. Migne 1, 1033, geschehen ist. In einzelnen Fällen sind auch Kommendirungen von Bisthümern an Missionsbischöfe erfolgt, um diesen den erforderlichen Unterhalt zu verschaffen, so die von Chiemsee 1245 und dann von Lübeck an den Erzbischof Albert von Riga, v. Goetze, Albert Süerbeer. S. Petersburg 1854. S. 170. n. 2; Ripoll, bull. Praedicat. 1, 159 u. Sbaralea bull. Francisc. 1, 660.

[3] c. 15 in VIto cit., s. die vor. Note.

[4] Dies bekennt Clemens V. selbst in einer Konstitution v. 1307, c. 2 de praeb. III. 2 in Extrav. comm., in welcher er alle bisher, auch an Kardinäle ertheilten Kommenden widerruft: „ab ipso nostrae promotionis exordio, antiquae notitiae regum, praelatorum, magnatum et aliorum nobilium personarum ecclesiasticarum et saecularium memores existentes . . . ad eorum importunas tamen et multiplicatas precum instantias nonnullis clericis et personis ecclesiasticis, regularibus et saecularibus, diversorum ordinum, dignitatis, conditionum et statuum, patriarchales, archiepiscopales et episcopales ecclesias ac monasteria distincta pastoribus, sub commendae vel custodiae seu curae vel guardiae aut administrationis titulo nomineve notabili duximus perpetuo ad vitam seu ad certi temporis spatium committenda, super his, an tales videlicet tantasque gratias per nos fieri decuisset, variorum arduorum negotiorum multiplicitate distracti". Ueber die frühere Kommendirung des Erzbisthums Gran an den vorherigen zum Kardinal ernannten Erzbischof durch Innocenz IV. i. J. 1252 s. Theiner, monum. Hung. 1, 214. Vgl. ferner Guielm. Durantis tract. de modo celebrandi gener. conc. II. 21 bei Gieseler, Kirchengesch. 2. Aufl. II. 3, 110 Note.

[5] So Benedikt XII. (1334—1342) und Innocenz VI. (1352—1362), Thomassin l. c. c. 20. n. 3. 4; Hefele, Konciliengesch. 6, 605, jedoch blieben bei den Kassirungen von Kommenden die zu Gunsten der Kardinäle ertheilten ausgenommen.

chen sich damals der päpstliche Stuhl befand, die Inhaber desselben immer wieder in die alte Bahn zurück, und es blieben die fortdauernd sich von allen Seiten erhebenden Klagen über die eigennützige Ausbeutung der kommendirten Benefizien und den dadurch herbeigeführten Verfall des kirchlichen Lebens unbeachtet[1]. Erst das Konzil von Konstanz unternahm es[2], diesen Missbräuchen zu steuern, und Martin V. musste sich dazu verstehen, in den Konkordaten mit den verschiedenen Nationen die Innehaltung bestimmter Schranken bei der Ertheilung von Kommenden zu versprechen[3].

Bei dem Interesse aber, welches sowohl die Kurie wie auch die weltlichen Fürsten an der Aufrechterhaltung des früheren Zustandes hatten, sind die gedachten Vorschriften, welche die Kommenden in ihrer neueren Bedeutung keineswegs principiell für unzulässig erklärt haben, vielfach nicht innegehalten worden[4]. Wohl veranlassten die Schäden, welche vor Allem für die Klöster aus dem Kommendenwesen erwachsen waren, Leo X. i. J. 1514 auf dem Lateranensischen Konzil wieder bestimmte Beschränkungen für die Kommendirung derselben festzusetzen. Dabei wurde jedoch dem päpstlichen Stuhle ein so weitgehendes Ermessen vorbehalten, dass dieselben dadurch jede Bedeutung verloren[5]. Auch das Konzil von Trient[6] hat trotz der fortdauernden Klagen über das Kommendenwesen[7] keine einschneidenden Massregeln getroffen, viel-

[1] Vgl. Thomassin l. c. n. 3 ff.; Gieseler a. a. O. S. 110 ff.; Matth. de Cracovia de squaloribus curiae Roman. c. 11, Walch, mon. med. aevi I. 1, 48: „Destruuntur ecclesiae et monasteria . . . per hoc, quod dantur cardinalibus vel mulieribus in commendas vel assignantur et committuntur prioratus"; dipl. Urban. VI. 1381, Theiner, monum. Hungariae 2.161, worin einem Kardinal das Erzbisthum Gran zur Kommende verliehen wird.

[2] Hübler, Konstanzer Reformation S. 96.

[3] Nach dem deutschen Konkordate c. 5, Hübler a. a. O. S. 184, sollen Abteien, Konventualpriorate mit mehr als 10 Religiosen, die höheren Dignitäten (nach der bischöflichen Würde) in den Hochstiftern, sowie die Pfarreien künftighin nicht mehr an Prälaten, auch nicht an Kardinäle, als Kommenden vergeben werden; das romanische Konkordat c. 5 (a. a. O. S. 204) schliesst dieselben Aemter, jedoch Konventualpriorate mit 8 oder mehr Religiosen, ferner auch Armen-, Fremden- und Krankenanstalten und alle Benefizien mit einem Reinertrage unter 50 Kammergulden, sowohl von einer solchen Verleihung, wie auch von einer in titulum aus. Während beide Konkordate aber übereinstimmend gestatten, dass Kardinälen und Patriarchen zur Aufbesserung eines unzulänglichen Einkommens ein einziges Beneficium, selbst eine Metropolitankirche, kommendirt und dass ferner solchen Prälaten, welche ohne ihre Schuld aus ihren Prälaturen vertrieben worden sind oder den ausreichenden Lebensunterhalt verloren haben, durch eine dem Papst geeignet erscheinende Kommendation geholfen werden darf, lässt das romanische noch die weitere Ausnahme zu, dass dies auch im Falle einer dringenden Nothwendigkeit zu Gunsten von Kirchen- und Klosteroberen mit den ihnen unterstehenden Benefizien geschehen kann.

[4] Thomassin l. c. c. 20. n. 6 ff. Auch die 43. Kanzleiregel, welche schon zur Zeit Sixtus' IV. vorhanden gewesen ist, Riganti comm. n. 93, stellt nur formale Erfordernisse für die Verleihung von Kommenden auf: „Item voluit, quod nulli seculari de regulari nec religioso de seculari beneficiis commenda detur, nisi in signatura vel per clausulam ad partem super petitione commendae huiusmodi, de commenda ipsa mentio fiat."

[5] Nach der in der sess. IX. publicirten Bulle: Supernae dispositionis, Hardouin 9, 1749, sollten nur Klöster, welche bisher schon kommendirt worden waren, nach der Erledigung der bestehenden Kommenden und zwar allein an Kardinäle oder geeignete und verdiente Personen, wieder zu solchen verliehen werden; ferner wurde festgesetzt, dass die Kommendatarien, selbst wenn sie Kardinäle seien, „si mensam habuerint separatam ac seorsim a mensa conventuali quartam suae mensae partem pro instauratione fabricae seu pro ornamentis, vestibus ac paramentis emendis sarciendisque aut pauperum alimonia aut sustentatione, ut maior exiget ac suadebit necessitas, si vero mensa fuerit communis, tertiam omnium fructuum dicti monasterii sibi commendati partem pro supra dictis oneribus supportandis et sustentatione monachorum, omnibus aliis deductis oneribus, impartiri teneantur. Ac litterae quae super monasteriorum huiusmodi commendis expedientur, cum clausula hoc ipsum specifice exprimente debeant expediri; alioquin . . . nullius sint roboris vel momenti." Die bisher nicht kommendirten Klöster sollten endlich ferner nur dann zu Kommenden gegeben werden: „nisi pro conservatione auctoritatis apostolicae sedis et ad occurrendum malitiis illam impugnantium, pro temporum qualitate aliter nobis de fratrum nostrorum consilio visum fuerit expedire."

[6] Sess. XXV. c. 21 de regul.

[7] Vgl. die centum gravamina nationis German. c. 24, Gaestner corp. iur. eccl. 2, 173. Die auf dem Konzil von Trient gestellten Forderungen auf weitere Beseitigung der Kommenden sind namentlich an dem Widerstande der italienischen

mehr allein die Kommendirung der Hauptklöster der einzelnen Orden direkt untersagt, im Uebrigen aber mit Rücksicht auf die schwierigen Zeitverhältnisse blos die Erwartung ausgesprochen, dass denjenigen Klöstern, welche damals zu Kommenden gegeben waren, geeignete Ordensleute zur Leitung der Klostergemeinde vorgesetzt werden würden, und in Betreff der sonstigen Benefizien das Verbot der Pluralität derselben auch auf die damals lebenslänglich kommendirten ausgedehnt [1]. Somit ist durch das letzte Reform-Konzil ebenfalls keine Beseitigung der Kommenden in der neueren Bedeutung des Wortes erreicht worden und es sind auch nach demselben fortdauernd derartige Kommenden seitens des päpstlichen Stuhles, namentlich von Klöstern ertheilt worden [2].

Was die in Betreff der Kommenden entwickelten Rechtsgrundsätze anlangt, so galt allein der Papst zur Ertheilung solcher für berechtigt [3], wogegen man den Ordinarien blos die Befugniss zur Gewährung von Kommenden der früheren Art, d. h. solcher, die im Interesse einer Kirche selbst auf Zeit gegeben werden, zusprach [4]. Die nähere Stellung des Kommendatars zum Benefizium bemass sich nach dem päpstlichen Indulte, indessen stellte die Doktrin die commendae perpetuae, d. h. die auf Lebenszeit verliehenen, den Benefizien im Allgemeinen rechtlich gleich [5]. Nach dem ersteren [6], sowie nach der in den einzelnen Ländern bestehenden Praxis [7] bestimmte es sich auch, ob und in welchem Umfange der Kommendatar die mit dem Amte verbundenen kirchlichen Jurisdiktionsrechte und Funktionen auszuüben befugt war [8]. Dagegen galt er stets für berechtigt, die Einkünfte des Benefiziums zu beziehen [9], hatte aber einen bestimmten Theil derselben für die kirchlichen Zwecke, denen dasselbe diente, zu verwenden [10].

Bischöfe gescheitert, Suavis Polani (Sarpi) hist. conc. Trid. lib. II. ed. V. Gorinchem. 1658. p. 227; Thomassin l. c. c. 10.

1 Trid. Sess. VII. c. 4 de ref. u. Sess. XXIV. c. 17 de ref.

2 Thomassin l. c. c. 20. n. 14 ff.; v. Espen l. c. c. 7. n. 35 ff.

3 Bz. derjenige, welcher von ihm ein darauf gehendes Indult erhalten hatte, Garcias l. c. P. IV. c. 4. n. 13 ff. 22; Riganti ad reg. 43. n. 28; Reiffenstuel III. 5. n. 74.

4 Denn die neuere Kommende widerspricht dem gemeinen Recht. Dies gilt daher auch selbst für die niederen Benefizien, Garcias l. c. n. 16ff. Die Vorschrift des c. 15 in VI^to I. 6. cit. (S. 109. n. 4.) ist nach der Auffassung der Congr. conc. durch die Vorschrift des Trid. Sess. XXIV. c. 18 de ref. über die Bestellung von Vikarien durch die Bischöfe (Th. II. S. 327) beseitigt, Garcias l. c. n. 14. 15; Fagnan. ad c. 22. X. de elect. I. 6. n. 43.

5 Mit Rücksicht darauf, dass das Tridentinum (s. o. Anm. 1) verbietet, dass Jemand mehrere „beneficia, etiam commendata“ habe, sowie darauf, dass der Kommendatar die Früchte des Amtes wegen der ihm anvertrauten Verwaltung desselben oder wenigstens doch wegen der custodia der Kirche beziehe, Fagnan. ad c. 22. cit. I. 6. n. 37 ff; Garcias l. c. n. 33 ff.; van Espen l. c. n. 40 ff. Dagegen ändert die Verleihung zur Kommende nicht den status beneficii und das betreffende Benefizium selbst gilt stets als vakant, Fagnan. ad c. 37. X. de elect. I. 6; Garcias l. c. n. 64 ff. Das Aufhören des Rechtes des Kommendatars, welches bei der lebenslänglichen Kommende die Wiederbesetzung des Amtes hindert, ändert also in der gedachten Beziehung nichts, d. h. die Art der Vakanz bleibt fortdauernd dieselbe, wie sie zuerst, bei Ertheilung des Rechtes an den Kommendatar, beschaffen war. Diese Auffassung hatte namentlich dann praktische Bedeutung, wenn es sich darum handelte, ob in dem Erledigungsfall eine päpstliche Reservation eingetreten war oder nicht.

6 Vgl. Berardi l. c. p. 259; Fagnan. ad c. IX. de capell. monach. III. n. 1 ff.

7 van Espen l. c. n. 45 ff. Selbstverständlich ist darauf auch die Fähigkeit des Kommendatars und die Statthaftigkeit von Dispensationen etwaiger kanonischer Impedimente desselben von Einfluss gewesen.

8 S. die angeführte Dekretale Innocenz' IV. v. 1252, S. 110. n. 4 und das S. 111. n. 1 citirte Schreiben Urbans VI., welches die Ausübung der erzbischöflichen Jurisdiktion mit geringen Ausnahmen überträgt.

9 Vgl. die übliche Form in den Indulten: „ut commodius sustentari valeas, de alicuius subventionis auxilio providere cupientes, tale monasterium auctoritate apostolica concedimus et commendamus“; van Espen l. c. n. 37.

10 So z. B. die Klausel der Indulte: „volumus autem quod propter huiusmodi commendam divinus cultus ac solitus monachorum et ministrorum numerus in dicto monasterio N. nullatenus minuatur, sed illius ac dilectorum filiorum conventus

In diesem Jahrhundert sind die Kommenden in Folge der Säkularisationen, der zwischen der Kurie und einzelnen Staaten auf dem Wege von Vereinbarungen getroffenen Regelung der Besetzung der Kirchenämter und der damit zusammenhängenden Beschränkung oder Beseitigung der päpstlichen Reservationen im Allgemeinen unpraktisch geworden. Indessen kommen sie noch in Betreff der der päpstlichen Verleihung unterstehenden Benefizien, namentlich zu Gunsten der Kardinäle, vor[1].

Dagegen ist es in neuerer Zeit in manchen Diöcesen Deutschlands vielfach Uebung geworden, dass die Bischöfe selbst solche Pfarreien, welche Benefizien sind, nicht dauernd besetzen[2], sondern für dieselben Pfarrprovisoren, mitunter auf mehrere Jahre, unter Vorbehalt des Widerrufs, ernennen[3], um den niederen Klerus in grösserer Abhängigkeit von sich zu erhalten. Diese Praxis verstösst indessen ebenso wie das nunmehr so gut wie beseitigte Kommendenwesen gegen die oben S. 108 gedachte Vorschrift des kanonischen Rechts. Sie erscheint nur da gerechtfertigt, wo eine solche Verwaltung im Interesse der Kirche oder des Amtes[4] geboten oder wegen obwaltender eigenthümlicher Verhältnisse die dauernde Besetzung ausgeschlossen[5] ist.

3. Die Besetzung der Kirchenämter durch den Papst*.

§. 144. *a. Geschichte des päpstlichen Besetzungsrechtes, insbesondere der päpstlichen Reservationen, bis zum 15. Jahrhundert.*

I. **Ausbildung des päpstlichen Besetzungsrechtes während des 12. und 13. Jahrhunderts.** Die ersten Anfänge eines Eingreifens der Päpste

eiusdem congrue supportentur onera", van Espen l. c. n. 47. Die Formel eines Indultes, in dem dem Kommendatar die Verwendung eines Theils der Einkünfte zur Wiederherstellung verfallener Baulichkeiten und zur Wiedererlangung veräusserter Güter auferlegt wird, bei Riganti l. c. n. 60. Vgl. ferner o. S. 111. n. 5 und die Vorschriften der dort citirten Bulle über die Kommenden der Kardinäle, Hardouin 9, 1751, sowie Const. Gregor. XIII: Superna dispositione v. 1574. §. 9 (bell. Taur. 8, 76).

[1] Gerarchia cattolica v. 1878 (2. Ausg.) p. 56. 63. 66.

[2] Das ist auch sogar bei Patronatsbenefizien geschehen, weil die Patrone zugestimmt haben.

[3] v. Schulte, Denkschrift üb. d. Verhältn. d. Staates zu d. Sätzen d. päpstl. Constitution v. 18. Juli 1870. Prag 1871. S. 43; Motive zum preuss. Gesetz v. 11. Mai 1873 üb. d. Vorbildung d. Geistlichen, Einleitung, u. A. bei Herrfurth, d. preuss. u. deutsche Gesetzgebg. bet. Regelg. d. Rechtsverh. zw. Staat u. Kirche. 2. Aufl. Berlin 1875. S. 31.

[4] Z. B. um aus den durch die interimistische Verwaltung nicht erforderten Benefizial-Einkünften Kapitalien zur Erhöhung des Benefizialvermögens oder für einen Kirchen- oder Pfarrbaufonds zu beschaffen, falls die Mittel zu diesen Zwecken nicht auf andere Weise aufgebracht werden können. Das entspricht auch dem c. 15 in VIto I. 6 cit., S. 109. n. 4, nur ist hierbei die vorgeschriebene Maximalfrist von 6 Monaten nicht innezuhalten und auch in der Praxis nicht beobachtet worden.

[5] Dies kann der Fall sein, wenn das Besetzungsrecht streitig ist, s. z. B. die Vereinbarung zw. d. preuss. Regierung u. dem Bischof v. Münster v. 1868. §. 4, Arch. f. k. K. R. 24, 263. Vgl. auch u. §. 152.

* Thom. Campegius, de reservationibus beneficiorum. Venet. 1555; Jac. Simoneta de reservationibus beneficiorum. Colon. 1583; G. Branden, super concordatis inter s. sedem apostolic. et inclytam nationem Germaniae collectanea. Colon. Agripp. 1600 (1620); Fr. Longus a Coriolano de casibus reservatis iuxta regulam a Clemente VIII praescriptam. Colon. 1619; Laur. Nicolarts, compendiosa praxis beneficiaria ex concordatis inclyt. nationis Germaniae, regnorum Poloniae et Galliae cum s. Sede apost. initis... deducta, Col. Agr. 1658 (1733); Guil. de Monteferrato in pragmaticam sanctionem de reservationibus in corpore iuris clausis. Par. 1666; Andr. Rosner, tract. de reservationibus. Lips. 1690; Ans. Fr. Jos. Ernesti de reservationibus concordatorum German. Mogunt. 1736; F. Casp. Barthel, tract. hist. canon. pragmaticus de concordatis Germaniae . . exhibens commentarium in eorundem textum et literam. Wirceburg. 1762 (auch in dessen opp. iurid. Bamberg et Wirrib. 1771. t. III.); Jo. Ge. Schloer, diss. ad concord. German. de reservatione beneficiorum et dignitatum ap. sed. apostol. . . . per obitum . . . vacantium. Mogunt. 1762; Eiusdem diss. de reservatione beneficiorum ex qualitate personae etc. ibid. 1765; Einsdem diss. de electione archi- et episcoporum in Germaniae s. de reservatione apostolica dignitatum ex quali-

in das Besetzungsrecht der lokalen kirchlichen Oberen und Korporationen treten im 12. Jahrhundert hervor [1]. Seit dieser Zeit sind seitens der Päpste zuerst Empfehlungsbriefe zu Gunsten bedürftiger und verdienter Geistlichen an Bischöfe und Kapitel ertheilt worden [2]. Die derartigen, bald nach der Mitte des Jahrhunderts erlassenen Schreiben

tate vacationis ad textum concordatorum, electione cassata, postulatione non admissa. ibid. 1767; Eiusdem diss. de reservatione beneficiorum et dignitatum ex qualitate vacationis per resignationem. Francof. 1777; Eiusdem diss. de reservatione beneficiorum et dignitatum ex qualitate vacationis per promotionem vel translationem. Heidelb. 1779; Eiusd. diss. ius. publ. eccl. ad concordata German. Mog. 1771 (auch in Schmidt thesaur. 1, 317 ff.); F. A. Dürr, diss. de natura et indole concordat. German. Mogunt. 1771; Grosmann (P. F. Wolfgang Schmitt) disquis. canon. publ. de eo quod circa, reservationes pontificias ex concordatis Germ. generatim iustum est. Wirceburg. 1772; J. J. Moser, v. d. teutschen Religionsverfassung. Frankfurt u. Leipzig 1774. S. 646 ff.; v. Kreittmayr, Anmerkungen üb. d. codic. Maximil. bavar. civil. Th. V. Kap. 19. §. 18; Jo. Phil. Gregel, de iuribus nationi Germanicae ex acceptatione decretorum Basileensium quaesitis per concordata Aschaffenburgensis modificatis aut stabilitis. Mogunt. 1787 (auch in Gratz contin. thes. iur. eccles. p. 41 ff.); Le Bret, Magazin der Staaten- u. Kirchengeschichte. Frkf. u. Leipzig 1771. 2, 631 ff., 3, 1 ff.; Phillips K. R. 5, 470 ff.; Jacobson i. Herzogs Encykl. (1. Ausg.) 9, 359 u. 12, 743.

Lud. Gomesius de expect. gratiae. Venet. 1549; Lugd. 1573; Rom. 1587; E. L. Cortreius de gratia expectativa in beneficiis ecclesiasticis. Lips. 1695; Casp. Henr. Horn, diss. de expectativa ecclesiastica. Viteb. 1712; Petr. Gallade, de expectat. ad benef. eccl. non vacantia. Heidelb. 1760.

[1] Von katholischen Schriftstellern, insbes. von Phillips K. R. 5, 470 ff., wird in Uebereinstimmung mit seiner Th. II. S. 519 erwähnten Anschauung die Ansicht vertreten, dass dem römischen Bischof von jeher ein oberstes Besetzungsrecht aller Diöcesanbenefizien zugestanden habe. Die Beweisstellen, welche er a. a. O. S. 489 ff. aus dem Zeitraum vom 5. bis 7. Jahrhundert anführt, ergeben aber keineswegs eine genügende Stütze für seine Auffassung. Wenn Innocenz I ep. 16 v. 409, Coustant p. 820, den Bischof Marcian von Naissus ermahnt, die von Bonosus vor seiner Verurtheilung geweihten Priester und Diakonen, denen ihre Kirchen nach dem Inhalte des Schreibens sogar belassen waren, wieder in die kirchliche Gemeinschaft aufzunehmen, Cölestin I in dem Schreiben v. 430 an Klerus u. Volk v. Konstantinopel c. 7, Coustant p. 1146, erklärt, dass die von Nestorius und seinen Anhängern gegen Bischöfe und Geistliche ausgesprochene Absetzung und Ausschliessung aus der kirchlichen Gemeinschaft ungültig sei, endlich Leo I in dem Briefe an den Bischof Julian von Cos v. 453 c. 2 (ep. 113 opp. ed. Ballerini 1, 1190) die Restitution eines widerrechtlich abgesetzten Archidiakons fordert, so ist es schwer verständlich, wie das gedachte Eingreifen der römischen Bischöfe in diesen Fällen, wobei überall die Stellung derselben in den dogmatischen Streitigkeiten der damaligen Zeit in Frage kam, als Ausfluss eines schon vorhandenen obersten Besetzungsrechtes an allen Kirchenämtern betrachtet werden kann. Ferner weist Phillips a. a. O. darauf hin, dass Gregor I einem vertriebenen Bischof ein Kloster in Messina übertragen (ep. I. 40. 41, ed. Bened. 2, 529) und zwei Bischöfen, das eine Mal einem in Kampanien und das andere einem in Sizilien aufgegeben hat, einen von ihm bezeichneten Geistlichen anzustellen, ep. II. 13. IV. 14, cit. 2, 577. 694. In dem ersten Falle handelte es sich aber auch zugleich um die Verpflanzung der mit dem Bischof vertriebenen Mönche in das gedachte Kloster und Gregor hebt ausdrücklich hervor, dass der Bischof von Messina seine Zustimmung zu den von ihm beabsichtigten Massregeln gegeben habe. Dass Gregor I bei der Versetzung eines Bischofs und der von Mönchen aus der einen in die andere Diöcese seines Metropolitansprengels mitwirkte, ist erklärlich genug, und ebenso lassen sich die beiden anderen Fälle, in denen der Papst die Anstellung selbst nicht vorgenommen hat, auf sein Bestreben, kraft des ihm als Metropoliten über die italienischen Bisthümer zustehenden Aufsichtsrechtes tüchtigen Priestern in seinem ganzen Metropolitansprengel zu einer solchen zu verhelfen, zurückführen, vgl. auch Joann. diac. vita Greg. III. 19: „Aliarum parochiarum clericos sibi et aliis pontifex discretissime incardinare curabat.“ Nur mit dieser Auffassung ist es vereinbar, dass über ein sonstiges Eingreifen Gregors I., sowie ein etwaiges seiner Nachfolger während einer Zeit von etwa 6 Jahrhunderten nichts überliefert ist. Der letztere Umstand zeigt auch zugleich, dass es unberechtigt ist, die im 12. Jahrhundert hervortretenden Erscheinungen mit den eben besprochenen vereinzelten Fällen in historische Kontinuität zu setzen.

[2] Brief Innocenz II. a. d. Erzb. v. Compostella v. 1137, Florez España sagr. 20, 584: „Nos ... eorum (universae curiae et ecclesiae Romanae fidelium) precibus annuentes, fraternitati tuae pro eodem (A. clerico) apostolica scripta dirigimus rogando, mandando, ut ... ei pro b. Petri et nostra reverentia ecclesiasticum beneficium cum praebenda in Compostellana ecclesia proxime concedas“; Eugens III. an den Bisch. v. Beauvais v. 1152, Martène et Durand, veter. scriptor. collectio ampl. 2, 636: „fraternitatem tuam per apostolica scripta propensius exoramus, quatenus ei ... pro b. Petri et nostra reverentia ... praebendam in ecclesia tua concedas“.

Brief Hadrians IV. zu Gunsten des Kanzlers Ludwigs VII. von Frankreich, Hugo, an d. Bisch. v. Paris (1156—1158), Mansi 21, 805: „illum fratern. tuae duximus plurimum commendandum, rogantes attentius, quatenus pro b. Petri et nostrarum reverentia literarum primum personatum vel honorem qui in tua vacabit ecclesia, ei concedas“.

tragen allerdings schon in ihrer Fassung mehr den Charakter eines Befehles, als einer Bitte [1]. Indem die Päpste solche Empfehlungen und Anweisungen theils zu Gunsten hochgestellter Personen [2], welche im Interesse der päpstlichen Politik wirken konnten [3], theils zu Gunsten von Geistlichen, welche des allgemeinen Mitleidens sicher waren [4], erliessen und diese an ergebene Anhänger selbst richteten [5] oder deren Hülfe für die Durchführung ihres Verlangens in Anspruch nahmen [6], endlich auch dabei den Wünschen einflussreicher Personen, welchen die Verleihungsberechtigten sich nicht immer widersetzen konnten, willfahrteten [7], gelang es ihnen, die Befolgung ihrer Forderungen in vielen Fällen zu erreichen, und auf diese Weise die Berücksichtigung ihrer Anordnungen, auf welche sie an sich kein Recht hatten, thatsächlich durchzusetzen [8].

Von einer Berufung auf ein angebliches oberstes Besetzungsrecht des Papstes ist in den Schreiben aus dem 12. Jahrhundert nicht die Rede. Alexander III. hat nur wiederholt auf eine Pflicht des päpstlichen Stuhles, für die Geistlichen Fürsorge zu treffen, Bezug genommen [9], und darauf hingewiesen, dass den ordinirten Klerikern der Lebensunterhalt verschafft werden müsse [10]. Die schwankenden Ausdrücke in den Schreiben [11] zeigen ebenfalls, dass er sich wohl bewusst war, keinen festen Rechtsboden unter den Füssen zu haben [12]. Nicht minder beweist dies der Umstand, dass er keines-

[1] So schon Hadrian i. d. Brief an die Pariser Kanoniker zu Gunsten des i. d. vor. Anm. erwähnten Hugo (1157—1159), Mansi 21, 812: „mandando praecipimus, quatenus praepositurам quae in Parisiensi ecclesia et domos quae in claustro eiusdem ecclesiae de hinc primum vacaverint ei . . . . concedatis". In dem Schreiben Alexanders III. wechseln die Ausdrücke: rogare atque monere, auch unter Hinzufügung von hortari oder exhortari, s. die Briefe an den Bischof v. Troyes v. 1165, S. Thomae Cantuariens. epist. ed. Giles 2, 105, an den Erzbischof v. Rheims 1168/1169 u. 1170 bei Martène u. Durand coll. 2, 792. 822, an den Abt v. S. Rhemigius in Rheims v. 1158/1169, ibid. 2, 807; an den Bischof v. Sens v. 1171/1172, ibid. 2, 914; an den Erzbischof v. Rheims v. 1170, ibid. 2, 822; mit den Worten: rogare, monere und mandare, Brief an den Abt u. das Kapitel des h. Rhemigius v. 1171—1172, Mansi 21, 951; monere, mandare, praecipere an d. Kapitel v. Paris v. 1168/1169, ibid. 21, 1031; rogare et mandare an d. Erzbischof v. Rheims v. 1173/1174, ibid. 2, 980; rogare, monere et rogando mandare, Brief an Bischof u. Kapitel (v. Sens?) zw. 1162 u. 1173, Martène l. c. 2, 806; praecipere et mandare, Brief an d. Bischof v. Worcester u. Herford zw. 1159 u. 1181, Mansi 20, 1083 u. Böhmer corp. iur. can. 2, app. p. 260. In c. 6. X. de praeb. III. 5 bezeichnet Alexander III. derartige Schreiben ebenfalls als preces et mandata pro alicuius provisione. Dass c. 5. X. de rescr. I. 3 sich auf solche bezieht, s. Phillips 5, 496, ist keineswegs sicher.

[2] Vgl. die Schreiben Hadrians IV. (S. 114. n. 2 u. folgende) zu Gunsten des Kanzler Hugo.

[3] So in Betreff des genannten Hugo, vgl. Reuter Gesch. Alexanders III. 2, 107.

[4] Z. B. solcher, welche wegen des Schismas ihre Stellen verloren hatten, s. die Schreiben Alexanders III. v. 1170 u. 1170/1172 bei Martène l. c. 2, 822. 851 u. dazu Reuter a. a. O. 3, 201. 202, aber auch zu Gunsten von Verwandten hochgestellter Personen, Mansi 21, 1083 u. Martène 3, 914 oder Geistlicher, welche das Wohlwollen des Papstes erworben hatten, Mansi 21, 1083; Martène 2, 807 sind dergleichen erlassen worden.

[5] Die meisten derartigen Schreiben Alexanders III. sind an seinen Anhänger, den Erzbischof Heinrich v. Rheims gerichtet, vgl. Martène l. c. 2, 792. 822. 828. 835. 851. 980.

[6] Dazu hat Alexander III. auch den erwähnten Rheimser Erzbischof benutzt, vgl. die Briefe bei Martène l. c. 744. 795. 796.

[7] So des Königs v. Frankreich, ep. Alex. III. v. 1168/1169 bei Mansi 21, 1031, der Königin u. Wittwe v. Sizilien v. 1170, bei Martène 2, 828.

[8] Vgl. hierzu auch Reuter a. a. O. 3, 530ff.

[9] ep. cit. bei Mansi 21, 951: „Pastoralis cura et solicitudo . . . nos admonet propensius et hortatur, pro viris ecclesiasticis et praesertim pro his qui nullum beneficium habent ecclesiasticum et sunt bonae opinionis et famae, solicitos et studiosos existere et ecclesiarum praelatos, ut eis in competentibus beneficiis provideant, propensius invitare", vgl. auch Martène 2, 835; in dem Schreiben l. cit. 807 wird die Pflicht einer besonderen Fürsorge für die von der römischen Kirche geweihten Geistlichen betont.

[10] Martène l. c. 2, 734 u. 766. Der letzte Brief v. 1167/1169 ist an den Erzbischof v. Rheims, welcher dem empfohlenen Geistlichen selbst ohne ihm einen titulus zu gewähren, ordinirt hatte, adressirt. Hier wird im wesentlichen das, was demnächst das Lateranensische Konzil v. 1179 vom Ordinator gefordert hat, Th. I. S. 64 beansprucht.

[11] S. Anm. 1.

[12] In dem Schreiben an den Bischof und das Kapitel (v. Sens?) v. 1162/1173, Martène 2, 806 verlangt Alexander III. die Ordination und die Aufnahme des Empfohlenen in das Kapitel, und obwohl er bemerkt: „vos autem sicut con-

wegs für die Regel[1], sondern nur ausnahmsweise und zwar auch nur vereinzelt in solchen Fällen, wo dem Empfohlenen schon die Verleihung eines Amtes oder einer Präbende versprochen war[2], mit Zwangsmassregeln gedroht hat[3]. Die Schreiben Alexanders III. stellen übrigens diese Anforderungen an die Verleihungsberechtigten sowohl in Betreff vakanter wie nicht vakanter Pfründen[4] und enthalten somit auch die ersten Versuche zur Ertheilung von Anwartschaften auf unerledigte Aemter, obwohl gerade unter demselben Papst die Gewährung solcher durch die allgemeine kirchliche Gesetzgebung verboten worden ist[5].

Alexander III. hat somit allerdings die Erweiterung der päpstlichen Machtbefugniss auf die Besetzung der zur Verfügung der lokalen kirchlichen Gewalten stehenden Benefizien angebahnt, aber zu seiner Zeit ist ein etwaiges Recht des Papstes, Besetzungs-Mandate mit bindender Kraft zu erlassen, noch nicht anerkannt gewesen[6], vielmehr sind derartige Anweisungen noch vielfach unbeachtet und unberücksichtigt gelassen worden[7].

Seine Nachfolger gingen auf dem betretenen Wege weiter. Schon Lucius III. (1181—1185) hat zur Durchführung seiner Mandate besondere Exekutoren, welche jedes Zuwiderhandeln gegen die letzteren für nichtig zu erklären hatten, ernannt[8]. Ja

suevistis nostras in hac parte preces surdis auribus pertransistis nec praefato P. in aliquo providere curastis" und die Erwartung ausspricht, dass diesmal dem Empfohlenen die erste vakant werdende Präbende verliehen werde, bemerkt er am Schlusse des Briefes doch nur: „Tu vero, frater episcope, eum, sicut alia vice mandavimus, tonsurare studeas et in clericum ordinare, ordinatum autem ad alteram praescriptarum ecclesiarum intitules et ita efficias, ut ad nos ulterius non cogatur redire, quoniam id grave nobis admodum existeret et omnino molestum".

[1] Gewöhnlich schliessen die Briefe mit der Versicherung des Papstes, dass er sich seinerseits dem Adressaten bei künftigen Bitten ebenfalls um so gefälliger erweisen werde, ep. S. Thomae Cant. l. c. 2, 105; Martène 2, 807. 822. 828. 914 und es wird die Gewährung der Forderung, ebenso wie von Innocenz II. u. Eugen III., s. S. 114. n. 2, auf Grund der dem Apostel Petrus und dem päpstlichen Stuhle schuldigen reverentia verlangt, s. a. a. O. 2, 806. 807. 914. Zu einer Verleihung einer demnächst vakant werdenden Präbende in Linkoln hat Alexander III., welcher sein Verfahren mit der Vakanz des bischöflichen Stuhles rechtfertigt, die Genehmigung des Königs von England nachgesucht, Savioli ann. Bologn. I. 2, 268.

[2] Vergl. die Schreiben bei Martène l. c. 2, 734. 744. 914.

[3] Aber auch nur in unbestimmter Weise l. c. 2, 915 (an den Bischof von Arras): „eidem episcopo dedimus in mandatis, ut id celerius nobis . . . significet, quatenus te secundum merita tua puniamus".

[4] Mansi 21, 1083; Martène l. c. 2, 734. 744. 828. 914; Savioli ann. Bologn. I. 2, 268.

[5] c. 2 (Lat. III. v. 1179 c. 8) X. de conc. praeb. III. 8.

[6] Dies ergiebt sich auch daraus, dass fast alle hierher gehörigen Schreiben Alexanders III. nach Frankreich, nur wenige Mansi 21, 1083 u. Savioli l. c. nach England, gerichtet sind.

[7] Vgl. die Klagen Alexanders III. bei Martène l. c. 2, 744. 796. 914 u. S. 115. n. 12; ferner ep. 90. Steph. Tornac. ad Luc. III pp., Migne patrol. 211, 384: „Scripsit pro eo (Hervaeo subdiacono) . . . pater Alexander (III.) decano et canonicis s. Aniani Aurelianensis. Scripsistis et vos primo et secundo. Sed neque preces neque praeceptum vestrum, quamvis tres praebendae vacarent, voluerunt audire". Der Abt Petrus Cellensis schreibt an Alexander III., ep. 84, Migne patrol. 202, 531, dass dergleichen Mandate nicht einmal zur Zeit des Schismas vorgekommen, und bittet, dass der Papst ein solches zu Gunsten eines kaiserlichen Klerikers ertheiltes Mandat widerrufen und künftighin keine darauf gehenden Gesuche annehmen möge, s. ferner ep. Matthaei Senonens. thesaurarii ad Alex. III., Bouquet 16, 322.

In Folge des Widerstandes gegen seine Anordnungen sah sich sogar Alexander III. genöthigt, die Koncession zu machen, dass einem Mandat, welches ohne Anstoss und Aergerniss nicht auszuführen war, nicht Folge gegeben zu werden brauchte, ebensowenig dann, wenn der Empfohlene schon ein ausreichendes Beneficium besass, davon aber nichts im Mandate erwähnt war, c. 6. X. III. 5.

[8] ep. Stephani Tornac. 92, l. c. p. 385: „Secundum mandatum domini papae pro negotio tuo secutus sum usque Magdunum . . . Aurelianensem episcopum et ibi coram canonicis illius ecclesiae post sacros apices lectos, reddita prius gratiarum actione episcopo de promisso tibi, ad preces domini papae, beneficio, subsequenter et constanter auctoritate mandati mihi iniuncti eidem prohibui, ne alii, antequam tibi beneficium in ecclesia Magdunensi conferret, et canonicis, ne alium quam te in concanonicum reciperent aut investiri permitterent: et si quam episcopus fecisset vel facturus esset de nondum vacante praebenda promissionem, concessionem vel investituram, totum auctoritate domini papae irri-

durch Cölestin III. (1191—1198) sind dieselben für den Fall des Widerstandes auch zur Androhung von kirchlichen Censuren[1] und zur Investitur des Empfohlenen ermächtigt worden[2], und der gedachte Papst hat sogar, um jedem Widerstand von vornherein vorzubeugen, die Verleihung einzelner Benefizien, welche durch Ableben ihres Inhabers in Rom erledigt waren, selbst vollzogen[3].

Ein Recht zu derartigen Verfügungen über Benefizien ist aber zuerst von Innocenz III. in Anspruch genommen und aus der Machtfülle des apostolischen Stuhles hergeleitet worden[4]. Demgemäss hat er viel häufiger als seine Vorgänger Provisionsmandate[5] ertheilt und zwar nicht blos in Fällen, wo die Gewährung einen Anhalt an dem bisherigen Recht fand[6] oder doch vom Standpunkt der Billigkeit aus gerechtfertigt erscheinen konnte[7], sondern auch, um Geistlichen der römischen Kirche[8], Angestellten des päpstlichen Hofes[9], päpstlichen Familiaren[10], eigenen Anverwandten[11], sowie Männern, welche ihm Dienste geleistet hatten[12] oder ihm bekannt geworden waren[13], eine Pfründe und Versorgung zu verschaffen, endlich auch um sich Fürsten und weltlichen Grossen[14] gefällig zu zeigen. Dabei hat er ebenso wenig, wie seine Vorgänger das Verbot des 3. Lateranensischen Konzils in Betreff der Anwartschaften[15] beachtet[16]. Im Gegensatze

tum esse et fore denuntiari"; eiusd. ep. 144, ibid. p. 403.

1 S. ep. Innoc. III. I. 55. 118. 127. 145, ed. Migne 1, 47. 108. 116. 127.

2 L. c. ep. I. 55. 127 cit.

3 L. c. ep. I. 118 cit. Dann handelte es sich nur noch darum, die Besitzeinweisung des Investirten zu erzwingen.

Die gewöhnliche Annahme, dass diese Massregeln zuerst durch Innocenz III. angewendet worden sind, van Espen J. E. U. P. II. t. 23. c. 1. n. 9; Gieseler Kirchengesch. 4. Aufl. II. 2, 240. n. 73. Richter-Dove §. 176, ist nicht richtig. Freilich ist denselben unter Cölestin III. entschiedener Widerstand entgegengesetzt worden, wie die citirten Schreiben Innocenz' III. zeigen, s. auch ep. I. 258. 406. V. 139. 146, l. c. 1, 218. 382. 1149. 1158, da diese den Zweck haben, die von seinem Vorgänger gemachten Anordnungen zur Wirksamkeit zu bringen.

4 L. c. ep. I. 89, Migne 1, 177: „Unde nos . . . praebendam, quam idem avunculus tuus in ecclesia S. Hilarii Pictav. olim habuerat, sicut de plenitudine potestatis nobis concessa licebat, tibi . . . duximus concedendam, te per annulum propriis manibus solemniter investientes de ipsa"; I. 258. 418. l. c. 1, 218. 394; IX. 137, l. c. 2, 955. Auch gegenüber einem Laienpatron gründet er ein solches Recht auf denselben Titel, ep. VI. 14, l. c. 2, 22.

5 S. die Zusammenstellung bei Hurter Innocenz III 3, 183 ff. Die meisten der Reskripte sind nach Frankreich gerichtet, es kommen aber auch solche für Italien, Spanien, Deutschland, England und den Orient vor.

6 Wenn der Bischof die Ordination ertheilt hatte, aber die Uebertragung eines Benefiziums verweigerte, ep. V. 142. IX. 264. l. c. 1, 1154. 2, 1096. XVI. 69, l. c. 3, 860, s. o. S. 115. n. 10 — in c. 27 (Inn. III.) X. de rescr. I. 3 u. c. 13 (id.) de aetate I. 14 wird ein solches Reskript als in *forma communi* erlassen, vgl. auch c. 16 X. de praeb. III. 5, Th. I. S. 64, bezeichnet; dafür wird auch nach den Anfangsworten des c. 16 X. cit. der Ausdruck: *in forma cum secundum*, ferner: *in forma pauperum*, s. z. B. Raynald. c. 1311. n. 59 gebraucht, vgl. noch van Espen l. c. P. II. cit. 23. c. 1. n. 12 ff. — oder wenn nach erfolgter Kollation der Präbende die Besitzeinweisung nicht zu erreichen war, ep. I. 478, l. c. 1, 442.

7 So wenn die Mandate zu Gunsten dürftiger und verdienter Gelehrter gegeben wurden, ep. IX. 182. 237, l. c. 2, 1021. 1072. XVI. 177, l. c. 3, 962.

8 ep. I. 339, l. c. 1, 317.

9 ep. VI. 221. VII. 70. XVI. 27, l. c. 2, 252. 348; 3, 816 oder der Kardinäle ep. I. 427, l. c. 1, 440; IX. 148. 165, l. c. 2, 975. 994.

10 ep. I. 529, l. c. 1, 482. XII. 41; XVI. 163, l. c. 3, 49. 952.

11 ep. XIII. 130; XVI. 70. 75, l. c. 3, 317. 861. 875. 876.

12 ep. XV. 97, l. c. 3, 609.

13 Namentlich dadurch, dass sie Geschäfte für kirchliche Würdenträger bei der Kurie betrieben hatten, wobei sie wohl auch selbst die Verwendung des Papstes in Anspruch genommen haben mögen, ep. I. 304. 315. IX. 266, l. c. 1, 266. 274; 2, 1098.

14 Mandate zu Gunsten solcher ep. VI. 44. IX. 105. 215. 271, l. c. 2, 47. 917. 1059. 1102; auf Bitten weltlicher Fürsten, ep. XII. 113, l. c. 3, 147.

15 S. 116. n. 5.

16 Vielmehr dem Konzil für den speziellen Fall derogirt, s. ep. I. 205, l. c. 1, 179. c. 4, 11 (Inn. III.) X. de conc. praeb. III. 8, während er gegenüber anderen Kollationsberechtigten streng auf die Beobachtung des Verbotes gehalten und demselben zuwider ertheilte Expektanzen für ungültig erklärt hat, ep. I. 501, l. c. 1, 461. VIII. 110, l. c. 2, 678. XIII. 205. XIV. 12. 26. 161, l. c. 3, 372. 388. 404. 523. Auch in einem Indulte zu Gunsten des Klosters von S. Denis gegen Be-

zu ihnen ist er dagegen bemüht gewesen, den Widerstand, welcher ihm gleichfalls von Bischöfen, Kapiteln und anderen Verleihungsberechtigten entgegengesetzt worden ist [1], mit aller Entschiedenheit zu bekämpfen und niederzuschlagen [2], und hat dadurch das päpstlicherseits in Anspruch genommene Recht [3] zur Ertheilung von Provisionsmandaten bezüglich vakanter Pfründen und von Anwartschaften auf nicht erledigte Benefizien zu unbestrittener Geltung gebracht [4]. Immerhin ist indessen von Innocenz III. trotzdem, dass er einen ausgiebigen Gebrauch von derartigen Mandaten gemacht hat, noch nicht jede Rücksicht auf das allgemeine kirchliche Interesse, sowie das Interesse der zu versorgenden Kirchen und Benefizien bei Seite gesetzt worden [5].

Erst seine Nachfolger haben das in Anspruch genommene Verleihungsrecht in gerade zu massloser Weise [6] zur Belohnung und Bereicherung der Kurie, insbesondere römischer und italienischer Geistlicher, sowie auch sonstiger Anhänger und Günstlinge benutzt, und diese Praxis brachte überdies zugleich den Vortheil mit sich, dass in allen Diöcesen, namentlich in den Kapiteln — um solche Stellen handelte es sich hauptsächlich — Geistliche angestellt wurden, welche von kurialen Tendenzen erfüllt waren, und für die Verbreitung derselben wirkten [7]. Schon Honorius III. hat 1225 sowohl von der französischen, wie auch von der englischen Geistlichkeit [8] die Reservation je

schwerung mit Anwartschaften, werden die vom päpstlichen Stuhl ertheilten ausgenommen, ep. I. 175, l. c. 1, 158.

[1] So unter Hervorhebung der verschiedensten Weigerungsgründe, Hurter a. a. O. S. 109, z. B. Berufung auf kaiserliches Privileg, ep. VII. 70, l. c. 2, 348 (in Köln), auf die Armuth des Kapitels, auf Ueberlastung durch die grosse Zahl der Angestellten, ep. VI. 95. VII. 132. X. 4, l. c. 2, 99. 421. 1105; XV. 23. XVI. 163, l. c. 3, 561. 952, wo einer drei, bez. vier Mal erfolglos vom Papste erlassenen Anweisung erwähnt wird. Vgl. auch die folgende Anmerk.

[2] Die angewandten Mittel sind die früheren, ep. I. 116. 118. 339. V. 133, l. c. 1, 104. 108. 315. 1178, ausser der Exkommunikation, ep. I. 447. 529. V. 133, l. c. 1, 441. 482. 1138. VI. 19; IX. 85, l. c. 2, 25. 900; XVI. 27, l. c. 3, 816, kommen als solche namentlich noch die Suspension vom Kollationsrecht, ep. I. 205, l. c. 1, 179. die suspensio ab officio et a beneficio, ep. V. 151, l. c. 1, 1163, die Belegung der Kirche mit dem Interdikt, ep. I. 418. VI. 197, l. c. 1, 394; 2, 222, vor.

[3] Charakteristisch für den Standpunkt Innocenz' III ist es, dass die Verleihungsberechtigten, welche seinen Mandaten Widerstand geleistet haben, von ihm wiederholt als *rebelles* bezeichnet worden sind, c. 4. X. III. 8 cit., ep. I. 418. V. 133. XVI. 27, l. c. 1. 394. 1138; 3, 816.

[4] Diese Auffassung haben schon die 1246 (?) von Ludwig IX Papst Innocenz IV unterbreiteten gravamina ecclesiae Gallicanae bei Brown app. zu Orthuini Gratii fasciculus rerum expedendar. et fugiend. Lond. 1690. p. 240, deren Aechtheit mit Unrecht in Zweifel gezogen worden ist (vgl. auch Soldan i. d. Zeitschr. f. histor. Theologie 1856. S. 401. 402): „Ipse (Alexander III) tamen in nullo gravavit ecclesiam Gallicanam, ut nec unam solam praebendam aut aliud beneficium ipse papa dedit ibi, sed nec aliquis praedecessor suus, nec multi etiam de successoribus dederunt in sua auctoritate beneficium aliquod — (diese Behauptung ist unrichtig, s. S. 116, und offenbar nur aufgestellt, um die Missbräuche der späteren Zeit in desto grelleres Licht zu setzen) — usque ad tempus d. Innocentii III. qui primus assumpsit sibi ius istud, in tempore suo revera dedit multas praebendas et similiter post ipsum . . Honorius (III.) et . . . Gregorius (IX.) simili modo fecerunt. Sed omnes praedecessores vestri, ut publice dicitur, non dederunt tot beneficia, quot vos solus dedistis isto modico tempore quo rexistis ecclesiam vestram. Et si successor vester in tantum excederet vos in hoc, sicut excessistis praedecessores vestros, certe ipse conferret communia (lies: omnia) beneficia et sic non restabit aliud consilium indigenis nostris nisi fugere aut fugare."

[5] Hurter, Innocenz III. a. a. O. S. 108; Phillips 7, 504, welche aber auch hier ihre gewohnte Schönfärberei treiben.

[6] Das ergeben die folgenden Citate der päpstlichen Schreiben, welche ich der Kürze halber nach Potthast's Regesten anführe. Dieselben bestätigen die vollkommene Richtigkeit der von Phillips 7, 504 der Uebertreibung beschuldigten, gleichzeitigen Schriftsteller. S. übrigens auch v. Raumer, Gesch. d. Hohenstaufen, 4. Aufl. 6, 70 ff. u. selbst Hurter a. a. O. S. 108.

[7] S. S. 119. n. 1.

[8] ep. ad episc. Galliae, Mansi 22, 1219: „ut ad opus sedis apostolicae in singulis cathedralibus ecclesiis et aliis praebendalibus singulae praebendae reserventur et interim donec id fiat, competentes in eis reditus assignentur. In monasteriis vero et ceteris domibus regularibus ac aliis collegiatis ecclesiis nec non de bonis episcoporum secundum facultates suas constituantur certi reditus praebendas aequantes, quorum proventus in commune recepti tam in nostras quam fratrum nostrorum necessitates, capellanorum necnon cancellariae ostiariorum aliorumque sedis apostolicae officialium convertantur: ut sic et provideantur

einer Präbende an allen Kathedral- und Kollegiatkirchen, sowie je einer neu zu bildenden aus dem Mensalgut jedes Bischofs und jeder Konventual- und Kapitelskirche mit ungetheilten Gütern zur Deckung der Bedürfnisse der Kurie beansprucht[1], obgleich er die englische Geistlichkeit vorher in dem Masse mit Provisionsmandaten belastet hatte, dass er bereits 1221 die Zusicherung zu geben genöthigt war, dass nach dem Abscheiden der Geistlichen der römischen Kurie und anderer Italiener, an welche Präbenden und sonstige kirchliche Benefizien verliehen worden waren, diese wieder durch die ordentlichen Kollatoren vergeben werden sollten[2]. Trotzdem hatte aber während der Regierungszeit seines Nachfolgers, Gregors IX., gerade wieder vor Allem England[3] (auch zum Theil Schottland)[4] unter den päpstlichen Provisionsmandaten zu leiden.

Bedeutungsvoll war es weiter, dass in dem von dem letzteren veröffentlichten Gesetzbuch die Befugniss des Papstes zur Ertheilung von derartigen Befehlen durch Aufnahme solcher Dekretalen[5], in welchen die Verleihung von Benefizien päpstlicherseits

nostris in vitae necessariis et gratis omnibus omnia pro quibuscumque venientibus negotiis ministrentur . ."; das gleichlautende Schreiben an die Engländer bei Wilkins conc. 1, 558. Nicht korrekt hierüber v. Raumer a. a. O. S. 69.

1 Freilich vergeblich, sowohl auf dem Konzil zu Bourges 1225, Math. Paris. hist. min. ad a. 1226, ed. Madden 2, 282, Hefele Konciliengesch. 5, 883, wie auch auf dem zu Westminster 1226, Matth. Par. l. c. 2, 278. 284. Die französischen Bischöfe motivirten die Ablehnung nach Matth. Par. l. c. mit folgenden Gründen: „Erit enim in qualibet dioecesi vel ad minus in provincia, nuntius unus continuus, procurator Romanus qui non vivet de proprio, sed graves exactiones et procurationes exiget ab ecclesiis maioribus et forte minoribus . . . nomenque procuratoris habens, officio legati fungetur. Item dixerunt, imminere turbationes capitulorum; forte enim demandaret d. papa, cum vellet, procuratori suo vel alii, ut vice sua interesset, electionibus, qui eos turbaret; et sic lapso tempore, devolvi posset electio ad curiam Romanam, quae in omnibus vel pluribus ecclesiis Romanos poneret, vel tales qui eis plurimum essent devoti; et sic nullae forent partes indigenarum praelatorum vel principum, cum multi sint viri ecclesiastici qui potius curiae Romanae quam regi vel regno providerent. Item addiderunt, quod, si proportionaliter fieret bonorum distributio, omnes in curia fierent divites, quum multo plus essent recepturi quam rex proprius . . . Cum igitur vermis divitum sit superbia, maiores vix causas audirent, sed eas in immensum differrent et minores scriberent inviti; cuius rei experimentum in evidenti est, quia et modo negotia pertrahunt, etiam post percepta obsequia. Et sic periclitaretur iustitia et morerentur queruli in portis Romanorum tunc plenissime dominantium."

2 Wilkins l. c. 1, 584. S. ausserdem die Mandate für England bei Potthast n. 5504 f u. 5528 g, für Frankreich l. c. n. 5329 a (dazu 5413 f), 5355 e, 5413 e, 5446 c, 5459 d, 5464 a, 5504 a, 5912, 6610; für Deutschland 5507 f, 5570 b, 6096, 7718 (c. 13 X. de ren. I. 9, noch von Innocenz III ertheilt); für Italien 5396 a, 5469 a, 5536 c, 6565, 7421, 7436 a, 7525, 7673, für Schweden 7460.

3 Obwohl der Papst 1230 eine gleiche Zusicherung, wie Honorius III ertheilt hatte, Wilkins 1, 629, entstand doch nach Matth. Par. chron. maior a. 1231, ed. Luard 3, 208 eine Verschwörung gegen die römischen Legaten, weil sie „beneficia regni suis secundum quod eis placet, conferendo" willkührlich schalteten und den Widerstand der ordentlichen Kollatoren „suspensionis sententias fulminando zu brechen suchten". 1240 soll Gregor IX nach derselben Quelle, ed. cit. 4, 31. 84 dreien englischen Bischöfen den Auftrag gegeben haben, die ersten 300 vakanten Benefizien an römische Geistliche zu verleihen. Eingriffe in das Laienpatronat musste er selbst wieder zurücknehmen, s. o. S. 95. n. 2. Ueber die Reservation einer Präbende in Sherborn s. Potthast n. 8001. 8194.

4 Dies ergiebt sich daraus, dass dem Bischof von Glasgow zweimal, 1229 u. 1230 dieselbe Zusicherung, wie den englischen Bischöfen, gegeben worden ist, Potthast n. 8369. 8562. Mandate nach Ungarn l. c. n. 8487, Deutschland n. 9160 und Frankreich n. 9533 (c. 38 X. de rescr. I 3), geographisch unbestimmbar n. 9534 (c. 39. X. eod.).

5 c. 4 (Inn. III) X. de conc. praeb. III. 8; c. 30 (Honor. III) c. 37. 38. 40 (Gregor. IX) X. de rescr. I. 3, von denen einzelne bestimmte, darauf bezügliche Fragen entscheiden.

Charakteristisch ist es, dass in der ersteren Stelle und in c. 6 (Alex. III) X. de praeb. III. 5 der früher in der Zusammenstellung mit mandatum übliche Ausdruck: *preces* getilgt ist, sowie dass für die Massnahmen zur Durchführung der Provisionsmandate in c. 37. 39 X. cit. eine feste Terminologie: *litterae monitoriae* für das die Ausführung des Provisionsmandats in Erinnerung bringende Schreiben, *l. praeceptoriae* für den Befehl, demselben bei Vermeidung der Exekution nachzukommen, und *l. executoriales*, (vgl. auch Glosse zu c. 37 cit. im casus u. s. v. monitoriis) für den die letztere anordnenden Erlass hervortritt, wenngleich der Sache nach diese Gradation schon unter Innocenz III vorkommt, s. z. B. ep. VI,

angeordnet war, ihre feste Grundlage erhielt, und dass dadurch jede principielle Bekämpfung des angemassten Rechtes für die Zukunft ausgeschlossen wurde[1].

Das so gewonnene, sichere Fundament hat es Innocenz IV. (1243—1254) ermöglicht, von den Provisionsmandaten einen nicht anders als unerhört zu bezeichnenden Gebrauch zu machen, ohne dass die Berechtigung dazu an und für sich in Zweifel gezogen worden ist. Nicht nur ist die Zahl der von ihm und seinen Legaten erlassenen Mandate viel grösser als die der von seinen Vorgängern ertheilten[2], sondern dieselben wurden sogar vielfach zu Gunsten von Unwürdigen gewährt[3], und bestehende Patronatrechte dabei nicht beachtet[4]; auch hat er zuerst das Recht zur Verleihung von Benefizien an andere Personen überlassen[5].

Bischöfe, Kathedral- und Kollegiatstifter, Manns- und Frauenklöster, ja selbst ganze Mönchsorden suchten sich durch die Nachsuchung von Freiheitsbriefen gegen diesen Missbrauch des päpstlichen Provisionsrechtes zu schützen. Derartige Privilegien sind theils für ganze Länder[6], theils für einzelne Kirchen, Kapitel, Klöster und Orden

11, l. c. 2, 19: „preces vobis apostolicas destinasse . . . et mandatum postmodum inculcasse precibus et praeceptum, sed nec praeceptum nec preces apud vos valuisse noscuntur", worauf die Bestellung von Exekutoren erfolgt; s. ferner ep. IX. 152, l. c. 2, 979.

[1] Sofern man nicht, was damals völlig erfolglos gewesen wäre, die Gesetzeskraft der Gregorischen Dekretensammlung überhaupt hätte in Frage stellen wollen.

[2] Nachweisbar sind Mandate für England, s. Potthast n. 13340. 14141. 15184, wozu die Klagen der englischen Legaten auf dem Konzil von Lyon 1245 wegen der vielen, auch in die Patronate der englischen Grossen eingreifenden päpstlichen Provisionen, hinzutreten, Matthaeus Paris. hist. maior. a. 1245. 1246, l. c. 4, 443. 527, vgl. auch Anm. 4; für Schottland Potthast n. 14881. 15292. 15298, für Irland l. c. n. 11997. 12841. 14007; für Frankreich l. c. n. 13223. 13986. 15112. 15124 (c. 1 in VIto III. 7). 15289; für Italien 11354. 11403. 12362. 12521. 12598. 12785. 13050 (15314. 17052). 13299. 13306. 13345. 13757 (Verleihung durch den Papst selbst). 14477; für Deutschland 11991. 12895. 12918. 12943a. 13146. 13788a. 14168 (15169. 15446). 15094. 15370. 15530. 15398; für Ungarn 14491. 14846. 14871. 15152. 15344; für Böhmen 11832; für Cypern 12835, über Norwegen s. die folgende Note. Vgl. auch noch Matth. Par. l. c. a. 1243, ed. cit. 4, 418: „Cum vellet d. papa quibusdam praebendis Lugdunensis ecclesiae vacantibus quosdam alienigenas consanguineos vel affines suos inconsulto capitulo intrudere, canonici restiterunt ei in facie . . . cum iuramento obtestantes, quod si tales apud Lugdunum apparerent, non possent eos vel archiepiscopus vel canonici protegere, quin in Rodanum mergerentur. Nec ipsi qui beneficium fuerunt accepturi, ultra usquam comparuerunt." Zur Vervollständigung des Bildes sind hiermit die Nachweisungen S. 121. n. 1 über die ertheilten Indulte zusammen zu halten.

[3] 1250 wird der Bischof von Bergen von ihm angewiesen (P. n. 14119, Lange, diplom. Norvegic. III. 1, 2), die Kleriker, welche „minus ydonei super recepcione ac provisione sua in Nidrosiensi ecclesia (Drontheim) litteras apostolicas ad importunam aliquorum instanciam impetrantes ius quod super hoc eis competit, prosequi per easdem litteras non contenti in eadem ecclesia se intrudi nitantur per saecularem potentiam", ihres Rechtes aus den Provisionsmandaten für verlustig zu erklären. Wie leichtfertig bei der Ertheilung derselben vorgegangen worden ist, und wie man sich dabei öfters vergriffen hat, zeigt die Anweisung an den Bischof von Trier 1248, P. n. 12943a, Beyer, mittelrh. Urkbch. 3, 710, denjenigen, welche der römischen Kirche ungehorsam seien, die bewilligten Provisionen wieder zu entziehen.

[4] S. Matth. Par. a 1245. 1246 (Anm. 2). 1245 vor Abhaltung des Londoner Konzils hat Innocenz IV. (P. n. 11627) zwar Heinrich III. von England „attendens quod de beneficiis illis, in quibus laici ius obtinent patronatus, nunquam adhuc mandavimus alicui provideri", gebeten, dem päpstlichen Nuntius im Uebrigen bei den Provisionen freie Hand zu lassen; dass es indessen dabei nicht geblieben ist, zeigen die Klagen der englischen Legaten auf dem Lyoner Konzil, das nach demselben erlassene Indult Innocenz' IV. an die englischen Patrone von 1245 (P. n. 11773), Matth. Par. l. c. 4, 520, wonach diese ohne jedes Hinderniss im Falle der Vakanz auf ihre Patronatsbenefizien zu präsentiren berechtigt sein sollen, und zwei weitere für den Konvent in Canterbury von 1253. 1254, bei P. n. 15576. 15577. Gleiche Indulte für deutsche und französische Klöster und die Cluniacenser aus d. J. 1250 u. 1253 bei P. n. 14055. 14909a. 14884. 15149.

[5] S. Privileg für den Missionserzbischof von Preussen, 5 Benefizien in der Provinz Armagh, an den Erzbischof von Trier, drei Klerikern Personate oder andere Benefizien, an den Propst von Wisserhad, Neffen des Königs von Böhmen, die beiden zuerst freiwerdenden Präbenden seiner Kirche, an den Bischof von Padua, drei erledigte oder vakant werdende Klöster seiner Diöcese zu verleihen, P. n. 11997. 12943a. 11832. 14477.

[6] So für die englischen Bischöfe nach dem Konzil von Lyon 1245, P. n. 11774 u. Matth.

in überraschend grosser Zahl von Innocenz IV. ertheilt worden [1], aber selbst in den Fällen, wo ihnen die vielfach vorkommende Klausel [2], dass die Befreiung durch eine dem Indult speziell derogirende Erklärung beseitigt werden könne, nicht beigefügt war [3], kehrten sich doch weder der Papst noch seine Legaten, wenn es ihnen vortheilhaft schien, an die gegebenen Zusicherungen [4], ja der erstere suchte auch die weltlichen Fürsten, welche freilich dergleichen Provisionen ihrerseits ebenfalls für ihre Günst-

Par. l. c. l. c. 4, 520: „ut beneficia ecclesiastica ad collationem vestram spectantia cum ea vacare contigerit, personis idoneis conferre quae velint et possint in eis utiliter deservire, absque cuiuslibet contradictionis obstaculo libere prout ad vos pertinet, auctoritate praedicta indulgemus."

1 Für solche in England P. n. 13885. 14724. 15576. 15577; in Schottland 11713 (11742. 13294. 14044. 14164). 11743. (12953). 12031. 12114, in Frankreich 11667 (12638). 11970. 12089. 12182 (14631). 12240. 12556. 12790. 12967. 13784 (14282. 14588). 14055. 18131; in Italien 11380. 11867. 11990. 12145 (12865). 12415. 12970. 13376. 14072. 13798. 13835. 14495. 13931. 13999. 14011. 14146. 13002a; in Deutschland P. n. 11629 (13316). 11680. 14285. 12594. 12747. 12689. 14269. 12995. 13393. 11846. 11872 (12610). 12089a (14091a). 12934a. 12115. 13983. 14742. 14884. 11740. 12649. 12998. 14462. 13038. 13153. 13866a. 13182. 13242. 14142a. 13258. 13995 (14658). 14022 (14027a). 14827 (14836). 15030 (15037). 15521. 11766a (13189b). 11953b. 12101c. 12547a (13244a). 14909a. 13884a. 13745. 11959. 13333, sowie 4 bei Potthast nicht berücksichtigte Indulte für die Kathedralkirche zu Strassburg v. 1250. 1251 u. 1254, bei Koch sanctio pragmatica Germanorum illustrata p.279ff., ferner eins für eine Kollegiatkirche in Regensburg v. 1250, Mayer, thesaur. nov. ius. eccles. 4, 144, in Ungarn P. n. 14497. 14885, in Böhmen 12629, in Norwegen 14862, ferner für die Cluniacenser 11900 (12139. 14313. 14386. 15149), die Camaldulenser Konvente 14436 (14489) und die Antoniter 12013a. Schlagender als durch diese Zahl der Indulte — es sind in runder Summe gerade 100 — kann der Beweis, wie umfassend das Bedürfniss nach Schutz gegen die mit den Provisionsmandaten getriebenen Missbräuche und wie arg diese gewesen sein müssen, nicht geführt werden. Die gegen Innocenz IV. aus Frankreich erhobene Beschuldigung (s. S. 118. n. 4) erhält dadurch eine glänzende Rechtfertigung. Charakteristisch ist es übrigens auch, dass selbst die Kapitel der grossen Patriarchalkirchen in Rom, so das von S. Peter (P. n. 14072), ferner das Kloster des h. Gregorius daselbst (l. c. n. 13376) solche Indulte nöthig hatten.

2 Sie lautete gewöhnlich: „absque sedis apostolicae speciali mandato faciente plenum et expressum de indulgentia huiusmodi mentionem", P. n. 13182, Meichelbeck, hist. Frising. II. 1, 32 u. Koch l. c. p. 280. 281, mitunter wird auch noch die Erwähnung des „numerus receptorum et provisionum" verlangt P. n. 12995, Probst, turnarius ecclesiarum Germaniae. Bamb. et Würzb. 1777. p. 380.

3 Die Beifügung einer solchen Klausel machte das Indult an sich ziemlich werthlos. Eine Aufhebung jedes Indultes zu Gunsten eines Klerikers König Wilhelms von Holland bei P. n. 15446.

4 Dies ergiebt sich vor Allem daraus, dass sich ein und dieselbe Kirche wiederholt und zwar innerhalb kurzer Zeiträume ein derartiges Indult ertheilen liess, so hat das Kapitel zu Glasgow ein solches 1245 (P. n. 11713. 11742), 1250 (l. c. n. 14044) u. 1251 (l. c. n. 14164) erhalten, 1249 dagegen ein beschränktes dahin, dass es nicht mehr als 4 Italienern Präbenden zu ertheilen verpflichtet sein sollte (l. c. n. 13294); ferner gehören hierher ein Kloster in Venedig mit Indulten v. 1246 u. 1248 (l. c. n. 12145. 12865), ein Kollegiatstift in Limoges mit solchen v. 1245 u. 1246, die Kathedralstifte zu Tours mit solchen v. 1246 u. 1252 (l. c. n. 12182. 14631), zu Montpellier mit drei Indulten v. 1249. 1251 und 1252 (l. c. n. 13784. 14282. 14588), zu S. Andrews mit zweien von 1245 u. 1248 (l. c. n. 11743. 12953), der Augustiner-Konvent zu Canterbury mit zweien von 1252 u. 1253 o. 1254 (l. c. n. 14724. 15576), das Kathedralstift zu Strassburg mit dreien v. 1250. 1251 u. 1252 (s. o. Anm. 1) und der Cluniacenserorden mit vier v. 1245. 1246. 1251 u. 1253 (l. c. n. 11900. 12139. 14313. 14385. 15149). Das Kathedralstift zu Konstanz hatte 1246 ein derartiges Indult erhalten (l. c. n. 12089a), sah sich aber 1248 genöthigt — offenbar, weil die päpstlichen Delegaten sich nicht daran kehrten, — ein neues dafür auszuwirken, dass die letzteren nicht befugt sein sollten, wegen der Zurückweisung päpstlicher Precisten gegen dasselbe kirchliche Censuren zu verhängen (l. c. n. 13032b), und ferner 1250 eine Anweisung des Papstes für den Bischof, das gewaltsame Eindrängen der Precisten zu verhindern (l. c. n. 14091a).

Für England insbesondere kommt noch das Schreiben (P. n. 14983; Wilkins conc. 1, 700) in Betracht, welches Innocenz IV. auf die erneuerte Klage der englischen Prälaten, dass sie jährlich mit Provisionsmandaten auf Beneflzien von zusammen über 5000 Mark Einkünften zu Gunsten fremder Geistlichen überschüttet worden seien, erlassen hat. Der Papst verspricht in demselben die Beschwerden in Erwägung zu ziehen und macht den Vorschlag, dass den letzteren Beneflzien mit einem Gesammteinkommen von 8000 Mark belassen, die übrigen aber zum Residenzhalten und zur Nachsuchung der erforderlichen Weihen bei Vermeidung der Besetzung der Beneflzien durch die eigentlichen Kollatoren gezwungen werden sollten.

linge gefordert haben [1], in sein Interesse zu ziehen [2]. Selbst die gegen das Ende seiner Regierungszeit erlassene Konstitution von 1253, welche offenbar durch die vielen Klagen über die Beeinträchtigung der Rechte der ordentlichen Kollatoren und Patrone veranlasst worden ist, stellte nicht einmal eine Beschränkung in der Ausübung der päpstlichen Provisionen in Aussicht, sondern gewährte nur den Besetzungs- und Präsentationsberechtigten die Befugniss, die Innehaltung der Residenz seitens der päpstlichen Providirten zu verlangen und ihnen im Fall der Weigerung die übertragenen Benefizien und Präbenden behufs eigener Vergebung zu entziehen [3].

Erst sein Nachfolger Alexander IV. (1254—1261) verstand sich dazu, 1255 die Zusicherung zu ertheilen, dass kein Kapitel mit mehr als vier päpstlichen Provisionen beschwert werden sollte [4], indessen ist auch diese Anordnung von ihm, wenngleich er bei der Ertheilung der Mandate mehr Mass wie sein Vorgänger hielt, keineswegs streng beobachtet worden [5], und ebensowenig wie früher erwiesen sich die von ihm ertheilten Indulte als ein ausreichender Schutz gegen die Beschwerung der ordentlichen Kollatoren [6]. Diese letzteren suchten sich nunmehr, nachdem sie hinreichende Erfahrungen darüber gemacht hatten, dass die Kurie sich durch derartige Privilegien nicht gebunden erachtete [7],

[1] Vgl. Potthast n. 13340, ferner die Indulte zu Gunsten von königlichen Klerikern l. c. n. 14168 (15169. 15446) u. 14881.

[2] Matthaeus Par. chron. mai. a. 1247 (ed. cit. 4, 598): „Eisdem diebus dominus rex, nesciens se versutiis Romanorum subdole verborum involucris muscipulatum, per quosdam aulicos suos ipsi regi placere cupientes privilegium quoddam sibi in curia Romana gratanter suscepit impetratum, cuius tenor talis esse dinoscitur: Quamquam papa pro suae voluntatis arbitrio, ad intolerabile regni Angliae gravamen, passim et indifferenter provisiones fecerit in Anglia de beneficiis ecclesiasticis ad opus Ytalicorum, nunc gratia dei ita sedata est tempestas, quod quando papa providet alicui vel aliquibus ex nepotibus suis vel cardinalium, ipse vel ipsi cardinales rogabunt d. regem cum instantia magna, quod placeat domino regi, ut provideatur sic. Quo umbratili privilegio ac deceptorio amici d. regis fortunales, cor eius demulcentes, ipsum strictius illaquearunt. . . . Nihil igitur aliud illud arbitror, nisi hamum inescatum.“ Aus demselben Beweggrund ist wohl auch die Anordnung Innocenz' IV. zu Gunsten des von ihm unterstützten Gegenkönigs, Wilhelm von Holland, hervorgegangen, dass die kaiserlichen Precisten den Vorrang vor den päpstlichen haben sollten (P. n. 13115; Th. II. S. 643. n. 2).

[3] Die Konstitution ist gerichtet an die Erzbischöfe, Bischöfe, Aebte, Prioren, die sonstigen Prälaten, Kapitel, Konvente und Patrone und ordnet an, dass „singuli vestrum canonias et praebendas ac beneficia seu personatus et dignitates cum cura aut sine cura, redditus ac etiam pensiones ad collationem sive electionem seu praesentationem vestram spectantia quae obtinentur a quibuscunque oriundis extra regna in quibus habentur canonicatus et praebendae ac alia supradicta, sive apud sedem apostolicam maneant, sive alibi commorentur, ex tunc personis idoneis . . . conferre . . valeatis“, P. n. 15162. 15163, bull. Taurin. 3, 217, (hier fälschlich Innocenz III beigelegt), ferner bei Bulaeus hist. universitat. Paris. 3, 263 (von Potthast n. 11953 nicht richtig als eine besondere, dem J. 1245 angehörige Konstitution aufgeführt). In der Konstitution ist der früher von Innocenz IV den Engländern gemachte Vorschlag, s. S. 121. n. 4 a. E., zum Theil verwirklicht.

[4] P. n. 15776, Bull. Taur. 3, 598 (in demselben Jahre ist dazu eine bisher nicht gedruckte Deklaratoria ergangen, Posse, analecta Vaticana p. 4. n. 43).

[5] So war z. B. das Kapitel zu Bremen 1258 genöthigt, die Intervention des Papstes zur Aufrechterhaltung der Zusicherung anzurufen, P. n. 17215, Lünig spicil. eccles. cont. 3, 954.

[6] Es sind zwar wenige Provisionsmandate Alexanders IV nachweisbar, s. P. n. 16750. 16946, 17060. 17323. 17641, aber die Zahl der von ihm ertheilten Indulte, welche auch von ihm wiederholt zu Gunsten eines schon von ihm selbst oder von Innocenz IV mit einem solchen versehenen kirchlichen Institutes gewährt worden sind, s. P. n. 15681 (15686). 15842. 15911a. 15931. 15988. 16097. 16370 (16832). 16592. 17247. 18043. 16844. 16146. 17694. 17114. 16234. 17048. 17927. 15759. 15911 (17720). 16771 (16969). 16973, bestätigt das im Text Bemerkte.

[7] Aus dieser Erfahrung der lokalen kirchlichen Oberen erklärt es sich offenbar, dass seit dem Ende der Regierungszeit Alexanders IV Indulte des erwähnten Inhaltes nur sehr vereinzelt vorkommen, ich habe nur je eins von Urban IV Potthast n. 18219, von Gregor X (1271—1276) P. n. 20651, Honorius IV (1285—1287) P. n. 22394; Bonifacius VIII P. n. 24989 und von Benedikt XI (1303—1304) P. n. 25305 ermitteln können. Das bei Ludewig reliqu. manuscr. 9, 499 mitgetheilte gehört dagegen wohl Innocenz IV an und ist identisch mit Potthast n. 11740, Riedel, cod. dipl. Brandenb. I. 8, 157. Dass die in Rede stehende Erscheinung nicht auf eine entschiedene Aenderung der Praxis der Kurie zurückgeführt werden kann, ergeben die folgenden Anmerkungen.

in der Weise zu helfen, dass sie die erledigten kirchlichen Aemter, um den päpstlichen Provisionen die Wirksamkeit zu entziehen, möglichst schnell, ehe die päpstlichen Mandate in ihre Länder gelangen konnten, wieder besetzten, weil ein solches vorher anerkanntermassen keine Rechtswirkung zu äussern, und die Befugniss des ordentlichen Verleihungsberechtigten auszuschliessen vermochte [1].

Allerdings hatten schon Cölestin III. und Innocenz III. [2], um eine derartige Vereitelung der päpstlichen Provisionen zu verhindern, in einzelnen Fällen Benefizien, welche bei der Kurie vakant geworden waren oder von deren Erledigung man dort Kunde erhalten hatte [3], selbst verliehen, und in Folge des gedachten Verfahrens der Prälaten machte Urban IV. (1261—1264) seinerseits einen umfassenden Gebrauch von diesem Mittel [4], indessen erfanden dieselben auch hiergegen wieder einen neuen Ausweg, nämlich den, dass sie die zur Besorgung ihrer Geschäfte in Rom anwesenden Prokuratoren ermächtigten, dort diejenigen Benefizien, deren Erledigung zu ihrer Kenntniss gelangt war, zu vergeben und so dem Papste zuvorzukommen [5].

Derartige Massnahmen der Verleihungsberechtigten waren auf dem bisherigen Wege nicht auszuschliessen. Ebensowenig hatte sich das seit Lucius III. angewendete Mittel, die unter Verletzung eines päpstlichen Mandates erfolgte anderweitige Besetzung des davon betroffenen Benefiziums für nichtig zu erklären [6], als ausreichend gezeigt, weil es in vielen Fällen erst langwieriger Verhandlungen über die von den Kollatoren vorgeschützten Einwendungen und ferner auch besonderer Exekutionsmassregeln bedurfte, um den päpstlichen Precisten die ihnen zugedachten Benefizien und Pfründen zu verschaffen [7].

II. Die erste Reservation und ihre weitere Ausbildung. Durch die gedachten Verhältnisse veranlasst, suchte Clemens IV. mittelst einer Konstitution von 1265 [8] das von ihm noch stärker als von seinen Vorfahren betonte Verfügungsrecht des päpstlichen Stuhles über alle kirchlichen Benefizien dadurch zu vollerer Wirksamkeit zu bringen, dass er unter Berufung auf die althergebrachte Gewohnheit die Verleihung aller Kirchen, Dignitäten, Personate und Benefizien, welche bei dem römischen Stuhle oder der römischen Kurie [9] erledigt werden würden, den bisher Berechtigten überhaupt entzog und deren Vergebung dem Papste ausschliesslich vorbehielt [10].

[1] Dies ist ausdrücklich in dem Schreiben Gregors IX v. 1228, Wilkins conc. 1, 563 anerkannt, vgl. ferner c. 1 (Inn. IV.) in VI^to de conc. praeb. III. 7, wonach auch bei einem Mandat auf Verleihung eines Benefiziums, welches der Precist annehmen werde, der Kollator nicht vor der Acceptation des ersteren an anderweitiger Vergebung gehindert sein soll.

[2] So o. S. 117. n. 3 u. n. 4; über Innocenz IV S. 120. n. 2.

[3] Durch Resignation in die Hände des Papstes oder durch Beförderung ihres Inhabers, s. Potthast n. 18756. 18783.

[4] Potthast n. 18756. 18783. 18829. 18833. 18856. 18885 (Ermächtigung eines Legaten, Benefizien, welche durch Tod oder Resignation in seine Hand erledigt werden, selbst zu verleihen). Die Mandate auf Provision hören daneben unter ihm aber nicht auf, s. l. c. n. 18144. 18532. 18627. 18657. 18693. 18699. 18711. 18795. 18862. 18863. 18910. 18944. 18947. 18960. 18961. 18979. 18989. 19008.

[5] Glosse zu c. 3 (conc. Lugdun. v. 1274) in VI^to de praeb. III. 4. s. v. per ipsos: „Habebant enim episcopi ante constitutionem Clementis, s. Anm. 8, procuratores in curia, qui statim cum vacabant beneficia, conferebant illa et sic praeveniebant papam."

[6] S. o. S. 116. n. 8. u. S. 118. n. 2.

[7] S. a. a. O.

[8] c. 2 in VI^to eod. III. 4 (Potthast v. 19326).

[9] Beide Ausdrücke sind damals noch als gleichbedeutend gebraucht worden. S. die folgende Anm. Vgl. ferner unten das über die Konstanzer Konkordate Bemerkte.

[10] c. 2 in VI^to de praeb. III. 4: „Licet ecclesiarum, personatuum, dignitatum aliorumque beneficiorum ecclesiasticorum plenaria dispositio ad Romanum noscatur Pontificem pertinere ita quod non solum ipsa, quum vacant, potest de iure conferre, verum etiam ius in ipsis tribuere vacaturis: collationem tamen ecclesiarum, personatuum, dignitatum et beneficiorum apud sedem apostolicam

Diese Konstitution, in welcher keineswegs ein Verzicht auf die bisher geübte Art der päpstlichen Provisionen enthalten war — sowohl Clemens IV. selbst als auch seine Nachfolger haben ebenso, wie ihre Vorgänger Provisionsmandate in Betreff anderer Benefizien [1] ertheilt, und nicht minder solche verliehen [2] — bildet in der Geschichte des päpstlichen Kollationsrechtes insofern einen Wendepunkt, als sie zum ersten Male die allgemeine Reservation einer ganzen Klasse von Kirchenämtern ausgesprochen und in derselben ein Mittel zur Anwendung gebracht hat, durch welches sich das päpstliche Verleihungsrecht unter Beseitigung der Befugnisse der übrigen Kollatoren immer weiter ausdehnen liess [3].

Noch im Laufe des 13. Jahrhunderts und Anfangs des folgenden hat die gedachte Reservation durch die Nachfolger Clemens' IV., welche dieselbe aufrechterhalten haben [4], die folgenden näheren Bestimmungen und Modifikationen erfahren:

a. Zur Verhütung lang andauernder Vakanzen hat das Konzil von Lyon v. 1274 dem ordentlichen Verleihungsberechtigten die Ausübung seines Besetzungsrechtes (neben dem Papste) für den Fall gestattet, dass die päpstliche Kollation nicht innerhalb eines Monates nach der Vakanz erfolgt sei [5], dabei aber eine Stellvertretung des Kollators im Falle der Abwesenheit aus seinem Sprengel nur durch den in derselben weilenden, gehörig ermächtigten Generalvikar zugelassen [6].

vacantium specialius ceteris antiqua consuetudo Romanis pontificibus reservavit. Nos itaque laudabilem reputantes huiusmodi consuetudinem et eam auctoritate apostolica approbantes ac nihilominus volentes ipsam inviolabiliter observari, eadem auctoritate statuimus, ut ecclesias, dignitates, personatus et beneficia quae apud sedem ipsam deinceps vacare contigerit, aliquis praeter Romanum pontificem, quacunque super hoc sit auctoritate munitus sive iure ordinariae potestatis ipsorum electio, provisio seu collatio ad eum pertineat, sive literas super aliquorum provisione generales vel etiam speciales sub quacunque forma verborum receperit (nisi sic sit super conferendis eisdem in curia Romana vacantibus specialis et expressa ab ipso pontifice summo auctoritas attributa) conferre alicui seu aliquibus non praesumat. Nos enim, si secus actum seu attentatum fuerit, decernimus irritum et inane."

1 Clemens IV.: Potthast n. 19065 (auf 5 Benefizien). 19106. 19897. 20063. 20288; Gregor. X.: 20914. 21053; Nikolaus III.: l. c. n. 21268. n. 21443 (Ermächtigung an den Legaten für Ungarn, an 100 Personen Benefizien, Präbenden, Personate, Dignitäten, Kanonikate an Kathedral- und anderen Kirchen zu verleihen, Theiner monum. Hungar. 1, 334 ff.); Honorius IV.: l. c. n. 22264. 22470; Nikolaus IV.: n. 23390, 23809 (14 Provisionsmandate), vgl. Th. II. S. 653. n. 4; Bonifacius VIII.: Potthast n. 24388. 24800; Benedikt XI.: l. c. n. 25372.

2 Gregor X.: l. c. n. 21050; Johann XXI.: l. c. n. 21189; Honorius IV.: l. c. n. 22457; Nikolaus IV.: l. c. n. 22679. 22909; Bonifacius VIII.: l. c. n. 25026. Nikolaus IV. hat sogar 1290 eine Präbende in York der Peterskirche in Rom und eine in Linkoln einem römischen Hospital übertragen, P. n. 23404, collectio bullar. s. basilic. Vatican. Romae 1747. 3. app. p. 57 u. Rymer foedera ed. Lond. 1816. I. 2, 740.

3 Wenn sich Clemens IV. in seiner Konstitution auf eine althergebrachte Gewohnheit bezieht, so ist daran soviel richtig, dass schon seit Cölestin III. in verschiedenen Fällen Aemter, welche bei der Kurie vakant geworden waren, vom Papst vergeben worden sind. s. S. 117. n. 3 u. 4 u. S. 120. n. 2. Ferner hat sich auch Innocenz III. mehrfach ein an einer bestimmten Kirche zuerst vakant werdendes oder auch bereits erledigtes Benefizium zur eigenen Kollation reservirt, ep. XI. 96. 136. 254, ed. Migne 2, 111. 1450. 1558; ep. XIV. 60. XV. 37, l. c. 3, 513. 569, und dasselbe ist gleichfalls von seinen Nachfolgern und deren Legaten geschehen, s. die Klagen d. Engländer auf dem Lyoner Konzil v. 1245, Matth. Paris. ad a. 1245, ed. Luard 4, 443. Indessen hat es sich in allen diesen Fällen um Spezial-, nicht um General-Reservationen gehandelt. Aus der Uebertragung des Rechtes zur Besetzung der beneficia vacantia vel etiam vacatura quae ad collationem sedis apostolicae pertinent, an die ordentlichen Kollatoren in der Diöcese Mainz seitens Innocenz' IV. v. 1254, Potthast n. 15465, Meermann, Geschiedenes van Graaf Willem van Holland, Gravenhage 1783 ff. 5, 191, lässt sich nicht auf ein früheres Vorkommen von General-Reservationen schliessen. In diesem Falle standen vielmehr, wie ähnliche päpstliche Ermächtigungen, so eine für Trier v. Alexander IV. und eine v. Nikolaus IV. für Mainz v. 1289, vgl. P. n. 18145 u. 23019, s. ferner n. 18767. 20019. 21113. 21527. 24204, zeigen, solche Benefizien, deren Besetzung wegen Versäumniss der Kollationsfrist an den päpstlichen Stuhl devolvirt war oder devolviren sollte, in Frage.

4 c. 1 (Bonif. VIII. v. 1295) de praeb. in Extr. comm. III. 2; c. 3 (Clem. V.) eod.

5 c. 21 in c. 3 in VIto eod. III. 4.

6 Dadurch sollte ausgeschlossen werden, dass die Vergebung seitens der bischöflichen Prokura-

Bonifacius VIII. hat sodann

b. diejenigen Parochialkirchen, welche während einer Erledigung des päpstlichen Stuhles vakant werden oder bei einer vorher eingetretenen Vakanz durch den inzwischen verstorbenen Papst nicht mehr vergeben sein sollten[1], sowie

c. die Benefizien solcher Geistlichen, welche ihr Domizil an dem Aufenthaltsort der Kurie besitzen[2], von der Reservation ausgenommen, sowie ferner angeordnet,

d. dass der Erledigung in curia Romana, dem Sitze der Kurie selbst, diejenige gleichstehen solle, welche sich an einem innerhalb einer Entfernung zweier Tagereisen (*non ultra duas diaetas legales*) vom jeweiligen Aufenthalte der Kurie belegenen Orte ereigne, dass dagegen die Reservation auf die Benefizien der Kurialen unter allen Umständen Anwendung zu finden habe, selbst dann, wenn die letzteren in Folge einer Erkrankung auf der Reise an einem Orte sterben sollten, von welchem die Kurie sich bereits weiter als zwei Tagereisen entfernt habe[3].

Endlich hat Clemens V. bestimmt

e. dass die Reservation auch diejenigen ordentlichen Kollatoren binde, welche von dem Eintritt der Voraussetzung der Reservation keine Kunde besitzen[4].

III. Das päpstliche Provisionsrecht hinsichtlich der Bisthümer. In der vorangehenden Erörterung ist die Frage, ob und inwieweit päpstlicherseits auch das Provisionsrecht hinsichtlich der bischöflichen Stühle während der in Rede stehenden Zeit beansprucht und ausgeübt worden ist, absichtlich noch nicht berührt worden, weil diese einer besonderen Besprechung bedarf.

Der Kampf, welcher zwischen den Fürsten und dem Papstthum seit dem 11. Jahrhundert in fast allen Ländern um den entscheidenden Einfluss bei der Besetzung der bischöflichen Stühle geführt worden war, hatte im wesentlichen einen für die fürstliche Macht ungünstigen Ausgang genommen. Wenngleich man auf Seiten der Päpste nicht daran hatte denken können, die eigene direkte Besetzung der Bischofsstühle an Stelle des früheren landesherrlichen Ernennungsrechtes zu setzen, vielmehr nur die Wiederherstellung der Bischofswahlen und nicht einmal ohne Ausschliessung jedweder Betheiligung der Fürsten, erreicht worden war[5], so hatte das Papstthum doch ferner seit Ende des 12. und Anfang des 13. Jahrhunderts ein Recht auf Verwerfung kanonisch nicht qualificirter Kandidaten, auf Genehmigung von Postulationen, auf Prüfung und Entscheidung streitiger Wahlen, auf Konsensertheilung zu Translationen und auf Besetzung der bischöflichen Stühle im Wege der Devolution zur Anerkennung zu bringen vermocht[6].

Innocenz III., von welchem zuerst die Befugniss zur Ertheilung von Provisionsmandaten für die übrigen Benefizien, sowie zur Reservation und eigenen Verleihung solcher aus der obersten Machtfülle des apostolischen Stuhles, hergeleitet worden ist[7], hat auf dasselbe Fundament auch sein Recht zur eigenen Ernennung von Bischöfen, für die Fälle, dass die stattgehabten Wahlen seitens der Wahlberechtigten nicht den kanonischen Bestimmungen gemäss vorgenommen waren und deshalb eine Entscheidung des

toren in Rom sofort nach Ablauf der Frist zur Ausschliessung des päpstlichen Rechtes vorgenommen werden konnte, s. Glosse s. v. per ipsos zu c. 3 in VI[to] III. 4.

[1] c. 35 in VI[to] eod.

[2] c. 34 in VI[to] eod.

[3] c. 34 cit.

[4] c. 3 in Extr. comm. eod. III. 2.

[5] Th. II. S. 558 ff. 580 ff. 588 ff. 595. 598 ff.

[6] A. a. O. S. 574. 589. 600. 601. Zu berücksichtigen ist hierbei auch, dass schon das Lateranensische Konzil v. 1179 die Wähler bei pflichtwidrigem Handeln mit Verlust ihres Wahlrechtes bedroht hatte, a. a. O. S. 667.

[7] S. o. S. 117.

Papstes erforderlich wurde, gegründet[1]. Die Konsequenz dieser Anschauung musste selbstverständlich zu der völligen Vernichtung der bestehenden Wahlrechte durch eine unbeschränkte päpstliche Besetzung der bischöflichen Stühle führen. Der rücksichtslosen praktischen Verwerthung derselben standen indessen die Interessen der bisher bei den Bischofswahlen betheiligten Fürsten entgegen, welche sich bei der Vergebung der wichtigsten kirchlichen Aemter wegen der politischen Bedeutung derselben in viel stärkerer Weise, als bei der Vergebung der Kapitelsstellen und anderer niederen Aemter geltend machen mussten. Andererseits brachten es aber gerade diese Verhältnisse mit sich, dass die Wiederbesetzung hervorragender Bischofssitze nicht leicht, ohne dass die Intervention des Papstes nach dem bestehenden Rechte nothwendig war oder von den streitenden Parteien angerufen wurde, erfolgen konnte. Dadurch war dem Papstthum eine entscheidende Betheiligung bei der Vergebung der Bisthümer in den meisten Fällen gesichert, und da dasselbe fortwährend mit den Bestrebungen der Fürsten auf Beeinflussung der Wahlen zu rechnen hatte[2], gebot es die Politik, sich zunächst auf die Ausübung der damals erst zur Anerkennung gelangten Rechte in Betreff der Bischofswahlen zu beschränken, und durch die Aufstellung fester Rechtsnormen über dieselben etwaige fürstliche Eingriffe abzuwehren[3], anstatt das s. g. kanonische Wahlrecht, dessen Wiederherstellung die Rechtfertigung für den Kampf mit dem Kaiserthum und den übrigen Fürsten gebildet hatte[4], selbst wieder zu vernichten, und dadurch schon jetzt die günstige Stellung, welche das Papstthum errungen hatte, aufzugeben. In der That hat auch Innocenz III. seine hervorragende Einwirkung auf die Besetzung der bischöflichen Stühle durch die erwähnten Mittel allein ausgeübt[5] und von dem Rechte einer direkten Vergebung der Bisthümer ohne Rücksicht auf das Wahlrecht nur in sehr seltenen Fällen und aus besonderen Veranlassungen Gebrauch gemacht[6].

Dasselbe gilt von seinen beiden Nachfolgern, Honorius III.[7] und Gregor IX.[8], obwohl diese schon für andere Benefizien von dem päpstlichen Verleihungsrechte einen ziemlich ausgedehnten Gebrauch gemacht haben[9]. Erst unter der Regierung Inno-

[1] ep. VIII. 88 (v. 1205 wegen des Erzbisthums Gran), Migne 2, 661: „Strigoniensi capitulo ... damus in mandatis, ut ad providendum sibi pastorem idoneum per electionem canonicam vel postulationem concordem ... infra mensem ... procedere non postponant. Alioquin ex tunc, ne gregi dominico diu desit cura pastoris, ad providendum eidem ecclesiae pastorem idoneum procedamus secundum officii nostri debitum ex plenitudine apostolica potestatis"; eine Androhung, welche demnächst auch verwirklicht ist, s. c. 4. X. de postul. t. 5 (ep. VIII. 139, l. c. 2, 717). Ernennungen oder Androhung von Ernennungen für solche Fälle durch den Papst oder durch päpstliche Delegaten oder Aufträge dazu, ep. II. 95, l. c. 1, 642 (Kambray 1199), IX. 23, l. c. 2, 823 (Troyes 1206), VII. 116, l. c. 2, 398 (Rheims 1204), IX. 176, l. c. 2, 1025 (Gubbio 1206), XII. 149, l. c. 3, 169 (Toul 1210), XV. 43, l. c. 3, 575 (Palermo 1212), Verwerfung der Wahl, aber Einsetzung des gewählten „ex collata nobis plenitudine potestatis" VII. 203, l. c. 2, 512 (Konstantinopel 1205).

[2] Th. II. S. 573. 587. 588. 595. 596.

[3] A. a. O. S. 601 ff.

[4] A. a. O. S. 545.

[5] S. die Innocenz III. betreffenden Citate Th. II. S. 574. n. 1. 3. 4, S. 587. 594. 595. Vgl. auch die Zusammenstellung bei Hurter Innocenz III. 3, 217 ff.

[6] Hierher gehört die Ernennung eines Erzbischofs i. J. 1199 für das verfallene Bisthum Acerenza auf Sizilien, ep. II. 146, Migne 1, 712, nicht aber die für Mailand 1213, ep. XVI. 141, l. c. 3, 932, welche erst nach resultatlosen Versuchen einer Wahl auf Bitten der Wahlberechtigten erfolgt ist.

[7] Ueber einseitige Besetzungen von Bischofssitzen durch denselben in Sizilien vgl. Th. II. S. 596. Die Anweisung an den Erzbischof von Toledo v. 1226, in den neugewonnenen christlichen Landestheilen einen oder zwei Bischöfe aus dem Dominikaner- oder Franziskaner-Orden einzusetzen, Sbaralea bullar. Francisc. 1, 24, erklärt sich aus dem Missionszustande des betreffenden Gebietes. Vgl. auch Th. II. S. 351.

[8] Er hat 1230 einen Erzbischof zu Florenz ernannt, Ughelli Italia sacr. 7, 108 u. Lami eccl. Florent. monum. Flor. 1758. 3, 1715. Die Ermächtigungen zur Ernennung von Bischöfen bei Potthast reg. n. 9415. 9481. 10415. 10585 beziehen sich auf Länder im Missionszustande.

[9] S. o. S. 118. 119.

cenz' IV. (1243—1254), welcher in der eben gedachten Beziehung die noch von seinen Vorgängern beobachtete Rücksicht hat fallen lassen [1], ist auch hinsichtlich der Besetzung der Bisthümer der Wendepunkt eingetreten. Die Zerrüttung Deutschlands und Italiens durch den mit den Hohenstaufen geführten Kampf und die in Folge desselben hervorgerufenen Parteiungen eröffneten ihm die Möglichkeit, einseitig ohne Berücksichtigung der Wahlberechtigten und unter Vernichtung des Rechtes derselben ergebene Anhänger, römische Geistliche, Angestellte der päpstlichen Kurie und der Kardinäle, insbesondere Franziskaner- und Dominikaner-Mönche, auf die bischöflichen Stühle zu befördern [2], ihnen solche durch seine Legaten übertragen zu lassen oder auch zu ihren Gunsten Provisionsmandate auf Ertheilung von Bisthümern zu gewähren [3]. Insbesondere erliess er 1249 für Deutschland ein Verbot, dass kein Bisthum ohne seine Genehmigung besetzt werden sollte [4]. Nicht minder sind dergleichen Eingriffe in das Wahlrecht in England, hier freilich meistens im Einverständniss mit den Herrschern [5], wie dies in einzelnen Fällen auch in Deutschland geschehen ist [6], vorgekommen [7].

[1] S. o. S. 120. Die Behauptung von Christ. Lupus diss. praev. 3. c. 8. opp. ed. Philippini Ravennatis 4, 151, dass schon Gregor IX. zur Zeit Friedrichs II. Bisthümer zu seiner Besetzung reservirt habe, lässt sich nicht feststellen, s. auch Phillips 5, 397. Wahrscheinlich liegt eine Verwechslung mit der S. 126. n. 7 erwähnten Thatsache vor.

[2] 1244 besetzt er Piacenza mit einem seiner Kapläne, Campi hist. eccl. di Piacenza. Piac. 1651. 2, 181; Bologna mit seinem Vicekanzler, Savioli annal. Bologn. III. 2, 204; Recanati mit einem Kleriker der Peterskirche; Ughelli l. c. 1, 1219; 1247 Assisi mit einem päpstlichen Kapellane unter Widerruf einer von dem päpstlichen Legaten erfolgten Ernennung, Sbaralea 1, 502 u. 504; 1250 Novara, Ughelli l. c. 4, 711, Paris, Varin archives administr. de Reims. Par. 1839. I. 2, 716; 1252 Valve mit einem Cisterciensermönch l. c. 1, 1375; 1253 Drontheim Lange diplomat. Norveg. VI. 1, 24 und S. Severina, Ughelli 9, 483.

[3] 1246 Mandat an den Legaten in Deutschland, dem Neffen des ihm ergebenen Erzbischofs v. Mainz, einem Franziskaner, ein Bisthum zu übertragen, Sbaralea l. c. 1, 444; 1249 ein Gleiches für ein deutsches Bisthum an den Erzbischof v. Mainz zu Gunsten des Propstes in Speier, Höfler Albert v. Beham. Stuttgart 1847. S. 179, und den Erzbischof v. Cöln für einen päpstlichen Kapellan, Lünig spicil. eccl. cont. I. p. 254, an einen Legaten zur Besetzung von Cremona, Ughelli 4, 607; 1235 an den Legaten auf Bitten Königs Wilhelm v. Holland für den Propst zu Köln in Betreff eines deutschen Bisthums, l. c. 1, 220, für Giovinazzo, Ughelli 7, 727 und Martorano, l. c. 9, 278 zu Gunsten von Cisterciensermönchen, für Lübeck zu Gunsten eines Franziskaners auf Bitten Königs Wilhelm v. Holland, Sbaralea 1, 660. 707; 1254 auf Bisignano für einen Franziskaner, Sbaralea 1, 767.

Bestätigungen von Besetzungen, welche im päpstlichen Auftrage erfolgt sind: 1252 für Melfi u. Bari (Dominikanermönche), Ripoll bullar. ordin. F. F. Praedicat. Rom. 1729. 1, 203. 205, Trevico, Ughelli 8, 383, Nicastro, Sbaralea 1, 639; 1254 für Anglona (Franziskaner), l. c. 1, 690. 691.

Empfehlungen des Kaplans eines Kardinals zur Wahl durch das Kapitel nach Tricarico 1253; Ughelli 7, 150; 1251 Mandat an den Bischof von Schwerin, nach Annahme des Verzichts des Bischofs von Cammin, dem dortigen Kapitel die Wahl des Neffen des Herzogs v. Braunschweig, falls dieser dem König Wilhelm genehm sei, zu empfehlen, eventuell selbst diesem das Bisthum zu übertragen, Meermann geschiedenes van Willem van Holland 5, 97.

Reservation der Besetzung des Bisthums Genf für den Fall seiner Erledigung durch den Abt von Aulps v. 1253, Mémoires et documents publiés par la société d'histoire de Genève. Genève 1841 ff. 16, 174.

Vgl. übrigens unten S. 128. n. 2 u. Th. II. S. 575. 578. n. 1. S. 597.

[4] Schreiben an Siegfried v. Mainz: „volumus, quod universis cathedralium ecclesiarum tuae legationis capitulis districte ... inhibere procures, ne ipsis ecclesiis, cum eas vacare contigerit, de episcopis absque nostra speciali licentia providere praesumant“, Höfler Kaiser Friedrich II. München 1844. Anh. S. 391, ein Verbot, das auch für die Abtstellen der grösseren Klöster ergangen ist, Höfler Albert v. Beham S. 184. n. 914. Eine Anweisung, das gleiche Verbot zu erlassen, ist auch an den Erzbischof von Cöln gerichtet worden, Höfler a. a. O. S. 188. n. 466. Schon vorher hatte der Papst ein derartiges Inhibitorium wegen der Wiederbesetzung von Passau verfügt, a. a. O. S. 180. n. 370. Nach der Erledigung von Mainz in demselben Jahr ist dem Kapitel zwar die Wahl, aber unter Beirath und Zustimmung des Bischofs von Strassburg gestattet, eventuell aber diesem die Wiederbesetzung aufgetragen worden, a. a. O. S. 190. n. 491.

[5] Th. II. S. 589.

[6] S. Anm. 3.

[7] Ueber die Ausübung des päpstlichen Provisionsrechtes in den Missionsländern s. Potthast reg. n. 11957. 12289. 13213. 13145 ff. 14083. 14354. 15027. 15098. 15349.

Wegen der vielfachen, durch diese ausgedehnten päpstlichen Provisionen hervorgerufenen Beschwerden[1] verstand sich Innocenz IV. i. J. 1252 — noch vor Erlass der auf S. 122 gedachten Konstitution — dazu, den Kapiteln der Kathedral- und anderen Stifter, sowie den Mönchskonventen das Recht auf kanonische Wahl ihrer Bischöfe und Prälaten ausdrücklich zu verbriefen[2]. Indessen ist dadurch eine wesentliche Aenderung in der bisherigen Praxis der Kurie nicht herbeigeführt worden, vielmehr haben die Reservationen einzelner Bisthümer, die direkte Besetzung derselben durch die Päpste und ihre Legaten, sowie die Ertheilung von Provisionsmandaten unter seinen beiden nächsten Nachfolgern fortgedauert[3].

Der dritte derselben, Clemens IV., hat, wie schon angeführt, i. J. 1265 zuerst alle bei der römischen Kurie zur Erledigung kommenden Benefizien reservirt[4], indessen wohl schwerlich die Bisthümer, wenngleich die fragliche Konstitution ihrem Wortlaute nach[5] auch auf diese bezogen werden kann, mit einbegreifen wollen[6]. Wäre dies seine Absicht gewesen, so würden die Kathedralkirchen als die wichtigsten kirchlichen Stellen dem Gebrauche der Kurie gemäss ausdrücklich hervorgehoben worden sein. Auch lässt sich aus den von ihm selbst und von seinen Nachfolgern geübten Provisionen, welche seit seiner Zeit häufiger als früher vorgekommen sind[7], kein Anhalt

[1] Matth. Paris. hist. min. v. 1252, ed. Madden 3, 123: „concessit d. papa hiis, qui dignitatibus gaudebant et supra modum in partibus maxime transalpinis opprimebantur, ut rite de ipsis dignitatibus ipsi, ad quos pertinebat electio, deum habentes pro oculis, ut melius viderent expedire, sine morae dispendio ordinarent“.

[2] Die Dekretale ist an alle Patriarchen, Erzbischöfe, Bischöfe, Pröpste, Aebte, Prälaten, Kapitel und Konvente gerichtet, Matth. Paris. hist. maior. ed. Wats. Lond. 1640, addit. p. 191 u. Riedel. cod. dipl. Brandenb. I. 16, 403: „. . . nonnullorum instantia importune extorsit, quod de archiepiscopatibus vel episcopatibus sive abbatiis et prioratibus mandaremus per nostras litteras in diversis partibus provideri, sed sanius reputantes provideri ecclesiis quam personis, providendi et ordinandi de praemissis omnibus liberam illis ad quos praedictorum electio, ordinatio seu collatio sive provisio pertinet, concedimus authoritate praesentium potestatem, non obstantibus quibuslibet litteris generalibus vel specialibus sub quarumque forma verborum impetratis a sede apostolica vel legatis ipsius aut etiam impetrandis seu reservationibus vel prohibitionibus aut nominationibus earundem litterarum autoritate factis vel faciendis“ . . .

[3] Vgl. z. B. für die Zeit Alexanders IV. (1254—1261) die päpstlichen Provisionen von Trau und Treviso 1255 (Besetzung mit einem Franziskaner) Sbaralea l. c. 2, 52. 681 im letzteren Fall mit dem vorher Postulirten, welcher aber verzichtet hatte, („de plenitudine potestatis“), Cervia 1257 (mit einem päpstlichen Kapellan), Ughelli It. s. 2, 473, Ascoli 1259 (mit einem Franziskaner und päpstlichem Kapellan) Sbaralea 2, 324, Regensburg 1259, s. Th. II. S. 575. n. 1, Genf mit einem Cluniacenser 1260 („de plenitudine potestatis“), Mémoires publ. p. la société d'hist. de Genève 2, 183, ein Mandat für Viviers v. 1255, Gallia christ. 16 app. p. 245, s. auch Th. II. S. 575. n. 2 zum J. 1257, für die Zeit Urbans IV. (1261—1264) die päpstlichen Besetzungen 1261 von Bordeaux (auf Ersuchen des Königs v. Frankreich), Martène et Durand, ampl. coll. 2, 1259; 1262 v. S. Agatha, Ughelli It. s. 8, 348; 1264 Agram (mit einem päpstlichen Kapellan „de plenitudine potestatis“), Sbaralea 2, 536, Amelia (mit einem Dominikaner), Ripoll l. c. 1, 440, Turin nach vorgängiger Reservation („de plenitudine potestatis“, mit einem päpstlichen Kapellan), Sbaralea 2, 539 und Osimo, Compagnoni, memor. d. chiesa di Osimo. Rom 1782. 5, 77.

[4] S. o. S. 123.

[5] S. o. S. 123. n. 10.

[6] Dies ist auch die Auffassung der damaligen Zeit gewesen. Johann XXII. bemerkt in c. 4 eod. in Extr. comm. I. 3, dass erst Clemens V. (s. weiter unten im Text) die in curia erledigten Bisthümer reservirt habe. Vgl. auch Phllips K.R. 5, 397. Unrichtig C. Müller, d. Kampf Ludwigs d. Baiern mit d. röm. Curie. Tübingen 1879. 1, 134.

[7] Für die Zeit Clemens' IV. (1265—1268) 1265 Besetzung von Neapel, Ughelli 6, 114 und Reservation von Raphoe in Irland (nach Verzicht des ursprünglich ebenfalls päpstlich Providirten), Sbaralea l. c. 3, 55; 1266 Besetzung von Melfi, Ughelli 1, 929; 1267 Mandat zu Gunsten eines Dominikaners, Ripoll l. c. 1, 490; 1268 für mehrere in Betreff von Bisthümern mit mässigem Einkommen, Sbaralea 3, 137 und für einen Abt auf eine „ecclesia cathedralis de nunc vacantibus quae plus quieta et Campaniae sit vicinior“, Martène et Durand thes. anecdot. 2, 583, s. auch Th. II. S. 575. n. 1; — für die Zeit Innocenz' V. (1276) Besetzung von Albi, Gallia christ. 1, 21 und Trau (nach Verzicht des Vorgängers) Sbaralea l. c. 3, 264; — unter Johann XXI. (1276. 1277) 1276 Besetzung von Todi (mit e. päpstlichen Kapellan) Sbaralea l. c. 3, 257; — unter Nikolaus III. (1277—1280) 1279 Besetzungen von Valve (nach Verzicht der Postulir-

dafür gewinnen, dass die bei der Kurie erledigten Bisthümer als reservirt betrachtet worden wären [1]. Dagegen spricht endlich, dass die provisorische Reservation der Verleihung von Bisthümern sowohl von Honorius IV. 1285—1287 in Bezug auf Sizilien [2] während des Streites mit den Aragoniern um die Herrschaft über die Insel bis zur Beendigung desselben als auch von Bonifazius VIII. 1303 hinsichtlich Frankreichs [3]

ten und stattgehabter Reservation) Toul u. Kildare-Leighlin (in ähnlichen Fällen, sämmtlich mit Franziskanern), l. c. 3, 380. 422. 425 u. 461, Gran (durch Translation nach stattgehabter Reservation) Theiner mon. Hungariae 1, 337. 339; 1280 Burgos (nach vorgängiger Reservation mit e. Franziskaner) Sbaralea 3, 461; — unter Martin IV. (1281—1285) 1281 Besetzung von Bourges (nach Verzicht des Inhabers), Gallia christ. 2 app. p. 25, und Winchester (desgleichen mit e. päpstlichen Kapellan), Rymer foedera I. 2, 610; 1283 Valence (nach Resignation mit e. Benediktiner) Gallia christ. 16 app. p. 124 Soana (mit dem Kapellan eines Kardinals, nach Verzicht der Gewählten), Sbaralea 3, 513 und Bestätigung der durch einen Legaten erfolgten Ernennung für Otranto, Ughelli 9, 58; — unter Honorius IV. (1285—1287) 1286 Besetzung von Salamanca (mit e. Franziskaner) Sbaralea 3, 562, Florenz Ripoll l. c. 2, 13, Waterford (nach Resignation der Gewählten), Theiner, mon. Hibern. p. 136, Novara (nach Verzicht und Tod der Gewählten mit e. Franziskaner), Sbaralea 3, 594, und Castello (ebenfalls nach Verzicht der Gewählten mit e. Franziskaner) l. c. 4, 26; — unter Nikolaus IV. (1288—1292) 1289 Trient (nach Reservation mit e. Franziskaner) l. c. 4, 91; 1290 u. 1292 Chioggia u. Albenga (nach Verzicht der Gewählten mit Franziskanern), l. c. 4, 175 u. 317; — unter Cölestin V. (1294) Melfi (nach Reservation) Sbaralea 4, 315, — unter Bonifacius VIII. (1294—1303) 1295 Embrün, Gallia christ. 3, 1082, Bergamo (nach Verzicht der Gewählten) Sbaralea 4, 360, Ravenna (durch Translation nach Resignation), Amadesius, antist. Ravenn. chronotax. Favent. 1783. 3, 222; S. Agatha (nach vorgängiger Reservation mit e. Franziskaner), Sbaralea 4, 372, Ross (Schottland nach Verzicht der Gewählten), Theiner mon. Hibern. p. 159, Melfi (mit e. Franziskaner), Sbaralea 4, 375; 1296 Vincenza (mit e. päpstlichen Kapellan nach vorgängiger Reservation) Gottardi, mem. storiche di Rainaldo . . . di Ravenna, Verona 1790. p. 123. 125; Toulouse (mit d. Sohn d. Königs v. Sizilien) Sbaralea 4, 422; 1297 Bagnorea (nach Verzicht des Gewählten mit e. Dominikaner) l. c. 4, 379, Zara (nach Erledigung durch Translation und nach vorgängiger Reservation) l. c. 4, 438; Translation nach Trani auf erfolgte Reservation, Theiner, vet. mon. Slavor. meridion. 1, 113; 1298 Toulouse (nach Reservation) Baluze, vitae papar. Avenion. Par. 1693. 2, 280; 1299 Genua u. Cervia (desgleichen mit Franziskanern) Sbaralea 4, 482 u. 484, Pisa (mit e. Dominikaner) Raynald. ann. 1299. n. 29; Parma Ughelli 2, 179, Zara (nach Reservation) u. Nicastro (nach Absetzung des Vorgängers) Sbaralea 4, 487. 491; 1300 Lucca (nach Reservation mit e. Franziskaner), l. c. 4, 507; 1301 Fiesole (nach Verzicht des Vorgängers mit e. Franziskaner u. von Neuem nach Ablehnung des zuerst Ernannten mit e. päpstlichen Kapellan), l. c. 4, 518. 533; 1303 Imola (nach Translation mit e. Franziskaner) und Segni (mit dem Kapellan eines Kardinals), Ughelli 1, 1239, Kassation einer Postulation in Vercelli wegen Reservation des Bisthums, Baluze vit. pap. Aven. 1, 605.

Vgl. ferner Th. II. S. 574. 575. 577. — Auch ist zu beachten, dass die vielfachen Wahlstreitigkeiten in den Kapiteln diese öfters veranlassten, die Päpste um Besetzung des Bisthums anzugehen, und so letzteren ein weiterer Anlass zu Provisionen gegeben wurde, dies geschah z. B. 1281 in Ragusa und 1283 in Magdeburg, Sbaralea 3, 477. 506 u. Posse anal. Vatican. p. 162.

[1] Unter den in voriger Note angegebenen Reservationen finden sich drei, welche aus Anlass des in Rom erfolgten Todes des Bischofs erfolgt sind, v. 1289 für Trient, 1296 für Toulouse u. 1299 für Zara. In keinem Falle kommt aber ein Hinweis auf eine etwaige General-Reservation vor, und die erste wird allein näher dahin motivirt: „nos ad ecclesiam ipsam a longis retro temporibus multipliciter laceratam habentes debitae compassionis affectum ac desiderantes propterea eius statui prospere consuli ac ipsam a dispendiis praeservari, ordinationem, dispositionem et provisionem eiusdem ecclesiae ea vice sedi apostolicae duximus reservandam". Ferner haben solche Reservationen überhaupt beim Tode eines Bischofs stattgefunden, so z. B. in Betreff Luccas 1300, s. vor. Anm.

[2] Posse analecta Vaticana p. 113. n. 1364.

[3] Raynald. ann. eccl. a. 1303. n. 39: „. . . nos nolentes, quod ob timorem vel favorem ipsius (regis) vel alia quacumque de causa in ecclesiis cathedralibus et regularibus dicti regni aliqui praeficiantur, qui nobis et dictae sedi fideles, devoti et alias idonei non existant, omnes provisiones dictarum ecclesiarum, si quae forsan vacant ad praesens vel cum eas vacare contigerit, dispositioni nostrae ac dictae sedis, donec rex ad nostra et eiusdem sedis mandata cum satisfactione debita revertatur, auctoritate apostolica reservamus; districtius inhibentes omnibus et singulis, ad quos in dictis ecclesiis praelatorum electiones vel ipsorum electionum confirmationes aut quaecunque dispositiones pertinent earundem, ne contra reservationem huiusmodi quemquam eligere seu electionem aliquam confirmare aut alias de ecclesiis ipsis disponere quoquomodo praesumant, ac decernentes ex tunc irritum et inane, si secus super hoc a quoquam scienter vel ignoranter contigerit attentari".

Ausserdem hat Bonifazius VIII. 1301 die 4 orientalischen Patriarchalkirchen, s. Th. I. S. 560 mit Rücksicht auf den Verfall des lateinischen Kaiserthums und der Kapitel derselben dem päpstlichen Stuhl auf so lange reservirt, als die be-

in seinem Kampfe mit König Philipp IV. dem Schönen lediglich als vorübergehendes Mittel gebraucht worden ist, um die Besetzung der Bischofsstühle mit Anhängern der Könige zu verhindern und durch die Ernennung von päpstlichen Parteigängern eine Stütze in den Ländern der befehdeten Fürsten zu gewinnen, und dass dabei einer schon feststehenden General-Reservation nirgends gedacht wird.

Erst Clemens V. hat sich beim Antritt seines Pontifikates speziell die Kirche von Bordeaux, deren Erzbischof er bei seiner Wahl zum Papst war, sowie alle während der Dauer seiner Regierung bei der Kurie erledigten Patriarchal-, Metropolitan- und bischöflichen Kirchen vorbehalten [1] und dadurch die Konstitution Clemens' IV. auch auf die wichtigsten kirchlichen Aemter ausgedehnt.

IV. Die Erweiterung der Reservationen bis zu den Reform-Konzilien. Auf dem betretenen Weg schritt sein Nachfolger, Johann XXII. (1316—1334), namentlich um für die geldbedürftige Kurie in Avignon die Einkünfte zu vermehren [2], weiter fort. In der ebenfalls im Beginne seiner Regierung erlassenen Dekretale: *Ex debito* [3] wiederholte er für die Dauer seines Pontifikates die schon von seinen Vorgängern ausgesprochenen Reservationen aller bei der Kurie vakant werdenden Bisthümer und anderen Aemter, vergrösserte aber zugleich den Umfang derselben dadurch, dass er der Voraussetzung der Reservationen, der Erledigung der Aemter bei dem päpstlichen Stuhle, unter welcher bisher das am Residenzorte des letzteren erfolgte Ableben des Inhabers verstanden worden war, eine viel umfassendere Bedeutung gab. Nach der erwähnten Konstitution sollte als eine solche, abgesehen von dem ursprünglich darunter begriffenen Fall auch

a. die Erledigung eines der gedachten Aemter durch eine seitens des Papstes erfolgte Deposition, Privation, Beförderung, Versetzung, Konsekration oder Benediktion des bisherigen Amtsträgers, sowie auch eine durch Vernichtung einer Wahl oder Verwerfung einer Postulation oder die Annahme eines Verzichtes des Gewählten seitens des Papstes nicht beseitigte Vakanz [4], und

treffenden Länder der Herrschaft von Ungläubigen oder Schismatikern unterstehen würden, c. 3 de elect. I. 3 in Extrav. comm. I. 3. Die Konstitution trägt zwar in den Ausgaben meistens die Ueberschrift Benedikts XI., und wenn sie auch neuerdings Schulte, Iter Gallicum p. 428 und Gesch. d. Quellen etc. d. canon. Rechts 2, 51. 52, diesem Papst zuschreibt, so ist dies doch, falls die bisher bekannten Lesarten des Datums richtig sind, nicht gerechtfertigt, s. auch Raynald. ann. eccl. 1301. n. 24; Potthast. reg. n. 25115 u. Phillips K. R. 4, 399.

[1] Durch die const. Etsi temporalium v. 1305, c. 3 de praeb. in Extrav. comm. III. 2: „... specialiter Burdegalensem ecclesiam ... et monasterium s. crucis Burdegalens. O. S. Bened. ... et generaliter patriarchales, archiepiscopales, episcopales ecclesias, monasteria, prioratus et quoslibet personatus, dignitates vel officia cuiuscunque ordinis et conditionis existant nec non canonicatus, praebendas, ecclesias cum cura vel sine cura et alia quaelibet beneficia ecclesiastica, quocunque nomine appellentur, quae apud sedem apostolicam vacare noscuntur ad praesens et quae toto nostri pontificatus tempore vacare contigerit in futurum, provisioni, collationi et dispositioni nostrae et sedis eiusdem hac vice auctoritate apostolica reservamus, decernentes ex nunc irritum et inane, si quid contra hoc per quoscunque quavis auctoritate scienter vel ignoranter attentatum est hactenus vel in posterum contigerit attentari".

[2] Ueber diese ist weiter unten zu handeln, vgl. auch Richter-Dove K. R. §. 236; Gieseler Kirchengesch. 2. Aufl. II. 3, 118. n. 25.

[3] c. 4 de elect. in Extr. comm. I. 3. Sie bildet offenbar eine nähere Erläuterung und Ausdehnung der an seine Kanzlei vorher erlassenen mündlichen Erklärung: „A° d. 1316 17 Kal. Oct. Lugduni ss. pater et d. Johannes p. XXII ... reservavit suae et apostolicae collationi omnia beneficia ecclesiastica quae fuerunt et quocunque nomine censeantur, ubicunque ea vacare contigerit per acceptationem alterius beneficii praetextu gratiae ab eodem d. papa factae vel faciendae acceptati: mihique Gaucelmo vicecancellario suo praecepit ..., quod haec ad memoriam redigerem in scripturam", Baluze, vitae papar. Avenionens. Paris. 1693. 1, 722. Unrichtig ist die Annahme von C. Müller, Kampf Ludwigs d. Baiern 1, 136, dass nach c. 4 cit. alle Beneficien, gleichviel wie und warum sie vakant geworden, als an der Kurie erledigt gelten sollen.

[4] Einen Anhalt hatten diese Erweiterungen an der schon seit dem 13. Jahrhundert von seinen

b. die Erledigung aller den Kardinälen und gewissen Beamten der Kurie [1] zustehenden Aemter, falls diese auch durch einen ausserhalb der letzteren stattgehabten Tod derselben eingetreten wäre,

angesehen werden.

Aber damit nicht genug, reservirte er im folgenden Jahre (1317) durch die Bulle: *Execrabilis* [2], welche sich gegen den Besitz mehrerer in einer Hand unvereinbarer, mit Seelsorge verbundener Benefizien richtet [3], alle diejenigen Benefizien, auf welche ihre Inhaber in Folge der betreffenden Vorschriften zu verzichten genöthigt und deren sie wegen eines Verstosses gegen die letzteren verlustig gegangen waren, der päpstlichen Besetzung. So eröffnete er sich bei der damals weitverbreiteten Unsitte, mehrere Benefizien einer und derselben Person zu übertragen [4], die Gelegenheit, eine fernere beträchtliche Anzahl von Stellen zu vergeben, und beutete diese zum Vortheil des päpstlichen Schatzes aus [5], obwohl er sich nicht gescheut hatte, seine Anordnung mit Klagen über den Ehrgeiz und die Habsucht der kirchlichen Würdenträger und Geistlichen, welche nicht genug Benefizien gleichzeitig erwerben könnten, zu rechtfertigen [6].

Sein Nachfolger Benedikt XII. (1334—1342), welcher allerdings der von Johann XXII. beobachteten Praxis, ohne Rücksicht auf die Würdigkeit der Kandidaten lediglich das pekuniäre Interesse entscheiden zu lassen [7], nicht folgte, hielt die bisher aus-

Vorgängern geübten Praxis, in solchen Fällen ihrerseits die Bisthümer zu besetzen, s. Th. II. S. 574. 575. 589. 590. 597. 601. Auch sind schon früher andere Benefizien, insbesondere Kanonikate, bei Verzichtleistung auf dieselben in die Hände des Papstes von letzterem als bei der Kurie erledigt, vergeben worden, s. die Erklärung Honorius' IV. i. d. Dekretale v. 1286 bei Würdtwein, nova subsidia diplom. 9, 49.

Nach dem Vorbilde Johanns XXII. hat sich übrigens auch der von Ludwig d. Baiern ihm gegenübergestellte Gegenpapst Nikolaus V. sämmtliche Stellen reservirt, welche durch die Absetzung der Anhänger des ersteren zur Erledigung gekommen waren, Raynald. add. 1328. n. 44.

1 Const. cit.: „Et hoc idem in dignitatibus et beneficiis quibuslibet . . . officialium nostrorum videlicet vicecancellarii, eiusdem ecclesiae camerarii, notariorum, auditoris contradictarum, correctorum, scriptorum literarum ac poenitentiariorum nostrorum necnon abbreviatorum curiae Romanae locum sibi volumus vindicare. Rursus huius nostrae reservationis edictum ad dignitates et alia iam dicta capellanorum nostrorum commensalium et quorumlibet aliorum, ratione officii vel ex causa legitima in dicta curia morantium, quando a nobis pro nostris et eiusdem sedis negotiis prosequendis de ipsa curia quocunque modo praemissi vel aliqui eorum transmissi aut legati vel nuncii fuerint et eos ubilibet ante ipsorum ad praefatam curiam reditum durante legatione seu prosecutione ipsorum negotiorum rebus eximi contigerit ab humanis duximus extendendum. Et id ipsum etiam esse volumus in huiusmodi capellanis commensalibus, etiamsi, ut praemittitur, nunc transmissi fuerint ubicunque et ipsos rebus eximi contigerit ab humanis". Vgl. über die genannten Beamten Th. I. S. 390. 405. 406. 428. 439. 441. 442. 443. 444 u. Hübler, Constanzer Reformation, die Anmerkungen zu S. 130 ff. u. 169 ff. S. auch Anm. 6 a. E.

2 c. un. de praeb. in Extr. Joann. XXII. tit. 3 u. c. 4 eod. in Extr. comm. III. 2.

3 Vgl. darüber die Lehre von der Pluralität und Inkompatibilität der Benefizien.

4 S. ebenfalls daselbst.

5 S. unten S. Anm. 7.

6 Endlich verfügte Johann XXII. i. J. 1319 durch die const. Imminente nobis, Bull. Taur. 4, 286, bis auf eigenen oder Widerruf des apostolischen Stuhles die Reservation aller auf irgend welche Weise vakant werdenden bischöflichen und Kollegiatkirchen, Abteien, Priorate, sowie der anderen geistlichen Stellen in den der römischen Kirche gehörenden Ländern, deren Prälaten herkömmlicher Weise gewählt wurden, und i. J. 1322 durch die const. In patriarchatu, Raynald. ann. eccl. 1322. n. 4, Ughelli It. sacr. 3. 185, in gleicher Weise die Reservation aller erwähnten Stellen in den der römischen Kirche unmittelbar untergegebenen italienischen Gebieten, im Patriarchate Aquileja und in den erzbischöflichen Provinzen von Ravenna, Mailand, Genua und Pisa. Endlich wird auch auf Johann XXII. die in der V. Kanzleiregel (s. unten §. 145) enthaltene Reservation der kirchlichen Benefizien der Kollektoren und der Subkollektoren der päpstlichen Einkünfte, falls letztere die einzigen für ihren Bezirk sind, zurückgeführt, Riganti comm. ad reg. cit. n. 187.

7 Giov. Villani (saec. XIV) hist. Fiorent. XI. 20 (Muratori rer. Ital. 13, 765): „infino l'anno 1319 puose le riservazioni di tutti i benefici collegiati di christianità e tutti gli volea dare egli, dicendo il facea per levare le simonie. E di questo trasse e ragunò infinito tesoro. Et oltre a ciò per la detta riservatione quasi mai non confermò elettione di niuno prelato, ma promovea vescovo in uno arcivescovado e al vescovado del vescovo promosso promovea un minore vescovo e allora avenia bene sovente, che d'una vacazione

gesprochenen Reservationen mit einigen Erweiterungen aufrecht, und fasste dieselben 1335 in einer eigenen Konstitution: *Ad regimen ecclesiae* zusammen [1].

Im ferneren Verlauf des 14. Jahrhunderts haben sich die Päpste begnügt, die General-Reservationen nur in ihren Kanzleiregeln festzusetzen. Erweitert worden sind sie durch Clemens VI. (1342—1352) auf alle durch Wahl zu besetzenden Prälaturen und Abteien ohne Rücksicht auf die Art ihrer Erledigung [2], ferner durch Urban V. (1362—1370) auf die Benefizien der Kurialen, welche der Kurie bei einer Veränderung des Sitzes derselben folgen und an einem auch noch so entfernten Orte sterben [3], und endlich durch Clemens VII. (1378—1394) auf die ersten Dignitäten nach der bischöflichen Würde in allen Patriarchal-, Metropolitan- und Kathedralkirchen, und auf die Hauptdignitäten in den Kollegiatstiften [4].

Neben diesen General-Reservationen wurde von den Päpsten das Recht, solche in speziellen Fällen in Betreff einzelner Benefizien vorzunehmen, diese selbst zu besetzen, sowie Provisionsmandate und Anwartschaften auf dieselben zu ertheilen, festgehalten, und so bot ihnen die verschiedene Ausgestaltung ihres obersten Provisionsrechtes genügende Handhaben, im umfassendsten Masse, zu Gunsten ihrer Kasse, sowie ihrer Nepoten, Kurialen und Günstlinge mit den Benefizien willkührlich zu schalten [5].

Trotz der mannichfachen Klagen [6], welche sich über die Beeinträchtigung der Be-

d'uno vescovado grande o arcivescovado o patriarcato faceva VI o piu permutazioni, e simile d'altri benefici: onde molte e grandi provisioni di moneta tornevano alla camera del papa." Vgl. hierzu auch C. Müller a. a. O. 1, 134.

1 c. 13 de praeb. in Extr. comm. III. 2. Die Erweiterungen bestehen in der Ausdehnung auf mehrere in der const. Johanns: Ex debito nicht genannte Kurialbeamte.

2 Clementis VI. vita V^a, Baluze vit. 1, 310: „Hic papa cum in principio sui pontificatus faceret reservationes abbatiarum et praelaturarum, electiones conventuum et capitulorum irritas habens, et super hoc sibi fuerit intimatum, quod huiusmodi reservationes a suis praedecessoribus minime fuerint factae, ipse fertur respondisse: Praedecessores nostri nesciverunt esse papa."

3 Wenigstens wird auf ihn die VI. Kanzleiregel zurückgeführt, Riganti ad reg. cit. n. 1. Die Reservation knüpft an die Bonifazius' VIII. in c. 34 in VI^to de praeb., s. o. S. 125. n. 3 u. die Benedikts XII. i. d. const. Ad regimen an und stellt sich als Erweiterung der letzteren dar.

4 Als Urheber dieser Reservation, welche sich jetzt in der IV. Kanzleiregel findet, wird vielfach Johann XXII. bezeichnet, Riganti comm. ad reg. cit. §. 1. n. 3. 4. Ich folge der bisher übersehenen Angabe in der chronica Caroli VI. II. 2. n. 1281 (Chronique du religieux de S. Denys ed. Bellaguet. Paris 1839. 1, 82): „ipse papa comtemptis ss. patrum generalibus decretis vel saltem non observatis omnes ecclesiasticas dignitates quascunque post episcopalem maiores indifferenter suae dispositioni reservabat." Jedenfalls fällt sie in das 14. oder den Anfang des 15. Jahrhunderts, denn sie findet sich schon unter den von Johann XXIII. i. J. 1410 publicirten Kanzleiregeln, v. d. Hardt, conc. Constantiens. I. 21, 954. Gegen die Annahme, dass sie von Johann XXII. herrührt, spricht der Umstand, dass sie sich zum Theil mit der Clemens' VI. deckt und diese als Neuerung bezeichnet wird, s. Anm. 2.

In den Kanzleiregeln Johanns XXIII. findet sich ferner eine Reservation der Benefizien der familiares continui commensales des Papstes und der Kardinäle. Ob diese von ihm herrührt oder älter ist, lässt sich bei dem vorliegenden Material nicht entscheiden.

5 Dies ist insbesondere geschehen von Clemens VI., Gregor XI. (1370—1378), und nach Eintritt des Schismas von Clemens VII. (in Avignon 1378—1394) und Bonifazius IX. (in Rom 1389—1404), Gieseler a. a. O. II. 3, 115. 118. 137. 138. 145.

6 So auf dem Konzil von Vienne 1311, Raynald. v. 1311. n. 59: „Quia multi vita et moribus detestabiles de diversis mundi partibus ad sedem apostolicam concurrentes tam in forma pauperum quam alias beneficia cum cura vel sine cura quotidie impetrare noscuntur . . . et . . . et a praelatis . . . veneranter instituti vel admissi ita detestabilem vel deformem vitam ducunt, quod ob hoc ecclesiae destruuntur . . . praelati non possunt hodie bonis personis de beneficiis . . . obstante numerosa multitudine clericorum impetrantium providere . . . Scio cathedralem ecclesiam tantum XXX praebendas habentem, in qua XXXV vel plures a XX annis citra vacaverunt, de quibus episcopus, qui dictis XX annis . . . episcopatum rexerat, obstante impetrantium a sede apostolica multitudine contulit tantum duas et adhuc sunt in dicta ecclesia expectantes. Insuper omnes dignitates quae in dicta ecclesia dicto tempore vacaverunt, contulit s. sedes . . . n. 60. Heu mittuntur ad ecclesias vel personae inutiles peregrinae linguae barbarae nationis; vel si sunt bonae personae et utiles, nunquam in eisdem resident ecclesiis, sed in Romana curia aut regis aut principum curiis commorantes per privilegia fructus beneficiorum per-

setzungs-Rechte der ordentlichen Kollatoren und der Kapitel in Folge der unangemessenen Ausdehnung des päpstlichen Verleihungsrechtes erhoben, und trotz des mehrfachen Widerstandes, welcher den päpstlicherseits Providirten geleistet worden ist [1], war doch von einer geschlossenen Opposition gegen die Anmassungen der Kurie keine Rede, um so weniger als sich das Fundament derselben, das allgemeine päpstliche Kollationsrecht, damals nicht mehr in Frage stellen liess. Die weltlichen Fürsten insbesondere hatten nur ihre eigenen Interessen im Auge, und wahrten diese in den Streitigkeiten mit den Päpsten, soweit sie vermochten [2], andererseits aber benutzten sie auch die seit der Uebersiedelung nach Avignon und während des Schismas hervortretende Schwäche derselben, um durch Beeinflussung der päpstlichen Ernennungen ihnen genehme Personen mit Bisthümern und mit anderen kirchlichen Benefizien zu versehen [3]. Erst, nach dem Eintritt des Schismas, als die schamlose Ausbeutung des päpstlichen Kollationsrechtes immer grössere Erbitterung bei der höheren Geistlichkeit hervorrief, schritt dieselbe in einzelnen Ländern [4] unter dem Schutz der weltlichen Gewalt zur Selbsthülfe, indem sie die päpstlichen Ernennungen nicht mehr anerkannte und bei der Kollation der Benefizien gemäss den Vorschriften des älteren gemeinen Rechtes verfuhr.

V. **Die Reformkonzilien des 15. Jahrhunderts.** Bei der im Anfang des 15. Jahrhunderts zugleich mit der Beilegung des Schismas in Angriff genommenen Verbesserung der Kirche an Haupt und Gliedern musste selbstverständlich die Abstel-

cipiunt, qui eisdem ecclesiis de nihilo serviunt ... n. 61. hodie una persona aliquando minus idonea IV vel V in diversis ecclesiis obtinet beneficia ... quinimmo una persona, cui ... abunde una sufficeret canonica vel praebenda, X vel XII. ... et aliquando plures, sicut vidi. Heu aliquando una persona tot obtinet dignitates, personatus vel officia, quod ex eis posset L vel LX exercitatis et literatis personis sufficientissime provideri." Vgl. auch Th. II. S. 590. 591.

[1] Th. II. S. 575. Anm. 2 a. E.

[2] So richtet sich die pragmatische Sanktion Ludwigs IX. v. Frankreich in ihrem c. 2 (Th. II. S. 582. n. 6 a. E) u. in c. 4: „Item promotiones, collationes, provisiones et dispositiones praelaturarum, dignitatum et aliorum beneficiorum quorumcunque et officiorum ecclesiasticorum regni nostri secundum dispositionem, ordinationem et determinationem iuris communis et sacrorum conciliorum ecclesiae dei atque institutorum antiquorum ss. patrum fieri volumus pariter et ordinamus" gegen das päpstliche Kollationsrecht, s. Soldan, Ztschr. f. hist. Theologie 1856. S. 383 ff. Schon bald nach der ersten Generalreservation Clemens' IV. in Betreff der bei der Kurie vakant werdenden Benefizien wurde die Frage praktisch, ob die von den französischen Königen kraft des Regalienrechts zu verleihenden Aemter von diesem Vorbehalt getroffen würden. Ludwig IX. widersetzte sich der vom Papste beanspruchten Beschränkung der Regalie, und sowohl in diesem Streit, wie auch in einem späteren, welcher darüber zwischen Bonifazius VIII. und Philipp IV. während des grossen Kampfes beider entstand, endlich in einem weiteren mit Benedikt XII. i. J. 1334 musste das Papstthum thatsächlich nachgeben, G. J. Phillips, Regalienrecht in Frankreich S. 81. 84. 92 ff., 96. In Deutschland hat während des 14. Jahrhunderts namentlich Ludwig d. Baier den päpstlichen Provisionen entschiedenen Widerstand geleistet, Henrici de Rebdorff chron. (bei Freher, rer. germ. ss. ed. Struve, Argent. 1717. 1, 598 ff.) a. 1313: „In Alemannia magnum schisma est in clero et populo ex provisionibus sedis apostolicae ad episcopales et solemnes praelaturas et alia beneficia, quas idem Ludovicus in odium sedis apostolicae fortiter impedivit," s. auch Th. II. S. 576.

Auch in England machte das Parlament und König Eduard III. gegen Mitte des 14. Jahrhunderts den päpstlichen Provisionen energische Opposition, in Folge dessen 1350 durch das statute of provisors of benefices bestimmt wurde, dass der König, wenn der Papst ein Benefizium vergäbe, dasselbe für dieses Mal verleihen sollte. Im J. 1373 erhoben sich wieder neue Klagen und 1376 gebot der König, dass alle Provisionsbullen und -Mandate ihm von denjenigen Geistlichen, an welche sie gerichtet wären, zugestellt würden, Gieseler a. a. O. II. 3, 125. n. 30. In Kastilien machte ferner Alfons XI. Miene, sich den päpstlichen Provisionen zu widersetzen, Raynald. ann. 1330. n. 44, doch gelang es Clemens VI., ihn zu beschwichtigen, l. c. a. 1344. n. 54. a. 1348. n. 14.

[3] So insbesondere in Frankreich seit Clemens V., s. dessen Schreiben von 1309 bei Baluze vit. pap. Aven. 2, 65. 145 u. Gieseler a. a. O. II. 3, 138 ff. Vgl. auch Th. II. 576. 590.

[4] In England, Sizilien, Dänemark, Schweden Theod. a Niem, de necessitate reformat. c. 7 u. 9 bei v. d. Hardt conc. Constant. I. 7, 283. 285; Hübler, Konstanzer Reformation S. 77; Gieseler a. a. O. S. 150; s. auch Th. II. S. 597. S. 600 Anm. (über Ungarn).

lung der bisher aus dem päpstlichen Kollationsrecht hervorgegangenen Missbräuche einen der wichtigsten Punkte der auf die Tagesordnung gesetzten Reformation bilden. Auf dem Koncil zu Konstanz drang indessen diejenige Partei, welche die bisherige Kurial-Praxis in ihrer prinzipiellen Basis anfocht und dieselbe als eine blosse Usurpation beseitigen wollte, keineswegs durch [1], nicht nur, weil das Reformationswerk überhaupt bis nach der Beseitigung des Schismas durch die demnächst erfolgte Wahl Martins V. [2] verschoben wurde [3], sondern auch weil bei den einzelnen Nationen sich verschiedene Interessen geltend machten [4] und insbesondere die Universitäten die Beseitigung des auf Herkommen beruhenden Vorrechtes der graduirten Kleriker bei der Besetzung geistlicher Stellen fürchteten [5]. So blieb die Regelung dieses Punktes der Vereinbarung zwischen dem Papste und den einzelnen Nationen überlassen. In den mit den letzteren abgeschlossenen Konkordaten [6] hielt der Papst prinzipiell an dem kurialer Seits beanspruchten obersten Kollationsrecht fest und machte allein und zwar auch nur auf die Dauer von 5 Jahren einzelne Zugeständnisse [7].

Sowohl das deutsche, wie das romanische Konkordat [8] lassen zunächst im Allgemeinen die General-Reservationen des geschriebenen Rechtes [9], sowie der Bullen: *Execrabilis* [10] und *Ad regimen* [11] fortbestehen und beschränken diese nur durch genaue Bestimmung der den Reservationen unterliegenden Kurial-Aemter und durch Ausschliessung der Ehrenkaplanate [12] von diesen. Demnach sollen künftighin generell der päpstlichen Reservation unterliegen

1. Alle bischöflichen (Patriarchal-, erzbischöflichen) Kirchen, Klöster, Priorate, Dignitäten, Personate, Offizien, Kanonikate, Präbenden und übrigen Säkular- und Regular-Benefizien, gleichviel ob sie Kurial-Aemter sind oder nicht, ob sie herkömmlicher Weise durch Wahl oder auf andere Art besetzt werden, falls sie durch Ableben ihrer Inhaber beim apostolischen Stuhl [13] oder durch eine unter päpstlicher Autorität stattgehabte Deposition, Privation, Translation erledigt oder falls eine für sie erfolgte

[1] Hübler a. a. O. S. 25.

[2] Charakteristisch ist es, dass dieser gleich nach seinem Regierungsantritt am 26. Febr. 1418, dem Gebrauche seiner Vorgänger folgend, ebenfalls Kanzleiregeln publicirt hat, in welchen die Reservationen der Bulle: Ad regimen und der ersten Würden nach den bischöflichen in den Kapiteln aufrechterhalten worden sind, und eine neue in Betreff der Ordenspräceptorien, sowie der Kanonikate und Benefizien an den Patriarchalkirchen S. Peter, S. Johann im Lateran und S. Maria Maggiore hinzugefügt ist, Mansi 28, 499.

[3] Hübler a. a. O. S. 25 ff.

[4] Hübler a. a. O. S. 78.

[5] Hübler a. a. O. S. 80.

[6] Im englischen Konkordate finden sich keine Festsetzungen über die Reservationen, weil die Engländer den status quo wahren, insbesondere das statute of provisors of benefices v. 1350 (s. o. S. 133. n. 2) und damit ihre anticuriale Gesetzgebung festhalten wollten, Hübler a. a. O. S. 78.

[7] c. 2 der Konkordate. Diese sind auch überhaupt nur auf 5 Jahre eingegangen, vgl. d. Schluss derselben, Hübler S. 192. 205, s. auch a. a. O. S. 115.

[8] c. 2, a. a. O. S. 167. 196.

[9] c. 2. 34 in VIto de praeb. III. 4, s. o. S. 123. n. 10 u. S. 125. n. 2 u. 3.

[10] O. S. 131.

[11] O. S. 132.

[12] Dies erklärt sich daraus, dass die Bulle: *Ad regimen* die Veranlassung zu einer masslosen Vermehrung des Kurial-Personals und insbesondere der päpstlichen Ehrenkapläne — solche wurden in Masse und in allen Ländern ernannt — gegeben hatte, und dass dadurch die Reservationen ebenfalls erweitert worden waren, Hübler a. a. O. S. 130. n. 7. S. 131. n. 8 u. 9.

[13] Der Text lautet: „apud sedem apostolicam quocunque modo vacantia et imposterum vacatura". Unter der vacatio apud sedem apostolicam im eigentlichen Sinne ist die Erledigung durch Ableben des Inhabers am Sitze des apostolischen Stuhles oder innerhalb zweier Tagereisen davon zu verstehen (s. o. S. 125. n. 3.), womit in älterer Zeit (s. S. 123. n. 9) das „in curia vacare" gleichbedeutend gebraucht worden ist. Mit Rücksicht auf die const. *Ex debito* (o. S. 130) und die const. *Ad regimen*, scheidet aber die Schule beides und gebraucht den letztgedachten Ausdruck als weiteren für jede Vakanz, welche durch einen bei der Kurie stattfindenden Akt sich vollzieht, Riganti ad reg. I. canc. I. §. 1. n. 34; Phillips 5, 486; Hübler S. 168. n. 10. In der Stelle der Konstanzer Konkordate ist das letztere gemeint, wie die sofort folgende Aufzählung der Vakanzfälle zeigt.

Wahl oder Postulation wegen einer Kassation oder Zurückweisung seitens des Papstes oder wegen der Annahme eines etwaigen Verzichtes der Gewählten oder Postulirten seitens des letzteren keine Wirkung gehabt hat;

2. sämmtliche erwähnten Benefizien der Kardinäle und der aufgezählten wirklichen, noch in ihren Aemtern fungirenden Kurialbeamten [1], wenn sie durch Tod derselben erledigt werden [2],

3. aller Legaten, Collektoren (d. h. Internuntien) [3], Rektoren (Gouverneure) [4] der römischen Provinzen und der Schatzmeister (Geldsammler) [5], gleichviel wo diese vor ihrer Reise oder Rückkehr zur römischen Kurie [6] sterben,

4. aller derjenigen, welche wegen irgend welcher Geschäfte zur römischen Kurie reisen oder von derselben zurückreisen, wenn sie innerhalb zweier gesetzlichen Tagereisen von derselben sterben [7],

5. sämmtlicher Kurialbeamten, welche wegen irgend eines Grundes sich von dem Sitze der Kurie wegbegeben [8] und an einem innerhalb der gedachten Entfernung belegenen Orte, welcher nicht ihr Domizil ist, vor ihrer Rückkehr versterben,

6. diejenigen Klöster, Priorate, Dekanate, Personate, Administrationen, Kanonikate, Präbenden und anderen, weltlichen und regulären Kurat- oder Nichtkurat-Benefizien, welche in Folge einer kraft päpstlicher Autorität vorgenommenen Beförderung zu bischöflichen (Patriarchal- oder erzbischöflichen) Kirchen oder leitenden Kloster-Aemtern vakant werden,

7. endlich die eben genannten Aemter, wenn sie dadurch zur Erledigung kommen, dass ihre Inhaber unmittelbar durch den Papst oder kraft eines Schreibens desselben damit unvereinbare Priorate, Personate, Offizien, Kanonikate, kirchliche Präbenden oder andere Benefizien übertragen erhalten und deren ruhigen Besitz erlangen [9], jedoch mit Ausnahme des Falles, dass die Erwerbung in Folge einer vorher ertheilten päpstlichen Anwartschaft erfolgt ist.

Die frühere General-Reservation der ersten Dignitäten nach der bischöflichen Würde in den Domkapiteln und der Hauptdignitäten in den Kollegiatstiftern [10] war damit zugleich beseitigt. Martin V. gestand ausdrücklich zu, dass die Besetzung dieser Stellen nach dem früheren Recht erfolgen sollte, eine Zusicherung, welche in dem romanischen Konkordate auch auf die Konventual-Priorate, Dekanate und Propsteien in Klöstern mit wenigstens 10 Religiosen ausgedehnt ist [11].

1 „etiam per obitum cardinalium eiusdem ecclesiae Romanae ac officiariorum dictae sedis, quamdiu ipsa officia actualiter tenebunt, videlicet vicecancellarii, camerarii, VII notariorum, auditorum literarum contradictarum et apostolici palatii causarum auditorum, correctorum, CI scriptorum literarum apostolicarum et XXIV poenitentiariae praefatae sedis et XXV abbreviatorum necnon verorum commensalium nostrorum et aliorum XXV capellanorum sedis eiusdem in pitacio descriptorum.“ S. hierzu die Nachweisungen S. 131. n. 1.

2 Diese Reservation beschränkt sich also nicht auf die Erledigung durch Tod apud sedem apostolicam, Hübler a. a. O. S. 169. n. 11.

3 vgl. de Luca, relatio curiae Romanae (Th. I. S. 373 n. *) disc. IV. n. 16. Th. I. S. 533.

4 Riganti comm. ad reg. I. §. 4. n. 163 ff.

5 Th. II. S. 409.

6 D. h. da, wo der Papst seine Residenz hat, wenngleich dieselbe auch von dem Sitze der einzelnen Kurialbehörden getrennt ist, denn in dem ersteren konzentrirt sich die Machtfülle der kirchlichen Gewalt und die letzteren sind nur zu seiner Unterstützung berufen, de Luca l. c. disc. I. n. 5. u. 13. Ueber abweichende unrichtige Ansichten vgl. Hübler a. a. O. S. 172. n. 25.

7 Hierin ist die Reservation des s. g. geschriebenen Rechts wiederholt, S. 134. n. 9.

8 Dass die Reise wegen irgend welcher Geschäfte unternommen worden ist, wie im Fall 3 des Textes, ist hier nicht erforderlich.

9 Hierin liegt eine Erweiterung gegenüber der Reservation der Bulle: *Execrabilis* (s. o. S. 131) insofern diese nur die Erledigung in Folge des Zusammentreffens mehrerer Kuratbenefizien im Auge hat, die Konkordate aber die Einschränkung auf diese Art von Benefizien nicht enthalten.

10 S. o. S. 132.

11 Hübler S. 179. 199.

Dafür erlangte der Papst aber das Zugeständniss, dass von allen übrigen Aemtern, soweit diese nicht unter den oben besprochenen General-Reservationen begriffen sind, die Hälfte ebenfalls der päpstlichen Besetzung unterliegen sollte [1], und zwar dergestalt, dass diese mit der sonst nach gemeinem oder Gewohnheitsrecht hergebrachten Verleihungsart abzuwechseln hatte [2].

So vortheilhaft diese Koncession auch für den Papst erschien, so lag andererseits doch in der Annahme derselben eine gewisse Beschränkung des päpstlichen Provisionsrechtes. Der Papst hatte damit auf die Vornahme jeder ferneren General- und Spezial-Reservation, auf die Ertheilung von Anwartschaften und auf sonstige Verfügungen (z. B. eigene Verleihungen) in Betreff der gedachten Aemter, soweit sie nicht in die päpstliche Alternative fielen, verzichtet [3].

Endlich machte der Papst das weitere Zugeständniss, dass in Deutschland die Ertheilung von Anwartschaften auf alle Regular-Benefizien [4], in den romanischen Ländern [5] aber auf Klosterämter mit einem jährlichen Reinertrage bis zu 4 Dukaten [6] und auf Fremden-, Armen- und Krankenhäuser ausgeschlossen sein sollte [7].

In Deutschland sind die Konstanzer Vereinbarungen für den festgesetzten fünfjährigen Zeitraum zu praktischer Geltung gelangt [8].

Dagegen leistete zwar das Pariser Parlament der Durchführung derselben in dem nördlichen Theile Frankreichs Widerstand [9], indessen wurde dieser durch den Regen-

[1] Eine derartige Theilung, aber zu zwei Dritteln für den Papst und zu einem für die regelmässigen Kollatoren, hatte Martin V. früher in der von ihm vorgelegten Reform-Akte vorgeschlagen, Hübler S. 43. 134. Allerdings erscheint die Alternative schon in der französischen Interims-Gesetzgebung des J. 1407, als sich die gallikanische Kirche gegenüber den verschiedenen Päpsten neutral erklärt hatte und die definitive Regelung der kirchlichen Verhältnisse dem künftigen allgemeinen Koncile vorbehalten wurde, a. a. O. S. 199. n. 13. S. 282ff.

[2] Vgl. hierzu noch die im wesentlichen übereinstimmenden näheren Vorschriften der beiden Konkordate, des deutschen: „quoties vero aliquo vacante beneficio cadente in vice et in gratia exspectativa non apparuerit infra III menses a die notae vacationis in loco beneficii, quod alicui de illo secundum praedictas ordinationes fuerit auctoritate apostolica provisum, ordinarius vel alius ad quem illius dispositio pertinebit, de illo libere disponat, nec sibi in sua vice computetur. Beneficia etiam quae per simplicem renunciationem aut permutationem vacaverint, neutri parti computentur", und das romanische: „ubi autem in his quae cadunt sub exspectativis non appareret aliquis exspectans infra mensem legitime acceptans et provisus, infra III menses collatorem seu eius vicarium certificans a die notae vacationis in loco beneficii, is ad quem pertinet conferat seu disponat, dispositioque medio facta tempore valeat nec ei computetur in sua vice. Item beneficia per resignationem simplicem non cadent sub exspectativis, et ista et illa quae ex causa permutationis conferentur neutri parti computentur."

[3] Dies ist auch ausdrücklich ausgesprochen, im deutschen Konkordate dahin: „dominus noster ordinat, quod per quamcunque aliam reservationem, gratiam exspectativam aut quamvis aliam dispositionem sub quacunque verborum forma per eum aut eius auctoritate factam vel faciendam non vult neque volebat neque intendebat nec intendit facere aut fieri, quominus de media parte illarum et illorum cum vacabunt, alternis vicibus libere disponatur per illos ad quos collatio, provisio, electio aut alia quaevis dispositio pertinebit, prout ad ipsos spectabit de consuetudine vel de iure", im romanischen: „quod per quamcunque aliam reservationem seu affectationem aut praerogativas ultra praedictas vel alias dispositiones apostolicas seu gratias exspectativas non fiat collatori, patrono vel provisori praeiudicium in dicta medietate."

[4] Deutsch. Konkordat c. 2, Hübler S. 176.

[5] Roman. Konk. c. 3 i. f., Hübler S. 203.

[6] Im Konk. steht „IV librarum Turonensium parvorum". Die libra Turonensis war aber ursprünglich dem Ducaten oder Kammergulden gleich, Hübler S. 132. n. 13.

[7] Eine solche Befreiung hatte Martin V. schon in seinen Kanzleiregeln (S. 134. n. 2) festgesetzt, Mansi 28, 512.

[8] S. die Nachweisungen bei Hübler S. 315ff. Nach Verlauf der Frist hat der Papst dagegen wieder unter Erneuerung der alten Ansprüche Reservationen gegen die Bestimmungen derselben vorgenommen, Hübler S. 324.

[9] Hier waren durch zwei königliche Edikte v. 1418, welche vor dem Zustandekommen des Konstanzer Konkordates ergangen sind, die Beeinträchtigungen der Rechte der ordentlichen Kollatoren in Folge von päpstlichen Provisionen und Anwartschaften ausgeschlossen worden, Hübler S.284ff. Diese wurden durch eine königliche Ordonnanz von demselben Jahre widerrufen, a. a. O. S. 292, und als das Parlament i. J. 1419 die Registrirung der letzteren verweigert hatte, liess die Regierung diese zwangsweise vornehmen, a. a. O. S. 292 ff.

ten, den Herzog von Burgund, beseitigt[1]. Ja, noch vor Ablauf der fünfjährigen Frist (nach der inzwischen erfolgten Vereinigung der Kronen Frankreichs und Englands durch den Vertrag zu Troyes von 1420) schloss der Herzog von Betford, welcher für König Heinrich VI. von England die Regierung führte, mit Martin V. ein neues Uebereinkommen, den s. g. Rotulus Betfordianus, (1425) ab[2], nach welchem dem Papst die vor Ausbruch des Schismas geltenden Reservationen, insbesondere die Besetzung der Prälaturen[3] gegen einen Ternavorschlag des Herrschers, sowie die Verleihung von zwei Dritteln der übrigen Benefizien[4] gewährleistet wurde.

In demjenigen Theile Frankreichs, welcher 1418 unter der Leitung des Dauphins (Karls VII.) verblieben war[5], erlangte das Konkordat zunächst gegenüber der noch i. J. 1423 bestätigten Staats-Gesetzgebung des J. 1418[6] keine Wirksamkeit[7]. Wie aber der Herzog von Betford zur Befestigung der englischen Herrschaft und zur Gewinnung des Beistandes des Papstes die gallikanischen Freiheiten geopfert hatte, so suchte Karl VII. auch seinerseits die Bundesgenossenschaft Roms zu erlangen, und in Folge der Verhandlungen mit dem Papste wurden hier ebenfalls, freilich nicht ohne den Widerstand des Parlaments von Poitiers, die früheren päpstlichen Provisionsrechte in den Jahren 1425 und 1426 wieder hergestellt[8].

So wurde der Erfolg des Konstanzer Reformwerkes, welcher ohnehin nur ein verhältnissmässig geringer gewesen war, schon innerhalb des ersten Jahrzehntes nach dem Schluss des Konzils wieder beseitigt, und die Kurie konnte in die früheren Bahnen wieder einlenken.

Unter diesen Umständen war es erklärlich, dass das Baseler Konzil, als es seinerseits, schon im Gegensatze zu dem Papste, die Kirchenreformation von Neuem aufnahm, das päpstliche Kollationsrecht durch seine Beschlüsse viel weiter, als dies zu Konstanz geschehen war, zu beschränken suchte. Nach demselben[9] sollten

[1] Hübler S. 298ff.

[2] Abgedruckt bei Bulaeus hist. univ. Paris. 5, 366.

[3] Rotul. cit.: „. . cum propter maliciam temporum . . in regno Franciae . . periculosum sit providere praelaturis, dignitatibus et aliis beneficiis vacantibus in eodem regno de personis regi et eius dominio suspectis et de quibus plena securitas verisimiliter haberi non possit, quod huiusmodi guerrarum tempore durante S. V. in praelaturis conferendis, videl. episcopatibus, abbatiis, primis dignitatibus in ecclesiis collegiatis, prioratibus conventualibus et similibus uti valeat et possit reservationibus apostolicis, sicut tempore Urbani V. et Gregorii XI. utebatur, providereque singulis dum vacabunt ad supplicationem et requestam dni Regentis d. regnum de persona notabili et bene merito tali provisione digna unius ex III bus per eum super his S.V. secreto nominandis, alias S.V. non admissionem dignetur tolerare et recusationem ex iuste causa sibi notam fieri".

[4] Rotul. cit.: „Item quia reperitur, quod tempore . . . Urbani et Gregori XI. dabantur gratiae exspectativae ad quaecunque alia beneficia intra d.regnum consistentia, S.V. consimiliter expectativas dare valeat et admitti valeant, ipsorum tamen tertia parte ordinariis reservata". Wegen des Drittels s. S. 136. n. 1. Ueber den näheren Modus der Ausübung vgl. die Ordonnanz Heinrichs VI. v. 1425, Ordonnances des rois de France (du Louvre) Paris 1757. XIII, 107: „Cum . . . alius occurrit alternative modus, vid. quod beneficia singulis mensibus Martii, Junii, Septembris et Decembris vacantia ordinariorum collatorum seu patronorum provisione, beneficia vero qui ceteris mensibus vacarent, apostolice dispositioni, quousque aliud esset ordinatum, subiacerent, notum facimus, quod nos attendentes praefatum alternative modum per menses priori alternative multo esse clariorem . . . declaramus, nostre . . voluntatis existere, quod huiusmodi alternative modus observatur . ." 1432 nach dem Tode Martins V. ist diese Ordonnanz von neuem bestätigt worden, l. c. XIII. 181.

[5] Hübler S. 291.

[6] S. S. 136. Anm. 9.

[7] Hübler S. 309.

[8] Schon eine Ordonnanz v. 1425 gewährte dem Papste die Kollationsrechte, welche zu den Zeiten Clemens' VII. u. Benedikts XIII. von der Kurie ausgeübt waren. Zur Sicherung der Benefizien-Inhaber, welche in der Zwischenzeit providirt waren, erliess Martin V. i. J. 1426 in Folge der getroffenen Vereinbarung die Bulle: Ad sacram Petri.

[9] Sess. XXIII (v. 1436). decr. 6, Mansi 29, 120: „ipsas omnes tam generales quam speciales sive particulares de quibuscunque ecclesiis et beneficiis quibus tam per electionem, quam collationem aut aliam dispositionem provideri solet,

1. alle generellen und speziellen Reservationen, welche durch die Extravaganten Johanns XXII. und Benedicts XII., die Kanzleiregeln und andere päpstliche Konstitutionen eingeführt worden waren, mit Ausnahme der im corpus iuris enthaltenen [1], aufgehoben sein. Gleichzeitig wurde die Aufstellung neuer verboten, und dem Papste in dieser Hinsicht nur in den ihm direkt oder kraft Lehnverbandes untergebenen Ländern freie Hand gelassen.

2. Ebenso wurden für die Zukunft alle päpstlichen Anwartschaften bei Strafe der Nichtigkeit ausgeschlossen [2].

3. Andererseits sollte jedem künftigen Papst das Recht zur Besetzung eines Benefiziums an Kathedral- und Kollegiatkirchen mit zehn, und zweier an solchen mit 50 Benefizien zustehen [3],

4. nicht minder die Besetzung von Benefizien durch Prävention des ordentlichen Kollators, letzteres jedoch nur unter der Bedingung, dass die Dekrete der Synode, insbesondere die über die Reservationen, fortdauernd in Kraft verbleiben würden [4].

Durch die pragmatische Sanction von Bourges von 1438 wurden diese Beschlüsse der Baseler Synode in Frankreich gesetzlich recipirt [5] und im J. 1439 ebenfalls in Deutschland durch die in Mainz vollzogene Acceptationsurkunde [6] anerkannt. Auch verstand sich Papst Eugen IV. 1447 in den s. g. Fürsten-Konkordaten dazu die Beobachtung der in Deutschland angenommenen Basler Dekrete auf so lange zuzulassen, bis mit seinen Legaten eine anderweitige Vereinbarung, oder durch ein zukünftiges Konzil eine andere Bestimmung getroffen worden wäre [7]. Aber auch dieses Mal wurde das gewonnene Resultat durch das zwischen seinem Nachfolger Nikolaus V. und Kaiser Friedrich 1448 zu Wien geschlossene Konkordat rückgängig gemacht [8]. Dieses erkannte das päpstliche Provisionsrecht im Allgemeinen in der Ausdehnung wieder an, welches das Konstanzer Konkordat demselben belassen hatte. Insbesondere sind dem Papste von Neuem die o. S. 134 u. 135 Nr. 1 bis 7 gedachten General-Reservationen [9] ohne Beschränkung auf den fünfjährigen Zeitraum zugestanden worden. Hinsichtlich der nicht von denselben betroffenen anderen Aemter, mit

sive per extravagantes: *Ad regimen* et *Execrabilis* sive per regulas cancellariae aut alias apostolicas constitutiones introductas, haec s. synodus abolet, statuens ut de caetero nequaquam fiant, reservationibus in corpore iuris expresse clausis et his quas in terris Romanae ecclesiae ratione directi seu utilis dominii mediate vel immediate fieri contigerit duntaxat exceptis". Schon in Sess. XII (v. 1433) decr. 2 war eine gleiche Vorschrift hinsichtlich der General-Reservationen der bischöflichen, Kollegiatkirchen und Klöster, sowie der durch die Wahl zu besetzenden Dignitäten getroffen, l. c. p. 61. Ferner gehört hierher Sess. XXXI (v. 1438) decr. 2. l. c. p. 161, welches die Nichtigkeit aller Spezialreservationen des Papstes und seiner Legaten ausspricht.

Damit hatte man das erreicht, was deutscherseits schon in den avisamenta nationis germanicae zu Konstanz verlangt worden war, Hübler S. 42. 78.

1 Vgl. o. S. 123. n. 10. S. 124. u. S. 125.

2 Sess. XXXI. decr. 2 cit.

3 L. c.

4 L. c.

5 Vgl. tit. 2. §. 2; tit. 3; tit. 4. c. 1. §§. 3. 5. 6. 7 (Durand de Maillane dictionnaire de droit canonique. II. éd. Lyon 1770. 4, 772 ff.). Die Modificationen, die vom König und der Versammlung gewünscht wurden, s. l. c. § 2. 22 ff., vgl. auch Hefele Konzil. Gesch. 7, 766 ff.

6 Diese vielfach ebenfalls s. g. sanctio pragmatica abgedruckt bei Koch santio pragmatica Germanor. illustr. Argentorati 1789. p. 93 ff. 105 ff. (u. a. auch bei Gärtner corp. iur. eccles. 1, 5 ff.; Münch Konkordate 1, 42 ff.) Vgl. tit. 2. §. 1; tit. 22; tit. 25. §§. 3 ff. Die weiteren Bestimmungen, welche deutscher Seits vorgeschlagen wurden, tit. 22 i. f. tit. 25. §. 6, sind im wesentlichen dieselben, welche die Franzosen zu Bourges verlangten, s. auch Hefele 7, 776. Die Genehmigungserklärung des Baseler Konzils bei Koch l. c. p. 171.

7 S. die Bulle: Ad tranquillitatem, bei Koch p. 183; Gärtner 1, 108; Münch 1, 80. Die Bestätigungsbulle Nikolaus' V., welche derselbe mit Rücksicht auf den kurz nachher erfolgten Tod Eugen's IV. 1447 ausgestellt hat, bei Koch p. 197.

8 Bei Koch l. c. p. 201 ff.; Gärtner 1, 12; Münch 1, 88.

9 Und zwar mit denselben Worten, wie im Konstanzer Konkordate.

Ausnahme der ersten Dignitäten in den Stiftern, — für diese wurde es gleichfalls bei der Anordnung des Konstanzer Vertrages belassen (s. o. S. 135) —, hielt man zwar ebenfalls an der dort festgesetzten Theilung fest, bestimmte aber in näherer Ausführung dieser Vereinbarung, dass bis auf anderweitige Anordnung durch ein künftiges Koncil die in den Monaten Januar, März, Mai, Juli, September und November (in den s. g. päpstlichen Monaten) vakant werdenden Benefizien der Verfügung des apostolischen Stuhles, die übrigen aber der regelmässigen Besetzung der bisherigen Verleihungsberechtigten unterliegen sollten [1]. Als Gegenleistung für diese weitgehenden Konzessionen gab endlich der Papst dieselben Verzichte hinsichtlich der Ertheilung von Anwartschaften und der Aufstellung weiterer General- und Special-Reservationen, wie einst Martin V. im Konstanzer Konkordat (s. o. S. 136), ab.

Im Wege der Separatverhandlung mit den einzelnen deutschen Fürsten, wobei die mächtigeren durch besondere Bewilligungen gewonnen wurden [2], gelang es der Kurie

[1] De ceteris dignitatibus et beneficiis quibuscumque secularibus et regularibus vacaturis ultra reservationes iam dictas, maioribus dignitatibus post pontificales in cathedralibus et principalibus in collegiatis exceptis, *de quibus* iure ordinario provideatur per illos inferiores, ad quos pertinet, idem ss. dominus noster per quamcunque aliam reservacionem, gratiam, expectativam aut quamvis aliam dispositionem sub quacunque verborum forma, per eum aut eius auctoritate factam vel fiendam non impediat, quominus de illis cum vacabunt de mensibus Februarii, Aprilis, Junii, Augusti, Octobris et Decembris, libere disponatur per illos ad quos collatio, provisio, presentatio, electio aut alia quevis dispositio pertinebit, reservationibus aliis a premissis ac dispositionibus auctoritate eiusdem d. nostri pape factis vel fiendis non obstantibus quibuscunque. Quotiens vero aliquo vacante beneficio de mensibus Januarii, Marcii, Maii, Julii, Septembris et Novembris specialiter dispositioni apostolice sedis reservatis non apparuerit intra III menses a die note vacationis in loco beneficii, quod alicui de illo apostolica autoritate fuerit provisum, ex tunc et non antea ordinarius vel alius, ad quem illius dispositio pertinebit de illo libere disponat. Item ad finem ut hec ordinatio collationis beneficiorum non reservatorum per alternos menses possit per nationem publicari et omnes qui ipsa gaudere voluerint, tempus congruum habeant eandem acceptandi, tunc quoad apostolicam sedem in Kal. Jan. proximis futuris ipsa currere incipiet durabitque deinceps nisi in futuro concilio de consensu nationis aliter fuerit ordinatum".

Die Bestimmung der o. zu Anfang mitgetheilten Stelle ist Gegenstand heftigen Streites gewesen. In dem Wiener Exemplar der Bestätigungsbulle Nikolaus' V. v. 1448 waren die kursiv gedruckten Worte: *de quibus* ausgefallen, Koch l. c. p. 240. In Folge dessen hat schon Aeneas Sylvius in einem Brief v. 1457, l. c. 223. n. 83 die Bestimmung dahin aufgefasst, dass die Hauptdignitäten dem Papste reservirt sein sollten, und es haben demnächst auch einzelne Päpste solche verliehen, ep. Sixti IV. de libera electione praepositorum Spirens v. 1478: „postmodum vero a nonnullis temporibus citra praetextu concordatorum nationis germanice cum sede apostolica nonnulle persone . . . prepositūras ut praedictas tanquam dicte sedis dispositioni generaliter reservatas ab eadem sede impetrarunt", Würdtwein subs. dipl. 9, 203. Einzelne Kapitel liessen sich daher besondere Indulte auf die Wahlberechtigung zu den gedachten Dignitäten geben, Koch l. c. p. 241 Anm., p. 290. 297 (Indulte für Speier u. Mainz v. 1481 u. 1562), vgl. auch bull. Sixti IV. cit., während andere den päpstlichen Provisionen Widerstand geleistet haben, Moser a. o. O. III. 3. §. 26. S. 668 ff.

Dass es sich übrigens hierbei lediglich um eine aus einem Versehen entstandene Textverderbniss gehandelt hat, ist nicht zweifelhaft. Andere Exemplare und Abdrücke der Bulle haben die mit dem Konkordate selbst übereinstimmende Lesart, vgl. auch Hefele a. a. O. 7, 843.

[2] So erhielten die geistlichen Churfürsten und der Erzbischof von Salzburg das Indult, die in den päpstlichen Monaten erledigten Benefizien zu besetzen. Diese Indulte sind später regelmässig erneuert und zuerst auf Lebenszeit, dann aber gewöhnlich auf eine bestimmte Anzahl von Jahren (gewöhnlich 5) ertheilt worden, vgl. Hedderich i. d. collatio dissertationum ex iure eccles. German. Bonn 1749. 1, 221; Hedderich elementa iur. canonici P. IV. p. 145; Breve Pius' V. v. 1566, Guden. cod. dipl. Mogunt. 4, 716; Dalham conc. Salzburg. Aug. Vindel. 1788. diss. praevia §. 23. p. 25 ff.; (Kleinmayern) Juvavia S. 280. Ein Formular für ein solches Indult bei Gaertner corp. iur. 2, 439. S. ferner die gravamina der Erzbischöfe v. 1769 u. die Emser Punktation, daselbst p. 332. 356. Wegen der Klagen über spätere Beschränkungen dieser Indulte im 17. u. 18. Jahrhundert vgl. Hedderich elem. 4, 171 u. Gaertner l. c. 2, 332. Für einzelne Kapitel kommen ebenfalls solche Indulte vor, so für das zu Speyer (s. ep. Sixti IV. v. 1477, Koch l. c. p. 287) auf Wahl des Dekans und Scholasters bei Erledigung dieser Stellen in einem päpstlichen Monat. Auch hängt wohl damit die Gewährung des Nominationsrechtes auf die Bischofsstühle an den Churfürsten von Brandenburg 1447 (Th. II. S. 610. n. 14) zusammen. Dagegen haben sich einzelne Diöcesen, so z. B. die Bamberger, von der Alternative frei zu erhalten gewusst, Probst turna-

demnächst die Anerkennung des Wiener Konkordates für deren Territorien zu erhalten[1]. Auf diese Weise ist dasselbe die Grundlage für die päpstliche Provisions- und Reservations-Praxis in Deutschland geworden, ja die abweichenden Bestimmungen des Baseler Koncils und des Mainzer Acceptations-Instrumentes sind hier allmählich ganz in Vergessenheit gerathen[2].

Irgend einen dauernden Erfolg haben somit die Reformversuche des 15. Jahrhunderts gegenüber dem Papstthum nicht erreicht. Im Gegentheil hatte selbst das Baseler Konzil, welches am radikalsten vorgegangen war, das päpstliche Kollationsrecht nicht einmal mehr principiell in Frage zu stellen vermocht. So ist dasselbe in fortdauernder Geltung geblieben, und es konnten Beschränkungen desselben nur dadurch eintreten, dass die Kurie selbst solche durch besondere Privilegien zugestand oder die weltliche Gesetzgebung einzelner Staaten der Ausübung dieses Rechtes bestimmte Schranken setzte[3].

§. 145. *b. Die päpstliche Besetzung der kirchlichen Aemter nach dem katholischen Kirchenrecht, insbesondere nach den Kanzleiregeln.*

Wie sich aus dem vorhergehenden § ergiebt, ist das päpstliche Besetzungsrecht zunächst in der Art geübt worden, dass dem ordentlichen Kollator durch ein mandatum de providendo die Uebertragung eines bestimmten vakanten oder erst künftighin zur Erledigung kommenden Amtes aufgegeben wurde. Sehr bald haben dann die Päpste selbst einzelne Benefizien verliehen und endlich auch ganze Klassen von Aemtern ein für alle Mal ihrer Besetzung vorbehalten oder reservirt.

Demnach ist in Betreff der Ausübung des päpstlichen Provisionsrechtes die direkte Besetzung und die Ertheilung eines Provisionsmandates an den ordentlichen Kollator zu unterscheiden. Die erstere kann hinsichtlich eines bestimmten vakanten Benefiziums, dessen Verleihung der ordentlichen Besetzung an sich nicht entzogen ist, eintreten, wenn der Papst dem Besetzungsberechtigten zuvorkommt; oder sie kann erfolgen, weil das Benefizium dem Papste vorbehalten, also der ordentliche Kollator überhaupt von der Besetzung desselben ausgeschlossen ist. Den ersteren Fall begreifen die Kanonisten unter der Bezeichnung: *concursus*[4], den zweiten nennen sie: Reservation.

Das Provisionsmandat bezieht sich entweder auf ein vakantes oder auf ein noch nicht erledigtes Amt. Im letzteren Fall liegt eine Anwartschaft, Expektanz, *gratia exspectativa* vor[5], und in der Ertheilung einer solchen eine Prävention[6] des Papstes gegenüber dem ordentlichen Kollator.

rius eccles. Germaniae Bamb. et Wirceb. 1777. p. 377 ff.

1 Vgl. darüber Koch l. c. p. 42.

2 Das letztere ist erst im vorigen Jahrhundert durch Horix concord. nationis German. integra. Francof. et Lips. 1763, wieder an das Licht gezogen worden.

In Betreff der jetzt nicht mehr interessirenden Kontroverse über das Verhältniss des Konkordates zu dem Mainzer Instrument, welche namentlich während der Nuntiaturstreitigkeiten lebhaft ventilirt worden ist, vergl. die Nachweisungen bei Koch p. 45; Gieseler a. a. O. II. 4, 104 Note u. Hefele a. a. O. S. 846.

3 Wie dies in Frankreich der Fall war, wo man zunächst an der pragmatischen Sanction von Bourges festhielt.

4 Hieron. Gonzalez ad reg. VIII cancell. prooem. §. 2. n. 1; Garcias tract. de benef. P. IV. c. 1. n. 8; Lotter. de re beneficiaria l. II. qu. 2. n. 21. 62; Leuren. for. benef. P. II. qu. 513; Reiffenstuel III. 5. n. 151. 154.

5 S. z. B. die Kanzleiregeln Martins V. v. 1417, Mansi 28, 501.

6 Lotter. l. c. n. 62 u. qu. 25. n. 1; Leuren. l. c. n. 2; Reiffenstuel l. c. n. 151. 153, weil hier der Papst der Vakanz zuvorkommt. Indessen wird der Ausdruck: Prävention auch von dem Falle der Konkurrenz, wenn der Papst bei der Besetzung den Ordinarius durch seine frühere Verleihung ausschliesst, gebraucht; vgl. z. B. Gonzalez l. c. §. 3. n. 2. Die Reservationen werden von manchen, s. z. B. Reiffenstuel l. c. n. 152, als Abart der Prävention aufgefasst.

Mit Rücksicht darauf, dass die Reservationen die praktisch wichtigste Art der Ausübung des päpstlichen Kollationsrechtes geworden sind, handele ich zuerst:

I. von den Reservationen. A. Begriff. Eintheilungen. Unterschied von der Affektion. Die Reservation suspendirt die Rechte derjenigen, welche für die Regel ein Benefizium zu verleihen oder bei der Besetzung desselben mitzuwirken haben, zu Gunsten des Papstes [1]. Daher ist jede der Reservation zuwider erfolgende Besetzung des Benefiziums nichtig, und kann keine rechtlichen Wirkungen erzeugen. Indessen bleibt die ordentliche Verleihung gültig, falls der Kollator von der Reservation nichts wissen konnte [2]. Wenn aber der einen oder der andern Art der Reservation eine Kassationsklausel in Bezug auf jedes Zuwiderhandeln beigefügt ist [3], so kommt auf die Kenntniss des ordentlichen Verleihungsberechtigten nichts an, vielmehr sind alle seine Handlungen nichtig, ja es wird ihnen auch jeder Schein des Rechts genommen, und der Beliehene erlangt dadurch weder einen s. g. titulus coloratus [4], noch den Besitz- und Spolienschutz [5].

Die früheren Kanonisten theilen die Reservationen in *reservationes generales* und *speciales* ein, je nachdem sie sich auf nur nach allgemeinen Kriterien bezeichnete Benefizien (z. B. beneficia in curia vacantia) oder auf gewisse bestimmt genannte Benefizien (z. B. einzelne Dignitäten, Benefizien an einer einzelnen Kirche) beziehen [6], während es richtiger wäre, als General-Reservation die ein für alle Mal erfolgte Reservation von Benefizien, möge dieselbe in der einen oder andern Art ausgesprochen sein, als Spezial-Reservation aber eine solche, welche nur für ein einzelnes bestimmtes Benefizium in einem gewissen Vakanzfall angeordnet wird, zu bezeichnen.

Ferner unterscheidet die Doctrin *reservationes reales* und *reservationes personales*. Jene sind diejenigen, welche mit Rücksicht auf das vorbehaltene Benefizium selbst, diese diejenigen, welche im Interesse gewisser Personen gemacht sind [7]. Zu den letzteren gehörten die s. g. *reservationes mentales*. Ihre Eigenthümlichkeit bestand darin, dass der Papst bei der Vornahme derselben die begünstigte Person nicht nannte, sondern dieselbe vorerst für sich (*in mente*) behielt. Diese Reservationen sind erst unter der Regierung Alexanders VI. (1492—1503) aufgekommen [8], aber bereits durch das Trienter Konzil verboten worden [9].

Schon im 15. Jahrhundert, insbesondere in c. 14 de praeb. Extrav. comm., wird für das Wort *reservatio* auch der Ausdruck: *affectio* gebraucht [10]. Die spätere Doktrin hat indessen mit Rücksicht darauf, dass beide Bezeichnungen in der gedachten Stelle

[1] Die übliche ältere Definition lautet: „est beneficii vacaturi per papam ad se avocatio," Riganti in rubr. reg. I. canc. §. 1. n. 31 und die dort citirten. Da indessen der Papst nach kurialer Lehre ein generelles, oberstes Kollationsrecht besitzt, und kraft dieses jedes Benefizium besetzen kann, so kann das Wesen der Reservation nur darin liegen, dass das konkurrirende Besetzungsrecht eines Anderen beseitigt wird.

In wie weit dem legatus a latere das Reservationsrecht zukommt, s. Th. I. S. 515.

[2] Denn dann hat der Kollator in völlig berechtigter Weise gehandelt, c. 20 (Bonif. VIII.) in VI^to de praeb. III. 4, s. auch Reiffenstuel III. 5. n. 383. 384.

[3] Das s. g. decretum irritans.

[4] S. Th. II. S. 656.

[5] Dies ist nicht die Wirkung der Reservation, sondern der beigefügten Kassationsklausel, vgl. Garcias l. c. n. 408; Lotter l. c. qu. 6. n. 5 ff.; Leuren. l. c. qu. 522. n. 2. Inkorrekt Phillips 5, 487.

[6] Garcias l. c. n. 58 ff.; Riganti l. c. n. 59 ff. Einzelne ältere verstehen unter den Generalreservationen diejenigen, welche im corpus iuris enthalten sind, unter den speciellen diejenigen, welche die Kanzleiregeln eingeführt haben.

[7] Riganti ad rubr. reg. I. canc. §. 2. n. 1 ff.

[8] L. c. §. 1. n. 35.

[9] Sess. XXIV. c. 19. de ref.

[10] III. 2 (Paul II. 1467). In den Kanzleiregeln Martins V. 1418, Mansi 28, 500, bedeutet er soviel wie die Wirkung der Reservation.

nebeneinander vorkommen, dieselben unterscheiden zu müssen geglaubt. Im Gegensatz zur Reservation begreift sie unter der Affektion alle diejenigen Fälle, in welchen der Papst die Hand auf ein bestimmtes Benefizium legt und dabei zu erkennen giebt, dass er seinerseits über dasselbe verfügen will[1], und schliesst das Besetzungsrecht des ordentlichen Kollators deshalb aus, weil derselbe wegen der schuldigen Ehrfurcht vor dem Papste sich nicht mehr mit solchen Angelegenheiten befassen dürfe, welche der letztere selbst an sich gezogen habe[2]. Man rechnete hierher z. B. die Verleihung eines Benefiziums zur Kommende, die Vereinigung eines solchen mit einem anderen auf Lebenszeit des Begünstigten, die Ertheilung eines Provisionsmandates für ein bestimmtes Benefizium, sowie die direkte Besetzung durch den Papst, wenn diese, etwa wegen eines Mangels in der Person des Beliehenen, nicht zur Wirksamkeit gelangt war[3].

An und für sich ist die Wirkung der Affektion dieselbe, wie die der General- und Spezial-Reservation, ja die Reservation eines bestimmten Benefiziums in einem einzelnen Vakanzfalle ist gleichfalls an und für sich nichts anderes als eine Affektion, nur dass mit dem letzteren Worte die Wirkung einer solchen Reservation bezeichnet wird. Da aber derselbe Erfolg in denjenigen Fällen, in welchen man eine Affektion im eigentlichen Sinne annahm, ebenfalls eintrat, andererseits aber die Doktrin bei der einmal von ihr beliebten Unterscheidung auch ein die Spezial-Reservation gegenüber der Affektion abgränzendes Merkmal aufzustellen genöthigt war, so entnahm sie dieses dem c. 14 cit., indem sie die darin ausgesprochene Kassation etwaiger Zuwiderhandlungen verallgemeinerte. Auf diese Weise gelangte sie zu dem Satz, dass jeder mit der Affektion unverträgliche Akt des ordentlichen Kollators, ohne Rücksicht darauf, ob der letztere Kenntniss von derselben gehabt habe, oder eine Kassation aller dagegen verstossenden Handlungen ausgesprochen worden[4], nichtig sei, während diese Regel für die Reservationen nur in Ausnahmefällen Geltung habe[5]. Ferner betonte man, dass die Reservation allein durch ausdrückliche Erklärung, die Affektion aber auch durch eine blosse Verfügung des Papstes, mithin durch eine konkludente Handlung erfolgen könne[6], sowie dass die letztere stets nur vorübergehend wirke, d. h. allein auf so lange, bis der Zweck, zu welchem der Papst die afficirende Handlung vorgenommen habe, erreicht worden sei[7]. Indessen wirkt die Spezial-Reservation ebensowenig fortdauernd, und auch der Umstand, dass die Affektion nicht ausdrücklich zu geschehen braucht, bildet keinen begrifflichen Unterschied gegen die Reservation, weil principiell wenigstens eine solche durch konkludente Handlungen nicht ausgeschlossen erscheint, und man die Fälle der Affection an und für sich mit Fug und Recht auch als stillschweigende Reservationen bezeichnen könnte[8]. Trotzdem ist man

[1] H. Gonzalez sup. reg. VIII. canc. gl. 52. n. 1 ff.; Leuren. l. c. qu. 523. n. 1; Riganti l. c. §. 1. n. 70.

[2] H. Gonzalez l. c. n. 7; Riganti l. c. §. 1. n. 81. Dabei berief man sich auch auf c. 56. X. de appell. II. 28 u. c. 11. X. de excess. prael. V. 31.

[3] H. Gonzalez l. c. n. 11 ff.; Barbosa J. E. U. III. 13. n. 90 ff.; Riganti l. c. n. 82 ff.; Reiffenstuel III. 5. n. 416 ff.

[4] Gonzalez l. c. n. 6 ff.; Riganti l. c. §. 1. n. 76. 77; Reiffenstuel l. c. n. 412. 414.

[5] S. o. S. 141.

[6] Gonzalez l. c. n. 4; Riganti l. c. n. 75; Leuren. l. c. qu. 523. n. 1; Reiffenstuel n. 410.

[7] Lotter. l. c. l. II. qu. 25. n. 39; Leuren. qu. 523. n. 1. cit.; Reiffenstuel l. c. n. 412. Ueber die Anwendung des Princips auf die einzelnen Fälle vgl. Gonzalez l. c. n. 11 ff.; Garcias l. c. n. 139 ff.; Riganti l. c. §. 1. n. 82 ff. Hierbei sind manche Kontroversen entstanden, da die kurialen Schriftsteller von der Tendenz geleitet waren, die Affektionen möglichst auszudehnen.

[8] Schon den Aelteren hat sich der Gedanke, dass die affectio eine reservatio specialis sei, auf-

aber noch heute genöthigt, die Affektionen und Reservationen auseinander zu halten. Denn abgesehen von dem in der Doktrin gemachten Unterschiede in Betreff ihrer Wirkungen, ist der einmal festgestellte Begriff der Affektion sowohl durch die Kanzleiregeln [1], wie auch durch das Tridentinum [2] recipirt worden.

Es ist ersichtlich, dass durch die Aufstellung und Entwicklung des Begriffes der Affektion das päpstliche Provisionsrecht ebenfalls eine Erweiterung erfahren hat. Ihrem Wesen nach mit der Reservation eng verwandt, trat sie allerdings nicht unter der übel berufenen Bezeichnung derselben auf, und überdies hat sich die Doktrin darzuthun bemüht, dass dieselbe schon, ebenso wie einzelne Reservationsfälle, im Corpus iuris canonici anerkannt gewesen sei [3].

B. Die General-Reservationen im Einzelnen. Die General-Reservationen haben mit wenigen Ausnahmen Aufnahme in die Kanzleiregeln gefunden. Ihre Aufzählung und Besprechung lässt sich daher am besten an diese anschliessen.

Die erste Kanzleiregel wiederholt die Reservationen der im vorigen Paragraphen S. 130. 131 erwähnten Konstitutionen Benedikts XII. und Johanns XXII., freilich mit gewissen Erweiterungen [4].

Reservirt sind nach derselben:

1. die beim apostolischen Stuhle durch Tod ihrer Inhaber vakant werdenden Benefizien. Jedoch hat daneben die schon im Sextus enthaltene Reservation [5] ihre Geltung nicht verloren, weil die sie einschliessende Rechtssammlung Gesetzeskraft besitzt [6].

Zu den reservirten Benefizien gehören, allerdings nicht auf Grund des corpus iuris, wohl aber in Folge der stetigen Erneuerung der const. *Ad regimen*, die Bis-

gedrängt, Garcias l. c. n. 62; Lotter l. c. n. 29; Riganti l. c. §. 1. n. 71.

[1] S. z. B. regula IX.

[2] Sess. XXI. c. 5 („beneficia generaliter vel specialiter reservata vel qualitercunque affecta"), Sess. XXIV. c. 15 („quacunque reservatione generali vel speciali aut affectione").

[3] Gonzalez l. c. n. 7 u. 9 u. Riganti l. c. §. 1. n. 48. 85. Man führte nämlich aus, dass das c. 14. cit. eine Deklaration des c. 56. X. de appell. II. 28 enthalte. Ihre praktische Bedeutung hatte diese Ansicht für die Frage, ob die Affektionen durch das Wiener Konkordat und andere ähnliche Vereinbarungen ausgeschlossen seien.

[4] In primis fecit easdem reservationes quae in const. fel. rec. Benedicti pp. XII. quae incipit: *Ad regimen* continentur et illas innovavit ac locum habere voluit, etiamsi officialis in eadem constitutione expressi apostolicae sedis officiales ante obitum eorum esse desierint, quoad beneficia quae tempore, quo officiales erant, obtinebant. Declarans nihilomimus beneficia quae dictae sedis officiales, qui ratione officiorum suorum huiusmodi eiusdem sedis notarii erant, etiam dimissis ipsis officiis et quandocunque assecuti fuerint, sub huiusmodi reservationibus comprehendi; ac reservavit beneficia quae per constitutionem p. m. Ioannis pp. XXII. quae incipit: *Execrabilis* vacant vel vacare contigerint. Quam constitutionem et reservationem S. S. tam ad beneficia obtenta quam alia quaecunque, de quibus ordinarii et alii collatores contra concilii Tridentini decreta disposuerunt et disponent in futurum, extendit et ampliavit et ea etiam beneficia omnia dispositioni suae reservavit, de quibus per dictos ordinarios aut alios collatores contra eiusdem concilii decretorum formam dispositum fuerit. Decernens irritum et cet." (das decretum irritans ist erst von Alexander VII. [1655—1677] beigefügt, Riganti ad reg. I. canc. §. 10. n. 44).

Die ausdrückliche Aufnahme der erwähnten Konstitutionen und ihre stetige Wiederholung durch die Kanzleiregeln erklärt sich daraus, dass erstere nur transitorisch für die Zeit ihrer Urheber erlassen waren, Riganti l. c. ad reg. §. 1. n. 1. 2. Schon Johann XXIII., v. d. Hardt, cons. Const. I. 21, 454 und Martin V., Mansi 28, 500 haben die erstgedachte Konstitution in ihren Kanzleiregeln aufrecht erhalten.

[5] c. 2. in VIto de praeb. III. 4 in Verbindung mit c. 3. 34. 35 eod., s. o. S. 123 ff.

[6] Darum ist die Reservation d. c. 2 in VIto cit. die einzige s.g. in corpore iuris clausa. Die frühere Fassung der 36 Kanzleiregel, Th. II. S. 656: „ex aliqua reservatione in corpore iure clausa", welche auf der Annahme mehrerer solcher Reservationen beruht, war anerkanntermaassen eine irrthümliche gewesen, und ist schon durch Leo X. geändert worden, Riganti in rubr. reg. I. canc. §. 1. n. 40. Die erwähnte Reservation ist zugleich eine fortdauernde, deren Gültigkeit nicht von der jedesmaligen Publication durch den regierenden Papst abhängt, Riganti l. c. n. 38 ff. Einer besonderen Erwähnung derselben und der sie deklarirenden Dekretalen in der Kanzleiregel bedurfte es daher auch nicht.

thümer [1] und die (dauernd verliehenen) Regular-Benefizien. Ausgenommen sind indessen andere Regular- und sonstige Manual-Benefizien [2], ferner die Benefizien laikalen oder gemischten Patronates, sofern derselbe auf Fundation beruht [3].

Die Erledigung beim apostolischen Stuhl und folgeweise auch die Reservation dauert so lange, bis der Beliehene die Uebertragung des Amtes angenommen hat [4].

Aus dem schon vorhin angegebenen Grunde sind ferner die Dekretalen des liber VI, welche die Bedeutung der Bezeichnung: *apud sedem apostolicam vacare* und die näheren Modalitäten der hier fraglichen Reservation feststellen, neben der Kanzleiregel massgebend. Daher begreift die Erledigung beim apostolischen Stuhl auch den Fall in sich, wo der Inhaber des Benefiziums an einem innerhalb zweier Tagereisen, d. h. 20 italienische Miglien [5], von der päpstlichen Residenz entfernten Orte verstirbt [6]. Ferner kann der ordentliche Kollator, wenn der Papst das Benefizium nicht innerhalb Monatsfrist, von der Erledigung an gerechnet [7], vergeben hat, neben demselben sein bisher suspendirtes Verleihungsrecht wieder ausüben [8]. Sodann ist der Grundsatz in Geltung geblieben, dass Benefizien, deren Inhaber am Residenzorte des apostolischen Stuhles ihr Domizil haben und nicht zu den Kurialen gehören, nicht von der Reservation betroffen werden [9]. Daher findet dieselbe auf Benefizien in Rom selbst, welche nicht mit Kurialen besetzt sind und der ordentlichen Verleihungsgewalt eines anderen Kollators als der des Papstes unterliegen, keine Anwendung [10]. Nicht minder steht endlich auch noch

[1] Wo landesherrliche Nomination besteht, ist auch diese ausgeschlossen, Riganti l. c. n. 203 ff., sofern nicht besonders für diesen Fall ein Indult gewährt ist. Ein Beispiel dafür bei Riganti n. 286.

[2] Dies hat die Doktrin deshalb angenommen, weil der ordentliche Kollator die päpstliche Provision jeden Augenblick wieder durch Abberufung des Benefiziaten rückgängig machen könne, Gonzalez l. c. gl. 5. §. 6. n. 9 und gl. 8. n. 3; Riganti l. c. n. 316. Der entscheidende Grund ist aber der, dass die s. g. Manualbenefizien keine Benefizien im eigentlichen Sinne bilden, s. Th. II. S. 373. Vgl. auch Reiffenstuel III. 5. n. 394.

[3] Dies ist einstimmige Annahme der Doktrin und feststehende Praxis, Glosse zu c. 2 in VI[to] cit. l. v. collatio; Gonzalez gl. 18. n. 2 ff.; Riganti n. 327 ff.; Reiffenstuel III. 5. n. 395; wegen des gemischten Patronates vgl. auch o. S. 59. Benefizien geistlichen Patronates unterliegen dagegen der Reservation. Der Grund, welcher zu Gunsten der Benefizien laikalen und gemischten Patronatsrechte geltend gemacht wird, s. die cit. Glosse, dass das c. 2 nicht von der Präsentation spricht, passt ebenso gut auf das geistliche und ist hinfällig, weil die const. *Ad regimen* jeder der Art der Besetzung erwähnt. Die Verschiedenheit der Behandlung der Patronatsbenefizien erklärt sich vielmehr aus denselben Umständen, welche für die Derogationspraxis massgebend gewesen sind, s. o. S. 95.

[4] Riganti n. 94. Stirbt dagegen ein zum Bischof gewählter Geistlicher beim päpstlichen Stuhl, ehe er konfirmirt worden ist, so liegt keine Vakanz des Bisthums apud sedem apost. vor, weil er dasselbe noch nicht erworben hatte, l. c. n. 312 ff.

[5] So schon die Glosse zu c. 34 in VI[to] it. s. v. legales auf Grund der l. 1 D. si quis caut. II. 11; Riganti l. c. §. 5. n. 6.

[6] Riganti l. c. §. 1. n. 90. 336. Jedoch hat die const. *Ad regimen* dies dahin beschränkt, dass der Verstorbene sich in Geschäften, sei es kurialer oder anderer, auf der Reise befunden haben muss.

[7] Es ist aber streitig, ob die Frist nicht erst von der seitens des Papstes erlangten Kunde von der Vakanz läuft, vgl. Riganti l. c. n. 377; Reiffenstuel III. 5. 440. Letztere Meinung hat aber den ausdrücklichen Wortlaut und den Zweck des c. 3 in VI[to] III. 4 gegen sich.

[8] c. 3 in VI[to] cit. Dasselbe ist durch c. 1 (Bonif. VIII.) de praeb. in Extr. comm. III. 2, welches nicht in den lib. VI. aufgenommen und nur aus Missverständniss als dem c. 3 widersprechend erachtet worden ist, vgl. darüber Lotter de re benef. II. qu. 21. n. 55, nicht aufgehoben. Allerdings hat die der Ausdehnung der Reservationen nur zu geneigte Kurialpraxis diese unrichtige Ansicht befolgt. Sie wird damit gerechtfertigt, dass c. 3 cit. jedenfalls durch die const. Ad regimen beseitigt worden sei, Riganti l. c. n. 370. Dies erscheint aber ebenfalls unbegründet, da die letztere nichts näheres über den Begriff und den Umfang der Reservation bestimmt, s. noch Reiffenstuel III. 5. n. 445. 446. Konsequenterweise hätten übrigens die Anhänger der bekämpften Meinung auch die Ausdehnung der Reservation auf die Erledigung innerhalb zweier Tagereisen vom päpstlichen Stuhl durch die gedachte const. für aufgehoben erklären müssen, was aber von keiner Seite geschehen ist.

[9] c. 34 in VI[to] cit. s. auch o. S. 125.

[10] Riganti l. c. n. 118. 119.

die Vorschrift über die Besetzung der Parochialkirchen durch die Ordinarien während der Vakanz des päpstlichen Stuhles in Kraft [1].

Päpstliche Indulte auf die Besetzung von reservirten Benefizien begreifen die Fälle der hier in Frage stehenden Reservation ohne Weiteres nicht in sich, müssen vielmehr ausdrücklich darauf gerichtet sein, also auch dieses Falles der Reservation erwähnen [2].

2. Auf Grund der ersten Kanzleiregel und der const. *Ad regimen* sind ferner reservirt alle Bisthümer, Klöster, Priorate, Dignitäten, Personate, Offizien, Kanonikate, Präbenden, Kirchen und anderen Säkular- und Regular-Benefizien mit und ohne Seelsorge, wenn sie durch eine seitens des Papstes oder unter päpstlicher Autorität vorgenommene Deposition, Privation oder Translation [3] erledigt worden sind [4]. In denjenigen Fällen, wo die Deposition oder Privation ipso iure in Folge der damit bedrohten strafbaren Handlung eintritt, bedarf es indessen eines darauf gehenden deklaratorischen Urtheils des Papstes, einer päpstlichen Behörde oder eines päpstlichen Delegaten [5].

Die Reservation bezieht sich ferner

3. auf die erwähnten Benefizien und Aemter, wenn eine in Betreff derselben einträchtig oder zwiespältig stattgehabte Wahl oder Postulation vom Papste kassirt, verworfen oder die Verzichtleistung des Gewählten oder Postulirten angenommen worden ist [6].

Unter dem Fall 2 wird vielfach auch die Erledigung eines Benefiziums durch Verzichtleistung des Inhabers in die Hände des Papstes mitbegriffen [7]. Indessen ist hierbei übersehen, dass die const. *Ad regimen* nur von einer Verzichtleistung der Gewählten und Postulirten, nicht der schon Promovirten spricht [8]. Die Aelteren haben die Erledigung der gedachten Benefizien daher korrekter Weise als einen Fall der Affektion betrachtet und ihn nur wegen ihrer Auffassung der letzteren als eine Spezial-Reservation [9] unter diese eingereiht [10].

Sodann umfasst die Reservation

4. die zu 2 gedachten Benefizien und Aemter, jedoch mit Ausnahme der Bisthümer, wenn die ersteren dadurch zur Erledigung gelangen, dass eine Beförderung ihrer Inhaber durch den Papst oder unter seiner Autorität zu einem Residenzial-Bisthum [11] oder einem auf Leitung eines Klosters gehenden Amtes (z. B. zur Abtswürde)

[1] c. 35 in VIto cit. o. S. 125. Vgl. ferner Riganti l. c. n. 385 ff.

[2] Riganti ad rubr. reg. I. §. 1. n. 56. u. ad reg. I. §. 1. n. 359.

[3] Vgl. S. 146. n. 1.

[4] In der const. *Ad regimen* wird diesen Fällen noch die Erledigung per muneris consecrationis *suspensionem* hinzugefügt, während damit in der ihr zu Grunde liegenden Dekretale Johanns XXII.: „*Ex debito*" (s. S. 130) der Ausdruck: „per successionem muneris consecrationis aut benedictionis (dudum a Clemente . . . promotis impensi)" korrespondirt. Zu lesen ist dafür offenbar: „per muneris consecrationis susceptionem", Gonzalez l. c. gl. 57. n. 52; Barbosa de pot. episc. l. III. alleg. 57. n. 65; Riganti l. c. §. 2. n. 4. Bestätigt wird diese Korrektur auch durch das Konstanzer und Wiener Konkordat (s. o. S. 134. 138). Beide erwähnen dieses Falles, der päpstlichen Konsekration des Promovirten nicht, offenbar deshalb, weil nachdem die Konfirmation der Bischöfe ein ausschliessliches Recht des Papstes geworden war, Th. II. S. 577 ff. 600 ff., die unter 4 zu erwähnende Reservation und die im Text zu 2 erwähnte Translation diesen Fall stets in sich begreifen.

[5] Riganti l. c. §. 1. n. 14 u. §. 3. n. 14.

[6] Vgl. Th. II. S. 675. 682.

[7] S. z. B. v. Kreittmayr, Anmerkungen üb. d. cod. Maximil. Th. V. Kap. 19. §. 18. n. 2; Wiese Hdbch. d. K. R. 2, 448; Permaneder K. R. §. 256; Walter K. R. §. 232; Richter-Dove K. R. §. 196.

[8] Dasselbe gilt übrigens von dem Konstanzer und Wiener Konkordat.

[9] S. o. S. 142. n. 8.

[10] Barbosa l. c. n. 22; Lotter l. c. qu. 27. n. 33.

[11] Also nicht zu einem Titular-Bisthum (in partibus infidelium), weil der Beförderte nicht in den Besitz desselben gelangt, Garcias de benef. P. XI. c. 6. n. 24; Barbosa l. c. n. 74; Ri-

stattgehabt hat[1]. Ob bei vorgängiger Gewährung eines päpstlichen Indultes an den zu Befördernden auf Beibehaltung der von ihm besessenen Benefizien diese im Falle seines Todes als reservirt zu betrachten seien, war streitig[2], und mit Rücksicht auf diese Kontroverse hat die Kurie die Praxis beobachtet, in den Indulten die Vakanz zwar als eingetreten zu bezeichnen, aber ihre Wirkung bis zum Tode des Inhabers zu suspendiren[3].

5. Ebenfalls auf der ersten Kanzleiregel und der const. *Ad regimen* beruht die Reservation aller unter 2 genannten Aemter der Kardinäle[4], der Kurialbeamten, der commensales und der Kapelläne des Papstes, welche durch den an irgend einem Orte erfolgten Tod derselben[5] vakant werden[6]. Die Reservation bezieht sich auf die in der const. aufgeführten Beamten[7], und ferner auf solche, deren Stellen neugegründet worden sind, sofern sie zu einer der erwähnten Kategorien gehören[8]. Durch die Kanzleiregel[9] ist die Reservation auch auf die Aemter der Offizialen ausgedehnt, welche sie bei der vor ihrem Tode erfolgten Niederlegung ihrer Offizialen-Stellung innegehabt[10], ja, falls solche resignirende Offizialen wegen ihrer Stellung zugleich apostolische Notare waren, auch auf die Aemter, welche sie zu irgend einer Zeit erlangt haben[11].

6. Weiter gehören hierher alle derartigen Aemter der S. 135 zu 3 aufgezählten päpstlichen Abgesandten[12],

ganti l. c. §. 7. n. 69 ff. Die Indulte, welche den so Promovirten auf Beibehaltung ihrer bisherigen Benefizien ertheilt werden, haben daher nur den Zweck, dies ausdrücklich zu konstatiren. Ob der Titularbischof zum Weihbischof in der Diöcese eines anderen Bischofs bestimmt ist, macht keinen Unterschied, Entsch. d. Congr. conc. v. 1601, Riganti l. c. §. 7. n. 79.

[1] Die Vakanz tritt, wenn dies bei der Promotion erklärt wird, — was regelmässig geschieht, — schon mit derselben ein, ohne dass es erst noch der Konsekration und des Besitzerwerbes des neuen Amtes bedarf. Dasselbe gilt auch bei der Translation, Riganti l. c. n. 4 ff. Durch diese Praxis sollte die schnellere Besetzung der erledigten Aemter ermöglicht werden. Die letztere erlangt aber erst ihre volle Wirkung, wenn der zum Bisthum Beförderte in den Besitz desselben gekommen oder diesen nur durch seine Schuld nicht hat erlangen können, Garcias l. c. n. 8 ff.; Riganti l. c. n. 7.

[2] Vgl. Riganti n. 141 ff. 198 ff.

[3] Seit Clemens X. (1670—1676) ist die Formel gebräuchlich: „quod beneficia quae obtinet promotus, per huiusmodi provisionem vacent eo ipso, suspenso tamen vacationis effectu usque ad sui obitum", Riganti n. 224.

[4] Dahin gehören auch die beneficia electiva, insbesondere die Bisthümer der Kardinäle. Mit Rücksicht auf die Konkordate der deutschen Nation, Th. II. S. 578. n. 2, welche den Kapiteln das Wahlrecht für die Bischofsstellen einräumen, sind denselben indessen in solchen Fällen päpstliche Indulte auf Vornahme von Wahlen gewährt, und letztere, wenn sie ohne diese erfolgt waren, zwar kassirt, aber der Gewählte ist dann aus päpstlicher Machtvollkommenheit zum Bischof ernannt worden, Riganti l. c. §. 4. n. 93 ff.

[5] Dass der Ort des Todes gleichgültig ist und nicht etwa blos der Sitz des Papstes und der Umkreis zweier Tagereisen in Frage kommt, ergiebt der Wortlaut der Konstitution und ist gegen erhobene Zweifel auch ausdrücklich durch e. const. Alexanders VII. v. 1666, bull. Taur. 17, 430, festgestellt. Die Kurialpraxis hat übrigens diese Reservation auch über den Fall des s. g. obitus naturalis hinaus, auf den des s. g. obitus civilis, d. h. des Tausches von Benefizien bei der Kurie oder der Resignation in die Hände des Papstes, Riganti l. c. §. 1. n. 48, ausgedehnt, l. c. §. 4. n. 292 ff.

[6] Uebrigens ist diese Reservation bei der Kurie nicht als reservatio personalis, sondern als eine localis betrachtet worden, weil man in ihr mit Rücksicht auf die Stellung der Offizialen als Kurialen eine Art der reservatio ex vacatione in curia im weiteren Sinne gefunden hat, Lotter l. c. qu. 27. n. 87; Riganti l. c. §. 4. n. 190 ff. Allerdings kann mit ihr die personelle Reservation der Aemter der familiares des Papstes, s. unten n. 14, konkurriren.

[7] Dies ergiebt sich aus dem Wortlaut der const. *Ad regimen* und der I. Kanzleiregel.

[8] Riganti l. c. n. 214. Die Aemter der anderen Offizialen sind nur auf Grund der unten zu n. 14 citirten const. Pauls III reservirt, indessen hat die Praxis der Dataria, jedenfalls seit dem 18. Jahrh. angenommen, dass die const. *Ad regimen* alle Offizialen im Auge habe und die dort aufgeführten nur beispielsweise genannt seien, vgl. Riganti l. c. 269 ff., welcher dieser irrigen Ansicht beitritt.

[9] S. 143. n. 4.

[10] Dieser Theil der Regel soll aus dem J. 1431 von Eugen IV. herrühren, Riganti l. c. n. 270.

[11] Der Urheber dieser Vorschrift ist Sixtus V. (1585—1590), Riganti l. c. n. 288. 289.

Dass diese und die anderen durch die Praxis erfolgten Erweiterungen dem Wiener Konkordate, s. o. S. 138, widersprechen, liegt auf der Hand.

[12] Vgl. hierzu Riganti l. c. 2. n. 160 ff.

7. sowie der Kurialen, welche sich auf der Reise befinden (s. S. 135) unter den für beide Fälle a. a. O. näher angegebenen Voraussetzungen.

Auf Grund der const. *Ad regimen* und der const. *Execrabilis*, sowie der ersten Kanzleiregel unterliegen ausserdem der Reservation

8. und zwar zunächst a. nach der erstgedachten const. diejenigen Priorate, Dignitäten, Personate, Offizien und anderen Benefizien, welche dadurch erledigt werden, dass ihr Inhaber in den ruhigen Besitz und Genuss eines ihm vom Papst oder unter der Autorität desselben verliehenen, mit dem bisherigen unvereinbaren (inkompatiblen) Amtes gelangt [1],

b. zufolge der const. *Execrabilis* diejenigen Seelsorge-Benefizien oder mit Seelsorge verbundenen Priorate, Dignitäten, Personate oder Offizien [2], welche ihr Inhaber im Fall des erlangten Besitzes und Genusses eines zweiten gleichartigen inkompatiblen Amtes zugleich mit diesem letzteren verliert, weil er beide zusammen behalten will, mit dem Unterschiede, dass, wenn das zweite durch den Papst verliehen ist, das letztere ebenfalls als reservirt gilt [3], während wenn die Uebertragung von einem anderen Kollator ausgegangen ist, die Reservation nicht das früher besessene, sondern nur das zuletzt erworbene trifft [4].

9. Nur auf der ersten Kanzleiregel beruht endlich die Reservation aller Benefizien, über welche die Bischöfe und anderen Kollatoren zuwider den Vorschriften des Konzils von Trient [5] verfügt haben [6], sofern dies wissentlich oder wegen Nichtanwendung der erforderlichen Sorgfalt geschehen ist [7].

Die zweite Kanzleiregel [8] reservirt

[1] Die const. *Execrabilis* hat diese Reservation zuerst, aber nur für das Zusammentreffen inkompatibler Seelsorge Benefizien aufgestellt. Die Ausdehnung auf andere Aemter findet sich schon im Konstanzer und Wiener Konkordat.

[2] Andere Aemter erwähnt die cit. const. nicht. Die Erweiterung auf letztere ist anfänglich in der Kurialpraxis streitig gewesen, dagegen z. B. Pyrrhus Corradus praxis benef. III. s. n. 36 ff., später aber von derselben, freilich auf Grund des nichts beweisenden Trid. Sess. VII. c. 4 de ref., angenommen worden, Riganti l. c. §. 9. n. 4.

Das Konstanzer und Wiener Konkordat erwähnen der Reservation zu b ebensowenig, wie die const. *Ad regimen*.

[3] Riganti l. c. §. 9. n. 36—38, das ersterworbene wegen der Reservation zu a, das letzterworbene wegen der zu b.

[4] Weil das erste durch die vom Ordinarius vorgenommene Verleihung vakant wird, mithin nicht unter die Reservation zu a fällt, sondern für den Ordinarius nach c. 28 X. de praeb. III. 5 erledigt wird, Riganti l. c. n. 39 ff.

In Deutschland, wo die Reservation zu b keine Anwendung fand, s. Note 2, war dagegen der Fall des Verlustes der beiden inkompatiblen Benefizien lediglich nach den Regeln zu a zu beurtheilen, so dass also bei päpstlicher Verleihung des zweiten, nur das erste, nicht aber das zweite, bei einer solchen durch den Ordinarius keins reservirt war, Kreittmayr a. a. O. n. 6.

[5] Trid. Sess. VII. c. 3 de ref. Vgl. ferner Th. II. S. 476 (Sess. XXIV. c. 19 de ref.); a. a. O. S. 478. n. 12 (Sess. XXV. c. 15 de ref.); a. a. O. S. 482 (Sess. XXIV. c. 12); a. a. O. S. 484 (Sess. XXIII. c. 6 de ref.); a. a. O. S. 486. 487 (Sess. XXII. c. 2 de ref.; XXIII. c. 18 de ref.; XXIV. c. 8 de ref.); a. a. O. S. 373. 489 (Sess. XIV. c. 10 de ref.); a. a. O S. 494 (Sess. XXIV. c. 18 de ref.). Die Reservation bezieht sich auch auf die Verletzung der Vorschriften der const. Pii V.: In conferendis v. 1567 über den Pfarrkonkurs (s. Th. II. S. 494. n. 7), da diese nur die Bestimmungen des Tridentinums Sess. XXIV. c. 18 de ref. näher deklarirt, und die Besetzung der unter Verletzung ihrer Anordnungen verliehenen Benefizien dem Papste oder den sonstigen Kollatoren mit Ausschluss der schuldigen Bischöfe vorbehält. Offenbar hat die letztgedachte Reservation zu der Erweiterung der ersten Kanzleiregel auf die oben im Text erwähnten Fälle Veranlassung gegeben, da diese erst unter Sixtus V. (1585—1590) und Gregor XIV. (1590—1591) erfolgt ist, Riganti l. c. §. 10. n. 1. 2. Die Reservation tritt auch ein, wenn die geistlichen Patrone den sie betreffenden Vorschriften zuwiderhandeln, l. c. n. 13. Vgl. ferner überhaupt Riganti l. c. n. 16. 17. 38. 39.

[6] Auf die blosse Verleihung unter Verletzung des Tridentinums ist die Reservation also nicht beschränkt, sie kommt auch bei anderen Verfügungen, z. B. bei Unionen, s. Th. II. S. 418. 419. 421, zur Wirksamkeit, Riganti l. c. n. 4. 41. 42.

[7] Garcias l. c. P. V. c. 1. n. 211; Riganti l. c. n. 6.

In Deutschland konnte diese Reservation keine Geltung beanspruchen, da sie dem Wiener Konkordat noch nicht bekannt war.

[8] „Item reservavit generaliter omnes ecclesias

10. alle Bisthümer[1], sowie alle Mannsklöster, deren jährliche Einkünfte nach gewöhnlicher Schätzung[2] mehr als 200 Kammergulden[3] betragen[4]. Indessen ist die Geltung der Regel wegen des anerkannten Wahlrechtes der Kapitel und in Folge der einer Anzahl von Fürsten ertheilten Indulte auf Nomination oder Präsentation zu den bischöflichen Stühlen[5] in einem weiten Gebiete der katholischen Kirche ausgeschlossen gewesen.

11. Nach dem zweiten Theil derselben Kanzleiregel[6] unterliegen weiter der Reservation alle Dignitäten und Benefizien, in Betreff welcher die Verleihung, die Präsentation, die Wahl oder eine sonstige Disposition Bischöfen, Aebten oder anderen Kollatoren, falls der Papst die Stellen derselben zu besetzen hat[7], zusteht, und welche von dem Zeitpunkt ab, wo eine solche durch Tod, Verzicht[8], Versetzung[9], Absetzung[10]

patriarchales, primatiales, archiepiscopales, necnon omnia monasteria virorum, valorem annuum CC florenorum auri communi aestimatione excedentia, nunc quomodocumque vacantia et imposterum vacatura. Et voluit quod excessus huiusmodi in literis exprimatur. Ac etiam reservavit dignitates et beneficia omnia ad collationem, praesentationem, electionem et quamcumque aliam dispositionem patriarcharum, primatum, archiepiscoporum et episcoporum nec non abbatum ac aliorum quorumcumque collatorum et collatricum saecularium et regularium quomodolibet (non tamen ad collationem cum alio vel aliis aut etiam ad alterius praesentationem vel electionem pertinentia) quae post illorum obitum aut ecclesiarum seu monasteriorum vel aliarum dignitatum suarum dimissionem seu amissionem vel privationem seu translationem vel alias quomodocumque vacaverint, usque ad provisionem successorum ad easdem ecclesias aut monasteria vel dignitates apostolica auctoritate faciendam et adeptam ab eisdem successoribus pacificam illorum possessionem, quomodocumque vacaverint et vacabunt in futurum. Decernens irritum etc."

[1] Ueber frühere derartige Reservationen s. o. S. 129. S. 131. n. 6. Die Einfügung derselben in die Kanzleiregeln wird bald auf Urban V. (1362), bald auf Innocenz VIII. (1484) zurückgeführt, Riganti l. c. in reg. II. §. 1. n. 7. Ersteres erscheint unrichtig, da sie in den Kanzleiregeln Martins V. v. 1418, Mansi 28, 499, noch nicht vorkommt. In ihrer ursprünglichen Gestalt hat die Regel nur eine spezielle Reservation mit der Klausel: „quotiescumque summi pontifices illa uti voluerint" enthalten, und erst Paul III. (1534—1549) hat den Vorbehalt in einen generellen unter Weglassung der Klausel verwandelt, Riganti l. c. n. 8. 9 u. §. 2. n. 72.

[2] Das: „communi aestimatione" der Regel soll ausdrücken, dass es nicht auf die Taxe in den Büchern der apostolischen Kammer, ja nicht einmal darauf, ob das Kloster überhaupt in denselben verzeichnet ist, ankommt, Riganti l. c. §. 2. n. 15. 16.

[3] Der Kammergulden = 7—7½ Mark. Ueber den florenus auri de camera oder ducatus s. Riganti l. c. n. 6. 7; Hübler Konstanzer Reformation S. 132. n. 13 u. S. 183. n. 69.

[4] Die s. g. Konsistorial-Abteien, wenngleich es freilich nicht absolut nothwendig ist, dass diese immer im Konsistorium besetzt werden müssen, Riganti l. c. n. 90, s. auch Th. I. S. 365.

Ob die Reservation blos auf Klöster, welche keinen Konvent haben, oder doch falls ein solcher vorhanden, kommendirt zu werden pflegen, und auch auf diejenigen, welche durch Wahl besetzt worden sind, zu beziehen, ist streitig gewesen, die Kurialpraxis hat indessen das letztere angenommen.

[5] Wegen der Bisthümer vgl. Th. II. S. 578. n. 2 u. S. 610 ff., u. diesen Theil n. S. 39 ff. In Betreff der Klöster s. Th. II. S. 578. n. 2, S. 598. n. 2; Riganti l. c. n. 84. 85. 122 ff.

[6] Die erste derartige Reservation hat Pius V. in der const. *Sanctissimus in Christo* v. 1568, bull. Taur. 7, 754, freilich nur für seine Regierungszeit aufgestellt, um armen Klerikern und anderen verdienten Personen zu Benefizien zu verhelfen. Erst seit Sixtus V. (1585—1590) ist sie in die Kanzleiregeln aufgenommen worden, Riganti l. c. §. 3. n. 7. Als Grund dafür wird die Verhinderung lang andauernder Vakanzen angegeben, l. c. n. 8.

[7] Z. B. wegen der alternativa mensium oder einer anderen Reservation. Die Voraussetzung ergiebt sich aus dem Schluss der Kanzleiregel, Garcias l. c. P. V. c. 1. n. 255. Riganti l. c. n. 368. Ob die päpstliche Besetzung frei oder auf Präsentation oder Nomination erfolgt, ist aber gleichgültig, Riganti l. c. n. 370 ff.

[8] In Wirksamkeit tritt ein Verzicht des Bischofs indessen erst mit der Annahme seitens des Papstes, Riganti l. c. n. 13 ff.

[9] Beim Bischof, wenn vom Papste die Lösung des Verhältnisses zur früheren Kirche (im Konsistorium, Th. I. S. 365) ausgesprochen worden ist, Riganti l. c. n. 27, auch ohne dass das päpstliche Schreiben an den transferirten Bischof gelangt oder dieser den Besitz des neuen Bisthums erworben hat, Entsch. d. Congr. conc. v. 1624 l. c. n. 14, bestätigt durch Breve Urbans VIII. v. 20. März 1625 bei Barbosa de potest. episc. P. III app. constitution. pontif. n. 68.

[10] Kunde davon braucht der Abgesetzte nicht zu haben, Riganti l. c. n. 118 ff.

oder auf andere Weise erledigt ist, vakant werden [1], bis der unter päpstlicher Autorität eingesetzte Nachfolger den ruhigen Besitz des Amtes [2] erlangt hat.

Ausgenommen von dem Vorbehalte sind aber solche Benefizien, bei welchen einem der gedachten Kollatoren die Besetzung mit einem anderen gemeinschaftlich [3] zusteht oder welche durch Wahl oder auf Präsentation sonstiger Berechtigter vergeben werden [4].

12. Die dritte Kanzleiregel [5] bestimmt, um Umgehungen der zu 8 erwähnten Reservation (s. o. S. 147) zu verhüten, dass wenn Jemand ein mit seinem bisherigen inkompatibles, die Residenz erforderndes oder ein Seelsorge-Benefizium unter päpstlicher Autorität verliehen erhalten hat und zur Verhinderung des Eintrittes der päpstlichen Reservation innerhalb der Zeit zwischen der Vakanz und der Verleihung oder des Besitzerwerbes des zweiten auf das früher innegehabte, damit inkompatible Benefizium schlechthin oder eines Tausches wegen oder auf andere Weise in die Hände des Papstes, eines päpstlichen Legaten, eines Ordinarius oder eines anderen Kollators verzichtet hat, alle Verfügungen, welche über ein solches Amt getroffen worden sind, einschliesslich weiterer Besetzungen desselben nichtig sein und, sowohl dieses Benefizium als dasjenige, welches der Verzichtende vom Papst erhalten und welches die Inkompatibilität herbeigeführt hat, als vakant gelten und reservirt sein soll, es wäre denn, dass bei

1 Manche haben, in offenbarem Widerspruch mit dem Wortlaut der Regel, auch solche Benefizien, welche vor der Erledigung der Stelle des Kollators, also z. B. vor dem Tode des Bischofs, vakant geworden, aber bis zu dem letztern Zeitpunkt noch nicht wieder besetzt gewesen sind, unter den Vorbehalt ziehen wollen, Riganti l. c. n. 356 ff.

2 Die gemeinrechtliche Art der Beseitigung der Vakanz durch die blosse Besetzung genügt also nicht, Riganti l. c. n. 333 ff. Gleich steht der Fall, wo der Ernannte ohne seine Schuld an der Besitzergreifung gehindert ist, l. c. n. 340.

3 Z. B. Kanonikate, welche durch simultanea collatio episcopi et capituli vergeben werden. Diese konferirt das Kapitel, selbst in dem Fall, dass die Besetzung im Turnus ausgeübt wird, und während der Vakanz der bischöfliche Turnus eintritt, Riganti l. c. n. 161, vgl. Th. II. S. 695.

4 In Deutschland hat diese Reservation wegen des Wiener Konkordates keine Anwendung finden können.

5 „Item, si qui de beneficiis ecclesiasticis, praesertim curam animarum habentibus seu alias personalem residentiam requirentibus, dum pro tempore vacant, apostolica auctoritate provisi seu providendi, ante illorum assequutionem alia cum eisdem incompatibilia beneficia ecclesiastica per eos tunc obtenta in fraudem reservationis suae resignarent seu dimitterent, voluit, decrevit et declaravit, quod si imposterum quibusvis personis de aliquibus beneficiis ecclesiasticis tunc vacantibus seu vacaturis per sanctitatem suam aut eius auctoritate provideri ipsosque providendos intra vacationis et provisionis seu assequutionis eorundem beneficiorum tempora quaecumque alia cum illis incompatibilia beneficia ecclesiastica saecularia vel quorumvis ordinum ac etiam hospitalium regularia per eos nunc obtenta, nulla speciali et expressa de eisdem in provisionibus praedictis facta mentione simpliciter vel causa permutationis ac alias quomodolibet sive in sanctitatis suae vel alterius Romani pontificis per tempore existentis aut legatorum vel nunciorum dictae sedis sive ordinariorum vel aliorum collatorum quorumcumque manibus resignare seu dimittere aut iuribus sibi in illis vel ad illa competentibus cedere contigerit, omnes et singulae concessiones, collationes, provisiones vel quaevis aliae dispositiones de beneficiis seu iuribus sic resignandis, dimittendis et cedendis pro tempore faciendae cum inde sequutis quibuscumque cassae et irritae nulliusque roboris vel momenti existant nec cuiquam suffragentur, sed beneficia et iura, ut praefertur, resignata, dimissa et cessa eo ipso vacant ac sub reservatione praedicta, quam sanctitas sua etiam quoad hoc extendit et ampliavit, comprehensa censeantur: ita quod de illis per alium quam per eandem sanctitatem suam vel pro tempore existentem Romanum pontificem nullatenus disponi possit, in omnibus et per omnia perinde ac si per pacificam assequutionem beneficiorum aliorum huiusmodi vere ac realiter vacavissent. Ac ulterius voluit beneficium, de quo resignans fuerit auctoritate apostolica provisus ac per cuius assequutionem beneficia vacare debebant, ut prius vacare, perinde ac si collatio favore resignantis facta non fuisset, salvis tamen quibuscumque iuribus competentibus alteri parti, ad cuius favorem facta esset resignatio, etiam ex causa permutationis, summarie, simpliciter et appellatione remota exercendis. Decernens irritum etc. attentari“. Die Regel gründet sich auf eine Konstitution Pauls V.: Sanctissimus in Christo v. 1609, Bull. Taur. 11, 616, auch bei Barbosa l. c. P. III. alleg. 57. n. 82, in der jedoch noch nicht die Strafe des Verlustes des zweiten Benefiziums ausgesprochen ist. In dieser Gestalt ist die Reservation von Gregor XV. (1621—1623) in die Kanzleiregeln aufgenommen worden, und erst Innocenz X. (1644—1655) hat die gedachte Strafandrohung hinzugefügt, während der Vorbehalt der Rechte dritter am Schluss von Alexander VII. (1655—1667) herrührt, Riganti ad reg. 3 canc. n. 3 ff.

der päpstlichen Provision des letzteren ausdrücklich der Resignation des ersten während der gedachten Zeit Erwähnung geschehen sei [1] oder dass der Resignirende es gar nicht versucht hätte, den Besitz des zweiten inkompatiblen zu erlangen [2]. Die bona fides des Verzichtenden schliesst die Anwendung der Regel nicht aus [3], nur tritt der Verlust des zweiten inkompatiblen Benefiziums für ihn nicht ein, wenn er zur Zeit seiner Resignation von der Vakanz dieses letzteren keine Kunde gehabt hat [4].

Auf Resignationen, welche vor einer päpstlichen Uebertragung von Bisthümern und Konsistorial-Abteien oder anderer Konsistorial-Prälaturen abgegeben sind, bezieht sich die Regel nicht [5].

Die vierte Kanzleiregel [6] reservirt:

13. [7] jede erste Dignität [8] nach der bischöflichen in den Kathedral-, sodann jede Hauptdignität in den Kollegiat-Kirchen [9], sofern die Einkünfte einer solchen nach ge-

[1] So nach der ausdrücklichen Bestimmung der Regel. Jedoch ist eine solche Erwähnung für die Regel bei der Kurie nicht üblich gewesen, l. c. n. 108 ff.

[2] Weil in diesem Falle das erste inkompatible Benefizium bei nicht stattgehabtem Verzicht gar nicht verloren gegangen und somit nicht reservirt gewesen wäre, Riganti l. c. n. 107.

[3] Riganti l. c. n. 74 ff.

[4] Denn in diesem Falle kann den völlig schuldlosen die weiter angedrohte Strafe nicht treffen, Riganti l. c. n. 79.

[5] Wenigstens nach der herrschend gewordenen Meinung und Praxis, welche sich auf den zweiten Theil der 26. Kanzleiregel stützt: „... ordinavit quod ... quaecumque collationes, provisiones et dispositiones pro tempore faciendae de praemissis (Bisthümer und Kloster-Prälaturen) et quibusvis aliis beneficiis ecclesiasticis saecularibus et regularibus quae per promovendos vel assumendos ad quascunque praelaturas inter illarum vacationis et huiusmodi promotionis vel assumptionis tempora similiter vel ex causa permutationis ubicumque resignari vel alias dimitti contigerit, cum inde sequutis pro tempore sint cassae et initae nulliusque roboris vel momenti“. Dadurch werden die Verzichte solcher Beförderten nur für nichtig erklärt. Da sich diese Anordnung schon in den Kanzleiregeln Johanns XXIII., v. d. Hardt conc. Constant. I. 21, 962 u. Martins V., Mansi 28, 512 findet und später nach Aufstellung der dritten Regel beibehalten ist, so hat man sie als eine Spezialvorschrift in Betreff der zu den gedachten Würden zu promovirenden Benefiziaten betrachtet, um so mehr als es nicht angänglich war, schon konsekrirte Bischöfe und benedicirte Aebte nach Aufwendung der Kosten für die betreffenden päpstlichen Bullen mit Verlust des Bisthums und der Abteien zu bestrafen, vgl. Riganti l. c. n. 9 ff. u. ad reg. 26. n. 168 ff. Mit Rücksicht auf den Wortlaut der 3. Kanzleiregel ist man aber andererseits zu der Annahme gelangt, dass die 26. Regel sich nicht auf diejenigen bezieht, welche zu anderen Dignitäten, als die im Text genannten beneficia maiora befördert werden, Riganti ad reg. 26. n. 173 ff.

[6] „Item reservavit generaliter dispositioni suae omnes dignitates maiores post pontificales in cathedralibus etiam metropolitanis et patriarchalibus necnon valorem X florenorum auri communi aestimatione excedentes principales in collegiatis ecclesiis. Reservavit etiam prioratus, praepositūras, praepositatus ac alias dignitates conventuales et praeceptorias generales ordinum quorumcunque (sed non militiarum) ac quaecumque beneficia, quae sui, etiam dum cardinalatus fungebatur honore, existentis ac s. rom. ecclesiae viventium nunc et qui erunt pro tempore cardinalium familiares continui commensales obtinent et in posterum obtinebunt eorum familiaritate durante ac in quibus seu ad quae ius eis competit aut competierit, etiamsi ab ipsa familiaritate per obitum cardinalium eorundem vel alias recesserint. Declarans dignitates quae in cathedralibus etiam metropolitanis post pontificales non maiores existunt, quae ex apostolicae sedis indulgentia vel ordinaria auctoritate aut consuetudine praescripta vel alias quovis modo in quibuscumque collegiatis ecclesiis principalem praeeminentiam habere noscuntur, sub reservatione praedicta comprehendi debere. Decernens irritum etc.“

[7] Ueber sie Geschichte dieses Theiles der Regel vgl. o. S. 132 u. S. 134. n. 2.

[8] Vgl. darüber Th. II. S. 110 ff. Es entscheidet darüber, welche Stelle diesen Charakter hat, mangels ausdrücklicher Bestimmung die Gewohnheit der speciellen Kirche oder ihrer Provinz, auch die herrschende Auffassung, Riganti l. c. ad reg. 4. §. 1. n. 17 ff. Dass bei einem Laienpatronat auf die erste Dignität die zweite reservirt sei, ist zwar die herrschende Meinung, Barbosa l. c. III. alleg. 57. n. 102; Riganti l. c. n. 46, lässt sich aber aus dem Wortlaut der Regel nicht rechtfertigen. Das Optionsrecht im Kapitel schliesst nach der unter mehrfachem Schwanken zuletzt von der Kurialpraxis angenommenen Ansicht die Reservation nicht aus.

Nach dem Schlusse der Regel, welcher von Julius III. (1550—1555) beigefügt ist, Riganti l. c. n. 59, ist auch eine Dignität reservirt, deren Inhaber gleichzeitig einer Kollegiatkirche angehört und den Vorrang vor allen Kanonikern der letzteren hat. Beispiele dafür bei Pyrrhus Corradus l. c. l. II. c. 13. n. 21; Garcias l. c. u. P. V. c. 1. n. 260.

[9] Das ist diejenige, deren Inhaber die erste Stelle unter den Kanonikern einnimmt, wenngleich ein anderer Prälat als ein Bischof, z. B.

wöhnlicher Schätzung 10 Kammergulden [1] übersteigen [2], ferner die Priorate, Präposituren und anderen Dignitäten in Regular-Konventualkirchen [3], sowie endlich die General-Präceptorien [4] der geistlichen (mit Ausnahme der Ritter-) Orden [5];

14. alle Benefizien [6] der Familiaren [7] des Papstes, zu welchen in dieser Hinsicht auch die Kardinäle gerechnet werden, und der Familiaren der letzteren selbst [8].

Die fünfte Kanzleiregel [9] unterwirft der Reservation

15. die Benefizien sämmtlicher Kollektoren der apostolischen Kammer, sowie eines jeden Subkollektors, neben welchem in einer bischöflichen Stadt oder Diöcese kein anderer derartiger Beamter fungirt [10],

die sechste [11] 16. die Benefizien aller Kurialen, einschliesslich der Kardinäle, welche während sie der römischen Kurie bei einer Verlegung derselben folgen, versterben, und zwar ohne Rücksicht darauf, an welchem Orte sie sich befinden;

die siebente [12] 17. die Benefizien der päpstlichen, auch der blossen Ehren-Kämmerer und der päpstlichen Cursoren [13];

die achte [14] 18. die Kanonikate, Präbenden, Dignitäten, Personate und Offizien

ein solcher mit iurisdictio quasi episcopalis, an der Spitze der Kirche steht, Riganti l. c. §. 2. n. 3. 4.

1 o. S. 148. n. 3.

2 Diese Beschränkung nach dem Ertrage der Kirche hat die Regel unter Martin V. noch nicht enthalten, sie findet sich aber schon unter Sixtus IV. (1471—1484).

3 Im Gegensatz zur 2. Kanzleiregel (s. o. S. 148) handelt es sich hier nicht um Konsistorial-Abteien und Prälaturen. Auf temporelle und amovible Dignitäten, wie sie in den Mendikanten-Orden vorkommen, ist die Regel nicht bezogen worden, Riganti l. c. §. 3. n. 11.

4 Die Stellen derjenigen, unter denen die von einem Orden errichteten und von Mitgliedern desselben geleiteten Hospitäler, Armen- oder Fremdenhäuser stehen.

5 Ueber den Streit in Betreff der Anwendung dieser Regel auf Deutschland s. o. S. 139. n. 1.

6 Eine solche Reservation hat schon Martin V. in seinen Kanzleiregeln v. 1418 ausgesprochen, Mansi 28, 500, sie erweitert die oben S. 146 unter 5 erwähnte Reservation der const. *Ad regimen* in Betreff der Personen und in Betreff der Art der Erledigung der Benefizien.

7 Ueber diese im Allgemeinen Th. I. S. 497. Des näheren sind sie in den päpstlichen Konstitutionen bestimmt, vgl. die Aufzählung bei Barbosa l. c. P. III. alleg. 57. n. 106; Riganti l. c. §. 5. n. 1 ff., insbesondere hat Paul III. in d. const. Sanctissimus v. 22. Dez. 1534, bull. Taur. 6, 185, auch die Offizialen des Papstes, selbst für den Fall, dass sie nicht wirkliche familiares oder commensales des Papstes sind, in Bezug auf die Reservation ihrer Benefizien für solche erklärt.

8 Vgl. hierzu Riganti l. c. §. 6.

9 „Item reservavit generaliter omnia et singula beneficia ecclesiastica quorumcumque collectorum et unicorum in quacumque civitate vel dioecesi qui suo tempore officia exercuerint, subcollectorum fructuum et proventuum camerae apostolicae debitorum, illa videlicet beneficia dumtaxat, quae durante eorum officio obtinebant et in quibus seu ad quae ius eis competebat. Decernens irritum &c". Die Regel wird auf Johann XXII. zurückgeführt, o. S. 131. n. 6.

10 Näheres bei Riganti comm. ad reg. 5.

11 „Item reservavit omnia et singula beneficia ecclesiastica quorumcumque curialium quos dum curia Romana de loco ad locum transfertur, eum sequendo decedere contigerit in quovis loco, quantumcumque etiam a dicta curia remoto. Decernens irritum etc." Vgl. o. S. 132. n. 3.

12 „Item reservavit generaliter idem d. n. papa dispositioni suae omnia beneficia cubiculariorum, etiam honoris nuncupatorum ac cursorum suorum, declarans in praedecessorum suorum Romanorum pontificum constitutionibus et regulis reservatoriis beneficiorum cubiculariorum, etiam cubicularios honoris nuncupatos, etiam a die earum editionis et publicationis intelligi et comprehendi ac comprehensos fuisse et esse. Irritumque &c. attentari decernens". Als Urheber der Regel gilt Sixtus IV. (1471—1484), die Ausdehnung auf die Ehrenkämmerer ist nach vorgängiger Reservation der Aemter derselben durch Paul V. 1618, Riganti l. c. ad reg. 7. n. 17, von Gregor XV. (1621—1623) in die Kanzleiregel eingerückt, l. c. n. 14.

13 Die Regel ist aufgestellt, weil es in Bezug einzelner Arten der Kämmerer, und hinsichtlich der Cursoren, d. h. derjenigen Beamten, deren Hauptgeschäft in der Benachrichtigung der Interessenten über abzuhaltende päpstliche Kapellen und Konsistorien besteht, Riganti l. c. ad reg. 7. n. 24, streitig war, ob sie zu den Familiaren gehörten und die Reservation der 4. Regel (s. unter Nr. 14 des Textes) auf sie Anwendung fand, l. c. n. 1 ff. 23.

14 „Item reservavit dispositioni suae generaliter quoscumque canonicatus et praebendas ac dignitates, personatus et officia in S. Joannis Lateranensis et principis apostolorum ac b. Mariae Maioris de Urbe ecclesiis, necnon ad collationem, provisionem et praesentationem seu quamvis aliam dispositionem s. r. e. cardinalium a romana curia absentium ratione suorum episcopatuum, cardinalatus ac ipsorum cardinalium titulorum et diaconiarum spectantia, quamdiu absentia huiusmodi

(nicht aber die niederen Benefizien) in den drei Basiliken S. Johann im Lateran, S. Peter und S. Maria Maggiore [1], sowie alle Benefizien [2], einschliesslich der vorhin genannten, welche der Vergebung, Präsentation oder sonstigen Disposition der Kardinäle mit Rücksicht auf ihre Kardinal-Bisthümer, Kardinal-Titel oder Diakonien in Rom oder auch soweit die Kardinalbischöfe in Frage stehen, in den suburbikanischen Diöcesen [3] unterliegen und während der Abwesenheit der Kardinäle von der römischen Kurie [4] erledigt werden [5].

19. Die neunte Kanzleiregel [6] handelt von der Reservation der s. g. päpstlichen

duraverit, canonicatus et praebendas, dignitates, personatus, administrationes et officia caeteraque beneficia ecclesiastica cum cura et sine cura vacantia ac in antea vacatura tam in eadem urbe quam in ecclesiis, civitatibus ac dioecesibus dictorum episcopatuum consistentium, ac decrevit irritum etc."

1 Eine derartige, weiter gehende Reservation hat zuerst Martin V. in seinen Kanzleiregeln ausgesprochen, s. S. 134, n. 2. Die Aufstellung ist erfolgt, um jeden Zweifel an der Berechtigung des Papstes zur Vergebung der betreffenden Aemter auf Grund seiner bischöflichen Gewalt über Rom auszuschliessen, Riganti ad reg. 8. n. 7.

2 Dieser Theil der Regel rührt von Nikolaus V. (1447—1455) her, l. c. n. 3.

3 S. Th. I. S. 338. Auf Benefizien in anderen Bisthümern, welche ein Kardinal innehat, bezieht sich die Regel nicht, Riganti ad reg. 8. n. 36.

4 Auch wenn diese eine gerechtfertigte ist, z. B. weil sie als Bischöfe einer nicht suburbikanischen Dioecese in derselben Residenz halten müssen, s. Th. I. S. 357. Eine von Alexander VII. darauf bezügliche in die Regel eingerückte Ausnahmeklausel: „non tamen ob servitium sedis apostolicae cum licentia sanctitatis suae vel apud eorum ecclesias residentium" ist noch in Folge eines Befehls desselben v. 1655 wieder gestrichen worden, Riganti l. c. n. 44. 51. Vgl. auch daselbst n. 82 ff.

5 Die Reservation wird dadurch nicht beseitigt, dass der Kardinal vor der Verleihung des während seiner Abwesenheit vakant gewordenen Benefiziums zurückkehrt.

6 „Item cupiens ss. d. n. pp. pauperibus clericis et aliis bene meritis personis providere, omnia beneficia ecclesiastica cum cura et sine cura, saecularia et quorumvis ordinum regularium qualitercumque qualificata et ubicumque existentia in singulis Januarii, Februarii, Aprilis, Maii, Julii, Augusti, Octobris et Novembris mensibus usque ad suae voluntatis beneplacitum extra curiam romanam alias quam per resignationem quocumque modo vacatura, ad collationem, provisionem, praesentationem, electionem et quamvis aliam dispositionem quorumcumque collatorum et collatricum saecularium et quorumvis ordinum regularium (non tamen s. r. e. cardinalium aut aliorum sub concordatis inter sedem apostolicam et quoscumque alios initis et per eos qui illa acceptare et observare debuerant, acceptatis et observatis, quae laedere non intendit, comprehensorum) quomodolibet pertinentia dispositioni suae generaliter reservavit. Volens in supplicationibus seu concessionibus gratiarum, quae de dictis beneficiis tunc vacantibus etiam motu proprio fient, de mense, in quo vacaverint, dispositive mentionem fieri, alioquin gratias nullas esse ac consuetudines etiam immemorabiles optandi maiores et pinguiores praebendas necnon privilegia etiam in limine erectionis concessa et indulta apostolica circa ea ac etiam disponendi de huiusmodi beneficiis aut quod illa sub huiusmodi reservationibus numquam comprehendantur etiam cum quibusvis derogatoriarum derogatoriis et fortioribus, efficacioribus et insolitis clausulis necnon irritantibus et aliis decretis, quorum tenores pro expressis haberi et latissime extendi voluit, quibusvis personis et collegiis cuiuscumque dignitatis, status, gradus, ordinis et conditionis existentibus quomodolibet concessa adversus reservationem huiusmodi suffragari. Insuper sanctitas sua ad gratificandum patriarchis, archiepiscopis et episcopis intenta, ipsis quamdiu apud ecclesias aut dioeceses suas vere et personaliter resederint, dumtaxat, de omnibus et quibuscumque beneficiis ecclesiasticis cum cura et sine cura saecularibus et regularibus (ad liberam ipsorum dumtaxat, non autem ad aliorum cum eis dispositionem seu praesentationem vel electionem nec etiam cum consilio vel consensu seu interventu capitulorum vel aliorum aut alias pertinentibus) quae in antea in mensibus Februarii, Aprilis, Junii, Augusti, Octobris et Decembris extra curiam ipsam vacare contigerit (dummodo alias dispositioni apostolicae reservata vel affecta non fuerint) libere disponendi facultatem tempore sui pontificatus tantum duraturam concessit. Ac etiam voluit, ut si ipsi in collatione aut alia dispositione beneficiorum in aliis sex mensibus, videlicet Januarii, Martii, Maii, Julii, Septembris et Novembris vacaturorum (quae etiam dispositioni suae, ut praefertur, reservavit) seu etiam aliorum, dispositioni suae et dictae sedis alias quomodolibet reservatorum vel affectorum sese intromiserint aut quominus provisiones et gratiae sanctitatis suae de illis debitum effectum consequantur, impedimentum quoquo modo praestiterint, usu et beneficio praedictae facultatis eo ipso privati existant ac collationes et aliae dispositiones de beneficiis illius praetextu deinceps faciendae, nullius sint roboris vel momenti. Illi vero qui gratiam alternativae praedictae acceptare voluerint, acceptationem huiusmodi per patentes litteras manu propria subscriptas suoque sigillo munitas et in sua quisque civitate vel dioecesi datas declarare et litteras ipsas huc ad datarium sanctitatis suae transmittere teneantur, quibus ab eo receptis et recognitis ac in libro ad id deputato registratis tunc demum et non antea uti incipiant gratia supradicta. Insuper declaravit quod si idem episcopus pluribus eccle-

Monate und der s. g. alternativa mensium [1]. Nach dem ersten Theil derselben [2] sind alle Säkular- und Regular-Benefizien jeder Art [3], auf welche weltgeistliche und Regular-Kollatoren das Verleihungs-, Präsentations- [4], Wahl- [5] oder ein sonstiges Dispositionsrecht besitzen, wenn sie in den acht Monaten Januar, Februar, April, Mai, Juli, August, Oktober und November erledigt werden [6], der päpstlichen Reservation unterworfen, und alle unvordenklichen Gewohnheiten, Privilegien und päpstliche Indulte in Betreff der Aufrechterhaltung des Optionsrechtes auf solche Benefizien oder in Betreff einer anderen Disposition über dieselben oder ihrer Ausschliessung von der Reservation nichtig [7].

Ausdrücklich sind von der Regel die beneficia vacantia in curia [8] ausgenommen, ferner diejenigen Benefizien, welche durch Verzicht, sei es durch einfachen, sei es durch einen solchen im Wege des Tausches erledigt werden [9]. Endlich fallen die Benefizien des Laien- und gemischten Patronates nicht unter die Regel [10].

Ferner findet dieselbe keine Anwendung auf alle Benefizien, welche der Disposition der Kardinäle als der ordentlichen Kollatoren [11], sowie der anderer Kollatoren nach

siis quomodocumque unitis ex apostolica concessione et dispositione quomodocumque praesit, teneatur huiusmodi alternativae gratiam, quatenus ea potiri velit, utriusque ecclesiae nomine explicite acceptare, alias illi non suffragetur. Et post factam acceptationem et admissionem in datario neutri parti liceat, nisi concordi consensu ab ea recedere.

Declarans praeterea exceptionem positam in regula favore s. r. e. cardinalium et indultum conferendi beneficia reservata concessum cardinali episcopo non suffragari capitulo ratione communionis et consortii iuxta declarationem fel. record. Urbani pp. VIII. praedecessoris sui editam die 10. Sept. a. 1626, quam sanctitas sua et per omnia approbat. Decernens sic in praemissis omnibus per quoscunque etc. iudicari debere ac irritum etc.".

1 Speziell auf diese Kanzlei-Regel, die früher in der Reihenfolge derselben die achte war, bezieht sich: Hieron. Gonzalez dilucidum ac perutile glossema seu commentatio ad regulam octavam cancellariae de reservatione mensium et alternativa episcoporum. Romae 1611, ein Werk, welches übrigens auch die anderen Reservationen mit behandelt.

2 Dieser Theil der Regel rührt von Nikolaus V. (1447—1455) her, Riganti l. c. ad reg. 9. prooem. n. 2, und ruht auf dem Reformationsvorschlage Martins V. (s. o. S. 136. n. 1) und den mit Frankreich getroffenen Vereinbarungen, s. o. S. 137. Die Regel ist wohl seit Gregor XIV. (1590—1591) in die Kanzleiregeln aufgenommen, früher dagegen besonders publicirt worden, Riganti l. c. n. 14; s. auch Garcias l. c. P. I. n. 438 ff.

3 Insbesondere auch nach dem ausdrücklichen Wortlaut der Regel die Kuratbenefizien. Der Pfarrkonkurs ist aber nicht ausgeschlossen, vgl. Th. II. S. 498. Ebenso fallen die Pönitentiar- und Theologal-Präbenden, Riganti l. c. §. 2. n. 137. 139; ferner Vikarien, welche Benefizien sind und dauernd verliehen werden, unter die Regel, doch haben diejenigen, welchen die betreffende Kirche unirt ist, trotz der Reservation die Nomination an den Papst. Vgl. darüber und über die in dieser Hinsicht bestehende Kontroverse Riganti l. c. n. 79 ff.

4 Der Reservation unterliegen demnach auch die Stellen geistlichen Patronats, Gonzalez l. c. gl. 18. n. 5. 8; Riganti l. c. n. 144, doch nahm die herrschende Meinung und die Praxis der Congr. conc. mit Recht an, dass der Fundator den Eintritt der Reservation bei der Stiftung ausschliessen kann, Riganti l. c. n. 164 ff.

5 Demnach sind auch die durch Kapitels- oder Konventswahl zu besetzenden Stellen reservirt, Gonzalez l. c. gl. 8. n. 20; Riganti l. c. n. 142. 143.

6 Die Art der Erledigung ist abgesehen von den im Text hervorgehobenen Ausnahmen gleichgültig, Riganti l. c. n. 384 ff. Die Kurialpraxis hat auch die neu vom Bischof errichteten Benefizien, deren Erektion in einem päpstlichen Monat erfolgt war, der Reservation freilich unter sicherlich begründetem Widerspruch, vgl. Garcias l. c. P. V. c. 1. n. 520; Leuren. for. benef. P. II. qu. 537. n. 1, unterstellt, Gonzalez l. c. gl. 9. §. 5. n. 49; Pyrrh. Corrad. l. c. II. 15. n. 156 ff., Riganti l. c. n. 127, obwohl ein neues Benefizium niemals weder in einem päpstlichen noch in einem andern Monat vakant geworden sein kann.

7 Die Kassationsklausel ist von Sixtus V. (1585—1590) beigefügt, Garcias l. c. n. 450.

8 In dem eigentlichen Sinne als vacantia apud sedem apostolicam, doch ist auch darüber gestritten worden, s. Barbosa l. c. l. III. all. 57, n. 109; Garcias l. c. n. 541; Riganti l. c. §. 3. n. 1 ff.

9 Garcias l. c. n. 348; Gonzalez l. c. gl. 14. n. 32 ff., denn auch beim Tausche liegt ein Verzicht auf das Benefizium vor.

10 Jedoch muss der Patronat durch Fundation, nicht durch Indult erworben sein, Gonzalez l. c. gl. 18. n. 2; Riganti l. c. §. 2. n. 333 ff.

11 Danach hätten die Kardinäle die sonst reservirten Benefizien, weil die Reservation cessirt, iure ordinario zu vergeben, eine Auffassung, welche auch anfänglich die herrschende war, Gon-

den mit dem päpstlichen Stuhl abgeschlossenen und acceptirten Konkordaten[1] unterstehen.

Wird auf Grund der erwähnten Reservation eine Verleihung beim Papste nachgesucht oder eine solche selbst aus freiem Antrieb desselben ertheilt, so muss bei Strafe der Nichtigkeit in der Supplikation und in der Verleihungsurkunde angegeben sein, dass die Vakanz in einem der reservirten Monate erfolgt ist[2].

Da die Regel die Reservation nur: ad beneplacitum des jeweiligen Papstes ausspricht, so erlischt sie mit dem Tode desselben, und es sind die sonst berechtigten Kollatoren von dieser Zeit ab bis zur Erneuerung der Reservation nach der Wiederbesetzung des päpstlichen Stuhles[3] befugt, die in den päpstlichen Monaten erledigten Benefizien zu besetzen[4].

Der zweite Theil der Regel bestimmt über die s. g. *alternativa mensium*[5] Folgendes:

Sämmtliche Bischöfe[6] können für die Zeit, wo sie persönlich in ihren Diöcesen Residenz halten[7], das Recht erlangen, alle in den Monaten Februar, April, Juni, August, Oktober und Dezember[8] vakant werdenden Benefizien[9], deren vollkommen freie Kollation ihnen zusteht[10], sofern diese nicht aus einem anderen Grunde reservirt oder afficirt sind,

zalez l. c. gl. 24. n. 89. Später hat sich aber auf Grund der Konstitution Urbans VIII. Sanctissimus v. 1626, bull. Taur. 13, 489, ferner bei Barbosa l. c. app. const. Urbani VIII., welche auch in dem später zugefügten Schluss der Regel erwähnt ist, die Ansicht Geltung verschafft, dass das Verleihungsrecht der Kardinäle in den reservirten Monaten auf päpstlicher Delegation beruhe, Riganti l. c. §. 3. n. 46 ff. Bei dieser Auffassung war die Theilnahme der etwa neben den Kardinälen etwa berechtigten Kapitel in solchen Besetzungsfällen ausgeschlossen, wie dies auch in der const. Urbans VIII. und in der Regel hervorgehoben ist, l. c. n. 54. Eine weitere Consequenz war es, dass die von den Kardinälen Beliehenen immer noch, um der päpstlichen Kammer und Kanzlei die Gebühren zu erhalten, bei Benefizien von höherem Werth als 24 Kammergulden, binnen bestimmter Frist die päpstliche Provision nachsuchen mussten. Dies ist auch in einem Motu proprio v. Benedikt XIV. v. 1741, Riganti l. c. n. 153 n. a., ausdrücklich vorgeschrieben worden.

1 Hierher gehört das Wiener Konkordat, ferner das französische v. 1516.

2 Vgl. hierzu Riganti l. c. §. 1. n. 35 ff.

3 Für die Regel also bis zur Publikation der Kanzleiregeln durch den neuen Papst.

4 Die Befugniss der päpstlichen Nuntien, in dieser Zeit solche Benefizien kraft ihrer Fakultäten zu verleihen, ist, was freilich streitig war, ebenfalls ausgeschlossen, da die Reservation auch ihnen gegenüber suspendirt ist, Riganti l. c. §. 4. n. 23 ff.

5 Die Sitte, den Bischöfen derartige Indulte zu ertheilen, datirt seit Paul II. (1464—1471), wogegen erst Leo X. 1514 diese Begünstigung allen Bischöfen, welche sie annehmen wollten, generell ertheilt hat, Gonzalez l. c. prooem. §. 1. n. 56; Riganti l. c. reg. 9. p. 2. §. 1. n. 4. 10. Ihr Vorbild hat sie an den Bewilligungen des Konstanzer und Wiener Konkordates (s. o. S. 136. 139.

6 Auf diese, sogar unter Ausschluss der praelati nullius, ist die Konzession seit Sixtus V. beschränkt worden, während sie vorher auch andern niederen Kollatoren gegeben wurde, Riganti l. c. n. 13 ff.

7 Nach der neueren, auf Gregor XIII. und Sixtus V. zurückführenden Fassung der Regel, Garcias l. c. n. 464; Riganti l. c. §. 5. n. 4, genügt eine auch noch so gerechtfertigte Abwesenheit, z. B. wegen kirchlicher Geschäfte oder während der vom Trid. Sess. XXIII. c. 1 de ref. bewilligten Ferienzeit nicht, Riganti l. c. n. 4 ff., ja selbst nicht die Residenz in einer von zwei unirten Diöcesen für die andere, l. c. n. 32. 33.

8 Von diesen Monaten sind Juni und Dezember nach dem ersten Theil der Regel Monate des Ordinarius. Deshalb hat die Kurialpraxis angenommen, dass für die Besetzung der in ihnen erledigten Benefizien die Residenz nicht erforderlich ist, Barbosa l. c. P. III. alleg. 53. n. 34. 44; Garcias l. c. n. 506; Riganti l. c. §. 5. n. 28, obwohl dies dem Wortlaut der Regel widerspricht, und für die nach dem letzteren sich ergebende Beschränkung die Gegenkonzession des Papstes in der Bewilligung zweier Monate mehr, als den Bischöfen nach dem ersten Theil der Regel gewährt sind, liegt. Uebrigens werden durch die Alternative die Monate März und September welche nach dem ersten Theil der Regel bischöfliche sind, zu päpstlichen.

9 d. h. solche, welche der Reservation des ersten Theiles der Regel unterliegen.

10 Die Beschränkung auf die Benefizien freier Kollation kommt erst seit Sixtus V. vor, Riganti l. c. §. 4. n. 4. Näheres darüber a. a. O.

zu besetzen[1], wenn sie der päpstlichen Dataria eine schriftliche Erklärung über die Annahme der Alternative einreichen[2].

Das Recht auf dieselbe erlischt durch den Tod des Papstes[3], durch das Ableben des Bischofes oder sonstigen Verlust seines Bisthums[4], durch Verzicht des Bischofs auf die Alternative, falls dieser vom Papst angenommen ist[5]; endlich auch durch Missbrauch derselben und zwar ipso iure, wenn der Bischof über ein der päpstlichen Besetzung zufolge der Alternative oder einer sonstigen Reservation oder Affektion unterliegendes Benefizium verfügt oder verhindert, dass päpstliche Provisionen zur Wirksamkeit gelangen[6].

20. Die achtundsechszigste Kanzleiregel[7] reservirt die während der Vakanz

1 Die Kurialpraxis hat mit Rücksicht auf das Erforderniss der Residenz angenommen, dass diese im Momente des Beginnes des Monates und auch in dem der Vakanz oder der Besetzung vorliegen müsse, so dass der Monat schon durch Abwesenheit des Bischofs in dem erstgedachten Zeitraum — mit Ausnahme der beiden S. 154. n. 8 erwähnten — zu einem päpstlichen wird, Riganti l. c §. 5. n. 21 ff.

2 Die in der Kanzleiregel vorgeschriebenen Förmlichkeiten des Gesuches sind von der Praxis der Dataria aber nicht als wesentlich betrachtet worden, Riganti l. c. P. II. §. 2.

Das Recht, von der Alternative Gebrauch zu machen, beginnt mit dem Zeitpunkt der Registrirung bei der Dataria, auch ehe der Bischof davon Kenntniss erhalten hat, Riganti l. c. n. 12 ff., jedoch wird, wenn der vorher schon begonnene Monat, wie z. B. der Monat Februar, nach dem ersten Theil der Regel ein päpstlicher war, nach der neueren Ansicht, das Recht des Bischofs für diesen ausgeschlossen, Riganti l. c. §. 3. n. 1 ff.

3 Nach der ausdrücklichen Bestimmung der Regel. Für die Dauer der Vakanz des päpstlichen Stuhles tritt der ordinarius collator ein.

4 Weil jeder Bischof für sich die Alternative nachsuchen muss, Riganti l. c. §. 6. n. 14. 15.

5 Vgl. die Kanzleiregel, s. Riganti l.c. n.16ff.

6 Die Folge davon ist, dass der Bischof auf die Besetzung in den vier bischöflichen Monaten nach dem ersten Theil der Regel beschränkt wird, Gonzalez l. c. gl. 56. n. 147; Pyrrh. Corrad. III. 6. n. 40. Indessen kann der Papst auch dem Bischof die Alternative belassen, Riganti l. c. n. 43. 44.

Von der Alternative, wie sie die Kanzleiregel einräumt, unterscheidet sich die des deutschen Konkordates (s. S. 139. n. 1) in folgenden Punkten: 1. die deutsche ist davon nicht abhängig, dass die Bischöfe Residenz halten, 2. sie bezieht sich der richtigen Ansicht nach nicht auf die ersten Dignitäten in den Dom- und Haupt-Dignitäten in den Kollegiatstiftern, s. a. a. O., 3. der Ausschluss der päpstlichen Reservation umfasst nicht blos die Benefizien, welche der freien Kollation der Ordinarien unterliegen, sondern auch solche, welche auf andere Weise, wie auf Präsentation oder durch Wahl besetzt werden, 4. sie geht nicht durch Missbrauch verloren, 5. sie enthält die nicht in der Kanzleiregel vorkommende Beschränkung, dass wenn ein in den päpstlichen Monaten zu Providirender sich nicht innerhalb dreier Monate nach der bekannt gewordenen Vakanz am Orte des Benefiziums gemeldet hat, die ordentliche Besetzung eintreten soll (die betreffende Stelle des Konkordats ist zwar durch die Bulle Gregors XIII.: Quae in ecclesiam v. 1576, u. a. bei Koch, sanctio pragmatica p. 298, dahin declarirt, dass es schon genüge, wenn nur die päpstliche Provision innerhalb der gedachten Frist stattgefunden habe, indessen ist diese Deklaration in Deutschland nicht anerkannt gewesen, und die deutsche ablehnende Praxis sowohl durch den westfälischen Frieden, instr. Osnabr. V. §. 20, wie auch durch die Reichshofsrathspraxis sanktionirt worden, vgl. Kreittmayr a. a. O. §. 18. n. 12; Koch, sanctio pragmatica n. 229. n. 65). 6. Jede andere als die im Konkordate festgesetzte Disposition des Papstes in Betreff der der Alternative unterliegenden Benefizien ist ausgeschlossen, was freilich von den Kurialschriftstellern, soweit es sich nicht um Expektativen handelt, bestritten worden ist, s. Riganti l. c. P. I. §. 3. n. 163. Endlich ist auch die päpstliche Reservation bei Parochialbenefizien in vielen Bisthümern nicht in Geltung gewesen, Kreittmayr a. a. O. n. 8.

7 „Item ss. d. n. papa provide considerans consuevisse quandoque Romanos pontifices praedecessores suos beneficia quae vacante sede apostolica vacare contigerant, dispositioni suae reservare, intendens de beneficiis huiusmodi tam conclavistis quam pauperibus clericis et aliis bene meritis personis providere, omnia et singula beneficia per regulas cancellariae apostolicae aut quaslibet alias apostolicas constitutiones temporales Romani pontificis pro tempore existentis dispositioni quomodolibet et ex quavis causa reservari solita, quae a die obitus — (hier wird der Name des unmittelbaren Vorgängers eingerückt) — praedecessoris sui usque ad diem — (Lücke für das Datum der Publikation der Kanzleiregeln durch den neuen Papst) vacaverunt et de quibus per quoscumque ordinarios collatores, tunc dispositum non fuerat seu minus valide dispositum fuerat suae provisioni ac dispositioni reservat. Decernens irritum etc.“

Eine ähnliche Reservation ist schon von Gregor XIV. (1590), Leo XI. (1605) und Paul V. (1605—1621) in besonderen Konstitutionen ausgesprochen worden, jedoch nur für die bis zu ihrem Regierungsantritt nicht besetzten Benefizien. Die Regel selbst ist anscheinend von Urban VIII. (1623—1644) in die Kanzleiregeln aufgenommen. Dies Resultat ergiebt sich aus

des päpstlichen Stuhles erledigten Benefizien, welche durch die Kanzleiregeln und durch andere temporäre Konstitutionen des zuletzt regierenden Papstes [1] reservirt sind, soweit über dieselben inzwischen von den ordentlichen Kollatoren gar nicht oder nicht gültig verfügt ist [2], dem zukünftigen Papste zur Besetzung. Jedoch galten die Pfarrkirchen dieser Reservation nicht unterworfen [3]. Von Bedeutung war dieselbe nur für diejenigen Benefizien, welche einer festen personellen oder realen Reservation nicht unterlagen, weil bei solcher die ordentliche Kollation schon an und für sich auch während der Sedisvakanz ausgeschlossen ist.

Mit diesen, in den Kanzleiregeln enthaltenen Reservationen ist aber die Zahl der General-Reservationen noch nicht abgeschlossen gewesen, vielmehr haben einzelne Päpste solche auch in besonderen Konstitutionen, welche in die ersteren keine Aufnahme gefunden haben, ausgesprochen. Auf diese Weise sind reservirt worden:

21. von Alexander VI. i. J. 1502 [4] die Benefizien, welche dadurch erledigt werden, dass ihre Inhaber die bei der Kurie processirenden Parteien, deren Richter, Advokaten, Prokuratoren, Notare und Zeugen bedrohen, thätlich angreifen, verstümmeln oder tödten,

22. von Paul IV. 1557 diejenigen Benefizien, welche dadurch, dass sie durch Ablegung des Examens für andere und durch eine sonstige Vorschiebung anderer Personen erlangt worden, vakant geworden sind [5],

23. von Pius V. 1567 [6] die in Folge der Häresie und

24. i. J. 1569 [7] wegen einer s. g. simonia confidentialis verloren gegangenen Benefizien,

25. von Gregor XIII. [8] 1584 die nicht in der von ihm vorgeschriebenen öffentlichen Form durch Resignation aufgegebenen Benefizien, und endlich

26. von Sixtus V. 1589 [9] die Benefizien solcher Kleriker, welche es unterlassen, geistliche Kleidung zu tragen,

Reservationen, welche in Deutschland wegen der entgegenstehenden Bestimmungen des Wiener Konkordates keine Anwendung finden konnten [10].

Von allen General-Reservationen galten nach einstimmiger Annahme die Benefizien, auf welche ein Laien- oder gemischtes Patronatrecht durch Fundation begründet war [11], nicht minder die Manualbenefizien und solche, welche ad nutum verliehen waren [12], ausgeschlossen.

Garcias l. c. P. V. c. 1. n. 646; Gonzalez l. c. prooem. §. 5. n. 74; Barbosa l. III. alleg. 57. n. 63; Riganti ad reg. 68. n. 4, welcher, — ihm folgt Phillips 5, 537 — die chronologisch unhaltbare Behauptung macht, dass Gregor XIV. die Kanzleiregeln nach dem Vorgange Pauls V. und Leos XI. aufgestellt habe.

[1] Dadurch werden auch alle Spezialreservationen desselben getroffen.

[2] Insoweit cessirt auch das Recht des Ordinarius bei der reservatio octo mensium und der alternativa mensium s. o. S. 153. u. S. 154, Riganti l. c. n. 22.

[3] Auf diese hat man die Regel wegen des c. 35 in VI^to de praeb. III. 4 nicht bezogen, Riganti l. c. n. 11 ff.

[4] const. In eminenti, bull. Taur. 5, 396.

[5] const. Inter caeteras §. 2. l. c. 6, 530.

[6] const. Cum ex apostolatus, l. c. 7, 534, und dazu die const. desselben: Decet v. 1571, ibid. p. 933, sowie Gregors XIII.: In ecclesiis v. 1580, ibid. 8, 358.

[7] const. Intolerabilis multorum v. 1569, ibid. 7, 754. Vgl. übrigens auch wegen der const. Pii V.: In conferendis o. S. 147. n. 5.

[8] const. Humano vix iudicio, ibid 8, 436.

[9] const. Cum sacrosanctum, l. c. 9, 66, wiederholt von Benedikt XIII. i. d. const. Apostolicae sedis v. 1725, l. c. 22, 158.

[10] Kreittmayr a. a. O. §. 18. n. 10.

[11] Vgl. S. 144. n. 3 u. S. 153. n. 10. S. im übrigen Gonzalez l. c. gl. 18. n. 2; Barbosa l. c. l. III. alleg. 57. n. 26; Riganti ad reg. 1. §. 1. n. 332. 340, ad reg. 9. §. 2. n. 335; ad reg. 36. n. 178 u. ad reg. 42. n. 97, sowie die dort citirten; Reiffenstuel III. 5. n. 395; Kreittmayr a. a. O. n. 11.

[12] Vgl. o. S. 144. n. 2; Kreittmayr a. a. O. n. 1.

C. Neben den General-Reservationen stand aber das Recht des Papstes, einzelne Benefizien in besonderen Fällen zu reserviren[1], in Kraft, soweit nicht etwa spezielle Zusicherungen auf Nichtausübung dieser Befugniss ertheilt waren[2]. Auf solche Spezial-, aber auch zugleich auf die General-Reservationen bezieht sich die elfte Kanzleiregel[3]. Diese behält der Besetzung des jeweiligen Papstes alle Benefizien vor, welche von seinen beiden nächsten Vorgängern zwar reservirt, aber noch nicht vergeben worden sind.

II. Der s. g. päpstliche *concursus*[4]. Der Papst kann ferner sein mit dem ordentlichen Kollator konkurrirendes Besetzungsrecht[5] in der Weise ausüben, dass er jedes zur Verfügung desselben stehende Benefizium selbst verleiht oder einem Anderen den Auftrag ertheilt, dies in seinem Namen zu thun. Selbst die Ueberlassung der vier oder sechs Monate an die Ordinarien nach der neunten Kanzleiregel[6] bildet in Betreff der in den vier oder sechs bischöflichen Monaten vakant werdenden Benefizien kein Hinderniss[7].

Bei eigener Verleihung des Papstes wird das Recht des Ordinarius zur Besetzung beseitigt, sowie der erstere die Provision verfügt hat[8]. Wenn aber die Vergebung des Ordinarius früher erfolgt ist, so kann die päpstliche Provision keine Wirkung äussern[9]. Bei gleichzeitigem Zusammentreffen beider Arten von Besetzungen geht derjenige von

1 Vgl. o. S. 141.

2 S. o. S. 139.

3 „Item declaravit omnium et singularum ecclesiarum cathedralium et monasteriorum provisiones, quas praedicti praedecessores (die beiden unmittelbaren Vorgänger, die in der Regel 10 genannt werden) sui ordinationi et dispositioni eorum necnon omnia et singula beneficia ecclesiastica, quae dicti praedecessores etiam praedictae dispositioni cum interpositione decreti (*sc.* irritantis) reservaverant (quae quidem ecclesiae, monasteria nec non sic reservata beneficia tempore obitus eorundem praedecessorum vacabant aut ecclesiae ipsae vel monasteria huiusmodi, si commendata vel eis administratores deputati non fuissent, etiam tunc vacassent) remansisse et remanere per huiusmodi reservationem et decretum affecta nullamque de illis praeter Romanum pontificem ea vice se intromittere vel disponere potuisse sive posse quoquo modo. Decernens irritum et inane, si secus super illis attentatum forsan erat tunc vel imposterum contingeret attentari.“

Eine derartige Reservation der von ihren bestimmt bezeichneten Vorgängern vorbehaltenen Benefizien haben schon Johann XXIII., v. d. Hardt, conc. Const. I. 21, 954 u. Martin V., Mansi 28, 500, in ihren Kanzleiregeln, ferner allerdings nicht in demselben weiten Umfange Paul II. in c. 14 de praeb. III. 2 in Extr. comm. ausgesprochen. Die jetzige Regel rührt von Innocenz VIII. (1484—1492) her, Riganti ad reg. 11. n. 1.

Die Kurialschriftsteller und die Kurialpraxis haben die Bestimmung derselben trotz des entgegenstehenden Wortlautes auf die Zeit aller dem jeweiligen vorangegangenen Päpste ausgedehnt, weil der unmittelbare Vorgänger stets die Reservation für die Zeit der beiden vor ihm regierenden ausgesprochen hat, Riganti l. c. n. 17 ff. Darüber, ob das c. 35 in VI^to de praeb. III. 4, soweit es die von dem verstorbenen Papste nicht verliehenen, in curia vakant gewordenen Parochial-Benefizien der Besetzung des ordentlichen Kollators überlässt, s. o. S. 125, durch die Regel beseitigt wird, hat Streit geherrscht, indessen hat sich die Doktrin und die Praxis im Allgemeinen dahin entschieden, dass das c. 35 auch in dieser Beziehung in Geltung geblieben sei und die Regel sich auf solche Benefizien nicht beziehe, vgl. Riganti l. c. n. 24 ff. 47. 48.

4 Vgl. o. S. 140.

5 c. 14 (Bonif. VIII.) in VI^to de praeb. III. 4, „propter quod nostra qui eandem praeoccupavimus potestatem, potior debet esse conditio.“

6 S. o. S. 152.

7 Garcias tr. de benef. P. V. c. 1. n. 9 ff.; Barbosa l. c. P. III. all. 57. n. 10; Leuren. l. c. qu. 516. In Deutschland galt aber die Prävention in den durch das Wiener Konkordat bestimmten bischöflichen Monaten ausgeschlossen, Kreittmayr a. a. O. n. 1.

8 Die Annahme des Begünstigten ist nicht nöthig, denn durch die Verleihung ist das Benefizium affekt, s. o. S. 142; Gonzalez l. c. gl. 52. n. 25; Garcias l. c. P. V. c. 1. n. 148.

9 Schon die kleinste Differenz in der Zeit entscheidet für die Gültigkeit der einen oder anderen Besetzung. Darüber, sowie über den Beweis, den der Bischof für die Priorität seiner Kollation zu erbringen hat, handeln die Aelteren ausführlich, vgl. Gonzalez l. c. prooem. §. 3. n. 44 ff. 147 ff.; Barbosa l. c. n. 16; Leuren l. c. qu. 519.

den beiden Beliehenen vor, welcher den Besitz erlangt hat[1], und wenn dieses Moment nicht entscheiden kann, der vom Papst Providirte[2].

Wenn der Papst ein s. g. *mandatum de providendo* auf Verleihung eines vakanten, aber bestimmt bezeichneten Benefiziums ertheilt, erwirbt der Begünstigte dasselbe zwar nicht eher, als die Verleihung an ihn stattgehabt hat, aber der ordentliche Kollator kann dasselbe, von dem Zeitpunkt ab, wo das Mandat vom Papste ertheilt ist, nicht mehr gültig vergeben, weil das Benefizium dadurch affekt geworden ist[3]. Auch erlischt ein solches Mandat nicht mit dem Tode des Papstes, wenn dieser vor erfolgter Verleihung eingetreten ist[4].

Das Tridentinum[5] hat die Gewährung von Provisionsmandaten verboten, indessen gilt der Papst an diese Vorschrift nicht gebunden, vielmehr kann er sich davon dispensiren.

III. Endlich kann der Papst sein oberstes Kollationsrecht auch auf dem Wege der Prävention[6] durch Ertheilung von s. g. *gratiae expectativae* ausüben, und zwar so, dass er einer Person auf ein noch nicht vakantes Amt eine Anwartschaft gewährt oder (sei es dem gewöhnlichen Kollator, sei es einem anderen) die Anweisung giebt, Jemandem ein später zur Erledigung kommendes Benefizium zu übertragen[7].

Im ersteren Fall wird das Benefizium ebenfalls mit der Gewährung der Expektative affekt[8]. Der Begünstigte erhält ferner durch die Annahme derselben ein ius ad rem auf dasselbe[9]. Endlich erlischt die Anwartschaft auch nicht mit dem Tode des Papstes, welcher sie bewilligt hat[10]. Dasselbe gilt auch, wenn nur ein mandatum de providendo in Bezug auf ein genau bezeichnetes Amt ertheilt worden ist[11].

Dagegen findet die Regel keine Anwendung, wenn die Expektanz, mag sie durch den Papst selbst direkt oder in der Form eines blossen Mandates gewährt sein, sich auf ein noch nicht bestimmtes, z. B. das erste zukünftig erledigt werdende Amt an einer Kirche bezieht, weil es in diesem Falle nicht nur fraglich bleibt, welches zuerst vakant wird, sondern auch dahin steht, ob der Begünstigte gerade dieses Benefizium annehmen

[1] Natürlich auf fehlerfreie und ordnungsmässige Weise, c. 31 (Bonif.) in VIto eod. III. 4.

[2] „Propter conferentis ampliorem praerogativam", c. 31 cit.

[3] Vgl. o. S 142. — c. 12 (Bonif. VIII.) in VIto de rescript. I. 3 lässt dies zwar nur für den Fall gelten, dass dem Mandat die Kassationsklausel (d. s. g. decretum irritans) beigefügt ist, indessen war damals die oben S. 141 ff. besprochene Theorie der Affektion noch nicht entwickelt.

[4] Weil es sich in diesem Fall schon um eine gratia facta, einen zum Abschluss gebrachten Akt des Papstes, nicht erst um eine gratia facienda handelt. Dies galt auch, wenn das Mandat unter Bedingungen, welche seine Ausführung nicht lediglich in das Belieben desjenigen stellen, welcher konferiren soll, z. B. unter der Bedingung, dass der Begünstigte bei der vorzunehmenden Untersuchung sich als fähig erweist, ertheilt worden ist, c. 9 (Bonif. VIII.) in VIto de off. iud. del. I. 14; c. 13 (id.) in VIto de rescr. I. 3; Reiffenstuel I. 3. n. 250. 256 ff.

[5] Sess. XXIV. c. 19. de ref.

[6] S. o. S. 140.

[7] Auch in diesem Fall spricht man von einem mandatum de providendo, Leuren. l. c. qu. 628. n. 1.

[8] Gonzalez l. c. gl. 52. n. 13, jedoch ist darüber gestritten worden, s. Garcias l. c. P. V. c. 1. n. 148 ff.

[9] Vgl. Th. II. S. 653. n. 7 u. c. un. (Joan. XXII.) de off. iud. del. I. 6 in Extr. comm. I. 6; Fagnan. ad c. 31 X. de rescr. I. 3. n. 9; Garcias l. c. P. VI. c. 3. n. 300; doch ist dies, weil man die verschiedenen Arten, in denen eine Expektanz ertheilt werden kann, nicht unterschieden hat, nicht unbestritten gewesen, vgl. darüber Lotter l. c. l. II. qu. 52. n. 76 ff.; Leuren. l. c. qu. 632. Ueber den Fall der Bestellung des coadiutor cum spe succedendi und darüber, dass derselbe durch die damit verbundene Anwartschaft gleichfalls ein ius ad rem erwirbt, vgl. Fagnan. ad c. 3. X. de cler. aegrot. III. 6. n. 16 u. Th. II. S. 85.

[10] c. 2 (Clem. IV.) in VIto de praeb. III. 4; Lotter l. c. n. 79.

[11] c. 36 (Bonif. VIII.) eod. spricht das Erlöschen der päpstlichen Koncession nur für den Fall aus, dass kein bestimmtes Benefizium in Frage steht, Garcias l. c. P. VI. c. 3. n. 300 ff.

will[1]. Ist aber die Gewährung durch den Papst selbst unter der Formel *ex nunc, prout ex tunc* erfolgt, so bleibt sie auch nach seinem Tode gültig, falls der Begünstigte die Expektative schon angenommen hat[2].

Das Tridentinum hat die Ertheilung von Expektativen in jeder Form verboten[3] und nur zu Gunsten der Koadjutorien cum spe succedendi die schon an anderer Stelle besprochene Ausnahme gemacht[4]. Indessen kann sich der Papst von der Beobachtung dieser Vorschriften dispensiren[5], und es sind auch in der That nach dem Konzil, allerdings nicht häufig, Anwartschaften[6] und Koadjutorien[7] auf Stiftsstellen von den Päpsten ertheilt worden.

Die weite Ausdehnung des päpstlichen Kollationsrechtes hat wesentlich mit dazu beigetragen, dass schon Ende des 14. oder Anfang des 15. Jahrhunderts die Einsetzung einer eigenen Behörde für die Bearbeitung der päpstlichen Gnadensachen in foro externo, der s. g. Dataria[8], nothwendig geworden ist. In Verbindung damit haben sich auch feste Regeln über die Modalitäten und die Formen der Ausübung des päpst-

1 S. die vor. Note; Lotter l. c. n. 79; Leuren. l. c. qu. 632. n. 1.

2 Garcias l. c. n. 305; Leuren. qu. 637. n. 2, denn die Klausel enthält schon die Verleihung selbst und verlegt die Wirkungen auf die Zeit der Ertheilung der Expektanz zurück.

Ueber weitere, die Lehre von den Expektativen betreffende Punkte mag, da die Lehre jedenfalls für Deutschland unpraktisch ist, auf Leuren. l. c. qu. 628 ff. verwiesen werden.

In den Kanzleiregeln, welche schon seit älterer Zeit, s. die Regeln Johanns XXIII., v. d. Hardt, conc. Const. I. 21, 957 u. Martins V., Mansi 28, 501, eine Reihe von Vorschriften über die Expektativen enthielten, sind später nur die dieselben betreffenden Regeln 26. 58 und 62 stehen gelassen worden. Die 26. erklärt alle Verleihungen und Mandate, wenn sie sich auf Benefizien, welche durch die Beförderung ihrer Inhaber zu einem bischöflichen Amt oder zur Leitung eines Klosters erledigt werden sollten, beziehen, für nichtig, falls ihr Erlass vor dem Tage der Beförderung der letzteren stattgehabt hat. Die 58. Regel ordnet an, dass wenn ein Benefizium für den Fall seiner Erledigung wegen einer zukünftigen Ehe des Inhabers päpstlich reservirt wird, keine Expektanz für einen anderen Vakanzfall ertheilt und das Benefizium erst für den Fall der erfolgten Eheschliessung reservirt oder affizirt gelten, sowie dass bei Expektanzen auf Benefizien, welche später in Folge der Beförderung oder der Professleistung ihrer Inhaber oder der Erlangung von inkompatiblen Benefizien durch die letzteren erlangt werden, stets auch ohne darauf gerichteten Antrag die Klausel: *„sive praemisso sive quovis alio modo non tamen per obitum vacare contigerit“* eingerückt werden soll. Nach der 62. Regel endlich soll, wenn eine Expektanz erbeten ist, je nachdem es für den Bittsteller vortheilhafter ist, auch die päpstliche Verleihung eines schon vakanten Benefiziums ertheilt werden und umgekehrt, eine Anordnung, deren letzte Bestimmung aber schon von Gregor XIV. (1590—1591) gestrichen worden ist, Riganti ad reg. 62. n. 1.

3 Sess. XXIV. c. 19 de ref. Ueber das schon im Wiener Konkordat enthaltene Verbot s. o. S. 139.

4 Sess. XXV. c. 7 de ref., vgl. Th. II. S. 254.

5 Riganti l. c. ad reg. 26. n. 8.

6 Beispiele bei Riganti l. c. n. 9 ff.

7 Th. II. S. 85.

Die Bestellung der s. g. coadiutores perpetui in den deutschen Bisthümer- und reichsunmittelbaren Abteien, s. Th. II. S. 253 u. 254, war juristisch allerdings nichts anderes als die Ertheilung einer Anwartschaft, denn der coadiutor perpetuus erhielt weder ein Recht auf die geistliche noch auf die weltliche Regierung in dem Fürstenthum des coadiutus, vielmehr nur ein Recht auf sofortigen Eintritt in dieselbe nach dem Fortfall des letzteren, Moser deutsch. Staatsrecht 12, 72 ff.; Kreittmayr a. a. O. V. c. 19. §. 15. 1. 2. 4. 6; v. Sartori Staatsrecht d. deutsch. Erz-, Hoch- u. Ritterstifter I. 2, 102. 124. 380, es sei denn, dass der regierende geistliche Fürst ihn bei den Regierungsgeschäften betheiligte oder ihm diese ganz überliess, oder wegen vollkommener Unfähigkeit dieselben nicht mehr selbst wahrnehmen konnte. Indessen stand die Ernennung dieser Koadjutoren nicht dem Papste zu, vielmehr erfolgte ihre Bestellung in Deutschland durch Wahl oder Postulation der Kapitel, für die Regel nach vorgängiger Zustimmung des coadiutus, — die Nothwendigkeit derselben war übrigens bestritten, Moser a. a. O. S. 57. 58 —, während der Papst nur zu konfirmiren oder zu admittiren hatte, Moser a. a. O. S. 59 ff.; Kreyttmayr a. a. O. n. 2. 4. 5; v. Sartori a. a. O. S. 104. 106. 109 ff. Die Koadjutorie dieser Art kann also nicht als eine päpstlich ertheilte Anwartschaft betrachtet werden, wie denn auch das Institut in Deutschland, wo man auf die Vorschrift des Tridentinums, dass die Einsetzung eines Koadjutors nur im Falle der Nothwendigkeit oder eines dringenden Nutzens erfolgen solle, keine Rücksicht genommen hat, im Wesentlichen für andere, als die päpstlichen Interessen nutzbar gemacht worden ist, s. Th. II. S. 253.

8 S. Th. I. S. 422.

lichen Provisionsrechtes theils durch die Praxis, theils durch die darüber in den Kanzleiregeln gegebenen Anweisungen entwickelt.

Zunächst bestehen bestimmte Vorschriften über die Art und Weise, wie die Gesuche, die s. g. *supplicationes* [1], um die Gewährung eines Benefiziums angefertigt sein müssen. Auf das in der Dataria [2] zur s. g. *signatura* zubereitete Schriftstück [3] verfügt der Papst nach erstattetem Vortrag [4] schriftlich unter dem Gebrauch bestimmter hergebrachter Formeln [5]. Diese lauten im Falle der Bewilligung [6]: *Fiat ut petitur*, ferner *concessum, ut petitur* und *placet motu proprio*. Die erstgedachte, die gewöhnlichere Formel bedeutet die Bewilligung nach Massgabe des Gesuches, und enthält stets die stillschweigende Bedingung, dass die in der Supplik angegebenen Gründe thatsächlich richtig sind (*preces veritate nitantur*) [7]. Die zweite hat keine andere materielle Bedeutung, sie wird aber in solchen Fällen gebraucht, in denen die Ertheilung der Gnade herkömmlich ist, und der Datarius dieselbe auch selbstständig ohne Vortrag beim Papst gewähren kann [8]. Die Formel *motu proprio* [9] macht dagegen die Gnade von den vom Bittsteller angegebenen Gründen unabhängig und bewirkt, dass erstere auch in Kraft besteht, wenn diese später sich als nicht zutreffend ergeben sollten [10]. Eine Datirung

[1] Es war und ist Regel, dass dergleichen Gnadenbezeichnungen nur auf ein Gesuch, nicht motu proprio ertheilt werden.

Schon c. 23 (Bonif.) in VI[to] de praeb. III. 4. schreibt vor, dass der Bittsteller jedes von ihm bereits besessene Benefizium anzuzeigen hat, widrigenfalls die ihm ertheilte Provision nichtig ist. Nach der 57. Kanzleiregel sollen ferner die Qualitäten des erbetenen Benefiziums, ob Dignität, Personat, Seelsorge-Amt, beneficium electivum u. s. w. bei Strafe der Nichtigkeit der gewährten Bewilligung namhaft gemacht werden. Nach der 55. Regel ist unter dem gleichen Präjudiz auch der Werth der jährlichen Einkünfte nach gewöhnlicher Schätzung und zwar sowohl für das nachgesuchte Benefizium, wie für dasjenige, welches der Bittsteller etwa schon besitzt und bei Erlangung des erbetenen zu behalten berechtigt ist, anzugeben. Ein Formular für eine solche Supplik bei Bangen d. röm. Kurie. S. 410. Wegen der Angabe der Art der Vakanz vgl. die Regel 47 und unten S. 162. n. 5, endlich in Betreff der Nachsuchung von Benefizien der Familiaren der Kardinäle die Regeln 32 u. 33.

[2] S. Th. I. S. 426.

[3] Dies geschieht in der Weise, dass auf den unteren umgefalteten Rand der Supplik ein Summarium, d. h. eine kurze Inhaltsangabe derselben gesetzt und unter dem Schluss der Supplik selbst, dem s. g. *corpus signaturae*, unter Freilassung eines Zwischenraumes für die Verfügung des Papstes, die Klauseln, welche nach dem Vorschlage der Dataria in die Ausfertigung der Verleihung aufgenommen werden sollen, kurz angegeben werden. Der Zwischenraum mit der demnächstigen Unterschrift des Papstes, der s. g. *signatura* im eigentlichen Sinn, bildet daher den zweiten, und die die Klauseln enthaltende Stelle den dritten Theil der Signatur, van Espen J. E. U. P. I. t. 23. c. 2. n. 13 ff.; Bangen a. a. O. S. 410 ff. wo der Geschäftsgang an einem Beispiel dargelegt ist.

[4] Th. I. S. 425; Bangen S. 411 ff.

[5] Der Papst unterschreibt diese Formeln, welche er unmittelbar unter den Schluss der Supplik setzt (s. Anm. 3), nur mit dem Anfangsbuchstaben seines Tauf-, nicht seines päpstlichen Namens, wohl deshalb, weil es sich um eine noch der Ausfertigung bedürfende Verfügung handelt, deren Benutzung ausserhalb des inneren Geschäftsganges verhütet werden soll. Bangen S. 411. n. 3. Die Genehmigung der von der Dataria vorgeschlagenen Klauseln ertheilt der Papst durch ein von ihm ebenfalls in der gedachten Weise unterzeichnetes: *fiat*, das er an die Seite des betreffenden Theils der Signatur schreibt.

[6] Im umgekehrten Fall wird ein *Nihil* oder *Non placet Sanctissimo* vom Subdatar (Th. I. S. 426) auf die Signatur gesetzt.

[7] c. 23 (Bonif. VIII.) in VI[to] cit. III. 4. Bangen S. 416.

[8] A. a. O. S. 405. 416. Ist die Sache, was nicht ausgeschlossen, dem Papst vorgetragen, so unterzeichnet dieser in gleicher Weise selbst.

[9] Sie setzt keineswegs voraus, dass der Papst die Verleihung selbstständig ohne eine Supplik verfügt, da sie nur eine, aber immer besonders auszusprechende Art (vgl. c. 23 cit.) der Bewilligung mit anderen Rechtswirkungen, als die durch die beiden ersterwähnten Formeln, darstellt. Weil diese beiden ihrer rechtlichen Bedeutung nach gleich sind, kann das concessum ebenfalls motu proprio gegeben werden.

Nach der 34. Kanzleiregel soll bei gleichzeitiger Ertheilung einer Signatur per *fiat*, u t *petitur* und per *concessum* in Betreff desselben Benefiziums, die mit der ersten Formel ausgesprochene Verleihung der per concessum, selbst einer als motu proprio ertheilten, vorgehen.

[10] c. 23 cit.; Bangen S. 416. Die Gnade ist hier eine umfassendere und deshalb hat der so begünstigte im Fall der Konkurrenz mit einem andern, unter gleichem Datum blos in der Form: *fiat, ut petitur* Providirten nach der 17. Kanzleiregel den Vorzug. Vgl. auch Riganti ad reg. 17. n. 57 u. ad reg. 34. n. 61 ff. Dass das con-

seiner Verfügung nimmt der Papst selbst nicht vor, diese erfolgt vielmehr durch den Präfekten der Daten, an welchen die Signatur zunächst zu diesem Behufe gelangt, und zwar [1] unter Verzeichnung des Tages der Audienz, in welcher das Gesuch dem Papste vorgetragen worden ist (*parva data*) [2]. Erst nachdem dann die Signatur in der Dataria in Bezug auf die Formalien mit Rücksicht auf den herkömmlichen Stil verbessert worden ist [3], setzt der Datar selbst die mit der s. g. parva data übereinstimmende s. g. *data magna* darauf [4]. Demnächst hat noch die Eintragung in das Register der Dataria [5], und endlich die Ausfertigung der päpstlichen Verfügung [6] zu erfolgen. Wenngleich die Gnade des Papstes erst durch die Notirung der data magna perfekt wird [7], ja der Bittsteller erst ein ius quaesitum durch die Registrirung erlangt [8], so wird die Rechtswirkung des päpstlichen Gnaden-Aktes doch auf den Tag der Audienz — denn diesen giebt die data magna wieder — zurückbezogen [9].

Was die Klauseln betrifft, so ist zunächst die Klausel: *cum absolutione a censuris* stehend. Dieselbe spricht die Absolution des Bittstellers von etwaigen Censuren aus, in welche er verfallen sein sollte und welche ihn von der Erwerbung der Gnade ausschliessen könnten.

Die Lossprechung wirkt aber nur zu diesem Zweck [10], im übrigen bleiben dagegen

cessum motu proprio dem letzteren weicht, s. vor. Anm., erklärt sich wohl daraus, dass es zu den Gnaden gehört, welche leichter gewährt werden. Vgl. auch ferner c. 24 (Bonif. VIII.) in VIto eod. III. 4, welches ebenfalls für einen bestimmten Fall an das motu proprio eine weitergehende Wirkung knüpft, als an das: fiat, ut petitur.

1 Ueber das auf der Supplik unten vermerkte Summarium, s. S. 160. n. 3 u. Bangen S. 412.

2 Th. I. S. 427.

3 A. a. O.

4 Und zwar unter den letzten Theil derselben, welcher die Angabe der Klauseln erhält, Bangen S. 413.

5 Th. I. S. 427; Bangen S. 413.

6 Und zwar theils durch den officialis brevium, Th. I. a. a. O.; Bangen S. 414, theils durch die apostolische Kanzlei, Th. I. S. 441 u. Bangen S. 440.

7 Denn allein diese hat Beweiskraft, während die parva data blos als Anhalt für das Gedächtniss dient, Bangen S. 403. Die gedachte Behandlung der Sache gewährt auch den Vortheil, dass bei etwaigen Versehen die Ausführung der päpstlichen Verfügung sistirt und letztere zurückgenommen werden kann, Riganti ad reg. 45. §. 1. n. 281. 282. 292.

8 Th. I. 427.

9 Riganti ad reg. 17. n. 36. Daher tritt von diesem Zeitpunkt ab die Affektion des betreffenden Benefiziums zu Gunsten des Papstes ein, l. c. n. 37, und entscheidet sich danach der Vorrang mehrerer hinsichtlich desselben Benefiziums Providirter, l. c. n. 42 ff.

Bei gleichem Datum sind die Vorschriften S. 160. Anm. 9 u. 10 massgebend, im übrigen entscheidet die 17. Kanzleiregel den Vorrang dahin: „graduati non graduatis, aut inter graduatos magis graduati ac inter aequaliter graduatos prius graduati nec non colorato titulo possessores non possessoribus ac inter personas alias in curia praesentes absentibus ab ea ac inter praesentes non beneficiati beneficiatis et similiter inter absentes ceteris paribus oriundus non oriundo et dioecesanus non dioecesano, in reliquis vero singuli qui prius apostolicas desuper litteras eorum executoribus praesentaverint alias in ipsorum, de quibus agi contigerit, beneficiorum assecutione praeferentur".

Hat der Bittsteller in seiner Supplik einen Umstand nicht angeführt, welcher später zu einer Anfechtung der ertheilten Gnade Veranlassung geben kann, so darf er nach der Registrirung, andererseits aber nur vor der Ausfertigung, eine reformatio supplicationis vornehmen, d. h. eine neue verbesserte Supplik einreichen. In dieser kann auf sein Ansuchen, falls dadurch kein Präjudiz für einen dritten entsteht, — denn für diesen Fall steht die 44. Kanzleiregel entgegen, — die wiederholte Ertheilung der Gnade mit der Klausel: *cui prius* (d. h. pro eo, cui prius provisum est) versehen werden. Dies hat die Wirkung, dass dieselbe die parva und magna data der früheren erhält, Riganti ad reg. 17. n. 39, ad reg. 44. n. 1 ff., Bangen S. 417. Hat aber schon eine Ausfertigung stattgefunden oder stellt sich heraus, dass die bereits registrirte Gnade aus irgend einem Grunde ungültig ist, so muss der Petent die Revalidation in einer neuen Supplik mit der Klausel: *perinde valere* (sc. *ac si invalida non fuisset*), und hat der Papst die frühere Ertheilung selbst widerrufen, mit der Klausel: *etiam valere*, nachsuchen, Riganti ad reg. 44. n. 25 ff.; Bangen S. 417.

10 In der Ausfertigung lautet die Klausel: „Nos tibi praemissorum meritorum tuorum intuitu specialem gratiam facere volentes teque a quibusvis excommunicationis, suspensionis et interdicti aliisque ecclesiasticis sententiis, censuris et poenis a iure vel ab homine quavis occasione vel causa latis, si quibus quomodolibet innodatus existis, ad effectum praesentium dumtaxat consequendum harum serie absolventes et absolutum fore censentes". Nach d. 66. Kanzleiregel *de in-*

die Censuren mit allen ihren sonstigen Folgen fortbestehen. Durch eine auf der Signatur beizufügenden Klausel wird ferner angegeben, ob die Verleihung in *forma dignum* [1] oder *commissoria* [2] oder ob sie in *forma gratiosa* erfolgen soll. Die erste Klausel bedeutet, dass das Benefizium oder ein Recht auf dasselbe [3] dem Petenten nur unter der Voraussetzung gewährt wird, dass er sich bei einer noch anzustellenden Untersuchung als fähig zum Erwerbe desselben erweist. Sie suspendirt die Gnadenverleihung, aber nur insofern als der Begünstigte vorher von derselben keinen Gebrauch machen kann [4]. Bei der forma gratiosa [5] wird dagegen die Bewilligung der Gnade, weil sich der Papst

sordescentibus soll aber diese Absolution „non suffragari non parentibus rei iudicatae, incendiariis, violatoribus ecclesiarum, falsificatoribus et falsificari procurantibus literas et supplicationes apostolicas et illis utentibus, receptatoribus et fautoribus eorum, ac res vetitas ad infideles deferentibus, violatoribus ecclesiasticae libertatis, via facti ausu temerario apostolicis mandatis non obtemperantibus et nuncios vel exequutores apostolicae sedis et eius officialium, eius commissa exequentes impedientibus, qui propter praemissa vel aliquod eorum excommunicati a iure vel ab homine per IV menses scienter excommunicationis sententiam huiusmodi sustinuerint: et generaliter quibuscumque aliis qui censuris aliquibus etiam alias quam ut praefertur, quomodo ligati, in illis per annum continuum insorduerint".

1 So genannt, weil die Ausfertigung beginnt: „quia dignum arbitramur", van Espen l. c. P. II. t. 24. c. 1. n. 1.

2 Weil in derselben an den Ordinarius oder einen Andern ein Auftrag, commissio, ertheilt wird. Unterschieden wird übrigens auch eine *forma dignum antiqua* und eine *forma dignum novissima*, welche letztere bei der Verleihung reservirter und bei der römischen Kurie resignirter Benefizien gebraucht wird, van Espen l. c. n. 7. 8.

Ueber den Ausdruck in *forma communi* oder *pauperum*, s. o. S. 117. n. 6 u. Reiffenstuel, ius can. III. 5. n. 169 ff.

3 Denn regelmässig erfolgt sie in der Form eines mandatum de providendo an den Ordinarius oder einen etwaigen anderen Exekutor, Garcias l. c. P. VI. c. 2. n. 4 ff.; Lotter, de re benef. l. III. qu. 8. n. 139 ff.; van Espen l. c. n. 2. Nähere Anweisungen über die Ausfertigung giebt die const. Pii V.: Cogit nos v. 1567, bull. Taur. 7, 552. Absolut nothwendig ist das erstere aber nicht.

4 Die Verleihung oder das Mandat ist in diesen Fällen, weil es sich nur um selbstverständliche rechtliche Voraussetzungen handelt, an sich nicht bedingt, Riganti ad reg. 52 n. 52 ff.

5 Sie wird bei der Signatur durch die Klausel: „cum expressione quod dictus orator testimonio ordinarii sui de vita, moribus et idoneitate commendetur" angeordnet, van Espen l. c. n. 18.

Einer Erläuterung bedürfen ferner nachstehende, in den Kanzleiregeln erwähnte Klauseln, zunächst 1) die durch die 61. Regel vorgeschriebene: „Item quod in literis super beneficiis per const. *Execrabilis* (s. o. S. 131) vacantibus ponatur clausula, *si est ita*, similiter de quibuscumque narratis informationem requirentibus", wodurch eine ausdrückliche Verifikation der dem Papst zweifelhaft gebliebenen Voraussetzungen, insbesondere solcher faktischer Natur, verlangt wird. Dadurch unterscheidet sie sich von der jedem Reskript stillschweigend innewohnenden Klausel: *si preces veritati nitantur*. Sie kommt nur bei der Ertheilung in forma dignum vor und bedingt die Gewährung der Gnade, wenn sie sich nicht auf conditiones iuris richtet, Riganti ad reg. 61. n. 9 ff. 19. 26. 30 ff.

2) gehört hierher die reg. 56: „Voluit et ordinavit, quod quando providet seu mandat provideri alicui de beneficio vacante, tunc dari poterunt clausulae, si petantur: etiamsi illud quovis modo etc. seu per const. *Execrabilis* vacet, et specialiter reservatum, inter aliquos litigiosum sit, et eius collatio devoluta fuerit; et si pro collitigante vel subrogationem aut *si neutri* vel *si nulli* etc. petente, si tunc lis specifice exprimatur, nec detur aliqua generalis reservatio dispositive, nisi desuper in concessione specialis et expressa ac pure et non sub conditione mentio flat et tunc reliquae reservationes ibi contentae veniant. Si vero tempore expeditionis inde literarum generalis reservatio huiusmodi probari non possit aut in novis provisionibus seu pro colligantibus, *Si neutri* vel *si nulli* etc. sit expressum, quod ab aliquibus asseritur illum cuius beneficium conceditur, collectorem vel unicum subcollectorem, abbreviatorem vel familiarem, notarium aut dictae sedis officialem fuisse, clausula ponatur: etiamsi dictum beneficium ex eo quod talis collector vel unicus subcollector, abbreviator vel familiaris, notarius aut dictae sedis officialis fuit, dispositioni apostolicae generaliter reservatum existat, dummodo non sit in eo alicui specialiter ius quaesitum. In reliquis vero nulla clausula detur, unde reservatio generalis elici possit, nisi desuper signatura per duplex: *fiat* signata sit aut reservatio vel alias specialiter habeatur".

Zum Verständniss dieser Regel ist vorweg zu bemerken, dass zur Verhütung von Betrug und zur Gewährung der erforderlichen Information für den Papst in den Suppliken an denselben nach der 47. Regel wenigstens eine bestimmte Art der Vakanz des nachgesuchten Benefiziums anzugeben ist und ein Gesuch ohne dieselbe, insbesondere ein solches mit der Bitte, die Erledigungsweise erst in dem päpstlichen Schreiben näher zu bezeichnen, nicht berücksichtigt wird. Demgemäss enthält auch die Signatur die betreffende Angabe und es ist auf derselben über ihre Aufnahme in die Ausfertigung das Erforderliche durch eine darauf bezügliche Klausel zu verfügen. Hieraus ergiebt sich die Bedeutung der

ohne Weiteres für genügend informirt hält, nicht von einer derartigen Voraussetzung abhängig gemacht.

Für alle päpstlichen Gnaden, auch die motu proprio ertheilten, gilt der Grundsatz, dass dadurch wohl begründete Rechte [1] Dritter in Betreff des verliehenen Benefiziums nicht berührt werden [2], wenn ihnen nicht speziell derogirt worden ist [3].

Endlich sind Provisionen von Benefizien, welche durch Tod ihres Inhabers erledigt worden sind, nichtig, wenn zwischen demselben und dem Datum der Gewährung nicht

beiden in der mitgetheilten Regel zuerst erwähnten Klauseln.

Die dritte soll ausdrücken, dass die Verleihung auch gültig ist, wenn das Benefizium einer speziellen Reservation unterliegt, die vierte, dass dies auch dann der Fall sein soll, wenn ein Prozess über das Benefizium schwebt, letzteres um dem c. 2 (Bonif. VIII.) in VI^{to} ut lite pendente II. 8, welches die Verleihung litigiöser Benefizien verbietet, zu derogiren. (Vgl. übrigens über beide Klauseln Riganti ad reg. 56. n. 10 ff.). Die fünfte Klausel ist ohne Weiteres verständlich.

Die folgende Stelle: et si pro collitigante etc. bedeutet, dass wenn von einer der Parteien die Subrogation oder die Uebertragung unter der Bedingung: *si neutri* oder *si nulli* nachgesucht wird, der in Frage stehende Prozess in der Supplik, bez. der Signatur genauer angegeben sein muss und die Gnade nur unter dieser Voraussetzung ertheilt werden soll. Die Subrogation ist die Verleihung eines streitigen Benefiziums nach Fortfall einer der streitenden Theile an einen anderen, welcher nunmehr statt desselben gegen die übriggebliebene Partei sein Recht verfolgen muss. Entgegen dem Wortlaut des c. 2 in VI^{to} II. 8 cit., aber in Uebereinstimmung mit der Tendenz desselben, solche Prozesse möglichst abzukürzen, begünstigt die 29. Kanzleiregel die Subrogation der streitenden Partei (collitigans) in der Weise, dass sie alle anderen innerhalb Monatsfrist vor einer solchen auf das streitige Benefizium ertheilten Gnaden für nichtig erklärt. Andererseits aber soll niemand, welcher noch bei Lebzeiten des Vorgängers das Benefizium desselben vom Papst erhalten hat, subrogirt werden, um es zu verhüten, dass solche Gesuche nur deshalb gestellt werden, damit der Anwärter nach dem Fortfall des bisherigen Inhabers die Rechte eines collitigans geltend machen kann. Die gedachte Vorschrift der 56. Regel in Betreff der Subrogation hat also den Zweck, die Beurtheilung des Sachverhaltes nach Massgabe dieser Anordnungen und auch eine Dispensation von denselben zu ermöglichen. Die Ausdrücke *si neutri* oder *si nulli* bezeichnen die Verleihung des streitigen Benefiziums an eine Person, falls keiner der beiden (*neuter*) oder der mehreren (*nullus*) Parteien dasselbe in dem fraglichen Prozess zugesprochen erhält. Auch solche Uebertragungen sind nach der 29. Regel unter derselben Voraussetzung, wie die Subrogation nichtig, vgl. hierzu Riganti l. c. ad reg. 56. n. 38 ff.; van Espen l. c. P. II. t. 24. c. 5. n. 10 ff.

Die fernere Vorschrift über die reservatio generalis bedeutet, dass wenn das Benefizium als ein überhaupt mit Rücksicht auf alle verschiedenen Fälle reservirtes verliehen werden soll, in der Supplik wenigstens eine Art der Reservation speziell und bestimmt, nicht in zweifelnder Weise angegeben sein muss. (Dann kann die Ausfertigung in der Form: *sive praemisso sive alio quovis modo, etiamsi ex eo reservatio etiam in corpore iuris clausa resultet* oder *etiamsi generaliter reservatum vel affectum* (sc. *beneficium*) *existat* erfolgen.)

Der Schluss der Regel stellt einmal für einen bestimmten Fall eine Ausnahme von der Pflicht, eine bestimmte Angabe über die Art der Reservation zu machen, auf, und trifft endlich Bestimmung über die Statthaftigkeit von Klauseln, welche auf eine generelle Reservation schliessen lassen. Im Uebrigen wird es keiner weiteren Bemerkung dazu bedürfen, als dass der Ausdruck: *nova provisio* eine Verleihung seitens des Papstes bedeutet, welche das schon von einem Anderen, sei es kraft seiner iurisdictio ordinaria, sei es kraft Indultes verliehene Benefizium, nochmals von Neuem an dieselbe Person überträgt, und zwar in Fällen, in denen die erste Kollation allein nicht vollgültig, s. o. S. 153. n. 11, oder Anfechtungen (z. B. weil sie der Bischof in Betreff eines reservirten Benefiziums vorgenommen hat) ausgesetzt ist, Riganti ad reg. 9. §. 2. n. 89 ff., Rebuffi praxis benef. cit. P. I. de nova provisione n. 1 ff.

Die in der 10. Regel behandelte Klausel: *rationi congruit* lautet in ihrer Auflösung: „Rationi convenit et congruit honestati, ut ea quae de Romani pontificis gratia processerunt, licet eius superveniente obitu, litterae apostolicae super illis confectae non fuerint, suum sortiantur effectum etc.“ Dadurch wird die Ausfertigung von Gnaden gestattet, welche entweder von dem verstorbenen Papst oder dem Vorgänger des letzteren in der Signatur vollzogen, aber vor dem Tode derselben nicht mehr expedirt waren, und zwar unter dem Datum des Krönungstages des regierenden Papstes, unbeschränkt für die seines unmittelbaren Vorgängers, für die des mittelbaren aber nur, wenn die Expedition binnen 6 Monaten von dem gedachten Tage an nachgesucht worden ist; indessen gilt dies nicht bei Verleihungen, deren Ausfertigung nach dem herkömmlichen Edikt der Dataria bei Verlust der Gnade innerhalb 6 Monaten von den Interessenten betrieben werden muss, s. darüber Riganti ad reg. 10. n. 72.

Wegen der besonderen Klauseln der Provisionen für Mönche s. die Kanzleiregeln 34 u. 59. Im Allgemeinen vgl. auch Rebuffus l. c. forma signaturae u. van Espen l. c. P. II. tit. 24.

1 Sowohl iura in re, wie auch iura ad rem, Riganti ad reg. 18. n. 47.

2 18. Kanzleiregel de non tollendo ius quaesitum.

3 Riganti l. c. n. 24 ff. Ueber andere Ausnahmen daselbst n. 51 ff.

ein Zeitraum liegt, innerhalb dessen der Papst wahrscheinlicher Weise die Kunde von dem Ableben des bisherigen Benefiziaten erhalten konnte [1] oder wenn der Bittsteller um ein solches, vor dem wirklich erfolgten Tode des augenblicklichen Inhabers, in einer Weise nachgesucht hat, als ob dasselbe schon durch das Absterben des letzteren vakant gewesen sei [2].

§. 146. *c. Das päpstliche Verleihungsrecht bis zum Anfang dieses Jahrhunderts.*

Das päpstliche Besetzungsrecht hat seit dem 15. Jahrhundert keine erheblichen Aenderungen erfahren. Die im 16. und im 17. Jahrhundert [3] neu aufgestellten Reservationen sind nicht zahlreich gewesen; andererseits hat aber auch das Tridentinum nur wenige Beschränkungen für die Ausübung des päpstlichen Provisionsrechtes festgesetzt [4].

Die umfangreichen Reservationen, welche den Bischöfen und sonstigen Kollatoren die Verfügung über den beträchtlichsten Theil der Benefizien entzogen und die Besetzung derselben in die Hand des Papstes und der massgebenden Kurial-Beamten gelegt hatten, führten dazu, dass die Benefizien vielfach nach Gunst und Geld an Personen vergeben wurden, welche keine Kenntniss von Land und Leuten besassen, ja kaum der Landessprache mächtig waren, und das ihnen übertragene Amt nur als Quelle des Gelderwerbes betrachteten. Ueberdies erzeugten die Reservationen, da für ihre Tragweite die Kurialpraxis ausschliesslich entscheidend war, eine bedenkliche Rechtsunsicherheit sowohl für die Inhaber von Benefizien, wie auch für die Bischöfe bei der Ausübung des ihnen noch verbliebenen Restes ihrer Kollationsbefugniss, und diese wurde noch durch die päpstlichen Affektionen und die bis zum Tridentinum päpstlicherseits ertheilten Provisionen, Mandate und Anwartschaften vermehrt [5]. Es war daher erklärlich, dass die lokalen geistlichen Gewalten und die weltlichen Fürsten auch nach den im wesentlichen resultatlos verlaufenen Reformversuchen des Baseler Konzils die Ausübung des päpstlichen Provisionsrechtes soviel wie möglich zu beschränken suchten.

Am günstigsten lagen die Verhältnisse in Frankreich. Hier waren die Bestimmungen des erwähnten Konzils durch die pragmatische Sanktion von 1438 Gesetz geworden [6] (s. o. S. 138), und auch das Konkordat von 1516 zwischen Leo X. und Franz I. enthielt in Betreff des päpstlichen Besetzungsrechtes keine weiter gehenden Zugeständnisse [7].

1 30. Kanzleiregel de verosimili notitia.

2 21. Kanzleiregel de non impetrando beneficium per obitum viventis.

3 S. 147. n. 5; S. 148. n. 1 u. 6; S. 149. S. 156.

4 S. o. S. 141. 158. 159.

5 Vgl. die Schilderung der dadurch herbeigeführten Missstände in den hundert Beschwerden der deutschen Nation v. 1522/23. c. 15—21, Gaertner corp. iur. eccles. 2, 166 ff., s. auch Th. II. S. 490. n. 7. Hatten sich doch sogar schon 1460 in Rom mehrere Kardinäle für die Abschaffung der Expektanzen ausgesprochen, Raynald. ann. eccles. a. 1464. n. 70.

6 Darüber, dass in der kurzen Zeit zwischen ihrer Aufhebung durch Ludwig XI. und ihrer Wiederherstellung durch Ludwig XII. sich praktisch nichts geändert hat, vgl. Friedberg Grenzen zwischen Staat u. Kirche S. 490.

7 Anerkannt ist in demselben nur die Reservation der beneficia consistorialia vacantia per obitum apud sedem apostolicam und das Recht des Papstes während seiner Regierung, jedoch nur einmal, ein Provisionsmandat an Kollatoren, mit 10 oder mehr Benefizien auf ein Benefizium, von Kollatoren mit 50 oder mehr, auf zwei zu gewähren. Nussi conventiones p. 23. n. 7. 8, p. 24. n. 11, p. 29. n. 14. Die Geltung der zuerst erwähnten Reservation ist in Frankreich bestritten gewesen, Héricourt, loix ecclésiastiques de la France, Paris 1721. p. 260, s. auch art. 68 der Freiheiten der gallikanischen Kirche, und stets die Zustimmung der Könige zu einer derartigen päpstlichen Besetzung gefordert worden, falls nicht, was vielfach geschehen, für die nach Rom reisenden Prälaten vom Papst vorher ein Breve de non vacando in curia (ein solches bei Durand de Maillane, les libertés de l'église Gallicane 1, 699), d. h. ein Verzicht auf die dann eintretende Reservation ertheilt worden war, Héricourt l. c. 2, Durand de Maillane, dictionnaire de droit canon. s. v. vacance. ed. II. Lyon 1770.

In Deutschland hatte schon Nikolaus V., um die frühere Position der Kurie festhalten zu können, in dem Wiener Konkordate nicht nur einzelne Beschränkungen des päpstlichen Reservations- und Kollationsrechtes anerkennen, sondern auch die Durchführung des Konkordates durch die Gewährung von besonderen Indulten an geistliche und weltliche Fürsten erkaufen müssen (s. o. S. 139). Als im 16. Jahrhundert die reformatorischen Bestrebungen von Neuem mit verstärkter Macht hervortraten, banden sich auch die Bischöfe und anderen Kollatoren nicht mehr überall streng an die durch das Konkordat gezogenen Schranken[1], und übten ihr Besetzungsrecht ohne Rücksicht auf die päpstlichen Reservationen aus[2]. Einzelne Fürsten haben sogar unter Berufung auf ihre Advokatie die Vergebung der wegen der alternativa mensium dem Papste reservirten Benefizien an sich gezogen[3]. Allerdings hat das Konkordat vom 16. Jahrhundert bis zur Auflösung des ehemaligen deutschen Reiches die Grundlage für die Abgrenzung der Rechte des Papstes und der übrigen Kollatoren hinsichtlich der Besetzung der kirchlichen Benefizien gebildet. Des Näheren ist aber die Praxis in den deutschen Territorien eine verschiedene gewesen. Denn einzelne Fürsten hatten besondere, das päpstliche Kollationsrecht einschränkende päpstliche Indulte (s. o. S. 139 n. 2.) erhalten, und ferner waren die Landesherren[4], ebenso wie die römische Kurie, nur zu geneigt[5], sich über die Bestimmungen des Konkordates hinwegzusetzen[6]. Unter der Einwirkung des im 18. Jahrhundert zu weiter Verbreitung gelangten Gallikanismus, welchem das päpstliche Provisionsrecht nur als ein zufälliges Recht des Primates galt[7], verlangten die deutschen Erzbischöfe[8], indem sie die definitive Beseitigung des Wiener Konkordates und die Wiederherstellung der Baseler Dekrete in das Auge fassten, provisorisch erhebliche Beschränkungen der Reservationen[9] und der sonstigen

4, 657. Mangels einer Vorschrift des Konkordates in Betreff der Reservation der übrigen in Rom vakant werdenden Aemter ist die Anwendbarkeit derselben ebenfalls in Zweifel gezogen worden, Durand de Maillane l. c. Die Ausübung des im Konkordate nicht erwähnten Konkurs- und Präventionsrechtes des Papstes (s. o. S. 140) hat man in einzelnen Fällen, wenngleich dasselbe nicht ausdrücklich anerkannt war, geduldet, Art. 55 der Freiheiten, Durand de Maillane, libertés 1, 278; desselb. dictionnaire s. v. prévention 4, 107 ff.; Héricourt l. c. p. 324. In denjenigen Landestheilen, welche zur Zeit der pragmatischen Sanktion und des Konkordates noch nicht mit Frankreich vereinigt waren, den s. g. pays d'obédience oder de réserve (Bretagne, Provence, Flandern, Roussillon, Bourgogne und Lothringen), — im Gegensatz zu den pays de concordat o. libres — hat aber die alternativa mensium, theils auf Grund der 9. Kanzleiregel, theils auf Grund des deutschen Konkordates Anwendung gefunden, soweit sie nicht durch besondere päpstliche Indulte ausgeschlossen war, Héricourt l. c. p. 330; Durand de Maillane dictionnaire s. v. alternative 1, 142.

[1] Waren diese doch andererseits auch von der Kurie nicht immer innegehalten worden, s. o. S. 155. n. 6.

[2] Darüber klagt die const. Clemens' VII.: Admonet nos v. 1534, bull. Taur. 6, 169, indem sie zugleich anordnet, dass derartige Kollationen nicht nur nichtig seien, sondern die Beliehenen als unredliche Besitzer, denen der Schutz der Regeln: de annali u. triennali possessione, Th. II. S. 655. 656, versagt sei, gelten sollten. Schon 1527 hat der Erzbischof v. Köln das Recht in Anspruch genommen, während der Gefangenschaft des Papstes die in den päpstlichen Monaten erledigten Pfründen zu besetzen, Varrentrapp Hermann v. Wied S. 50; II. 12.

[3] S. o. S. 101. n. 1.

[4] Beschränkungen ergaben sich übrigens auch aus den staatlichen Vorschriften über die Anstellungsprüfungen und die Nothwendigkeit des Indigenates für den Erwerb kirchlicher Aemter, s. Th. II. S. 501. 503.

[5] Vgl. die Beschwerdeschrift der drei geistlichen Kurfürsten an den Papst v. 1673 bei Gärtner l. c. 2, 322. In die 1711 vereinbarte beständige Wahlkapitulation wurde ein eigener Artikel (XIV) aufgenommen, in welchem der Kaiser Schutz gegen solche und andere Verletzungen des Konkordates zu versprechen hatte, (Koch) Sammlung d. Reichsabschiede 4, 242.

[6] Vgl. auch die Reichshofraths-Entscheidungen b. Moser, v. d. deutsch. Religions-Verfassung S. 677 ff.

[7] Th. I. S. 201. 202 u. dazu Mejer, z. Gesch. d. röm.-deutschen Frage 1, 36. 99.

[8] S. das zu Koblenz 1769 vereinbarte Schreiben an den Kaiser n. 1 ff., Gärtner l. c. 2, 332, und die Emser Punktation v. 1786. n. VI ff., l. c. p. 353.

[9] Die Beseitigung der in den Extravaganten: *Execrabilis* und *Ad regimen* enthaltenen, sowie der nach dem Konkordate aufgestellten Reservationen,

Ausübung der päpstlichen Provisionsrechtes, ja Joseph II. hob in Oesterreich die dort herkömmlichen päpstlichen Reservationen ganz auf[1].

§. 147. *d. Das päpstliche Verleihungsrecht in heutiger Zeit.*

Die katholische Kirche hat das päpstliche Kollationsrecht, wie es sich im Laufe der Geschichte entwickelt hat, bis auf den heutigen Tag principiell festgehalten. Ihre veränderte Stellung zu den einzelnen Staaten hat aber eine wesentliche Beschränkung der Ausübung desselben zur Folge gehabt. Praktisch bethätigt sich dasselbe nur noch in den wenigen Reservationsfällen, welche ausdrücklich in den neueren Vereinbarungen zwischen dem päpstlichen Stuhle und den einzelnen Regierungen anerkannt sind.

Was zunächst Deutschland betrifft, so sind in Altpreussen die durch Ableben ihrer Inhaber beim päpstlichen Stuhle vakant werdenden Bisthümer und Erzbisthümer[2] reservirt[3]. Ausserdem bestehen in Preussen und Baiern die schon früher[4] besprochenen Reservationen bestimmter Kapitelsdignitäten und Kanonikate, während derartige Vorbehalte in Hannover und in der oberrheinischen Kirchenprovinz nicht vorkommen[5]. Für Baiern ist durch die Vorschriften des Konkordates über die Besetzung der sonstigen Benefizien auch jede anderweite Reservation oder päpstliche Kollation derselben ausgeschlossen[6]. Dasselbe muss auch für die übrigen der schon genannten deutschen Staaten gelten, wenngleich in den mit denselben getroffenen Vereinbarungen keine ähnliche Festsetzung vorkommt. Letztere haben die Beziehungen der katholischen Kirche zu den Staaten in Betreff derjenigen Verhältnisse geregelt, über welche nach der bestehenden Kirchenverfassung der Papst die ausschliessliche Verfügung besitzt. Deshalb kann aus dem Umstande, dass der letztere allein bestimmte Reservationsfälle, eine anderweite Ausübung des päpstlichen Provisions- und Reservationsrechtes aber sich nicht vorbehalten hat, nur ein Verzicht des Papstes auf dasselbe hergeleitet werden, eine Annahme, welche in der bisherigen Praxis, der s. g. vigens ecclesiae disciplina, für die genannten und die anderen deutschen Länder[7] ihre Bestätigung findet.

In Oesterreich ist nur die erste Dignität in den Stiftern reservirt[8]. In Bezug

[1] Dekret v. 7. Oktober 1782, Jacksch, Ges. Lex. 1, 551: „... es sollen die menses papales, wenn deren einige irgendwo beobachtet werden, fürs Künftige gänzlich aufgehoben sein, auch solle die Resignation in favorem tertii eines von Rom aus ernannten Kapitularen nicht weiter nach Rom gezogen werden, jene Kanonikate aber, welche der römische Hof bisher in mensibus papalibus vergeben hat, künftighin ad nominationem regiam gehören" (s. ferner Hdb. aller unter Joseph II. ergangenen Verordn. 2, 15). Auch das preuss. L. R. hat das päpstliche Kollationsrecht und insbesondere die Reservationen dadurch, dass es „jede Gewalt oder Direktion" eines auswärtigen geistlichen Oberen ohne staatliche Genehmigung ausschliesst, II. 11. §. 136, beseitigt. Von dieser Auffassung geht auch d. K. O. v. 30. September 1812 (G. S. S. 185, Vogt preuss. K. R. 1, 281) aus, welche die vormals der Vergebung des Bischofs und des Domkapitels zu Breslau, sowie der aufgehobenen geistlichen Stifter und Klöster unterstehenden Erzpriestereien, Pfarreien und Curatien im Fall ihrer Erledigung in den 6 päpstlichen Monaten der Besetzung des Landesherrn vorbehalten, diese Stellen im übrigen aber der des zeitigen Bischofs von Breslau unter hinzutretender landesherrlicher Bestätigung zuwiesen hat.

[2] Nach der Bulle: De salute animarum, Th. II. S. 658. n. 1. In derselben ist aber die Reservation für die Bisthümer Emland, Culm und Gnesen-Posen nicht ausgesprochen, und ebensowenig ist dies in der dieselben bestreffenden Vereinbarung v. 1841, a. a. O. S. 685. n. 6 geschehen.

[3] Wegen der Bestellung von Koadjutoren mit dem Rechte der Nachfolge für Bisthümer s. Th. II. S. 688. 694.

[4] Vgl. Th. II. S. 696 ff.

[5] Th. II. S. 695. 696.

[6] Art. 11, welcher die Verleihung der Pfarr-, Kurat- und einfachen Benefizien betrifft.

[7] In diesen würde auch übrigens die bestehende Gesetzgebung über die Betheiligung der Regierungen bei der Besetzung der Kirchenämter die Möglichkeit gewähren, einer Aenderung der Praxis entgegenzutreten.

[8] Th. II. S. 698, ausserdem einzelne ungari-

auf anderweite päpstliche Provisionenen und Reservationen gilt das eben Bemerkte, um so mehr als das Konkordat hinsichtlich der nicht von ihm geregelten Verhältnisse auf die vigens ecclesiae disciplina verweist[1] und beim Abschluss desselben anderweite Reservationen in Oesterreich keine Geltung gehabt haben, auch die neuere staatliche Gesetzgebung lediglich den bestehenden Zustand fixirt hat[2].

In Frankreich, also auch in Elsass-Lothringen, kommen keine Reservationen vor[3].

Die bisherigen Mittheilungen und die in neuerer Zeit von der Kurie mit anderen Staaten abgeschlossenen Konkordate ergeben, dass die herrschende Praxis Roms jetzt nur noch an der Reservation einzelner Stiftsstellen, gewöhnlich der ersten[4] oder anderen Dignitäten[5] oder auch wohl einzelner Kanonikate[6] festhält, und sogar die noch Anfangs dieses Jahrhunderts mitunter beanspruchte Reservation der bei der Kurie vakant werdenden Bisthümer aufgegeben hat.

4. Die Besetzung der Kirchenämter durch ausserordentliche Verleihung.

§. 148. *a. Die Besetzung kraft Devolutionsrechtes**.

Die Besetzung kraft Devolutionsrechts ist die Verleihung eines kirchlichen Amtes durch den höheren Kirchenoberen in dem Fall, dass der eigentlich berechtigte kirchliche Beamte oder die sonst zu entscheidender Mitwirkung bei der Besetzung berufenen Faktoren ihre desfallsigen Rechte gar nicht oder nicht den kanonischen Bestimmungen gemäss ausüben.

Das ältere Recht der Kirche kennt das Devolutionsrecht nicht. Nur vereinzelte, an dasselbe anklingende Vorschriften kommen in früherer Zeit vor[7]. Dies erklärt sich offenbar daraus, dass solange die ursprünglichen Rechte der Metropoliten und der Provinzialsynoden noch gehandhabt wurden[8], diese bei Nachlässigkeit der Bischöfe einzugreifen im Stande waren[9] und dass im Laufe der Zeit für grobe Missbräuche bei der

sche Bisthümer (Szathmar u. Erlau) im Falle der Vakanz apud sedem apostolicam, s. d. beiden Konstitutionen Pius' VII. v. 1804. §. 14, bez. §. 11, bull. rom. cont. 12, 209. 216.

[1] Art. 34. Vgl. auch Schulte System 2, 331. n. 1, u. Pachmann K. R. 3. Aufl. 2, 40.

[2] Ges. v. 7. Mai 1874. §§. 3. 4. 6.

[3] Das Konkordat v. 1801 erwähnt ihrer nicht, auch hat das päpstliche Kollationsrecht gegenüber den Vorschriften der organischen Artikel in Betreff der Besetzung der verschiedenen Aemter keinen Raum.

[4] Vgl. den Vertrag in Betreff der Errichtung des Bisthums Basel (Solothurn) v. 1828. Art. 12, Nussi p. 244; und die Th. II. S. 692 citirten Konkordate mit den mittelamerikanischen Republiken.

[5] So nach dem spanischen Konkordat v. 1851 Art. 18. 22 der Dignität des Cantors, Nussi p. 287.

[6] Eines Kanonikats *de gracia* oder *de merced* (im Gegensatz zu den Kanonikaten *de oficio*, Th. II. S. 123. n. 8) nach demselben Konk. Art. 18 u. dem mit Venezuela v. 1862. Art. 10, Nussi p. 287 u. 358.

* G. L. Boehmer, de iure conferendi beneficia ex iure devolutionis. Gotting. 1748; Th. Kremski, de iure devolutionis in providendis beneficiis. diss. inaug. Berol. 1853.

[7] Das nicänische Koncil v. 787. c. 11, c. 3. C. 9. qu. 3, ordnet im Hinblick auf c. 26. Chalced. v. 451 (c. 4 D. LXXXIX u. c. 21. C. XVI. qu. 7), an, dass wenn der Bischof keinen Oekonomen aus dem Klerus zur Verwaltung des kirchlichen Vermögens bestellt, der Metropolit, und wenn dies ein solcher für seine Metropolitankirche unterlässt, der Patriarch von Konstantinopel die Einsetzung des Verwalters vornehmen soll. Auch Gregor I. hat einem Bischof in Sizilien die Anstellung eines vicedominus bei Vermeidung der Wahl desselben durch den Klerus aufgegeben, c. 2 (v. 601) D. cit. Für einen besonderen Fall der verweigerten Bestellung eines Bischofs vgl. c. 9 D. LXV (Th. II. S. 512. n. 7 a. E.).

[8] Ueber die Besetzung eines mehr als 3 Monate vakanten Bischofsstuhls s. c. 11 (Greg. I.) D. L.

[9] Die Besetzung der Bischofsstellen kam dabei freilich bald nicht mehr in Betracht, weil diese schon seit Ende des 6. Jahrhunderts in den germanischen Reichen unter massgebender Einwirkung der Könige oder durch direkte Ernennung derselben besetzt worden sind, Th. II. S. 516. 522 ff. Ueber die Versuche Hincmars von Rheims ein Devolutionsrecht bei erfolgter Wahl unwür-

Besetzung kirchlicher Aemter durch die kirchliche Gesetzgebung besondere Strafen angedroht worden sind[1].

Die Veranlassung zur Entwickelung des Begriffes des Devolutionsrechtes hat vielmehr erst[2] die Einführung regelmässiger Fristen für die Besetzung der kirchlichen Benefizien[3] und die damit zusammenhängende Bestimmung derjenigen kirchlichen Oberen, welche an Stelle der säumigen Verleihungsberechtigten treten sollten, gegeben[4]. In Anschluss an diesen Hauptfall der Nachlässigkeit und die für diesen gegebenen Bestimmungen[5] hat die Doktrin die Lehre vom Devolutionsrecht ausgebildet. Aus ihr hat die kirchliche Gesetzgebung den Begriff übernommen und zugleich das Devolutionsrecht durch weitere Vorschriften näher geregelt.

Die Devolution tritt ein: 1. wenn die vorgeschriebene Besetzungs-Frist versäumt, also überhaupt keine Besetzung[6] oder eine solche zu spät erfolgt ist[7]; 2. wenn die Uebertragung des Amtes an eine zur Erlangung desselben nicht fähige Person stattgefunden hat[8] und 3. wenn gegen die Vorschriften, welche die Vornahme und die Art der Uebertragung[9] betreffen, verstossen ist[10].

Weitere Voraussetzung ist aber, dass die Ordnungswidrigkeit in allen diesen Fällen mindestens auf eine Schuld der Berechtigten zurückzuführen ist[11]. Bei Versäumung der Frist muss der letztere von der Erledigung des Amtes Kunde gehabt haben[12] oder doch eine solche bei Anwendung pflichtmässiger Sorgfalt haben erlangen können[13]. Auch dürfen nicht andere Hindernisse, wie z. B. Reisen im Interesse der Kirche oder des Papstes[14], Anwendung von Zwang oder Gewalt, ihm die rechtzeitige Besetzung unmöglich gemacht haben. Dasselbe gilt, wenn er wegen gegen ihn verhängter Censuren, von der Ausübung seines Kollationsrechtes ausgeschlossen ist, jedoch nur unter

diger Kandidaten geltend zu machen, a. a. O. S. 528.

[1] Hierher gehören namentlich die während des Investiturstreites erlassenen Verbote gegen simonistische Besetzungen, Th. II. S. 544. n. 1. S. 548.

[2] Dass das Bedürfniss nach solchen Vorschriften schon vorher gefühlt worden ist, zeigt das dict. Grat. zu c. 2 D. LXXXIX, welches die Vorschrift des letzteren auf die Bestellung des Archidiakons bei Säumigkeit des Bischofs angewendet wissen will.

[3] S. o. S. 103.

[4] Dass diese Gesetzgebung als Neuerung empfunden und auch Widerstand dagegen geleistet worden ist, zeigen die wiederholten Einschärfungen der Beobachtung derselben durch Innocenz III. s. ep. VIII. 13, Migne 2, 571, die ausdrückliche Verleihung des Devolutionsrechtes an den Erzbischof v. Magdeburg in Betracht aller „praelationes, dignitates, praebendae et cetera beneficia ecclesiarum, quae sunt metropolitico iure subiecta", ep. II. 20, 1, 551, sowie die vielen Fälle, in denen Innocenz III. auf Grund der Devolution Besetzungen von Benefizien vorgenommen hat, ep. I. 120. 327. II. 289. V. 144, 1, 110. 313. 854. 1156; VII. 98. VIII. 78, 2, 382. 645; XV. 17. 38, 3, 555. 570, Potthast reg. n. 1030. 1081. 1084. Ueber die Zeit Honorius' III. vgl. ibid. n. 6102, Innocenz' IV. n. 11173. 15764. 18145. 18767. 20018. 21113; Nikolaus' III. n. 21527; Nikolaus' IV. n. 23019 u. Bonifazius' VIII. n. 24204.

[5] Der Ausdruck: devolutio, devolvere, wird auch erst seit Innocenz III. in der heute technischen Bedeutung gebraucht, s. die Citate in der vorigen Note und die in den folgenden angeführten Dekretalen des genannten Papstes.

[6] c. 2 (Later. III. v. 1179) c. 15 (Inn. III.) X de conc. praeb. III. 8; c. 18 (Bonif. VIII.) in VIto de elect. I. 6; Clem. un. de suppl. negl. I. 5.

[7] c. 3. 4. 6 (Innoc. III.) X. eod. tit. I. 10.

[8] c. 18 in VIto I. 6 cit.; Garcias tr. de benef. P. X. c. 3. n. 2; Leuren. for. benef. P. II. qu. 739.

[9] S. o. S. 105.

[10] c. 18 in VIto I. 6. Die Quellen erwähnen die beiden letzten Fälle zwar nur gelegentlich der Wahlen. Aber die nichtige Besetzung steht einer überhaupt nicht stattgehabten gleich. Zu beachten ist übrigens, dass, wo es sich in den Fällen 2 und 3 um Verstösse gegen das Tridentinum handelt, päpstliche Reservation eintritt, s. o. S. 147.

[11] In den citirten Stellen s. c. 2. 15. X. III. 8, c. 3. X. I. 6; c. 18 in VIto I. 6; Clem. un. I. 5 ist stets von distulere, negligere die Rede, s. auch c. 41 (Inn. III.) X. de elect. I. 6 („iusto impedimento cessante").

[12] c. 3 (Inn. III.) de suppl. neg. I. 10; c. 5 (id.) X. de conc. praeb. III. 8. Th. II. S. 660.

[13] S. 104. n. 7; Leuren. l. c. qu. 740. n. 1.

[14] S. S. 105. n. 2.

der Voraussetzung, dass er es nicht unterlassen hat, sich um die Absolution von denselben rechtzeitig zu bemühen[1].

Auch in den beiden übrigen Fällen findet die erwähnte Regel Anwendung, d. h. die Devolution tritt in denselben nicht blos bei wissentlicher Bestellung oder Wahl eines Unfähigen oder Verletzung der sonstigen über die Besetzung geltenden Normen[2], sondern schon bei Unterlassung der schuldigen Aufmerksamkeit, z. B. bei der Auswahl der Kandidaten, ein[3].

Unter den gedachten Voraussetzungen findet das Devolutionsrecht Anwendung:

1. bei denjenigen Benefizien, welche ein für alle Mal oder nur ausnahmsweise in einem gegebenen Fall (z. B. weil der Präsentations- oder Patronatsberechtigte die Präsentation nicht vorgenommen hat)[4] der freien Besetzung unterliegen. Das Recht zu derselben geht auf den nächst höheren Kirchenoberen über, also von dem niederen, der bischöflichen Jurisdiktion unterstehenden Prälaten auf den Bischof[5], und von dem Bischof[6] bei Benefizien bischöflicher Kollation auf den Erzbischof[7].

2. Was die Benefizien betrifft, welche durch Wahl zu vergeben sind, so devolvirt

a. die Besetzung bei Bisthümern und Konsistorial-Klöstern nach neuerem Recht sofort an den Papst[8],

[1] S. a. a. O. Auch andere rechtliche Hindernisse können die Devolution hindern. So wenn die Besetzung des Benefiziums gültiger Weise hinausgeschoben wird, um die Einkünfte zu kirchlichen Zwecken zu verwenden. S. auch o. S. 113. Vgl. z. B. derartige Anordnungen v. Honorius IV. v. 1225 zu Gunsten der päpstlichen Kammer, bei Mansi XXII, 1217 und Wilkins conc. 1, 558, sowie behufs Beschaffung von Mitteln zur Bezahlung von Bisthumsschulden v. Gregor IX. 1232 (für Glasgow), registrum episcopat. Glasguens. Edinburgi 1, 137 u. v. Innocenz IV. v. 1244 (für Armagh), Theiner mon. Hiberniae p. 42.

[2] c. 25 (Inn. III.) X. de elect. I. 6, c. 18 in VI[to] cit. I. 6.

[3] Eine direkte beweisende Stelle fehlt. Es ergiebt sich die Gleichstellung aber daraus, dass der Berechtigte die Pflicht hat, darauf zu achten, dass er keine gegen das Recht verstossende Anstellung, resp. Wahl, vornimmt, c. 7 (Later. III. v. 1179) X. de elect. I. 6, s. auch Th. II. S. 667. n. 10. Ebenso auch v. Schulte, Lehrb. §. 69. II.

[4] S. o. S. 104.

[5] Clem. un. I. 5. cit., bei einem exemten Regularprälaten ebenfalls an ihn, aber als ein für alle Mal gesetzlich bestimmten Delegaten des Papstes Clem. cit. Auf solche Prälaten, welche völlig ausserhalb der Diöcese des Bischofes stehen, d. h. auf die praelati nullius, findet dies keine Anwendung. Hier tritt der Papst ein.

[6] Wenn die Devolution durch die Handlungen des Generalvikars herbeigeführt wird, so trifft dies den Bischof, weil der Generalvikar an die Stelle des letzteren tritt, und der Bischof insoweit nicht Oberer desselben ist. A. M. Leuren. l. c. qu. 753 für den Fall, dass der Generalvikar wissentlich einer unfähigen Person ein Amt übertragen hat.

[7] Nach c. 2 X. III. 8. cit., s. auch c. 7. i. f. I. 6. cit., soll die Devolution an das Domkapitel gehen. Dies hängt offenbar damit zusammen, dass noch zur Zeit des III. Lateranensischen Konzils, dem die Stellen entnommen sind, der Bischof die Vergebung der Benefizien unter Zuziehung des Kapitels vorzunehmen hatte. Th. II. S. 156. 617. Seit der Veränderung der Stellung der Domkapitel gegenüber dem Bischof hat sich aber die im Text bezeichnete feste Praxis gebildet. Leuren. l. c. qu. 745; van Espen J. E. U. P. II. tit. 22. c. 5. n. 11; Kreittmayr, Anm. üb. d. Cod. Maxim. bavar. V. c. 19. §. 17; Durand de Maillane, dictionnaire de droit canonique s. v. devolution 2, 145; Berardi comm. ad lib. III. decr. diss. V. c. 4, ed. Mediolani 1846. 1, 338 ff.; Frey, kritisch. Kommentar üb. d. Kirchenrecht IV. 2, 957; Helfert v. d. Besetzung etc. der Benefizien S. 247; Richter-Dove §. 195; v. Schulte a. a. O. Die Praxis hat sich an c. 41 X. de elect. I. 6 angeschlossen, welches indessen nur von Wahlen handelt, und das c. 2 cit. jedenfalls nicht aufgehoben hat. Allerdings wird dieselbe nicht nur von vielen Aelteren, s. z. B. Reiffenstuel I. 10. n. 22; Ferraris s. v. beneficium art. 3. n. 94, sondern auch noch von einzelnen Neueren, so Phillips K. R. 7, 541, ignorirt. Die fortdauernde Geltung des c. 2. X. cit. behauptet sogar Klein i. Arch. f. k. K. R. 41, 244. n. 1. Aber auch die genannten wenden die Vorschrift des c. 2 nicht auf die Fälle an, wo dem Bischof die Besetzung nicht kraft seiner ordentlichen Leitungsgewalt, sondern kraft päpstlicher Delegation oder kraft Devolution zusteht.

[8] Th. II. S. 661. 667. 675. Eine weitere Devolution ist nicht möglich. Pius VII. hat allerdings unter dem Druck Napoleons I. i. J. 1811 und in dem Konkordate v. Fontainebleau v. 1813 art. 4, Münch, Konkordate 2, 44 u. 51, ein Devolutionsrecht bei nicht binnen 6 Monaten erfolgter päpstlicher Institution der vom Kaiser ernannten Bischöfe und Erzbischöfe an den Erz-

b. in anderen Fällen, wo es sich nicht um exemte Institute handelt, an den Bischof, als superior [1].

c. Bei der Besetzung von Kapitelsstellen tritt der Bischof ein, wenn das Kapitel allein zu besetzen hat [2]. Dass er bei der Wahl etwa als Kanonikus [3] mit zu konkurriren hat, ändert nichts [4].

Im Falle der collatio simultanea des Bischofs und des Kapitels kann eine Devolution nur dann stattfinden, wenn beide Theile säumig gewesen sind [5]. In diesem Fall hat der Erzbischof zu besetzen [6]. Wird die gemeinschaftliche Besetzung nicht von beiden Theilen zusammen, sondern nur nach einer bestimmten Vereinbarung bald durch den einen, bald durch den anderen, z. B. im Turnus ausgeübt [7], so genügt die Versäumniss des in dem betreffenden Vakanzfall Berechtigten, um die Devolution an den Erzbischof herbeizuführen [8].

Steht in den unter 1 und 2 erwähnten Fällen kein zu einer erzbischöflichen Provinz gehöriger Bischof, sondern ein exemter Bischof oder ein Erzbischof in Frage, so tritt statt des letzteren der Papst ein.

3. Ueber die Devolution des Bestellungsrechtes des Kapitularvikars vgl. Th. II. S. 234. 235.

Die Devolution erfolgt ipso iure mit Ablauf der Zeit oder in Folge der die ordenswidrige Verleihung bildenden Handlung und es bedarf nicht erst eines Ausspruches, dass der ordentliche Kollator oder die Wahlberechtigten ihrer Befugniss zur Besetzung oder zur Wahl verlustig gegangen sind [9]. Ein solcher ist ausnahmsweise nur dann erforderlich, wenn die über das Verfahren bei Prälatenwahlen geltenden Vorschriften [10] nicht beobachtet worden sind [11]. Eine nach Eintritt des Devolutionsrechtes vorgenommene Besetzung ist demnach — abgesehen von dem letztgedachten Fall — ohne Weiteres nichtig [12], indessen wird eine solche Nichtigkeit, wenn sie wegen Versäumniss der Frist entstanden ist, dadurch geheilt, dass der kirchliche Obere, an welchen das Verleihungsrecht devolvirt ist, die Kollation genehmigt [13].

bischof oder ältesten Bischof der Provinz anerkannt. Praktisch ist dies aber nicht geworden.

1 c. 41. X. I. 6. cit.; c. 18 in VIto I. 6. cit.

2 c. 2. X. III. 8. cit. Die hier vorgeschriebene Einholung des Rathes von Mönchen, welche offenbar die Mitwirkung des Kapitels ersetzen soll, ist aber ebenso unpraktisch wie die schon besprochene Anordnung derselben Stelle, s. S. 169. n. 7.

3 S. Th. II. S. 614.

4 c. 15 (Inn. III.) X. III. 8, weil er bei den Unterlassungen und Handlungen, welche die Devolution herbeiführen, nicht in seiner Eigenschaft als Bischof in Betracht kommt. Wenn die Stelle weiter ausspricht, dass ein etwaiger dolus des Bischofs ihm nichts nützen soll, so heisst dies soviel, als dass dann keine Devolution eintreten kann, weil das Kapitel an der Wahl gehindert worden ist und auf seiner Seite keine Nachlässigkeit vorliegt.

5 Th. II. S. 694. 695.

6 Vgl. auch c. 15. X. cit. Der Antheil des Bischofs beruht hier auf seiner Stellung als Prälat.

7 Th. II. S. 695.

8 A. M. Kremski p. 9, welcher bei Nachlässigkeit des Kapitels im Turnus Devolution an den Bischof annimmt, weil derselbe dabei in seiner Eigenschaft als superior in Betracht komme. Dabei ist indessen übersehen, dass das Kapitel in diesem Falle auch den Bischof mitrepräsentirt und diesen daher die Folgen der Nachlässigkeit treffen, ebenso wie bei einer Wahl durch Kompromiss die die Devolution herbeiführenden Handlungen der Kompromissarien ihre Wirkung für die Wahlberechtigten äussern, Th. II. S. 666. Gegen diese Ansicht auch Garcias l. c. 35; van Espen l. c. n. 12.

9 Dies ergeben für die Kollation c. 3. 4. X. I. 10 cit. und für die Wahlen 41. X. I. 6. u. c. 18 in VIto I. 16. cit. So auch die herrschende Meinung seit der Glosse, vgl. diese zu c. 3. X. I. 10 s. v. imponatis, c. 4. u. 5 eod. s. v. patientia u. irritam; Rebuffi prax. benef. P. I. de devolutionibus n. 27; Gonzalez Tellez ad c. 5. X. I. 10. n. 14; v. Espen l. c. n. 7; Reiffenstuel I. 10. n. 23; Richter-Dove, v. Schulte Lehrb. a. a. O.; Kremski p. 46. Die entgegengesetzte Annahme, s. z. B. J. H. Boehmer J. E. P. I. 10. §. 6 ff., steht vereinzelt da.

10 c. 42. X. de elect. I. 6, Th. II. S. 661.

11 Dies schreibt c. 18 in VIto I. 6. cit. ausdrücklich vor.

12 S. die Stellen in Anm. 9.

13 c. 4. X. I. 10. cit.: „quatenus, si beneficia

Das Obwalten besonderer Umstände, welche die Devolution hindern, also die Verantwortlichkeit des Besetzungsberechtigten für die ordnungswidrige Verleihung ausschliessen, hat der letztere wegen der ihm obliegenden Pflicht, bei der Ausübung seines Rechtes die kanonischen Bestimmungen zu beobachten, seinerseits darzuthun [1].

Die Stellung des kirchlichen Oberen, an welchen die Besetzung kraft Devolution übergegangen ist, charakterisirt die Doktrin durch den Satz: *devolutio fit cum qualitatibus et personis quae erant in prima collatione* [2], d. h. der kirchliche Obere ist bei der Verleihung an alle Vorschriften des gemeinen und partikulären Rechtes, sowie an alle besonderen Fundationsbestimmungen gebunden, welche der eigentlich zur Besetzung Berechtigte zu beachten hatte. Denn durch die Devolution ändert sich allein die Person des Kollators, nicht aber die Natur und der Status des Benefiziums [3]. Nur tritt in dem Falle, wo das letztere durch Wahl zu vergeben war, ein anderer Besetzungsmodus, die freie Vergebung durch den devolutionsberechtigten Oberen ein [4].

Dieser verliert das durch die Devolution erworbene Recht unter denselben Voraussetzungen, wie der ursprüngliche Kollator [5]. Dann tritt der nach der hierarchischen Stufenfolge nächsthöhere Obere [6], welcher nach Lage der heutigen Verhältnisse für die Regel der Papst [7] ist, ein.

In solchen Fällen kann der letztere die Besetzung aber nicht blos auf Grund der Devolution, sondern auch kraft seiner apostolischen Machtfülle vornehmen. Vollzieht er sie zufolge der erstgedachten Befugniss, so ist er an dieselben Regeln, wie jeder andere Kollator gebunden und bindet sich auch thatsächlich daran [8]. Nur braucht er

vel dignitates noveritis personis idoneis assignatas (nämlich nach Ablauf der Frist), eas de patientia permittatis ab ipsis pacifice possideri." Nach einer Ansicht, Gonzalez Tellez l. c. n. 17, soll in der Stelle eine päpstliche Dispensation ausgesprochen sein, indessen kann diese eine nichtige Besetzung hinterher nicht gültig machen. Eine andere Meinung, so schon die Glosse zu c. 4. s. v. patientia; Leuren. l. c. qu. 756; Reiffenstuel l. c. n. 25; Kremski l. c. p. 24, nimmt die Statthaftigkeit einer selbst stillschweigenden Verleihung des Oberen an, welche nur ex nunc wirken soll. Nach ihrem Wortlaut kann aber die Stelle allein auf eine die Nichtigkeit heilende Ratihabition bezogen werden, denn nach derselben sollen die betreffenden Amtsinhaber in dem Besitz ihrer Aemter nicht gestört werden, während von einer neuen Kollation keine Rede ist. Schon einige Aeltere, s. z. B. Pirhing ius can. I. 10. §. 1. n. V. 2 erklären, wenn sie gleich an der letzteren Ansicht festhalten, doch die Besetzung für aliquo modo valida. Auf die anderen Fälle, in denen die Devolution eintritt, bezieht sich die Stelle nicht, sie kann auch auf diese nicht analogisch ausgedehnt werden, denn unfähige Personen, denen die Beneficien verliehen sind, können diese nicht behalten, und wenn bei der Vornahme der Besetzung oder der Wahl Nichtigkeiten begangen sind, so bedarf es immer noch eines anderweitigen gültigen Besetzungs- oder Wahlaktes.

[1] Leuren. l. c. qu. 740. 741, Th. II. S. 667. n. 10. Ist die Abwesenheit jeder Schuld dargethan, so ist die anscheinend zu spät erfolgte Besetzung gültig, sofern sie innerhalb der durch das Hinderniss verlängerten Frist erfolgt ist. Bei andern Ordnungswidrigkeiten kann statt der nicht erfolgten Besetzung eine neue, selbstverständlich innerhalb der Frist, vorgenommen werden. Ueber die Berechnung derselben s. o. S. 104. 105.

[2] Garcias l. c. n. 42; Rebuff. l. c. n. 42; v. Espen l. c. n. 16.

[3] Leuren. l. c. qu. 743.

[4] Weil eine Wahl bei der Bestimmung des Kandidaten durch eine einzelne Person nicht möglich ist.

[5] Leuren. l. c. qu. 746. 755. Die Frist ist für ihn die ursprüngliche, sie läuft von dem Zeitpunkt ab, wo der Obere Kenntniss von der an ihn erfolgten Devolution erhalten hat oder bei Anwendung pflichtmässiger Aufmerksamkeit hätte erlangen können, Garcias l. c. n. 9; Leuren. l. c. qu. 755. n. 2.

[6] Die Devolution erfolgt gradatim, Lotter. l. c. II. qu. 24. n. 43; Leuren. l. c. qu. 745. n. 2.

[7] Auch früher war die Devolution an den Primaten äusserst selten. Ein Beispiel dafür Th. I. S. 605. 625.

[8] Pyrrh. Corrad. praxis benef. II. 12. n. 38 ff.; Leuren. l. c. qu. 743. Wird daher der Papst um Verleihung eines an ihn devolvirten Benefiziums angegangen, so hat der Bittsteller in der Supplik die Devolution und auch die Qualitäten desselben anzugeben (ein Formular bei Pyrrh. Corrad. l. c. V. 1. n. 65). Wird in der Supplikation die Devolution nicht blos bedingungsweise (etiamsi beneficium sit devolutum), sondern unbedingt (dispositive) hingestellt, so gewährt der Papst die Bewilligung ebenfalls in derselben Art (quod detur devolutio dispositive). Dies hat die Wirkung, die päpstliche Verleihung allein auf

sich nicht an die vorgeschriebene Besetzungsfrist zu halten, weil eine weitere Devolution nicht mehr möglich ist, und ein Rückfall des verlorenen Besetzungsrechtes an eine untere Instanz dem Begriffe des Institutes widerspricht [1].

Das Devolutionsrecht findet Anwendung auf die Benefizien im eigentlichen Sinne, die Manual-, insbesondere auch die Regular-Aemter [2], das Amt des Kapitular-Vikars, nicht aber auf diejenigen Aemter, für deren Besetzung die Verleihungsfristen des kanonischen Rechtes nicht massgebend sind [3].

Die päpstliche Affektion und Reservation eines Benefiziums schliesst die Devolution begriffsmässig aus. Ist die Ausübung einem anderen durch Indult übertragen und nimmt dieser die Besetzung schuldbarer Weise nicht vor, so kann nur der Papst, nicht aber der durch die Reservation ausgeschlossene sonst berechtigte Obere eintreten [4]. Andererseits geht in denjenigen Ausnahmefällen, in welchen der letztere bei Säumigkeit des Papstes die Verleihung vornehmen kann [5], nicht das auf der Reservation beruhende päpstliche Provisionsrecht auf ihn über, vielmehr fällt nur das aus der Reservation entstehende Hinderniss für die Ausübung seiner ordentlichen Verleihungsgewalt fort.

Die Devolution ist Eintritt in die Besetzungsberechtigung eines anderen. Sie kann daher nur da vorkommen, wo der Devolutionsberechtigte eine ihm bis dahin nicht zustehende Befugniss erwirbt [6]. An denjenigen kirchlichen Oberen, welcher eine solche schon besitzt, ist die Devolution unmöglich. Daher verleiht der Bischof bei Säumigkeit

den Devolutionsfall einzuschränken, selbst wenn durch die herkömmlich beigefügten Klauseln auch andere Erledigungsfälle oder die Reservation des Benefiziums in Bezug genommen worden sind. Der Bittsteller erlangt also, wenn er dem im Provisionsmandat ernannten Exekutor den Devolutionsfall nicht darthun kann, das Benefizium nicht, Garcias l. c. n. 16; Pyrrh. Corrad. l. c. n. 66. 67; Leuren. l. c. qu. 758; Riganti ad reg. LVI. canc. n. 28 ff.

1 Wegen der dem Papst reservirten Benefizien s. unten Anm. 5.

2 Leuren. l. c. qu. 754.

3 S. o. S. 104. Hierher gehören eigentlich auch die Stellen der Vikare bei Inkorporationen und solche Vikare, welche für ein Kapitel mit cura habitualis die Seelsorge ausüben, denn diese sind ebenfalls Aemter ohne feste materielle Unterlage, Th. II. S. 449. 452. 454. n. 1 vgl. aber S. 104. n. 2. Auch für die andern Fälle der Devolution bestehen hier keine entsprechenden Vorschriften. Eine analogische Anwendung der gemeinrechtlichen Bestimmungen ist deshalb ausgeschlossen, weil es sich hier um Uebertragung von Amtsbefugnissen handelt, welche Ausflüsse eines anderen Amtes und in Stellvertretung desselben vorgenommen werden, und der vorgesetzte Obere diese für die Regel nicht besitzt, also auch nicht mandiren oder delegiren kann. Nur in Betreff des Kapitularvikars besteht in Folge ausdrücklicher positiver Vorschrift eine Abweichung, Th. II. S. 234. 235.

4 Daher devolvirt die Besetzung eines Benefiziums, welches in einem eigentlich päpstlichen Monat (s. S. 153) erledigt worden war, bei bestehender alternativa mensium (s. a. a. O.) an ihn, so Lotter l. c. l. II. qu. 24. n. 36 u. Riganti ad reg. 9 canc. §. 4. n. 48 ff. mit Recht gegen H. Gonzalez comm. ad reg. 8 canc. gl. 53. n. 31.

5 S. o. S. 145 u. S. 155. n. 6. Es ist übrigens unrichtig, wenn einzelne, s. z. B. Permaneder K. R. §. 255 annehmen, dass der ordentliche Kollator in allen Fällen der Reservation unter der gedachten Voraussetzung diese Befugniss hat. Ein solches, unzutreffender Weise ius postliminii genanntes Recht ist niemals anerkannt gewesen.

6 Bei den beneficia electiva, für welche manche ältere, s. z. B. Lotter l. c. l. II. qu. 13. n. 60; Leuren. l. c. qu. 754. n. 6 ein Devolutionsrecht im eigentlichen Sinne nicht gelten lassen wollen, trifft dies ebenfalls zu. Denn bei den Bisthümern und Konsistorial-Abteien geht das Recht zur entscheidenden Bezeichnung der Person auf den Papst über, welcher diese Befugniss nach gemeinem Recht nicht besitzt. Das gleiche gilt für den Erzbischof oder Bischof bei den Kanonikaten, welche durch Wahl des Kapitels oder s. g. simultanea collatio vergeben werden. Freilich ist dieser Gesichtspunkt für die erwähnten beneficia maiora durch die spätere Reservation derselben (s. o. S. 148) getrübt, er tritt aber für die ältere Zeit aus c. 41. X. I. 6. u. c. 18 in VIto I. 6 cit. klar hervor.

Unrichtig ist die Behauptung, s. Leuren. l. c. qu. 747. n. 1, dass bei einer Säumigkeit untergeordneter Kollatoren der Bischof nicht iure devolutionis, sondern kraft seiner ordentlichen Jurisdiktion das Benefizium besetze, denn diese ist gerade in solchen Fällen für das letztere durch das entgegenstehende Kollationsrecht ausgeschlossen. Nur in Betreff des früheren Besetzungsrechtes der Archidiakonen hat diese Annahme ihre Berechtigung insofern als der Bischof rechtlich nicht gehindert war, neben ihnen und statt des Patrons in Betreff der Präsentation das Patronatsbenefizium nicht kraft Devolutions-, sondern kraft seines ordentlichen Kollationsrechtes [1]. Dasselbe gilt beim Vorhandensein eines solchen Nominationsberechtigten, dessen Recht in Wahrheit nur ein Präsentationsrecht ist [2].

Für die Ertheilung der institutio collativa, der approbatio, der institutio autorizabilis [3] bei obwaltenden Präsentations- oder Ernennungsrechten besteht gemeinrechtlich keine Frist [4], und ebensowenig eine Anordnung, dass diese Befugnisse für den Fall der Nachlässigkeit ohne Weiteres auf den vorgesetzten Kirchenoberen übergehen. Abhülfe ist hier nur durch Beschwerde bei dem letzteren behufs Herbeiführung einer Einwirkung desselben auf den säumigen Kirchenbeamten, welche sich bis zu exekutivischen Massnahmen steigern kann, zu erreichen [5].

Was endlich die heutige Geltung des Devolutionsrechtes in Deutschland betrifft, so findet dasselbe keine Anwendung bei den Bischofswahlen [6], ebensowenig in den altpreussischen und bairischen Kapiteln in Bezug auf die von den Bischöfen und den Kapiteln zu vergebenden Stellen [7].

Der Ausübung des Devolutionsrechtes in Betreff der niederen Benefizien [8] und der Bestellung des Kapitularvikars steht aber nichts entgegen [9].

§. 149. *b. Die ausserordentliche Verleihung durch niedere Kollatoren.*

Es ist möglich, dass ein anderer als der zuständige Obere der Diöcese [10] auf ein oder mehrere Benefizien in derselben das volle Verleihungsrecht besitzt, und zwar sowohl auf Grund eines päpstlichen Privilegs [11], wie auch auf Grund der Ersitzung, sei es des Besetzungsrechtes allein [12] oder weiter gehender Befugnisse der s. g. iuridictio quasi episcopalis [13]. Solche Befugnisse haben im Mittelalter vor Allem Stifter und Klöster besessen. Heute kommen derartige Verhältnisse in Deutschland nicht mehr vor.

ihrer die Befugnisse seiner Jurisdiktion auszuüben, Th. II. S. 197. 201. 202.

1 S. o. S. 50. n. 5. c. 2 (Clem. III.) X. de suppl. negl. I. 10. ergiebt nichts für die eine oder andere Auffassung.

2 S. 101.

3 Th. II. S. 650. 447. 452. 614. 615, und in diesem Theil o. S. 55. 104.

4 Die oben citirten Stellen beziehen sich auf solche Verhältnisse nicht, über eine Ausnahme von der Regel s. o. S. 55.

5 S. o. S. 55. Im Mittelalter ist in solchen Fällen den inkorporationsberechtigten Klöstern von den Päpsten das Recht gewährt worden, sich an einen andern statt des säumigen Bischofs zu wenden, ep. Alex. III. v. 1181, Mansi 21, 1041, oder der Papst hat andere Bischöfe zu Exekutoren ernannt, Inn. III. ep. V. 129, ed. Migne 1, 1134. Auch die Anordnung kommt vor, dass die Mönche oder ihre Kapläne ohne Weiteres die Seelsorge selbst ausüben dürfen, bis der zögernde Bischof die von ihnen präsentirten Vikare zulässt, ep. Clem. III. v. 1189 für Stendal, Riedel cod. dipl. I. 5, 23.

6 Th. II. S. 675.

7 Nach der mit der preussischen Regierung vereinbarten Circumscriptionsbulle (Th. II. S. 697. n. 1 und dem bairischen Konkordate Art. 10, s. auch a. a. O. n. 5) ist für die Kollation der Bischöfe keine Frist bestimmt. Bei fortdauernder Renitenz eines Bischofs, welche auch nicht einmal durch Censuren gegen denselben zu beseitigen wäre, würde also eine Vereinbarung zwischen der Regierung und dem päpstlichen Stuhl nöthig sein. Was die Stellen betrifft, für welche die bairischen Kapitel nominiren, so ist auch für diese Benennung weder im Konkordate, noch in dem Indult v. 1818 eine Frist festgesetzt. Wegen der Stellen landesherrlicher Nomination s. o. S. 102.

8 Nur ist die in der Bulle Pius' V.: In conferendis v. 1567. §. 4 (Th. II. S. 496. n. 10) angedrohte Devolution an den Papst oder Reservation bei Benefizien, welche dem Pfarrkonkurs unterliegen, nicht praktisch, v. Schulte Lehrb. §. 69. n. 12, was mit der modificirten Gestaltung des Konkurses, a. a. O. S. 500 ff. zusammenhängt.

9 Vgl. auch Th. II. S. 247.

10 D. h. also der Bischof oder der praelatus nullius, Th. II. S. 343.

11 Ein bischöfliches, so Leuren. P. II. qu. 718, welches eine Durchbrechung des gemeinen Rechtes enthalten würde, reicht nicht aus.

12 Th. II. S. 458 (insbesondere Anm. 7) S. 459.

13 Th. II. a. a. O. u. S. 347. Das Tridentinum hat die Ersitzung nicht ausgeschlossen, denn die das Patronat- und Nominations-Recht (s. o. S. 28. 102)

Von dem im §. 141 (o. S. 98) besprochenen Nominations- unterscheidet sich dieses Verleihungsrecht dadurch, dass jede Mitwirkung des regelmässigen Kollators ausgeschlossen ist[1]. Bei Pfarrbenefizien, für welche der Pfarrkonkurs nicht von dem Besetzungsberechtigten, sondern dem Ordinarius der Diöcese abgehalten wird, hat der erstere aber dem von dem letzteren für dignior erachteten Kandidaten das Amt zu übertragen[2]. Streitig ist es, ob es bei solchen Benefizien noch einer besonderen Gewährung der institutio authorizabilis bedarf, indessen ist diese Frage im Allgemeinen zu verneinen[3], es sei denn das Verleihungsrecht nur mit dieser Beschränkung ertheilt oder ersessen worden wäre.

§. 150. 5. *Die Besetzung der Kirchenämter bei streitigem Kollationsrecht und durch den s. g. praelatus putativus.*

I. Wenn das Besetzungsrecht durch einen Prozess streitig geworden ist, sei es weil die kirchliche Stellung, worauf dasselbe beruht, in Frage gezogen[4], sei es, dass es blos an sich oder auch nur in Betreff eines bestimmten einzelnen Benefiziums angefochten wird, so kann dasselbe in den ersteren beiden Fällen überhaupt nicht[5], im letzten Falle hinsichtlich des betreffenden Benifiziums nicht ausgeübt werden[6], bis der Prozess rechtskräftig entschieden ist. Eine vorher von dem einen oder anderen Prätendenten vorgenommene Kollation ist nichtig.

Die Regel gilt aber nicht, falls eine der Parteien sich im redlichen Besitze des Besetzungsrechtes befunden hat oder befindet. Die von einem derartigen Besitzer vorgenommene Kollation ist gültig und bleibt auch bestehen, wenn ihm nachher das Besetzungsrecht in petitorio abgestritten worden ist[7].

betreffenden Vorschriften desselben sind nicht anwendbar, weil in dem hier fraglichen Fall Laien von der Ersitzung überhaupt ausgeschlossen sind, und der in Sess. XIV. c. 12. 13 ausgesprochene Grundsatz, dass die Institution stets dem Bischof verbleiben soll, sich nur auf Patronatsbenefizien bezieht, v. Schulte Lehrb. §. 66. n. 14 u. o. S. 45. n. 5.

[1] Dem Devolutionsrecht unterliegen aber diese Benefizien gleichfalls, s. o. S. 169, vgl. auch Innoc. III. ep. I. 470, ed. Migne 1, 433.

[2] Trid. Sess. XXIV. c. 18 de ref. u. const. Pii V.: In conferendis v. 1567, s. Th. II. S. 494. n. 7.

[3] Th. II. S. 458. n. 7. Unter den Neueren behaupten das Gegentheil Permaneder K. R. §. 247 u. Vering K. R. S. 481. Es erwähnt aber das Tridentinum l. c. nichts davon, offenbar deshalb, weil es die Institutio mit Rücksicht darauf, dass der Bischof bei dem Konkurse den Kandidaten auswählt, für überflüssig hält. Ueber die Ausnahme in Betreff der nicht zu einem Kloster gehörigen Laien, welche sonst der Jurisdiktion des Regular-Prälaten unterstehen s. Trid. Sess. XXV. c. 11 de reg. u. o. Th. II. S. 348.

[4] So wenn behauptet wird, es gerire sich Jemand blos als Bischof, ohne es zu sein.

[5] Dies ergiebt sich aus dem Grundsatz des kanonischen Rechtes, ut lite pendente nihil innovetur X. II. 16 u. VI tus II. 8. Eine Anwendung davon macht c. 2 (Bonif. III.) in VIto h. t. allerdings nur für den Process zwischen mehreren Personen, welche um ein und dasselbe Benefizium streiten. Das c. cit. trifft aber auch unzweifelhaft den Fall, wo jeder sein Recht von einem verschiedenen Kollator herleitet und die Entscheidung zu Gunsten des einen oder anderen davon abhängt, welcher der angeblichen Kollatoren der Berechtigte war, und kann also auch analogisch auf den Fall angewendet werden, wo das Recht unter den letzteren selbst streitig ist. Vgl. auch Lotter de re benef. II. qu. 20. n. 15 u. Leuren. l. c. l. II. qu. 793.

[6] Hier steht nur die Berechtigung in Bezug auf das eine Benefizium in lite, in Bezug auf andere kann daher der Kollator sein Recht ungehindert ausüben.

[7] Dies ist übereinstimmende Lehre der Kanonisten, welche die Vorschriften über die Befugniss des im Besitz einer Berechtigung auf Theilnahme an den Wahlen befindlichen Geistlichen c. 3. X. de causa poss. II. 12: s. auch Th. II. S. 660. n. 2, und über die des Besitzers des Patronatrechtes zur Präsentation, o. S. 60, analogisch anwenden, Garcias tract. de benef. P. V. c. 5. n. 1ff.; Fagnan. ed. c. 19 X. de iurepatr. III. 38. Lotter l. c. qu. 45. n. 2ff.; Leuren. l. c. qu. 729ff. Die Berechtigung dieser Analogie wird sich um so weniger bestreiten lassen, als die Ersitzung des Kollationsrechtes unbezweifelt ist, und man die zu derselben führenden Besitzhandlungen unmöglich für unwirksam und nichtig erklären kann.

Wenn der Besitz selbst streitig ist, so kann

II. Die älteren Kanonisten lehren, dass die Besetzung von Kirchenämtern durch einen s. g. praelatus putativus, d. h. einen solchen, welcher in der That nicht gültig zum Prälaten bestellt ist, aber sich als solcher gerirt, wirksam erfolge, falls dessen Einsetzung nur seitens eines rechtmässigen kirchlichen Oberen erfolgt sei und er wegen eines Irrthums allgemein für den rechtmässigen Prälaten gehalten werde[1]. Einen quellenmässigen Anhalt hat diese Ansicht indessen nicht, sie stützt vielmehr auf einzelne Vorschriften des römischen Rechts, welche wesentlich andere Verhältnisse betreffen[2], und kann daher, da sich auch nicht nachweisen lässt, dass sie etwa gewohnheitsrechtlich recipirt worden ist, nicht für haltbar erachtet werden.

C. Die staatlichen Vorschriften in Betreff der Besetzung der Kirchenämter.

§. 151. *1. Die Mitwirkung der Staatsgewalt bei der Besetzung der Kirchenämter (das s. g. landesherrliche Patronatrecht.)*

I. Geschichte. A. Bis zum Ende des 18. Jahrhunderts. Eine Mitwirkung der weltlichen Gewalt bei der Besetzung der kirchlichen Aemter zeigt sich schon im römischen Reiche in dem Bestätigungsrecht der Papst- und Bischofswahlen durch den Kaiser[3]. In den Germanenreichen ist ein solches seitens der Könige gleichfalls bei den Bischofswahlen geübt[4] und hat sich zu einem Ernennungsrecht umgestaltet[5]. Ebenso haben die deutschen Kaiser im 10. und 11. Jahrhundert einen entscheidenden Einfluss auf die Besetzung des päpstlichen Stuhles geltend gemacht[6]. Der letztere hat indessen seit Gregor VII. ganz aufgehört[7], und nicht minder ist die fürstliche Ernennung der Bischöfe seit dem 12. Jahrhundert sowohl in Deutschland, wie auch in anderen Ländern fortgefallen[8]. Die staatlichen Gesetze jener Zeiten, welche die Anstellung der niederen Geistlichkeit betreffen, haben dagegen nicht den Zweck, der weltlichen Gewalt irgend eine Mitwirkung bei derselben zu sichern, sie wollen vielmehr im Interesse des Staates nur die Verminderung der lasten- und steuerpflichtigen Bevölkerung durch den Eintritt zahlreicher Unterthanen in den geistlichen Stand verhindern. Für das römische Reich gehören diejenigen Anordnungen hierher, welche die Kurialen[9] und die Reichen[10] vom Eintritt in den Klerus ausschliessen, insofern

natürlich von einer gültigen Ausübung des Rechtes keine Rede sein.

[1] Garcias l. c. P. V. c. 5. n. 276 ff.; Fagnan. ad c. 1. X de schismat. V. 8; Leuren. l. c. qu. 725.

[2] Auf l. 3 D. de off. praetor. I. 14 u. l. 2 C. de sent. et interlocut. VII. 45. Nach l. 3 sind die Handlungen eines servus fugitivus, welcher Prätor geworden ist, weil sein wahrer Stand unbekannt war, gültig. Denn, wie Ulpian sagt, könne das römische Volk einem Sklaven die Prätur übertragen und wenn es seine Unfreiheit gekannt hätte, würde es ihm die Freiheit geschenkt haben. L. 2 cit. spricht dagegen aus, dass ein Urtheil, welches ein durch den Magistrat bestellter Arbiter, während er sich thatsächlich im Zustande der Freiheit befand, gefällt hat, die Rechtskraft nicht dadurch verliert, dass später die Unfreiheit desselben festgestellt wird. Es handelt sich also in diesen Stellen um einen singulären Unfähigkeitsgrund, und um die Aufrechterhaltung von Akten, welche für die Privatrechte einer Anzahl von Personen von Bedeutung sind, und welche hinterher im Interesse der Rechtssicherheit nicht gut in Frage gestellt werden können. Daher ist man nicht berechtigt, den ausgesprochenen Grundsatz auf jedes Amtiren, welches wegen Mangels der Amtsgewalt nichtig ist, anzuwenden.

[3] Th. I. S. 218 ff. Th. II. S. 513.

[4] Th. II. S. 517 ff.

[5] A. a. O. S. 518 ff.

[6] Th. I. S. 239 ff. Wegen der karolingischen Zeit s. a. a. O. S. 227 ff.

[7] A. a. O. S. 260. 265.

[8] Th. II. S. 558 ff. 580. 586. 593. 594 ff.

[9] L. 3. C. Th. XVI. 2 v. J. 320; L. 49 (v. 361). 59 (v. 364). 99 (383). 115 (386). 163 (399). 172. §. 1 (410) XII. 1; Nov. Valentin. III. tit. 3. §. 3 (439), tit. 34. §. 3 (452), Maioriani tit. 7. §. 7 (458); Th. I. S. 34. n. 2. Vgl. Grashoff Arch. f. k. K. R. 37, 269 ff.; Löning Gesch. d. deutsch. Kirchenrechts 1, 148 ff.

[10] L. 3 cit. L. 6 (326). 17 (364). C. Th. XVI.

als sie diese Personen wegen des damals noch obwaltenden Zusammenhanges der Ordination [1] und der Anstellung im kirchlichen Amte mittelbar auch zur Erwerbung eines solchen für unfähig erklären. Auf demselben Gesichtspunkt beruht die für Frankreich wahrscheinlich schon von Chlodwig erlassene Anordnung, dass Freie nicht ohne Genehmigung des Königs oder des Grafen in den geistlichen Stand eintreten sollten [2]. Diese Vorschrift, welche wohl nicht sehr streng beobachtet worden ist [3], ist noch von Karl d. Gr. 805 erneuert worden [4], hat indessen nicht länger als bis zur Mitte des 9. Jahrhunderts in praktischer Wirksamkeit gestanden [5].

Als seit dem 13. und 14. Jahrhunderte die staatlichen Gewalten der Ueberspannung der päpstlichen Macht entgegentraten, suchten die Fürsten auch auf die Besetzung der geistlichen Stellen in ihren Ländern Einfluss zu gewinnen, freilich meistens auf Grund päpstlicher Bewilligungen oder wenigstens der Usurpation kirchenrechtlicher Titel, wie insbesondere des Präsentations-, Nominations- [6] oder Patronatsrechtes [7]. Gleichzeitig traten sie durch geeignete Massregeln den päpstlichen Provisionen und Expektativen [8] entgegen [9].

Vom Ende des 15. und Anfang des 16. Jahrhunderts ab dehnten aber die katholischen Fürsten, in Erkenntniss der Nothwendigkeit, im katholischen Kirchenwesen ihrer Länder Reformen vorzunehmen, sowie beeinflusst durch protestantische Anschauungen und das Beispiel der protestantischen Fürsten, auf Grund ihres Advocatierechtes ihre Mitwirkung bei der Vergebung der Kirchenämter noch weiter aus, so nahmen die bairischen Fürsten, abgesehen von der Besetzung der in den päpstlichen Monaten vakanten Pfründen [10], auch das Recht in Anspruch, für die Prälatenwahlen die staatliche Erlaubniss zu ertheilen, Kommissarien zu denselben zur Ertheilung oder

2; Nov. Valent. III. tit. 3. §. 4 cit.; Löning a. a. O. S. 152.

1 Th. I. S. 63.

2 c. 4. conc. Aurel. I. v. 511 c. 4: „De ordinationibus clericorum id observandum esse decrevimus, ut nullus saecularium ad clericatus officium praesumatur nisi aut cum regis aut cum iudicis voluntate: ita ut filii clericorum, i. e. patrum, avorum aut proavorum quos supradicto ordine parentum constat observationi subiunctos in episcoporum potestate ac districtione consistant". Dazu formula Marculfi I. 19, de Rozière recueil n. 550. 2, 690: „. . . iubemus, ut si memoratus ille de caput suum bene ingenuus esse videtur et in puletico (polyptyco) publico censitus non est, licentiam habeat comam capitis sui tonsorare et ad suprascripta basilica vel monasterio deservire". Darüber, dass die Kirche sich eine solche Beschränkung ohne ein königliches Gesetz nicht selbst auferlegt haben kann und dass es sich bei Marculf um kopfsteuerpflichtige Freie handelt, Löning a. a. O. 2, 159 ff.

3 Löning a. a. O. S. 160. 169.

4 Capit missor. v. Diedenhofen v. 805. c. 15, LL. 1, 134 u. Anseg. cap. I. 114.

5 Löning a. a. O. S. 171. n. 1.

6 S. o. S. 99.

7 S. o. S. 100. Vgl. auch Friedberg de fin. inter eccles. et civ. reg. iud. p. 178 ff. v. Mühler Gesch. d. ev. Kirchenverfassg. i. d. Mark Brandenburg S. 21. Ferner kommt ausser den früher durch Stiftungen erworbenen Patronatrechten noch das Recht der ersten Bitte, sowie in einzelnen Ländern, wie in Frankreich und England, das Besetzungsrecht auf Grund der Regalie in Betracht, Th. II. S. 639 ff. u. S. 582. n. 5; Friedberg l. c. p. 221.

8 So insbesondere durch Ausschliessung fremder Geistlicher. S. o. S. 165. n. 4, Th. II. S. 503. n. 4; ferner durch Anwendung des Placets auf päpstliche Provisionsbullen, so in einzelnen deutschen Ländern, in England und in den Niederlanden, Friedberg Grenzen zw. Staat u. Kirche S. 63. 732. 590.

9 Wenngleich schon Marsilius v. Padua in seinem defensor pacis II. 17, geschrieben zw. 1324 u. 1326, Riezler literar. Widersacher d. Päpste z. Zeit Ludwigs d. Baiern S. 196, die Besetzung der kirchlichen Aemter dem weltlichen Gesetzgeber, d. h. der Gestammtheit der Gläubigen oder dem von ihr bevollmächtigten Fürsten zugesprochen hatte, so ist diese Auffassung dabei wohl kaum von Einfluss gewesen, vielmehr nur das durch die Missbräuche in der Kirche und die Uebergriffe des Papstthums, sowie die damalige literarische Bewegung, erwachte und gestärkte Bewusstsein von der Berechtigung der fürstlichen Gewalt gegenüber der Kirche.

10 S. o. S. 101. n. 2.

Versagung der landesherrlichen Bestätigung abzuordnen, und diese Stellen kraft Devolutionsrechtes zu besetzen [1].

Die verschiedenen Rechte, welche die Fürsten bei der Besetzung der Benefizien ausübten, insbesondere die sich auf den erheblichsten Theil der Kirchenämter in ihren Ländern erstreckenden Ernennungs- und Präsentationsrechte [2] galten bald, da die ursprünglichen Titel, auf denen sie beruhten, in Vergessenheit gerathen waren, als Ausflüsse der landesherrlichen Gewalt in Kirchensachen [3]; es war daher erklärlich, dass man im 18. Jahrhundert unter dem Einflusse der territorialistischen und gallikanischen Lehren die Pfründenbesetzung als ein aus dem landesherrlichen ius cavendi herfliessendes Recht betrachtet [4], und dass man diese Auffassung auch in der Staatspraxis geltend gemacht hat [5].

B. Die erste Hälfte des 19. Jahrhunderts. Das s. g. landesherrliche Patronatrecht. Eine noch ausgedehntere praktische Verwerthung hat die Anschauung, dass die Vergebung der niederen Benefizien ein Recht des Souverains sei, unter der neu erfundenen Bezeichnung des landesherrlichen Patronates Anfang dieses Jahrhunderts nach der Säkularisation der geistlichen Territorien durch den Reichsdeputationshauptschluss vom J. 1803 gefunden. In Baiern [6], in Würtemberg [7], in Baden [8], in dem ehemaligen Grossherzogthum Hessen [9] und in Nassau [10] nahmen die Regierungen theils auf Grund der Landeshoheit, theils auf Grund der Succession in die Besetzungsrechte der säkularisirten geistlichen Fürsten [11] ein sol-

[1] Friedberg Grenzen S. 189. 247. Ein Bestätigungsrecht bei solchen Wahlen ist auch in Sachsen schon Ende des 15. Jahrhunderts zur Anwendung gebracht worden, Reinhard meditationes de iure principum Germaniae, cumprimis Saxoniae circa sacra. Hal. Magd. 1717. S. 181 ff. In Baiern trat ferner eine staatliche Prüfung der Geistlichen in Betreff ihrer Tauglichkeit und die staatliche Mitwirkung bei Einsetzung der Pfarrer in ihre Pfründen, Friedberg a. a. O. S. 194 hinzu.

[2] Warnkönig staatsrechtliche Stellg. d. kath. Kirche. Erlangen 1855. S. 94. 95.

[3] So zog Ferdinand II. nach der Wiederbekehrung des Erzherzogthums Oesterreich die Patronatrechte, welche die Protestanten über ihre, damals dem Katholicismus zurückgegebenen Kirchen hatten, zu „seiner landesfürstlichen Disposition" ein, Khevenhiller annales Ferdinand. 10, 730, s. auch mein landesherrliches Patronatrecht. Berlin 1856. S. 15. n. 1.

[4] So z. B. Pehem praelectiones in ius eccl. univ. Wien 1786. §. 807.

[5] Bei der Aufhebung des Jesuitenordens, s. Hofdekrete v. 7. Nov. 1773, v. 18. Febr. u. 25. Juni 1775 (Jaksch Gesetz-Lexikon 4, 320 ff.) und bei der Einziehung der Klöster 1782—85 (Hdbch. aller unter Joseph II. ergang. Verordn. 8, 648; 10, 755 ff.) unter Joseph II. in Oesterreich sind die Kollations- und Präsentationsrechte der aufgelösten Niederlassungen von der Regierung in Anspruch genommen worden, und man hat den Bischöfen nur ein Vorschlagsrecht der Kandidaten gelassen, mein landesh. Patronatsrecht S. 18.

Friedrich II. begnügte sich allerdings in Schlesien mit einer Genehmigung der Vergebung der geistlichen Pfründen, und ebenso setzt das preussische L. R. nur ein derartiges Recht des Staates voraus, §. 120. II. 11; mein landesh. Patronatrecht S. 66. 67.

[6] Erl. v. 26. Aug. 1803, Döllinger Samml. VIII. 8, 591.

[7] Instr. v. 19. Februar 1803, Lang Samml. würtemb. Kirchengesetze Einl. S. 9; s. auch die Reskr. v. 1805 u. 1811, Lang S. 123 u. 384.

[8] Edikt v. 14. Mai 1807 Nr. 13 u. 21, Regierungsbl. 1808. S. 101, vgl. auch Longner, Darstellung d. Rechtsverh. d. Bischöfe i. d. oberrhein. Kirchenprovinz S. 245 ff.; mein landesh. Patronatrecht S. 56; V. d. Rechte d. Verleihung d. Kirchenämter in Baden. Mannheim 1857. S. 12 ff.

[9] Organisations-Edikt v. 12. Okt. 1803. §. 9, Arndts, Vergebung d. Pfarrämter im Herzogth. Westfalen. Trier 1855. S. 26, s. auch mein landesh. Patronatr. S. 63.

[10] V. v. 16. u. 31. Aug. 1803, Samml. d. landesh. Edikte. Wiesbaden 1817. 1, 137 ff., Arch. f. k. K. R. 38, 464; mein landesh. Patr. S. 65. — Vgl. auch S. 179. n. 4 u. 5.

[11] Reichsdeputationshauptschluss v. 25. Februar 1803. §. 34: „Alle Güter der Domkapitel und ihrer Dignitarien werden den Domänen der Bischöfe einverleibt und gehen mit den Bisthümern auf die Fürsten über, denen diese angewiesen sind . . .

§. 35. Alle Güter der fundirten Stifter, Abteien und Klöster in den alten, sowohl als in den neuen Besitzungen katholischer, sowohl als Augsburger Konfessionsverwandten, Mittelbarer, sowohl als Unmittelbarer, deren Verwendung in den vorhergehenden Anordnungen nicht förmlich festgesetzt worden ist, werden der freien und vollen Disposition der respektiven Landesherrn, sowohl

ches Recht auf die Benefizien in den neuerworbenen Territorien, ja auch in ihren bisherigen Ländern in Anspruch[1], zum Theil in dem Umfange, dass die freie Kollation der geistlichen Oberen für eine besonders zu beweisende Ausnahme erklärt[2], sowie bei Privatpatronatspfründen die Bestätigung der präsentirten Kandidaten, und im Falle der s. g. Devolution die Besetzung dem Landesherrn zugewiesen wurde[3].

Schon damals hat sich gegen die Berechtigung dieses s. g. landesherrlichen Patronates lebhafter Widerspruch erhoben[4]. Von praktischem Erfolge war dies freilich nicht, und selbst nach der Begründung der oberrheinischen Kirchenprovinz haben die erwähnten Regierungen[5] mit Ausnahme der bairischen[6] an ihrem Pfründenbesetzungsrecht festgehalten. Aber auch in denjenigen Ländern, in welchen man das landesherrliche Patronat nicht allgemein in Anspruch genommen hatte, wurde ebenfalls entweder ein Ernennungsrecht, so in Frankreich[7], oder wenigstens ein Bestätigungsrecht seitens der Regierungen bei der Pfründenbesetzung, z. B. in Preussen[8], in Baiern[9]

zum Behufe des Aufwands für Gottesdienst, Unterrichts- und andere gemeinnützige Anstalten, als zur Erleichterung ihrer Finanzen überlassen, unter dem bestimmten Vorbehalte der festen und bleibenden Ausstattung der Domkirchen, welche beibehalten werden, und der Pensionen für die aufgehobene Geistlichkeit, nach den theils unten wirklich bemerkten, theils noch unverzüglich zu treffenden näheren Bestimmungen.

§. 36. Die namentlich und förmlich zur Entschädigung angewiesenen Stifter, Abteien und Klöster, sowie die der Disposition der Landesherrn überlassenen, gehen überhaupt an ihre neuen Besitzer mit allen Gütern, Rechten, Kapitalien, Einkünften, wo sie auch immer gelegen sind, über, sofern oben nicht ausdrückliche Trennungen festgestellt sind.

§. 61. Die Regalien, bischöfliche Domänen, domkapitliche Besitzungen und Einkünfte fallen dem neuen Landesherrn zu."

1 Ausführlich ist dieser Standpunkt entwickelt in dem Schreiben des Churfürstl. bair. Landeskommissariates v. 1803, Döllinger a. a. O. S. 591 u. meine cit. Schrift S. 21. Anm.

2 So in Baiern, s. vorige Anm.

3 Wie in Würtemberg, s. die Reskripte v. 1805. 1806. 1807 u. 1814 bei Lang Samml. S. 123. 142. n. *. 179. 467.

4 Zuerst erschien namentlich zur Bekämpfung der Schritte der baierischen Regierung anonym: „Das landesherrliche Patronatrecht, eine neue Erfindung. Bamberg 1804", früher dem Bamberger Kanonisten Frey zugeschrieben, nach Reininger, Arch. d. histor. Vereins für Unterfranken 18, 332, aber von dem Würzburger Weihbischof Zirkel verfasst, dann auf eine Vertheidigung der bairischen Regierung durch Ph. Gregel, d. landesh. Patronatrecht nach d. veränderten Verhältnissen d. bischöfl. Gerechtsame betrachtet. Würzburg und Bamberg 1805, zwei weitere Schriften: (Frey) Bemerkungen über Ph. Gregels Schrift u. s. w. v. e. Unparteiischen, Bamberg 1805 u. (Zirkel) Geschichte des Patronatrechtes in der Kirche. Teutschland 1806 (vgl. Reininger a. a. O. S. 333), wogegen das landesherrliche Patronatrecht wieder vertheidigt wurde v. Reibel, Diöcesanverhältnisse kath. Bischöfe. Ulm 1806. Eine Recension eines Theils dieser Schriften im Juridischen Archiv, Bd. V. Heft 3. Tübingen 1809. S. 386 ff.; über den Streit selbst vgl. auch Reininger a. a. O. S. 308ff. Endlich gehört hierher noch die objectiv gehaltene Schrift des Ebracher Abts Eugen Montag: Abhandlungen über das alte u. neue landesherrliche Patronatrecht, verfasst von e. alten Rechtsfreunde. Bamberg und Würzburg 1810."

5 Ueber Würtemberg, wo dem Bischof nur die Ernennung der Pfarrverweser und Vikarien zukam, vgl. Golther, Staat u. kath. Kirche in Würtemberg S. 78. Erst im J. 1844 wurde ihm die Besetzung kraft Devolutionsrechtes und ferner diejenige von 15 Pfarreien überlassen, a. a. O. S. 106 ff. und mein landesh. Patronatr. S. 55. Eine ähnliche Koncession wie die letztere ist auch in Baden gemacht worden, Brück, d. oberrh. Kirchenprovinz S. 159. Für das Grossherzogthum Hessen hielt dagegen d. V. v. 8. Februar 1830, Arch. d. hess. Ges. 5, 360, an dem Besetzungsrecht der Regierung fest und gewährte dem Bischof nur ein Vorschlagsrecht. Das Gleiche galt in Nassau, Brück a. a. O. S. 158. S. hierzu noch Friedberg Grenzen S. 387. n. 1. Vgl. übrigens auch Th. II. S. 696. n. 3.

6 S. weiter unten.

7 Vgl. unten.

8 Geschäfts-Instr. f. d. Regierungen v. 23. Okt. 1817. §. 18. lit. a, G. S. S. 440, u. V. v. 27. Juni 1845 §. 1 (G. S. S. 443), vgl. auch die K. O. v. 30. September 1812, s. o. S. 166. n. 1, welche die Besetzungsrechte der in Schlesien säcularisirten Stifter und Klöster theilweise der landesherrlichen, theilweise der bischöflichen Besetzung unter Vorbehalt der Bestätigung der letzteren zuwies.

9 Das Konkordat v. 1817 Art. 11 i. f. gewährt unter Anerkennung des Rechtes des Landesherrn, die Präsentationsrechte der aufgehobenen kirchlichen Korporationen auszuüben, den Bischöfen das freie Kollationsrecht mit dem Vorbehalt, dass die Benefizien nur an personae maiestati gratae verliehen werden sollten. Jedoch ist i. d. Entsch. v. 20. Dez. 1821, Döllinger Samml. 8, 31, das Kollationsrecht den Bischöfen nicht für diejenigen Pfründen, welche die ehemaligen Fürstbischöfe in ihrer Eigenschaft als Landesherrn ausgeübt haben, zugestanden, vielmehr für das Pa-

(hier nach Aufgabe des früheren Standpunktes), in Hannover[1], im Königreich Sachsen[2], im Kurfürstenthum Hessen[3] und in Sachsen-Weimar[4] geübt[5].

In Folge der Bewegungen des Jahres 1848, in welchem die deutschen Bischöfe die bisherige staatliche Gesetzgebung und Staatspraxis in ihren Denkschriften[6] bekämpften, indem sie den Einfluss des Staates auf die Benefizienbesetzung, sowie das landesherrliche Patronatrecht und die staatlicherseits in Anspruch genommene Succession in die Kollations- und Präsentationsrechte der säkularisirten Bisthümer, Stifter und Klöster als unberechtigt darzustellen suchten, traten in fast allen Staaten Veränderungen ein, da sich das bisherige staatskirchliche System nicht mehr aufrecht erhalten liess, und die bischöflichen Forderungen insoweit, als sie ein positives Recht des Staates auf die Vergebung der Benefizien in Abrede stellten, völlig berechtigt waren.

Die preussische Verfassungsurkunde von 1848 hob das staatliche Vorschlags-, Wahl- oder Bestätigungsrecht ganz auf[7], und in Folge dessen verzichtete die Regierung auf jedwede Mitwirkung bei der Vergebung der kirchlichen Stellen[8].

In Oesterreich wurden dem Kaiser im Konkordate von 1855 die Nominationsrechte auf die Pfründen des Religions- und Studienfonds belassen[9], und die Bischöfe ausserdem besonders angewiesen, bei Ausübung ihres im übrigen anerkannten freien Kollationsrechtes keine dem Kaiser nicht genehme Personen auszuwählen[10].

Dagegen hielt man in Würtemberg und Baden zunächst noch principiell an dem landesherrlichen Patronatrecht fest. Man überliess nur die in den Monaten Juni und December durch Tod erledigt werdenden Pfründen dem Bischof zur Besetzung und sicherte ihm bei den Benefizien landesherrlicher Besetzung das Recht zu, vorher mit seinem Gutachten über die Bewerber vernommen zu werden, wahrte aber der Regierung das Recht der Bestätigung aller bischöflichen Ernennungen[11].

tronatrecht des Landesherrn in Anspruch genommen worden, s. Krick, kathol. Pfründenwesen in Baiern. Passau 1879. S. 31. Aus Art. 11 des Konkordates hat ferner die baierische Staatspraxis ein staatliches Genehmigungsrecht hergeleitet, Permaneder K.R. §. 36; Silbernagl, Verfassung d. Religionsgesellschaften in Baiern. S. 55. Wegen der vorgängigen gutachtlichen Vernehmung der Bischöfe bei Präsentationen auf Pfarreien königlichen Patronats s. o. S. 45. n. 8.

1 Verfassungsurk. v. 6. August 1840. §. 72, jedoch sollte die Bestätigung nicht ohne erhebliche Gründe verweigert werden. Das Abänderungsgesetz v. 5. September 1848 hat noch die Bestimmung hinzugefügt, dass diese Gründe jeder Zeit mitgetheilt werden sollen.

2 Mandat v. 19. Febr. 1827. §§. 1 u. 2 und Anlage No. 1, Schreyer, Codex d. sächs. K. R. S. 281. 287 u. Motive zum Ges. v. 1876 zu §. 25, Dove u. Friedberg Zeitschr. f. K. R. 14, 217.

3 V. v. 30. August 1829 (u. A. bei Walter fontes p. 350). Danach hatte der Bischof mit Beirath des Kapitels zu nominiren.

4 G. v. 7. Okt. 1823. §. 17, Weiss corp. iur. eccles. p. 335. Hier ist auch das landesherrliche Patronatrecht unter Ausschluss jedes Devolutionsrechts für Benefizien der säkularisirten geistlichen Korporationen in Anspruch genommen worden.

5 Auch in Oesterreich behielt die Regierung die früheren Patronate bei, v. Barthenheim, Oesterreichs geistl. Angelegenheiten. §§. 98 ff. 147 ff. Der Gedanke des landesherrlichen Patronatrechtes tritt klar hervor in der Entschliessung Franz' I. v. 6. Sept. 1806, Arch. f. K. k. R. 16, 182. n. 1: „Dass alle vormals von dem Erzbischofe und Metropolitankapitel in Salzburg vergebenen Pfründen ohne Ausnahme dem landesfürstlichen Patronate und Ernennungsrecht unterstehen."

6 Aufgezählt bei Richter-Dove §. 74. n. 12, s. auch mein landesh. Patronatr. S. 57. 70. 83. 84.

7 Art. 15, welchem der Art. 18 der Verf. Urk. v. 31. Jan. 1850 entspricht, mit der einzigen Abweichung, dass die auf dem Patronate und auf besonderen Titeln beruhenden Rechte des Staates aufrechterhalten werden.

8 Min. Verf. v. 6. Januar 1849, Nr. 3 und v. 8. Mai 1852, Beiträge z. preuss. K. R. 1, 15 u. 2, 8; Richter in Dove, Zeitschr. f. K. R. 1, 112.

9 Art. 25.

10 Breve Pius' IX. vom 5. Nov. 1855, Walter fontes p. 300.

11 Würtemb. V. v. 5. März 1853, ausserordent. Beilage z. Staatsanzeiger Nr. 56; mein landesh. Patronatr. S. 59 u. bad. V. v. 1. März 1853, a. a. O. S. 62; vgl. auch Friedberg, Staat u. kath. Kirche in Baden S. 9 ff. Im Grossherzogthum Hessen und Nassau ist eine Aenderung der früheren Verordnungen

In den gadachten Jahren sind die schon in Folge der Säkularisation des J. 1803 hervorgerufenen Erörterungen über das landesherrliche Patronatrecht von Neuem aufgenommen worden [1]. Vertheidiger hat dasselbe damals aber nicht mehr gefunden. Die Theorie war darin einig, dass ein allgemeines Besetzungsrecht aller kirchlichen Benefizien sich begrifflich aus der Souveränität des Staates nicht herleiten lässt, nicht minder darin, dass der Reichsdeputationshauptschluss von 1803 [2] kein Fundament für eine Rechtsnachfolge der Fürsten in alle den ehemaligen Bischöfen, geistlichen Korporationen und deren Mitgliedern früher zustehenden geistlichen Rechte gewährt hat [3]. Des Weiteren sind sich aber zwei verschiedene Ansichten gegenübergetreten.

Die eine verwirft selbst eine Succession in diejenigen kirchlichen Rechte, von welchen ihrer Natur nach die Laien an und für sich nicht ausgeschlossen sind [4], weil der Reichsdeputationshauptschluss keinen kirchlich rechtsgültigen Titel bilde [5]. Die andere bestreitet die letztgedachte Auffassung und indem sie die Säkularisation an sich als einen rechtswirksamen Uebertragungsakt von Rechten betrachtet [6], geht sie davon

auf dem Wege der Gesetzgebung nicht erfolgt. Im erstgedachten Lande wurde aber in der mit dem Bischof von Mainz 1854 geschlossenen Konvention das Kollationsrecht des Bischofs auf die kirchlichen Benefizien anerkannt, und nur das Recht der Regierung vorbehalten, binnen Monatsfrist nach der bischöflichen Anzeige gegen die in Aussicht genommenen Kandidaten etwaige in bürgerlicher und politischer Hinsicht obwaltende Anstände geltend zu machen, Dove u. Friedberg Zeitschr. f. K. R. 8, 348. 349. Auf demselben Standpunkte steht die Nassauische Min. V. v. 25. Mai 1861, welche indessen darin abweicht, dass sie der Regierung ein Ausschliessungsrecht aus allein von ihr zu beurtheilenden Gründen reservirt, falls der vorgeschlagene Kandidat eine persona minus grata in bürgerlicher oder politischer Hinsicht sein sollte, a. a. O. 2, 127.

[1] Meine diss. inaug. de iurepatronatus regio. Berl. 1855, meine S. 177. n. 3 angeführte Schrift, sowie meine Abhandl. bei Dove, Zeitschr. 2, 412; Kompe, d. Patronatr. im Streite mit den Forderungen d. oberrh. Episcopats in d. Zeitschr. f. deutsch. R. 18, 265; Schulte im Arch. f. k. K. R. 7, 215; Bluhme in Dove's Zeitschr. f. K. R. 4, 46 und dazu Schulte Arch. f. k. K. R. 16, 147, bes. S. 182; Vering a. a. O. 2, 697 u. 7, 227; Rhenanus (Dr. Kirch) a. a. O. 9, 299; Gerlach, Präsentationsrecht auf Pfarreien S. 28. Dagegen behandelt Ign. de Czapski, diss. inaug. de iurepatronatus quod vocant regium, Berol. 1869 diese Frage nicht, vielmehr die Geschichte des Patronates, der Vogtei und der Bischofswahlen in Deutschland und Polen.

[2] S. o. S. 177. n. 11.

[3] Weil derselbe nur die Güter mit den ihnen anklebenden Gerechtsamen und die Landeshoheit auf die Fürsten übertragen hat, letztere aber nicht in die Stellung der früheren Bischöfe und Aebte als kirchlicher Oberer succedirt sind.

[4] Das ist die von den deutschen Bischöfen in ihren Denkschriften S. 179. n. 6 vertretene Auffassung, s. auch Arch. f. k. K. R. 21, 158, vgl. ferner Vering u. Rhenanus in den Anm. 1 angeführten Abhandlungen; Rosshirt a. a. O. 4, 21 ff.; Gerlach, Präsentationsrecht S. 79; Phillips K. R. 7, 688; Walter K. R. §. 235a. n. 1 u. §. 235f; Vering K. R. S. 488.

[5] Die von demselben angeordnete Säkularisation wird als eine Beraubung der katholischen Kirche, welche keine Rechte gewähren könne, betrachtet. Dem steht aber entgegen, dass die Säkularisation, durch welche eine Reihe lebensunfähiger Staaten ihrem unabwendbaren Schicksal verfallen sind, unbezweifelt ein staatsrechtlich gültiger Akt gewesen ist und mithin auch das Eigenthum an den geistlichen Gütern, die an denselben haftenden Rechte und andere Gerechtsame im allgemeinen gültig auf die Staaten und Fürsten, denen diese überwiesen worden sind, übertragen hat. Vom kirchenrechtlichen Standpunkte aus kann die Nichtigkeit ebenfalls nicht mehr geltend gemacht werden. Obgleich der päpstliche Stuhl gegen die Säkularisation damals protestirt hat, vgl. Mejer zur röm.-deutschen Frage 1, 152. n. 1, ist sie doch später indirekt von demselben dadurch anerkannt, dass er die in Folge der Säkularisation stattgehabte Errichtung des Erzbisthums Regensburg im J. 1805, Münch, Konkordat 2, 210 ff.; Mejer, Konkordatsverhandlungen Würtembergs von 1807. S. 11 ff.; derselbe, zur röm.-deutsch. Frage 1, 215 genehmigt hat, sowie später dadurch, dass in dem zweiten und dritten Jahrzehnt dieses Jahrhunderts eine völlig neue Diöcesen-Eintheilung, welche die Säkularisation zu ihrer Voraussetzung hat, auf Grundlage der Verhandlungen mit den einzelnen deutschen Staaten päpstlicherseits vorgenommen worden ist. Durch das letztere widerlegt sich auch der Einwand von Phillips a. a. O. S. 689, dass die Kurie gegen die Wiener Kongress-Akte protestirt hat, weil die geistlichen Fürstenthümer nicht wieder hergestellt und die Säkularisationen aufrechterhalten worden seien, Mejer a. a. O. 1, 490 ff.; Phillips a. a. O. 3, 503. Vgl. auch meine Ausführung bei Dove Zeitschr. 2, 416.

[6] Vgl. meine und Schulte's in Anm. 1 angeführten Abhandlungen; Schulte Syst. d. K. R. 2, 704 ff.; dess. Lehrb. d. K. R. §. 76. Nr. IV; Kompe (cit. Anm.) S. 268. 289; Richter-Dove K. R. §. 163.

aus, dass das Wesen und der Titel der einzelnen Besetzungs- und Präsentationsrechte untersucht und eine Succession der Fürsten in dieselben dann angenommen werden müsse, falls eine solche mit Rücksicht auf die Natur des Rechtes selbst statthaft sei[4]. Der erwähnte Streit hat für die Jetztzeit im wesentlichen die praktische Bedeutung verloren. Durch den Papst selbst sind den Regenten von Baiern[5] und Oesterreich[6] die Präsentations- und Nominationsrechte der aufgehobenen geistlichen Institute über-

[1] Von diesem Standpunkt, welchen auch die Reichs-Deputation eingenommen hat, Protokolle d. ausserordentlichen Reichsdeputation zu Regensburg. Regensb. 1803. 2, 357, Arch. f. k. K. R. 7, 221, aus ergiebt sich, dass eine Rechtsnachfolge anzunehmen ist bei dinglichen Patronaten, welche an säkularisirten, in die Hände der Landesherrn gelangten Gütern gehaftet haben. Der Uebergang solcher Rechte ist theils auf Grund der irrigen Annahme in Zweifel gezogen worden, dass die Patronatrechte der Bischöfe und säkularisirten Korporationen, als geistliche Patronate nicht zugleich hätten dingliche sein können, so Schilling, d. kirchliche Patronat S. 124, vgl. o. S. 13; theils will man die Vorschrift des Tridentinums Sess. XXII. c. 21 de ref., wonach die Landesherrn als spoliatores ecclesiae von der Succession in diese Rechte ausgeschlossen seien, anwenden, s. z. B. Phillips 7, 689; dabei wird aber übersehen, dass die rechtsgültige Säkularisation nicht als Spoliation im Sinne des Tridentinums behandelt werden kann. Endlich ist auch insbesondere der Uebergang auf die protestantischen Landesherrn bestritten worden, womit man das in Deutschland bestehende, ihnen günstige Gewohnheitsrecht, s. o. S. 33, ignorirt hat. Dadurch erledigt sich auch der Einwand, welcher aus der Erklärung des Kardinals Consalvi in der s. g. esposizione dei sentimenti di Sua Santità v. 1819. Nr. 36, Münch Konkordate 2, 407, dass der Papst „die Succession in das Patronatrecht der alten Bischöfe und in jenes der wirklich aufgehobenen geistlichen Korporationen den nicht katholischen Fürsten nicht zugestehen kann", hergenommen worden ist. Vgl. ferner mein landesherrl. Patronatrecht S. 27 ff. Gleichgültig ist es übrigens, ob das betreffende Gut zum Landesvermögen oder zum Tafelgut des Bischofs oder Abtes gehört hat, and. M. Schulte im Arch. f. k. K.R. 7, 224, welcher im letzteren Fall das Patronatrecht erlöschen lässt, obwohl beide Arten von Gütern an die Landesherren gekommen sind. Nicht übergangen sind dagegen 1. die Besetzungsrechte der Bischöfe und Prälaten, welche ihnen als solchen zugestanden haben, da diese Ausflüsse ihrer fortgefallenen kirchenregimentlichen Stellung gewesen sind, 2. die persönlichen Patronate eines geistlichen Landesherrn, Klosters, Stiftes oder Stiftamtes, denn eine Universalsuccession in die Rechte dieser Personen ist auf Grund des Reichsdeputationshauptschlusses nicht eingetreten, 3. die auf einer incorporatio quoad temporalia et spiritualia beruhenden Besetzungsrechte der erwähnten Korporationen oder Stiftsämter mit Rücksicht darauf, dass hier die ersteren oder die Inhaber der Aemter kraft ihrer Stellung das inkorporirte Benefizium selbst innehatten und die Landesherrn nicht in die kirchlichen Benefizien succedirt sind. Was endlich 4. das Präsentationsrecht bei der incorporatio quoad temporalia betrifft, so wird sich ebenfalls keine Succession in dasselbe (früher mein landesh. Patronatrecht S. 40 habe ich das Gegentheil vertheidigt), begründen lassen. Denn wenn auch diese Art der Inkorporation einen mehr vermögensrechtlichen Charakter gehabt hat, so kann das Präsentationsrecht doch nicht als Accessorium des inkorporirten Vermögens angesehen werden. Historisch betrachtet ist es allerdings ein losgelöster Bestandtheil des ehemaligen Eigenthums des geistlichen Instituts an der Kirche und den Gütern derselben gewesen, Th. II. S. 447. Diese Auffassung ist aber längst beseitigt, vielmehr ist das gedachte Recht später ein Ausfluss der Stellung des Inkorporationsberechtigten als pastor primitivus, welchem die temporale Seite des Amtes zukam, geworden. In die desfallsigen Befugnisse des letzteren konnten aber die Landesherren nicht succediren, z. B. nicht in das etwaige Recht desselben, den eingesetzten Vikar beliebig abzurufen, a. a. O. S. 448, vielmehr nur in die einzelnen, der Inkorporation unterworfenen Vermögensstücke, an denen als solchen das Präsentationsrecht niemals gehaftet hat. Eine Ausnahme tritt bei beiden Arten der Inkorporation dann ein, wenn das berechtigte Institut vor derselben schon ein dingliches Patronatrecht auf das später inkorporirte Benefizium besessen hat, a. a. O. S. 634 ff. — warum Schulte 7, 225 dies nicht für die ersterwähnte Art der Inkorporation gelten lassen will, ist unerfindlich, — denn unter dieser Voraussetzung ist das Patronatrecht nicht erloschen, sondern nur suspendirt worden und konnte wieder zur Wirksamkeit gelangen, nachdem das aus der Inkorporation hervorgehende Ernennungs-, bez. Präsentationsrecht fortgefallen war, s. o. Th. II. S. 451. 454; s. auch Kompe a. a. O. S. 289. In allen Fällen, wo nach den vorstehenden Ausführungen die bisherigen Ernennungs- und Präsentationsrechte untergegangen sind, muss die freie Kollation des Bischofs eintreten. Wenn Schulte a. a. O. ferner bemerkt, dass die persönlichen weltlichen Patronate der früheren Stände und anderen weltlichen Institute auf die jetzigen Stände, bez. das Land (Fiskus) übergegangen sind, weil diese in deren Gesammtrechte eingetreten seien, so kommt es hierbei darauf an, ob nach dem bestehenden Staatsrecht für die jetzigen Stände eine solche Nachfolge angenommen werden kann, jedenfalls konnte aber das Land, bez. der Landesherr nicht in Patronate erloschener kirchlicher Institute succediren, weil der persönliche Patronat mit dem Vermögen des Berechtigten nicht übergeht, s. o. S. 84.

[2] S. o. S. 178. Anm. 9.

[3] S. o. S. 179. Anm. 9.

lassen worden. Auch haben seit der Mitte dieses Jahrhunderts die Staatsregierungen mehrerer deutschen Staaten[1] Vereinbarungen mit den einzelnen Bischöfen des Inhaltes geschlossen, dass den letzteren eine bestimmte Anzahl von Benefizien, namentlich Pfarreien, zur eigenen Besetzung überwiesen, in Bezug auf einen anderen Theil aber die Präsentations- und Nominationsrechte den Regierungen vorbehalten und von den Bischöfen anerkannt wurden, indem man dabei, soweit dies möglich war, auf den historischen Ursprung der einzelnen Rechte zurückgegangen ist und nach Massgabe ihrer Titel die Scheidung vorgenommen hat. Eine päpstliche Genehmigung ist nur für zwei der gedachten Abkommen ertheilt worden[2], sie war aber auch kirchenrechtlich nur insofern nöthig, als etwa bei den Vereinbarungen von den Bischöfen den Regierungen Präsentations- oder Patronatsrechte auf diejenigen Stellen zugestanden worden sind, für welche die letzteren solche rechtlich nicht zu beanspruchen hatten[3].

Thatsächlich haben auch diejenigen Staaten, welche das landesherrliche Patronatrecht früher noch festgehalten hatten, dasselbe seit den fünfziger Jahren dieses Jahrhunderts aufgegeben[4]. Ein indirekter Verzicht darauf ist erst in den Gesetzen derselben, welche theils nach dem Scheitern der Konkordatsbestrebungen[5], theils aus Anlass des Vatikanischen Konzils[6] ergangen sind, erfolgt. Während in ihnen das staatliche Mitwir-

[1] So Würtemberg i. J. 1856 u. 1857 im Zusammenhange mit den Verhandlungen wegen des Konkordates, Golther, Staat u. kath. Kirche in Würtemberg. S. 167; Arch. f. k. K. R. 2, 287 Bekanntmachg. v. 9. März 1858, u. a. bei Reyscher, d. österr. u. würtemb. Konkordat Tübingen 1858. S. 144. (danach erhielt der Bischof 178 Pfründen, 318 blieben im kön. Patronat, über 30 endlich sind besondere Bestimmungen getroffen worden); in Baden, nachdem die ebenfalls bei den Konkordatsverhandlungen mit der Kurie i. J. 1859 geschlossene Uebereinkunft nicht zu Stande gekommen war, sind nach der Vereinbarung v. 13. März 1861 der landesherrlichen Präsentation 304 Pfründen verblieben, der bischöflichen Verleihung 163 überwiesen worden (in Betreff von 132 besondere Vorschriften), V. v. 20. Nov. 1861, Dove Ztschr. 2, 214, u. Arch. f. k. K. R. 7. 124, erzbischöfl. V. v. 20. Nov. 1861, Arch. a. a. O. S. 126; vgl. auch Friedberg, Staat u. kath. Kirche i. Baden. S. 10ff. Für Preussen kommen nachstehende Vereinbarungen in Betracht: 1. mit dem Erzbischof v. Gnesen-Posen v. 1854 (51 Pfründen landesh. Präsentation, 65 bischöfl. Kollation, 15 mit Vorschlagsrecht des Domkapitels, über 47 besondere Bestimmungen), Arch. f. k. K. R. 24, 224ff.; v. 1867 mit dem Fürstbischof v. Breslau (96 Pfr. ldesh. Präs., 135 bischöfl. Koll.), a. a. O. 20, 299, — hierdurch ist die frühere Alternative auf Grund der V. v. 30. Sept. 1812, S. 166. n. 1, ersetzt —, 3. v. 1852 mit dem Bischof v. Paderborn über die Stellen im westfälischen Antheil der Diöcese (51 ldesh. Präs. u. 221 bisch. Koll.), Arch. f. k. K. R. 24, 241ff.; Gerlach, Paderborner Diöcesanrechte. 2. Aufl. S. 49ff. (wegen der Stellen im Eichsfelde ist seit 1846 verhandelt, aber eine Einigung bisher nicht erzielt worden, Arch. f. k. K. R. 24, 234ff.); 4. v. 1854 mit dem Bischof v. Münster (23 ldh. Präs., 32 bischöfl. Kollation), a. a. O. S. 254; u. v. 1868 mit demselben wegen d. rechtsrheinischen Theils seiner Diöcese (10 ldesh. Präs., 18 bisch. Koll., 1 bes.), a. a. O. S. 256; 5. v. 1870 mit dem Bischof v. Trier in Betreff der rechtsrheinischen Stellen (9 ldesh. Präs., 16 bisch. Koll.) a. a. O. 27, 43; 6. v. 1871 mit dem Bischof v. Fulda (nur 4 ldesh. Präs. unter Verzichtleistung auf das Patronatrecht aller übrigen). a. a. O. S. 49, u. v. 1872 wegen des ehem. bair. Antheils der Diöcese (2 ldesh. Präs.) a. a. O. 36, 421. 7. v. 1873 mit dem Bischof von Limburg (28 ldh. Präs., die übrigen freier bischöfl. Kollation), a. a. O. 30, 304. 8. Mit dem Bischof v. Culm ist dagegen schon 1848 vorbehaltlich einer weiteren definitiven Uebereinkunft, welche aber bisher nicht zu Stande gekommen ist, vereinbart, dass die Pfarrstellen, welche früher von den Bischöfen, Domkapiteln und Klöstern vergeben worden sind, bei ihrer Erledigung in den 6 päpstlichen Monaten der landesherrlichen, bei einer solchen in anderen Monaten der bischöflichen Verleihung unterstehen sollen, a. a. O. 24, 265.

[2] Nämlich das würtembergische u. das preussische für Posen, s. d. vor. Note.

[3] Indessen haben dieselben auch insoweit dieser Gesichtspunkt zutrifft, durch die neuere preussische, würtembergische und badische Gesetzgebung, s. die Anführungen S. 99. n. 7, ihre feste staatsgesetzliche Grundlage erhalten, vgl. auch unten unter II. A. Uebrigens kann nicht verkannt werden, dass alle diese Vereinbarungen für die Bischöfe und somit für die katholische Kirche günstig gewesen sind, und dass heute das freie Kollationsrecht der ersteren viel weniger Einschränkungen, als zur Zeit des früheren deutschen Reiches erleidet, vgl. auch Hauber bei Dove Zeitschr. f. k. K. R. 2, 380.

[4] So Würtemberg, Baden, s. Anm. 1; Hessen-Darmstadt und Nassau, s. S. 179. n. 11.

[5] In Würtemberg u. Baden in den Gesetzen von 1860 u. 1862, s. unter II.

[6] In Hessen-Darmstadt, s. ebendaselbst.

kungsrecht bei der Besetzung der Kirchenämter im Laufe der in Frage stehenden Zeit eine immer grössere Abschwächung erfahren hat, sah man sich andererseits in Preussen nach dem vatikanischen Konzil gezwungen, die seit dem J. 1848 betretene Bahn zu verlassen und wenigstens ein Recht der Abwehr gegenüber der Aemtervergebung durch die kirchlichen Oberen dem Staate gesetzlich zu sichern [1]. Das letztere ist auch in Oesterreich aus derselben Veranlassung geschehen, aber damit nur für diejenigen Befugnisse, welche bisher schon kraft eines neben dem Konkordat gewährten päpstlichen Privilegs geübt wurden, ein staatsgesetzliches Fundament geschaffen worden [2].

II. Das geltende Recht. Die in Kraft stehenden Gesetzgebungen in den deutschen Staaten über den Antheil der Regierungen bei der Besetzung der kirchlichen Aemter lassen sich auf folgende Gruppen zurückführen:

A. Weitaus die Mehrzahl [3] gewährt in Uebereinstimmung mit der österreichischen Gesetzgebung der Staatsregierung für die Regel nur das negative Recht des Einspruches, und zwar (wobei ich von der Exklusive bei der Besetzung der bischöflichen Stühle und der Stellen in den Stiftern absehe) [4] theils in Betreff der Kirchenämter [5] überhaupt, — hierher gehören die Gesetze Würtembergs [6], Badens [7] und Hessens [8], nicht minder Oesterreichs [9] —, theils nur hinsichtlich der geistlichen Aemter [10], so das preussische [11] und das kön. sächsische Recht [12], ersteres jedoch auch hinsichtlich der Aemter, welche zur Verwaltung kirchlich oder staatlich erledigter Bisthümer bestimmt sind [13], endlich auch allein in Betreff der Pfarrämter, wie das lippische Gesetz [14].

Während nach dem letzteren das Ablehnungsrecht schlechthin, und schon deshalb, weil der in Aussicht genommene Kandidat dem Landesherrn eine persona minus grata ist, also rein nach den subjektiven Anschauungen des letzteren ausgeübt werden

[1] S. unter II.

[2] Ebendaselbst. Was die übrigen bisher berührten Staaten betrifft, so ist nur noch in Sachsen eine neue gesetzliche Regelung erfolgt. In den anderen Ländern ist es bei den einmal ergangenen gesetzlichen Bestimmungen (s. unter II.) verblieben.

[3] Vgl. hierzu auch meine Abhandlung in Hartmann Ztschr. f. Gesetzgebung u. Praxis d. deutsch. öffentl. Rechts 2, 545 ff.

[4] Th. II. S. 682. 695.

[5] Th. II. S. 505.

[6] Ges. v. 30. Jan. 1862. Art. 4.

[7] Ges. v. 9. Okt. 1860. §. 9.

[8] Th. II. S. 504. n. 3; in Betreff der Stellvertretung und Hilfeleistung in Kirchenämtern s. a. a. O. S. 507.

[9] Ges. v. 7. Mai 1874. §. 3. „Die Besetzung der Erzbisthümer und Bisthümer, dann der Kanonikate an sämmtlichen Kapiteln, sowie die Ernennung der bischöflichen Generalvikare erfolgt in der bisherigen Weise. — In Fällen, wo die Besetzung nicht auf landesfürstlicher Ernennung oder einer landesfürstlich bestätigten kanonischen Wahl beruht, ist die für eines der genannten kirchlichen Aemter in Aussicht genommene Person der staatlichen Kultusverwaltung anzuzeigen. — Gegen eine von der letzteren erhobene Einsprache (§ 2) — s. Th. II. S. 504. n. 11. S. 510; 511. n. 6 — darf die Besetzung oder Ernennung nicht stattfinden.“ §. 6. „In Fällen der freien Verleihung oder einer nicht vom Kaiser oder von den landesfürstlichen Behörden ausgehenden Präsentation, dann im Falle der Bestellung eines Pfarrverwesers für eine incorporirte Pfründe hat der Bischof die hiefür ausersehene Person der Landesbehörde anzuzeigen. — Der letzteren steht zu, dem Bischof ihre Einwendungen unter Angabe der Gründe (§. 2) mitzutheilen.“ Der §. 3 führt gegenüber dem früheren Zustand nur die Neuerung herbei, dass auch die Anstellung der Generalvikare dem staatlichen Einspruch unterliegt, Motive zu §. 3, Gautsch v. Frankenthurm die konfessionellen Gesetze S. 45. Zu §. 6 vgl. auch Arch. f. k. K. R. 39, 142.

[10] Th. II. S. 505. 506.

[11] Th. II. S. 504. n. 1.

[12] Ges. v. 23. Aug. 1876. §§. 24—26, s. auch Th. II. S. 507.

[13] Th. II. S. 506 u. meine Abhdlg. b. Hartmann a. a. O. 1, 245.

[14] Ed. v. 9. März 1854. Art. 2, Beiträge z. preuss. K. R. 2, 82: „Insbesondere verstatten wir dem Bischofe zu Paderborn die Errichtung katholischer Pfarreien und deren Besetzung mit den einen kanonischen Tischtitel besitzenden Priestern mit dem Vorbehalt, hiebei personam minus gratam abzulehnen.“

Auch die waldecksche V. v. 1861. §. 3, Arch. f. k. K. R. 9, 22 nimmt einen schlechthin zu berücksichtigenden Einspruch bei der Besetzung der Pfarrei zu Pyrmont in Anspruch.

kann[1], ist dasselbe in Würtemberg, Baden und Hessen insofern beschränkter, als hier die Staatsregierungen nur ihnen in bürgerlicher oder politischer (hess. Ges. staatsbürgerlicher) Beziehung missfällige Kandidaten unter Angabe des Grundes, bez. (würtemb. Ges.) unter Anführung der Thatsachen ablehnen dürfen. Unter dem ersteren Gesichtspunkte können diejenigen ausgeschlossen werden, welche wegen ihrer Stellung im bürgerlichen Leben, also insbesondere wegen geminderter Ehre, wegen Bescholtenheit oder faktischer Anrüchigkeit, in letzterer diejenigen, welche wegen ihrer Stellung zum Staate, wegen ihres politischen Verhaltens, Zuwiderhandelns gegen die Staatsgesetze, wegen Nichtbeachtung der durch den konfessionellen Frieden gebotenen Rücksichten oder wegen mangelnder Befähigung für die mit den Kirchenämtern verbundenen staatlichen Geschäfte zur Versehung öffentlicher kirchlicher oder geistlicher Funktionen ungeeignet erscheinen[2]. Ein Prüfungsrecht darüber, ob der angegebene Grund die Missfälligkeit rechtfertigt, steht den kirchlichen Oberen nicht zu, vielmehr hat in dieser Beziehung allein die Staatsregierung zu entscheiden[3]. Ebensowenig besteht eine Verpflichtung der letzteren, falls ihre Anführungen in thatsächlicher Hinsicht bestritten werden sollten, den Beweis für dieselben zu erbringen[4].

In Uebereinstimmung damit steht das österreich. Gesetz, welches nur statt der erwähnten Ausdrücke die Formulirung: »in sittlicher und staatsbürgerlicher Hinsicht vorwurfsfreies Verhalten« angenommen hat[5].

Dagegen beschränkt das sächsische Gesetz[6] den Einspruch auf den Fall, dass wider den in Aussicht genommenen Kandidaten auf Grund seines bisherigen Verhaltens die Annahme gerechtfertigt erscheint, dass er den Staatsgesetzen oder den von der Obrigkeit innerhalb ihrer gesetzlichen Zuständigkeit erlassenen Anordnungen entgegenwirken oder den öffentlichen Frieden stören werde, ohne allerdings für die Regierung eine Pflicht zur näheren Begründung der deswegen erhobenen Einsprache festzusetzen.

Das preussische Recht endlich kennt diesen Ausschliessungsgrund des sächsischen Gesetzes ebenfalls. Es hat aber noch den weiteren aufgestellt, dass der Anzustellende wegen eines Verbrechens oder eines ehrmindernden Vergehens[7] verurtheilt worden ist, oder sich in Untersuchung befindet, und verlangt für beide Fälle die Angabe von Thatsachen, welche den betreffenden Einspruchs-Grund als gerechtfertigt erscheinen lassen[8].

[1] Vgl. auch Th. II. S. 686. Ebenso ist es in Waldeck.

[2] Motive z. würtemb. Gesetz bei Dove, Ztschr. f. K. R. 2, 94; Hauber a. a. O. 2, 381; Golther a. a. O. S. 293.

[3] Hauber a. a. O.; Friedberg, Staat u. kath. Kirche i. Baden. S. 25ff.; Golther a. a. O. S. 292.

[4] Ein solches Recht gewähren die Gesetze nicht. Vgl. Kommissionsbericht d. I. Kammer z. badischen Gesetz bei Spohn, bad. Staatskirchenrecht. S. 19: „Es wird dadurch die Regierung in keine Beweisführung gegenüber von den ihr Missliebigen oder der Kirche verwickelt, indem es sich von selbst versteht, dass keine Verpflichtung für sie bestehen kann, sich über die von ihr mitgetheilten Gründe in eine weitere Verhandlung einzulassen und den Beweis der Wahrheit zu führen. Und dennoch gewährt die Nothwendigkeit der Angabe eines Grundes eine bedeutende moralische Sicherung gegen etwaige einseitige Idiosynkrasien oder fanatische Richtungen, welche ja auch bei einem Staatsmanne vorkommen können".

[5] Th. II. S. 510 u. o. S. 183. n. 9. Vgl. übrigens auch die zweitfolgende Anm.

[6] §. 24 Abs. 2.

[7] d. h. eines solchen, welches das Reichs Str. G. B. mit Zuchthaus, mit Verlust der bürgerlichen Ehrenrechte oder dem der öffentlichen Aemter bedroht, §. 16 des Ges. v. 12. Mai 1873.

[8] Dem Wortlaut des preuss. Gesetzes §. 16 nach ist der Einspruch auch zulässig, wenn der Anzustellende nicht die Reichsangehörigkeit und die erforderliche Vorbildung, s. Th. II. S. 504. 508, besitzt. Dabei handelt es sich aber um Voraussetzungen, deren Fehlen ganz unabhängig vom Einspruch die Nichtigkeit der Anstellung nach sich zieht und welche nicht durch Unterlassung desselben ersetzt werden, s. §. 17 a. a. O., wie dies auch beim Mangel anderer staatsgesetzlicher Erfordernisse, s. a. a. O. S. 510. No. 4, wegen deren Nichtvorhandensein das Gesetz den Einspruch des §. 16 nicht zulässt, der Fall sein kann. Der Einspruch wegen der im Text erwähnten Gründe, sowie der des würtembergischen, sächsischen, badischen und hessischen

Endlich gewährt es dem geistlichen Oberen auch gegen eine solche Einspruchserklärung die Berufung mit 30tägiger Ausschlussfrist an den Gerichtshof für kirchliche Angelegenheiten, woraus zugleich folgt, dass der Staatsregierung die Beweislast für die angeführten Thatsachen obliegt[1].

Das Einspruchsrecht findet bei jeder Uebertragung eines kirchlichen, bez. geistlichen Amtes statt, gleichviel ob dieselbe frei durch den kirchlichen Oberen oder nicht, z. B. auf Präsentation eines Patrons, Nomination oder Vorschlag eines anderen Berechtigten erfolgt[2].

Zur Ermöglichung des Einspruches ist der geistliche Obere verpflichtet, den in Aussicht genommenen Kandidaten unter Bezeichnung des demselben zu übertragenden Amtes zu benennen[3]. Er darf erst zur Uebertragung des letzteren schreiten, wenn die Regierung erklärt hat, dass sie keinen Einspruch geltend zu machen habe, in Preussen und Oesterreich auch dann, wenn die Staatsbehörde innerhalb 30 Tagen nach erfolgter Benennung gar keine Erklärung abgegeben hat[4].

Rechtes hat dagegen das Eigenthümliche, dass er erhoben werden muss, um die Anstellung zu hindern, und dass diese bei Unterlassung des Einspruchs, wenn nur Gelegenheit dazu gegeben war, gültig und unanfechtbar wird. Das preussische Gesetz wirft also zwei verschiedene Dinge zusammen, welche juristisch auseinander zu halten sind, vgl. meinen Kommentar zu d. preuss. Kirchengesetzen v. 1873. S. 134. No. 17 und meine Abhdlg. bei Hartmann a. a. O. 2, 546, offenbar deshalb, weil es das Berufungsverfahren (s. o. im Text) auch bei einem Einspruch wegen des Fehlens der vorhingenannten wesentlichen Erfordernisse massgebend sein lassen wollte. Dieselbe Inkorrektheit findet sich ebenfalls im österreichischen Gesetze, dessen §§. 3 u. 6, s. S. 183. n. 9, auf den auch alle wesentlichen Voraussetzungen festsetzenden §. 2 verweisen, s. ferner Th. II. S. 510. n. 7.

Die sächsische und die badische Gesetzgebung weichen darin von der preussischen ab, dass sie die Verurtheilung zu einem Verbrechen oder ehrmindernden Vergehen, erstere auch die Untersuchung wegen eines solchen, s. Th. II. S. 510, zu einem absoluten Ausschliessungsgrund machen, welcher nicht durch Unterlassung des Einspruches fortfallen kann.

[1] Mein citirter Kommentar S. 134. n. 17.

[2] Dies ergiebt sich für Preussen, Hessen, Sachsen aus dem Gebrauch des Wortes: „übertragen" in den angeführten Gesetzen, vgl. meinen citirten Kommentar S. 104; s. auch österr. Ges. §. 6, s. S. 183. n. 9. In Preussen, Hessen, Sachsen und Oesterreich hat auch in diesen Fällen der kirchliche Obere, nicht der Patronats- oder sonstige Berechtigte die Handlungen vorzunehmen, welche zur Ermöglichung des Einspruches erforderlich sind, s. folgende Note. In Würtemberg ist dagegen das Verfahren schon in Folge der Konkordatsverhandlungen dahin geregelt, dass der Patron seinerseits vor Ausstellung der Präsentationsurkunde durch Vermittelung des katholischen Kirchenrathes die Erklärung der Regierung über die etwaige Beanstandung des Kandidaten einzuholen, und demnächst bei der Präsentation den schriftlichen Bescheid der letzteren über die Nichtbeanstandung dem Bischof miteinzureichen hat, V. v. 27. Jan. 1858, v. Vogt, Samml. kirchl. Verordn. s. Rottenburg Schwäb. Gmünd. 1876. S. 431. n. 1. Ebenso ist es in Baden, erzbischöfl. V. v. 30. Nov. 1861. §§. 7. 8, vgl. hierzu Friedberg a. a. O. S. 13 ff. 240 ff.

[3] cit. preuss. Ges. §. 15 (an den Oberpräsidenten); hess. Ges. Art. 4 (an das Ministerium des Innern), österr. Ges. §§. 3. 6 (an die staatliche Kultusverwaltung, bez. die Landesbehörde); sächs. Ges. §. 25, das eine Anzeige der „Ernennung" — wohl so viel wie Designation — verlangt. Für Würtemberg folgt dasselbe aus dem Art. 3 des cit. Gesetzes. In Baden ist nach der cit. V. des Erzbischofs §. 8 dasselbe Verfahren eingeführt.

Diese Benennungspflicht gilt auch für diejenigen, welche im Bezirke des geistlichen Oberen amtiren sollen, denen er aber seinerseits nach dem katholischen Kirchenrechte das Amt nicht übertragen kann, so für Weihbischöfe, vgl. meinen cit. Kommentar S. 129. Eine Selbstbenennung unter Nachweis des ertheilten kirchlichen Auftrages verlangt das preuss. Ges. v. 20. Mai 1874. §. 2. 3 für denjenigen, welcher in einem erledigten Bisthum während der Vakanz bischöfliche Amtshandlungen und Verrichtungen ausüben will. Sie ist auch nach dem würtemb. u. badischen Gesetze für den Kapitularvikar nicht ausgeschlossen, da beide keine Vorschrift über die benennende Behörde enthalten. Nach dem hess. Ges. Art. 4 wird das Domkapitel die Benennung vornehmen müssen, denn dieses hat bei der Vakanz zunächst die Stelle der dort genannten „oberen kirchlichen Behörde".

Zur Kontrole darüber, dass die Benennung erfolgt, ist in Oesterreich, cit. Ges. §. 11 u. in Sachsen auch eine Anzeige über die Erledigung jedes geistlichen Amtes an die Regierung vorgeschrieben, cit. Ges. §. 25, ebenso in Baden durch d. angef. erzb. V. v. 1861. §. 2.

[4] S. die cit. Ges. Nach d. erzb. V. v. 1861. §§. 2. 8 hat die bad. Regierung sich verpflichtet, den Einspruch binnen 3 Wochen der erzbischöflichen Behörde kund zu thun, widrigenfalls im Falle einer nicht beantragten Fristverlängerung

Das Einspruchsrecht ist der Natur der Sache nach ausgeschlossen, wo der Regierung eine über dasselbe hinausgehende weitere Mitwirkung positiven Charakters zukommt, d. h. bei der Anstellung der Militärgeistlichen und der Geistlichen in öffentlichen Anstalten [1], sowie bei denjenigen Aemtern, auf welche der Regierung ein Nominations- oder Präsentationsrecht auf Grund eines Patronates oder sonstigen Rechtstitels zusteht [2], oder bei welchen ihr Ausschliessungsrecht kraft eines solchen umfassender als nach den erwähnten gesetzlichen Bestimmungen ist [3].

Das Einspruchsrecht findet nicht nur Anwendung, wenn ein Amt dauernd oder widerruflich übertragen wird [4], sondern in Preussen, Sachsen und Hessen auch dann, wenn ein Geistlicher blos mit einer Stellvertretung oder Hülfeleistung [5] in einem Amte, und in Baden, wenn ein solcher mit der öffentlichen Ausübung kirchlicher Funktionen betraut wird.

Eine Anstellung oder eine Uebertragung der eben gedachten Funktionen, welche unter Verletzung des staatlichen Einspruchsrechtes stattgehabt hat [6], ist nichtig [7], je-

angenommen werden soll, dass sie keine Erinnerungen zu machen habe.

In Preussen ist die Frist für den vor. Note Abs. 2 erwähnten Fall der Selbstbenennung nur 10 Tage. Ueber die Berufung gegen den Einspruch, welche für denselben ebenfalls 10 Tage beträgt, s. S. 185. Eine solche lässt auch d. österr. Ges. §. 6 gegen die Einwendungen der Landesbehörde an den Kultusminister (ohne Frist) offen. In den übrigen Staaten ist eine Beschwerde natürlich ebenfalls statthaft, falls noch eine höhere Instanz vorhanden ist.

1 Vgl. Th. II. S. 341. 342. u. o. S. 99; österr. Ges. §§. 3. 6. u. Th. II. S. 338 ff.

2 Vgl. die Anführungen o. S. 99. n. 7; österr. Ges. §§. 3. 6.

Hierher gehört das Nominationsrecht für Bisthümer und Kanonikate in Oesterreich, sowie das Ernennungsrecht für die letzteren in Preussen, Th. II. S. 691. 696. 698. Als besondere Rechtstitel kommen ferner die zur Beilegung der Streitigkeiten in Betreff der Succession in die Besetzungs- und Präsentationsrechte der säkularisirten Institute geschlossenen Abkommen, s. S. 182. n. 1, in Frage, für Baden insbesondere auch die Festsetzung, dass bei den Pfründen, für welche die Regierung das Patronatrecht beansprucht, der Erzbischof dasselbe aber nicht anerkannt hat, die Anmeldungen der Bewerber bei der Regierung erfolgen und die erzbischöfliche Behörde aus den von der ersteren nicht beanstandeten drei Bewerber vorzuschlagen hat, unter denen die Staatsbehörde den zu präsentirenden auswählt, V. v. 20. Nov. 1861 u. erzbischöfl. V. v. dems. Tage, Friedberg a. a. O. S. 245. 246; Arch. f. k. K. R. 7, 124. 128. Die preussische Regierung hat sich in den meisten der erwähnten Vereinbarungen verpflichtet, nur solche Kandidaten zu präsentiren, in Betreff deren sie vorher durch vertrauliche Anfrage bei dem Bischof festgestellt hat, dass der letztere gegen ihre Qualifikation und Würdigkeit nichts einzuwenden habe, Arch. f. k. K. R. 24, 247. 255. 263; 27, 48, 30, 307; 31, 427.

3 Wie bei den Bischofswahlen in Preussen und in der oberrheinischen Kirchenprovinz und den Kanonikaten in der letzteren, Th. II. 682. 685, oder bei einzelnen Pfründen in der Provinz Posen, bei welchen nach besonderer Vereinbarung dem Ober-Präsidenten das Recht zusteht, überhaupt eine persona minus grata abzulehnen, Arch. f. k. K. R. 24, 229.

4 S. Th. II. S. 507. Für Baden und Würtemberg folgt dies daraus, dass die beiden citirten Gesetze schlechthin von Verleihung und Vergebung sprechen.

5 In dem a. a. O. angegebenen Sinn. In Preussen, §. 2 des Ges. v. 12. Mai 1873, ist aber eine solche einstweilen vorbehaltlich späterer Anzeige und des Einspruchs bei Gefahr im Verzuge, in Hessen cit. Ges. Ar. 1. Abs. 2, ausserdem auch bei Befriedigung eines vorübergehenden Bedürfnisses zulässig. In Oesterreich findet ein Einspruchsrecht nur bei Bestellung eines Pfarrverwesers für eine inkorporirte Pfründe, §. 6 des cit. Ges., vgl. auch Arch. f. k. K. R. 33, 473, und bei Einsetzung dauernd bestellter Provisoren oder Administratoren eines kirchlichen Amtes statt, s. §. 10 des cit. Ges.

6 D. h. wenn die Uebertragung an einen als missfällig bezeichneten Kandidaten erfolgt ist oder die vorgeschriebene Benennung des Kandidaten gar nicht oder erst gleichzeitig mit der Anstellung oder nach derselben oder vor Eingang der Aeusserung der Regierung oder da, wo eine Frist für diese festgesetzt ist, s. o. S. 185, vor Ablauf der letzteren stattgehabt hat.

7 Preuss. Ges. v. 13. Mai 1873. §. 17; Deklaratoria dazu v. 21. Mai 1874. Art. 1, und G. v. 20. Mai 1874. §. 4 Abs. 3, und zwar in all und jeder Beziehung, so dass der betreffende Geistliche auch nicht befugt ist, rein geistliche Handlungen vorzunehmen, z. B. den Pfarrgottesdienst zu halten, und die Regierung die Ausübung derselben durch Exekutivmassregeln (z. B. durch Sperrung der Pfarrkirche) hindern kann. Das cit. badische würtemb. und hess. Gesetz weisen keine entsprechende ausdrückliche Bestimmung auf, da aber die erwähnten Erfordernisse als nothwendige Bedingungen des Erwerbes kirchlicher Aemter von ihnen aufgestellt sind, so ergiebt sich dasselbe Resultat, weil beim Mangel derselben das Amt überhaupt nicht rechtsgültig erworben wird.

doch lassen das sächsische und österreichische Gesetz die Nichtigkeit nur für den staatlichen Bereich eintreten [1].

Die preussische, badische und hessische Gesetzgebungen [2] bedrohen die Verletzung ihrer Vorschriften über das Einspruchsrecht, ebenso die über die Erfordernisse der Reichs-, bez. Staatsangehörigkeit und der wissenschaftlichen Vorbildung [3] durch den kirchlichen Oberen mit Kriminalstrafe [4], ebenso auch der Ausübung von Amtshandlungen durch einen Geistlichen, welchem das Amt oder die S. 186 gedachten Funktionen zuwider den erwähnten Bestimmungen übertragen sind [5].

Endlich kann auch in Preussen eine Beschlagnahme des Vermögens der geistlichen Stelle durch den Ober-Präsidenten erfolgen, wenn dasselbe gesetzwidrig übertragen worden ist oder Thatsachen vorliegen, welche die Annahme rechtfertigen, dass eine solche Uebertragung erfolgen werde [6].

1 Sächs. Ges. §. 25. Das österr. Ges. spricht dies nicht direkt aus. Es steht aber auf dem prinzipiellen Standpunkt, dass der Staat nur kompetent ist, über die staatliche Seite der Kirchenämter zu verfügen, s. §. 8 u. meinen Aufsatz bei Hartmann 2, 150. 556. Auch die Motive zu §. 6 haben dieselbe Auffassung, Gautsch v. Frankenthurm a. a. O. S. 52. In beiden Ländern ist also der rechtswidrig angestellte Geistliche nur gehindert, Amtshandlungen, welche in den staatlichen Bereich fallen oder bürgerliche Wirkungen haben, z. B. in Oesterreich die Eheschliessung, vorzunehmen; soweit rein geistliche Handlungen in Frage stehen, kann er dagegen fortamtiren. In Oesterreich erhält er allerdings auch nicht die Temporalien des Amtes, weil bei der Installation in dieselben der Staat mitzuwirken hat, §. 7 des cit. Ges.

2 Vgl. hierzu meine Abhdlg., die strafrechtl. Verantwortlichkeit der Kirchen- und Religionsdiener i. v. Holtzendorff, Handb. d. deutsch. Strafrechts 4, 522 ff.

3 Th. II. S. 504. 508.

4 Preuss. Ges. v. 12. Mai 1873. §. 22, Deklaratoria dazu v. 21. Mai 1874. Art. 1; bad. Ges. v. 19. Febr. 1874. Art. 3. §. 16ª. Nr. 2; hess. Ges. Art. 7. Unter geistlichen oder kirchlichen Oberen ist derjenige zu verstehen, welcher die kirchliche Regierungs- und Leitungsgewalt besitzt (also der Bischof), nicht derjenige, welcher ohne den Besitz derselben in einem gerade gegebenen Fall ausnahmsweise ein Amt oder eine Amtsfunktion, wie der Erzpriester oder Landdekan oder der Pfarrer, überträgt, mein cit. Kommentar S. 128; s. auch v. Holtzendorff 4, 523. Die Strafen sind Geldstrafen und Gefängniss.

5 Im Einzelnen finden sich aber folgende Verschiedenheiten: 1. das bad. Gesetz v. 19. Febr. 1874. Art. 3. §. 16ª. No. 1 und das hessische Ges. Art. 7 bestrafen nur die öffentliche Ausübung der gesetzwidrigen übertragenen kirchlichen Aemter oder Funktionen, d. preuss. v. 11. Mai 1873. §. 23. Abs. 1 u. d. Deklaratoria v. 21. Mai 1874 aber auch die nichtöffentliche Vornahme von Handlungen, welche ihrem Wesen und Begriff nach in den Kreis der Geschäfte des geistlichen Amtes fallen, auch selbst wenn sie nicht in rein geistlichen, z. B. gottesdienstlichen Funktionen bestehen, sondern nur kirchlicher Natur, wie die Theilnahme am Kirchenvorstand, sind, s. meine Ausführung bei v. Holtzendorff 4, 528. 529. Nach der preuss. Deklaratoria hat ferner der Geistliche nachzuweisen, dass er gesetzmässig zu einem ihn zur Vornahme der fraglichen Handlung ermächtigenden Amte oder einer solchen Funktion berufen ist, a. a. O. S. 530, während in Baden und Hessen mangels besonderer Bestimmungen die allgemeinen Grundsätze über den Nachweis des dolus zur Anwendung kommen. Für diejenigen, welche in einem erledigten Bisthum gesetzwidrig bischöfliche Amtshandlungen oder Verrichtungen vornehmen, hat das Gesetz v. 20. Mai 1874. §§. 4. 5 besondere Strafen festgesetzt, vgl. dazu a. a. O. S. 553, meine Abhandlung bei Hartmann 1, 250 ff.; meinen Kommentar zu den preuss. Kirchengesetzen v. 1874 u. 1875. S. 51 ff. u. Th. II. S. 711, Nachtrag zu S. 248.

Für den Fall, dass wegen der gedachten Vergehen rechtskräftig verurtheilte Geistliche weiter amtiren oder sich als Amtsinhaber geriren, kann ihnen nach dem Reichsges. v. 4. Mai 1874. §§. 1. 2 ein bestimmter Aufenthaltsort versagt oder angewiesen, ihnen auch in schwereren Fällen die Staatsangehörigkeit entzogen werden, sowie ihre Ausweisung aus dem Bundesgebiete erfolgen. Das Nähere darüber in der Lehre von der Absetzung der Geistlichen. Das sächs. Ges. §. 34 u. d. österr. Ges. §. 60 haben keine entsprechenden Strafvorschriften, sie lassen zur Durchführung ihrer Vorschriften nur Exekutivmassregeln, und Geldstrafen als Exekutiv- und Ordnungsstrafen zu.

6 Deklaratoria v. 21. Mai 1874. Art. 3. Zur Ausführung der Beschlagnahme, welche nöthigenfalls im Wege der Administrativ-Exekution bewirkt wird, ist ein Kommissar zu ernennen. Der letztere hat die vermögensrechtlichen Befugnisse des Stelleninhabers, soweit sie die Verwaltung betreffen, auszuüben. Der Ueberschuss, welcher nach Abzug der auf dem Vermögen lastenden Abgaben, Unterhaltungs- und Verwaltungskosten übrig bleibt, muss zum Kapital geschlagen werden. Die Verwaltung hört auf, wenn eine gesetzmässige Wiederbesetzung der Stelle stattgefunden hat oder eine gesetzmässige interimistische Versehung derselben eingetreten ist, s. meinen

B. Eine ausdrückliche Genehmerklärung oder Bestätigung der von den geistlichen Oberen für die Anstellung in Aussicht genommenen Personen ist erforderlich in Baiern für Pfarr-, sonstige Kurat- und einfache Benefizien [1], in Sachsen-Weimar für Pfarr- und andere Pfründen [2], in Oldenburg für die Stellen des Offizials, der geistlichen Beisitzer des Offizialates und der Dechanten, sowie für Pfarreien und andere Kurat-Benefizien [3], in Mecklenburg-Schwerin [4] für die Anstellung katholischer Priester überhaupt, und in Schwarzburg-Rudolstadt für die eine vorhandene ständige Seelsorge-Stelle [5].

Kommentar zu den preuss. Kirchengesetzen von 1874 u. 1875. S. 25 ff. Diese Vorschriften sind durch das Ges. v. 20. Juni 1875, welches auch die zur Besoldung der Geistlichen bestimmten Vermögensstücke der Verwaltung der Kirchenvorstände überweist, nicht aufgehoben, weil sie einem Spezialgesetz angehören, welchem durch das generelle Gesetz nicht derogirt wird.

In den anderen Staaten, so in Württemberg, s. cit. Ges. Art. 19, Baden, cit. Ges. v. 1860. §. 10; Hessen, cit. Ges. Art. 7, Oesterreich cit. §. 7, wo eine Mitbetheiligung des Staates bei der Verwaltung der vakanten Pfründen, bez. bei der Einweisung des neuen Amtsträgers in die Temporalien vorkommt, kann der Staat die Herausgabe des Pfründenvermögens an den gesetzwidrig angestellten Geistlichen ohne Weiteres hindern, bez. unter Entfernung desselben auf Grund der erwähnten Bestimmungen eine Interkalarverwaltung einrichten. Die Bestimmungen des preussischen Gesetzes sind also nicht so singulär, wie sie auf den ersten Blick erscheinen.

1 S. o. S. 178. n. 9; Min. Erl. v. 20. Nov. 1873. II. 2, Dove u. Friedberg, Ztschr. f. K. R. 12, 260 u. Arch. f. k. K. R. 31, 177. Materiell ist durch den letzteren nichts an der Vorschrift des allerdings formell beseitigten Erlasses v. 8. April 1852, No. 8 geändert, insoweit darin bestimmt ist: „Die Verleihung katholischer Pfründen seitens der Bischöfe setzt die königl. Genehmigung voraus. Geistlichen, welche von Sr. Majestät dem König als Allerhöchstdemselben nicht genehm bezeichnet werden, kann eine Pfründe nicht verliehen werden“. Die Vergewisserung über die Genehmhaltung der Person erscheint demnach als eine Vorbedingung der bischöflichen Uebertragung des Kirchenamtes. Vgl. auch Krick, kathol. Pfründenwesen i. Baiern S. 32. Wegen der vorgängigen Prüfung des politischen Verhaltens und der Verleihung staatlicher Funktionen, s. Erl. v. 10. April 1868, Arch. f. k. K. R. 20, 297 und in Betreff der Privatpatronatsfründen vgl. o. S. 45. n. 8.

Für die Jurisdiktionsämter der bischöflichen Verwaltung, Generalvikare, Mitglieder der Ordinariate u. s. w. ist aber ein solches Recht nicht in Anspruch genommen, wohl deshalb, weil die von den Kapiteln und Bischöfen ausgehenden Ernennungen zu Kanonikaten der Genehmigung bedürfen, Th. II. S. 698 und die Regierung von der Auffassung ausgeht, dass die Kanoniker auf die Versehung der gedachten Stellen ein Anrecht haben, a. a. O. S. 709. Nachtrag zu S. 159.

Die Bestellung der Verweser erledigter Pfründen steht den bischöflichen Ordinariaten zu, doch haben die Kreisregierungen diese zu bestätigen und ihnen die Temporalienverwaltung zu übertragen, wogegen von der Anstellung eines Verwesers bei Lebzeiten eines Pfarrers neben demselben der gedachten Behörde nur Nachricht gegeben wird, Krick a. a. O. S. 28. 30; Stingl, Verwaltung d. Pfarramtes S. 297 ff.

2 Ges. v. 7. Oct. 1823. §. 17: „... Die Kollation der übrigen Pfarreien und Pfründen steht dem Bischofe zu. Sie kann aber nur an solche Personen geschehen, wider welche der Landesherr nichts einzuwenden hat, mithin durchaus nicht ohne landesherrliche Zustimmung. Die Bestellung der Pfarrvikarien und Kooperatoren bleibt der bischöflichen Behörde nach vorgängiger Kommunikation mit der Immediat-Kommission (d. h. der zur Wahrung des ius circa sacra bestehenden Behörde) überlassen.“ Hier ist offenbar nur eine Genehmigung oder Bestätigung der Person des Anzustellenden, nicht ein die bischöfliche Kollation erst zur Perfektion bringender Akt, eine Konfirmation der letztern, gemeint.

3 Die Oldenburg. Verf. v. 1852. Art. 79 verlangt für die den Religionsgesellschaften zustehende Wahl, Ernennung oder Einsetzung ihrer Beamten und Diener von Seiten der Staatsgewalt die Gutheissung nach Massgabe der Gesetze und Verträge; s. ferner Vertr. v. 5. Jan. 1830. §§. 24. 27, u. A. bei A. Müller, Lexikon d. K. R. 5, 401, Normativ v. 5. April 1831. §§. 11. 12, a. a. O. S. 409, in denen überall vorgängige Zustimmung oder Approbation des Landesherrn verlangt wird. Vgl. hierzu noch Vering K. R. S. 126 u. Bahlkamp i. Arch. f. k. K. R. 31, 432. Dagegen ist die Anstellung von Kooperatoren, Vicekuraten und Hülfsgeistlichen ohne Benefizien dem Offizialate zu Vechta überlassen und es ist nur die approbatio pro cura für diese der herzoglichen zur Wahrung des ius circa sacra eingesetzten s. g. Immediat-Kommission zum Visum einzusenden, cit. Normativ §. 13.

4 Regulativ v. 25. Aug. 1846 (G. v. Schröter), d. kathol. Religionsübg. i. Mecklenburg-Schwerin Jena 1852. S. 63. Der geistliche Obere (der Bischof v. Osnabrück als Provikar der nordischen Mission, a. a. O. S. 71 u. Th. II. S. 359) hat zunächst Anzeige von der beabsichtigten Ernennung des Geistlichen an die Regierung zu machen. Diese sucht das landesherrliche Placet nach und ertheilt nach Bewilligung desselben die Bestätigungsurkunde. Uebrigens ist es Praxis, dass der Geistliche vor der definitiven Anstellung ein Probejahr durchzumachen hat, J. v. Schröter S. 64.

5 V. v. 1872. §. 2, Arch. f. k. K. R. 36, 411:

Von dem unter A. besprochenen Einspruchsrecht unterscheidet sich das hier erwähnte Recht dadurch, dass eine ausdrückliche Gutheissung des Kandidaten erfordert wird, also ohne diese positive Thätigkeit des Landesherrn eine gültige Anstellung nicht erfolgen kann [1]. Fehlt es daran, so ist dieselbe nichtig, und zwar, da das Recht der erwähnten Staaten keine Unterscheidung macht, sowohl für den staatlichen, wie auch für den kirchlichen Bereich [2].

C. Eine Bestätigung der von den geistlichen Oberen erfolgten Ernennungen kommt vor in Frankreich und Elsass-Lothringen in Betreff der Generalvikare, Kanoniker und Pfarrer [3], und in Braunschweig in Betreff aller Kirchenämter [4]. Hier handelt es sich nicht blos um eine Beschränkung des Anstellungsrechtes des geistlichen Oberen in der Art, dass die Kollation nur auf eine bestimmt qualificirte Person gerichtet werden darf [5], vielmehr wirken die Regierungen bei dem Kollations-Akte selbst insofern mit, als derselbe nicht ohne ihre Bestätigung zur Perfektion gelangen und ohne dieselbe nicht rechtsgültig werden kann. Die etwaige Nichtigkeit bezieht sich auch nach diesen Gesetzgebungen sowohl auf die staatliche, wie auf die kirchliche Sphäre [6].

§. 152. 2. *Staatliche Vorschriften über die Fristen und die Art der Wiederbesetzung.*

Von dem Standpunkt aus, dass eine lange Vakanz der kirchlichen Aemter nicht nur die Interessen der Kirche, sondern auch die des Staates schädigt, und dass die Offenhaltung von erledigten Stellen und die provisorische Verwaltung derselben von den kirchlichen Oberen dazu benutzt werden kann, die Abhängigkeit des niederen Klerus zu vergrössern und ihn zum gefügigen Werkzeuge für die Verfolgung einseitiger, dem

„. . . Der vom Bischof ausgewählte Seelsorger ist jederzeit vor Einweisung in sein Amt Uns zur Genehmigung zu benennen. Wir werden diese Genehmigung nur aus wichtigen staatlichen Gründen versagen."

Ueber die Vikariatsräthe und die Mitglieder des kathol. geistlichen Konsistoriums im Königr. Sachsen, s. Th. II. S. 358.

[1] Das Recht geht also weiter als die Exklusive unter A, umsomehr, als die Versagung der Genehmigung nicht auf bestimmte Gründe, wie dies in Bezug auf die erstere vorkommt, beschränkt ist. Es ist daher eine tendenziöse Behauptung Bahlkamps, dass das bischöfliche Kollationsrecht in Oldenburg weniger beschränkt sei, als in Preussen.

[2] Die erwähnten Gesetze machen diesen Unterschied nicht. Daraus folgt, dass der betreffende Geistliche, weil er das Amt ungültig erlangt hat, keine aus demselben herfliessenden Rechte, mithin auch nicht die geistlichen auszuüben befähigt ist. Bahlkamp ist auch hier ohne jede nähere Begründung anderer Ansicht.

[3] Th. II. S. 699. Anm. 2, organ. Artikel 19, wonach die Ernennung nicht vor der Bestätigung publicirt und erst nach derselben die kanonische Institution ertheilt werden darf, damit sie im Falle der Nichtgenehmigung noch rückgängig gemacht werden kann.

In Elsass-Lothringen ertheilt jetzt der kaiserliche Statthalter die Genehmigung, V. vom 23. Juli 1879. No. 3, Reichs-G.-Bl. S. 283.

[4] Verf.-Urk. v. 12. Okt. 1832. §. 226. Arch. f. k. K. R. 13, 259: „Die Kirchen und Schuldiener aller christlichen Konfessionen im Lande, sofern sie nicht unmittelbar von der Landesregierung bestellt werden, bedürfen, bevor sie die Amtsgeschäfte antreten oder die Amtseinkünfte sich aneignen, der landesfürstlichen Bestätigung; alle sind vor dem Amtsantritt auf die Beobachtung der Gesetze und der Landesverfassung zu beeidigen," s. auch Ges. v. 10. Mai 1867 §. 72, a. a. O. 19, 416. Praktisch kommen allerdings nur einige Seelsorgerstellen in Frage, Vering K. R. S. 122.

[5] Dies ist freilich die Auffassung des franz. Konkordates Art. 10: „Les évêques nommeront aux cures. Leur choix ne pourra tomber que sur des personnes agréées par le gouvernement" (im lateinischen Text: „gubernio acceptas"). Die staatliche Gesetzgebung bezieht aber die Genehmigung nicht auf die Person, sondern die Ernennung, s. Anm. 3.

[6] S. d. Vorschr. d. braunschw. V.-U. Anm. 4; ferner Anm. 2.

Ein direktes landesherrliches Ernennungsrecht oder „Erwählungsrecht" der katholischen Pfarrer nehmen für Sachsen-Gotha das Regulativ v. 1811. n. 3, Arch. f. k. K. R. 32 215, und für S.-Koburg d. Reg. v. 24. Juni 1813. §. 24. a. a. O. 36, 426 in Anspruch, wobei den Pfarrgemeinden freilich ein nicht bindendes Vorschlagsrecht zweier, bez. eines Kandidaten eingeräumt worden ist. In praktischer Uebung

Staate feindlicher Tendenzen zu gebrauchen, hat die preussische[1] und die hessische[2] Gesetzgebung vorgeschrieben, dass jedes Pfarramt[3] innerhalb eines Jahres nach seiner Erledigung[4] für die Regel[5] wieder zu besetzen ist. Die Besetzung muss ferner dem Wesen des Amtes gemäss dauernd erfolgen[6]. Die neuerdings mehrfach von den Bischöfen beliebte Anstellung auf Widerruf oder ad nutum[7] ist demnach unstatthaft. Das österreichische Recht setzt dagegen eine solche Frist für die Wiederverleihung aller niederen Aemter fest[8], ohne jedoch etwas weiteres über die Art der Besetzung zu bestimmen[9]. Während nach demselben zur Durchführung dieser Vorschrift nur die allgemeinen Exekutivmittel, insbesondere Geldbussen, statthaft sind[10], kann in Preussen nicht nur der Ober-Präsident die Wiederbesetzung der Stelle durch wiederholte Geldstrafen erzwingen, sondern auch der Kultusminister Staatsmittel einbehalten, welche zur Unterhaltung der Stelle oder des besetzungsberechtigten Oberen, gleichviel, ob diesem eine collatio libera oder non libera in Betreff derselben zusteht, dienen[11]. Ausserdem ist auch der provisorisch angestellte Geistliche, welcher nach der Benachrichtigung des Ober-Präsidenten über das gegen den kirchlichen Oberen eingeleitete Zwangsverfahren Amtshandlungen in dem von ihm nicht dauernd verwalteten Pfarramt vornimmt, mit Kriminalstrafe bedroht[12].

Das hessische Recht kennt dagegen ein Zwangsverfahren nicht, gewährt aber dem Patron oder der Gemeinde ein Nothrecht auf Einsetzung eines Pfarrverwesers[13], um dadurch einen indirekten Druck auf den geistlichen Oberen zur Wiederbesetzung auszuüben. Ferner kann der letztere auch, wenn er einer darauf gerichteten Anordnung der Staatsbehörde nicht nachkommt, kriminalrechtlich bestraft werden[14].

Allein das preussische Recht setzt für die Wiederbesetzung der Bisthümer wenigstens indirekt eine Frist von einem Jahre fest, insofern als der Kultusminister, falls ihm eine Verlängerung derselben nicht angezeigt erscheint, einen Staats-

steht dasselbe aber nicht, neuerdings sind vielmehr die Pfarrer für Gotha vom Bischof von Paderborn nach vorgängigem Benehmen mit der Regierung gesendet worden, Vering K. R. S. 143, in Koburg haben dagegen nur Pfarrverweser kraft Auftrages des Bischofs von Bamberg fungirt, a. a. O. S. 141 u. cit. Arch. 32, 426. n. 1, weil ein solcher für die Ausübung seiner Funktionen allein der staatlichen Genehmigung bedarf. Regul. §. 29.

1 Ges. v. 1. Mai 1873. §. 18.

2 cit. Ges. Art. 10.

3 Also nicht blos ein solches, welches zugleich Benefizial-Qualität hat, daher bezieht sich die Vorschrift auch auf die s. g. Missions- und die Sukkursal-Pfarreien in den Landestheilen des französischen Rechts, so auch §. 19. Abs. 2 des preuss. Ges., vgl. ferner Th. II. S. 466 Anm. 5. a. E.

4 In Preussen, §. 18 a. a. O., da wo ein Gnadenjahr besteht von dem Tage ab, wo die Berechtigung zu den betreffenden Bezügen erlischt.

5 Die Frist kann in Preussen durch den Oberpräsidenten, in Hessen durch das Ministerium des Innern im Falle des Bedürfnisses, z. B. wenn sich keine geeigneten Kandidaten finden lassen, wenn es zur Ansammlung eines dringend nothwendigen Baufonds aus dem Gehalt der Stelle erforderlich erscheint, in Hessen auch in dem in der vor. Anm. gedachten Falle, angemessen verlängert werden.

6 S. a. a. O. In Preussen findet aber eine Ausnahme für diejenigen Seelsorgerämter, also auch Pfarreien, z. B. Missionspfarreien statt, welche mit Genehmigung des Kultusministers als ad nutum verleihbar errichtet worden sind, vgl. §. 19. Abth. 1 des cit. Ges.

7 S. o. S. 113.

8 Cit. Ges. §. 12. Dass es sich dabei nur um niedere Aemter handelt, ergiebt der Zusammenhang desselben und die Vorschrift, dass der Landesbehörde, nicht dem Kultusministerium die Befugniss beigelegt ist, die Frist ausnahmsweise zu verlängern.

9 Die dauernde Besetzung kann aber allein als ordnungsmässige Wiederbesetzung bei denjenigen Aemtern, welche kanonisch zu einer solchen geeignet sind, angesehen werden, vgl. auch die Motive bei Gautsch v. Frankenthurm S. 63.

10 Cit. Ges. §. 60.

11 Preuss. Ges. §. 18.

12 §. 23 Abs. 2 (Geldstrafe bis zu 100 Thlr.), vgl. meinen Aufsatz bei v. Holtzendorff a. a. O. S. 538.

13 S. u. §. 153.

14 Ges. v. 25. April 1875, d. Missbrauch d. geistl. Amtsgewalt betr. Art. 12, vergl. meine Abhdlg. bei Hartmann a. a. O. 2, 560.

kommissar für die Vermögensverwaltung zu ernennen hat, wenn der bischöfliche Stuhl nicht innerhalb des gedachten Zeitraumes mit einem staatlich anerkannten Bischof[1] wieder besetzt ist[2].

Der Kommissar[3] hat das »dem bischöflichen Stuhle gehörige[4] und das der Verwaltung desselben oder des jeweiligen Bischofs unterliegende[5] bewegliche oder unbewegliche Vermögen«[6] in Verwahrung zu nehmen[7] und zu verwalten[8]. In Betreff der Verwaltung des gedachten Vermögens tritt der Kommissar in alle Rechte des Bischofs ein, und hat diese nach den geltenden statutarischen, partikularrechtlichen oder kanoschen Vorschriften zu führen. Er ist daher auch allein legitimirt bindende Rechtsakte in Betreff der gedachten Vermögensmassen vorzunehmen[9]. Er kann Verwendungen zu denjenigen Zwecken, welchen das betreffende Vermögen dient, machen, dagegen liegen sonstige Veräusserungen der Substanz und dauernde Belastungen derselben ausserhalb seiner Befugnisse, weil seine Verwaltung nur eine Zwangsmassregel zur Beseitigung des provisorischen Zustandes ist und daher alle nicht durch den laufenden Geschäftsgang erforderten Maassnahmen ausschliesst[10]. Die sich ergebenden Verwaltungsüberschüsse fliessen nach Abzug der Verwaltungskosten[11] dem Grundstock der Vermögensmassen zu, bei denen sie sich herausgestellt haben.

In Bezug auf das sonstige kirchliche[12] oder das zu kirchlichen Zwecken bestimmte Vermögen im bischöflichen Sprengel hat der Kommissar das dem Bischof zustehende Aufsichtsrecht über die Verwalter dieser Vermögensmassen und das Recht der oberen Verwaltung, also namentlich das Recht zu solchen Akten, zu denen die Genehmigung des Bischofs rechtlich erfordert wird, statt desselben seine Einwilligung zu ertheilen[13].

[1] Th. II. S. 687.

[2] Ges. v. 20. Mai 1874. §. 8. Gleichgültig ist es dabei, ob für die Dauer der Erledigung ein s. g. oeconomus für die Verwaltung eingesetzt ist oder das Domkapitel oder eine besondere bischöfliche Behörde dieselbe zu führen hat, §. 12. a. a. O. Vgl. hierzu meinen Aufsatz bei Hartmann a. a. O. 1, 255 ff. 260 u. meinen Kommentar zu den preuss. Kirchengesetzen v. J. 1874 u. 1875. S. 53 ff. 58 ff.

[3] Eine Qualifikation ist nicht vorgeschrieben. Die Kommissare sind bisher aus den Verwaltungs- und Justizverwaltungs-Beamten genommen worden.

[4] Dasjenige Vermögen, welches Eigenthum des bischöflichen Stuhles ist, gleichviel ob es zu allgemeinen Diöcesanzwecken oder für besondere kirchliche Zwecke, z. B. für die Kathedrale oder für den Unterhalt des Bischofs (mensa episcopalis), dient.

[5] Z. B. Stiftungsvermögen, welches der bischöfliche Stuhl oder jeder Inhaber desselben nach der Stiftungsurkunde zu verwalten hat.

[6] Ausgeschlossen ist also das Vermögen des Domkapitels und das derjenigen kirchlichen Institute, welches nicht der unmittelbaren Verwaltung des bischöflichen Stuhles untersteht.

[7] Also die gedachten Vermögensmassen der Verfügung und Einwirkung der kirchlichen Organe zu entziehen. Die etwa nöthig werdenden Zwangsmassregeln, welche im Wege der Administrativ-Exekution getroffen werden, hat aber der Ober-Präsident anzuordnen, §. 6 des cit. Ges.

[8] §. 9 a. a. O. Uebrigens wird die Ernennung des Kommissars und der Tag, an welchem er seine Amtsthätigkeit beginnt, öffentlich bekannt gemacht, §. 11 a. a. O. Zu seiner Legitimation erhält er eine Ernennungsurkunde des Kultusministers, §§. 6. 9 a. a. O.

[9] §. 9 a. a. O.

[10] Eine Ausnahme machen aber solche Veräusserungen, welche ihrer Natur nach Konservationsmassregeln sind, z. B. die verzehrlicher oder unbrauchbarer Sachen, sowie diejenigen, welche auf rechtlicher Nothwendigkeit beruhen.

[11] Dazu gehört auch die Remuneration des Kommissars.

[12] Z. B. das Pfarr-, Vikariat-, Kaplanei-, Pfründen-Vermögen.

[13] §. 9 a. a. O. Zur Durchführung seiner innerhalb seiner gesetzlichen Befugnisse getroffenen Verwaltungs- und Aufsichts-Anordnungen steht ihm nach dem Ges. v. 13. Februar 1878 (G. S. S. 87) das Recht zu, Exekutivgeldstrafen bis 150 Mark festzusetzen, und falls dies zur Durchführung der Massregel absolut nothwendig ist, unmittelbaren Zwang anzuwenden. Gegen die Zwangsmittel ist aber in den Provinzen, wo die neue Verwaltungsorganisation durchgeführt ist, Klage bei dem Oberverwaltungsgericht statthaft.

Mit Eintritt eines staatlich anerkannten Bischofs endet die Verwaltung des Kommissars, was öffentlich bekannt gemacht wird, §. 11 des Ges. v. 20. Mai 1874. Verantwortlich für seine Verwaltung ist aber der Kommissar nicht dem Bischofe, sondern nur seinen vorgesetzten Behörden, d. h. dem Oberpräsidenten und dem Kultusminister. Die von ihm gelegte Rechnung unterliegt der Revision der Oberrechnungskammer §. 10 a. a. O.

Die Gesetzgebung der anderen Staaten kennt keine derartigen Schutzmittel, die Offenhaltung von Bisthumsvakanzen zu verhindern [1].

§. 153. *3. Das staatliche Nothbesetzungsrecht der Patrone und Gemeinden.*

Die preussische und hessische Gesetzgebung kennt ein Nothbesetzungsrecht der Patrone und Gemeinden. Dasselbe beruht auf dem Gesichtspunkt, den Betheiligten in Fällen, wo eine ordnungs- und gesetzmässige Verwaltung der geistlichen Aemter in Folge der Konflikte zwischen Staat und Kirche ausgeschlossen wird, die Mittel zur Abwendung der daraus entstehenden Schäden zu gewähren.

Nach preussischem Recht tritt das erwähnte Recht in Wirksamkeit 1, wenn und so lange eine staatliche kommissarische Vermögensverwaltung in einem Bisthum (jedoch mit Ausnahme des S. 190 erwähnten Falles) [2] eingerichtet ist [3], in Bezug auf alle zu demselben gehörenden geistlichen Aemter; 2, wenn nach Erledigung eines geistlichen Amtes ein Geistlicher wegen gesetzwidriger Vornahme von Amtshandlungen rechtskräftig zu Strafe verurtheilt worden ist, hinsichtlich des betreffenden Amtes [4]. Unter den erwähnten Voraussetzungen kann derjenige, welcher ein Präsentations-, Vorschlags- oder Nominationsrecht kraft des Patronates oder eines anderen Rechtstitels auf das geistliche Amt besitzt, und falls derartige Berechtigungen nicht bestehen, die Kirchengemeinde, deren Zwecken das fragliche Amt dient, entweder dasselbe mit einem Geistlichen besetzen oder einem solchen die stellvertretende Ausübung des Amtes übertragen [5].

Das blosse Mitwirkungsrecht des Patrones oder anderer Drittberechtigten verwandelt sich demnach in volles Verleihungsrecht. Eine sonstige Aenderung tritt aber nicht ein, daher kann das letztere nicht anders und in Bezug auf andere Subjekte, wie das ursprüngliche Recht, ausgeübt werden [6].

Uebt ein solcher Berechtigter seine Befugniss zur Einrichtung einer Stellvertretung nicht binnen 2 Monaten nach ihm eröffneter Möglichkeit, seine Befugniss zur Besetzung nicht binnen Jahresfrist aus, so geht dieselbe auf die Kirchengemeinde über [7].

Diese letztere ist zur Ausübung der erwähnten Rechte auf Antrag von 10 grossjährigen, im Besitze der bürgerlichen Ehrenrechte befindlichen, einem mitwählenden

[1] Das etwaige Einspruchsrecht gegen den Kapitularvikar (s. o. S. 183) erweist sich dagegen als unwirksam. Werden aber seine Vollmachten durch den Papst erweitert (um ihn thatsächlich dem Bischof gleichzustellen), s. Th. II. S. 249, so erhält er die Stellung eines apostolischen Vikars, also ein anderes und neues Amt, und die Regierungen sind dabei nach Massgabe der bestehenden Bestimmungen mitzuwirken berechtigt, also z. B. das Einspruchsrecht auszuüben, wo dasselbe in Geltung steht.

[2] Dies ergeben die in der folgenden Note citirten §§., s. dazu meinen Aufsatz bei Hartmann a. a. O. 1, 267.

[3] D. h., wenn für das Bisthum nach seiner staatlichen Erledigung weder ein neuer Bischof gewählt noch ein Verwalter desselben den Staatsgesetzen gemäss eingesetzt, wenn in demselben Fall der rechtmässig bestellte Verweser ausgeschieden und kein neuer staatlich anerkannter Bischof vorhanden ist, oder endlich wenn in den kanonischen Vakanzfällen Jemand bischöfliche Rechte und Verrichtungen gesetzwidrig ausgeübt hat, vgl. §§. 6. 7 des Ges. v. 20. Mai 1874.

[4] Deklaratoria v. 21. Mai 1874. Art. 4; vgl. auch o. S. 187.

[5] S. die citirten §§.

[6] Vgl. meinen Kommentar zu d. Kirchengesetzen v. 1874 u. 1875. S. 30. Anm. 39. Nur kann selbstverständlich dem anzustellenden Geistlichen die Qualifikation nicht deshalb abgesprochen werden, weil er ein solches Amt zuwider den kanonischen Vorschriften annimmt. Es ist selbstverständlich, dass das Gesetz die daraus entstehenden kanonischen Hindernisse nicht beachtet wissen will. Dadurch erledigt sich die Ausführung von Hoch i. Arch. f. civil. Praxis 39, 265, dass jedem solchen Geistlichen, als sog. intrusus, die erforderliche kirchliche Qualifikation fehle.

[7] Art. 8 d. Deklaratoria u. §. 15 des Ges. v. 20. Mai 1874.

Familienhaupte nicht untergeordneten männlichen Mitgliedern und zwar in allen ihren, diesen Erfordernissen entsprechenden Gliedern durch den Landrath, bez. Amtmann oder Bürgermeister zur Beschlussfassung über die Ausübung der gedachten Befugnisse, und im Bejahungsfalle über die Art derselben [1], sowie ferner zu der Wahl des Geistlichen und der eines Repräsentanten, welcher das Amt oder die Stellvertretung an den gewählten Geistlichen zu übertragen hat, zusammen zu rufen. Ein Beschluss ist gültig gefasst, wenn mehr als die Hälfte der Erschienenen demselben zugestimmt hat [2].

Die Vorschriften der preussischen Gesetze über die Qualifikation der Geistlichen und über das Einspruchsrecht finden auch auf die eben gedachte Art der Besetzung Anwendung, jedoch mit der Massgabe, dass die Pflicht zur Benennung an den Oberpräsidenten dem Patron oder sonstigen Berechtigten, bez. dem gewählten Repräsentanten obliegt und dass die genannten Personen bei Nichtbeachtung der gesetzlichen Bestimmungen über die Besetzung denselben Strafen unterliegen, wie die geistlichen Oberen in derartigen Fällen [3].

Das Amt oder das Recht auf die Stellvertretung wird von dem Geistlichen mit und in Folge der Uebertragung seitens des Patrons, eines anderen Drittberechtigten oder des Gemeinde-Repräsentanten erworben [4].

Endlich ist die Einrichtung einer Stellvertretung (nicht die Besetzung des Amtes) nach Massgabe der vorstehend erörterten Grundsätze statthaft [5], wenn einem Geistlichen auf Grund des Reichsgesetzes betreffend die Verhinderung der unbefugten Ausübung von Kirchenämtern vom 4. Mai 1874 [6] während der Dauer der gegen ihn eröffneten Untersuchung der Aufenthalt in dem Bezirk des erledigten Amtes untersagt worden ist [7].

Das in Hessen geltende Nothbesetzungsrecht [8] bezieht sich nur auf Pfarrämter und hat zur Voraussetzung, dass ein solches innerhalb der einjährigen oder der verlängerten Frist [9] nicht gesetzmässig wieder besetzt worden ist. Es geht nicht auf definitive Uebertragung des Amtes, sondern nur auf Einsetzung eines Pfarrverwesers bis eine den Gesetzen entsprechende, dauernde Wiederbesetzung des Amtes stattgehabt hat [10]. Die Berechtigung ist ebenso wie in Preussen normirt [11]. Steht sie einer Kirchengemeinde zu, so sind die am Orte wohnenden, selbstständigen, im Besitze der bürgerlichen Ehrenrechte befindlichen, volle 25 Jahr alten Gemeindemitglieder zu berufen [12], und diese haben zur Ausführung der Uebertragung an den gewählten Geistlichen ebenfalls einen Bevollmächtigten zu wählen [13]. Bei derselben hat der Bevollmächtigte,

[1] D. h. darüber, ob blos eine Stellvertretung eingerichtet oder das Amt definitiv übertragen werden soll.

[2] Art. 9. 10 d. Deklaratoria u. §. 16. 17 des Ges. v. 20. Mai 1874.

[3] Art. 7. 10. 11 d. Deklaratoria u. §§. 14. 17. 18 des Ges. v. 20. Mai 1874. Vgl. o. S. 187 u. Th. II. 504. 508.

[4] Der bei der Herstellung geordneter Zustände eintretende Bischof kann also eine definitive Uebertragung des Amtes nicht rückgängig machen, vgl. meinen cit. Kommentar S. 34. 35.

[5] Art. 5 der Deklaratoria v. 21. Mai 1874.

[6] Reichs-Gesbl. S. 43. 44.

[7] Die Stellvertretung erlischt demnach mit der rechtskräftigen Beendigung der Untersuchung. Das Nothrecht kann aber von Neuem geübt werden, wenn die sonstigen Voraussetzungen, s. S. 192, dafür vorliegen.

[8] Ges. v. 25. April 1875 betr. die Vorbildung der Geistlichen Art. 11 ff.

[9] S. o. S. 190.

[10] Art. 11 a. a. O.

[11] Die zweimonatliche Frist für den Uebergang des Rechtes von dem Patron oder einem sonstigen Berechtigten auf die Kirchengemeinde beginnt aber mit dem Tage, wo die ersteren die Aufforderung des Ministeriums des Innern, von ihrer Berechtigung Gebrauch zu machen, erhalten haben, Art. 11. 12 a. a. O.

[12] Art. 12 a. a. O. In Betreff der Gültigkeit der Beschlüsse kommt dieselbe Regel, wie in Preussen, zur Anwendung. Die näheren Bestimmungen über das Verfahren sind besonderer Ministerial-Anordnung vorbehalten, eine solche ist aber m. W. noch nicht ergangen.

[13] Art. 12 a. a. O.

ebenso wie der Patron oder Drittberechtigte die allgemeinen geltenden staatlichen Bestimmungen über die Verleihung von Kirchenämtern, insbesondere die über das Einspruchsrecht [1] zu beachten und falls dies nicht geschieht, tritt gegen sie dieselbe Strafe, wie gegen den kirchlichen Oberen ein [2].

§. 154. 4. *Die staatliche Vereidigung der Geistlichen als Vorbedingung der staatlichen Anerkennung oder der Ausübung der Kirchenämter.*

In einer Reihe von Staaten wird von den katholischen Geistlichen beim Erwerbe eines Amtes oder wenigstens bei dem gewisser Aemter ein besonderer Eid der Treue, vielfach in Verbindung mit einem solchen auf Gehorsam gegen die Landesverfassung oder Landesgesetze gefordert [3].

In Preussen leisten nach dem bestehenden Rechte nur die Bischöfe [4] und diejenigen, welche in einem erledigten Bisthume bischöfliche Rechte und Verrichtungen ausüben wollen, die ersteren einen Eid der Treue und des Gehorsams gegen den Landesherrn und auf „gewissenhafte" Beobachtung der Gesetze des Staates [5], die letzteren einen Eid dahin, dem Könige treu und gehorsam zu sein und die Gesetze des Staates zu befolgen [6]. Die Ableistung des Eides ist für den Bischof Bedingung der staatlichen Anerkennung und der Aushändigung der desfallsigen Urkunde [7], für den interimistischen Diöcesan-Verwalter aber Voraussetzung der gültigen und straffreien Ausübung seiner bischöflichen Funktionen [8]. Von den übrigen katholischen Geistlichen wird bei ihrer Anstellung ein derartiger Eid nicht mehr verlangt [9].

[1] Th. II. S. 504. 508. u. o. S. 185.

[2] Art. 13 a. a. O.

[3] Derartige Treueide sind schon seit dem späteren Mittelalter in einzelnen Ländern verlangt worden, s. Friedberg, Grenzen zwischen Staat u. Kirche S. 56; M. Lehmann, Preussen u. d. kath. Kirche seit 1640. Leipzig 1878. 1, 8. In Westpreussen mussten nach der ersten Theilung Polens die Geistlichen vor der Bestätigung ihrer Provision auf Anordnung Friedrichs d. Gr. den Homagialeid leisten, Instr. f. d. westpreuss. Reg. v. 1773. §. 4. Nr. 11 c; Rabe, Samml. preuss. Gesetze I. 5, 683. In Oesterreich sollten nach d. Verordn. Josephs II. v. 16. Sep. 1782, Handbuch aller unter Joseph II. ergangen. Verordn. 2, 196, die Bischöfe bei ihrer Konsekration schwören, dem Kaiser getreu und unterthänig zu sein und das Beste des Staates und ihren Dienst nach Kräften zu befördern, Friedberg a. a. O. S. 171.

Ueber die früheren Treu- und Lehnseide der Bischöfe s. Th. II. S. 536. 569. 577. 583. 585. 598. Anm. 3 u. S. 600. Anm.

[4] Auch der altkatholische Bischof, Th. II. S. 690. Anm. 2, aber nicht die Weihbischöfe, denn diese erhalten keine staatliche Anerkennung, und die V. v. 6. Dezember 1873. Th. II. S. 687. Anm. 9 schreibt den Eid nur als Bedingung der letzteren vor.

[5] S. die in d. vor. Note cit. Verordn. In der früher gebräuchlichen Formel fehlte der jetzige Zusatz: „und die Gesetze des Staates gewissenhaft zu beobachten", dagegen ist in der neuen der Zusatz: „Ich verspreche dieses Alles um so unverbrüchlicher zu halten, als ich gewiss bin, dass ich mich durch den Eid, welchen ich seiner päpstlichen Heiligkeit und der Kirche geleistet habe, zu nichts verpflichte, was dem Eide der Treue und Unterthänigkeit gegen S. kön. Majestät entgegen sein kann", fortgefallen.

Nach der bisherigen Praxis sind diese Eide den Erzbischöfen, in Gegenwart des Königs und hoher Staatsbeamten, durch den Kultusminister und den Bischöfen durch den Ober-Präsidenten der Provinz abgenommen worden, Friedberg, Bischofswahlen S. 385.

[6] Ges. v. 20. Mai 1874. §. 2.

[7] Th. II. S. 687.

[8] S. Anm. 6 und o. S. 187. Anm. 5.

[9] Ein solcher war früher zur Erlangung des Genusses des Amtes erforderlich, Reskr. d. Justizministers v. 10. Dez. 1810. Nr. 5, Rabe a. a. O. 10, 494; die Formel ist nach d. Just. Min. R. v. 14. Mai 1812 in Hartmann Zeitschr. 2, 63 mitgetheilt, s. auch R. d. geistl. Min. v. 17. Juli 1815, Jacobson Gesch. d. Quellen d. kathol. Kirchenrechts in Preussen u. Posen. Anh. S. 308. Seit 1850 ist aber von dem Eide „wegen der wesentlich veränderten Verhältnisse des Staates zu den Religionsgesellschaften" Abstand genommen worden, Cirk. Reskr. des Kult. Minist. v. 14. März 1850, welches es zugleich als selbstverständlich erklärt, dass die katholischen Geistlichen den allgemeinen gesetzlichen Unterthanenpflichten unterworfen bleiben. Diese Anordnung ist auf Grund des Staatsministerialbeschlusses v. 12. Februar 1850 ergangen, nach welchem nur die unmittelbaren und mittelbaren Staatsbeamten den im Art. 108 d. Verf. Urk. v. 1850 vorgeschriebenen Eid zu leisten haben.

In Baiern haben nach dem Konkordat von 1817 [1] die Erzbischöfe und Bischöfe, nachdem sie die päpstliche Bestätigung erhalten haben, einen blossen Eid des Gehorsams und der Treue, welcher keine Beziehung auf die Staatsgesetze enthält, in die Hände des Königs zu schwören [2], während die übrigen Geistlichen bei ihrer Anstellung und zwar ehe sie in ihre Pfründen eingewiesen werden (vor der Installation und gelegentlich dieses Aktes) von dem königlichen Kommissar [3] (sofern dies nicht schon früher geschehen ist) [4] vereidet werden. Der Eid ist ein Civil- und Diensteid, umfassend die Treue gegen den König, den Gehorsam gegen die Gesetze, die Beobachtung der Staatsverfassung, sowie die gewissenhafte Erfüllung der Amtspflichten [5].

Desgleichen sollen im Königreich Sachsen der apostolische Vikar [6], die Mitglieder und Subalternen der katholisch geistlichen Behörden (des Vikariatsgerichtes und des katholischen Konsistoriums) [7], sowie die Geistlichen bei ihrer Anstellung [8] eidlich Treue und Gehorsam gegen den König und die Gesetze des Landes, insbesondere auch die Beobachtung der Landesverfassung, geloben.

In Würtemberg schwört der Bischof vor seiner Konsekration dem Könige einen Eid der Treue und des Gehorsams [9], die Pfarrer, Kapläne, Kaplaneiverweser, Kuraten und Vikare leisten einen gleichen Eid vor und bei ihrer Einführung in ihr Amt, bez. ihrer erstmaligen Verwendung im Kirchendienst, welcher aber auch zugleich das Gelöbniss enthält, bei der Ausübung der mit dem Amte verbundenen oder der ihnen etwa übertragenen staatlichen Funktionen die Gesetze und Verordnungen des Staates zu achten. Die Dekane haben sich nur auf ihre früher schon als Pfarrgeistliche abgelegte eidliche Verpflichtung zu beziehen und die treue und gewissenhafte Besorgung der ihnen kraft dieses Amtes obliegenden staatlichen Geschäfte zu geloben [10].

[1] Art. 15.

[2] Silbernagl Verfassung d. Religionsgesellschaften in Bayern S. 35.

[3] A. a. O. S. 60.

[4] Min. Erl. v. 5. Okt. 1833.

[5] Die Formel im Min. Erl. vom 21. Mai 1851, Döllinger, fortges. Samml. 23, 172, auch bei Silbernagl a. a. O. S. 60. n. 6 und Krick, kathol. Pfründenwesen in Baiern S. 64. 65. Vgl. auch Stingl, Verwaltg. d. kath. Pfarramtes S. 222. Die Pfarrverweser leisten diesen Eid nicht, sie werden blos darauf verpflichtet, dass sie ihre Funktionen den Staatsgesetzen auf das genaueste entsprechend führen wollen, Krick a. a. O. S. 29. 30.

[6] Mandat v. 19. Febr. 1827. §. 2; Schreyer Cod. d. sächs. K. R. S. 281, nach vorgängiger Vorlegung seines päpstlichen Delegationsschreibens in die Hände des Königs.

[7] Mandat v. 1827. §§. 6. 17; Ges. v. 23. August 1876. §. 17.

[8] Verf. Urk. vom 4. Sept. 1831. §. 139. Die durch allerhöchst. Reskr. v. 26. März 1836 festgestellte Formel bei Schreyer a. a. O. S. 534. Anm. 3, in welcher der frühere Vorbehalt: „leges vero patriae regni Saxoniae quae nec dogmata fidei nec disciplinam s. ecclesiae vetant, qua conscientiam directivas respecturus" fortgelassen ist. Das Anm. 7 citirte Gesetz v. 1876 erwähnt nur der Beamten der katholisch-geistlichen Behörden. Die sonst angeführten Bestimmungen über die Eidesleistung sind aber dadurch nicht aufgehoben. Der betreffende Zusatz im §. 17 ist übrigens erst von der Deputation der zweiten Kammer gerade im Hinblick auf §. 139 d. V. Urk. in den Gesetz-Entwurf aufgenommen worden, Arch. f. k. K. R. 37, 127.

[9] So nach dem gemeinsamen Edikte der Regierungen der oberrhein. Kirchenprovinz v. 30. Jan. 1830. §. 16. Das Fundationsinstrument für Rottenburg vom 14. Mai 1828. Nr. 3, Lang, Samml. würtemb. Kirchengesetze S. 1071, hat den Eid auch auf Treue gegen die Staatsgesetze erweitert. Das letztere ist aber nicht nur in der Eidesformel des Konkordates von 1857. Art. 2 fallen gelassen, sondern auch in derselben dem Treu- und Gehorsams-Gelöbniss die Beschränkung: „sicut decet episcopum" hinzugefügt. Der jetzige Bischof von Rottenburg hat dagegen mit Rücksicht darauf, dass das Konkordat nicht Landesgesetz geworden, den Eid ohne den erwähnten Zusatz geleistet, Thudichum, deutsches Kirchenrecht 1, 24. Ein nicht würtembergischer Unterthan, welcher zum Bischof gewählt worden ist, muss nach dem Ges. v. 30. Jan. 1862. Art. 4 und dem angeführten Fundationsinstrument erst das würtembergische Staatsbürgerrecht erwerben und hat zu diesem Behufe nach Art. 20 d. Verf. Urk. vom 20. Sept. 1819 den Verfassungseid zu leisten.

[10] Erl. d. kath. Kirchenraths v. 26. März 1858, v. Vogt, Samml. kirchl. Verordnungen f. Rottenburg, S. 707. Die älteren Formeln enthielten auch die Verpflichtung zur Beobachtung der Grundverfassung und der Staatsgesetze, s. Lang a. a. O. S. 497. Obwohl die neuen mit Rücksicht auf

Was Baden betrifft, so muss der Erzbischof, ferner jeder Geistliche beim Eintritt in den Kirchendienst des Landes Treue dem Grossherzog und der Verfassung, sowie Gehorsam dem Gesetze schwören[1].

In Hessen hat jeder Geistliche, also auch der Bischof, welchem ein Kirchenamt übertragen wird, falls dies noch nicht geschehen ist, den Verfassungseid abzulegen[2].

In Oldenburg haben der Offizial, die Mitglieder des Offizialates, die Dekane und Pfarrer, bevor sie in ihr Amt eingeführt und für den Bischof amtlich verpflichtet werden können, eidlich zu geloben, dass sie dem Grossherzog unterthänig, gehorsam, treu und ergeben sein und ihres Amtes also warten wollen, dass den Majestätsrechten des Landesherrn und der auf den Gesetzen des Staates beruhenden öffentlichen Ordnung mit ihrem Wissen und Willen nirgends Eintrag geschehe[3].

In Sachsen-Weimar ist für alle Geistlichen vor ihrer Installation eine eidliche Verpflichtung gegen den Staat als Unterthan und Diener[4], in Braunschweig vor ihrem Amtsantritt die Beeidigung auf die Beobachtung der Gesetze und der Landesverfassung[5], in Lippe-Detmold für den Pfarrer nach der bischöflichen Institution die Ablegung des Eides der Treue gegen den Fürsten und des Versprechens der pflichtmässigen Beobachtung der Landesgesetze[6], endlich in Waldeck für den entsendeten Pfarrer die Verpflichtung auf die Verfassungsurkunde[7] vorgeschrieben. Auch in Sachsen-Gotha[8] und Coburg[9] hat der Pfarrer, ehe er seine Funktionen ausüben darf, einen Eid auf Treue und Gehorsam gegen den Landesherrn und die Landesgesetze abzuleisten.

In Frankreich und Elsass-Lothringen haben die Bischöfe und die Pfarrer, ehe sie ihr Amt ausüben dürfen, einen Treu- und Gehorsamseid gegen die Regierung, bez. den Kaiser zu schwören[10].

Was endlich Oesterreich anlangt, so leisten nur die Erzbischöfe und Bischöfe

das Konkordat entworfen sind, hat man sie doch trotz der Beseitigung desselben bisher beibehalten, Thudichum a. a. O. S. 25.

[1] Ges. v. 7. Juni 1848 u. 5. März 1863, Spohn bad. Staatskirchenrecht S. 185. 186, welche beide den Erzbischof nicht ausnehmen. Uebrigens hat schon der letzte Erzbischof laut Protokoll vom 27. März 1843 „den Gesetzen des Staates Gehorsam und Treue" geschworen. Vgl. ferner Th. II. S. 687. Anm. 13. Die etwas abweichende Fassung des Eides des altkatholischen Bischofs bei Friedberg, Bischofswahlen, Aktenstücke S. 255.

[2] Art. 1 des Ges. v. 25. April 1875, betr. die Vorbildung von Geistlichen. Der Geistliche, der vorher die Funktionen des Amtes öffentlich ausübt, ist nach Art. 7 kriminalrechtlich strafbar. Nach der Ableistung des Eides wird dem Geistlichen, welchem ein mit dem Genuss einer Pfründe verbundenes Amt übertragen worden ist, eine s. g. landesherrliche Bestätigungsurkunde, wodurch er als gesetzmässiger Inhaber des Amtes von Seiten des Staates anerkannt wird und für die Dauer des Amtes den Anspruch auf den Genuss der damit verbundenen Pfründe erhält, zugestellt, Art. 10 a. a. O.

[3] Vertrag v. 5. Jan. 1830. §. 28. Der Bischof von Münster hat bei Antritt seines Amtes nur einen schriftlichen Revers auszustellen, dass er bei Ausübung seiner bischöflichen Pflichten den Hoheitsrechten des Grossherzogs nicht zu nahe treten wolle, §. 3 a. a. O.

[4] Ges. v. 7. Okt. 1823. §. 18.

[5] Verf. Urk. v. 12. Okt. 1852. §. 226, Arch. f. k. K. R. 13, 259, s. auch Ges. vom 10. Mai 1867. §. 22, a. a. O. 19, 416.

[6] Edikt v. 9. März 1854. Art. 3, Beiträge zum preuss. Kirchenrecht 2, 82.

[7] V. v. 21. März 1861. §. 3, Arch. f. k. K. R. 9, 22.

[8] Regulativ v. 1811. Nr. 4, a. a. O. 36, 216. 231. Doch hat man sich hier statt des dadurch vorgeschriebenen Eides seit 1857 mit einem Eide auf das Staatsgrundgesetz v. 3. Mai 1852 begnügt, Vering K. R. S. 143. 144.

[9] Reg. v. 1813. §. 24, Arch. f. k. K. R. 32, 426. 428. Jedoch wird auch hier seit 1861 dieselbe Praxis wie in Gotha befolgt, a. a. O. S. 420. n. 1 u. S. 426. n. 2.

[10] Französ. Konkordat, Art. 6. 7. organ. Art. 18. 27. Für die Kanoniker und die anderen Jurisdiktionsbeamten ist eine Eidesleistung nicht besonders vorgeschrieben, sie werden aber meist aus früheren Pfarrern genommen, s. Dekr. v. 25. Dezember 1830, Dursy, Staatskirchenrecht in Elsass-Lothringen 1, 58.

einen derartigen Eid, aber mit der Beschränkung: ,,sicut decet episcopum''[1], von den übrigen Geistlichen wird ein solcher ebensowenig, wie in Preussen gefordert.

Das bestehende Recht in Deutschland lässt sich dahin zusammenfassen.

Ein Treu- und Gehorsamseid und zugleich ein Eid auf die Staatsgesetze wird allgemein erfordert im Königreich Sachsen, in Baden, Hessen und Braunschweig, ferner freilich in abgeschwächter Form in Oldenburg, — nur von den Bischöfen in Preussen, von den Pfarrern und anderen Pfründnern in Baiern und Sachsen-Weimar, allein von den Pfarrern in Lippe-Detmold, Waldeck, Sachsen-Coburg und Gotha, während in Würtemberg und Elsass-Lothringen der Bischof und die übrigen Geistlichen blos einen Treu- und Gehorsamseid, im erstgedachten Lande aber die letzteren auch einen solchen auf gewissenhafte Besorgung ihrer etwaigen staatlichen Funktionen zu leisten haben[2], endlich in Baiern allein die Pfarrverweser auf Beobachtung der Staatsgesetze bei Verwaltung ihrer Funktionen verpflichtet werden.

Die katholische Kirche erachtet die Eide der Geistlichen auf solche Staatsgesetze, welche ihren Anschauungen von dem Verhältniss zwischen Staat und Kirche widersprechen, — und das sind alle modernen Staatsverfassungen — für unerlaubt[3], und lässt ihn entweder nur mit Hinzufügung einer die Rechte der Kirche wahrenden Klausel[4] oder nur dann zu, wenn die Regierung des betreffenden Staates erklärt, dass die eidliche Angelobung den Geistlichen zu keiner seinem Gewissen widerstreitenden Handlung verpflichten solle. Derartige Erklärungen sind mehrfach abgegeben worden[5]. Dadurch wird aber der Zweck des erwähnten Eides in Frage gestellt. Ueberhaupt bietet derselbe, auch wenn er unbedingt geleistet wird, dem Staate keine Sicherheit, weil er vor dem Forum der Kirche als unerlaubt, also nichtig gilt, und weil andererseits derjenige Geistliche, welcher die stets zu erlangende Nichtigkeitserklärung desselben nicht nachzusuchen gewillt ist, auch ohne Vereidigung die Staatsgesetze befolgen wird[6].

[1] Konkordat Art. 20 (vor dem Kaiser). Daran ist auch durch die Gesetzgebung des Jahres 1874 nichts geändert worden, vgl. Friedberg, Bischofswahlen S. 443. Die frühere Formel enthielt den Zusatz nicht, a. a. O. S. 439. Ueber die unter Joseph II. angeordneten Formeln vgl. Jäger in Wieser u. Stentrup, Zeitschrift f. kath. Theologie 3, 440 u. S. 194. n. 3.

[2] Von den Verfassungseiden, welche die Geistlichen, so z. B. auch in Preussen und Oesterreich, Arch. f. k. K. R. 26, 318; 23, 447 und 26, 250 bei der Uebertragung von Staatsämtern und beim Eintritt in die gesetzgebenden Versammlungen zu leisten haben, ist hier nicht zu handeln. Der im Text angedeutete Konflikt zwischen dem Staatsrecht und der Auffassung der Kirche tritt aber auch hier hervor.

[3] Vgl. die Entscheidungen d. Pönitentiaria v. 1869, Arch. f. k. K. R. 23, 447 u. 26, 250. S. auch Vering K. R. S. 413 u. Friedberg Grenzen S. 620.

[4] Arch. f. k. K. R. 23, 448. Merkwürdiger Weise findet Vering a. a. O. S. 414. Anm. 4 die Klausel auch in dem preussischen Verfassungs- und Bischofseide, weil der Schwur: „die Verfassung gewissenhaft beobachten zu wollen“ den Schwörenden nach seinem Gewissen nur zu demjenigen verbindet, was er vor Gott für erlaubt hält, und giebt damit dem Worte: „gewissenhaft“ eine Bedeutung, welche es sprachlich nicht hat. Uebrigens hat die preussische Regierung im J. 1850 auf Veranlassung einzelner Bischöfe gestattet, dass vor Ableistung des Eides eine Erklärung dahin abgegeben werde, dass der Eid die Rechte der Kirche und die Verpflichtungen des Schwörenden gegen dieselbe nicht beeinträchtigen, folglich auch seine kirchliche Stellung in Nichts ändern könne, Arch. f. k. K. R. 26, 321. 323.

[5] Eine solche Erklärung enthielt schon das viel berufene baierische Edikt von Tegernsee vom 15. Sept. 1821, Walter fontes p. 212; v. Sicherer, Staat u. Kirche in Bayern S. 33, wiewohl sie freilich durch den sonstigen Inhalt desselben wieder neutralisirt wird, vgl. auch Sicherer a. a. O. S. 336 u. Mejer, z. röm.-deutsch. Frage II. 1, 202 ff. Weitere derartige Erklärungen sind im J. 1862 in Sachsen-Weimar, Vering K. R. S. 137 zur Beilegung eines Konfliktes mit dem Bischof v. Fulda, Arch. f. k. K. R. 6, 397, und im J. 1871, in Oesterreich, Arch. f. k. K. R. 26, 252 abgegeben worden.

[6] Vgl. u. S. 217 u. Friedberg Grenzen S. 803. A. M. Thudichum a. a. O. 1, 86.

Viertes Kapitel.

Von den Rechten und Pflichten der kirchlichen Amtsträger.

§. 155. *I. Im Allgemeinen.*

I. Mit der Uebertragung eines Kirchenamtes erlangt der Amtsträger alle mit dem Amte nach gemeinem Recht und nach etwaigen besonderen Stiftungsbedingungen verbundenen Rechte und die Befugniss, dieselben nach Massgabe des geltenden Rechtes auszuüben [1]. Die Art, der Inhalt und der Umfang der Amtsrechte bestimmen sich des Näheren durch den Charakter des übertragenen Amtes [2]. Bei der Verschiedenheit der Kirchenämter lassen sich in dieser Beziehung keine allgemein gültigen Grundsätze entwickeln und aufstellen. Nur diejenigen Aemter, welche Benefizien [3] sind, haben in ihrer vermögensrechtlichen Seite eine gemeinsame Grundlage und es haben sich daher hinsichtlich des Verhältnisses des Benefiziaten zu den das Benefizium bildenden Vermögensstücken gemeinsame Regeln ausbilden können [4].

II. Dem Recht auf Ausübung des Amtes entspricht die Pflicht, das Amt wahrzunehmen und treu und gewissenhaft zu verwalten. Das kirchliche Amt ist in erster Linie eine Summe von Pflichten, weil es die Zwecke der Kirche zu verwirklichen bestimmt ist, während die mit ihm verbundenen Rechte nur dazu dienen, die Erfüllung jener Aufgabe zu sichern [5]. Der kirchliche Amtsträger steht nicht in einem civilrechtlichen Verhältniss, welches sich in bestimmt begrenzten Leistungen erschöpft, sondern in einem Pflichtverhältniss zu der Kirche und den ihm vorgesetzten kirchlichen Beamten, kraft dessen er seine Kräfte nach bestem Gewissen seinem amtlichen Berufe zu widmen hat. Daher lassen sich die Pflichten, welche kraft des Amtes zu erfüllen sind, weder vollständig aufzählen, noch rechtlich normiren. Nur bei einzelnen ist dies möglich. So hat das katholische Kirchenrecht mit Rücksicht darauf, dass in der Regel jede Erfüllung der Amtspflichten durch Anwesenheit des kirchlichen Amtsträgers an einem bestimmten Orte bedingt ist, die Pflicht der kirchlichen Beamten zum Aufenthalte an diesem Orte, die s. g. Residenzpflicht, näher geregelt. Im übrigen hat das Disciplinarrecht die Funktion, die Erfüllung der Amtspflichten zu sichern und zu erzwingen.

Die Kirche wird durch eine hierarchische Abstufung verschiedener Aemter geleitet. Ein organisches Zusammenwirken derselben für die kirchlichen Zwecke ist daher nicht anders denkbar, als dass die kirchlichen Amtsträger ihren Vorgesetzten Gehorsam, die s. g. *obedientia*, zu leisten haben. Zu der Pflicht, das Amt auszuüben, also

[1] Th. II. S. 653. Das im Text Bemerkte findet, soweit es sich um die Ausübung handelt, auch Anwendung auf die Uebertragung einzelner Amtsfunktionen oder der interimistischen Verwaltung von Aemtern, dagegen werden die Rechte des Amtes selbst von dem damit betrauten Geistlichen nicht erworben.

[2] Vgl. darüber die Darstellung des Aemterorganismus von Th. I. S. 195 ff. ab. Uebrigens ist davon auch noch im Verlaufe der weiteren Darstellung zu handeln.

[3] Th. II. S. 366.

[4] Darüber s. unten in der Lehre vom kirchlichen Vermögensrecht.

[5] Die bei staatlichen und anderen öffentlichen Beamten in Frage kommende Pflicht, auch ausser ihrer amtlichen Thätigkeit, ein ihrer Stellung entsprechendes Verhalten, namentlich ein solches, wie es Ehre und Sitte fordern, zu beobachten, entsteht für die katholische Kirche schon durch den Eintritt in den geistlichen Stand überhaupt, Th. I. S. 130 ff., nicht erst durch die Erwerbung eines Amtes. Das letztere Moment kommt nur insofern in Frage, als sich diese Pflicht mit Rücksicht auf den Charakter des Amtes verschärfen kann.

die dadurch bedingte Thätigkeit vorzunehmen, tritt daher ferner nach kirchlichem Recht die Pflicht zum Gehorsam hinzu, dessen eidliche Angelobung bei oder vor Antritt des Amtes schon seit älterer Zeit gefordert worden ist.

Endlich verlangt die katholische Kirche noch von den kirchlichen Amtsträgern eine besondere und erneuerte Bezeugung ihres den Vorschriften der Kirchenlehre entsprechenden Glaubensstandes und zwar in der Weise, dass sie dieselben bei oder nach ihrer Anstellung zur Ablegung der vorgeschriebenen s. g. *professio fidei* verpflichtet.

Während die Behandlung des Disciplinarrechtes der Kirche einer späteren Stelle vorbehalten bleibt, ist im Folgenden noch des Näheren von der Pflicht zum Gehorsam, zur Ablegung des Glaubensbekenntnisses und der Residenzpflicht zu handeln.

II. Die Pflichten im Einzelnen.

§. 156. *1. Die Pflicht des Gehorsams. Das iuramentum obedientiae**.

I. Geschichte[1]. Erst seit dem 4. Jahrhundert finden sich ausdrückliche Vorschriften, welche die selbstverständliche Pflicht des Gehorsams, insoweit es sich um das Verhältniss der Kleriker zu ihrem Bischof handelt, theils direkt[2], theils indirekt[3], bald mehr allgemein[4], bald nur in bestimmten Beziehungen[5] hervorheben. Von einem besonderen Gelöbniss oder einer eidlichen Verpflichtung der Kleriker bei ihrer Ordination oder Anstellung durch den Bischof wird während der ersten 6 Jahrhunderte nichts berichtet. Erst im folgenden ist für die spanische Kirche die Angelobung des Gehorsams vor dem Empfang der Weihen gegenüber dem vorgesetzten kirchlichen Amtsträger durch das 11. Toletanische Konzil v. J. 675[6] angeordnet worden, eine Bestimmung, welche sich wohl nicht blos auf die Diöcesangeistlichen in ihrem Verhältniss zum Bischof, sondern auch auf die Bischöfe selbst hinsichtlich ihrer Stellung zum Metropoliten bezogen hat.

In Italien haben seit dem Ende des 6. Jahrhunderts die dem römischen Stuhle unterstehenden Bischöfe eidlich dem Apostel Petrus und seinem Stellvertreter, dem Papst, Treue und Förderung des Nutzens der römischen Kirche gelobt[7]. Da der Eid

* Phillips K. R. 2, 171 ff.

[1] Thomassin vet. et nov. disc. eccles. P. II. l. 2. c. 44 ff.; Zaccaria, de rebus ad historiam atque antiquitates ecclesiae pertinentibus diss. latin. t. II (Fulgin. 1781) p. 264 ff.; Binterim, Denkwürdigkeiten der christ-katholischen Kirche I. 2, 268 ff.

[2] So das Konzil v. Vaison, c. 6 v. 442, welches sich auf eine Stelle des ersten Pseudo-Clementinischen Briefes an Jacobus (s. meine Pseudo-Isidor-Ausgabe p. 36 c. 17) beruft; Konz. v. Macon v. 581 c. 10.

[3] c. 38 (40) apostol., wonach die Priester und Diakonen nichts ohne den Bischof vornehmen sollen, demnach also auch seinen Anweisungen Folge leisten müssen. c. 8 conc. Chalced. v. 451 (c. 10. §§. 1. 2. C. XVIII. qu. 2) erklärt die Kleriker an Armenhäusern, Klöstern und Märtyrerkapellen der Gewalt des Bischofs unterworfen, was demnach für die Geistlichen der bischöflichen Kirche keinem Zweifel unterliegen kann. c. 18 (c. 21. 23 C. XI. qu. 1) verbietet Verschwörungen und Umtriebe gegen den Bischof.

[4] S. Anm. 2.

[5] So verpflichtet c. 31 cod. eccles. Afric. (conc. Carth. v. 419 u. 421, Maassen, Gesch. d. Quellen z. d. canon. Rechts 1, 182) = c. 4. Dist. LXXIV, den Kleriker, auf Geheiss des Bischofs eine höhere Weihe zu nehmen.

[6] c. 10 (c. 6 Dist. XXIII): „ut unusquisque qui ad ecclesiasticos gradus est accessurus, non ante honoris consecrationem accipiat, quam placiti sui innodatione promittat, ut fidem catholicam sincera cordis devotione custodiens iuste et pie vivere debeat et ut in nullis operibus suis canonicis regulis contradicat atque ut debitum per omnia honorem atque obsequii reverentiam praeeminenti sibi unicuique dependat".

[7] Nicht hierher gehört der Brief Leos I. an Anastasius v. Thessalonich v. 446, ed. Baller. 2, 261, in welchem der letztere getadelt wird, dass er als Vikar gewaltsam dem Metropoliten von Epirus ein schriftliches Gehorsamsversprechen abgepresst habe, a. M. Zaccaria l. c. c. 2. n. 3. p. 286, ebensowenig der Eid, welchen Gregor I., app. 10 ad epist. ed. Bened. 2, 1300, den aus dem Schisma des Dreikapitelsstreites zur Einheit der Kirche zurückkehrenden Bischöfen abverlangt hat.

aber auch gleichzeitig auf die Bewahrung des Glaubens und der Einheit mit der katholischen Kirche, die Fernhaltung von schismatischen Bestrebungen und von Anschlägen gegen den römischen Staat und Kaiser, die Bekämpfung und Anzeige der letzteren an den Papst gerichtet ist[1], so war der Hauptzweck des Eides offenbar nicht die Sicherung des Gehorsams gegen den römischen Bischof, vielmehr die Verhinderung schismatischer Bewegungen und hochverrätherischer Komplote gegen das römische Reich[2].

Der erste, nicht italienische Bischof, welcher dem Papste einen derartigen Eid geleistet hat, ist Bonifazius gewesen. Der von ihm bei seiner Bischofsweihe in Rom i. J. 722 abgelegte Eid ist dem vorhin erwähnten nachgebildet[3]. Er enthält das Versprechen der Treue, der Bewahrung der Einheit mit der römischen Kirche und der Beförderung des Nutzens derselben. Selbstständig und dem Zweck der Mission des Bonifazius entsprechend ist der weitere Inhalt, über die Beobachtung der Ordnungen der h. Väter, d. h. der römischen Kirche, durch die anderen Bischöfe wachen, Abweichungen derselben davon verhindern, nöthigenfalls dem Papste darüber Mittheilung machen und endlich die Gemeinschaft mit den jene Ordnungen nicht innehaltenden Bischöfen abbrechen zu wollen. Der Schwerpunkt des Gelöbnisses liegt ersichtlich in dem letzten Theil, in den Versprechungen, welche auf die Herstellung der Abhängigkeit seiner Missionsgebiete von der römischen Kirche gehen[4].

Die Stellung des Bonifazius zu Rom war eine besondere und eigenthümliche, und wenn auch sein Ziel, die Verbindung der fränkischen Kirche mit Rom, erreicht worden ist, so war das Papstthum doch im 8. und im Anfang des 9. Jahrhunderts noch nicht so mächtig, dass man den fränkischen Bischöfen oder auch nur den Erzbischöfen ein gleiches Gelübde, wie das einst von Bonifazius geleistete, hätte abfordern können[5].

Dieser ist nur auf Verbleiben in derselben und in der Gemeinschaft mit dem Papste gerichtet gewesen. Die cautio, welche Pelagius I (555—560) von dem von ihm geweihten Bischof v. Syrakus gefordert hat, c. 13 Dist. XXVIII., war ein Versprechen, die Kirchengüter nicht zu veräussern, wie ein solches auch in der im lib. diurnus n. 74, ed. Rozière p. 146, befindlichen cautio enthalten ist. Zur Zeit des Pelagius war demnach der im Text erwähnte Eid noch nicht im Gebrauch.

[1] Die Formel im lib. diurnus n. 75, ed. cit. p. 157.

[2] Dies zeigt auch das spätere ebendaselbst, n. 76. p. 160 befindliche indiculum episcopi de Longobardia (vgl. Hegel Gesch. der Städteverfassg. v. Italien 1, 374. n. 2), nach welchem die unter der Herrschaft der Longobarden stehenden und dieser Nation angehörigen Bischöfe an Stelle der Treue gegen den römischen Staat und Kaiser beschwören, dass sie alle ihre Bemühungen zur Erhaltung des Friedens zwischen Rom und den Longobarden aufwenden wollen.

Auch einzelne der italienischen Metropoliten haben schon solche Gelöbnisse ausgestellt. Vgl. vita Constantini I. (708—715) in lib. pontif., Mansi 12, 177: „Is ordinavit Felicem archiepiscopum Ravennatem, qui secundum usum priorum suorum solitas in scrinio noluit facere cautiones, sed per potentiam iudicum exposuit, ut maluit. Cuius cautio a pontifice in s. confessione b. Petri apostoli posita", u. ferner l. c. p. 180: „eodem tempore Felix archiepiscopus Ravennae ab exilio remotus, . . . licet oculorum lumine privatus ad propriam tamen rediit sedem et solita quae ab universis in scrinio episcoporum sunt, indicula et fidei expositiones et hic confessus est sicque reconciliationis promeruit absolutionem". Unter cautiones sind hier die im lib. diurnus n. 74. 75 und n. 73 (Glaubensbekenntniss) mitgetheilten zu verstehen.

[3] Bei de Rozière l. c. p. 265 und Jaffé, mon. Mogunt. p. 76: „Promitto . . vobis P. Petro apostolor. principi vicarioque tuo b. pp. Gregorio successoribusque eius . . . . me omnem fidem et puritatem s. fidei catholicae exhibere et in unitate eiusdem fidei . . . persistere . . . nullo modo me contra unitatem communis et universalis ecclesiae suadente quopiam consentire, sed, ut dixi, fidem et puritatem meam atque concursum tibi et utilitatibus tuae ecclesiae . . . et praedicto vicario tuo atque successoribus eius per omnia exhibere; sed et si cognovero antistites contra instituta antiqua ss. patrum conversari, cum eis nullam habere communionem aut coniunctionem. Sed magis, si valuero prohibere, prohibeo; si minus, (nae) fideliter statim domno meo apostolico renuntiabo".

[4] Dies zeigt auch der Brief des Bonifazius an Cudbert v. 748, Jaffé l. c. p. 201, Th. II. S. 8. n. 2.

[5] In Italien hat sich wohl die frühere Sitte erhalten. Der lib. pontificalis vita Nicolai I. Mansi 15, 149 erzählt, dass der Erzbischof Johannes von Ravenna, bei seiner Unterwerfung auf der römischen Synode v. 862, Dümmler Gesch. d. ostfränk. Reichs 1, 495. 496: „apprehensa charta

Nach der gangbaren Meinung[1] soll aber bereits Ende des 9. Jahrhunderts, als die Nachsuchung des Palliums seitens der Erzbischöfe in Rom[2] herrschender Gebrauch geworden war, von den Päpsten ausser der Einsendung des herkömmlichen Glaubensbekenntnisses[3] auch die eines Anerkenntnisses der päpstlichen Dekretalen und die eidliche Bestärkung desselben gefordert worden sein. Die Fälle, in denen ein solches Verlangen geltend gemacht ist, sind aber singulärer Natur[4], und sowohl die allgemeinen Anordnungen des 9. Jahrhunderts[5], wie auch die Praxis des zehnten ergiebt, dass sich die Kurie noch damals für die Regel mit der Ablegung des Glaubensbekenntnisses begnügt hat[6].

Nicht minder unrichtig wie die eben besprochene Annahme, ist die weit verbreitete Ansicht, dass Gregor VII. die Leistung eines Obedienzeides für alle Erzbischöfe oder Bischöfe angeordnet und eine bestimmte Formel dafür vorgeschrieben habe[7].

Schon vor seiner Regierungszeit, als die kirchliche Reformpartei den Kampf gegen die Investitur der Bischöfe seitens der Fürsten eröffnet hatte, hat Nikolaus II. unter

repromissionis et iuramenti sui scripturas, quas tempore consecrationis suae imperfectis confusisque, ut in eis videbatur, repleverat dictionibus, propria manu scribens iuxta consuetudinem antecessorum suorum composuit." Für Deutschland wird die Sitte keineswegs, a. M. Phillips 2, 187, durch den in der vor. Anm. cit. Brief des Bonifazius erwiesen.

1 Phillips 2, 188; Richter-Dove K. R. §. 145; Schulte K. R. 2, 289.

2 Th. II. S. 28.

3 Th. II. S. 27. n. 2.

4 In dem gewöhnlich angeführten c. 4 Dist. C., einem Schreiben Johannes VIII. an Wilibert von Köln u. 873, ist allerdings diese Zumuthung gemacht, aber die Verleihung des Palliums an ihn war schon unter Hadrian II. auf Widerstand gestossen, Dümmler a. a. O. 1, 789. 805, und die Worte „secundum morem" in dem Briefe Johanns können sich sehr wohl auf die Unterlassung der Erwähnung der allgemeinen Konzilien beziehen. — Wenn schon Nicolaus I. für die Verleihung des Palliums an den Bischof v. Dol 865, Mansi 15, 470, etwas Aehnliches gefordert hat, so war das Verlangen des letzteren, weil Dol unter Tours stand, durchaus exceptionell.

Ferner heisst es in einem Schreiben Nikolaus' I. an Ansgar v. Bremen v. 864, Lappenberg Hamb. Urkdbch. 1, 24: „Porro te pallio uti nonnisi more sedis concedimus apostolicae, scil. ut successores tui per semetipsos vel per legatos suos et scriptum fidem nobiscum tenere ac sanctas VI synodos recipere atque decreta omnium Romanae sedis praesulum et epistolas quae sibi delatae fuerint, venerabiliter observare atque perficere omnibus diebus suis scripto se et iuramento profiteantur". Ganz abgesehen von der nicht unzweifelhaften Echtheit der Bulle, Dümmler a. a. O. 1, 524. n. 28, wird in derselben dem Ansgar die Mission über die Schweden, Dänen und Slaven übertragen und in Folge dieser seiner Stellung als römischer Missionsbischof könnte ein solcher Eid von ihm, mit Rücksicht auf das Vorbild des Bonifazius, verlangt worden sein.

5 Das unter Johann VIII. i. J. 875 zu Rom und das 877 zu Ravenna abgehaltene Konzil, c. 2, bez. c. 1, Maassen, eine röm. Synode 871 bis 878. Wien 1878. S. 11, u. c. 1 Dist. C. fordern nur die Einsendung des Glaubensbekenntnisses, aber keine weitere Erklärung.

6 In dem Schreiben, mit welchem Leo VII. u. 937, Mansi 18, 376, das Pallium an Gerhard v. Lorch übersendet, wird allein die Kürze des von diesem abgelegten Glaubensbekenntnisses bemängelt. Dem Gesuch Pilgrims von Passau (Lorch) um das Pallium, auf welches er dasselbe von Benedikt VII. 974 übersendet erhalten hat, Mansi 19, 52, ist ebenfalls nur die professio fidei beigefügt, a. a. O. p. 49.

Hiernach kann nur angenommen werden, dass die Forderungen Nikolaus' I. und Johanns VIII. (s. Anm. 4) vereinzelte Versuche gewesen sind, bisher nicht gemachte Ansprüche durchzusetzen, und dass ihre Nachfolger Ausgangs des 9. und Anfangs des 10. Jahrhunderts bei der damaligen Lage des Papstthums nicht die Macht gehabt haben, diese weiter zu verfolgen. Mehr beweist auch nicht die ihrem Alter und Ursprung nach unbekannte Formel bei Baluze capitul. ed. de Chiniac 2, 618 u. de Rozière recueil des formules 2, 644, in welcher der zu weihende Metropolit seinen Konsekratoren (nicht dem Papste) gegenüber das Glaubensbekenntniss ablegt und dann hinzufügt: „beato vero Petro et vicario eius debitam subiectionem et obedientiam, suffraganeis vero nostris adiutorium me exhibiturum profiteor. Et huic professioni meae coram deo et angelis sub testimonio quoque praesentis ecclesiae subscribo". Sie gehört wohl dem Ende des 9. Jahrh. an und ist in den Kreisen der Partei des Frankenreichs entstanden, welche die damals hervortretenden Bestrebungen auf Stärkung der Metropolitanrechte abwehren wollte. Darauf deutet der Passus über die Suffraganbischöfe, welcher eine auffällige Verwandtschaft mit der von Hinkmar von Laon an Hinkmar von Rheims gestellten Forderung, s. unten S. 206. n. 2, zeigt.

7 Thomassin l. c. c. 46. n. 3; P. de Marca de concordia sacerdotii et imperii VI. 7. n. 7. 8; Gieseler Kirchengesch. 4. Aufl. II. 2, 233 ff. mit Recht dagegen Phillips K. R. 2, 189.

Ignorirung der stattgehabten königlichen Ernennung von dem Erzbischof von Mailand, bei Vornahme der kirchlichen Investitur an diesen, einen Obedienzeid[1], ferner Alexander II. vor der Konsekration des Wibert von Ravenna und der Verleihung des Palliums an ihn einen Eid gefordert, welcher offenbar nach dem Vorbilde des von Robert Guiscard geleisteten Lehnseides[2] abgefasst ist und sich also nicht als ein blosser Gehorsams-, sondern als ein Eid auf persönliche Hulde[3] charakterisirt.

Dem letzteren entspricht im wesentlichen der vom Patriarchen Heinrich von Aquileja Gregor VII. im J. 1079 geschworene Eid[4]. Es kann kein Zweifel darüber obwalten, dass alle diese Formeln von der tonangebenden Reformpartei der Kurie entworfen sind, ebensowenig darüber, dass man mit diesem Eid den Zweck verfolgt hat, die Inhaber der drei wichtigsten Bisthümer Ober-Italiens an sich zu fesseln. Andererseits haben sie aber damals, wie das Beispiel Aquilejas zeigt, nicht die Bedeutung von Eiden gehabt, welche bei dem Antritt oder gar vor dem Erwerb eines Bisthums von allen Bischöfen zu leisten gewesen wären. Nachdem sie indessen einmal als Mittel benutzt worden waren, um sich der Anhänglichkeit der Bischöfe in dem Kampf gegen das Kaiserthum zu versichern, konnte man sie auch später, falls es nach Lage der Verhältnisse passend erschien, zu dem letztgedachten Zweck verwenden. Dass dies die Absicht der Kurie war, ergiebt die Kanonensammlung des Kardinals Deusdedit, in welcher der vom Bischof von Ravenna geleistete Eid allgemein als Eid der Bischöfe, welche in Rom konsekrirt werden und das Pallium empfangen, bezeichnet wird[5], in Verbindung mit der Anordnung Gregors VII, dass das letztere in Rom persönlich von

[1] J. 1059 o. 1060, Th. II. S. 542. n. 4. Die Formel ist nicht erhalten.

[2] Und zwar des zweiten, Deus dediti collect. canon. III. 157, ed. Martinucci p. 340 (auch bei Gieseler a. a. O. II. 1, 239. n. 11): „Ego Robertus ... (I) ab hac hora et deinceps ero fidelis s. Romanae aecclesiae et apostolicae sedi et tibi domino meo Nicolao papae. (II) In consilio vel in facto, unde vitam aut membrum perdas vel captus sis mala captione, non ero. (III) Consiliumque quod mihi credideris et contradixeris, ne illud manifestem, non manifestabo ad tuum damnum me sciente. (IV) Sanctae Romanae aecclesiae tibique adiutor ero, ad tenendum, ad acquirendum regalia s. Petri eiusque possessiones pro meo posse contra omnes homines, et adiuvabo te, ut secure et honorifice teneas papatum Romanum terramque s. Petri" . . .

[3] Deusdedit. l. c. IV. 162, ed. cit. p. 503: „Iuramentum episcoporum qui in Romana aecclesia consecrantur et ab ea pallium accipiunt. Ex reg. pape Alexandri. Ego Guibbertus Ravennas archiepiscopus (I) ab hac hora in antea fidelis ero s. Petro sancteque Romanae aecclesiae et domino meo papae Alexandro suisque successoribus electione meliorum cardinalium intrantibus. (II) Non ero in consilio neque in facto, ut vitam perdant aut membra et aut capti sint mala captione. (III) Consilium vero quod mihi credituri sunt per se aut per nuntios suos sive per litteras, nulli manifestabo ad eorum damnum me sciente. (IV) Papatum Romanum et regalia s. Petri adiutor eis ero ad retinendum et defendendum, salvo meo ordine. (V) Legatum Romanum eundo et redeundo honorifice tractabo et in suis necessitatibus adiuvabo. (VI) Vocatus ad synodum venire non differam, nisi praepeditus canonica excusatione vel praepeditione. (VII) In nataliciis apostolorum eorum limina visitabo aut per me aut per nuntium meum nisi apostolica licentia remaneam. Sic me deus etc." Die Sätze unter I—IV entsprechen den ebenso numerirten in der vor. Anm. bis auf unbedeutende Wort-Abweichungen und solche, welche durch die verschiedene Stellung der beiden Schwörenden bedingt sind. Wenn sich Phillips a. a. O. S. 195 dagegen ereifert, dass man diesen Eid als Lehnseid bezeichnet hat, so ist allerdings richtig, dass er kein homagium im eigentlichen Sinne enthält, im Uebrigen zeigt aber die Vergleichung, dass der Erzbischof dieselbe persönliche Hulde, wie der Lehnsmann des Papstes, schwört. Einen derartigen Eid hat der deutsche Kaiser, insbesondere Otto I., s. LL. 2, 29, — darauf weist Phillips a. a. O. hin —, dem Papst nicht geleistet.

[4] Vgl. Th. II. S. 545. n. 4. Der Eid, Jaffé mon. Greg. p. 355, enthält zunächst die im Eide Wiberts, s. o. Anm. 3, unter I. II. aufgeführten Versprechungen. Die letzteren mit dem Zusatz auch zu verhindern, dass die Päpste „papatum perdant". Dann folgt No. VI in etwas veränderter Fassung, wobei es heisst: veniam et canonice obediam, demnächst No. IV. III. V. Der Schluss (VII) fehlt und ist durch folgende Worte ersetzt: „His quos nominatim excommunicaverit, scienter non communicabo. Romanam ecclesiam per saecularem militiam fideliter adiuvabo, cum invitatus fuero. Haec omnia observabo, nisi quantum sua certa licentia remanserit".

[5] S. Anm. 3.

den Bischöfen nachgesucht werden sollte [1]. Für eine direkte allgemeine Vorschrift, dass auch nur alle Erzbischöfe einen solchen Eid dem Papste zu leisten hätten, waren aber die Dinge damals noch nicht reif. Vorläufig hatte die Kurie genug zu thun, das Verbot der königlichen Investitur der Bisthümer [2] zur Wirksamkeit zu bringen, und eine gleichzeitige Forderung der erwähnten Art hätte durch ihre Neuheit und Masslosigkeit dieses Vorgehen nur erschweren können [3]. Die ergebenen und überzeugten Anhänger der Kurie im Episkopate leisteten ihr auch ohne eidlichen Gehorsam Folge [4], für diejenigen Bischöfe aber, welche sich derselben anfänglich widersetzt und erst später, nachdem ihr Widerstand gebrochen war, unterworfen hatten, war nach Lage der Fälle eine verschiedene Behandlung angezeigt [5].

Seitdem die strenggesinnte Reformpartei Mitte des 11. Jahrhunderts in der Kurie zur Herrschaft gelangt war, wurde allerdings prinzipiell von den Bischöfen nicht nur ein durch die kirchlichen Kanones und die mit diesen übereinstimmenden allgemeinen päpstlichen Anordnungen begränzter Gehorsam, sondern auch Unterwerfung unter die kirchliche Politik der jeweiligen Päpste und Unterstützung derselben gefordert, und behufs Durchsetzung dieses Anspruchs zuerst nach Gelegenheit, vor Allem von den Erzbischöfen bei ihrer Weihe und bei der Verleihung des Palliums ein besonderer, dem Lehnseid nachgebildeter Gehorsamseid in verschiedenen Formen verlangt. Das letztere ist seit Ausgang des 11. oder seit Anfang des 12. Jahrhunderts häufiger, als bisher, geschehen [6]

[1] Th. II. S. 29.

[2] Th. II. S. 544 ff.

[3] Als die königliche Investitur in der ursprünglichen Bedeutung noch in Uebung war, hätte sofort die Frage praktisch werden müssen, wie sich der dem Könige dabei zu leistende Mannschaftseid zu dem Eide gegen den Papst verhalte. In der That ist über diese in England auf dem Reichstage zu Rockingham 1095 verhandelt worden, als Anselm von Canterbury die königliche Erlaubniss zur Einholung des Palliums bei Urban II., welchem er bereits geschworen hatte: „pro apostolico suscepisse neque ab eius subiectione quoad viveret... discedere nolle", nachsuchte und insbesondere von den Bischöfen darüber Rath erforderte, „ut et contra obedientiam papae nihil agam et fidem quam domino regi debeo non offendam". Die Bischöfe riethen, dass sich Anselm dem Könige unterwerfen sollte, Mansi 20, 791; Hefele Konc. Gesch. 5, 188.

[4] Oder legten, wie Anselm (s. vor. Note), freiwillig solche Gehorsamsgelübde ab.

[5] Vgl. den Eid Roberts von Chartres v. 1076 nach welchem er sich verpflichtet, nöthigenfalls innerhalb einer durch einen päpstlichen Legaten zu bestimmenden Frist auf sein Bisthum zu verzichten, Gregor VII. reg. III. 17a, Jaffé l. c. p. 232 und den Manasses von Rheims v. 1078, in welchem getreue Unterwerfung unter die Anordnungen des römischen Stuhles und Verantwortung vor dem päpstlichen Legaten versprochen wird, ibid. V. 17, l. c. p. 313.

[6] Dies zeigt der Brief Paschalis' II., Mansi 20, 984, dessen Ueberschrift zwar verderbt, welcher aber wahrscheinlich an den Erzbischof von Kolocza, jedenfalls aber nach Ungarn gerichtet, vgl. Fr. Florens opp. iurid. ed. Doujat Par. 1679. 1, 232 u. o. Th. II. S. 30. n. 3, und welcher theilweise in c. 4. X. de elect. I. 6 aufgenommen ist: „Significasti . . . regem et regni maiores admiratione permotos, quod pallium tibi ab nostris apocrisiariis tali ordinatione oblatum fuerit, si sacramentum quod a nobis scriptum detulerant iurares . . . cum igitur a sede apostolica vestrae insignia dignitatis exigitis . . . iustum est, ut vos quoque sedi apostolicae subiectionis debita signa solvatis, quae vos cum b. Petro tamquam membra de membro haerere et catholicae capitis unitatem servare declarent. In quibus a praedecessoribus nostris ea est adhibita moderatio ut nihil iniuriosum, nihil difficile sit appositum, quod non etiam praeter exactionem nostram ab omnibus debeat episcopis observari qui sub apostolorum principum Petri et Pauli obedientia decreverunt et unitate persistere. Num quid non ultra vos Saxones Danique consistant? Et tamen eorum metropolitani et idem iuramentum asserunt et legatos apostolicae sedis honorifice tractant et in suis necessitatibus adiuvant et apostolorum limina per legatos suos, non tamen per triennium, sed annis singulis visitant". Dass diesem Eide dieselbe Fassung, wie dem von Wibert und Heinrich geschworenen (s. S. 202 n. 3 u. 4) zu Grunde liegt, ergiebt nicht nur die Berufung des Papstes auf seine Vorgänger, sondern auch der Hinweis auf die Behandlung und Unterstützung der Legaten, welche zeigen soll, dass die Sachsen und Dänen dieser im Eide erwähnten Verpflichtung nachkommen. A. M. Phillips, 1, 192, unter Bezugnahme auf Zaccaria l. c. c. 5. n. 3. p. 305, weil es wahrscheinlicher sei, dass Paschalis II. den i. J. 1102 auf dem römischen Konzil vorgeschriebenen Eid auch für die ungarischen Erzbischöfe in der gleichzeitig erlassenen Dekretale für massgebend erklärt habe. Dass letztere aber diesem Jahre angehört, ist nicht erwiesen, Jaffé reg. n. 4851, und ebensowenig hat Paschalis II. auf der gedachten Synode eine Eidesformel für Erzbischöfe festge-

und noch im letzteren feste Praxis geworden [1]. Der Charakter des Eides ist stets derselbe geblieben, wenngleich die Formel nach Bedürfniss geändert und erweitert worden ist [2]. Auch wurde er schon damals ohne Rücksicht auf das Pallium von den einfachen Bischöfen, welche seitens des Papstes selbst konsekrirt wurden oder demselben unmittelbar unterstanden [3], gefordert. Ihre gesetzliche Sanktion erhielt diese Uebung, welche bisher nur eine gewohnheitsrechtliche gewesen war, durch die Dekretalensammlung Gregor's IX. In diese ist sowohl die S. 203. n. 6 angeführte Dekretale Paschalis' II. über die Pflicht der Erzbischöfe vor Empfang des Palliums den Gehorsamseid abzulegen [4], wie auch eine Formel für den von den Bischöfen dem Papste abzuleistenden Treu- und Gehorsamseid, welche in den einzelnen Gelöbnissen der Fassung des von Wibert und von Heinrich von Aquileja geleisteten Eides [5], mit gewissen Erweiterungen, entspricht, aufgenommen [6]. So ist die Leistung der Lehnshulde des

setzt, vielmehr haben die damals anwesenden Bischöfe nur das Schisma verdammt und dem Papst Paschalis Gehorsam versprochen, indem sie das bejahten, was er bejaht, und verdammten, was er verdammt hatte, Mansi 20, 1147; Hefele a. a. O. 5, 239, Vgl. ferner für diese Zeit Eadm. hist. nov. lib. V, Migne patr. 159, 493, wo es vom Erzbischofe von Canterbury heisst: „facto prius Romano pontifici de fidelitate et canonica obedientia professione".

[1] Vgl. für den Anfang des 12. Jahrh. noch Petri diac. chron. Cas. IV. 92, SS. 7, 810. Auf dem Lateranensischen Konzil v. 1179 schwören die zu Alexander III. zurückkehrenden schismatischen Bischöfe: „et modo in antea me obediturum iuro et promitto fidelitatem s. Romanae ecclesiae et dom. meo Alexandro et successoribus eius iuste intrantibus ipsique serviam absque malo ingenio contra omnem hominem secundum ordinem meum. Consilia eius quae mihi scripto mandaverit vel ipse commiserit nulli homini pandam nec etiam pro periculo corporis membrorum: legatum ecclesiae Roman. honorabo et ducam et reducam et iuvabo expensis. Sic me etc. His vero verbis dabantur ipsis pallia", Mansi 22, 235. Die Schismatiker müssen also den Eid nachholen, der unter regelmässigen Verhältnissen sofort von ihnen hätte geleistet werden müssen. Die Eidesformel ruht ersichtlich auf der Wibertschen. Vgl. ferner Innoc. III. ep. I. 527 u. X. 47 (s. auch Th. I. S. 560).

[2] Vgl. den von Innocenz III. für den Primas der Bulgaren, den Erzbischof von Debelti (Ternobensis oder Trinovitanus) vorgeschriebenen Eid in dessen gesta c. 77, opp. ed. Migne 1, CXXVIII u. ep. VII. 11; l. c. 2, 295: (I) Ego N. ab hac hora in antea ero fidelis et obediens b. Petro sanctaeque Romane et apostolicae sedi et domino meo N. eiusque catholiciis successoribus. (II) Non ero in facto vel consilio vel consensu, ut perdant vitam aut membrum vel capiantur aut spolientur. (III) Consilium, quod mihi crediderint, ad eorum damnum me sciente nemini pandam. (IV) Eorum certum malum si scivero, impedire studebo. (V) Quodsi non potero impedire, eis quam cito potero intimare curabo. (VI) Papatum Romanum, honores, dignitates et rationes apostolicae sedis defendam pro posse, salvo ordine meo, contra omnem viventem. (VII) Vocatus ad synodum veniam, nisi praepeditione canonica fuerim impeditus. (VIII) Apostolorum limina singulis quadriennis per me vel per meum nuntium visitabo, nisi eorum absolvar licentia. (IX) Legatum apostolicae sedis, quem pro certo scivero esse legatum, devote suscipiam et in suis necessitatibus adiuvabo. (X) Cum quemlibet de meis suffraganeis consecravero, faciam illi iurare, ut Romano pontifici et Romanae ecclesiae perpetuam obedientiam et debitam honorem impendat. (XI) Ceterum cum aliquem coronavero in regem N. iuxta indulgentiam mihi et successoribus meis ab apostolica sede concessam, ab eo iuratoriam recipiam cautionem, quod ei qui tunc apostolicae sedi praefuerit, successoribus eius et ecclesiae Romanae devotus et obediens permanebit et cunctas terras et gentes suo subiectas imperio in obedientia et devotione sedis apostolicae conservabit. Haec omnia bona fide servabo sic me etc.". Dem Eide Wiberts (s. S. 202. n. 3) entsprechen mit kleineren Veränderungen I—III, der dortigen No. V. VI. VII in gleicher Weise hier No. IX. VII. VIII. Die No. VI hat im Vergleich mit der Wibertschen No. IV wegen des beendeten Investiturstreites eine gewisse Modifikation erfahren. No. IV. V. X. XI sind Erweiterungen, die beiden letzteren von hervorragender Bedeutung.

[3] S. die Erklärung Ekkeberts v. Bamberg v. 1206, Raynald. ann. 1206. n. 13: „quod et illo iuramento fidelitatis et obedientiae quod in consecratione mea corporaliter praestiti, profiteor me teneri ad obediendum etiam super negotio Romani imperii, mandatis . . . Innocentii sine fraude parebo et cum ab eo vocatus fuero cessante iusto impedimento ad praesentiam eius accedo". Vgl. hierzu Winkelmann Philipp. v. Schwaben 1, 410. S. c. 13 (Greg. IX.) X de M. et O. I. 33, wo von der Form der Eide, welche die Päpste von den ihnen unmittelbar untergebenen Bischöfen zu fordern pflegen, die Rede ist.

[4] c. 4. X. de elect. I. 6.

[5] S. 202.

[6] c. 4. X. de iureiur. II. 24 (mit der Inscription: Gregorius Petro subdiacono): Des Näheren stimmt der Eid in I u. II mit dem Wibertschen mehr als dem Heinrichs. Dann folgt III (bei Wibert) in der veränderten Fassung: „consilium quod mihi aut per se literas aut per nuntium manifestabit, ad eius damnum nulli pandam", No. IV: „Papatum Romanae ecclesiae et regulas ss. patrum adiutor ero ad defendendum et reti-

Normannenherzogs Robert Guiscard zur gemeinrechtlichen Pflicht für die Erzbischöfe und die von dem Papst konsekrirten Bischöfe geworden[1]. Dass man in der That auch im 13. Jahrhundert den Eid seitens des päpstlichen Stuhles in dieser weitgehenden Bedeutung aufgefasst hat, zeigen die Anforderungen, welche an einzelne Bischöfe gestellt worden und welche über die Leistung des Gehorsams bei der Verwaltung des bischöflichen Amtes weit hinausgegangen sind[2].

Als später, im 15. Jahrhundert, die Konfirmation und Konsekration der Bischöfe zum Reservatrecht des Papstes geworden war[3], ergab sich damit die Pflicht zur Ableistung des Obedienzeides für alle, auch die im Metropolitanverbande stehenden Bischöfe von selbst. Diese ist ausdrücklich in dem von Clemens VIII. 1596 bestätigten Pontificale Romanum anerkannt, und zugleich eine neue[4], aber nur die

nendum, salvo ordine meo, contra omnes homines", in welchen Stellen einzelne Worte mehr dem Eide Heinrichs und der Formel Innocenz' III. (s. S. 204. n. 2) entsprechen. Das letztere gilt auch von No. V (correspondirend der No. VI bei Wibert): „Vocatus ad synodum veniam, nisi praepeditus fuero canonica praepeditione". No. VII entspricht mehr dem Eide Heinrichs mit Aufnahme des Zusatzes bei Innocenz III. No. IX: „Legatum apostolicae sedis quem certum *legatum* esse cognovero, in eundo et redeundo tractabo et in suis necessitatibus adiuvabo; dagegen die letzte No. X wieder der Fassung des Wibertschen Eides No. VII und der Formel Innocenz' III. No. VIII: „Apostolorum limina singulis annis aut per me aut per certum nuncium *meum* visitabo, nisi eorum absolvar licentia". Diese so componirte Formel war wohl schon früher in Gebrauch, mit ihr stimmt der Gregor IX. von Eadmund von Canterbury, Raynald. annal. a. 1233. n. 65 u. Zaccaria l. c. p. 309, und von Rudolf v. Lyon 1235 geleistete Eid, Muratori antiqu. Ital. 6, 266, in denen sich noch der Zusatz findet: „Possessiones vero ad mensam mei archiepiscopatus pertinentes non vendam neque donabo neque pignerabo neque de novo infeudabo vel aliquo modo alienabo inconsulto Romano pontifice" überein. Denselben Eid haben, s. Raynald. u. Zaccaria ll. cc. nach der Publikation der Dekretalensammlung i. J. 1237 oder bald nachher die Erzbischöfe von Rouen, Upsala und Leon geschworen. Hieraus ergiebt sich, dass die Dekretalen nur den wesentlichen Inhalt der Formel haben aufstellen, keineswegs aber etwaige weitere, durch das Bedürfniss geforderte Zusätze ausschliessen wollen.

[1] Einen anderen Zweck kann die Aufnahme der Stellen in die Dekretalen Gregor's IX., welche als Gesetzbuch gelten sollten, sicherlich nicht gehabt haben. Phillips K. R. 2, 191 meint freilich, dass in der Versetzung des c. 4. X. cit. aus dem Titel de electione der früheren Kompilationen in den Titel: de iureiurando ein Fingerzeig zu liegen scheine, dass die Eidesleistung in der gedachten Zeit noch keine allgemeine Vorschrift gewesen sei. In den Titel de electione ist der Eid aber wohl deshalb nicht gestellt worden, weil damals auch die Päpste schon selbst Bischöfe ernannt haben, Th. II. S. 574. 589, und auf diese die Pflicht ebenfalls ausgedehnt werden sollte.

[2] Vgl. S. 204. n. 3. Ferner hat Innocenz III., registr. de negotio imperii ep. 68, opp. ed. Migne 3, 1074 den Erzbischof von Trier im Hinblick auf den Eid aufgefordert, Otto IV. anzuerkennen, widrigenfalls er wegen Verletzung seiner Eidespflicht exkommunicirt werden würde (über andere Fälle s. Winkelmann Philipp von Schwaben 1, 305ff.), Alexander IV. 1256 den Erzbischof von Mainz, Konradin nicht zum König zu wählen, bullar. Taurin. 3, 639, Raynald. v. 1256 n. 3 ff.; ja Gregor IX. 1229 (Raynald. a. 1229 n. 35) vom Erzbischof v. Lyon sogar unter Bezugnahme darauf die Gestellung von Hülfstruppen gegen Friedrich II. verlangt.

[3] S. o. S. 148 u. Th. II. S. 578. 601.

[4] Sie lautet (die Erweiterungen habe ich durch *—* bezeichnet): Ego N. electus ecclesiae N. ab hac hora inantea fidelis et obediens ero b. Petro apostolo sanctaeque Rom. ecclesiae et domino nostro, domino N. papae N. suisque successoribus canonice intrantibus. Non ero in consilio aut consensu vel facto ut vitam perdant aut membrum seu capiantur mala captione;* aut in eos violenter manus quomodolibet ingerantur vel iniuriae aliquae inferantur, quovis quaesito colore.* Consilium vero quod mihi credituri sunt per se aut nuntios suos seu litteras ad eorum damnum, me sciente, nemini pandam. Papatum Romanum et regalia s. Petri adiutor eis ero ad retinendum et defendendum, salvo meo ordine, contra omnem hominem. Legatum apostolicae sedis in eundo et redeundo honorifice tractabo et suis necessitatibus adiuvabo. *Jura, honores, privilegia et auctoritatem s. Romanae ecclesiae, dom. n. papae et successorum praedictorum conservare, defendere, augere et promovere curabo. Neque ero in consilio vel facto seu tractatu in quibus contra ipsum dominum nostrum vel eamden Romanam ecclesiam aliqua sinistra vel praeiudicialia personarum, iuris, honoris, status et potestatis eorum machinentur. Et si talia a quibuscumque tractari vel procurari novero, impediam hoc pro posse, et quanto citius potero, significabo eidem domino nostro vel alteri, per quem possit ad ipsius notitiam pervenire. Regulas ss. patrum, decreta, ordinationes seu dispositiones, reservationes, provisiones et mandata apostolica, totis viribus observabo et faciam ab aliis observari. Haereticos, schismaticos et rebelles eidem domino nostro vel successoribus praedictis, pro posse persequar et impugnabo*. Vocatus ad synodum veniam, nisi

frühere erweiternde Formel aufgestellt, welche noch für die Jetztzeit massgebend ist[1].

Die Sitte, dass die Bischöfe bei ihrer Weihe dem Metropoliten ein Versprechen des Gehorsams ablegen[2], geht nicht weiter als bis in das 9. Jahrhundert zurück. Erst seit dieser Zeit kommen derartige Erklärungen der Bischöfe im fränkischen Reiche vor[3]. Ihre Einführung hängt offenbar mit den damaligen Bestrebungen der kirchlichen Reformpartei zusammen, die Rechte der Metropoliten in Wirksamkeit zu erhalten und zu stärken[4]. Ja, es wird die Vermuthung kaum von der Hand gewiesen werden

praepeditus fuero canonica praepeditione. Apostolorum limina singulis trienniis (hier wird eventuell die anderweit angeordnete Frist genannt) personaliter per me ipsum visitabo, *et domino nostro ac successoribus praefatis rationem reddam de toto meo pastorali officio ac de rebus omnibus ad meae ecclesiae statum, ad cleri et populi disciplinam, animarum denique, quae meae fidei traditae sunt, salutem quovis modo pertinentibus: et vicissim mandata apostolica recipiam et quam diligentissime exequar. Quodsi legitimo impedimento detentus fuero, praefata omnia adimplebo per certum nuntium ad hoc speciale mandatum habentem, de gremio mei capituli aut alium in dignitate ecclesiastica constitutum seu alias personatum habentem, aut his mihi deficientibus per dioecesanum sacerdotem et clero deficiente omnino, per aliquem alium presbyterum saecularem vel regularem spectatae probitatis et religionis, de supradictis omnibus plene instructum. De huiusmodi autem impedimento docebo per legitimas probationes ad s. Rom. ecclesiae cardinalem proponentem in Congregatione s. concilii per supradictum nuntium transmittendus. — Possessiones vero ad mensam meam pertinentes non vendam nec donabo nec impignorabo nec de novo infendabo vel aliquo modo alienabo, etiam cum consensu capituli ecclesiae meae, inconsulto Romano pontifice. Et si ad aliquam alienationem devenero, poenas in quadam super hoc edita constitutione contentas eo ipso incurrere volo*.

Wegen des Versprechens über die visitatio liminum vgl. übrigens auch const. Sixti V.: Romanus pontifex v. 1585. §. 3, bull. Taurin. 8, 641, wo die Aufnahme desselben in den Eid angeordnet ist.

[1] Denn sie ist in den neuen Ausgaben des Pontifikales, welche auf Befehl Urban's VIII. und Benedikt's XIV. veranstaltet worden sind, beibehalten worden.

Im deutschen Reich haben schon im sechszehnten Jahrhundert einzelne Bischöfe und auf dem Reichstage zu Regensburg von 1582 verschiedene Reichsstände an dem Eide Anstoss genommen. Moser deutsch. Staatsrecht 11, 531 ff. Sodann hat die Verbreitung Gallikanischer Anschauungen in Deutschland eine Opposition hervorgerufen, welche ihren Ausdruck nicht nur in verschiedenen, den Eid behandelnden Schriften, angeführt bei Sartori geistl. Staatsrecht d. Erz- etc. Stifter I. 2. S. 291 u. Binterim S. 295, sondern auch in der Forderung der Emser Punktation §. 20, Münch Konkordate 1, 416, gefunden hat, dass der mehr auf die Pflichten eines Vasallen als den kanonischen Gehorsam gerichtete Eid durch eine neue angemessene Formel ersetzt werden solle.

[2] In den Synoden des Bonifazius ist über ein besonderes Gehorsams-Gelöbniss der Bischöfe gegen die Metropoliten noch nichts festgesetzt worden, das ergiebt der Brief an Cudbert v. 748, Jaffé monum. Mogunt. p. 201, s. auch Th. II, S. 8.

[3] Eine solche hat Hinkmar von Laon seinem Oheim Hinkmar von Rheims 858 vor seiner Bischofsweihe abgegeben, s. des letztern lib. expostulationis c. 9 v. 871, Mansi 16, 589: „Et non debuerat oblivisci professionis et subscriptionis suae ante ordinationem episcopalem: qui coram altari S. Mariae et cunctis qui adfuerunt non solum de Rhemensi ecclesia et de Landunensi parochia, verum et de Rhemorum provincia et aliis diversi ordinis viris, secundum morem Rhemensis ecclesiae, sicut soliti erant episcopi ordinandi subscribere, post catholicae fidei professionem, de obedientia sua secundum sacras regulas erga Rhemorum metropolim propria manu subscripsit," in dess. opuscul. LV. capit. c. 9, opp. ed. Migne 2, 316: „suscriptione professus es te obediturum regulariter privilegio metropolis Rhemorum," vgl. auch ibid. praef. l. c. p. 292. S. ferner die ebenfalls vor Hinkmar von Rheims behufs Erlangung der Konsekration abgelegte professio des Bischofs von Terouanne u. 876, conc. Galliae ed. Sirmond 2, 655; Mansi 17 app. p. 427, in welcher es nach dem Glaubensbekenntniss heisst: „Privilegio etiam metropolis Rhemorum ecclesiae ac eius praesulis secundum sacrosanctos conciliorum canones et decreta sedis apostolicae ex sacris canonibus et legibus promulgata pro scire et posse absque dolo et simulatione vel indebita et pertinaci contradictione me obediturum profiteor." Die Urkunde über die Weihe des Bischofs von Rennes im J. 866 bei Mansi l. c. p. 429, erwähnt dagegen nur einer dabei ertheilten Ermahnung: „ut . . . matris suae metropoli debita reverentia se subdere non neglegat." Dies sowie der Umstand, dass Hinkmar von Laon von seinem Oheim ein „breviculum ita se habentum: Et ego H. Rhemorum archiepiscopus tibi Hincmaro Laudun. episcopo tuum debitum sacris canonibus privilegium conservabo, et in quibuscunque ecclesiasticis negotiis indigueris, secundum sacras regulas debitum tibi iure adiutorium archiepiscopali auctoritate adhibebo," ep. Hincm. Rhem. ad Hincm. Laud. ed. Migne 2, 502 gefordert hat, lässt ebenfalls darauf schliessen, dass es sich um eine Neuerung gehandelt hat.

[4] S. Th. II. S. 9. 10. Hatte doch gerade die Synode von Meaux-Paris die Erhaltung der Rechte der Metropoliten und die Bewahrung der Ehrerbietung seitens der Bischöfe gegen die Metropoliten gefordert.

können, dass gerade Hinkmar von Rheims der Urheber dieser Neuerung gewesen ist[1], für deren Durchführung die Versagung der von dem Metropoliten abhängenden Konsekration[2] sich von selbst als das geeignete Mittel darbot[3]. Erheblicher Widerstand dagegen scheint aber kaum geleistet worden zu sein[4]. Dies erklärt sich wohl daraus, dass die ersten Fassungen des Gelöbnisses, welches mit dem herkömmlichen Glaubensbekenntniss verbunden wurde, vorsichtig formulirt waren, indem sie nur einen den kirchlichen Kanones entsprechenden Gehorsam verlangten[5]. Später als die neu ernannten Bischöfe dem Könige den Treueid und die Mannschaft zu leisten hatten, bildete das Gehorsams-Gelöbniss gegenüber dem Metropoliten eine Analogie zu der erstgedachten Verpflichtung und konnte sogar den Bischöfen einen gewissen Rückhalt gegenüber zu weit gehenden Anforderungen des Königs in Betreff ihrer geistlichen Amtsführung gewähren.

Mit dem Ende des 10.[6] oder mit dem Anfang des 11. Jahrhunderts[7] hat die gedachte

[1] Er hat nicht nur seine Metropolitanrechte energisch wahrgenommen, Th. II. S. 10. 530, sondern sie auch durch die von ihm erstrebten Primatiatstellung zu erweitern gesucht. Im Hinblick auf das ihm von Papst Benedikt III. ertheilte Privileg Th. I. S. 604. n. 4 kann eine übereinstimmende Fassung der Professionen seiner beiden Suffraganen, welche vor Allem dem Privileg des Rheimser Stuhles Gehorsam versprachen, nicht für eine reine Zufälligkeit im Ausdruck erklärt werden.

Dass Hinkmar sich (s. vor. Note) auf die Gewohnheit der Rheimser Kirche bezieht, zeigt ebenfalls, dass es sich hier um eine derselben eigenthümliche Neuerung gehandelt hat. Wäre das Gelübde damals schon allgemein in der ganzen fränkischen Kirche üblich gewesen, so hätte die Betonung des Rheimser Gebrauches keinen Sinn gehabt.

[2] Th. II. S. 530.

[3] Früher als die vorher citirten fränkischen Gelöbnisse ist die etwa dem J. 801 angehörige Formel für die Bischöfe des Patriarchates von Aquileja, Zaccaria l. c. c. 2. n. 6. p. 277, welche zunächst eine eidliche Verpflichtung auf den katholischen Glauben, und eine eidliche Ablehnung der Simonie und anderer geheimer Vergehen enthält, dann das blosse Versprechen: „de reliquis vero diversarum negotiis iam non iureiurando repromitto, sed sola litterarum conligatione sub huius chirographi titulo ecclesiasticis me correptionibus subdo, et quod est potius, proprii me honoris censeo periclitari dispendio . . . si vocatus quoque ad synodum cessante prorsus iusta excusatione iactantia quadem inflatus venire contempsero; si secundum virium qualitatem primae sedis episcopo, h. e., metropolitano meo inobediens extitero et non ut dignum est, saluberrima eius praecepta, quae rectae fidei et canonicis non erunt contraria institutis et a veritate tramite non divertunt sive per verba edita sive per sacras litteras explicata, sincera non obtemperavero affectione. Missos eius honorifice suscipere et obsequium humanitatis eis corde non renuo exhibere perfecto." Der Rest der Formel enthält das Versprechen getreuer Amtsverwaltung nach den Canones mit besonderer Beziehung auf die gottesdienstlichen Verrichtungen und die kirchliche Vermögensadministration. Das frühe Vorkommen dieses Gehorsamsversprechens erklärt sich wohl einmal daraus, dass die wenigen Metropoliten Italiens wegen der Nähe des römischen Stuhles besondere Anstrengungen zur Erhaltung ihrer Metropolitan-Gerechtsame gemacht haben, ferner aber auch aus der Rivalität der Patriarchen von Aquileja mit denen von Grado, Th. II. S. 567.

[4] Dies macht der Mangel an Quellenmaterial wahrscheinlich.

[5] S. die Formel für die Rheimser Provinz. Eine andere für Besançon von 886 lautet dagegen: „Ego Adalbaldus (886?) . . . adhuc vocatus episcopus debitam obedientiam et condignam subiectionem, veluti antecessores mei ecclesiae scil. Belicensis (Belley) obedierunt, rectoribus Vesontion. ecclesiae promitto deinceps servare et obedire," Neues Arch. d. Gesellsch. f. ält. deutsche Geschichtskunde 3, 198. Die Beschränkung liegt hier, abgesehen von dem Worte: debita, auch in der Berufung auf die Vorfahren.

Die Formel bei de Rozière recueil des formules 3, 341, enthalten in einer Pariser Handschrift: „ego N . . . ad episcopalem illius ecclesiae sedem electus . . . confiteor cum omnipotentis dei auxilio . . . quod ego sanctae Salvatoris mundi (ecclesiae?) et venerando patri archiepiscopo illi eiusque successoribus . . . devota et fideli mente semper deservire et obedire desidero stabilemque me esse permanentem sine aliqua dissimulatione omnibus diebus . . . numquam ad dexteram neque ad sinistram ab illa sede illius ecclesiae quae caput est [declinabo], sed sine aliquo scrupulo diabolicae fraudis et humili devotione et sincera mente illo praefato patri illi et successoribus eius . . . deservire et oboedire omnibus viris meis deo omnipotenti confiteor," worauf weiter noch das Bekenntniss zum apostolischen Glauben folgt, muss wegen ihrer Fassung jünger sein, wenn sie nicht vielleicht ein blosser Entwurf ist. Sie stimmt wenigstens mit den anderen in Gebrauch gewesenen nicht überein.

[6] Dieser Zeit gehören unter den von Waitz in dem Note 5 citirten Archiv mitgetheilten Erklärungen eine für Basel, S. 198, eine für Troyes, eine für Orleans S. 199, und eine für Paris S. 200 (Gislebertus † 992) an; von früheren findet sich eine für Belley v. 932 und eine für Nevers (Gerardus 958) S. 198. 199. Dadurch ist der Gebrauch für die burgundischen Bisthümer und das Erzbisthum Sens erwiesen.

[7] Vgl. die angeführten Mittheilungen von

Sitte schon eine weitere Verbreitung erlangt. Das Gelöbniss wurde schriftlich vor der Konsekration in einer dem Metropoliten bei derselben zu übergebenden Urkunde abgelegt, aber in der gedachten Zeit noch nicht immer eidlich bekräftigt [1]. Eine stehende Formel hatte sich dafür ebensowenig entwickelt, obwohl der Inhalt überall der gleiche war, und die Anerkennung des Abhängigkeitsverhältnisses zum Metropoliten, sowie die Leistung des schuldigen Gehorsams umfasste [2].

Im Laufe des 11. Jahrhunderts ist die Ablegung des Gelöbnisses feststehende Praxis in der ganzen Kirche geworden [3]. Seit dieser Zeit haben auch die Metropoliten,

Waitz für die erwähnten Bisthümer. Für Deutschland kommt in Betracht Wiberti vita Leonis IX. I. 12, Watterich pontif. Roman. vitae 1, 142: „a praelibato archipraesule (Poppo von Trier) quoddam privilegium promulgatur, in quo haec lex superflua atque impossibilis . . . continebatur, sc. ut quisque suorum suffraganeorum ab eo ordinandus prius sub divinae praesentiae testimonio spondere debeat, quatinus in cunctis rebus agendis eum sibi ad consilium adhibeat sublatoque omni excepto, nihil extra suum praeceptum aut velle aut quasi quidem servus agere praesumat . . . Bruno (v. Toul 1026) . . . se abnegat huius incongruae rationis fore sponsorem . . . Conradus augustus ad suum palatium Wormatiae utrosque convocavit . . . tandem vicit archiepiscopum iustae rationis praemonstratio . . . tantum requisivit, ab eo sponderi quod in ecclesiasticis negotiis agendis ipsius uteretur auctoritate consilii. Hac ergo accepta sponsione . . . fit sancta ordinatio." Allerdings weicht nicht nur die Forderung Poppos, sondern auch das nachher von Brun geleistete Gelöbniss von den sonst bekannten ab, dies und die Erwähnung des eigenthümlichen, einzig dastehenden Privilegs macht die Erzählung äusserst verdächtig, aber so viel ergiebt sie doch, dass auch in Deutschland eine Verpflichtung des Suffraganbischofs gegenüber dem Metropoliten bei der Konsekration verlangt wurde. Vgl. ferner Adam. Brem. II. 53, SS. 7, 325: „Ille (Gerbrand von Seeland c. 1022) quod necessitas persuasit, satisfaciens, fidelitatem Hammaburgensi cathedrae cum debita subiectione spondens."

Für Italien s. den interessanten Eid der Suffraganen des Patriarchen von Aquileja aus der ersten Hälfte des 11. Jahrhunderts: „Polliceor ego . . . futurus episcopus me fidelem et obedientem esse d. Aquilej. ecclesiae et tibi domno Popponi patriarchae tuisque successoribus secundum ordinem meum salva fidelitate Cuhonradi imperatoris filiique eius Einrici, sic etc. mitgetheilt von Bresslau i. cit. neuen Arch. 3. S. 87.

Was England betrifft, so liegen zwar aus dieser Zeit keine Zeugnisse vor, wenn aber der Bischof von Dublin 1085 dem Erzbischof von Canterbury ein derartiges Gelöbniss abgegeben hat, Lanfranci opp. ed. Giles 1, 356: „Ego Donatus Dublinensis ecclesia antistes . . . canonicam obedientiam tibi promitto et successoribus tuis", so darf daraus wohl auf die Geltung der Uebung in der ganzen erzbischöflichen Provinz und auf das längere Bestehen derselben geschlossen werden.

[1] Das zeigen die bisherigen Anführungen. Die Abgabe nach der Konsekration kommt auch vor, aber vereinzelt, s. Waitz a. a. O. S. 196. 198.

[2] In den von Waitz mitgetheilten Erklärungen, welche die Zeit vom 9. bis 13. Jahrhundert umfassen, wird subiectio schlechthin, oder subiectio et oboedientia, subiectio et reverentia, subiectio, reverentia et obedientia, dabei auch debita subiectio, debita reverentia, reverentia a sanctis patribus constituta, condigna oder pistica obedientia, obedientia a sanctis patribus constituta versprochen. Auch die Bezugnahme auf die von den Vorgängern geleistete Obedienz findet sich mehrfach.

[3] Für England vgl. Eadmer. hist. novell. lib. IV., Migne patrol. 159, 466 über den Bischof v. Herford (1096—1101): „. . . coepit Anselmus coram rege regnique episcopis atque principibus exigere a Gerardo archiepiscopo Eboracensi professionem de sua obedientia et subiectione, quam non fecerat ex quo de episcopatu Herefordensi in archiepiscopatum Eboracensem . . . . translatus fuerat . . . Annuit Gerardus et sua manu imposita manui Anselmi interposita fide sua pollicitus est se eandem subiectionem et obedientiam ipsi et successoribus suis in archiepiscopatu exhibiturum, quam Herefordensi ecclesiae ab eo sacrandus antistes promiserat," ferner l. c. ed. cit. 474 über die Weihe des Bischofs von London durch Anselm v. Canterbury i. J. 1108: „accepta prius ab eo pro more de obedientia et subiectione sua professione," u. ibid. lib. V., l. c. p. 491 über die des Bischofs von Rochester i. J. 1008: „factis evangeliis promisit se et fidelitatem ecclesiae Cantuar. et antistiti eius per omnia servaturum et nulla umquam molimine . . . se intromissurum vel assensum praebiturum, ut ecclesia Cantuar. dignitatem et potestatem quam supra ecclesiam Roffensem eatenus habuit, ullo modo perderet." Die Verbreitung der Sitte zeigt auch der Umstand, dass der Erzbischof von Kanterbury als Primas von England seit 1072 eine solche und zwar eidliche Erklärung von dem Erzbischof von York gefordert und erlangt hat, Th. II. S. 617. 618.

Für Frankreich vgl. Ivonis Carnot. ep. 73, Migne patrol. 162, 94: „sic reliqui pontifices quum ante consecrationem examinantur, omnem veterum morum honestatem et debitam obedientiam se exhibiturum suis ordinatoribus pollicentur." Auch hier hat der Primas von Lyon (Th. I. S. 599), kraft seines Primates von den ihm untergebenen Metropoliten einen solchen Eid beansprucht, ep. eiusd. 60, l. c. p. 72: „miramur an . . . veteres traditiones . . . removere contenditis, praecipiendo, ut Senonensis electus ante consecrationem suam vobis praesentetur et iure primatus vestri subiectionem et obedientiam profiteatur. Quod hactenus nec in Senonensi provincia nec in aliis provinciis antiquitas instituit nec consue-

wohl mit Rücksicht darauf, dass sie ihrerseits dem Papste gegenüber den Gehorsam eidlich versprechen mussten, eine gleiche Anforderung an ihre Suffraganbischöfe gestellt[1] und das Gelöbniss von diesen in einer ihrem eigenen Eide nachgebildeten Fassung verlangt[2], um den Bestrebungen derselben auf Lockerung des Metropolitanverbandes und Schwächung der noch in Geltung stehenden Metropolitanrechte entgegenzutreten. Diese nahmen aber seit dem 13. Jahrhundert, je mehr die Päpste in die Besetzung der bischöflichen Stühle selbst eingriffen, zu[3]. Die letzteren sahen sich deswegen sogar wiederholt genöthigt, die Bischöfe anzuweisen, ihren Metropoliten den herkömmlichen Obedienzeid nicht zu verweigern[4], insbesondere ordnete Clemens V. im J. 1313 wegen der vielfach fortdauernden Renitenz an, dass die Bischöfe und Prälaten dadurch, dass sie vom Papste direkt zu ihren Aemtern befördert oder von ihm oder in seinem Auftrage geweiht würden und dem Papst den Treueid zu schwören hätten, nicht von ihrer Verpflichtung gegen die Metropoliten frei würden und diesen den Obedienzeid ebenso leisten sollten, als ob der päpstliche Stuhl bei ihrer Erhebung nicht mitgewirkt habe[5]. Urban V. hat diese Anordnung zwar im J. 1370[6] erneuert, und

tudo servavit," vgl. dazu ep. eiusd. 65, l. c. p. 82.

Für Italien s. die Eidesformel für die Suffraganen des Patriarchen von Grado v. J. 1084 u. 1097 bei Zaccaria l. c. c. 5. n. 10. p. 312; für die des Erzbischofs von Mailand aus d. 12. Jahrh., Moriondi, monum. Aquensia. Taurin. 1789. 1, 69: „Ego Gandinus Aquensis episcopus iuro ad ss. dei evangelia, quod amodo ero fidelis et obediens . . . . . . Mediolanensi ecclesiae et d. Gualdino Mediolan. archiepiscopo eiusque catholicis successoribus; et possessiones quas Aquensis ecclesia nunc habet vel si quae alienatae vel occupatae fuerint et temporibus meis ad Aquensem ecclesiam redierint, non vendam alicui nec infeudabo nec alienabo, nisi forte per licentiam et concessionem Mediol. archiepiscopi et Aquensium canonicorum totius vel partis maioris."

[1] S. die vor. Note. In den Pontifikalien für Salzburg, Tours und Lyon bei Martène de antiquis eccles. ritibus l. I. c. 8. art. 11, ed. Rotomag. 1700. p. 404. 413. 511 stellt aber der Konsekrator noch die Frage, ob der neue Bischof dem Papste Treue und Gehorsam bewahren will, und eine solche auch in Betreff des Metropoliten, welche ohne Eid bejaht wird. Die ersten beiden setzt der Herausgeber in das 12., das letzte in das 14. Jahrh.

[2] Die cit. Formel für Grado lautet im Anfang: „. . . promitto . . . , ut amodo in antea fidelis esse debeam s. matri meae Gradensi ecclesiae et vobis vestrisque successoribus et numquam ecclesiam, cui praeesse debeo, Equilensem (Iesolo) de iure s. Gradensis ecclesiae et ibi presidentium pontificum subtrahere debeam" . . . Dieser Eingang findet sich mit einzelnen Abweichungen auch in den Eiden der Bischöfe von Lübeck von 1247, Leverkus, Urkbch. d. Bisth. Lübeck S. 93, v. Schwerin v. 1248, Meckl. Urkbch. 1, 574, von Halberstadt v. 1300, Würdtwein subs. dipl. 4, 351, v. Augsburg v. 1319, l. c. 1, 464 u. v. Chur v. 1417, Guden cod. dipl. 4, 115. Der Schweriner Eid lautet weiter: (II.) Non ero in consilio nec in facto, ut vitam perdat aut membrum vel capiatur mala captione. (III) Consilium quod mihi per se aut per litteras aut per nuntium manifestabit, nulli pandam. (IV) Archiepiscopatum Bremensis ecclesiae et regulas ss. patrum et statuta conciliorum adiutor ero ad defendendum et retinendum salvo ordine meo, contra omnes homines. (V) Vocatus ad synodum veniam, nisi impeditus fuero canonica praepeditione. (VI) Legatum ipsius et ecclesiae Brem., quem certum legatum esse cognovero, in eundo et redeundo bene et honorifice tractabo et in suis necessitatibus adiuvabo et (VII) omnem fidelitatis formam ad quam de iure teneo, fideliter observabo." Während der Lübecker Eid kürzer ist, finden sich die No. II—IV. VI in den übrigen Formeln und einer für Grado v. 1235, Zaccaria l. c. p. 317, No. V dagegen nicht in der Halberstadter, u. No. VII allein in dieser. Der Eid für Chur enthält auch noch das Versprechen, die Güter des Bisthums und insbesondere das bischöfliche Tafelgut nicht zu veräussern. Andere Zusätze hat die erwähnte Formel von Grado und die weiter bei Zaccaria a. a. O. p. 318 ff. mitgetheilten.

In einzelnen Formeln, der für Halberstadt und Chur, ist mit dem Treugelöbniss gegen den Erzbischof auch zugleich ein solches gegen den Papst verbunden, ebenso in der des Mainzer Pontifikales, Martène, l. c. 2, 482 („Ego volo s. Rom. ecclesiae et dom. N. summo pontifici eorumque catholicis successoribus secundum decreta ss. patrum fidem et subiectionem exhibere"), welches der Herausgeber in das 14. Jahrh. setzt.

[3] Schon Innocenz III. hat die Suffraganen wiederholt an ihre Pflichten gegenüber den Metropoliten erinnern müssen, s. Potthast reg. n. 2958. 3552. 3553. 4452. 4453. Die letzteren suchten ihrerseits die Eidesformel mitunter in unangemessener Weise zu verschärfen, wogegen sich die Dekretale Gregors IX. in c. 13. X. de M. et O. I. 33 richtet.

[4] ep. Innoc. III. a. 1228 an Mailand wegen der Weigerung des Bischofs v. Cremona bull. Taur. 3, 422 u. dazu catal. archiep. Mediol. SS. 10, 107, Innoc. IV. v. 1246 wegen des Bischofs v. Bologna, Savioli ann. Bologn. III. 2, 311.

[5] Mitgetheilt bei de Marca, concordia sacerdotii et imperii VI. c. 3. n. 14. Note *.

[6] Raynald. ann. a. 1370 n. 21.

das Gleiche ist sowohl von Martin V. in dem deutschen und romanischen[1], wie auch von Nikolaus V. im Wiener Konkordate[2] geschehen, indessen ist trotzdem die Ableistung des Obedienzeides seitens der Bischöfe seit dem 15. Jahrhundert[3] ausser Uebung gekommen.

Was endlich eine besondere Gehorsamsverpflichtung der kirchlichen Amtsträger in den einzelnen Diöcesen gegenüber ihren Bischöfen betrifft, so kommt eine solche bald in eidlicher, bald in nichteidlicher Form in Italien[4] und in Frankreich[5] seit dem 8. Jahrhundert vor. Diese Sitte ist in den folgenden Jahrhunderten nicht nur beibehalten worden, sondern hat immer grössere Verbreitung gewonnen[6], wobei die o. S. 199 erwähnte Vorschrift des 11. Konzils von Toledo von massgebendem Einfluss gewesen ist[7]. Eine Regelung dieser Verpflichtung durch die allgemeine kirchliche Gesetzgebung ist nicht erfolgt, auch selbst nicht, als in Folge des Aufkommens der absoluten Ordination die Weihe und die Anstellung der Geistlichen nicht mehr zusammenfiel, die alte Praxis also sich nicht mehr festhalten liess.

[1] Hübler Konstanzer Reformation S. 176. 199.

[2] Koch, sanctio pragmatica p. 221. 222.

[3] Im J. 1417, Guden. cod. dipl. 4, 115 hat der Bischof von Chur noch einen solchen Eid dem Mainzer Erzbischof geschworen.

[4] Vgl. das Zeugenverhör in dem Prozesse der Bischöfe von Arezzo u. Siena v. 715, Muratori antiqu. Ital. 6, 371, bei welchem die vernommenen Priester, Diakonen und andere Kleriker sich auf den dem Bischof geleisteten Obedienzeid berufen. S. ferner die Urkunden von 746 u. 772, ibid. p. 412; v. 801, l. c. p. 212; und die Urk. aus d. Ende des 10. Jahrh. bei Zaccaria l. c. c. 2. n. 4, in denen für die Verletzung des Gehorsams, sowie der übrigen aufgezählten Pflichten auch Geldbussen versprochen werden, was der privatrechtlichen Auffassung des Verhältnisses, s. Th. II. S. 625, insbesondere Anm. 4 a. E., entspricht. In dem Cap. Aquisgr. v. 817. c. 16, LL. 1, 208: „De episcopis vero in Longobardia constitutis, qui ab his quos ordinabant, sacramenta et munera contra divinam et canonicam auctoritatem adcipere vel exigere soliti erant, modis omnibus inhibitum est, ne ulterius fiat", kann nicht mit Richter-Dove K. R. §. 145 ein Verbot des Gehorsamseides gefunden werden, sondern nur ein Verbot der Bestärkung des Eides durch Geschenke, so auch Zaccaria l. c. c. 2. n. 8; Phillips 2, 184; Schulte K. R. 2, 289. n. 4.

[5] Dies ergiebt conc. Cabilon. v. 813. c. 13, Mansi 14, 96: „dictum est interea de quibusdam fratribus quod eos quos ordinaturi sunt, iurare cogant, quod digni sunt et contra canones non sint facturi et obedientes sint episcopo, qui eos ordinaret et ecclesiae in qua ordinantur; quod iuramentum quia periculosum est, omnes una inhibendum statuimus". Auch hier handelt es sich offenbar nur um das Verbot eines Eides in der gedachten Fassung, namentlich soweit der Geistliche danach selbst seine Würdigkeit zu beschwören hatte, nicht um das eines Gehorsamseides überhaupt, wie Richter-Dove a. a. O. annimmt. Vgl. dagegen die in der vor. Anm. cit. Schriftsteller. Dass gerade die kirchliche Reformpartei im Frankenreiche ein Gelübde des Gehorsams nicht für unerlaubt hielt, sondern auf die Ablegung solcher drang, zeigt Bened. Lev. III. 466: „Ut presbiteri et diaconi, quando per parrochias constituantur, stabilitatis et oboedientiae suae atque statuta servare promissionem suo faciant episcopo. Quando presbiteri aut diaconi per parrochias constituuntur, oportet eos professionem episcopo suo facere", eine Stelle, welcher das c. 10 Tolet. XI., s. o. S. 199 zu Grunde liegt.

[6] conc. Rotomag. v. 1074. c. 5, Mansi 20, 399: „Quod subdiaconi sive diaconi sive sacerdotes parochiani non ordinentur secundum confirmationem Toletani concilii absque legitima professione, quam coram episcopo et omnium circumstantium audientia faciunt, qui ordinandi fuerint"; Ivon. Carnot. ep. 73, Migne patrol. 162, 94: „Debitores autem esse qui ad dignitates promoventur ecclesiasticas, promittendae obedientiae testatur concilium Toletan. XI" etc.; ep. Eugen. III. ad eccles. Tornac. v. 1146, Mansi 21, 663. Archidiakonen, welche das Gelübde eidlich abgelegt haben, werden erwähnt in Fulberti ep. 97 (al. 34), Migne patrol. 141, 247; Eadm. hist. nov. l. V, Migne patrol. 159, 493; Kanoniker Gregor VII. ep. IV. 18 vom J. 1077, ed. Jaffé p. 266; Aebte Fulberti ep. 17 (41) l. c. p. 208, Ivon. ep. 73 cit.; ep. Innoc. II. ad Hugon. Rothom. v. 1132, Mansi 21, 400. 426.

Es war natürlich, dass bei dem das Mittelalter beherrschenden Lehnswesen sich auch innerhalb der Kirche, namentlich bei den niederen, verleihungsberechtigten Oberen, wie z. B. den Archidiakonen und Domherren, Versuche geltend gemacht haben, die Vergebung der Benefizien nach lehnsrechtlichen Grundsätzen zu behandeln, und nicht nur den Gehorsams- oder Treueid, sondern auch mit Rücksicht auf das Benefizium das hominium oder homagium zu verlangen. Dagegen ist die päpstliche Gesetzgebung schon seit dem 12. Jahrhundert eingeschritten, s. das Verbot Paschalis' II. ep. ad cler. Paris. von 1105, Mansi 20, 1045: „ut maiores praebendarii a minoribus hominia suscipiant", c. 17 (Alex. III.) X. de simon. V. 3; c. 11 (Luc. III.) X. de R. J. V. 41.

[7] S. die vor. Anm. Hat doch auch Gratian den betreffenden Kanon in sein Dekret aufgenommen.

Seit jener Zeit hat sich theils durch Gewohnheit, theils durch partikuläre Anordnungen die Uebung festgestellt, dass, abgesehen von dem bei der Ordination selbst dem Bischof zu gelobenden Gehorsam, nur die zu einem Seelsorge-Amt beförderten Geistlichen einen Gehorsamseid zu leisten haben [1].

II. Heutiges Recht. Alle Bischöfe, einschliesslich der Weihbischöfe [2], leisten heute bei ihrer Konsekration den bereits oben S. 205 mitgetheilten Eid des Gehorsams gegen den Papst, dessen Fassung freilich mit den Grundsätzen des heutigen modernen Staates nicht vereinbar ist [3]. Die Verweigerung der Ableistung würde die Folge nach sich ziehen, dass der konsekrirende Bischof mit der weiteren Vollziehung der Konsekration, deren Bestandtheil die Eidesleistung ist, inne hält, und der nicht konsekrirte Bischof bei fortgesetzter Renitenz in Folge der schuldbaren Verzögerung seiner Konsekration das bereits erworbene bischöfliche Amt ipso iure verliert [4].

In Betreff derjenigen Geistlichen, welche ein Seelsorge-Beneficium erhalten haben, schreibt das Tridentinum vor [5], dass diese innerhalb zweier Monate nach erlangtem Besitz desselben mit der Ablegung des Glaubensbekenntnisses gleichzeitig auch den Gehorsam gegen den Papst in die Hände des Bischofs und bei seiner Verhinderung in die seines Generalvikars [6] oder Offizials eidlich zu geloben haben [7].

Zögert der Verpflichtete über den festgesetzten Zeitpunkt hinaus, so verliert er mit demselben das Recht auf den Fruchtgenuss seines Benefiziums [8] auf so lange, bis er seiner Verbindlichkeit genügt hat [9], auch soll ihm für diese Zeit der Besitz dessel-

[1] Syn. ap. cast. Gonteri (Provinz Tours) von 1231 c. 3, Mansi 23, 234: „dioecesanus vel aliter ius episcopale habens, tradat eidem (instituendo) curam animarum ... qua tradita .. iurabit, quod dioecesano et aliis magistris suis obediens erit et ad mandatum suum se faciat ordinari et iura ecclesiae defendet et alienata revocabit bona fide. Et si ista forma fuerit omissa, institutio flat irrita et ecclesia pro vacante habentur"; Rotomag. 1335. c. 9, Mansi 25, 1045: „praestiturus dioecesano et super obedientia et aliis consuetis debitum et solitum iuramentum". Die Prager Synode v. 1355. c. 29, Hartzheim 4, 389 verlangt ihn aber von jedem Benefiziaten.

Ueber den Obedienzeid der Kanoniker gegen das Kapitel s. Th. II. S. 69.

[2] Das ergiebt das Pontificale Romanum, welches für diese keinen besonderen Konsekrationsritus kennt.

[3] Dies gilt insbesondere von dem auf die Verfolgung der Häretiker bezüglichen Passus. Allerdings ist schon seitens des Papstes, als der Kurfürst-Erzbischof von Dalberg sich weigerte, den Eid zu leisten, ehe er über die Bedeutung der betreffenden Worte beruhigt sei, erklärt worden, dass dieselben keine Verpflichtung begründeten, gegen die Nichtkatholiken in irgend einer Weise Druck und Unduldsamkeit auszuüben, Kopp, die kath. Kirche im 19. Jahrh. S. 31 Note; indessen entspricht diese Auslegung sicherlich nicht dem Wortlaute. Die Versuche der süddeutschen Regierungen bei den der Begründung der oberrheinischen Kirchenprovinz vorausgegangenen Berathungen, eine neue Formel des Eides zu erlangen, haben kein Resultat gehabt, Binterim a. a. O. S. 294, Longner Rechtsverf. der Bischöfe in der oberrh. Kirchenprovinz S. 80; Brück, oberrh. Kirchenprovinz S. 13. Die fragliche Stelle ist dagegen in der irischen, russischen, preussischen, hannoverschen und oberrheinischen Formel fortgefallen, Mejer, Propaganda in England S. 186; Friedberg, Staat und Bischofswahlen S. 384. 404. 418, Aktenstücke S. 225, ebenso in der für die nordamerikanischen Bischöfe, welche überhaupt manche an das Mittelalter erinnernde Stellen ausgeschieden hat, s. Acta ss. conc. recentior. coll. Lac. 3, 108. Darin liegt ein stillschweigendes Anerkenntniss, dass die Kurie selbst die alte Formel nicht mehr für passend erachtet.

[4] Th. II. S. 676.

[5] Sess. XXIV. c. 12 de ref. Vgl. hierzu auch Benedikt XIV. de synod. dioeces. V. 2. n. 5 ff.

[6] Bei Vakanz des Bischofsstuhles des Kapitularvikars, s. die Entsch. d. Congr. conc. in Richters Tridentinum S. 353. n. 26.

[7] Nach dem Trid. l. c. soll das Gelübde dahin gehen: „in ecclesiae Romanae obedientia se permansuros". Die Formel ist durch die const. Pius' IV. v. 1564: Iniunctum, u. a. A. in Richters Tridentinum S. 574, vorgeschrieben und lautet: „S. catholicam et apostolicam Romanam ecclesiam omnium ecclesiarum matrem et magistram agnosco Romanoque pontifici, b. Petri apostolorum principis successori ac Jesu Christi vicario veram obedientiam spondeo ac iuro".

[8] Und zwar ipso iure, ohne dass es erst eines Urtheils bedarf. Die trotzdem gezogenen Einkünfte muss er herausgeben. Dieselben werden entweder zu frommen Zwecken oder zu Gunsten der fabrica der Kirche verwendet, Bouix tract. de parocho p. 530.

[9] Die bis zum Ablauf der zweimonatlichen Frist gezogenen Einkünfte behält der Benefiziat aber unter allen Umständen, so auch die Congr. conc., s. Richters Tridentinum S. 353. n. 24.

ben in der gedachten Beziehung keine Rechtsvortheile [1] gewähren [2]. Auf die Inhaber solcher Aemter, welche nicht Benefizien im eigentlichen Sinne bilden, also auf die ad nutum verliehenen, z. B. Missions-Pfarreien, bezieht sich das Tridentinum nicht [3].

Die gleiche Verbindlichkeit hat das Konzil unter Festsetzung derselben Folgen auch den Dignitären und Kanonikern der Kathedral-Kirchen auferlegt [4], jedoch haben diese das Gelöbniss mit der professio fidei nicht nur vor dem Bischof, sondern auch vor dem Kapitel abzuleisten [5].

In allen Fällen ist dasselbe von dem Verpflichteten selbst in Person, nicht von einem Stellvertreter desselben abzulegen [6].

Die Vorschriften des Tridentinums sind endlich von Pius IV. [7] auch auf diejenigen, welchen die Leitung von Klöstern, Konventen, Häusern oder anderer Anstalten irgend eines Ordens übertragen wird, und durch partikuläre Rechtsnormen unter einzelnen Modifikationen auch auf andere als die bisher genannten kirchlichen Beamten ausgedehnt worden [8].

Von dieser in Verbindung mit dem Glaubensbekenntniss abzugebenden Gehorsamserklärung gegen den Papst ist die Angelobung des Gehorsams gegen den Bischof zu unterscheiden. Eine solche kommt abgesehen von dem bei der Priesterweihe abzulegenden Gehorsamsgelübde [9] nur zufolge Gewohnheit oder partikulärer An-

[1] Für andere Verhältnisse ist die Wirkung nicht ausgeschlossen, so auch die Congr. conc. s. Gallemart conc. Tridentinum l. c. decl. 7.

[2] Bei einem der Innehaltung der Frist entgegenstehenden Hinderniss kann nicht der Bischof, sondern nur die Congr. conc. die Erlaubniss gewähren, das Gelöbniss in die Hand eines Anderen abzulegen. Sie giebt diese aber stets mit der Bedingung, dass dasselbe nach Wegfall des Hinderungsgrundes vor dem eigentlich Berechtigten wiederholt wird, Richter a. a. O. n. 22.

[3] Bouix l. c. p. 531. Durch partikuläre Anordnungen ist aber auch für diese die Ablegung vorgeschrieben, s. nachher.

[4] Also nicht den Kanonikern der Kollegiatkirchen, so auch die Praxis der Congr. conc., Richter a. a. O. n. 19. Ebensowenig trifft die Pflicht die Koadjutoren der Kanoniker und die Ehrendomherren, denn diese sind nicht Kanoniker im eigentlichen Sinne; endlich auch nicht die Benefiziaten der Domkirche, welche kein Seelsorgebenefizium haben, Bouix tract. de capitulis p. 372.

Im Fall der Zögerung entgehen den Domherren nur die Früchte ihrer Präbende, ihre anderen Emolumente, insbesondere die Distributionen, verlieren sie aber nicht, so auch die Congr. conc. bei Richter a. a. O. S. 352. n. 19, ebenso wenig ihre sonstigen Rechte, wie z. B. Sitz und Stimme im Capitel, Gallemart l. c.

Die verfallenen Einkünfte wachsen der Kapitelsmasse zu, Bouix l. c. p. 371, s. auch Richter a. a. O. n. 21.

[5] Das Kapitel muss ordnungsmässig versammelt sein. Vgl. auch Th. II. 700. n. 9. Wenn aber der Bischof oder sein Generalvikar dem Kapitel anwohnt, so genügt die einmalige Ableistung und es bedarf nicht einer nochmaligen Wiederholung vor den ersteren, s. Richter a. a. O. n. 19.

[6] Dies ist früher bestritten gewesen. Für die Zulässigkeit der Stellvertretung z. B. Barbosa J. E. U. I. 21. c. 56; dagegen Garcias tract. de benef. P. III. 3. n. 74, die dort angeführten Entscheidungen der Rota, ebenso die Congr. conc. s. Richter S. 353. a. a. O. n. 19.

Bei der Erlangung eines anderen Benefiziums, welches die Verpflichtung nach sich zieht, muss sie übrigens wiederholt werden, Garcias l. c. n. 17 ff. und die Congr. conc. bei Richter a. a. O. S. 353. n. 26.

[7] Const. Iniunctum cit., s. S. 211. n. 7.

Derselbe Papst hat in der const. In sacrosancta v. 1564, u. A. in Richters Tridentinum S. 573, diese Verpflichtung auch denjenigen, welche zu einem akademischen Grad promovirt werden wollen, und den Doktoren und Magistern, sowie anderen, welche an Universitäten und öffentlichen Gymnasien zu lehren beabsichtigen, auferlegt. In Deutschland ist dies aber nur für die Grade in der Theologie und die Lehrer der theologischen Fakultäten praktisch, Schulte K. R. 2, 293. n. 1.

[8] Z. B. in der Erzdiöcese Köln auf die Dechanten und Definitoren, welche zufolge der Instruktionen von 1863, Dumont, Samml. kirchl. Erlasse f. d. Erzdiöcese Köln S. 279. 293, nach Erlangung ihres Amtes die professio fidei und damit auch das gedachte Gelübde abzulegen haben, in Frankreich auf die General-Vikare, die ad nutum amoviblen Pfarrer und solche Geistliche, welche mit der Seelsorge oder mit der Predigt betraut werden, conc. prov. Aven. v. 1849, Burdigal. 1850, Aquens. v. 1850, Auscit. v. 1851, acta s. conc. rec. coll. Lac. 4, 319. 548. 761. 1173. Aehnliche Bestimmungen für Irland in dem Plenarconcil von 1850; für England conc. prov. Westmon. v. 1852, für Nordamerika conc. prov. Halif. v. 1857, l. c. 3, 776. 922. 736.

[9] Pontificale Romanum tit. de ordinatione presbyteri.

ordnungen und zwar in verschiedenem Umfange vor [1]. Gewöhnlich haben es allein diejenigen, welche ein Seelsorge-Benefizium erlangen, und vor ihrer Einweisung in dasselbe [2] zu leisten.

Die Gehorsamspflicht besteht für die Amtsträger und anderen Geistlichen in der Diöcese gegenüber dem unmittelbar vorgesetzten kirchlichen Leitungsbeamten, und gegenüber dem demselben übergeordneten Beamten, welcher kraft seiner Stellung in Konkurrenz mit dem ersteren Anordnungen erlassen kann, also gegenüber dem Bischof [3] oder dem ihm gleichstehenden Prälaten [4] einerseits, und dem Papst andererseits [5]. Bei widersprechenden Anweisungen geht die des letzteren vor [6]. Der Gehorsam muss aber auch weiter denjenigen Beamten geleistet werden, welche keine volle Leitungsgewalt besitzen, möge ihnen diese kraft eines selbstständigen Amtes, wie z. B. den Erzbischöfen [7], oder nur kraft Uebertragung des ordentlichen, mit umfassender Regierungsgewalt ausgestatteten Beamten, wie z. B. den General-Vikaren und den Landdechanten, zukommen. Jedoch ist er hier wegen der Stellung dieser Beamten auf den Kreis derjenigen Angelegenheiten beschränkt, welche zur Zuständigkeit derselben gehören [8], und soweit letztere eine blos übertragene ist, sind im Falle eines etwaigen Widerspruchs stets die Anweisungen desjenigen, welcher die Uebertragung vorgenommen hat, zu beobachten, also z. B. die des Bischofs, nicht die des General-Vikars oder Dechanten, weil der erstere sich durch die Ernennung von Stellvertretern nicht seiner Amtsgewalt begiebt, und die letztere jeden Augenblick unter Beseitigung seiner Mandatare oder Delegaten ausüben kann.

Die Pflicht zum Gehorsam ist weder durch die Leistung des Gehorsamseides noch durch den Besitz eines Amtes bedingt, vielmehr genügt allein die Unterwerfung unter die Amtsgewalt des anordnenden Beamten, welche für die Geistlichen ohne Amt dem Bischof gegenüber schon in Folge der Zugehörigkeit zur Diöcese desselben eintritt. Der Besitz des Amtes ist nur von Einfluss auf den Umfang des Gehorsams.

Der Gehorsam ist den kirchlichen Oberen für alle Anordnungen zu leisten, welche sie innerhalb ihrer Zuständigkeit in Uebereinstimmung mit dem geltenden Recht treffen, und deren Ausführung ferner in der Kompetenz des Untergebenen liegt. Der letztere kann aber nur für befugt erachtet werden, den Befehl oder die Anweisung in Bezug auf die formale Rechtsbeständigkeit zu prüfen, d. h. also darauf hin, ob die Zustän-

[1] So soll nach der gem. V. vom 30. Jan. 1830. §. 34 f. d. oberrh. Kirchenprovinz jeder Geistliche, bevor er die kirchliche Institution erhält, dem Bischof den kanonischen Gehorsam geloben. Die Formeln für die Pfarrer und Kapläne in der Diöcese Rottenburg bei Longner, Rechtsverh. der Bischöfe in d. oberrh. Kirchenprovinz S. 282 u. v. Vogt, Samml. kirchl. V. f. d. Bisth. Rottenburg S. 236. 237, für die Dekane a. a. O. S. 127; für Mainz bei Schumann, Samml. S. 181. Auch in den österreichischen Diöcesen wird der Obedienzeid bei der Uebertragung des Benefiziums von den Pfarrern abgelegt, conc. prov. Prag. v. 1860. t. VI. c. 10; Strigon. v. 1858 t. 5. c. 6. §. 2.

[2] Man hat sich für diese Unterscheidung zwischen den gedachten Benefizien und den Inhabern von beneficia simplicia auf c. 3 (Leo I.) X de M. et O. I. 33 berufen, und nimmt auf Grund von c. 10 (Innoc. III.) X. eod. an, dass auch von den letzteren die Leistung des Gehorsams verlangt werden kann, wenn sie schon gegen ihre desfallsigen Pflichten gefehlt haben. Vgl. z. B. Pirhing, ius canon. I. 33. n. 19.

[3] c. 2. 4. X. h. t. I. 33.

[4] Z. B. dem praelatus nullius.

[5] Denn dieser besitzt nach der dogmatischen Festsetzung der vatikanischen const. Pastor aeternus v. 18. Juli 1870. c. 3, Th. II. 705, ebenfalls die unmittelbare Leitungsgewalt für alle Theile und alle einzelnen Personen in der Kirche.

[6] Weil seine Gewalt die höhere und umfassendere ist.

[7] Hier gehören auch die Kardinäle in Betracht der ihnen über ihre Titelkirchen eingeräumten Stellung, Th. I. S. 352, ferner die leitenden Beamten der Kapitel, wie der Propst oder Dekan in Betreff der Kanoniker, Th. II. S. 115.

[8] c. 11 (Inn. III.) X. de off. ord. I. 31, wonach der Erzbischof nicht einen Untergebenen seines Suffraganbischofs zur Uebernahme einer Delegation wider Willen zwingen kann.

digkeit des anordnenden Beamten [1], sowie seine eigene [2] begründet und die etwa erforderliche Form der Anordnung beobachtet ist [3]. Dagegen steht ihm eine Prüfung der materiellen Rechtmässigkeit nicht zu. Eine solche kann den untergeordneten Beamten für das Gebiet der Kirche, ebensowenig wie für das Gebiet des Staates [4] offen gelassen werden. Der hierarchisch gegliederte Organismus der kirchlichen Behörden wird nur durch die verschiedenen Beamten thätig und übt durch diese die ein und demselben Zwecke dienende Kirchengewalt. Eine einheitliche Verwendung der kirchlichen Organe ist nicht möglich, wenn jeder untergeordnete Beamte die Ausführung der ihm ertheilten Anweisungen erst seiner eigenen materiellen Prüfung unterzieht. Ueberdies würde letzteres auch dem Wesen der kirchlichen Hierarchie widersprechen. Legt man der unteren Instanz das Recht bei, die Ausführung der Verfügungen und Anordnungen der höheren von einer solchen Prüfung abhängig zu machen, so wird sie in der That die in letzter Stelle entscheidende, und das Verhältniss der kirchlichen Instanzen geradezu auf den Kopf gestellt.

Die bisherige kirchenrechtliche Doktrin, welche die Gehorsamspflicht in Betreff des Umfanges derselben sehr stiefmütterlich behandelt hat [5], lehrt, dass Befehlen, welche offenbar gegen Gottes Gebot gehen, kein Gehorsam geleistet zu werden brauche, während dies der Fall sei, wenn darüber ein Zweifel bestehe [6]. Der erstgedachte Satz ist aber nichts als eine Folge des vorhin gedachten Principes, dass solchen Anordnungen, welche nicht zur Zuständigkeit des kirchlichen Oberen gehören, kein Gehorsam geschuldet werde, weil der letztere zur Abänderung göttlicher Gebote selbstverständlich nicht befugt ist [7].

Die gemachte Ausnahme hat dagegen keinen Anhalt. Soll der Gehorsam nicht ein blinder und also auch rechtswidriger werden, so kann dem unteren Beamten niemals das Recht und die Pflicht der selbstständigen Prüfung in den gedachten Richtungen genommen werden. Fügt er sich in zweifelhaften Fällen der Ansicht des Oberen, so trägt er für diese Entschliessung immer selbst die Verantwortlichkeit und kann sich nicht durch die Berufung auf die Auffassung des ersteren davon entlasten [8].

Hinsichtlich der Zuständigkeit des kirchlichen Oberen kommt weiter noch die

[1] Daher würde der Pfarrer, welchem ein Bischof die Konfirmation der Kinder der Parochie anbefiehlt, ohne dass ihm Kenntniss von der erforderlichen päpstlichen Ermächtigung gegeben wird (Th. II. S. 40), diese nicht vorzunehmen verpflichtet sein.

[2] Hierbei ist zu beachten, dass diese freilich gleichzeitig mit dem und durch den Befehl in Folge einer Delegation oder Mandirung erweitert werden kann.

[3] Z. B. ob die auszuführende Sentenz in gehöriger Form vorliegt.

[4] Laband Staatsrecht d. deutsch. Reichs 1, 425 ff.

[5] Vgl. z. B. Hostiensis summa aurea ad h. t. I. 33. n. 6; Pirhing, ius canon. I. 33. n. 7ff; Reiffenstuel, ius canon. I. 33. n. 1 ff.; Phillips 2, 171 ff. Eingehender dagegen Schulte K. R. 2, 583 u. Lehrb. 3. Aufl. S. 209. 427.

[6] So unter Berufung auf c. 92 (Augustin.) 93. (Hieronym.) 98 (Augustin) 99 (Gregor. I.) C. XI qu. 3 u. c. 4 (Augustin) C. XXIII. qu. 1 Reiffenstuel l. c. n. 18. 19; Phillips 2, 176, vgl. auch die Glosse zu c. 4 cit.

[7] Der Satz ist also an sich richtig, aber er ist insofern zu eng, als er nicht alle Fälle begreift, in denen der Gehorsam verweigert werden darf.

[8] Thatsächlich wird dies aber der Fall sein, wenn die zuletzt entscheidende Instanz die Ansicht des befehlenden Beamten theilt, denn dann wird der Untergebene nicht zur Rechenschaft gezogen. Im umgekehrten Falle wird dagegen der Umstand, dass der letztere seinem Vorgesetzten Gehorsam geleistet hat, bei Zweifelhaftigkeit der Sache unter Umständen als Strafmilderungs- oder Ausschliessungs-Grund betrachtet werden können.

Die citirte Stelle des Augustin in c. 4 C. XXIII. qu. 1 kann dem gegenüber nicht entscheiden, denn sie handelt von der Prüfung der Gerechtigkeit eines vom Fürsten angeordneten Krieges durch den Soldaten.

Frage in Betracht, auf welchen Kreis von Angelegenheiten sich dieselbe überhaupt erstrecken kann.

Es ist zunächst unzweifelhaft, dass der kirchliche Obere, soweit er überhaupt kraft seiner Stellung dazu befugt ist, von dem Untergebenen in allen, das Amt desselben oder die ihm übertragenen Amtsfunktionen betreffenden Sachen Gehorsam beanspruchen darf, nicht minder in allen Angelegenheiten, bei denen die Wahrung der Würde des Amtes und des geistlichen Standes während des ausserdienstlichen Verhaltens in Frage steht. Ferner wird man auch annehmen müssen, dass dem Oberen das Recht zusteht, die Uebernahme und Ausführung solcher Aufträge, welche zwar keinen Bezug auf die Amtsverwaltung und Amtsfunktionen des Untergebenen haben, aber kirchliche Angelegenheiten überhaupt betreffen, zu beanspruchen [1]. Durch den Eintritt in den geistlichen Stand widmet sich der Geistliche dem Dienst der Kirche im Allgemeinen, und übernimmt damit die Pflicht, sich in demselben verwenden zu lassen. Dadurch, dass er ein bestimmtes Amt oder bestimmte Amtsfunktionen übertragen erhält, und die ihm dadurch auferlegten Geschäfte ausübt, erfüllt er zwar diese Pflicht, aber ihre Erfüllung ist damit nicht vollkommen erschöpft. Kraft derselben hat er auch in den Fällen, wo der für die Verwirklichung der kirchlichen Zwecke bestehende Aemterorganismus nicht ausreicht oder wo es gerechtfertigt erscheint, eine Thätigkeit durch einen anderen, als den in erster Linie dazu berufenen Amtsträger wahrnehmen zu lassen, aushülfeweise einzutreten. Eine materielle Schranke der Berechtigung des Oberen zu dergleichen Verwendungen liegt aber einmal darin, dass solche nur im Falle des Bedürfnisses, nicht aber blos aus Bequemlichkeit desselben, um sich selbst oder anderen bei der Geschäftsführung Erleichterungen zu verschaffen [2], angeordnet werden dürfen, weil der berufene Amtsträger seine eigenen kirchlichen Funktionen in ersterer Linie immer selbst auszuüben verpflichtet ist. Sodann aber entspricht es auch der Gerechtigkeit, dass bei derartigen Aufträgen die Verhältnisse des Beauftragten in Rücksicht gezogen werden, um eine unnütze Ueberbürdung und Beschwerung für den einzelnen zu verhüten. Es werden also dabei seine bisherigen Amtsgeschäfte [3], seine Fähigkeiten und andere persönliche [4], wie auch seine Vermögensverhältnisse zu berücksichtigen sein.

Dagegen kann der Obere von seinen Untergebenen für die Regel nicht den Eintritt in solche Verhältnisse erzwingen, welche dauernden Charakters sind und dauernde Verpflichtungen auferlegen, da es widersinnig wäre, die Erfüllung solcher von Jemandem, welcher sie nicht hat übernehmen wollen, zu verlangen, und ihn für die Vernachlässigung einer ihm aufgezwungenen Stellung verantwortlich zu machen. Im Allgemeinen ist daher kein Zwang statthaft, um einen Geistlichen zur Uebernahme eines höheren Weihegrades [5] oder zur Annahme eines kirchlichen Benefiziums oder Amtes zu nöthigen [6].

[1] So auch Schulte Lehrb. 3. Aufl. S. 209. Das c. 28 (Inn. III.) X. de off. iud. deleg. I. 29 verpflichtet den von einem päpstlichen Delegaten ernannten Subdelegaten, die Subdelegation zu übernehmen, und die Doktrin hat diesen Grundsatz seit der Glosse, s. s. v. renitentem zu c. 28 X. cit., auch auf das Verhältniss des Bischofs zu den seiner Leitungsgewalt unterworfenen Personen ausgedehnt, vgl. auch Pirhing l. c. I. 29. n. 6 und Reiffenstuel l. c. I. 29. n. 69.

[2] Diesen Gesichtspunkt hebt auch schon c. 28 X. cit. hervor.

[3] Denn diese hat er in erster Linie zu versehen.

[4] Darauf weist auch c. 28 X. cit. hin.

[5] Ueber die Ausnahme vgl. Th. I. S. 109.

[6] Eine Pflicht zur Uebernahme eines Benefiziums und Zwang dazu kann aber dann eintreten, wenn die erstere durch den Weihetitel begründet wird, so z. B. bei der Ordination auf den Tisch-

Endlich verlangt die heute herrschende Praxis der Kirche von allen kirchlichen Amtsträgern und Geistlichen auch über den besprochenen Kreis von Angelegenheiten hinaus, Gehorsam und Unterwerfung unter die bei der massgebenden Stelle herrschende kirchenpolitische Richtung, und zwar in dem Umfange, dass dieselben sogar für verpflichtet gehalten werden, nicht nur ihr Amt und ihre Amtsfunktionen in diesem Sinne auszuüben, sondern auch die ihnen ausserhalb der kirchlichen Sphäre zustehenden, insbesondere ihre öffentlichen Rechte [1] zur Beförderung einer solchen Politik zu benutzen und überhaupt in ihrem ausseramtlichen Verhalten für dieselbe einzutreten [2]. Diese, wenn auch dem ersten Anschein nach auffällige Erweiterung der Gehorsamspflicht kann als dem Wesen der katholischen Kirche und ihrem Rechte nicht für widersprechend erachtet werden. Für eine Kirche, welche den Anspruch erhebt, eine selbstständige und unabhängig vom Staate dastehende Anstalt zu sein, und das Gebiet der von ihr zu normirenden Lebensverhältnisse allein zu umgrenzen, fällt die Politik, welche der Verwirklichung dieser ihrer Auffassung im praktischen Leben dient, nicht aus dem Rahmen der rein kirchlichen Angelegenheiten heraus, so wenig sie immer nach der modernen Anschauung sich innerhalb der der Kirche naturgemäss zugewiesenen Sphäre halten mag, und wenn die kirchlichen Amtsträger und Geistlichen wie schon oben ausgeführt ist, verpflichtet sind, sich ausserhalb ihres speziellen Amtes oder der ihnen übertragenen amtlichen Funktionen kraft ihrer Berufsstellung in der Kirche im Interesse derselben verwenden zu lassen, so müssen sie sich auch den hier in Frage stehenden Anforderungen unterwerfen, gleichviel, ob diese von einem anderen Standpunkt aus als dem der katholischen Kirche ausserhalb der Thätigkeit der letzteren liegend betrachtet werden müssen [3].

Es bildet die Regel, dass der kirchliche Amtsträger nur einem direkten Vorgesetzten, bez. den höheren Instanzen über demselben unterworfen ist. Es kann aber ausnahmsweise der Fall eintreten, dass ein Geistlicher zwei Oberen in völlig gleicher Stellung untergeordnet ist und dass diese an ihn an sich vollkommen rechtmässige Anweisungen erlassen, welche mit einander kollidiren, z. B. dann, wenn ein Kleriker von zwei verschiedenen Bischöfen in ihren Diöcesen je ein Benefizium übertragen erhalten hat. Hier entscheidet das Gebot desjenigen, welchem der Obedienzeid zuerst oder allein geleistet worden ist [4], falls aber ein solcher nicht in Betracht kommt, kann

titel (Th. I. S. 70), weil dieser nur subsidiarisch zur Anwendung kommt und der Ordinirte in Folge dessen genöthigt ist, das angebotene Benefizium anzunehmen, weiter in Betreff der Uebernahme von Missionsämtern und Missionsfunktionen in Folge des titulus missionis, a. a. O. S. 76; ferner in Folge besonderer statutarischer Vorschriften, so z. B. zur Verwaltung gewisser officia in den Kapiteln, Th. II. S. 141. In diesen Fällen liegt streng genommen keine Ausnahme vor, denn bei freiwilliger Uebernahme einer Ordination oder einer Stellung, welche eine solche Pflicht in späterer Zeit mit sich bringen kann, ist die letztere im Grunde immer freiwillig übernommen.

Abgesehen davon wird aber dem kirchlichen Oberen, falls es das Interesse der Kirche dringend verlangt, das Recht zugestanden werden müssen, den minder willigen Geistlichen zur Annahme eines Amtes zu zwingen, s. Th. II. S. 670. n. 6, wie dies auch für die Versetzung von einem Amte auf das andere anerkannt ist, s. unten §. 164.

1 So z. B. politische Wahl- und Stimmrechte.

2 Dass dies die heut herrschende Auffassung in der katholischen Kirche ist, bedarf wohl keines Beweises. Der Verlauf des Kirchenstreites in Baden und vor Allem in Preussen ergiebt dies zur Genüge. Die Fassung des bischöflichen Obedienzeides, wonach dem Papst schlechthin Treue und Gehorsam, sowie die Vertheidigung und Vermehrung der Rechte der römischen Kirche gelobt wird, bedingt diese Auffassung ebenfalls.

3 Diese Ausdehnung der Gehorsamspflicht kann allerdings, wie die Erfahrung lehrt, bedenkliche Konflikte mit dem Staate herbeiführen. Der Grund liegt aber nicht in dem oben bestimmten Umfange der Gehorsamspflicht, sondern in der ungemessenen Ausdehnung des Begriffes der kirchlichen Angelegenheiten durch die katholische Kirche. Vgl. übrigens auch am Schluss des §.

4 Dies wird auf c. 16. 33 (Inn. III.) X. de iureiur. II. 24 gegründet. Vgl. Reiffenstuel l. c. I. 33. n. 29; Phillips 2, 180.

es einzig und allein vom Ermessen des Untergebenen abhängen, welche der Anordnungen er für die wichtigeren hält und welche er also befolgen will [1].

Zur Erzwingung des Gehorsams kann der kirchliche Obere Exekutivmittel, z. B. Censuren, insbesondere in schwereren Fällen die Exkommunikation [2], anwenden und Strafen gegen den Ungehorsamen verhängen [3], und wenn ihm die Kompetenz dazu fehlt [4], den dafür zuständigen höheren kirchlichen Amtsträger zu einem derartigen Einschreiten veranlassen.

Die bisher erörterten kirchenrechtlichen Grundsätze über die Gehorsamspflicht der kirchlichen Amtsträger und Geistlichen erleiden aber dadurch eine Einschränkung, dass die letzteren auch den Gesetzen desjenigen Standes, welchem sie angehören, unterworfen sind, gleichviel ob von ihnen eine besondere eidliche Verpflichtung auf diese verlangt wird [5] oder nicht. In soweit die Erfüllung des Gehorsams gegen die kirchlichen Oberen ein Staatsgesetz verletzen oder die selbstständige Entschliessung bei solchen Angelegenheiten, in Betreff deren die staatliche Gesetzgebung den Staatsunterthanen absolute Freiheit gewähren will [6], hindern würde [7], ist der Geistliche nach staatlichem Recht befugt, dem Gebote des kirchlichen Oberen nicht Folge zu leisten, im ersteren Falle auch sogar dazu verpflichtet [8]. Der moderne Staat kann auf die Forderung, dass seinen Gesetzen allseitiger Gehorsam geleistet werde, Niemandem gegenüber verzichten, und wenn in Folge dieser Forderung für den einzelnen Geistlichen schwere Konflikte entstehen können, so liegt dies darin, dass die katholische Kirche eine den Staat beherrschende Stellung beansprucht, welche ihr derselbe, wenn er sich nicht selbst aufgeben will, niemals einräumen darf [9]. Besonders verschärft werden solche Kollisionen dann, wenn auch der Staat seinerseits einen Gehorsamseid von den Geistlichen verlangt.

1 Wenn Phillips 2, 180 den Befehl desjenigen Oberen entscheiden lässt, von welchem der Untergebene das grössere Benefizium übertragen erhalten hat, so bieten dafür die von ihm cit. c. ult. (Greg. IX.) X. de postul. I. 37 u. c. 7 (Later. a. 1179), c. 12 (Alex. III.) X. de testam. III. 26 nicht den mindesten Anhalt, und ebensowenig hat diese Meinung einen innern Grund.

Auf die Dauer können derartige Verhältnisse nicht bestehen und nöthigenfalls muss der gemeinsame höhere Obere sei es von amtswegen, sei es auf Anrufen des einen der Interessenten hier regelnd eingreifen.

2 c. 2 (Greg. I.?) X. h. t. I. 33.

3 In allen diesen Beziehungen entscheidet das arbiträre Ermessen des kirchlichen Oberen, sofern der Ungehorsam im einzelnen Falle nicht zugleich ein mit bestimmten Strafen bedrohtes Vergehen bildet. Aus c. 5 (Inn. III.) X. h. t. hat die Doktrin freilich ohne genügenden Grund, s. das Summarium dazu, Reiffenstuel l. c. n. 38; Phillips a. a. O. S. 181, den Satz hergeleitet, dass derjenige, welcher gegen allgemeine kanonische Vorschriften ungehorsam ist, der s. g. infamia canonica (welche bei jeder Todsünde eintritt, aber durch die Busse und Absolution beseitigt wird, vgl. glossa leges zu c. 2 C. VI. qu. 1; Phillips 1, 553, nicht aber der infamia iuris, s. auch Th. I. S. 31) verfällt.

4 Wie z. B. dem Landdekan.

5 S. o. S. 194.

6 Wie die preussische (Ges. v. 13. Mai 1873. §§ 2. 3, v. 12. Mai 1873. §. 10 Nr. 4), badische (Ges. v. 19. Febr. 1874. Art. 3. §. 16b), hessische (Ges. v. 23. April 1875 betr. den Missbrauch d. geistl. Amtsgewalt Art. 9) Gesetzgebung in Betreff der Ausübung öffentlicher Wahl- und Stimmrechte, die österreichische (Ges. v. 7. Mai 1874. §. 18) und die sächsische (Ges. v. 23. August 1876. §. 8) in Betreff der Ausübung staatsbürgerlicher Rechte.

7 Für blos staatlich erlaubte Handlungen trifft dies aber nicht zu, so hindert die jetzt in Deutschland nach dem Reichspersonenstandsgesetz bestehende Freiheit der Geistlichen, sich zu verheirathen, dieselben nicht, das kirchliche Cölibatsgesetz zu beobachten und ebensowenig ist den kirchlichen Oberen die Anwendung der für die Verletzung desselben angedrohten Strafen verboten.

8 Die vorhin citirten preussischen, badischen und hessischen Gesetze bestrafen sogar den kirchlichen Oberen, welcher seinerseits Zuchtmittel und Strafen gegen die Geistlichen wegen ihres Gehorsams gegen die Staatsgesetze verhängt oder sie durch Androhung solcher davon abzuhalten sucht.

9 Von irgend welchen zwischen der kirchlichen und staatlichen Anschauung vermittelnden Rechtssätzen kann daher auch bei der verschiedenen prinzipiellen Auffassung des Verhältnisses zwischen Staat und Kirche seitens des ersteren und seitens der letzteren keine Rede sein.

Man hat allerdings diesen Missstand durch Zusätze zu dem kirchlichen Obedienz-[1] oder dem staatlichen Huldigungseid[2], welche in ihrer Fassung den Widerspruch zwischen den kirchlichen und staatlichen Gehorsamsverpflichtungen negiren, zu beseitigen vermeint, dies ist indessen nichts anderes, als ein Versuch, unversöhnliche Dinge mit einander zu vereinigen, welcher um so mehr aufgegeben werden sollte, als in diesen Versicherungen in der That eine Unwahrheit enthalten ist.

§. 157. 2. *Die Pflicht zur Ablegung des Glaubensbekenntnisses.*

Die Ertheilung der Weihen bedingt selbstverständlich eine vorgängige Prüfung des Ordinanden in Betreff seines Glaubens. Die Vornahme dieser Untersuchung ist schon früh bei der Ordination selbst dadurch zur Anschauung gebracht worden, dass der Weihekandidat dabei über sein Glaubensbekenntniss befragt wurde[3]. Als aber die Kirche seit dem 4. Jahrhundert sich genöthigt sah, ihren Glaubensschatz gegenüber den Häresieen sicher zu stellen und weiter zu entwickeln, bildete sich die Uebung aus, dass die höheren kirchlichen Würdenträger, um die Uebereinstimmung ihres Bekenntnisses mit der allgemeinen Lehre der Kirche darzuthun, eine besondere urkundliche Erklärung über ihren Glauben zur künftigen Aufbewahrung ausstellten.

Es geschah dies einmal seitens der römischen Bischöfe. Bei der Bedeutung ihres Sitzes und dem für denselben in Anspruch genommenen Vorzug in Betreff der Bewahrung der kirchlichen Tradition war hinreichende Veranlassung dazu gegeben, dass der neu erwählte Papst noch vor seiner Konsekration seine Qualifikation durch Ablegung seines Glaubensbekenntnisses erhärtete und demnächst auch in seiner neuen Stellung, kraft welcher er mit den übrigen Bischöfen und den Fürsten und diese mit ihm in Gemeinschaft zu treten hatten, sein Bekenntniss, welches nunmehr zugleich als das der römischen Kirche erschien, öffentlich kund that.

Dass beides im 7. Jahrhundert Gebrauch war, ergeben die im s. g. Liber diurnus aufbewahrten Formulare[4], und es sind hinreichende Anhaltspunkte dafür vorhanden,

[1] Hierher gehört der beim Obedienz-Eid der Bischöfe häufig, so in der irischen, russischen, preussischen, hannoverschen Formel, vorkommende Zusatz, vgl. Friedberg, Staat und Bischofswahlen Aktenstck. S. 226. 236: „Haec omnia et singula eo inviolabilius observabo, quod certior sum, nihil in iis contineri quod iuramento fidelitatis meae erga serenissimum .... regem eiusque ad thronum successores debitae adversari possit“.

[2] So der in Preussen vor der V. v. 6. Dez. 1873, G. S. S. 479, übliche Schluss des Staatseides: „Ich verspreche dies Alles um so unverbrüchlicher zu halten, als ich gewiss bin, dass mich mein bischöfliches Amt zu nichts verpflichtet, was dem Eide der Treue und Unterthänigkeit gegen S. Kön. Majestät, sowie dem des Gehorsams gegen die Gesetze entgegen sein kann“, Friedberg a. a. O. S. 230.

[3] Dies ergiebt in Betreff der Bischofsweihe für die Mitte des 5. Jahrhunderts c. 1 der gallischen s. g. statuta antiquae ecclesiae, vgl. Maassen, Gesch. d. Quellen des canon. Rechts 1, 392, auch in c. 2 Dist. XXIII. Die hier mitgetheilten Fragen, welche nach dem Texte der Ordination selbst vorangehen, haben, wie ihre genaue Anführung zeigt, sicherlich auch liturgische Bedeutung gehabt. Dafür spricht auch das Ritual der Folgezeit. Aehnliche Fragen finden sich in den freilich viel späteren Pontifikalien bei Martène de antiqu. eccles. ritibus. ed. Rotomag. 1700. p. 414. 497. 512 und in dem noch heute gebrauchten Pontificale Romanum, tit. de consecr. electi in episcopum.

[4] Dieser enthält als No. 83, indiculum pontificis, ed. de Rozière p. 174 ein an den Apostel Petrus gerichtetes Glaubensbekenntniss des Gewählten, in welchem die Beobachtung der allgemeinen Konzilien, der früheren Dekrete seiner Vorgänger und der Bewahrung der bisherigen Disziplin und Tradition angelobt wird. Da diese Formel unmittelbar hinter dem Wahldekrete folgt, s. Th. I. S. 220 und im letzteren der Gewählte als Vertheidiger des orthodoxen Glaubens bezeichnet wird, so ist das Bekenntniss wohl gleich nach der Wahl und noch vor Abfassung des Wahldekretes oder gleichzeitig mit derselben abgelegt und unterschrieben worden. Die zweite Formel n. 84, l. c. p. 182 ist ein Schreiben des konsekrirten Papstes an die „reverentissimi patres et dilectissimi filii seu universa plebs dei“, also an die gesammte Christenheit, mit der Bitte um

dass diese Uebung schon im 6. Jahrhundert bestanden hat [1], also wohl noch höher hinaufreicht. Wie lange man dagegen an der erwähnten Sitte festgehalten hat, darüber fehlt es seit dem 8. Jahrhundert [2] an Nachrichten; ob deshalb, weil dieselbe nicht mehr beobachtet wurde, oder umgekehrt, weil die Erfüllung der üblichen Formen als etwas selbstverständliches nicht besonders erwähnt worden ist, steht dahin. Das erstere erscheint indessen bei der Art und Weise der Besetzung des päpstlichen Stuhles Ausgangs des 9. und Anfangs des 10. Jahrhunderts wahrscheinlicher [3].

Beistand im Gebete für die Verwaltung des Amtes, gleichen Inhaltes, aber ausführlicher, namentlich in der Bezeichnung der verworfenen Ketzereien — hier wird auch der des Honorius I. erwähnt, ein Umstand, der bekanntlich im 17. Jahrhund. zu dem Verbot und zur Unterdrückung der von Lucas Holstenius in Rom vorbereiteten Ausgabe des Papstbuches durch die Curie geführt hat, s. de Rozière l. c. p. XLII ff. CXIII ff. Dieses Schreiben wurde nach dem Schluss der Formel öffentlich verlesen und demnächst in der Konfession des h. Petrus, d. h. beim Apostelgrabe in der Peterskirche, niedergelegt. Die letzte Formel n. 85. p. 203 gerichtet an die dilectissimi et dulcissimi filii, d. h. die Römer, enthält ebenfalls ein Glaubensbekenntniss, eingeleitet durch eine Ansprache und beschlossen durch die Aufforderung zum Gebet für den christlichsten römischen Prinzipat und die starken Heere Roms.

1 So ist von Pelagius I. ein ebenfalls ein Glaubensbekenntniss enthaltendes Schreiben v. 555, dem Jahre seiner Konsekration, ad universum populum dei, Mansi 9, 717, überliefert. Von Gregor I. erzählt Johannes Diakonus vita Gregorii II. 2, opp. Gregor. ed. Bened. 4, 45: „In specula s. universalis ecclesiae vir totius humilitatis auctoritatis ac orthodoxiae, unde videri et audiri clarius evangelicus praeco valeret, consistens oris sui divinissimo gladio et rectam fidem munivit et cunctas haereses uno symbolo dissipavit. Quod videlicet s. confessionis symbolum ita se habet: Credo in deum etc.," womit offenbar der Akt der Verlesung eines der Formel 84 im lib. diurn. entsprechenden Schreibens bezeichnet ist.

Dieses Schreiben hat dann auch die Grundlage für die s. g. synodicae, welche die Päpste nach ihrem Amtsantritte (l. c. II. 3, so Gregor „secundum priscum decessorum suorum morem") erlassen, Th. II. S. 520, gebildet. Derjenigen Gregors I. an die Patriarchen im Orient, ep. I. 25, ed. cit. 2, 507 ist ebenfalls ein Glaubensbekenntniss beigefügt.

2 Die bei Mabillon, mus. Italic. I. 2, 39 ff. abgedruckte vita Hadriani I. (772—795) giebt noch die 3 besprochenen Formeln aus dem lib. diurnus wieder.

3 Dass Deusdedit die Formel in seine Kanonensammlung II. 94 aufgenommen hat, beweist allein nichts für ihren ferneren praktischen Gebrauch. Dagegen spricht der Umstand, dass die genauen Nachrichten, welche wir über die Papstwahlen im 11. Jahrhundert haben, nichts über die professio fidei erwähnen, wie denn auch Gratian c. 8 Dist. XVI. nur das Stück der Formel, welches die allgemeinen Konzilien aufzählt, zur Erhärtung des Satzes: auctoritate Romani pontificis sancta VIII concilia roborantur, aufgenommen hat. Erst von Bonifacius VIII. ist ein solches Glaubensbekenntniss, welches er vor seiner Weihe abgelegt haben soll, überliefert, u. a. bei Raynald a. 1295. n. 2 u. L. Tosti, Bonifazio VIII. Monte Cassino 1, 236. Es entspricht dem des lib. diurnus mit einzelnen, schon bei Deusdedit sich findenden Abweichungen und ist nur darin selbstständig, dass das Versprechen der Bewahrung der Kirchengüter durch ein Gelöbniss, sie nicht zu veräussern und zu Lehn oder Zins oder Emphyteuse auszuthun, und die Stelle über die Erledigung etwaiger schwieriger Angelegenheiten der Disziplin durch Erwähnung der Kardinäle, „cum quorum consilio et consensu, directione et memoratione ministerium meum geram" erweitert erscheint. Nach dem Vorgang Pagis erklären Drumann, Bonifacius VIII. 1, 19 und Hefele, Kan. Gesch. 6, 253. n. 2 dies Dokument, weil die Zeitgenossen des Papstes über die Begebenheit schweigen, für unächt, wogegen Tosti a. a. O. S. 85. n. 3 an der Aechtheit festhält, indem er die Ablegung des Glaubensbekenntnisses unmittelbar vor die Konsekration des Papstes verlegt. Eines solchen Aktes erwähnen aber die ordines Romani des 13. u. 14. Jahrhunderts, No. XIII. u. XIV. bei Mabillon mus. Ital. 2, 223 ff. u. 252 ff. nicht. Wenn ferner nach einer in einem Pariser Codex enthaltenen Notiz, s. die Mittheilung von Baluze bei de Rozière l. c. p. 174. 175; Durand de Maillane, les libertez de l'église Gallicane. Lyon 1771. 1, 97 diese Profession von Bonifazius VIII. durch eine eigene Bulle an König Philipp von Frankreich gesendet worden sein soll, weil dieser habe wissen wollen, ob dem ersteren der Pontifikat kanonisch übertragen worden sei, und weil er den Papst zu einer desfallsigen Mittheilung auf Grund eines Schreibens des Papstes Pelagius I. an den Frankenkönig Childebert v. 556 (Mansi 9, 722; c. 10. C. XXV. qu. 1) für verpflichtet erklärt habe, so fehlt es dieser Angabe sowohl an sonstiger Beglaubigung, wie auch an innerer Wahrscheinlichkeit. Endlich kann aber m. E. die Stellung, welche das Schriftstück selbst den Kardinälen gegenüber dem Papste bei seiner Amtsführung zuweist, keinen Zweifel an seiner Unächtheit übrig lassen. Darin zeigt sich eine auffallende Verwandtschaft mit den auf dem Konstanzer Konzil hervorgetretenen, gerade durch die Berufung auf die angebliche professio fidei Bonifazius' VIII. motivirten Versuchen, den Papst bei wichtigen Regierungshandlungen an die Mitwirkung der Kardinäle zu binden, Versuchen, welche freilich gescheitert sind und nur zu der nicht praktisch gewordenen Bestimmung geführt haben, sess. 39. c. 3, dass der

Ebenso wie der Papst haben auch die ihm unmittelbar untergebenen Bischöfe Italiens bei oder nach ihrer Weihe ein solches urkundliches Glaubensbekenntniss abgelegt [1], und nicht minder ist ein solches von den Metropoliten behufs Erlangung des Palliums gefordert worden [2].

Dass ferner die Suffraganbischöfe im 9. Jahrhundert gegenüber ihrem vorgesetzten Erzbischof gleichzeitig mit dem Gelöbniss auf Gehorsam ein solches Bekenntniss [3] abzugeben hatten, ist ebenfalls erwiesen, jedoch scheint sich diese Sitte nicht lange erhalten zu haben [4], vielmehr hat man sich wohl bald mit der nach dem Ritual bei Bischofsweihe erfolgenden Bejahung der auf den Glauben bezüglichen Fragen begnügt [5].

Einer besonderen Profession der niederen Geistlichen erwähnt endlich das 11. Konzil von Toledo [6], eine solche ist aber wohl in den anderen Ländern nicht in Gebrauch gekommen, weil man die bei ihrer Ordination, später bei ihrer Anstellung vorzunehmende Prüfung für ausreichend erachtet hat.

Die heute geltenden Vorschriften beruhen auf dem Tridentinum und den im Anschluss daran ergangenen päpstlichen Konstitutionen. Auf Grund des ersteren hat zunächst Pius IV. durch die Konstitution: *Iniunctum* v. 1564 [7] eine Formel für das Glaubensbekenntniss festgestellt, und diese hat neuerdings durch ein Dekret Pius' IX. am 20. Januar 1877 [8] eine auf das vatikanische Konzil, sowie den Universal-Episkopat und die Unfehlbarkeit des Papstes bezügliche Erweiterung erhalten [9].

Die zu Bischöfen gewählten, postulirten oder ernannten Kandidaten [10] haben dieses Bekenntniss zunächst gelegentlich des Informativprozesses [11] abzulegen, und das Protokoll darüber ist mit sonstigen Akten desselben nach Rom einzusenden [12]. Ferner sollen sie dasselbe auf der nächsten Provinzialsynode, welcher sie nach ihrer Beförderung beiwohnen [13], wiederholen.

Sodann sind nach dem Tridentinum alle diejenigen Geistlichen, welche ein Seelsorge-Benefizium erworben haben, zur Ablegung des gedachten Glaubensbekenntnisses verpflichtet. Des Näheren kommen in Betreff dieser Verpflichtung die bereits o. S. 211 erörterten Grundsätze über das Gehorsamsgelübde der gedachten Benefiziaten gegen den Papst zur Anwendung, da dasselbe nach der dort angeführten Konstitution: Iniunctum einen integrirenden Theil der Formel des Glaubensbekenntnisses bildet, und alles, was von der Ablegung des ersteren, auch von der des letzteren gilt [14].

Papst nach seiner Wahl, aber vor Publikation derselben, das dort formulirte Glaubensbekenntniss abzulegen habe, Hübler, Konstanzer Reformation S. 69. 125.

Ueber den jetzt vom Papst zu leistenden Eid vgl. Th. I. S. 215.

1 Lib. diurn. n. 73, l. c. p. 136, u. o. S. 200. n. 2.

2 Th. II. S. 27. u. o. S. 201.

3 S. o. S. 206 u. 207.

4 Die späteren Nachrichten gedenken nur der Leistung der Obedienz, s. o. S. 208.

5 S. o. S. 218. n. 3.

6 S. 199. n. 6.

7 In Richters Tridentinum S. 574.

8 S. Arch. f. K. R. 37, 466 u. Acta s. sed. 10, 71.

9 Der Passus 'nach' den Worten: „praecipue a sacrosancta Tridentina synodo“ lautet demnach jetzt: et ab oecumenico concilio Vaticano tradita, definita ac declarata, praesertim de Romani pontificis primatu et infallibili magisterio.“

10 Ebenso die zu sonstigen s. g. Konsistorialämtern, Th. I. S. 365, zu befördernden Personen.

11 Th. II. S. 673. 694.

12 Trid. Sess. XXIV. c. 1 de ref.; const. Gregor. XIV.: Onus apostol. v. 1591. §. 10 u. instructio Urban. VIII. v. 1627, bei Richter a. a. O. S. 492. 498.

13 Trid. Sess. XXV. c. 2 de ref. Im Falle der Weigerung sollen die Mitbischöfe Anzeige an den Papst machen und bis zu dessen Entscheidung den Umgang mit dem renitenten Bischof meiden.

14 Die durch partikuläre Rechtsnormen erfolgte Ausdehnung der Pflicht der Gehorsamsleistung auf andere, als die vom Tridentinum genannten Geistlichen, S. 212, bezieht sich ebenfalls auf die Ablegung der professio fidei.

3. Die Residenzpflicht.

§. 158. *a. Die Residenzpflicht als solche**.

I. Geschichte. Schon seit dem 4. Jahrhundert haben die kirchlichen Synoden den geistlichen Amtsträgern die Pflicht eingeschärft, an dem Sitze ihres Amtes Residenz zu halten, um die Funktionen desselben wahrzunehmen[1]. Vor allem ist dies gegenüber den Bischöfen geschehen[2]. Weil diese vielfach zur Verfolgung ehrgeiziger Absichten sich an das kaiserliche Hoflager begaben und an demselben lange Zeit unter Vernachlässigung ihres bischöflichen Amtes verweilten, hat schon im 4. Jahrhundert die kirchliche[3] und später auch die justinianische Gesetzgebung[4] derartige Reisen ohne Genehmigung des Metropoliten, bez. des Kaisers bei schweren Strafen[5] verboten.

Denselben Standpunkt hat die afrikanische Kirche eingenommen, in welcher Ende des 4. Jahrhunderts zu überseeischen Reisen der Bischöfe die Einholung einer Erlaubniss des Primas (Metropoliten) und einer Formata desselben vorgeschrieben worden ist[6].

Auch in der römischen Kirche sind im 5. Jahrhundert dieselben Grundsätze in Betreff der Reisen der Bischöfe recipirt worden[7], und insbesondere hat Gregor I. strenge auf die Beobachtung der Residenzpflicht seitens der letzteren gehalten[8].

Ob die Vorschriften der erwähnten Kanonen über Reisen der Bischöfe in Gallien[9] Aufnahme gefunden haben, steht dahin[10], jedenfalls ist hier für sie zu Reisen

* Thomassin. vet. et nov. discipl. P. II. lib. III. c. 30 ff.; Lud. Henry, de residentia beneficiatorum. diss. hist. can. Lovanii 1863; Jacobson in Herzogs Encykl. 12, 746 ff.

1 c. 16. Nicaen. a. 325 in c. 3 Dist. LXXI. u. c. 23 C. VII. qu. I. Allerdings verbietet derselbe in erster Linie das Verlassen der Diöcese in der Absicht, sich in einer andern anstellen zu lassen, s. auch c. 3 Ant. v. 341 in c. 24. C. VII. qu. 1.

2 Schon Cyprian de lapsis c. 6, opp. ed. Hartel 1, 240 klagt über die vielen Bischöfe, welche in ihren weltlichen Geschäften die Provinzen durchreisen.

3 c. 11. Antioch. in c. 27. C. XXIII. qu. 8 gestattet den Bischöfen und anderen Geistlichen solche Reisen nur mit Erlaubniss des Metropoliten oder der Bischöfe der Eparchie, sowie mit einem Urlaubsbriefe derselben, das Konzil von Sardika v. 343 c. 7, c. 28 C. cit. dagegen den Bischöfen allein mit Genehmigung des Kaisers, und erlaubt auch Fürbitten für unterdrückte und beraubte Personen an denselben nur durch einen abzusendenden Diakon oder durch Vermittelung des Metropoliten zu richten, s. c. 8. 9 ibid.

c. 12 des cit. Conc. gewährt dem Bischof zur Besorgung von Verwaltungsgeschäften, welche auswärts belegene Güter betreffen, einen dreiwöchentlichen Urlaub; c. 11 endlich richtet sich gegen einen längeren Aufenthalt, den ein Bischof, weil ihm seine eigene Stadt nicht genügt, an einem andern Bischofssitz nimmt.

4 l. 42 C. de episc. I. 3. v. 528 giebt für die Bischöfe dieselbe Vorschrift wie c. 11 Ant. cit.; vgl. auch Nov. CXXIII. c. 9. v. 546. Auch sollen dieselben nach Nov. LXVII. c. 3. v. J. 538 nicht längere Zeit am Hofe weilen und dort die Einkünfte ihrer Kirchen verzehren. Nach Nov. CXXIII. c. 9. cit. bedarf es zum Verlassen der Diöcese einer Erlaubniss des Metropoliten oder des Kaisers, und die Abwesenheit soll nur mit Genehmigung des letzteren länger als ein Jahr dauern dürfen, s. auch Nov. VI. c. 2. v. 535. Die cit. Nov. CXXIII dehnt ihre Vorschriften auch auf die anderen Kleriker aus.

5 Sogar der Absetzung, s. die vor. Anm.

6 Carth. III. v. 397. c. 28 (c. 23. cod. eccles. Afric.). Vgl. ausserdem c. 71. conc. Afric. (c. 6. Carth. VI. v. 401), welches Residenz des Bischofs bei der Kathedralkirche anordnet und längere Abwesenheit in eigenen Geschäften verbietet; in Betreff der übrigen Geistlichen Carth. III. c. 37.

7 Das Brieffragment Gelasius' I. (zw. 492 bis 496) bei Thiel 1, 486 u. in c. 26. C. XXIII. qu. 8 verlangt Genehmigung des Papstes zu Reisen an den Hof, womit der des Theodorich in Ravenna gemeint ist. Das fusst offenbar auf c. 11 conc. Antioch. cit. Dagegen liegt in ep. Greg. I. ad episc. Sardin. IX. 8, ed. Ben. 2, 932, eine Anwendung des c. 28 Carth. III. vor.

8 Ioann. diac. vita Gregorii I. III. 36, ed. cit. 4, 101: „Neminem sane pontificum a parochia sua saltem absque inevitabili prorsus necessitate discedere Gregorius permittebat: quos nimirum in causis mundialibus occupari vehementissime prohibebat;" vgl. dazu ep. I. 33; VI. 23; X. 10, ed. cit. 2, 321. 808. 1047.

9 Vgl. hierzu Löning, Gesch. d. deutschen Kirchenrechts 1, 420 u. 2, 325 ff.

Was Spanien betrifft, so verbietet das conc. Eliberit. v. 305 o. 306 c. 19 den Bischöfen, Priestern und Diakonen ihren Amtssitz zu verlassen, um Handel zu treiben, s. Th. I. 135. c. 5 Vallet. v. 524 schärft den Priestern und Diakonen die Residenzpflicht ein.

10 Für den Vicariatsbezirk des Bischofs von Ar-

innerhalb des Landes keine Genehmigung des Metropoliten erfordert worden[1], wohl aber die Genehmigung des Königs zu Reisen ausserhalb des Landes, insbesondere nach Rom[2]. Die übrigen Geistlichen bedurften, wenn sie das Bisthum verlassen wollten, eines Erlaubnissscheines ihres Bischofs und sollten ohne einen solchen von anderen Bischöfen nicht aufgenommen oder gar angestellt werden[3].

Unter der karolingischen Herrschaft ist in Frankreich keine Aenderung eingetreten, nur ist die Beachtung der Residenzpflicht von Neuem und wiederholt eingeschärft worden[4].

les hat allerdings schon Papst Zosimus 417 demselben das Recht ertheilt, den nach Rom und in ferne Länder reisenden Geistlichen Formaten auszustellen, s. Th. I. S. 588 (wiederholt in den a. a. O. S. 590 citirten Briefen von Vigilius und Gregor I.) und Hilarus ep. ad episc. Gall. v. 462. c. 3, Thiel 1, 145 angeordnet, dass Bischöfe und Geistliche nicht ohne Formate des Metropoliten in eine andere Provinz reisen sollten: ob diese Bestimmungen aber praktisch geworden sind, lässt sich nicht ermitteln.

[1] Dies ergiebt das Konz. v. Vaison v. 442. c. 1: „Placuit ergo tractatu habito episcopos de Gallicanis provinciis venientes intra Gallias non discutiendos, sed solum sufficere si nullus communionem alicuius interdixerit, quia inter circumhabitantes ac sibi pene in vicem notos non tam testimonio indigent probi, quam denotatione ac denunciationibus depravati." An hohen Festtagen aber sollten die Bischöfe in ihren Diöcesen gegenwärtig sein und in ihrer Kirche celebriren, Lugdun. III. v. 583. c. 5 u. Latun. (S. Jean de Losne) zw. 670—673 c. 8 (Maassen, 2 Synoden unter Childerich II. S. 22). Uebrigens haben in merovingischer Zeit einzelne Bischöfe nicht in der Bischofsstadt selbst, sondern in einem andern Orte, so der Bischof von Langres Gregor (507 bis 539) in Dijon, residirt, Gregor. Turon. hist. Fr. III. 19, vit. patr. VII. 2.

[2] Dagegen Löning a. a. O. 2, 326. n. 3. S. aber Gregor Turon. hist. Franc. V. 21: „At illi (die von der Synode zu Lyon abgesetzten Bischöfe Salonius v. Embrun und Sagittarius v. Gap) . . . ad eum (König Guntram) accedunt, implorantes se iniuste remotos, sibique tribui licentiam, ut ad papam urbis Romanae accedere debeant. Rex vero annuens petitionibus eorum datis epistolis eos abire permisit," wo die Erlaubniss in erster Linie für die Reise, nicht, wie Löning a. a. O. S. 522 angiebt, für die Appellation ertheilt wird. Vgl. ferner Flodoard. hist. Rem. I. 20.

[3] c. 2. Arel. I. v. 314; c. 13. Arel. II. v. 443 o. 452; c. 38. Agath. v. 506; c. 7. Aurel. I. v. 511; c. 6. Epaon. v. 517; c. 4. Arel. IV. v. 524; c. 15. Aurel. III. v. 538; c. 12. Rem. v. 624 u. 625; c. 7. Latun. cit., s. auch c. 13. Aur. II. v. 533 u. c. 6. Tur. II. v. 567.

[4] Die Residenzpflicht der Bischöfe schärfen ein cap. eccl. v. 789, c. 12 u. 41 (LL. 1, 56. 60) — letzteres wiederholt c. 71. conc. Afr. (s. S. 221. n. 6) —; cap. Francof. v. 794. c. 7. 41, LL. 1, 73. 74 (vgl. dazu c. 12. Antioch. cit. s. S. 221); conc. Aquisgr. v. 836. I. 2, Mansi 14, 676; c. 11 Rotomag. (saec. IX?), die der übrigen Geistlichen c. 7 cap. Franc. cit. u. conc. Paris. v. 829. I. 29, Mansi 14, 558, welches sich gegen die Benutzung der Geistlichen durch die Bischöfe in deren eigenen Angelegenheiten richtet. Zu fortdauernder Abwesenheit vom Bischofssitze hat Karl d. Gr. erst für Angilram v. Metz, dann Hildebold v. Köln die Genehmigung des Papstes, aber auch zugleich für den letzteren die Zustimmung der Frankfurter (Reichs-)Synode eingeholt, cap. Franc. cit. c. 55 (LL. 1, 75). Auf dieser wird das Verlangen durch den Hinweis auf den vom Papste ertheilten Konsens motivirt, und daraus ergiebt sich, dass man dem Papst noch kein allein entscheidendes Dispensationsrecht zugestanden hat.

Dass übrigens seit den unter der Regierung Ludwig d. Frommen eingetretenen Wirren die hervorragende Betheiligung der Bischöfe an der Politik zu einer Vernachlässigung der Residenzpflicht geführt und sich auch die übrige Geistlichkeit von der Innehaltung derselben dispensirt hat, ergeben abgesehen von den schon citirten Reformkonzilien von Paris und Aachen auch die von der kirchlichen Reformpartei ausgegangenen Fälschungen, in denen die Beobachtung der gedachten Pflicht gleichfalls wiederholt eingeschärft wird, vgl. Bened. Lev. I. 329. III. 32. 193. 269. 366; Angilram. cap. 2 (bis), ed. Hinschius p. 767; Pseudo. Liberii ep., decretal. Pseudo-Isidor. ed. Hinschius p. 494 (c. 46. C. VII. qu. 1). S. ferner Th. II. S. 165. n. 4. Auch an der Nothwendigkeit königlicher Genehmigung zu Reisen der Bischöfe ist festgehalten worden, s. Flodoard. hist. Rem. II. 18; ep. Hincm. Rem. ad Hadrian. II, Migne patrol. 126, 186: „vestra sciat auctoritas quia nec praedictum H. nec etiam quemlibet episcoporum dioeceseos Remorum, minime autem aliarum provinciarum episcopos, nisi domnus rex illis praeceperit, Romam vel in aliquam partem . . . mittendi habeo potestatem nec ipse ego ultra fines regni absque illius scientia progredi valeo." Vgl. ferner ep. Nicol. I. v. 863 ad Carol. Calv., Mansi 15, 300; lib. proclamat. Rothadi episc. Suess. („cum illum, sc. regem . . . rogarem, ut mihi Romam eundi libertatem, sicut ipse concesserat, non tolleret"). An diese Praxis des karolingischen Reiches haben die Verbote Philips d. Schönen in seinem Streite mit Bonifaz VIII. gegen den Besuch der von demselben nach Rom 1302 ausgeschriebenen Synode und die Beschlagnahme der Güter der Prälaten, welche sich dennoch dorthin begeben hatten, angeknüpft, Durand de Maillane les libertez de l'église Gallicane. Lyon. 1771. 1, 189; Hefele, Konziliengesch. 6, 306. 315. Sie sind später auch erneuert worden. Im J. 1583 wurde dann allgemein verordnet: „Un prélat ne peut s'absenter sans congé par écrit de sa Majesté, sur peine de saisie de son temporel

Die bisherigen Vorschriften, welche zum Theil auch in die älteren kirchlichen Rechtssammlungen, sowie in das Dekret Gratians Aufnahme gefunden haben, haben sich bis zum 12. Jahrhundert als ausreichend erwiesen. Erst das 3. Lateranensische Konzil von 1179 hat durch eine allgemeine Bestimmung für die ganze Kirche den Grundsatz, dass jeder Inhaber eines Benefiziums verpflichtet sei, Residenz zu halten und dasselbe persönlich zu versehen, besonders eingeschärft [1], offenbar deshalb, weil schon damals in Folge mancher inzwischen in der kirchlichen Organisation stattgehabten Veränderungen und Neubildungen Missstände hervorgetreten waren, welche eine Lockerung der früheren Disciplin herbeigeführt hatten. Schon die zahlreichen Inkorporationen von Pfarreien, bei welchen die Interessen des geistlichen Amtes finanziellen Gesichtspunkten untergeordnet wurden, und der eigentliche Amtsinhaber die Funktionen des Amtes nicht versehen konnte [2], nicht minder die in Folge der Umbildung der Kapitelsverfassung immer mehr einreissende Sitte, die Kanonikate durch Vikarien versehen zu lassen [3], mussten die Anschauung, dass das geistliche Amt wesentlich eine Einnahmequelle sei und der Inhaber sich mit seinen geistlichen Pflichten durch einen Stellvertreter abfinden könne, in immer weiteren Kreisen verbreiten, und zur Vernachlässigung der Residenzpflicht führen [4]. Vor Allem aber trug der Umstand dazu bei, dass die höhere kirchliche Verwaltung dem habsüchtigen Streben vieler Geistlichen, durch gleichzeitigen Besitz mehrerer Benefizien sich reiche Einkünfte zu verschaffen, nicht mit genügender Energie entgegentrat [5], vielmehr die Päpste ihrerseits diesen Missbrauch durch Ertheilung von Dispensationen und durch Verleihung von Kommenden [6] unterstützten. Ferner waren die höheren kirchlichen Würdenträger wegen ihrer Stellung, welche sie in den mittelalterlichen Staaten, insbesondere in Deutschland einnahmen, von jeher selbst beim besten Willen wegen der ihnen obliegenden politischen Geschäfte nicht im Stande gewesen, die Residenzpflicht streng einzuhalten [7]. Die Betheiligung an den Kreuzzügen musste ebenfalls bei vielen Geistlichen den Hang zu

et de perte de fruit de ses benefices pendant son absence", Durand de Maillane l. c. p. 191, und auf diesen Grundlagen ist von Pithou der Art. 13 der Freiheiten der gallikanischen Kirche formulirt. Uebrigens ist bei diesem Verbote auch der Gesichtspunkt, eine Vakanz der Aemter in Rom auszuschliessen, mit in Frage gekommen, s. o. S. 164. n. 7.

Derselbe Grundsatz, dass die Prälaten zu Reisen ausserhalb des Landes königliche Genehmigung einzufordern hatten, ist übrigens auch im Mittelalter in England in Geltung gewesen, s. o. S. 203. n. 2 und Ivon. Carnot. ep. 254 ad Paschal. pp. Migne patrol. 162, 259: „pro dom. Gaufrido Rotomag. archiepiscopo, qui tunc tandem impetravit a principe suo rege Anglorum, ut posset in propria persona sedem apostolicam visitare.

[1] c. 3. X. h. t. III. 4.

[2] Th. II. S. 441.

[3] A. a. O. S. 77 ff.

[4] Schon Ende des 12. Jahrh. lassen sich einzelne Bischöfe päpstliche Privilegien dahin ertheilen, dass sie nur solchen Geistlichen Pfarrkirchen belassen und übertragen brauchen, welche sie persönlich versehen, ep. Alex. III. für Meaux v. 1166/1179, Mansi 21, 1080 u. Du Plessis histoire de Meaux 2, 65; für York i. c. 4. X. h. t.; für Lübeck ep. Luc. III. v. 1185, Urkdbch. d. Bisth. Lübeck S. 17.; ein derartiges Privileg für einen Abt in Betreff der Entfernung von Vikaren der inkorporirten Kirchen, welche nicht Residenz halten, von Urban III. v. 1193 bei Mansi 22, 615.

Ebenso kommen seit dieser Zeit päpstliche Anordnungen vor, dass die honores, also die Dignitäten und Personate, nur an solche verliehen werden sollen, welche die Residenz eidlich geloben, Alex. III. ep. ad episc. Carnot. v. 1179, bestätigt von Lucius III. 1184, Theodori Cant. poenit. ed. Le Petit. Lut. Par. 1676. 2, 432. 433 und ep. Luc. III. für Meaux v. 1181, Martène et Durand vet. script. coll. 1, 951, und päpstliche Bestätigungen von Statuten, dass die Kanoniker, welche nicht wenigstens ein halbes Jahr persönlich gedient haben, nur eine bestimmte Summe von ihren Präbenden, Alex. III. 1171—1180 für Senlis und Linkoln, Gallia christ. 10 app. p. 437 u. Wilkins conc. 1, 539; Luc. III. 1184 für Beauvais, Jaffé reg. n. 9582, oder dass sie gar nichts erhalten sollen, wenn sie mehr als 16 Wochen im Jahr abwesend sind, Coelest. III. für Langres 1197, Mansi 22, 623. Entziehung der Distributionen für jeden Tag der Abwesenheit beim Chordienst ordnet an ep. Coelest. III. v. 1195 für Tours, Jaffé l. c. n. 10547.

[5] Vgl. den folgenden §.

[6] S. o. S. 109.

[7] S. auch Th. I. S. 137.

einem ungebundeneren Leben wachrufen und ihnen die Rückkehr in die geordneteren Verhältnisse des Abendlandes erschweren. Endlich zogen auch die aufblühenden Universitäten viele Kleriker an, und wenngleich bei manchen das Studium nur ein Vorwand war, sich der Erfüllung ihrer Amtspflichten zu entziehen [1], so konnte doch die Kirche dieser Bewegung nicht principiell entgegentreten [2].

Die letzten beiden Strömungen waren allerdings vorübergehender Natur, die anderen Momente wirkten aber dauernd, denn sie hingen mit der Veräusserlichung des mittelalterlichen Kirchenwesens zusammen, und wenn auch die Dekretalen-Sammlungen eine Reihe von Bestimmungen über die Residenzpflicht aufgenommen hatten [3], und dieselbe durch päpstliche Erlasse, Konzilien und statutarische Normen wiederholt eingeschärft, auch in manchen Fällen mit Zwang und Strafen eingeschritten wurde [4], so er-

[1] S. z. B. das Schreiben Innocenz' III. v. 1198. l. 144, welcher dem erwählten Bischof von Brixen unter Widerruf des ihm von Cölestin III. behufs des theologischen Studiums ertheilten Indultes anweist, in sein Bisthum zurückzukehren, weil er das erstere zur Betreibung weltlicher Geschäfte gemissbraucht habe, opp. ed. Migne 1, 126; vgl. ferner c. 12 (Inn. III.) X. h. t.

[2] Schon c. 4 (Alex. III.) cit. h. t. erkennt das Studium als gerechtfertigten Grund der Abwesenheit an, s. auch Innoc. III. ep. X. 104 v. 1208, l. c. 2, 1277. In dieser Zeit sind auch den studirenden Geistlichen mehrfach Indulte auf Bezug ihrer Einkünfte gegeben worden, c. 12 cit. Die Vorschrift des 4. Lateranensischen Konzils v. 1215 über die Anstellung von theologi an den Kathedralkirchen, Th. II. S. 117 bedingte sogar die Sendung von geeigneten Klerikern auf die Universitäten, um dort Theologie zu studiren, und Honorius III. gewährt diesen das Recht, die Einkünfte ihrer Präbenden oder Benefizien während 5 Jahren zu beziehen, c. 5. X. de magistr. V. 5; über eine weitere Begünstigung des Studiums der Theologie durch Bonifazius VIII. s. Th. II. S. 483. n. 8.

Nur dem Studium des Civilrechts ist Honorius III. mit einem beschränkenden Verbot entgegengetreten, s. Th. I. S. 139. 140. Gegen die dort näher ausgeführte Ansicht, welcher sich auch Muther röm. u. kanon. Recht im Mittelalter, Rostock 1871. S. 7 angeschlossen hat, erklärt neuerdings wieder v. Schulte Gesch. d. Quellen u. Literatur d. kanon. Rechts 1, 105 das Verbot für ein principielles, ohne dass mich seine Gründe überzeugt haben. Jedenfalls ist dadurch das Studium des Civilrechts nicht ganz beseitigt worden, vgl. die Nachweisungen i. d. krit. Vierteljahrsschr. f. Gesetzgbg. 11, 13. n. 7, ferner Stobbe Gesch. d. deutsch. Rechtsquellen 1, 628. Ein Indult Gregors IX. v. 1238 für einen Mainzer Kanonikus, Jura zu studiren und während dreier Jahre die Einkünfte seiner Präbende mit Ausnahme der Distributionen zu beziehen, bei Würdtwein nov. subs. dipl. 9, 25.

Ebenso wie die Studenten waren auch die Professoren der Theologie c. 5 (Honor. III.) cit. V. 5 und anderer Wissenschaften von der Residenz befreit, Th. II. S. 75.

[3] tit. X. III. 4 u. c. 30 (Later. IV. v. 1215) X. de praeb. III. 5. Aus dem VI^{tus} kommen in Frage c. un. h. t. III. 3 u. c. 14 (Lugdun. II. v. 1274) de elect. I. 6. Als Strafe ist sogar die Entziehung des Benefiziums c. 4. 7 (Alex. III.) X. h. t. auch bei Bischöfen, c. 9 (Inn. III.) X. ibid., nach vergeblicher Aufforderung zur Rückkehr, c. 8 (Coel. III.), c. 10. 11 (Inn. III.), c. 17 (Greg. IX.) ibid. u. c. 30. X. III. 5, über dessen Verhältniss zu den vorher angeführten Stellen, s. Henry l. c. p. 155, festgesetzt.

[4] In Betreff der Bischöfe vgl. ep. Inn. III. v. 1210 u. Gregor IX. v. 1240, Potthast reg. n. 4034. 10881; conc. Paris. v. 1212. P. 4. c. 7 (Mansi 22, 840), welches dieselben anweist häufig, namentlich an den hohen Festen bei ihren Kathedralen zu residiren, London v. 1237. c. 22 u. 1268. c. 22. l. c. 23, 458. 1237. Einem Bischof, welcher sein Bisthum hatte verfallen lassen, drohte Heinrich III. v. England 1264 die Entziehung aller Temporalien, insbesondere der zum Bisthum gehörigen Baronie an, wenn er nicht in dasselbe zurückkehre und seines Amtes warte, l. c. 23, 1117.

Päpstliche Anweisungen, die Kanoniker zur Residenz anzuhalten von Innocenz III. bei Potthast reg. n. 100. 1892. 3631. 3632. 3708. 4447; von Innocenz IV. l. c. n. 12943. 13241; Anordnungen über Entziehung der Früchte der Präbenden von Innocenz III. l. c. n. 4368; von Honorius III., n. 5388^{a}. 6683; von Gregor IX. n. 8480; von Innocenz IV. n. 11620. 12219. 139441 (wo bemerkt ist, dass von den 30 Freisinger Kanonikern selten mehr als 4 oder 5 residiren), 14104^{b}. 14676^{a}; von Alexander IV. n. 16189. 16707; von Clemens IV. n. 19965, von Gregor X. n. 20680. 21022; Konzil v. Seyne 1267. c. 6, Mansi 23, 1181.

Ueber die Residenzpflicht der Pfarrer und Vikare s. ep. Clem. IV. v. 1267 f. d. Bisthum Montpellier, Potthast n. 19982; Koncil v. Oxford 1222. c. 14. 15, Mansi 22, 1156, v. Château-Gontier 1231. c. 5, l. c. 23, 235; London v. 1237. c. 10, l, c. p. 451; Bordeaux 1255. c. 1. p. 857, Arles 1260. c. 5, p. 1005; Köln 1260. c. 10, p. 1020; Nantes 1264, p. 1119; Wien 1267 c. 12 (hier auch die Prälaten genannt neben den Inhabern von Seelsorgeämtern), p. 1174; London 1268. c. 9, p. 1324; Salzburg 1274. c. 8, Mansi 24, 139; statuta Colon. v. 1300. c. 2, Hartzheim 4, 38; Trier 1310. c. 12. 70, Mansi 25, 251. 266; Mainz 1310, Hartzheim 4, 190; Bologna 1317, c. 9, Mansi 25, 609; Olmütz 1318. c. 2, Hartzheim 4, 270; Rouen

wiesen sich doch alle diese Massregeln als unzureichend, weil die immer mehr in die Verweltlichung hineingerathende Kirche weder die Einsicht in die eigentlichen Gründe des Uebels besass, noch die Kraft hatte, die Wurzeln desselben zu beseitigen [1]. So sah sich schliesslich das Konzil von Trient genöthigt, die Residenzpflicht in den Kreis seiner reformatorischen Bestimmungen einzubegreifen und neue Anordnungen [2] darüber zu treffen. Auf diesen ruht das noch heute geltende Recht [3], zu dessen Darstellung ich jetzt übergehe.

II. Heutiges Recht. Die Residenzpflicht ist die Pflicht, ein kirchliches Amt persönlich zu verwalten, und an dem Sitze desselben oder auch einem anderen geeigneten Orte sich derartig aufzuhalten [4], dass eine regelmässige und dauernde Ausübung der Amtspflichten möglich ist [5].

Ob die Residenzpflicht für die Bischofs- und Seelsorge-Aemter auf göttlichem oder positivem Recht beruht, ist eine früher viel erörterte Frage gewesen, deren Entscheidung aber auf dem Tridentinum [6] absichtlich offen gelassen worden ist [7].

Dasselbe legt in Uebereinstimmung mit dem früheren Recht die Residenzpflicht [8]

1. den Bischöfen [9] auf. Sie haben für die Regel bei ihrer Kathedrale in der Bischofsstadt die Residenz zu halten. Es genügt aber auch ein Aufenthalt an einem anderen Orte der Diöcese [10], falls dieser zur Leitung derselben und zur Führung der

1335. c. 4, Mansi 25, 1041; Padua 1350. c. 13, Mansi 26, 233; Angers 1365. c. 17, p. 435; dipl. des Bischofs von Lübeck v. 1330, Leverkus Urkdbch. d. Bisth. Lübeck S. 700.

Eine allgemeine Einschärfung der Residenzpflicht enthält ferner const. Gregor. XI.: Sollicitudo ecclesiarum v. 1372, bull. Taur. 4, 535.

1 Die Versuche, welche auf dem Konstanzer Konzil gemacht sind, um eine allgemeine Residenzpflicht der Bischöfe und Aebte durchzuführen, wobei zuletzt übrigens noch eine Milderung des gemeinen Rechtes hinsichtlich der Strafen in Aussicht genommen worden war, s. Hübler Konstanzer Reformation S. 149, sind ebenfalls gescheitert, nur das englische Konkordat c. 5 hat die bereits ertheilten päpstlichen Dispensationen von der Innehaltung der Residenzpflicht aufgehoben, und für die Zukunft die Gewährung solcher blos für den Fall eines gesetzlichen oder erheblichen Grundes, welcher im Dispensbrief erwähnt werden sollte, gestattet, a. a. O. S. 214.

2 Vgl. dazu noch Const. Pii IV.: In suprema v. 1564 (bull. Taur. 7, 332) und Cum tam per sarcosanctum v. 1565 (u. A. bei Barbosa de off. et pot. episc. app. const. n. 5), ferner die weiter unten citirten Konstitutionen Urban's VIII. und Benedikt's XIV., sowie die const. desselben: Grave et permolestum v. 1741, bull. Bened. XIV. 1, 62 für Irland.

3 Vgl. Phillips K. R. 7, 362 ff.

4 Der blosse Aufenthalt, s. g. *residentia materialis*, Reiffenstuel III. 4. n. 4, Henry p. 5 hat nur den Zweck die persönliche Amtsverwaltung, die s. g. *residentia formalis* oder nach c. 13 (Alex. III.) X. de praeb. III. 5 die *assiduitas* zu ermöglichen, vgl. auch const. Bened. XIV.: Grave cit. §. 2.

5 Daraus folgt, dass ein absolut ununterbrochener Aufenthalt nicht erforderlich ist. Der Pfarrer, welcher nach Erledigung seiner Geschäfte seine Parochie auf ein Paar Stunden verlässt, verletzt daher seine Residenzpflicht nicht, Trid. Sess. XXIII. c. 1 de ref. s. v. Quoniam autem.

6 Vgl. Pallavicini hist. conc. Trident. l. VII. c. 6, XVI. c. 4; XXI. c. 12. Suav. Polani (Sarpi) hist. conc. Trid. lib. II, ed. V. Gorichemi 1658. p. 168. 191. 193. 206; lib. VI, p. 440. 450. 481; lib. VII, p. 562. 581. 583. 585; s. auch Bened. XIV. de syn. dioeces. VII. c. 2. n. 3. Die Frage berührt sowohl die Stellung der bischöflichen, wie auch der päpstlichen Gewalt, insbesondere auch das Recht des Papstes zur Dispensation.

7 Indessen geht die überwiegende Meinung seitdem dahin, dass die Residenzpflicht auf göttlichem Rechte beruhe, vgl. Fagnan. ad c. 8. X. h. t. III. 4. n. 21 ff.; Benedict XIV. l. c. n. 6; Henry p. 11 ff. Die anerkannte Dispensationsbefugniss des Papstes von der Residenzpflicht wird von diesem Standpunkt aus nicht als eine Aufhebung des göttlichen Rechtes, sondern als eine Deklaration des dadurch nicht näher festgestellten Umfangs der Verpflichtung aufgefasst, s. die citirten.

8 Der Papst ist als solcher dem Residenzgebot nicht unterworfen und obwohl er gleichzeitig Bischof von Rom ist, wird die ihm in dieser Eigenschaft obliegende Residenzpflicht durch die mit dem römischen Bisthum verbundene Primatialstellung modificirt. Ueber das von Ludwig d. Baiern 1328 in Rom gegebene Gesetz, welches dem Papste die Residenz in Rom vorschrieb, s. C. Müller Kampf Ludw. d. B. mit d. röm. Curie. Tübingen 1879. 1, 190.

Ueber die Residenzpflicht der Kardinäle, vgl. Trid. XXIII. c. 1 de ref., ist schon Th. I. S. 356 gehandelt, s. dazu noch Henry p. 28 ff.

9 Trid. Sess. VI. c. 1 de ref. Sess. XXIII. c. 1 de ref. S. hierzu auch Phillips K. R. 7, 78.

10 c. 1. Sess. XXIII spricht nur von residentia

Geschäfte geeignet, namentlich leicht zugänglich ist[1], mit Ausschluss bestimmter Festzeiten und Festtage, welche, sofern sie nicht durch andere Amtsgeschäfte gehindert sind, ihre Anwesenheit bei der Kathedrale erfordern[2].

In welchem Umfange der Bischof verpflichtet ist, seine Amtspflichten persönlich wahrzunehmen, darüber giebt das Tridentinum keine näheren Vorschriften. Aus seiner Stellung folgt aber mit Nothwendigkeit, dass er persönlich die obere Leitung der Geschäfte des Bisthums führt, für geeignete Gehülfen sorgt, und diese, die Generalvikare, die sonstigen Beamten der Kurie, die Dechanten und Pfarrer, bei der Ausübung ihrer Aemter überwacht, sowie dass er die ihm vorbehaltenen Sakramente selbst spendet und sich auch nicht ganz von der Verwaltung der übrigen und der sonstigen heiligen Handlungen fernhält[3].

Das Konzil gewährt aber den Bischöfen die Befugniss, zwei oder höchstens drei Monate in jedem Jahre[4], abgesehen von den gedachten Festen[5], wenn es ohne Schaden der ihrer Leitung anvertrauten Gläubigen geschehen kann und zugleich ein angemessener Grund vorliegt[6], Voraussetzungen, deren Prüfung allein ihrem Gewissen überlassen ist[7], ausserhalb ihres Amtssitzes, gleichviel ob in ihrer Diöcese oder nicht, zu verweilen, d. h. also sich auch von ihren Geschäften fernzuhalten[8]. Es steht im Be-

personalis in sua ecclesia vel dioecesi. Das erstere muss aber als das regelmässige angesehen werden, weil durch die Bestimmung eines Ortes zum Sitz des Bisthums und der Kathedrale derselbe zugleich als der geeignetste für die Verwaltung der Diöcese erklärt ist. Es wird daher für die Ausnahme immer ein genügender Grund, z. B. Ungesundheit des Klimas, Verfall des Ortes, vorhanden sein müssen, de Luca adnot. ad conc. Trid. disc. IV. n. 3 ff.

Ueber die Residenzpflicht bei mehreren unirten Diöcesen s. Th. II. S. 426.

[1] Das ergiebt sich aus dem Begriff der Residenzpflicht, s. auch de Luca l. c. Ohne Noth darf aber auch in diesem Falle der Sitz des Generalvikars und der bischöflichen Kurie nicht aus der Bisthumstadt verlegt werden, s. d. Entschdgen. d. Congr. conc. bei Ferraris s. v. episcopus art. 3. n. 14.

[2] Sess. XXIII cit.: „eosdem interim admonet et in domino hortatur, ne . . . dominici adventus, quadragesimae, nativitatis, resurrectionis Domini, pentecostes item et corporis Christi diebus, quibus refici maxime et in Domino gaudere pastoris praesentia oves debeant, ipsi ab ecclesia sua cathedrali ullo pacto absint, nisi episcopalia munia in sua dioecesi eos alio vocent“.

[3] Vgl. Reiffenstuel III. 4. n. 31 ff.; Henry p. 58. Weitere allgemeine Regeln lassen sich nicht aufstellen, weil des Näheren durch die Grösse der Diöcese und den Umfang der Geschäfte mannichfache Verschiedenheiten bedingt werden.

[4] L. c. „ss. synodus vult, illud absentiae spatium singulis annis sive continuum sive interruptum extra praedictas causas (s. nachher) nullo pacto debere II aut ad summum III menses excedere et haberi rationem, ut id aequa ex causa fiat et absque ullo gregis detrimento; quod an ita sit, abscedentium conscientiae relinquit“.

[5] Sofern sie nicht etwa eine andere dringende Amtspflicht von der Kathedrale wegruft, s. Anmerk. 2.

[6] Ohne jeden Grund, also aus blosser Bequemlichkeit soll dies aber nicht geschehen, vgl. auch Benedict. XIV. encycl. Ubi primum v. 3. Dezember 1740. §. 4, bull. magn. 16, 4, bull. Bened. XIV. 1, 4 und const. Ad universae v. 3. Sept. 1746, bull. magn. 17, 79; bull. Bened. XIV. 2, 128. Das Bedürfniss einer Erholung und Fernhaltung von Geschäften, um neue Kräfte zu sammeln oder Stärkung zu gewinnen, gilt aber als ein hinreichender Grund. Aus der Bestimmung des Tridentinums über die Zeitdauer ergiebt sich auch, dass der Grund von Einfluss auf die Länge des Urlaubs, welchen sich der Bischof nimmt, sein soll. So ist z. B. die Abwesenheit behufs des Besuchs naher Verwandter, z. B. hochbetagter Eltern, ebenfalls statthaft, es wird aber nicht gerechtfertigt erscheinen, wenn der Bischof dazu die vollen drei Monate verwendet.

[7] Rechenschaft ist er aber darüber keinem Vorgesetzten schuldig, Bened. XIV. encycl. cit. Ubi primum §. 4.

[8] Aus Anlass der const. Urban VIII. Sancta synodus v. 12. Dez. 1634 (bull. Taur. 14, 457) ist der Zweifel entstanden, ob diese Vorschrift des Tridentinums durch die letztere beseitigt worden sei, indessen hat die Congr. conc. durch ein von demselben Papste genehmigtes Dekret von 1635 die Kontroverse in verneinendem Sinne entschieden, Ferraris l. c. art. 3. n. 30.

Die gedachte const. Urbans VIII. §. 9. gewährt übrigens den Bischöfen, welche ihre Konsekration in Rom empfangen, das Recht, einen Monat, von ihrer Proposition im Konsistorium angerechnet, in Rom zu verweilen. Das römische Provinzialkonzil unter Benedikt XIII. v. 1725 t. 17. c. 2, acta conc. rec. coll. Lac. 1, 376 gestattet sogar noch eine Verlängerung dieser Zeit aus genügenden, vom Kardinalvikar zu prüfenden Gründen um 40 Tage.

lieben des Bischofs, diese Urlaubszeit hinter einander und ohne Unterbrechung zu benutzen [1], oder auch getrennt, in welchem Falle die Zeiträume seiner Abwesenheit zusammengerechnet werden.

Eine sonstige Entfernung ist nur aus bestimmten, rechtlich festgesetzten Gründen statthaft. Zu diesen gehört erstens die Erfüllung der ihnen kraft ihres Amtes obliegenden Verpflichtung zur visitatio liminum apostolorum [2], zur Beiwohnung der allgemeinen und Provinzial-Konzilien [3] und der allgemeinen staatlichen gesetzgebenden Versammlungen [4]. Sie bedürfen in keinem dieser Fälle der Einholung eines besonderen Urlaubes [5], sollen sich aber nach der Beendigung der betreffenden Geschäfte sofort wieder in ihre Diöcesen zurückbegeben [6].

Zweitens ist aber auch eine Abwesenheit erlaubt [7], wenn sie bedingt wird a. durch die s. g. *christiana caritas*, d. h. durch die Uebung von christlichen Liebeswerken [8], b. durch eine s. g. *urgens necessitas*, möge diese Nothwendigkeit in Folge der persönlichen Verhältnisse des Bischofs, wie z. B. einer schweren Krankheit [9], oder wegen anderer Umstände, z. B. der Rauhheit des Klimas [10] oder Verfolgungen seiner Person [11] eintreten, c. durch die s. g. *debita obedientia*, d. h. durch Aufträge des Papstes, deren Ausführung die Entfernung von der Diöcese erfordert [12], und d. durch die *evidens ecclesiae vel reipublicae utilitas*, d. h. wenn dadurch der eigenen oder der allgemeinen Kirche ein Nutzen verschafft werden kann, z. B. eine Geldunterstützung oder ein anderer Vortheil durch persönliche Einwirkung bei dem Regenten, oder wenn es sich um einen wichtigen Prozess für die Kirche handelt und die Anwesenheit des Bischofs am Orte des Prozessgerichtes behufs Instruirung seiner Vertreter wünschenswerth erscheint [13], ferner

1 Jedoch ist nach den Entscheidungen des Congr. conc. eine Verbindung der 3 Monate des einen Jahres mit den drei des folgenden, also eine Abwesenheit von Oktober bis Ende März nicht statthaft, ebenso wenig eine Verbindung der Urlaubszeit mit der Zeit, während welcher der Bischof behufs seiner Promotion oder der visitatio liminum in Rom verweilt hat, s. Fagnan. ad c. 9. X. h. t. n. 40 ff.

2 Dies folgt aus der allen Bischöfen obliegenden desfallsigen Verbindlichkeit; Urbans VIII. const. sancta synodus cit. §. 12: „Volumus tamen episcopos, archiepiscopos, metropolitanos, primates et patriarchas, etiam S. R. E. cardinales, citra montes vel mare existentes, *per quatuor*, alios vero ultra montes vel mare degentes per *septem menses continuos* a residentia in praefatis ecclesiis facienda ad effectum visitandi limina ss. apostolos .... pro qualibet visitatione excusari, ita tamen ut illis durantibus, visitationis huiusmodi munus explere teneantur nec ad alios actus se divertant".

3 Const. cit. §. 10 nennt nur die letzteren, in Betreff der ersteren unterliegt es keinem Zweifel.

4 Trid. Sess. XXIII. c. 1. cit.; Const. cit. l. c.: „congregationes seu assembleae generales in quibus ecclesiastici intervenire solent vel ratione muneris aut reipublicae officii episcopatibus vel ecclesiis maioribus praefatis adiuncti". Eine persönliche Berechtigung des Bischofs, z. B. weil er gewählt oder für seine Person zum Mitglied einer ersten Kammer oder eines Senates ernannt ist, gehört aber nicht hierher. Das Recht muss vielmehr mit seinem Amte oder Sitze verbunden sein. S. hierzu Th. II. S 49.

5 Trid. l. c.

6 Const. Urbans VIII. cit. l. c.

7 Trid. l. c.

8 Z. B. um einem anderen Bischof in schwerer und bedrängter Lage in der Verwaltung seines Amtes Hülfe zu leisten, Barbosa de pot. episc. III. alleg. 53. n. 6; Henry p. 79.

9 Const. Bened. XIV. Ad universae cit. s. v. Ab iis autem.

10 Sofern nicht etwa seine Diöcese selbst einen klimatisch günstigeren Ort aufweist, const. cit.

11 Wenn die Verfolgungen oder andere Ereignisse, z. B. Epidemien, ihn und seine Heerde gleichmässig bedrohen, so ist es aber seine Pflicht, bei derselben auszuharren, so lange seine Gegenwart noch irgend etwas nützen kann, evang. Joann. X. 11 ff.; c. 46 (Pseudo Isid.) c. 47 (Nicol. I.) c. 48 (Greg. I.) C. VII. qu. 1. u. dict. Grat. dazu, Bened. XIV. de syn. dioec. l. XIII. c. 19. n. 2 ff.; Dekret Gregors XIII. v. 1576 bei Fagnan. ad c. 17 X. h. t. III. 4. n. 47, wodurch aber zugleich gestattet ist, dass der Bischof innerhalb seiner Diöcese einen sicheren Ort als den Bischofssitz zum Aufenthalt wählen darf.

12 Z. B. zur Instruirung eines Beatifikations- oder Kanonisations-Prozesses, vgl. darüber const. Bened. XIV. cit. Ad universae s. v. expediuntur.

13 S. auch const. Bened. cit. Die Theilnahme als gewählter Deputirter in einer Landesvertretung, in welcher die Kirche berührende Gesetzesvorlagen berathen werden sollen, fällt ebenfalls unter diesen Gesichtspunkt.

auch wenn es der Nutzen des Staates erfordert, dass gerade der Bischof eine staatliche Mission übernimmt[1].

In den unter a bis d aufgeführten Fällen ist aber stets vorher eine Genehmigung oder ein Urlaub beim Papste einzuholen[2].

Selbstverständlich ist es, dass der Bischof bei jeder Abwesenheit und Entfernung von seinem Bisthum die nöthigen Anordnungen für eine geregelte Fortführung der Diöcesanverwaltung zu treffen hat[3].

Für die Verletzung der Residenzpflicht sind nachstehende Strafen angedroht:

a. Derjenige Bischof[4], welcher über die gesetzliche Vakanzzeit von seiner Diöcese fortbleibt[5] oder dieselbe ohne den erforderlichen Urlaub verlässt, erwirbt den auf die Zeitdauer seiner unberechtigten Abwesenheit proratarisch fallenden Theil seiner Einkünfte nicht, und kann sie, auch ohne dass es eines darauf gehenden Urtheils bedarf, nicht für sich behalten, vielmehr muss er sie den Kirchen-Fabriken oder den Armen der Bischofsstadt überweisen[6], wobei jede Uebereinkunft, dass ihm das Ganze oder ein Theil wieder erstattet werden soll, als nichtig ausgeschlossen ist.

b. Wenn dagegen die unberechtigte Abwesenheit sechs Monate hinter einander gedauert hat[7], so verfällt er ferner ipso iure in eine Geldstrafe in Höhe des vierten Theiles des Jahresertrages seines Bisthums[8], welcher durch seinen vorgesetzten Oberen[9] der Fabrik der Domkirche oder den Armen des Bischofssitzes[10] zu überweisen ist, und, falls er noch weitere sechs Monate von seiner Diöcese fern bleibt, noch in eine fernere Geldstrafe derselben Höhe, in Betreff welcher ebenso, wie mit der ersten, zu verfahren ist[11].

1 Denn im allgemeinen ist sowohl durch das Tridentinum Sess. VI. c. 1 de ref. als auch durch die const. Urban. VIII. cit. §. 10 das Verweilen an den Höfen der Fürsten und die Besorgung staatlicher Geschäfte im Auftrage der letzteren ausdrücklich verboten, s. Barbosa l. c. n. 15 ff.; Reiffenstuel III. 4. n. 48. 49.

2 Das Trid. Sess. XXIII. c. 1 de ref. gestattet die Nachsuchung auch beim Metropoliten, bez. bei Abwesenheit desselben, bei dem ältesten Suffraganbischof, dem ersteren auch bei dem letzteren. Diese Vorschrift ist aber durch die cit. Konst. Urbans VIII. §§. 8. 9, welche schlechthin ein Breve des Papstes verlangt, aufgehoben. Diese Auffassung wird auch durch die von demselben Papst vorgenommene Einsetzung einer besonderen Congregatio super residentia episcoporum bestätigt, s. Th. I. S. 464. Fagnan. ad c. 9. X. h. t. III. 4. n. 12. Viele neuere, s. z. B. Schulte 2, 299 u. Richter-Dove §. 147 behandeln die Vorschrift des Tridentinums noch als geltendes Recht. Ueber die Einrichtung der Urlaubsgesuche enthält die angeführte const. Bened. XIV. eine Anzahl detaillirter Vorschriften.

Der §. 10 der Konst. Urbans VIII. ordnet ferner an, dass kein noch so dringendes Geschäft, ferner auch nicht die Kürze der Zeit oder die Entfernung die Bischöfe von der Abwartung des Urlaubes entbinden und von Strafen befreien soll.

3 Trid. Sess. XXIII. c. 1 de ref.

4 Trid. Sess. XXIII. c. 1 de ref.

5 Auf Verletzung der Pflicht, an bestimmten Festtagen bei der Kathedrale zu residiren, finden die zu erwähnenden Strafen aber keine Anwendung.

6 Dazu kann ihn auch der vorgesetzte Obere, d. h. der Erzbischof, wenn es sich um seine Suffraganbischöfe handelt, Fagnan. ad c. 9 X. h. t. III. 4. n. 9, zwingen.

7 Trid. Sess. VI. c. 1 de ref. Einzelne erklären diese Bestimmung durch die oben erwähnte der Sess. XXIII. c. 1 für aufgehoben, Boeckhn, comm. in ius canon. III. 4. n. 24; Schmier, iurisprud. can. civ. l. III. tr. I. P. 2. c. 3. n. 378. Aber Sess. XXIII. c. 1 hält ausdrücklich die in der ersten Stelle angedrohte Strafe aufrecht, und beide Anordnungen widersprechen sich nicht im Mindesten, wie der Text ergiebt. In derselben Weise wird auch das Verhältniss beider von Benedikt XIV. de synodo dioec. X. 9. n. 6 u. const. cit. Ad universae d. v. secundo loco aufgefasst.

8 Eine dies feststellende deklaratorische Sentenz erscheint aber nothwendig, um die Pflicht des Bischofs zur Zahlung der Strafe zu konstatiren.

9 S. Anm. 6.

10 In erster Linie aber der Fabrik, wenn sie bedürftig ist, s. Fagnan. ad c. 9. X. cit. n. 33 ff.

11 Ausserdem hat Pius' V. in d. const. cit. In suprema v. 1564 noch die Einziehung der Güter an die apostolische Kammer beim Tode der nicht residenzhaltenden Bischöfe angeordnet, auch dem Papst die Suspension von der Verwaltung der Diöcese vorbehalten, Urban VIII. in der const. cit. aber für die Entfernung ohne den vorschriftsmässigen Urlaub auch die interdictio ingressus ecclesiae und Verlust der Testirbefugniss als ipso iure eintretende Strafen verhängt, von Clemens VIII. ist noch als weitere Strafe die Unfähigkeit, höhere Würden zu erlangen, und von

c. Bei einer weiter gehenden Vernachlässigung der Diöcese kann der Papst auch andere ihm angemessen erscheinende Strafen, ja sogar die Absetzung, verhängen [1].

Die Ueberwachung der Innehaltung der Residenz seitens der Suffraganbischöfe liegt dem Metropoliten, seitens der Erzbischöfe dem ältesten Suffraganbischof ob [2].

Für anderweite Verletzungen der Residenzpflicht, als durch Entfernung aus der Diöcese, also insbesondere für grobe Vernachlässigungen der Diöcesanverwaltung seitens der Bischöfe trotz ihrer Anwesenheit im Bisthumssprengel, enthält das Tridentinum keine besonderen Strafvorschriften, es können also hier, sofern nicht für einzelne Fälle besondere Strafen angedroht sind, nur arbiträre Disciplinar-Strafen eintreten.

Die gedachten Vorschriften beziehen sich nicht auf die Titularbischöfe [3], dagegen kann ihre Anwendung auf die praelati nullius dioeceseos [4] keinem Zweifel unterliegen, weil diese als Inhaber der vollen bischöflichen Jurisdiktion über eine Quasi-Diöcese in Folge ihrer Stellung auch die gleichen Pflichten, wie die Bischöfe, haben [5].

2. Die Residenzpflicht liegt sodann denjenigen Geistlichen ob, welche ein Seelsorge-Amt [6] besitzen, d. h. den Pfarrern [7], mögen sie fest oder, wie die Desservants, wiederruflich angestellt sein [8], ferner den Vikaren, welche für einen parochus habitualis [9] die Seelsorge ausüben [10] oder eine Pfarrei interimistisch verwalten [11], endlich auch den Koadjutoren, welche dem Pfarrer bei nicht mehr ausreichender Fähigkeit zur Seite gesetzt sind [12]. Die Residenz erfordert für die Regel nicht nur den dauernden Aufent-

Benedikt XIV. const. cit. Ad universae unter Erneuerung der Anordnungen seiner Vorgänger der ipso iure sich vollziehende Verlust aller ertheilten päpstlichen Privilegien hinzugefügt, zugleich unter der Erweiterung: „decernentes sub transgressorum nomine comprehendi non solum eos, qui praeter III menses a concilio toleratos absque legitima causa et expressa Romani pontificis licentia extra proprias dioeceses commorantur, sed eos etiam qui huiusmodi licentiam falsis simulatisve causis dolose extorquere non dubitaverint, vel ea semel rite recteque obtenta praescriptos in eadem limites ac praefinitum tempus praetergressi fuerint“.

1 Trid. Sess. VI. l. c.

2 Vgl. l. c. Eine mehr als einjährige Abwesenheit der von ihnen zu beaufsichtigenden Bischöfe sind sie binnen 3 Monaten bei Strafe der ipso iure eintretenden interdictio ingressus ecclesiae dem Papste anzuzeigen, verpflichtet.

Die französischen organischen Artikel 20 haben die Residenzpflicht der Bischöfe ebenfalls statuirt und gestatten in Uebereinstimmung mit dem älteren Recht, s. o. S. 222. n. 4, ihnen die Entfernung aus der Diöcese nur mit Genehmigung des Staatsoberhauptes. In Frankreich hatte übrigens schon die Ordonnance de Blois v. 1579. Art. 14 die Beobachtung der Residenzpflicht angeordnet, recueil d'édits et ordonnances royaux. Paris 1720. 1, 524.

3 Weil sie in ihrer Diöcese in partibus nicht residiren können. Sie erhalten daher auch bei ihrer Ernennung eine ausdrückliche Dispensation von der Residenzpflicht, Th. II. S. 177. Allerdings kann ihnen eine solche in Folge eines besonderen, ihnen übertragenen Amtes obliegen.

4 Th. II. S. 343.

5 Vgl. Henry p. 97. 98. Für die übrigen Prälaten mit iurisdictio quasi episcopalis, Th. II. S. 347 gilt dies aber nicht. Für diese bemisst sich die Residenzpflicht nach ihrer sonstigen Stellung, also namentlich nach den darüber für die Kanoniker oder die Inhaber von Seelsorge-Aemtern bestehenden Regeln.

6 Trid. Sess. XXIII. c. 1 de ref., welches die allgemeinen Bestimmungen des c. 2 de ref. Sess. VI für die gedachten Aemter näher präcisirt. Dasselbe handelt zwar nur von Seelsorge-Benefizien, indessen hat eine feststehende Ansicht und Praxis das Kapitel auch analogisch auf blosse Seelsorge-Aemter angewendet. Vgl. die folgenden Anmerkungen.

7 Vgl. über ihre Residenzpflicht auch Phillips K. R. 7, 377 ff.

8 Weil auch die letzteren dieselben Rechte und in Folge dessen dieselben Pflichten, wie die Inhaber von wirklichen Pfarrbenefizien, haben.

9 Dieser selbst ist der Residenzpflicht nicht unterworfen, denn er hat das Amt nicht auszuüben, Th. II. S. 447. 452, Leuren. for. benef. P. I. qu. 366. n. 1; Henry p. 157.

10 S. die vor. Anm.; Bouix. tract. de parocho p. 538.

11 Vgl. Th. II. S. 325. 327; Leuren. l. c. n. 2; Bouix. p. 539; Henry p. 158.

12 Th. II. S. 324. 325. In einem solchen Falle erlischt aber die Residenzpflicht des coadiutus nicht von selbst, s. die Entsch. d. Congr. conc. bei Bouix p. 539; Henry p. 158.

halt an dem Sitze des Amtes, sondern auch bei Pfarrern das Bewohnen des für sie bestimmten Pfarrhauses [1].

Zu jeder längeren Abwesenheit [2] bedürfen die Inhaber der gedachten Aemter der vorherigen schriftlichen, aber unentgeltlich zu ertheilenden Erlaubniss des Bischofs [3], bei deren Verweigerung sie sich mit einer Beschwerde an den dem letzteren vorgesetzten Oberen wenden können [4].

Diese muss ihnen bis zur Höhe von zwei Monaten, sei es für eine fortlaufende Zeit, sei es für mehrere Zeiträume mit Unterbrechungen, beim Vorliegen eines angemessenen Grundes auf die durch denselben gerechtfertigte Dauer ertheilt werden [5].

Einen darüber hinausgehenden Urlaub können sie nur dann beanspruchen, wenn sie einen dringenden Grund, d. h. wie die Bischöfe [6], eine s. g. *christiana caritas, urgens necessitas* [7], *debita obedientia* [8] oder *evidens ecclesiae vel reipublicae utilitas* [9] dafür geltend zu machen im Stande sind.

[1] Ueber unirte Pfarreien siehe Th. II. S. 426. 429; auch Henry p. 163. 164.

Ausserhalb der Pfarrgrenzen darf daher der Pfarrer selbst dann seinen Sitz nicht nehmen, wenn er auch von demselben die gewöhnlichen Pfarrgeschäfte besorgen kann, s. d. Entsch. d. Congr. conc. in Richters Tridentinum S. 38. n. 11. Von dieser Pflicht kann auf die Dauer nur der Papst, bez. die Congr. conc. dispensiren, Henry p. 164. 166, der Bischof nur bei vorübergehenden Hindernissen, wie z. B. bei einem Neubau des Pfarrhauses oder beim Mangel eines solchen, falls und bis für den Pfarrer eine andere geeignete Wohnung in der Parochie beschafft werden kann oder wenn der Pfarrer wegen des schlechten Klimas krank geworden ist und zu seiner Wiederherstellung die Pfarrei verlassen muss, Richters Tridentinum a. a. O. n. 12; Henry p. 164. 165; Lingen et Reuss causae selectae in s. congr. conc. propositae p. 779 ff.

Das Residiren am Pfarrort und im Pfarrhause, nicht an einem anderen Orte oder in einem anderen, z. B. eigenen Hause innerhalb der Parochie ist dadurch bedingt, dass von hier aus die Verwaltung am besten geführt werden kann, Fagnan. ad c. 30 X. de praeb. 2. qui viro n. 12 ff., de Luca adnot. ad conc. Trid. disc. 4. n. 11; Henry p. 166 und die dort angeführten Entsch. d. Congr. conc., jedoch kann der Bischof bei vorliegenden, gerechtfertigten Gründen eine Ausnahme gestatten, s. die citirten.

[2] Vgl. dazu das Folgende.

[3] Trid. Sess. XXIII. c. 1 de ref. Eine stillschweigende genügt nicht. Der Bischof hat selbstverständlich die Gründe nach Massgabe der Ausführungen im Texte zu prüfen.

[4] Eine positive Vorschrift fehlt, es folgt aber aus der Natur der Sache, dass der Bischof nicht das Recht besitzt, den Urlaub nach Willkühr zu verweigern, Fagnan. ad c. 4 X. h. t. n. 13; Henry p. 171; Bouix l. c. p. 544; die Congr. conc., s. Ferraris s. v. parochus art. 2. n. 24.

[5] Vgl. o. S. 226.

Die Meinung, dass es für einen solchen Urlaub keiner Erlaubniss bedarf, — über die dafür geltend gemachten Gründe s. Henry p. 175 ff., — ist vereinzelt geblieben. Sie widerspricht dem Wortlaut des Tridentinums („quandocunque eos etc."), und es steht ihr auch die konstante Praxis der Congr. conc. entgegen, Fagnan. ad c. 4 X. h. t. III. 4; Ferraris l. c. n. 21 ff.; Henry p. 177; Richters Tridentinum S. 37. n. 8. 9; dieselbe Auffassung auch im römischen Provinzialkoncil v. 1725 tit. 17. c. 6, acta conc. rec. coll. Lac. 1, 378.

[6] S. o. S. 227.

[7] Als solche betrachtet aber die Congr. conc. hohes Alter und unheilbare Kränklichkeit nicht, vielmehr wird in derartigen Fällen ein Coadjutor bestellt, indessen unter Umständen auch dem Pfarrer ein Indult gewährt, sich mehrere Monate ausserhalb der Pfarrei, jedoch in der Nähe derselben aufhalten zu können, damit er bei hohen Festlichkeiten und anderen dringenden Anlässen in der Lage ist, behufs Ausübung des Amtes zurückzukehren, Richter a. a. O. S. 38. n. 14. 15. 16; Henry p. 191 ff.

Schwere, gefahrbringende Feindschaften gegen den Pfarrer bilden einen Fall der urgens necessitas, nach der Praxis der Congr. conc. hat aber der Bischof ein Indult derselben einzuholen, welches zuerst auf 6 Monate ertheilt wird, und nachher noch auf dieselbe Zeit verlängert werden kann, Fagnan. ad c. 17 X. h. t. n. 22 ff.; Bouix p. 548 ff.; Henry p. 198 ff.

[8] Hierher gehört ein Befehl oder Auftrag des Papstes, durch welchen zugleich eine Dispensation von der Residenz eintritt. Da aber der Bischof von dieser nicht dispensiren darf und seinerseits auch die Vorschriften über die Residenzpflicht der Pfarrer beobachten muss, so kann er den Pfarrer in seinem eigenen oder im Dienst der Kirche nicht auf länger als zwei Monate verwenden, so auch die Praxis der Congr. conc. u. der Congr. episcop., Garcias tract. de benef. III. 2. n. 42; Ferraris l. c. n. 43 ff.; Th. II. S. 212. Anmerk. 10.

[9] Hierher gehört z. B. die Einberufung zu einer Provinzial- oder Diöcesansynode, dagegen nach heutigem Recht nicht mehr die Betreibung wissenschaftlicher Studien, da die erforderliche Ausbildung der Geistlichen, welche allerdings im Interesse der Kirche geboten ist, in anderer Weise, als im Mittelalter erfolgt, und eine Abwesenheit zu diesem Zwecke heute nicht mehr als eine solche angesehen werden kann, welche einen augen-

Mangels besonderer Vorschriften des Tridentinums hat man angenommen, dass die Inhaber der Seelsorge-Aemter wenigstens auf kürzere Zeiten, insbesondere bis auf die Zeitdauer einer Woche [1], falls sie einen angemessenen Grund dafür haben, ihren Amtssitz verlassen dürfen. Indessen verlangt das Konzil allgemein eine Erlaubniss des Bischofs zu jeder Abwesenheit [2] und erfordert nur dann eine solche nicht, wenn das Verlassen der Parochie auf eine so kurze Zeit und unter solchen Umständen erfolgt, dass dadurch eine Unterbrechung der Residenz nicht herbeigeführt wird [3]. In einem solchen Falle handelt es sich gar nicht um eine Ausnahme von der Residenzpflicht, vielmehr um eine Entfernung vom Amtssitze, welche durch dieselbe nicht ausgeschlossen wird. Die Doktrin hat aber mit Rücksicht darauf, dass die Congregatio concilii eine Abwesenheit für eine Woche ohne Urlaub des Bischofs für unstatthaft erklärt hat [4], angenommen, dass nach gemeinem Recht von der Regel eine Ausnahme dann stattfinde, wenn der Pfarrer seine Parochie auf kürzere Zeit, insbesondere auf einen oder zwei Tage verlassen wolle [5], dass aber andererseits der Bischof auch in diesen Fällen durch besondere Anordnungen die Einholung seiner Erlaubniss vorzuschreiben berechtigt sei. Allein demselben steht keine Befugniss zu, das gemeine Recht abzuändern und von diesem Standpunkt aus lässt sich die Rechtsgültigkeit derartiger Vorschriften nicht begründen. Diese ergiebt sich vielmehr daraus, dass der Bischof, bez. die Provinzialsynode befugt ist, im Interesse der Ordnung ein für alle Mal festzustellen, in welchen Fällen eine Entfernung des Pfarrers auf kürzere Zeit durch die Residenzpflicht als ausgeschlossen und in welchen sie als nicht der letzteren widersprechend anzusehen ist [6]. Derartige Bestimmungen bestehen jetzt für alle Diöcesen. Durch dieselben ist gewöhnlich den Pfarrern eine Entfernung bis zu drei Tagen [7], zu welchen kein Sonntag oder Festtag gehört, unter blosser Anzeige an den Dekan, eine solche bis zu sechs Tagen nach vorherigem, bei dem letzteren nachgesuchten Urlaub gestattet, während ein Urlaub für längere Zeit oder für die Sonn- und Festtage bei der bischöflichen Behörde durch Vermittelung des Dekans zu erbitten ist [8].

Ausser dem gedachten Fall ist eine Entfernung ohne Urlaub oder Anzeige nur in schleunigen und dringenden Nothfällen gestattet, dann aber die Benachrichtigung an

scheinlichen Nutzen für die Kirche bildet, s. Th. II. S. 483. Anm. 8 u. Henry p. 202 ff.

[1] Barbosa de off. episc. P. III. alleg. 83. n. 106; Reiffenstuel III. 4. n. 79. 80, namentlich aus Anlass einer Entscheidung der Congr. conc., dass der Pfarrer behufs eines Besuches seiner armen Verwandten auf 6 oder 7 Tage verreisen könne, Fagnan. ad c. 4 X. h. t. n. 25.

[2] Daher hat auch die Congr. conc. wiederholt bei Entfernungen auf eine Woche die Erlaubniss des Bischofs für nothwendig erklärt, Ferraris l. c. n. 30; Henry p. 179. Die in der vorigen Anm. angeführte Entscheidung widerspricht dem nicht, denn sie bezieht sich nur darauf, dass der angeführte Grund ein angemessener sei, und lässt die Frage nach dem Urlaub unberührt, Fagnan. l. c. n. 26.

[3] Sess. XXIII. c. 1 de ref. s. v. Quoniam.

[4] S. Anm. 2.

[5] Ferraris l. c. n. 37; Bouix p. 553. 554; Henry p. 180.

[6] Die Rechtsgültigkeit solcher Anwendungen ist übrigens auch durch die Congr. conc. anerkannt, Fagnan. ad c. 4 X. h. t. n. 22 ff.; Ferraris l. c. n. 31. 32. Ungültig würde dagegen eine Verfügung des Bischofs sein, dass der Pfarrer sich auch nicht auf einige Stunden ohne Urlaub aus der Pfarrei entfernen darf, s. auch Bouix p. 556 u. Analecta iur. pont. 1858. p. 119 ff.

[7] So das Kölner Provinzkonzil v. 1860. P. II. tit. 1. c. 6, Dumont, Samml. kirchl. Erlasse S. 299, in der Diöcese Paderborn sogar bis zu 4 Tagen, Gerlach, Paderborner Diöcesanrecht. 2. Aufl. S. 80. Dagegen lassen die V. v. 1858 für Rottenburg, v. Vogt, Samml. kirchl. Verordn. S. 597 nur eine Entfernung auf zwei Tage und eine Nacht, das Wiener Provinzialkonzil v. 1858. t. 2 c. 6, Arch. f. k. K. R. 4, 628, allein auf zwei Tage ohne Urlaub zu. Aehnliche Vorschriften für belgische Diöcesen mitgetheilt bei Henry S. 182 ff.

[8] S. die vor. Anm.

In einzelnen Staaten, z. B. in Baiern ist auch Anzeige von dem Antritte des Urlaubes an die Distriktspolizeibehörde zu machen, Silbernagl, Verfassg. sämmtl. Religionsgesellschaften S. 66; Stingl, Verwaltg. des kath. Pfarramtes S. 183; in Frankreich (Elsass-Lothrin-

den Dekan sobald wie möglich zu machen und der etwa erforderliche nachträgliche Urlaub einzuholen [1].

Unter allen Umständen hat aber der abwesende Pfarrer für seine gehörige Vertretung auf seine Kosten, also durch Bestellung eines Vikars oder durch Veranlassung einer Stellvertretung, wenn nicht eine solche schon vorhanden ist, zu sorgen [2].

Das Tridentinum bestimmt, dass für die Verletzung seiner Vorschriften über die Residenzpflicht seitens der Pfarrer dieselben Strafen wie gegen die Bischöfe Anwendung finden sollen [3].

a. Hiernach kann der Pfarrer bei einer ungerechtfertigten Abwesenheit die proratarisch auf die Zeitdauer derselben fallenden Einkünfte seines Benefiziums nicht erwerben [4].

b. Sodann ist der Bischof befugt, auch Geldstrafen in Höhe des vierten Theiles des Jahresertrages unter denselben Voraussetzungen gegen den Pfarrer auszusprechen, unter welchen dies gegen die Bischöfe statthaft ist [5]. Endlich gewährt ihm das Konzil auch noch das Recht, kirchliche Censuren, also die Suspension, die interdictio ingressus ecclesiae und die Exkommunikation zu verhängen, auch nöthigenfalls die Entziehung des Amtes zu verfügen [6].

Unter den zu b. genannten Strafen hat der Bischof die Wahl [7]. Jedoch ist der schuldige vorher zur Rückkehr aufzufordern, wozu auch dann, wenn sein Aufenthalt bekannt ist, eine öffentliche Vorladung (edictum) genügt [8]. Bei unbekanntem Aufent-

gen) bei Urlaubsertheilung über 8 Tage Anzeige des Bischofs an den Präfekten zu erstatten, und bei mehr als einem Monat sogar Ermächtigung des Kultusministers einzuholen, Ord. v. 13. März 1832 Art. 4, Dursy Staatskirchenrecht in Elsass-Lothringen 1, 79.

1 So auch die Congr. conc., s. Fagnan. l. c. n. 33 ff.; Ferraris l. c. n. 25, und einzelne der S. 231. n. 7 angeführten Verordnungen. Eine dies für die Pfarrer ausschliessende allgemeine Bestimmung, wie sie in Betreff der Bischöfe erlassen ist, s. o. S. 228. n. 2, besteht nicht.

2 Trid. Sess. XXIII. c. 1 de ref. Dies ist auch wiederholt in den partikulären Anordnungen eingeschärft, s. S. 231. n. 7. Die Ansicht, dass eine derartige Vorkehrung bei einer Abwesenheit von zwei Tagen oder auch nur von einem nicht erfordert werde, Barbosa de off. episc. P. III. alleg. 53. n. 106, ist unrichtig, s. auch Reiffenstuel III. 4. n. 83.

Die Vorschriften des preuss. A. L. R. II. 11. §§. 413—416. 506—508, welche im wesentlichen auf den im Text dargelegten Bestimmungen des kirchlichen Rechts beruhen und damit übereinstimmen, sind durch die Verfassungsurkunde v. 1850. Art. 15 bereits beseitigt worden, da die Regelung des Urlaubs der Geistlichen eine die Kirche allein berührende Angelegenheit ist.

3 Sess. VI. c. 1 de ref. u. Sess. XXIII. c. 1. s. v. Eadem omnino etc. Die gedachten Strafen sind aber dann ausgeschlossen, wenn der Pfarrer ohne seine Pfarrei zu verlassen, nicht am Pfarrort oder nicht im Pfarrhause residirt. Für diesen Fall sind nur arbiträre Zwangs- und Strafmittel zulässig, Fagnan. ad c. 30. §. qui vero X. de praeb. III. 5. n. 14. 16; Bouix p. 564.

4 Sess. XXIII. l. c. Die Vorschriften der Sess. VI. cit. über die Zeiträume finden hierbei keine Anwendung, Congr. conc. bei Fagnan. ad c. 11 X. h. t. n. 25; Henry p. 208. Im Uebrigen gilt das o. S. 228 Bemerkte. Für die Regel wird also der Betrag der Fabrik der Pfarrkirche zu überweisen sein, nur dann nicht, wenn der Pfarrer bei einer in Frage stehenden Reparatur an der Baulast Theil nimmt, weil er sonst aus seiner unerlaubten Handlung einen Vortheil ziehen würde, Henry p. 208. Ueber die Bewilligung der Restitution der verlorenen Früchte vgl. Bened. XIV. const. Pastor bonus a. 1744. §. 24, bull. eiusd. 1, 324.

5 S. o. S. 228.

6 Sess. XXIII. cit.

7 Das ergiebt der Wortlaut des c. 1 Sess. XXIII. cit. und ist auch die Ansicht der Congr. conc. s. Fagnan. ad c. 11 X cit. n. 18; Henry p. 213. Wenn dieselbe andererseits ausgesprochen hat, dass bei einer Verletzung der Residenzpflicht im Falle der Pest, nicht sofort die Entziehung des Benefiziums als Strafe angewendet werden solle, Fagnan. ad c. cit. n. 18 u. ad c. 17. n. 41 ff., so widerspricht das nicht. Diese Entscheidung geht offenbar von der zutreffenden Anschauung aus, dass wenngleich das Konzil keine bestimmte Stufenfolge der Strafen vorschreibt, der Bischof doch verpflichtet ist, die der Lage des Einzelfalles entsprechende Strafe unter den verschiedenen, ihm offen gelassenen anzuwenden, und nicht nach reiner Willkür handeln soll. Vgl. auch Acta s. sed. 7, 676.

8 Das ältere Recht, wonach bei bekanntem Aufenthalt eine persönliche Ladung des Abwesenden mit Bestimmung eines angemessenen Termins zur Rückkehr vorgeschrieben war, c. 8.

halt ist aber diese dreimal zu erlassen und von dem Tage der letzten Veröffentlichung noch sechs Monate hindurch in dem Falle zu warten, wenn der Bischof die Strafe der Entziehung des Benefiziums anwenden will [1]. Auch hat der Bischof in allen Fällen bei der Ladung die Strafe, welche er nachher zu verhängen beabsichtigt, anzudrohen [2]. Gegen die Strafverfügungen des Bischofs steht zwar die Appellation offen, aber nur mit Devolutiv-, nicht mit Suspensiv-Wirkung [3].

Die Inhaber der Seelsorge-Aemter, insbesondere die Pfarrer genügen aber ebenso wie die Bischöfe ihrer Residenzpflicht erst voll, wenn sie sich nicht blos am Orte ihres Amtes aufhalten, sondern dasselbe auch wirklich persönlich verwalten [4]. Dies gilt selbst dann, wenn der Pfarrer einen oder mehrere Kapelläne oder Vikare als Gehülfen neben sich hat und dieselben an und für sich im Stande sein würden, alle Geschäfte der Pfarrei zu besorgen. Diese sind nur zu seiner Unterstützung angestellt, nicht um ihm die ganze Arbeitslast abzunehmen. Als Träger des Pfarramtes hat er dasselbe vielmehr in seinen hauptsächlichsten Funktionen selbst auszuüben [5]. Als solche, s. g. *munia parochialia* [6], kommen in erster Linie in Frage die Celebrirung der Pfarrmesse [7], das Predigen an Sonn- und Festtagen [8], die Katechismuslehre an denselben Tagen [9], die Austheilung der öffentlichen Kommunion [10], die Zulassung zur ersten Kommunion [11], die Assistenz bei der Eheschliessung [12], das Brautexamen, das Eheaufgebot, die Eheeinsegnung, die Brautmesse und die Eintragung der Ehe in das Kirchenbuch [13]. Diese Geschäfte hat der Pfarrer soweit möglich, selbst wahrzunehmen und sie nur bei einem obwaltenden Hindernisse seinem Vikare zu überlassen [14]. In zweiter Linie stehen dagegen die Abhaltung feierlicher Messen, die Taufe, die Einsegnung der Wöchnerinnen und die Vornahme der kirchlichen Funktionen bei Begräbnissen [15]. Diese Amtshandlungen dürfen die Pfarrer auch ohne besonderen Hinderungsgrund, lediglich um die Lasten ihres Amtes mit den Vikaren zu theilen, den letzteren zuweisen; da es sich aber

X. h. t.; Fagnan. ad c. 11 h. t. n. 9. 30, ist durch das Tridentinum beseitigt.

1 c. 11. X. h. t.; Fagnan. ad c. cit. n. 8. Derselbe vertritt die Meinung n. 32 ff., dass die dreimalige Citation und die sechsmonatliche Frist durch das Tridentinum beseitigt sei. Dagegen aber Barbosa de officio parochi I. 8. n. 75; Henry p. 211 und die bei demselben mitgetheilten Entscheidungen d. Congr. conc. v. 1621 u. 1624, s. auch Acta s. sed. 7, 682. Der Wortlaut des Konzils bedingt es jedenfalls nicht, hinsichtlich des Verfahrens bei der Absetzung eine Abänderung der die Vertheidigung des Angeschuldigten sichernden Vorschriften des älteren Rechtes anzunehmen. Dagegen kann von einem Verlust des Benefiziums ipso iure durch Verletzung der Residenzpflicht, s. c. 30 X. de praeb. III. 5, nach dem Rechte des Tridentinums keine Rede mehr sein.

2 So die Congr. conc. Fagnan. ad. c. 11 X. cit. n. 30.

3 Trid. Sess. XXIII. c. 1 cit.

4 Seine residentia soll nicht eine s. g. *otiosa*, sondern eine *laboriosa* sein, Bened. XIV. instit. eccl. XVII. n. 6.

5 c. 30. X. III. 5. cit. Nach der Entsch. d. Congr. conc. v. 1591, Ferraris l. c. n. 19, u. v. 1604 bei Richter, Tridentinum S. 39. n. 19 sollen sie nur die Geschäfte ihren Vikaren überlassen, deren Verwaltung nach ausdrücklicher Vorschrift der Canones oder des Trienter Konzils durch die letzteren gestattet ist. Dies gilt selbstverständlich allein unter der Voraussetzung, dass sie nicht durch andere Geschäfte verhindert sind, s. l. c. n. 20.

6 Am eingehendsten darüber J. B. Deneubourg, étude canonique sur les vicaires paroissiaux. Tournai 1871. p. 181 ff.

7 Trid. Sess. XXIII. c. 1 de ref.; Th. II. S. 295, Deneubourg p. 186.

8 Trid. Sess. V. c. 2; Sess. XXII. c. 8 de sacrif. miss.; Sess. XXIV. c. 4 de ref.; Deneubourg p. 193 ff.

9 Trid. Sess. XXIV. c. 4 de ref.; Deneubourg p. 200.

10 Rituale Romanum de communione paschali; Benedict XIV. inst. XVIII. n. 12; Deneubourg p. 205.

11 Const. Bened. XIV.: Etsi minime v. 1742. §. 9, bull. Bened. XIV. 1, 112; Deneubourg p. 209.

12 Trid. Sess. XXIV. c. 1 de ref. matr.; Bened. XIV. const. Nimiam licentiam v. 1743, §. 9 ff. l. c. 1, 280; Deneubourg p. 215.

13 Vgl. hierzu Deneubourg p. 225 ff.

14 Dies ergeben die vorher citirten Stellen.

15 Deneubourg p. 229 ff.

hierbei immer um Geschäfte handelt', welche ihnen persönlich obliegen, so müssen sie wenigstens einen Theil derselben selbst ausüben [1].

Auf eine Verletzung der eben gedachten Pflichten durch einen Pfarrer, welcher in seiner Parochie verblieben ist, beziehen sich die Strafvorschriften des Tridentinums nicht [2], vielmehr kann der Bischof gegen derartige Pflichtversäumnisse nur mit arbiträren Strafen einschreiten.

3. Nicht minder hat das Konzil von Trient die Residenzpflicht der Kanoniker der Kathedral- und Kollegiatkapitel und der Inhaber von Benefizien an denselben, welchen die Verbindlichkeit zum Chordienst obliegt, von Neuem eingeschärft und die persönliche Erfüllung ihrer Obliegenheiten gefordert [3].

Es gestattet ihnen jedoch in jedem Jahre eine Ferienzeit von drei Monaten [4], sofern nicht die Statuten eine kürzere festsetzen [5]. In diese Zeit werden aber alle Tage (jedoch nicht einzelne Stunden) [6] eingerechnet, während welcher die Kanoniker von ihrem Residenzorte oder auch nur vom Chordienst, obwohl sie sich an dem letzteren aufgehalten haben, entfernt gewesen sind [7].

Einen Urlaub brauchen sie vom Bischof nur dann zu erfordern, wenn sie die Diöcese verlassen wollen [8]. Der letztere soll ihnen jedoch denselben nicht ohne einen genügenden Grund verweigern [9]. Unter allen Umständen muss indessen stets eine zur

1 Deneubourg p. 229. Dagegen haben die Pfarrer völlig freie Hand, das Beichthören, die Celebrirung anderer als der erwähnten Messen, die Austheilung der Kommunion während der Messe und ausserhalb derselben, die Ertheilung der priesterlichen Segnungen, die Gewährung der Kommunion und letzten Oelung an Kranke den Vikaren zu überweisen, Deneubourg p. 276 ff., wenngleich es auch hier durch ihre Stellung bedingt ist, dass sie sich von diesen Funktionen nicht völlig fern halten, sondern diese ebenfalls zum Theil selbst wahrnehmen.

2 Dies ergiebt der Wortlaut derselben, s. auch Garcias l. c. III. 2. n. 52 ff.; Reiffenstuel III. 4. n. 87; Henry p. 160; (dagegen lassen einzelne für diesen Fall den Erwerb der Einkünfte durch den Pfarrer ausgeschlossen sein, Boeckhn l. c. n. 28; Engel colleg. iur. can. III. 4. n. 16. Der proratarische Antheil derselben, der durch solche Nachlässigkeit verloren wird, soll durch das arbitrium boni viri festgestellt werden. Das hat aber keinen Anhalt im Tridentinum.

3 Sess. XXIV. c. 12 de ref. s. v. Praeterea obtinentibus u. Omnes vero divina, s. auch Sess. XXI. c. 3 de ref. u. Sess. XXII. c. 3 de ref.

4 Von welchen sie auch mit Unterbrechungen Gebrauch machen können, Entsch. d. Congr. conc. bei Richter Tridentinum S. 357. n. 60.

5 Eine längere Zeit kann aber nicht durch das Statut gewährt werden, ebensowenig durch unvordenkliche Verjährung, Garcias l. c. n. 192; Henry p. 121 (diese ist jedoch als Beweis eines ertheilten päpstlichen Indultes, welches Milderungen in der Residenzpflicht macht, anerkannt worden, Acta s. sed. 11, 178); vielmehr ist dazu eine ausdrückliche Bestätigung des Statutes durch den Papst erforderlich, Garcias l. c. n. 221 ff. Ferner hat die Congr. conc. angenommen, dass eine durch Fundationsbestimmungen festgesetzte, längere Ferienzeit durch das Tridentinum nicht aufgehoben sei, Garcias l. c. n. 244. In Deutschland ist aber die Vorschrift desselben während der Zeit des ehemaligen Reiches wegen der Besetzung der Domkapitel mit den Mitgliedern des hohen Adels und der Häufung von Stellen verschiedener Kapitel in den Händen derselben nicht zur Durchführung gelangt, darüber und über die hier obwaltende nähere Gestaltung der Residenz s. Neller de varietate residentiarum canonicalium in Schmidt thes. iur. eccles. 6, 270.

Statthaft ist dagegen eine statutarische Ausschliessung jeder Ferienzeit, Richter a. a. O. In solchen Fällen haben die Kanoniker kein Anrecht auf die gemeinrechtlichen drei Monate, unrichtig Garcias l. c. n. 311. 312, wohl aber giebt die Congr. conc. Indulte auf eine Vakanz bis zu zwei Monaten unter gewissen Bedingungen, gewöhnlich den beiden, dass die Kanoniker an den hohen Festtagen Residenz halten und niemals mehr als ein Drittel derselben vom Chordienst fern ist, und zwar bei Rauhheit des Klimas, beim Vorhandensein geringer Einkünfte, oder auch dann, wenn die benachbarten Kapitel eines solchen Vorzuges geniessen, Richter a. a. O. n. 61; Ferraris s. v. canonicatus art. 5. n. 14. Henry p. 125.

6 Wenn also ein Kanoniker an mehreren Tagen blos eine bestimmte Anzahl von Stunden abwesend war, und diese letzteren zusammen auch 24 betragen, so wird dies nicht als voller Tag gerechnet. Fagnan. ad c. 32. X. de praeb. III. 5. n. 56; Henry p. 117.

7 Congr. conc. bei Richter a. a. O. n. 59, Henry p. 118; Bouix tract. de capitulis p. 365.

8 Congr. conc. bei Richter a. a. O. n. 62, Henry p. 118, ebensowenig eine Erlaubniss des Kapitels, Fagnan. l. c. n. 52.

9 Nach der Praxis der Congr. conc., Richter a. a. O. S. 358. n. 68, Henry p. 118.

Versehung des Dienstes hinreichende Anzahl von Stiftsherrn zurückbleiben [1], auch darf der gesetzliche Urlaub nicht an den hohen Festtagen benutzt werden [2]. Der Bischof ist befugt, darauf bezügliche ausdrückliche Anordnungen zu erlassen [3], und daher auch zu verfügen, dass von dem Urlaub erst nach vorgängiger, bei ihm eingeholter Erlaubniss Gebrauch gemacht wird [4].

Wenngleich das Tridentinum keine ausdrückliche Bestimmung enthält, so sind die Kanoniker doch ebenso wie die Bischöfe und Pfarrer berechtigt, ausser dem gesetzlichen Urlaub einen solchen beim Vorliegen eines der o. S. 227 erwähnten Gründe vom Bischof zu verlangen [5].

Abgesehen von dem Verluste des Antheils an den Distributionen (darüber s. nachher) soll derjenige Kanoniker, welcher über die gesetzliche Urlaubszeit abwesend ist, mit Entziehung des halben Jahresbetrages der Einkünfte, welche er aus seiner Pfründe erhalten hat, und im Wiederholungsfalle mit der des ganzen bestraft werden [6]. Die Strafe tritt aber nicht ipso iure ein [7], sondern muss durch Urtheil des Bischofs festgesetzt werden [8], und zwar darf derselbe in leichteren Fällen auch auf einen geringern Betrag erkennen [9]. Bei weiterer Renitenz [10] kann der Bischof die Suspension und die Exkommunikation gegen den Schuldigen verhängen [11]. Endlich ist auch die Entziehung des Kanonikates oder Benefiziums statthaft [12]. Jedoch setzt die Anwendung dieser Strafe nach der Praxis der Congregatio concilii [13] nicht nur eine andauernde Abwesenheit von drei Jahren [14] voraus [15], sondern auch die vorgängige Verurtheilung zum Ver-

[1] Congr. conc. bei Richter l. c. n. 62. Als solche gelten gewöhnlich zwei Drittel, l. c. n. 65; Henry p. 119.

[2] Congr. conc. bei Ferraris l. c. n. 4; Henry p. 119.

[3] Congr. conc. bei Richter l. c. n. 65; Bened. XIV. inst. CVII. n. 34.

[4] Und zwar auch unter Androhung einer Geldstrafe und eventuell der Suspension, Congr. conc. bei Richter l. c. n. 69. Dies folgt aus seinem Recht, dafür zu sorgen, dass die erforderliche Anzahl von Kanonikern anwesend bleibt.

[5] Denn das Tridentinum hat das ältere Recht, welches eine Abwesenheit aus gerechtfertigten Gründen gestattet, s. c. 7. 8. 10. 12—13. 15. X. h. t., wie unbestritten ist, vgl. auch Fagnan. ad c. 32. X. de praeb. III. 5. n. 47, nicht aufgehoben.

[6] Trid. Sess. XXIV. c. 12 de ref.

[7] Darüber ist die Doktrin und Praxis einig, Fagnan. ad c. 32 X. de praeb. III. 5. n. 25; Ferraris l. c. n. 17; Henry p. 140; Phillips 7, 385.

[8] Einer vorgängigen Ermahnung zum Residenzhalten bedarf es nicht, sondern nur einer Vorladung, um Gelegenheit zur Geltendmachung von Entschuldigungsgründen zu geben, Congr. conc. bei Richter l. c. n. 70.

[9] Die vom Konzil festgesetzte Höhe kann nur als Maximum betrachtet werden. Bei geringer Ueberschreitung der Zeit, z. B. um wenige Tage, würde sie zu hart sein. In solchen Fällen kann es angemessen erscheinen, den Schuldigen in die Hälfte der proratarisch auf die Zeit seiner unberechtigten Urlaubsüberschreitung fallenden Früchte zu verurtheilen, so auch die Congr. conc. bei Garcias l. c. III. 2. n. 150 u. Fagnan. ad c. 11. X. de cler. non res. III. 4. n. 15. Ein völliger Erlass der Strafe steht nicht im Belieben des Bischofs, ebensowenig aber trotz der verbreiteten gegentheiligen Annahme, s. Garcias l. c., Henry p. 142, Phillips 7, 385, eine Erhöhung über das vom Tridentinum festgesetzte Maass.

Die Strafe ist vom Bischof zum Besten der Kirche, an welcher der Kanoniker angestellt ist, oder falls diese der Beträge nicht bedarf, anderweit zu kirchlichen Zwecken nach seinem Ermessen zu verwenden, Entsch. d. Congr. conc. bei Garcias l. c. n. 146 ff.

[10] In dieser Beziehung verweist das Konzil ausdrücklich auf das ältere Recht.

[11] c. 11. X. de cler. non resid. III. 4.

[12] Die Behauptung, dass gegen einen Kanoniker, welchem sein Kanonikat durch gemeinsame Besetzung des Bischofs und des Kapitels übertragen worden ist, die Entziehung auch nur durch beide ausgesprochen werden kann, Bouix l. c. p. 368; Henry p. 146, ist irrig, denn aus der Antheilnahme an der Besetzung folgt noch nicht eine solche an der Ausübung der Strafjurisdiktion.

[13] Fagnan. ad c. 32. X. de praeb. III. 5. n. 26 ff.; Richter a. a. O. n. 71; Henry p. 143.

[14] Diese Annahme gründet sich offenbar darauf, dass nach dem Tridentinum bei Abwesenheit während des ersten Jahres auf Entziehung des halben, bei Abwesenheit während des zweiten Jahres auf Verlust des ganzen Jahresertrages erkannt werden soll, also die Entziehung des Kanonikates erst als Strafe für die Abwesenheit während des dritten Jahres ausgesprochen werden könne. Das Konzil verlangt aber für die

luste sowohl des halben, wie auch des vollen Jahresertrages [1] der Einkünfte [2]. Endlich bedarf es einer Vorladung des Schuldigen unter Bestimmung eines Termines zur Rückkehr [3], und bei unbekanntem Aufenthalt desselben einer dreimaligen Ediktalladung, nach deren Erlass noch sechs Monate auf ihn gewartet werden muss [4]. Wenn das Absetzungsverfahren vom Bischof eröffnet ist, kann er nicht mehr gleichzeitig mit Censuren gegen den Renitenten vorgehen [5].

Die Strafen, welche das Tridentinum für die Verletzung der Residenzpflicht gegen die Kanoniker bestimmt, treten gegen dieselben abweichend von den für die Bischöfe und Inhaber von Seelsorge-Aemten (s. oben S. 228. 234) angedrohten nicht nur ein, wenn sie sich von ihrem Amtssitze entfernen, sondern auch dann, wenn sie ihre Verrichtungen in der Kirche nicht erfüllen. Im letzteren Falle erleiden sie aber noch einen weiteren Nachtheil, und zwar ist derselbe nicht ausschliesslich durch einen Verstoss gegen die Residenzpflicht bedingt, vielmehr kommt er auch in Fällen zur Anwendung, in denen ein Zuwiderhandeln gegen die Residenzpflicht überhaupt nicht vorliegt [6]. Mit Rücksicht hierauf hat die Doktrin den von der Residenz verschiedenen Begriff der Interessenz (*interessentia*) [7], d. h. eines Verhaltens, welches den gedachten Nachtheil ausschliesst, aufgestellt. Allerdings kann eine Interessenz niemals statthaben, wenn eine Verletzung der Residenz vorliegt, wohl aber kann umgekehrt die Residenzpflicht ohne gleichzeitige Interessenz beobachtet worden sein.

Die Kanoniker erhielten schon im Mittelalter nach der Auflösung des gemeinsamen Lebens und der Bildung besonderer Präbenden [8], ebenso auch mitunter die an den Kathedralen und Kapitelskirchen angestellten sonstigen Benefiziaten für die Beiwohnung und Abhaltung des Chordienstes bestimmte tägliche Reichnisse an Lebensmitteln [9] oder namentlich später auch an Geld, s. g. *victualia* [10], *prasentiae* [11], *distributiones quotidianae* [12], auch *beneficia manualia* [13], *interessentiae* [14] (im Gegensatz zu dem *cor-*

Anwendung der erstgedachten Strafen nicht die Abwesenheit während des ganzen Jahres, der die höhere Geldstrafe nach sich ziehende Wiederholungsfall kann daher auch schon in demselben Jahre, wie der erste eintreten. So viel ist zugegeben, dass die betreffende Stelle des Konzils nicht klar und scharf gefasst ist.

15 Diese werden vom Beginne der unberechtigten Abwesenheit ab gerechnet, Entsch. d. Congr. conc. v. 1671, thesau. resol. 9, 483 ff., Richter a. a. O. n. 71.

1 Sofern nicht etwa die Einkünfte in blossen täglichen Distributionen bestehen. Das Fehlen der im Text angegebenen Voraussetzung macht die Entziehung des Kanonikates nichtig.

2 Congr. conc. bei Ferraris l. c. n. 23 ff., Henry p. 143.

3 c. 8. X. de cler. non resid. III. 4.

4 c. 11. X. eod.

5 So die Praxis der Congr. conc., s. Richter a. a. O. n. 73.

Suspensivwirkung hat eine Appellation gegen das Absetzungsurtheil nicht, Henry p. 145.

6 Z. B. wenn der Kanoniker während der ihm gesetzlich zustehenden Ferienzeit abwesend ist, s. nachher.

7 Schon die Glosse zu c. un. in VI^to de cler. non resid. III. 3 im Casus u. s. v. adfuerit unterscheidet das *interesse divinis officiis* vom residere, s. auch Reiffenstuel III. 4. n. 170; Phillips K. R. 7, 393. Das Wort: interessentia wird von der Congr. conc. gebraucht, Richters Tridentinum S. 152. n. 6.

8 Th. II. S. 55 ff.

9 Ivonis Carnotens. ep. 219, Migne patrolog. 162, 223: „Cum in quam plurimis canonicorum Carnotensium desuevisset disciplinae regularis observantia, ut de negligentibus facerem diligentes . . . ad frequentandas horas canonicas deliberavi apud me, ut darem eis dimidiam praeposituram, ut inde fieret quotidianus panis, quem acciperent assidui, amitterent tardi; ut quos panis interni dulcedo non movebat, panis corporei refectio provocaret, quamvis eorum annua praebenda eis ad hoc sufficiens esse deberet." S. auch c. 16. (Inn. III.) X. de V. S. V. 40 und die folgende Note.

10 c. 7. (Alex. III.) X. de cler. non resid. III. 4.

11 Statuten v. 1272 bei Mayer thes. nov. iur. eccl. 4, 575; ferner ibid. 1, 122. 132.

12 c. 32 (Hon. III.) X. de praeb. III. 5; c. un. in VI^to III. cit.

13 c. un. in VI^to III. 3 cit.

14 Conc. Mexic. v. 1585, conc. Hispan. 4, 407.

pus praebendae, c. grossum oder *fructus grossi*), eine Einrichtung, welche das Trienter Konzil nicht nur aufrecht erhalten, sondern auch neu zu beleben gesucht hat[1].

Jeder Kanoniker und jeder andere dazu berechtigte Benefiziat[2] kann seinen Antheil nur dadurch erwerben[3], dass er dem Chordienst[4] persönlich[5] anwohnt[6] und sich auch aktiv dabei betheiligt[7].

Die ausfallenden Quoten (die s. g. *fallentiae*) soll der Bischof der Fabrik der Kirche, wenn sie bedürftig ist, sonst einem anderen frommen Zwecken dienenden Institut überweisen[8]. Jedoch hat die Praxis der Congregatio concilii dies auf den Fall beschränkt, in welchem die Kanoniker besondere Präbenden haben und die Distributionen aus einem eigenen Fonds erhalten, während sie die Quoten der Abwesenden dann auf die Anwesenden zu vertheilen gestattet, wenn die Präbendalbezüge und Distributionen aus einer gemeinsamen Masse gezahlt werden, also keine abgesonderten Präbenden bestehen[9].

[1] Trid. Sess. XXI. c. 3. de ref., Sess. XXII. c. 3 de ref.; Sess. XXIV. c. 12 de ref.

[2] So z. B. die Domvikarien in Köln, s. das Statut v. 1830. §§. 30 ff., bei Hüffer Forschgn. z. rhein-franz. K. R. S. 356.

[3] Die Meinung, dass bei obwaltender Nichtinteressenz das Erworbene nur verloren geht, ist ausdrücklich reprobirt von Benedikt XIV. in dem Breve Praeclara decora v. 1748. §. 8, bull. Bened. XIV. 3, 585. Wer unberechtigter Weise seinen Antheil erhalten hat, ist daher ohne weiteres verpflichtet, denselben zurückzuzahlen, und weder der Bischof noch das Kapitel kann diese Pflicht erlassen, Sess. XXIV. c. 12 cit.

[4] Th. II. S. 141.

[5] Doch hat die Praxis der Congr. conc. nicht jede Vertretung für ausgeschlossen erachtet, vielmehr können sich diejenigen Kanoniker, welche an ihrem Residenzorte anwesend sind (aber nicht abwesende), ein anderes Kapitelsmitglied desselben Grades (also z. B. nicht einen canonicus honorarius), falls letzteres nicht gleichzeitig zum Dienste verpflichtet ist, substituiren. Der Bischof soll aber darauf sehen, dass solche Vertretungen nicht zu häufig vorkommen, und kann daher dieselben von seiner vorgängigen Erlaubniss abhängig machen, s. die Entscheidungen bei Benedict XIV. institut. CXVII. n. 17 ff., und bei Richter a. a. O. S. 359. n. 76 ff., s. auch Bouix l. c. p. 327 ff., Henry p. 111. Der Koadjutor eines Kanonikus kann sich nicht vertreten lassen, Richter a. a. O. S. 360. n. 79. Dieselben Grundsätze finden auch auf die sonstigen, zum Chordienste verpflichteten Benefiziaten, welche nicht zur Mitgliedschaft im Kapitel berechtigt sind, Anwendung. Da bei einer derartigen Substitution der Vertretene als anwesend gilt, verliert er auch nicht die Distributionen, a. a. O. S. 359. n. 76; Bouix p. 327. Die entgegengesetzte Meinung von Fagnan. ed. c. 32. X. III. 5. n. 83 beruht noch auf dem strengen, von der Congr. conc. verlassenen Standpunkt.

Praktische Bedeutung haben diese Vorschriften namentlich in den Kapiteln, in welchen zufolge päpstlichen Indultes, s. z. B. Lingen et Reuss causae selectae congr. conc. Trid. . . . propositae p. 568, nicht sämmtliche Kanoniker, sondern blos eine bestimmte Anzahl nach einem Turnus den Chordienst zu versehen haben.

[6] Und zwar während der ganzen Zeit, mithin nicht wenn er vorher ohne Erlaubniss des Vorsitzenden, welche indessen durch eine blosse Salutation desselben erlangt werden kann, den Chor verlässt, Ferraris l. c. n. 58. Vgl. hierzu auch das Kölner Statut v. 1830. §. 31, Hüffer a. a. O. S. 356.

[7] Wer sich mit seinem Nachbar unterhält, gilt als abwesend, Ferraris l. c. n. 60.

Die frühere Sitte, dass die Kanoniker blos im Chore anwesend waren und das Singen durch die Vikarien besorgen liessen, Garcias l. c. n. 517, hat die Congr. conc., s. Richter a. a. O. S. 151. n. 1. 2, Bouix l. c. p. 318 unter Nichtigkeitserklärung jeder unvordenklichen Gewohnheit, und ferner Benedikt XIV. in der const. Cum semper oblatas v. 24. August 1744. §. 24, bull. Bened. XIV. 1, 372, und in dem cit. Breve: Praeclara §§. 7. 8 (s. Anm. 3) für unstatthaft erklärt, s. auch die Entsch. d. Congr. cit. v. 1841 bei Bouix l. c. p. 320. Diese Vorschriften hat Phillips 7, 384 übersehen.

Ueber die Punktatoren, welche die Beobachtung der gedachten Pflichten zu kontroliren haben, s. Th. II. S. 142.

[8] Trid. Sess. XXII. c. 3 de ref.

[9] Fagnan. ad c. 3. X. de cler. non res. III. 4. n. 11 ff.; Bened. XIV. instit. CVII. n. 41; Richter a. a. O. S. 155. n. 3. 36. Dies stützt sich auf c. 3 de ref. Sess. XXI. l. c.: tertiam partem fructuum et quorumcumque proventuum et obventionum tam dignitatum quam canonicatuum, personatuum, portionum et officiorum separari debere et in distributiones quotidianas converti, quae inter dignitates obtinentes et ceteros divinis interessentes, proportionaliter iuxta divisionem ab episcopo in ipsa prima fructuum divisione faciendam . . . dividantur"; wird aber dadurch nicht gerechtfertigt. Die Stelle, welche vielfach als der in der vor. Anmerk. citirten Bestimmung widersprechend aufgefasst worden ist, spricht nur von der Beschaffung der Distributionen für die am Chordienst theilnehmenden Kanoniker, und giebt nur den Zweck dieser Distributionen an. Darüber, wie es mit den aus-

Der vom Chordienst fern bleibende Kanoniker oder Benefiziat verliert die Distributionen nicht, und wenn die Fallentien der Abwesenden auf die gegenwärtigen vertheilt werden, ebensowenig seinen Antheil an den ersteren [1], falls seine Abwesenheit durch eine der gesetzlich anerkannten Ursachen gerechtfertigt ist [2] und er die Erlaubniss des Bischofs, soweit dies nach Lage des Falles angänglich war, eingeholt hat [3].

Als solche gilt: a. eine Krankheit, welche im Interesse der Wiederherstellung des Kanonikers sein Fernbleiben von der Kirche bedingt oder ihn an der Verrichtung seiner Funktionen hindert [4]. Gleich steht der Fall, wenn der Kanoniker von derartigen Gebrechen betroffen wird [5]. Hatte er aber vor seiner Erkrankung die Gewohnheit, dem Chordienst nicht in vollem Umfange beizuwohnen, und demgemäss auch früher nicht die volle Quote seiner Distributionen erhalten, so wird ihm später auch nicht mehr als der Antheil, welchen er gewöhnlich früher bezogen hatte, gewährt [6].

b. Eine *evidens ecclesiae utilitas*, d. h. eine Abwesenheit im Interesse der Kirche, von welcher der Kanoniker oder Benefiziat die Distributionen bezieht [7], nicht eine

fallenden Antheilen der Abwesenden gehalten werden soll, sagt sie nichts. Man hat dies aber unzulässiger Weise hineingetragen, indem man die betreffenden erklärenden Worte als eine direkte Anordnung, dass die Distributionen ausschliesslich auf die Anwesenden, an jedem Tage nach dem gerade durch ihre Zahl bedingten Verhältniss vertheilt werden sollten, betrachtet hat. In Folge dieser Auffassung haben schon die Aeltern, s. Barbosa de canonicis c. 22. n. 14 ff., vgl. auch Acta s. sed. 2, 219. n. 1, angenommen, dass für die Regel die s. g. Fallentien den anwesenden accresciren, indem sie die Vorschrift des c. 3 Sess. XXII nur für Ausnahmefälle massgebend sein lassen wollten. Wäre aber diese Auslegung des c. 3 Sess. XXI richtig, so könnte überhaupt von Fallentien keine Rede sein, denn ihre Consequenz schliesst ein Accresciren aus, sie bedingt vielmehr nur ein Nichdecresciren der Antheile der Anwesenden, da die Abwesenden auf solche überhaupt gar kein Recht haben, welches ihnen verloren gehen könnte. Das letztere widerspricht aber augenscheinlich der Vorschrift der zuletztgedachten Stelle, dass der Bischof bei der Beschaffung des Fonds einen dauernd geltenden Vertheilungsmassstab aufstellen soll, da bei diesem jedenfalls alle, welche überhaupt als Distributionsberechtigte in Frage kommen, zu berücksichtigen sind. Hieraus ergiebt sich, dass c. 3. Sess. XXII allein die massgebende Bestimmung über die Verwendung der ausfallenden Antheile enthält.

Eine eigenthümliche Ansicht vertritt Phillips 7, 399.

Gewohnheiten und Statuten, wonach die Fallentien des ganzen Jahres aufgesammelt und am Schlusse desselben auf alle Berechtigten, gleichviel ob sie den Chordienst versehen haben oder nicht, vertheilt werden, hat die Congr. conc. wiederholt reprobirt, Acta s. sed. 2, 218 ff.

Nach den Statuten des Kölner Domkapitels v. 1830, nach welchen, §. 29, die Distributionsmasse durch jährliche Beiträge aus den Gehältern der Domherrn gebildet wird, werden die Fallentien aufgesammelt; wenn sie 200 Thlr. erreicht haben, zinsbar angelegt und die Zinsen dem Distributionsfond zugeschlagen, §. 32 a. a O., Hüffer. a. a. O. S. 356.

[1] Entschdgen d. Congr. conc. bei Richter a. a. O. 153. 154. n. 10. 14. 17.

[2] c. un in VI^to cit. h. t. III. 3, welches ausdrücklich durch Trid. Sess. XXIV. c. 12 de ref. aufrechterhalten worden ist.

[3] Congr. conc. bei Richter S. 153. n. 8.

[4] Leichtes Unwohlsein, z. B. leichter Kopfschmerz, und ein blosses Uebelbefinden reicht nicht aus. Im Falle des Streites entscheidet der Bischof über die Erheblichkeit der Krankheit, und die Art derselben muss nöthigenfalls bewiesen werden, Bened. XIV. inst. CVII. n. 47 ff. Mitunter enthalten die Statuten auch in dieser Beziehung nähere Bestimmungen, s. z. B. die Kölner 1830. §. 33, Hüffer, Forschgen z. rhein. franz. K. R. S. 356: „Legitime impediti censentur . . 2) qui sive in urbe sive extra urbem morbo correptus, vel praecipiente medico sese domi continere debet vel propter aeris insalubritatem sine periculo vel gravi damno ecclesiam aliquod tempus intrare nequit idque per X dies post primum foras egressum." Ob sich der Kanoniker die Krankheit durch eigene Schuld zugezogen hat, ist aber gleichgültig.

[5] Also z. B. blind wird, Congr. conc. Richter a. a. O. n. 12; Bouix l. c. p. 337.

[6] Dies ist ständige Praxis der Congr. conc. Richter n. 15. 16. 21; Bouix p. 336, weil sie annimmt, dass ein solcher Kanoniker, wenn er nicht erkrankt wäre, bei seiner früheren Gewohnheit beharrt haben würde.

Durch ein Kapitelsstatut kann die auf gemeinem Recht beruhende Berechtigung der kranken Kanoniker nicht ausgeschlossen werden, Congr. conc. bei Fagnan. ad c. 32. X. cit. III. 5. n. 138, wohl aber durch eine rechtsgültige Gewohnheit, Garcias l. c. P. III. 2. n. 361.

[7] Fagnan. l. c. n. 160. Hierher gehört also die Besorgung von Geschäften des Kapitels im Auftrage desselben. (Das zum Theil widersprechende c. 30 in VI^to de elect. I. 6. — über die Versuche seiner Vereinigung mit c. un. eod. III.

solche, welche blos für eine andere Kirche oder die Diöcese oder für die Kirche im Allgemeinen von Nutzen ist[1]. Ueberdies muss die betreffende Dienstleistung auch entweder auf Grund eines dazu verpflichteten Amtes[2] oder eines Auftrages oder einer Erlaubniss des Bischofs oder eines anderen Oberen[3], und zwar ohne Bezahlung und Remuneration vorgenommen worden sein[4].

c. Weiter gehört hierher eine *iusta et corporalis necessitas*, d. h. der Fall, wo der Kanoniker aus berechtigter Sorge für sein körperliches Wohl vom Chordienst fernbleibt[5]

3. cit. vgl. Fagnan. l. c. n. 158 ff. — kann gegenüber dem Tridentinum, welches allein das letztere aufrechterhalten hat, nicht mehr in Betracht kommen und ist auch von der Praxis der Congr. conc. ignorirt worden, s. Bened. XIV. inst. CVII. n. 54; Fagnan. l. c. n. 167); einer Erlaubniss des Bischofs bedarf es nicht, Benedict l. c. Richter a. a. O. S. 157. n. 60.; ferner die Verfolgung von Prozessen der Kirche oder des Kapitels oder auch seiner Pfründe, falls es sich dabei auch um das Interesse der Kirche, nicht blos seiner Person handelt, Richter a. a. O. n. 61. 62; die Abhaltung der Vorlesungen durch den theologus, a. a. O. S. 156. n. 47. 48; das Beichthören durch den poenitentiarius, Trid. Sess. XXIV. c. 8 de ref.; Richter a. a. O. n. 51., nicht aber durch andere Kanoniker, Richter a. a. O. n. 49 ff.; Assistenzleistung bei dem Bischof, welcher die Pontifikalien in der betreffenden Kirche oder einer anderen Kirche der Stadt celebrirt, Richter S. 155. n. 29. 30. 33. Anal. iur. pontif. 1863. p. 2258 ff. — Das S. 238. n. 4 citirte Statut bezeichnet als entschuldigt „1) qui in administrandis rebus ecclesiasticis vel archiepiscopi vel capituli legatione sive intra sive extra civitatem funguntur . . . 3) parochus ecclesiae metropolitanae et vicarii cooperatores, si eodem tempore, quo chori servitium peragitur, vel administratione sacramentorum vel aliis occupantur functionibus parochialibus non differendis; 4) poenitentiarius maior, qui tempore officii divini confessiones in ecclesia metropolitana excipit. — Praeterea Matutino Laudibusque abesse iubilariis, hebdomadario iisque liceat, qui missam solemnem in ecclesia metropolitana sunt celebraturi. Quo quis die concionem in ecclesia metropolitana habebit, eo ipsi et Vesperis et Completorio, et catechistae denique secundis Vesperis diebus dominicis, quibus pueros instituet, abesse liceat.“

1 Demnach erhält der Kanonikus, welcher wegen seiner Stellung als Generalvikar, Richter S. 156. n. 40, als Kapitularvikar (a. M. Garcias l. c. III. 2. n. 358), als Synodal-Examinator, a. a. O. n. 41. 42. Acta s. sed. 10, 245, als Inquisitor, Richter a. a. O. n. 45 abwesend ist, die Distributionen nicht, ebensowenig der Bischof selbst, wenn er ein Kanonikat im Kapitel hat und wegen seiner bischöflichen Geschäfte den Chordienst versäumt. Dasselbe gilt von den beiden Kanonikern, welche der Bischof mit Rücksicht auf c. 7. 15. X. de cler. non res. III. 4 in seinem Dienst verwenden kann, Richter a. a. O. S. 155. n. 34. 35; denjenigen, welche dem Bischof bei Pontifikalhandlungen in seinem Palast oder einer anderen Kirche ausserhalb der Stadt, a. a. O. n. 29. 30, beim Lesen einer Privatmesse assistiren, n. 29. 32, ihn bei einer Visitationsreise begleiten, a. a. O. n. 29. 43, Acta s. sed. 10, 245. Vgl. ferner Anal. iur. pontif. 1863. p. 2259 ff. und überhaupt Benedict XIV. inst. CVII. §§. 9. 10.

Ein besonderes Privileg auf Beziehung der Distributionen haben aber die Kanoniker, welche im Auftrage des Bischofs behufs der visitatio liminum nach Rom reisen oder sich mit ihm dorthin begeben (nach einem Indult Sixtus' V.), Fagnan. ad c. 32. X. de praeb. III. 5. n. 134; Richter a. a. O. S. 156. n. 43. 44; und diejenigen, welche Inquisitoren des h. Offiziums und Offiziale solcher sind (nach einem Indult Pius' V. und Gregors' XIV.), Benedict XIV. inst. CVII. n. 66; Petz, Konzil von Trient. Passau 1877. S. 224.

2 Der Kanonikus, mit dessen Präbende die Seelsorge verbunden ist, erwirbt also die Distributionen, falls er zur Zeit des Chordienstes durch dieselbe in Anspruch genommen wird, Richter a. a. O. S. 156. n. 54, ferner nach ausdrücklicher Vorschrift des c. 3 de ref. Sess. XXII. der Dignitar, welchem keine Jurisdiktion, Verwaltung oder ein sonstiges Offizium, aber ausserhalb der Stadt die Seelsorge obliegt, solange er an der betreffenden Kirche residirt und diese verwaltet, s. auch a. a. O. S. 157. n. 55. Umgekehrt liegt die Sache, wenn das Kapitel selbst die cura habitualis hat und ein Kanoniker blos die cura actualis als Vikar mit Besoldung ausübt, Congr. conc. Anal. iur. pont. 1863. p. 2262.

3 Entsch. d. Congr. conc. 1848 bei Lingen et Reuss, causae selectae congr. conc. Trid. propos. p. 701. Liegt diese Voraussetzung nicht vor, so erhält der Kanoniker, welcher zur Zeit des Chordienstes Messe gelesen oder Beichte gehört hat, keine Distributionen, Richter a. a. O. S. 156. n. 49 ff.; Lingen et Reuss l. c. p. 699; Anal. iur. pontif. 1863. p. 2258 ff.

4 Daher verliert der Kanoniker, welcher das Amt des Organisten während des Chordienstes versieht, die Distributionen nur dann, wenn er dafür ein besonderes Honorar bezieht, Congr. conc. bei Richter S. 356. n. 46. und Anal. iur. pontif. 1866. p. 1851. S. auch Anm. 2.

5 Also wegen einer zur Herstellung seiner Gesundheit nothwendigen Badereise oder sonstigen Kur, Fagnan. ad c. 32. X. III. 5. n. 150; Bouix p. 337; ferner wegen einer herrschenden ansteckenden Seuche, jedoch hat der Bischof darüber zu entscheiden, ob die Epidemie eine die Entfernung rechtfertigende Ausdehnung angenommen hat, Congr. conc. bei Richter a. a. O. S. 154. n. 23; endlich wegen feindlicher, ihn gefährdender Nachstellungen, a. a. O. n. 24. 25. u. Acta s. sed. 11, 589 (betreffend zwei spanische Domherren, welche sich zu dem Prätendenten Don Carlos und dann nach Frankreich begeben hatten).

oder ein physisches[1] oder rechtliches Hinderniss[2] ihm die Anwesenheit unmöglich macht.

Doch wird auch bei einer Abwesenheit aus den unter b. und c. gedachten Gründen die zu a. hervorgehobene Beschränkung in Betreff des Antheils, welchen er fordern kann, zu machen sein[3].

Ausser diesen Fällen[4] kann der vom Chordienst abwesende Kanoniker die Distributionen nur erhalten, wenn ihm ein darauf lautendes päpstliches Indult ertheilt ist[5], also ohne ein solches auch dann nicht, wenn er von der Residenzpflicht ordnungsmässig befreit, mithin völlig gerechtfertigter Weise abwesend ist[6]. Das Gegentheil kann auch weder durch das Kapitelstatut festgesetzt, noch durch Gewohnheit eingeführt werden[7].

Bestehen bei einem Kapitel gar keine gesonderte Einkünfte, sondern erhalten die Kanoniker ihre Einnahmen nur aus Distributionen, so beziehen die nicht beim Chordienst anwesenden nur zwei Drittel ihres täglichen Antheils[8], während sie das letzte verlieren[9].

Obwohl das Tridentinum jede Gewohnheit gegen seine Vorschriften über die Residenz und über die Berechtigung zur Beziehung der Distributionen ausschliesst, so hat sich doch eine solche in Anhalt an eine von Gregor XIII. gebilligte Entscheidung der Congregatio concilii[10] zu Gunsten der Kanoniker und der anderen zum Chordienste verpflichteten Benefiziaten gebildet, welche die s. g. *jubilatio*[11] gefeiert haben. Danach sind die Kanoniker, welche volle 40 Jahre den Chordienst anhaltend und gewissenhaft versehen haben[12], nicht nur von der Residenz am Sitze des Kapitels

[1] Z. B. wenn er überhaupt oder wenigstens nach der Auffassung der Kirche ungerechtfertigter Weise gefangen gehalten wird, a. a. O. n. 78. 80. 82. 83; vgl. auch Acta s. sed. 4, 309.

[2] Wenn die Kirche mit dem Interdikt belegt oder eine s. g. cessatio a divinis angeordnet worden ist. Das gilt aber selbstverständlich nicht, wenn ihn eine von ihm selbstverschuldete Censur oder Strafe, z. B. die Exkommunikation oder Suspension, vom Chordienst ausschliesst, a. a. O. n. 79; Kober, Kirchenbann 2. Aufl. S. 358.

[3] So auch die Congr. conc. in einem der unter c. gehörigen Fälle, a. a. O. S. 154 n. 25.

[4] Abgesehen von dem o. S. 237. n. 5 gedachten. Der Kanoniker, welchem ein coadiutor perpetuus bestellt ist, Th. II. S. 85, gilt durch den letzteren vertreten, und durch dessen Interessenz werden für ihn die Distributionen, und etwaige Antheile an den Fallentien erworben, er verliert dieselben auch nicht, wenn der coadiutor aus einem der angegebenen gerechtfertigten Gründe abwesend ist, Congr. conc. bei Richter a. a. O. S. 152. n. 5, 360. n. 87. 88, wohl aber dann, wenn der coadiutor schuldbarerweise den Chordienst versäumt hat. In diesem Fall hat er aber einen Regress an den letzteren, l. c. n. 88; Acta s. sed. 7, 194. Auch kann er selbst, ohne dazu verpflichtet zu sein, sich am Chordienst betheiligen, um die Distributionen zu erwerben, Richter l. c. n. 80 ff.

[5] Beispiele s. S. 239. n. 1 a. E.

[6] Vgl. S. 239. n. 1. Hierher gehört auch die Abwesenheit wegen Studien, s. Richter a. a. O. n. 70.

[7] Entsch. d. Congr. conc. v. 1874, Acta s. sed. 8, 85; ältere in d. Anal. iur. pontif. 1861. p. 484. 485.

[8] Diese werden nach Analogie des Trid. Sess. XXII. c. 3 de ref. als Präbende, das letzte Drittel dagegen als Distributionen im engeren Sinne betrachtet.

[9] und dieses wie die Fallentien behandelt wird Congr. conc. bei Richter S. 155. n. 34. 35. 36. 43 u. Anal. iur. pontif. 1861. p. 455. In Ermanglung von Distributionen oder wenn dieselben ganz unerheblich sind, kann der Bischof die Kanoniker auch durch Geldstrafen zum Chordienst anhalten, Richter S. 356. n. 45, was ihm auch sonst freisteht, l. c. S. 357. n. 55; Bened. XIV. inst. CVII. n. 44.

[10] Garcias l. c. III. 2. n. 344; Benedict. XIV. de synodo dioeces. XIII. 9. n. 15.

[11] Vgl. den Aufsatz in den Acta s. sed. 6, 421 und die Entscheidungen der Congr. conc. bei Richter a. a. O. S. 360. n. 92 ff.

[12] Die Verwaltung anderer Aemter, welche nicht zum Chordienst verpflichten, z. B. eines Pfarrbenefiziums, wird nicht in die Zeit eingerechnet, auch muss die Verpflichtung auf einem zum dauernden Titel verliehenen Benefizium beruhen, also der Chordienst nicht blos in Folge einer ad nutum amoviblen Anstellung als Vikar, Mansionar u. s. w. versehen sein, Acta s. sed. 6, 430. Gleichgültig ist aber, ob der Betreffende während eines Theiles des Zeitraums als Benefiziat, als Koadjutor oder vollberechtigter Kanonikus an derselben Kirche fungirt hat, s. o. S. 234; Richter a. a. O. S. 362, ja nach der neueren

frei [1], sondern sie erhalten auch die vollen Einkünfte ihrer Präbende und die Distributionen, wie wenn sie den Chordienst noch verrichten [2]. Diese Befreiung versteht sich indessen nicht von selbst, sondern tritt nur ein, wenn ein desfallsiges Indult von der Congregatio concilii gewährt worden ist, welches freilich herkömmlicher Weise ertheilt wird [3], sofern nicht besondere Verhältnisse des Bittstellers [4] oder des Kapitels, welchem derselbe angehört [5], der Bewilligung entgegenstehen.

Die dargelegten Rechtssätze über die Residenz und Interessenz der Kanoniker und der zum Chordienst verpflichteten Benefiziaten kommen überall, wo die Kapitelverfassung eingeführt ist, also auch in Deutschland [6] und Oesterreich [7] zur Anwendung, soweit nicht besondere, rechtsgültige statutarische oder gewohnheitsrechtliche Abweichungen bestehen [8].

Praxis der Congr. conc. genügt es auch, wenn dies an verschiedenen Kirchen (z. B. erst einer Kollegiat-, dann der Kathedralkirche) geschehen ist, Acta cit. p. 429. 430. Bei der Berechnung des Zeitraums kommt aber die Zeit, wo der Kanoniker jedes Jahr abwesend gewesen ist, sofern nicht ein gerechtfertigter Grund, wie Krankheit oder Dienst seiner Kirche, Einstellung des Gottesdienstes wegen politischer Verhältnisse, Erdbeben, (nicht aber Abwesenheit wegen Studiums oder während der gesetzlichen vacatio), vorgelegen, in Abzug, d. h. der Kanoniker muss diese Zeit länger dienen, um der iubilatio theilhaftig zu werden, l. c. p. 423 ff.; Richter a. a. O. S. 362.

1 Nur dann, wenn ein Nothfall eintritt, kann der iubilatus im Interesse der Aufrechterhaltung des Chordienstes wieder einberufen werden, Acta cit. p. 430.

2 Acta cit. p. 422; Richter S. 365. n. 114. Daher hat ein solcher canonicus iubilatus auch Antheil an den Fallentien der übrigen, Richter n. 112. 113, falls nicht Statut oder Gewohnheit entgegensteht. Von anderen Verpflichtungen als denjenigen, welche aus der Stellung des Kanonikers, wie z. B. der Pflicht, die Konventualmesse zu lesen, Acta cit. p. 414 u. 427, hervorgehen, befreit aber die iubilatio nicht, also nicht von den auf dem Kanonikate ruhenden haftenden Verpflichtungen zu Messen, oder solchen, welche auf einer mit der Präbende verbundenen Dignität ruhen, l. c. p. 429.

3 Dies zeigt die Praxis der Congr. conc.

4 So wird das Indult nicht gewährt, wenn der Bittsteller einen coadiutor perpetuus hat, Richter S. 363. n. 94.

5 Z. B. wenn die Zahl der Kanoniker sehr gering und die Gefahr vorhanden ist, dass der Chordienst nicht regelmässig abgehalten werden kann, Acta cit. 6, 432.

Auch kommt in einzelnen Fällen nur theilweise Befreiung vom täglichen Chordienste vor, s. o. S. 238. n. 7. a. E.

6 Th. II. S. 141. n. 7. Unter den Institutionsdekreten der preussischen Bisthümer ordnen ferner die für Münster v. 1823 und für Trier v. 1824 erlassenen dasselbe an, s. auch das Kölner Restitutionsdiplom v. 1825. §§. 19. 20, Statuten desselben Kapitels v. 1830. §§. 29 ff., Hüffer, Forschgn. z. franz.-rhein. K. R. S. 343. 356, ferner d. Kölner Provinzialkonzil P. II. t. I. c. 5, Acta conc. coll. Lac. 5, 339. Vgl. weiter die Bulle: Provida solersque v. 1821 für die oberrheinische Kirchenprovinz s. v. Unicuique autem ex memoratis capitulis und die baierische Circumscriptionsbulle v. 1. April 1818, Weiss, corp. iur. eccl. S. 133, in Verbindung mit dem Konkordate v. 1817. Art. 10.

7 S. Breve Pius' IX. v. 17. März 1856, Ginzel K. R. Kodex S. 76.

Auch für Frankreich schärfen eine Reihe der seit 1849 abgehaltenen Provinzialkonzilien die Beobachtung der Vorschriften des Tridentinums ein, acta conc. rec. coll. Lac. 4, 14. 136. 257. 345. 346. 471. 472. 583. 756. 757. 980. 1040. 1096. 1097. 1178. Nach einer Min. Entsch. v. 21. Mai 1832, Dursy, Staatskirchenrecht in Elsass-Lothringen 1, 80, kann der Bischof keinem Kanonikus ohne triftige Gründe einen längeren als einen einmonatlichen Urlaub gewähren. Derjenige, welcher sich ohne einen solchen entfernt oder sich bei Ueberschreitung des ihm bewilligten Urlaubs nicht binnen ihm gesetzter Frist wieder einfindet, gilt als verzichtend. Seine Stelle kann wieder besetzt werden.

Der Umstand, dass die Kanoniker statt ihrer Präbenden in den gedachten Ländern ein staatliches Gehalt beziehen, steht übrigens der Anwendung nicht entgegen. Dasselbe tritt, dies ist auch die Auffassung der Pönitentiaria und der Congr. conc. Bouix p. 177 u. Henry p. 147, an Stelle der Präbende, Th. II. S. 369. Wenn die Kanoniker das Gehalt direkt aus der Staatskasse nicht durch die Vermittlung des Bischofs beziehen, sind sie jedenfalls im Gewissen verpflichtet, die vorgeschriebenen Abzüge für die Distributionen und die gegen sie erkannten Strafen auf Verlust eines Theils ihres Einkommens zu entrichten, Bouix p. 368. Ob eine staatliche Rechtshülfe und Exekution vom Bischof gegen sie nachgesucht werden kann, das hängt davon ab, ob die Voraussetzungen, unter denen der Staat kirchliche Auflagen exequirt (für Preussen ist z. B. das die erstere Verpflichtung aussprechende Kölner Restitutionsdiplom v. 1825. §. 19 staatlich placetirt, Hüffer a. a. O. S. 343. 348) oder kirchliche Disziplinar-Entscheidungen zum Vollzug bringt, vorhanden sind.

8 Für die Kanoniker in den Missionsländern, in welchen Kapitel errichtet sind, in England, Irland, Kanada, besteht aber die Pflicht zum Chor dienst und zur Residenz nicht, Th. II. S. 160.

4. Für die Inhaber anderer einfacher Benefizien[1] als der unter 3. gedachten besteht gemeinrechtlich keine Residenzpflicht[2]. Sie sind deshalb aber nicht unter allen Umständen von derselben frei, vielmehr kann ihnen eine solche zufolge einer besonderen Fundationsbestimmung[3], ferner zufolge einer partikularen Vorschrift, also z. B. einer Verordnung des Bischofs[4] oder eines Kapitelsstatutes, endlich zufolge rechtsbegründeter Gewohnheit obliegen. Ist dies der Fall, so kann der Benefiziat sich ebenfalls nicht auf längere Zeit ohne Urlaub des Bischofs von seinem Residenzorte entfernen, jedoch wird ihm dieser bei einem gerechtfertigten Grunde, worüber die in dieser Hinsicht für die residenzpflichtigen Benefiziaten geltenden Vorschriften zur Anwendung kommen, nicht verweigert werden dürfen[5]. Für den Fall einer Vernachlässigung der Residenzpflicht ist der Bischof befugt, ebenfalls mit Censuren einzuschreiten und in schweren Fällen nach vorgängiger Vorladung oder nach dreimaligen Ediktalien bei unbekanntem Aufenthalt die Entziehung des Benefiziums auszusprechen[6].

5. Ebensowenig hat endlich das kirchliche Recht besondere Vorschriften über die Residenzpflicht der Inhaber solcher Aemter, welche nicht den Charakter von Benefizien im eigentlichen Sinne haben, sowie derjenigen Geistlichen, welche nur mit bestimmten Amtsfunktionen betraut sind, aufgestellt. Ob diesen eine Residenzpflicht obliegt, das wird nach dem Wesen des ihnen zustehenden Amtes oder der ihnen übertragenen Amtsfunktionen zu bemessen sein. Mit Rücksicht hierauf kann es keinem Zweifel unterliegen, dass der Generalvikar, der Kapitelsverweser und der Weihbischof in der Diöcese, für welche sie fungiren, die Missionsoberen in den ihnen zugewiesenen Distrikten, die päpstlichen Nuntien an dem Sitze ihrer Nuntiatur zu residiren haben[7]. Dasselbe gilt von den Vikaren oder Kaplänen, welche neben dem Pfarrer demselben in der Seelsorge Aushülfe leisten, denn diese können ihre Funktionen nur dann erfüllen, wenn sie in der Parochie und für die Regel auch an dem Sitze desjenigen Pfarrers residiren, unter dessen Leitung sie stehen[8]. Der Umfang der Residenzpflicht lässt sich ebenfalls nur durch dasselbe Moment unter analogischer Anwendung der Vorschriften über diejenigen Benefizien, mit

361; coll. Lac. cit. 3, 955 u. u. Anal. iur. pont. 1855. p. 1288.

[1] Th. II. S. 372.

[2] Das Tridentinum erwähnt ihrer nicht. Die Inhaber solcher Benefizien können also ihre Obliegenheiten durch einen Stellvertreter ausüben lassen.

[3] Th. II. S. 392. Ueber die Auslegung derartiger Stiftungsverordnungen s. Fagnan. ad c. 1. X. de aetate et qual. I. 14. n. 76ff. Henry p. 226. Nach der Praxis der Congr. conc. gilt aber ein Benefizium, mit welchem der Chordienst in einer Kathedral- oder einer Kollegiatkirche verbunden ist, als residentiale, Richter S. 37. n. 5. 6.

[4] Eine solche ist indessen ausgeschlossen, wenn der Fundator die Residenzpflicht selbst nicht auferlegt hat, Congr. conc. bei Richter S. 136. n. 47.

[5] Vgl. c. 4. X. h. t. III. 4; Reiffenstuel III. 4. n. 113; Henry p. 230.

Die Kapläne, welche die Residenzpflicht mit der Obliegenheit haben, täglich eine Messe zu einem bestimmten Zweck zu lesen, können nach der Praxis der Congr. conc. dies bei dem Vorliegen eines gerechtfertigten Grundes ab und zu unterlassen, dann aber dürfen sie auch an dem betreffenden Tage keine Messe für einen andern Zweck lesen, noch viel weniger das Messstipendium dafür nehmen. Dauert das Hinderniss, z. B. eine Krankheit, längere Zeit an, so muss ein Vertreter angenommen werden, Richter Tridentinum S. 137. n. 64. 65. Vgl. hierzu auch Henry p. 231 ff.

[6] c. 8. 10. X. h. t. III. 4; Trid. Sess. VI. c. 2 de ref.

[7] Wegen der Inhaber von solchen Seelsorge-Aemtern, welche keine Benefizien sind, s. o. S. 229.

[8] Darüber ist man einig, s. Barbosa de off. parochi I. 8. n. 19; Henry p. 218; Deneubourg, étude canonique sur les vicaires paroissiaux, p. 426. Auf das Tridentinum Sess. VI. c. 2 de ref. u. Sess. XXIII. c. 1 de ref. kann man freilich diese Pflicht nicht stützen, denn zu den curati inferiores und denjenigen, welche ein beneficium ecclesiasticum cum cura besitzen, so v. Espen J. E. U. P. I. t. 3. c. 2. n. 4, gehören sie nicht, s. auch Bouix tract. de parocho p. 539 u. Craisson manuale iur. canon. n. 1450. Auch die Congr. conc. hat wiederholt die Residenzpflicht dieser Vikare anerkannt, s. Deneubourg p. 431. Vgl. ferner die folgende Anm.

welchen gleiche Funktionen, wie sie solchen Aemtern obliegen, verbunden sind, bestimmen[1]. Besitzen die Träger derartiger Aemter auch mangels einer besonderen positiven Bestimmung keinen gesetzlichen Anspruch auf eine bestimmte Ferienzeit, so wird ihnen doch ebenfalls seitens des vorgesetzten Oberen bei wirklich gerechtfertigtem Grunde ein angemessener Urlaub gewährt werden müssen. Die Strafen für die Erfüllung der Residenzpflicht sind hier dieselben, wie bei den eigentlichen Benefiziaten, also Geldstrafen und Censuren, nur bedarf es für die Entziehung derjenigen Aemter, welche, wie z. B. das der Generalvikare und der Pfarrvikare, widerruflich übertragen werden, keines besonderen Ladungsverfahrens, vielmehr kann bei solchen ohne Weiteres die Abberufung erfolgen[2].

Die staatliche Gesetzgebung hat in neuerer Zeit sich im Allgemeinen enthalten, ihrerseits über die Residenzpflicht der Geistlichen besondere Vorschriften aufzustellen[3], und so steht der Anwendung der kirchenrechtlichen Normen nichts entgegen.

§. 159. *b. Das Verbot der Mehrheit (Pluralität) und die Inkompatibilität der Kirchenämter**.

I. Geschichte des Verbotes. Bei der Gestaltung des Aemterwesens in den ältesten Zeiten der Kirche und der Konzentration des gesammten, kirchlichen Zwecken dienenden Vermögens unter der Verwaltung des Bischofs konnte von einer Vereinigung mehrerer Benefizien in der Hand eines kirchlichen Amtsträgers keine Rede sein. Die Ordination und die damit zusammenfallende Anstellung brachten den Kleriker der Regel nach für immer in eine dauernde Verbindung mit der Kirche, an welcher er geweiht war; an dieser hatte er die ihm obliegenden Funktionen zu vollziehen, und

[1] Durch die Provinzialkonzilien und die Diöcesanverordnungen ist die Residenzpflicht der Vikare meistens näher geregelt. Sie dürfen danach ihren Amtssitz, überhaupt nicht oder nicht auf längere Zeit als einen Tag ohne Erlaubniss des Pfarrers, welchem sie untergeordnet sind, verlassen und haben ferner für Reisen den Urlaub des Dekans oder, falls diese sich auf längere Zeit ausdehnen, den des Bischofs einzuholen, s. die S. 231. n. 7 u. 8 citirten Bestimmungen für die deutschen Diöcesen. Aehnliche Vorschriften für französische in d. acta conc. rec. coll. Lac. 4, 271. 474. 1131. 1202, für belgische bei Deneubourg p. 433 u. Henry p. 219.

[2] Denn, wenn auch bei einzelnen dieser Stellungen, z. B. bei der des Generalvikars und der Pfarrvikare, Th. II. S. 221. 321, der Widerruf nicht nach reiner Willkür erfolgen soll, so würde eine schwere Verletzung der Residenzpflicht doch immer einen ausreichenden Grund für einen solchen bilden.

[3] Eine Ausnahme machen, abgesehen von den S. 229. n. 2 u. S. 231. n. 8 erwähnten Anordnungen das gemeinsame Edikt für die oberrheinische Kirchenprovinz v. 30. Januar 1830. §. 32, wodurch allerdings im Zusammenhange mit dem Verbote der Inkompatibilität der Kirchenpfründen die Beobachtung der Residenzpflicht nur im Allgemeinen eingeschärft wird, vgl. §. 159 a. Schl. und das Oldenburger Normativ v. 1831. §. 16 (Müller, Lexikon d. K. R. 2. Aufl. 5, 414): „Urlaub zu Reisen innerhalb des Landes bis zu 4 Wochen und zu Reisen ins Ausland bis zu dreimal 24 Stunden ist der Offizial nach den Bestimmungen der Verordnung vom 5. April 1830 (a. a. O. S. 399) zu ertheilen ermächtigt; weitere Gesuche sind von demselben begutachtet an die Kommission (d. h. die Staatsbehörde zur Wahrung des Kirchenhoheitsrechtes) zur Bewirkung landesherrlicher Bewilligung einzusenden. Ferner gehört noch hierher die Vorschrift des Art. 8 des französ. Ges. v. 23. April 1833 betr. die Gehälter der Geistlichen, Dursy a. a. O. S. 70, dass der Geistliche, welcher seine Residenzpflicht nicht inne hält, seine staatliche Besoldung nicht beziehen kann.

* Thomassin vet. et nova disc. eccl. P. II. l. III. c. 1 ff.; van Espen J. E. U. P. II. t. 20. c. 1—5; Phillips K. R. 7, 402 ff.

Iv. a Ligniano de beneficiorum pluralitate Paris 1509, Dionys. Carthusianus de beneficiorum pluralitate in opp. Colon. 1534; Thom. Campegius de beneficiorum pluralitate Venet. 1555; Domin. Soto de benef. pluralitate Venet. 1562; Alphons. de Mendoza de benefic. incompatibilitate Venet. 1579; Mart. Azpilcueta de benefic. incompatibilitate in opp. t. II. Venet. 1588. 1600; Lugd. 1589. Colon. 1616; Thom. de Vio de beneficiorum pluralitate. Venet. 1594; Frid. Petracius de pluralitate benef. in tract. Venet. t. XV, wo auch ein Theil der vorher citirten Schriften abgedruckt ist.

erhielt dafür von dem Bischof seinen Unterhalt. Allerdings war die Möglichkeit eines Ueberganges von einer Kirche zu einer anderen nicht ganz ausgeschlossen, und so konnte ein Geistlicher auch in den Klerus einer anderen Kirche als derjenigen, bei welcher er geweiht war, Aufnahme finden. Damit war aber sein Verhältniss zu der ersteren rechtlich gelöst [1], und nur durch unerlaubte Mittel war es möglich, dasselbe neben der neuen Anstellung aufrecht zu erhalten. Derartigen Machinationen, deren Zweck offenbar dahin ging, die Einkünfte bei beiden Kirchen zu beziehen, ist schon das Konzil von Chalcedon durch die Anordnung entgegengetreten [2], dass kein Kleriker in den Matrikeln zweier Kirchen eingezeichnet bleiben, vielmehr dem Dienste seiner ersten Kirche zurückgegeben werden solle. Während diese Vorschrift gegen das ehrgeizige Streben nach Stellen an anderen angeseheneren Kirchen und gegen die Habgier nach vermehrtem Einkommen gerichtet ist, hat Gregor d. Gr. schlechthin die Verwaltung zweier Aemter (officia) auch an derselben Kirche durch ein und dieselbe Person verboten [3].

In Frankreich und in Spanien, wo seit dem 5. Jahrhundert die auf dem Lande errichteten Kirchen zum Theil mit eigenem Vermögen ausgestattet wurden, und die an ihnen fungirenden Geistlichen aus diesem ihren Lebensunterhalt empfangen konnten [4], trat mit der Anstellung an den Landkirchen vielfach eine Lösung der Beziehung zu der bischöflichen Kirche ein [5], andererseits musste aber eine solche zur Sicherung des Lebensunterhaltes des Geistlichen dann bestehen bleiben, wenn bei der Landkirche keine ausreichenden Mittel dafür vorhanden waren oder man war genöthigt, in solchen Fällen einem Geistlichen, namentlich in dem Falle, wo es sich nicht um die Verwaltung der Pfarrseelsorge, sondern nur um die Verrichtung einzelner gottesdienstlicher Funktionen handelte, auch die gleichzeitige Versehung mehrerer Kirchen oder Kapellen zu gestatten [6]. Derartige Ausnahmen waren in einer Zeit, welche die Uebergangsperiode von der früheren unmittelbaren Leitung der Diöcese durch den Bischof zu einer Verwaltung derselben in einzelnen, kleineren ihm untergeordneten Bezirken durch besondere, für diese angestellte Geistliche bildet, nicht zu vermeiden [7],

[1] c. 10. conc. Chalced. v. 451 in c. 3. C. XXI. qu. 2.

[2] c. 10 in c. 2. C. XXI. qu. 1. — Den Besitz zweier Klöster durch einen Abt verbietet l. 39 (40) C. J. de episc. I. 3.

[3] c. 1 (Gregor. M. in dessen Lebensbeschreibung von Johannes Diakonus II. 54. opp. ed. Migne 85. 86) Dist. LXXXIX.

[4] Th. II. S. 263 ff.; Löning, deutsch. Kirchenrecht S. 636. 674. 702.

[5] Dies ergiebt c. 18 Aurel. III. v. 538, Th. II. S. 264. n. 3, wonach der Stadtgeistliche, der zu einer solchen Kirche übergeht, aus den Einkünften derselben unterhalten werden und sich an diesen genügen lassen soll, auch c. 14. Eparn. v. 517, wonach der zu einem Bisthum beförderte die ihm überlassenen Vermögensstücke seiner bisherigen Kirche zurückzugeben hat. Wenn dagegen das Konzil von Merida v. 666 c. 12, Th. II. S. 265. n. 3 dem vom Bischof aus einer Pfarrei an die Kathedrale versetzten Geistlichen die Weiterbeziehung seines bisherigen Einkommens aus derselben nach Abzug des zur Unterhaltung eines Stellvertreters erforderlichen Betrages neben seinem Stipendium an der Bischofskirche gestattet, so hat diese Vorschrift wohl den Zweck gehabt, die Inhaber von reich dotirten Landkirchen zur Annahme solcher Versetzungen zu bewegen, und dem Bischof auf diese Weise eine Ergänzung der Lücken in der Geistlichkeit an der Kathedrale (darauf weist der Eingang der Stelle hin) aus den Landpriestern zu erleichtern.

[6] So noch das Konzil von Merida c. 19. Th. II, S. 265. n. 1. Das 16. Konzil von Toledo v. 693, c. 3. C. X. qu. 3, hat dies aber bei Pfarrkirchen verboten.

[7] Nicht hierher gehören solche Fälle, wo der Stifter selbst in mehreren der von ihm gegründeten, nach damaliger Anschauung in seinem Eigenthum stehenden Kirchen, wenn er selbst Priester war, wie z. B. der h. Severus, einzelne gottesdienstliche Verrichtungen, so das Messopfer, vollzog, Gregor. Turon. glor. confess. c. 50, Migne patrol. 71, 865.

Ebenso wie der Besitz zweier Kirchen in einer Hand ist auch die Leitung zweier Klöster durch denselben Abt seitens der gallischen Konzilien, Agath. v. 506. c. 38; Epaon. v. 517. c. 8, verboten worden.

und auch noch später hat man solche für ähnliche Verhältnisse zulassen müssen [1].

Mit der Existenz einer Anzahl selbstständiger Pfarrkirchen und Kapellen, welche sich in karolingischer Zeit fast innerhalb aller Bisthümer des fränkischen Reiches vorfinden, war den schlechteren und habgierigen Elementen im niederen Klerus die Möglichkeit geboten, sich durch die gleichzeitige Verwaltung mehrerer Kirchen und Oratorien grössere Einkünfte zu verschaffen, und zwar um so leichter, als ein beträchtlicher Theil derselben nicht von den Bischöfen, sondern von den Grundherren verliehen wurde. Diese Gelegenheit ist seit den Zeiten Ludwigs d. Fr. so häufig ausgenutzt worden, dass sowohl die fränkischen Synoden [2] wie auch einzelne Bischöfe in ihren Diöcesanverordnungen [3] sich veranlasst sahen, dagegen einzuschreiten, und eine derartige Vereinigung nur bei Kirchen, welchen es an den Mitteln zu selbstständiger Existenz gebrach, oder in Betreff einer mit einer andern Kirche in Verbindung stehenden Kapelle oder bei einer solchen, an welcher noch ein anderer Priester zur gehörigen Verrichtung des Gottesdienstes angestellt war, zu gestatten.

Was dagegen die höhere Geistlichkeit anlangt, so galt der Besitz von Klöstern mit der bischöflichen Stellung nicht für unvereinbar [4]. Eine Reihe von Bisthümern waren aus der missionirenden Thätigkeit von Klöstern hervorgegangen, und in Folge dieser Art ihrer Entstehung blieb in ihnen vielfach Kloster und Bisthum, Abts- und

[1] c. 1 (Nicaen. v. 787) C. XXI. qu. 1 verbietet zwar die Anstellung eines Geistlichen an zwei Kirchen, lässt dies aber bei armen Landkirchen mit kleinen Gemeinden zu. S. auch die folgenden Anmerkungen.

[2] V. Paris 829. C. I. c. 49, Mansi 14, 567: „Sicut unicuique civitati convenit proprium habere episcopum, ita et unamquamque basilicam . . . oportet proprium habere presbyterum . . . Hi (presbyteri) namque ignibus avaritiae aestuantes non solum a clericis, verum etiam a laicis alias basilicas contra fas ad Christi famulatum peragendum suscipiunt. . . . Vix enim quispiam presbyterorum in basilica in qua divinae servituti mancipatus est, digne atque strenue militare invenitur, quanto minus id in duabus vel tribus aut amplius basilicis digne exequi valet . . . statuimus decernentes, ut singulae basilicae plebes et res, quibus consistere possint, habentes singulos habeant presbyteros. Si vero plebes habuerint et rebus, quibus consistere possint, caruerint . . . arbitrio episcoporum pendet, utrum ita consistere debeant aut possint necne. Hoc tamen specialiter eorum solertiae providendum est, ut hac occasione nullus presbyter duas aut tres avaritiae causa, quibus sufficere secundum divinum cultum nullatenus potest, habere audeat basilicas"; v. Aachen 836 II. 16, ibid. p. 683: „. . censuimus, ubicumque possibile fuerit, unicuique ecclesiae suus provideatur ab episcopis presbyter, ut per se eam tenere possit aut etiam priori presbytero subiugatus ministerium sacerdotale perficere possit. Quia in multis locis pericula presbyterorum imminentia perspeximus, videlicet in officiis divinis, quamquam missarum celebrationem per omnes ecclesias sibi commissas agere possint, cetera officia quae ad divinum cultum pertinent, propter impossibilitatem et multitudinem ecclesiarum quodammodo neglecta elapsa", v. Metz 888. c. 3, Mansi 18, 78: „Unus quisque presbyter unam solummodo habeat ecclesiam, nisi forte habeat capellam vel membrum aliquod adiacens sibi, quod non expedit separari"; v. Nantes (Ende des 9. Jahrh.?), ibid. p. 168: „sicut enim episcopus non plus potest habere quam unam civitatem et vir unam uxorem, ita presbyter unam tantum ecclesiam. Itaque nullus presbyter plures praesumat habere ecclesias, nisi forte alios presbyteros sub se in unaquaque habeat, qui nocturnum atque diurnum officium solemniter adimpleant et missarum celebrationes quotidianis expleant ceremoniis".

[3] Herad v. Tours (858) c. 49, Hardouin 5, 451: „Ut presbyter non amplius quam unam ecclesiam habeat, sicut et vir unam uxorem"; Hinkmar v. Rheims (874) cap. archidiac. c. 7, Mansi 15, 498: „neque ecclesias illas quae ex antiquo presbyteros habere solitae fuerint, aliis ecclesiis quasi loco capellanorum non subiiciatis"; cap. in syn. Rhem. v. 874. c. 1, l. c. p. 493: „Quia . . contra sacros canones presbyteri nostrae parochiae dicuntur ecclesias suas negligere et praebendam in monasterio Montis falconis obtinere, sed et canonici ipsius monasterii ecclesias rusticanarum parochiarum occupare, necesse nobis est, non solum quid inde sacri canones definiant demonstrare, sed et vigorem ac censuram eorundem ss. canonum, si se non correxerint, in contemptores exercere".

Auch Benedikt Levita hat das Verbot des Besitzes zweier Kirchen durch einen Priester in seine Kapitulariensammlung II. 73. 75, aufgenommen.

[4] Selbst Hinkmar von Rheims hat es seinem Neffen, Hinkmar v. Laon, nur zum Vorwurf gemacht, dass der letztere ohne seine Erlaubniss eine in einem anderen erzbischöflichen Sprengel belegene Abtei vom König angenommen und be-

Bischofswürde vereinigt[1]. Der in kirchlichen Dingen den Ton angebende Episkopat suchte ferner die aufblühenden Klöster, welche nach möglichster Selbstständigkeit strebten, theils im Interesse der Aufrechterhaltung seiner Diöcesangewalt theils aber auch angelockt durch den Reichthum derselben an sich zu bringen[2], wobei ihm die Anschauung der damaligen Zeit, dass die Klöster als Objekte galten, welche der rechtlichen Herrschaft ihrer Stifter und der Nachkommen derselben unterworfen waren[3], zu Hülfe kam. Sodann sind durch Schenkungen der Könige viele der diesen gehörigen Klöster in den Besitz der Bischöfe übergegangen[4]. Auch haben letztere selbst solche gestiftet und sie als Aebte geleitet[5], endlich manche Aebte nach ihrer Beförderung ihre frühere Stellung beibehalten[6].

Wenngleich es in der Folgezeit manchen Klöstern namentlich unter Benutzung der kaiserlichen Gunst, später auch durch päpstliche Privilegien gelungen ist[7], sich gegenüber den Bischöfen die Selbstständigkeit zu erringen oder zu bewahren, so findet sich doch eine solche Verbindung von Bischofs- und Abtswürde noch weit über die karolingische Zeit hinaus[8].

Die erwähnten Verordnungen[9] hatten das Streben nach Kumulation von Aemtern bei dem übrigen Klerus nicht zu unterdrücken vermocht, im Gegentheil war diesem durch die weitere Entwickelung des kirchlichen Benefizialwesens, namentlich durch die Auflösung des gemeinschaftlichen Lebens in den Dom- und Kollegiatkapiteln und der Gründung von besonderen Kanonikaten und Benefizien in denselben, neue Nahrung gegeben worden[10]. Diesen Missbräuchen trat die seit der Mitte des 11. Jahrhunderts von der päpstlichen Kurie geleitete Reformbewegung von Neuem entgegen, und so wurde seitdem wiederholt der Besitz zweier Kirchen durch einen Priester[11], die Erlangung von kirchlichen Aemtern in zwei verschiedenen Städten[12], die Erwerbung von Kanonikaten in mehreren Kapiteln[13], auch die gleichzeitige Verwaltung mehrerer Prälaturen oder Ehrenstellen an einer Kirche[14] oder an mehreren[15] verboten, ja in England

hufs der Verwaltung derselben dorthin gereist sei, opusc. LV capit. c. 2, Migne patrol. 126, 295; lib. expostulat. c. l. 2, l. c. p. 568. 569.

1 Th. II. S. 54.

2 Ueber die desfallsigen Streitigkeiten zwischen den Bischöfen von Konstanz und dem Kloster S. Gallen s. Rettberg, Deutschlands Kirchengeschichte 2, 106 ff.; Abel, Jahrb. Karls d. Gr. 1, 336. Weitere Beispiele bei Roth, Gesch. d. Benefizialwesens S. 262.

3 Th. II. S. 622. n. 7.

4 S. z. B. Dümmler, Gesch. d. ostfränk. Reiches 2, 282. 329. 330. 344. 400. 479. 495. 497. n. 9. 503. 577.

5 So Lull das von ihm gestiftete Kloster Hersfeld, Abel a. a. O. 1, 155. 446.

6 Abel 1, 361. 422. 423; Dümmler a. a. O. 1, 865.

Vgl. überhaupt noch über diese Verbindung von Bischofs- und Abtswürde Rettberg 2, 106; Abel 1, 269. 289. 290; Simson Jahrb. Ludw. d. Fr. 2, 230; Dümmler 1, 127. 302. 383. 870; 2, 497. 547.

Die Leitung der Mönche besorgte in solchen Fällen gewöhnlich ein stellvertretender Abt.

Auch eine Vereinigung mehrerer Klöster in der Hand von Aebten, welche nicht Bischöfe waren, kommt wiederholt vor, Simson 2, 234. 237. 239; Dümmler 1, 723. 759; 2, 116. n. 10.

7 Waitz, Deutsche Verf. Gesch. 6, 215. 218; Köpke-Dümmler, Otto d. Gr. S. 550.

8 Waitz a. a. O. S. 211 ff.; ders., Heinrich I. S. 120. Thomassin l. c. c. 5. n. 2. 4. Ja auch im Interesse einer Reform der Klöster sind solche Vereinigungen vorgekommen, Gregor VII. ep. VI. 27, ed. Jaffé p. 363.

9 Vgl. auch Reginon. Prum. lib. II. d. syn. causis lib. I. not. n. 47; I. 256. 257. 278.

10 Auch Bischöfe suchten sogar zur Vermehrung ihrer Einkünfte damals Kanonikate in anderen Stiftern zu erwerben, so z. B. der Bischof von Senlis die Stelle des Subdekans in Chartres, welche ihm aber der Bischof Fulbert, ep. 38 (46), Migne patrol. 141, 221 abschlug.

11 conc. Roman. 1059. c. 7, Mansi 19, 898. Doch gestattet die Synode v. Piacenza v. 1095, c. 2. D. LXX, dem Bischof dies ausnahmsweise zu erlauben.

12 conc. Turon. 1060. c. 5, l. c. 19, 917; Clarom. 1075 c. 12, l. c. 20, 817.

13 c. 2. §. 1. D. LXX cit.

14 Clarom. cit. c. 14.

15 conc. Pictav. c. 1078, Mansi 20, 498: „Ut nemo episcopatum, abbatiam, archidiaconatum, archipresbyteratum, praebendam vel alios ecclesiasticos honores, vel in duabus ecclesiis praelationes exerceat, nisi in una tantum.“

hat man sich schon zum Einschreiten gegen Bischöfe [1] genöthigt gesehen, welche mehrere Bisthümer gleichzeitig zu behalten versuchten [2]. Indessen zeigen die im 12. Jahrhundert laut werdenden Klagen [3], und die Wiederholungen der früheren Verbote [4], dass die betreffenden Anordnungen keinen Erfolg gehabt haben, was um so erklärlicher war, als auch die Päpste selbst [5], wo es in ihrem Interesse lag und namentlich, wo es galt, sich einflussreiche Persönlichkeiten zu verbinden, diese Bestimmungen nicht beachtet haben [6].

In der zweiten Hälfte des 12. Jahrhunderts hatte aber das Unwesen der Pluralität der Benefizien so um sich gegriffen, dass eine Abhülfe dringend nothwendig wurde [7]. Das unter Alexander III. abgehaltene 3. Lateranensische Konzil bestimmte daher, dass für die Zukunft Niemand mehrere Dignitäten oder Pfarrkirchen verliehen erhalten, sowie darauf gesehen werden sollte, dass der Beliehene das ihm übertragene Amt persönlich verwalte, und drohte als Strafe für die Verletzung dieser Vorschrift die Entziehung des zweiten erworbenen Amtes für den Beliehenen, sowie die des Kollationsrechtes für den Verleiher an [8]. In Betreff derjenigen Geistlichen, welche sich bereits im Besitz mehrerer Aemter befanden, wurde den Bischöfen aufgegeben, gegen die dadurch herbeigeführte Vernachlässigung der geistlichen Amtsverrichtungen einzuschreiten, damit trotz der Menge der in einzelnen Händen angehäuften Pfründen der erforderliche Unterhalt für solche Geistliche, welche der Kirche würdige Dienste leisten könnten, beschafft werde [9]. Wie die sonstigen Dekretalen Alexanders III. zeigen [10], sollten die Bischöfe diejenigen, welche mehrere Aemter besassen, dazu zwingen,

[1] Konzil v. Winchester v. 1070, Mansi 19, 1079, welches den Erzbischof Stigand v. Canterbury abgesetzt hat.

[2] Die Verbindung zweier Bisthümer in einer Hand galt nach den alten Kanonen, Th. II. S. 39, als ausgeschlossen, und die früheren Inkardinationen, Th. I. S. 313, sind keine Ausnahme von dieser Regel, sondern Translationen gewesen. Allerdings waren gerade schon im 10. Jahrhundert in England derartige Vereinigungen (so freilich nur auf kurze Zeit eine Verbindung von Winchester und London unter Dunstan, Thomassin l. c. c. 3. n. 9; c. 5. n. 9), dann ferner auf längere Zeit von Winchester und York unter Oswald, vorgekommen. Im 11. Jahrhundert haben Leo IX. und Alexander II. ihre früheren Bisthümer Toul und Lucca nach ihrer Erhebung auf den päpstlichen Stuhl beibehalten, Wiberti vita Leon. IX., Watterich pontif. roman. vitae 1, 170. 236, Baron. ann. a. 1049. n. 6. u. a. 1070. n. 27.

[3] So tadelt Ivo von Chartres ep. 95, Migne patrol. 162, 115, Papst Paschalis II., dass dieser einem Kanonikus, welcher schon Archidiakon bei einer anderen Kirche war, die Thesauraria in Chalons zugesprochen habe; s. ferner Bernard. Clarevall. ep. 42. c. 7. n. 27, Migne patrolog. 183, 827; ep. 78. 271, l. c. 182. 197. 475; Petr. Bles. Compend. in Job. t. 1. c. 1, Migne l. c. 207, 799. 800.

[4] conc. London. von 1125. c. 12 (gegen die Kumulation mehrerer honores) und Rotomag. v. 1128. c. 2 (gegen die von Pfarrkirchen und Präbenden), Mansi 21, 332. 375. Auch Paschalis II. hat 1111 die Niederlegung der Abtei Monte Casino von dem Bischof Bruno v. Segni verlangt, indem er erklärte: „non debere episcopum simul esse et abbatem“, chron. mon. Casin. IV. 42. SS. 7, 783, freilich aber deshalb, weil Bruno ein eifriger Gegner des vom Papst mit Heinrich V. im J. 1111 geschlossenen Vertrages, Th. II. S. 555, war.

[5] S. Anm. 3.

[6] Dem einflussreichen Kanzler Ludwigs VII. v. Frankreich, Hugo, musste der Bischof v. Arras, welcher dessen Beförderung zum Archidiakon von dem Aufgeben einer von ihm besessenen Kirche (altare) abhängig gemacht hatte, auf Anweisung Hadrians IV., diese belassen, s. die Briefe desselben v. 1156—1159 bei Mansi 21, 80. 809, vgl. hierzu Reuter, Gesch. Alexanders III. 2, 107.

[7] In c. 15 (Alex. III.) X. de praeb. III. 5 wird die Gestattung der Pluralität der Benefizien als eine in der französischen Kirche allgemein geltende Gewohnheit bezeichnet, c. 5 (Later. III.) X. eod. tit. III. 5 erwähnt, dass Geistliche nicht blos 2 oder 3, sondern auch 6 und mehr Kirchen gleichzeitig besessen haben. S. auch Reuter a. a. O. 3, 546.

[8] c. 13 in c. 3. X. de cler. non res. III. 4. Ueber eine andere Vorschrift desselben in Betreff der Erlangung von Bisthümern s. unten §. 163.

[9] c. 14 in c. 5. X. de praeb. III. 5. Nur so, dass c. 13 auf die Zukunft, c. 14 aber auf die Gegenwart bezogen wird, lassen sich beide Kapitel vereinigen. Dem entspricht nicht blos ihr Wortlaut, sondern auch die Natur der Sache, welche eine mildere Behandlung der schon im Besitz mehrerer Aemter befindlichen Geistlichen bedingte. S. auch Phillips 7, 423.

[10] c. 7. 14. 15. X. de praeb. III. 5. Da in diesen des Lateran-Konzils nicht erwähnt wird, so sind sie wohl vor demselben ergangen, Phillips 7, 418.

zwischen diesen zu wählen und nur eines derselben zu persönlicher Verwaltung zurückzubehalten[1], falls nicht die bisher besessenen von so geringem Ertrage waren, dass der Geistliche derselben zu seinem angemessenen Lebensunterhalt bedurfte[2].

Eine energische Durchführung der gedachten Verbote ist aber nicht zu erreichen gewesen[3]. Die Lokalgewalten, in deren Hände sie gelegt war, unterliessen es vielfach, wegen ihrer eigenen entgegenstehenden Interessen von den ihnen gewährten Befugnissen Gebrauch zu machen[4], und auch da, wo sie nicht lässig waren, wurden ihre etwaigen Bestrebungen durch den hartnäckigen Widerstand des Klerus, soviel wie möglich, vereitelt[5]. Ferner boten die damals bereits in Uebung stehenden päpstlichen Provisionen für manche Geistlichen ein Mittel, sich auf diese Weise ausser den schon von ihnen besessenen Benefizien noch andere zu verschaffen[6]. Endlich setzten sich auch die Päpste selbst ebenso wie schon früher, ohne wirklich dringende Gründe[7] über die Verbote hinweg[8].

So war die beabsichtigte Reform resultatlos verlaufen. Sie wurde von Neuem durch das 4. Lateranensische Konzil von 1215 unter Innocenz III. aufgenommen.

[1] Ein anderes Mittel liess sich auch in der That nicht wählen. Die Anordnung, dass die Aemter persönlich versehen werden sollten, bedingte die Aufgabe aller übrigen, welche die Beobachtung der Residenzpflicht bei einem derselben hinderten, und wenn man keine bestimmte Regel darüber, auf welche Aemter Verzicht geleistet werden sollte, aufstellte, war es das Natürlichste, die Wahl den betheiligten Geistlichen selbst anheimzugeben. Dies ordnet auch Alexander III. in dem nach dem Konzile mit Bezug auf dasselbe erlassenen c. 4. X. de aet. et qual. I. 14 an.

[2] Diese Beschränkung macht der genannte Papst gleichfalls in dem eben cit. c. 4. Die weitere, auf Beibehaltung solcher Kirchen, deren eine von der anderen abhängt (pendet), d. h. die für den Fall einer Union oder Inkorporation gestattete Ausnahme ist selbstverständlich.

[3] Petrus Cantor († 1197) verb. abbreviat. c. 31, Migne patrol. 205, 112: „Pluralitati et bifacialitati et trifacialitati missarum non absimilis . . . est pluralitas personatuum, dignitatum, officiorum circa eandem personam sive in unica ecclesia sive in diversis. Sunt quidam qui velut Geryones Briarei bicorpores, tricorpores, belluae multorum capitum monstruosae, contendunt deo trino in personis et uni in substantia assimilari. Horum enim quilibet, cum sit unus in substantia et persona, tamen appetit plures esse personae in personatibus et dignitatibus ecclesiae". Ein Kleriker in Neapel, welcher gleichzeitig mehr als 20 Benefizien hat, erwähnt von Innoc. III. ep. I. 414, ed. Migne 1. 392.

[4] S. das Verbot Innocenz' III. ep. XVI. 14, l. c. 3, 800 a. 1213 an den Bischof von Herford, Kleriker mit hinreichenden Benefizien zu Kirchen seiner Diöcese zuzulassen. Vgl. ferner eiusd. ep. VII. 78. l. c. 2, 360 v. 1204, worin dem Bischof v. Narbonne eine von ihm besessene Abtei entzogen wird.

[5] Dies zeigt der Umstand, dass sich einzelne Bischöfe, Klöster und Stifter ausdrücklich Privilegien gegen die Anstellung von Geistlichen, welche schon mit Benefizien oder Kanonikaten versehen waren, in Seelsorge-Aemtern oder Kanonikaten haben ertheilen lassen, s. die Privilegien v. Lucius' III. Th. II. S. 571. n. 5 u. v. 1184—1185 (Germain) histoire de l'abbaye de N. D. de Soissons. Paris 1675. p. 442, v. Innocenz III. ep. I. 82 l. c. 1, 72, v. 1198 u. l. c. 4, 219 v. 1212.

[6] S. o. S. 115 ff. Hieraus erklären sich die Vorschriften, c. 8 (Luc. III.) c. 17 (Inn. III.) X. de rescr. I. 3, dass bei der Nachsuchung solcher Verleihungen der Impetrant die schon von ihm besessenen Benefizien bei Strafe der Nichtigkeit der darauf erfolgten Provision angeben sollte.

[7] Als solche konnten allerdings die Schmälerung der Einkünfte eines Bischofes durch Vertreibung von seinem Sitze oder die unzureichenden Erträge einer bischöflichen Kirche gelten. Privilegien auf Beibehaltung von Pfründen für Bischöfe in derartigen Fällen von Innocenz III. v. 1204. 1206 u. 1207 in ep. VII. 174. IX. 200. X. 37, l. c. 2, 488. 1037. 1131.

[8] S. in Betreff Alexanders III. selbst Reuter a. a. O. 3, 407. 413. 547; ferner Innoc. III. ep. XIV. 158, Migne 3, 520. Die politischen Anhänger Innocenz' III. Gerhard von Osnabrück und Konrad III. von Speyer haben neben ihren bisherigen Bisthümern mit seiner Bewilligung, der erstere das Erzbisthum Bremen 1210, der letztere 1212 das Bisthum Metz erhalten, Winkelmann, Philipp v. Schwaben 2, 168. 328. Der bei der zwiespältigen Wahl in Trier 1183 gewählte Folmar, welcher gegen Friedrich I. vom päpstlichen Stuhl unterstützt wurde, Th. II. S. 566. n. 3. S. 567, hatte neben seiner Propstei in Trier noch eine andere und ein Archidiakonat an zwei Stiftern inne, Bayer mittelrh. Urkdnbch. 2, 98. Auch der 1205 gewählte Erzbischof Bruno IV. v. Köln war im Besitze von 4 Propsteien an 4 Stiftern, Ficker, Engelbert d. H. S. 38. 218. Durch Innocenz III. wurde ihm mit Rücksicht auf die in Folge der politischen Wirren geschmälerten Einkünfte seines Erzbisthums die Beibehaltung dieser Aemter gestattet, ep. VIII. 174, l. c. 2, 753.

Urban III. selbst hat sein früheres Erzbisthum Mailand ebenfalls als Papst beibehalten, Giulini, memorie di Milano 1760. 7, 28.

Dasselbe[1] verbot, ohne die Vorschriften des früheren Konzils ganz zu beseitigen 1. den Besitz mehrerer Dignitäten und Personate an einer und derselben Kirche, selbst wenn mit keiner dieser Stellungen eine Seelsorge verbunden war. Ferner ordnete es 2. an, dass derjenige Geistliche, welcher neben einem schon von ihm besessenen Seelsorge-Benefizium oder einer Dignität oder einem Personat noch ein zweites Benefizium der gedachten Arten erwerbe[2], ipso iure das früher erlangte verlieren, wenn er aber beide zu behalten versuche, ihm auch das neue entzogen werden solle. 3. Das erledigte Benefizium sollte von dem Verleihungsberechtigten binnen 3 Monaten[3] wieder besetzt werden, widrigenfalls nicht nur die Vergebung an den höheren Kirchenoberen devolviren, sondern der säumige Kollator auch dasjenige, was unberechtigter Weise von der Zeit der eingetretenen Erledigung an Einkünften aus dem Benefizium gezogen worden wäre, der betreffenden Kirche ersetzen sollte. 4. Endlich gestattete das Konzil dem Papste zu Gunsten hochgestellter und gelehrter Personen ausdrücklich in geeigneten Fällen von seinen Verboten zu dispensiren.

In Betreff der Kumulation der in den gedachten Vorschriften besonders erwähnten Aemter sind dadurch die Vorschriften des früheren Lateranensischen Konzils abgeändert worden, dagegen sind sie hinsichtlich der gleichzeitigen Erwerbung anderer Aemter, z. B. einer Pfarrkirche und eines Kanonikates, in Geltung geblieben[4].

Eine weitere Ergänzung erhielten die Vorschriften des 4. Lateran-Konzils gegen Ende des 13. Jahrhunderts insofern, als Bonifazius VIII. sie auch auf die Erlangung mehrerer Priorate und Pfarrkirchen durch Mönche, selbst wenn die Kirchen durch Vikare verwaltet würden (jedoch mit Ausnahme solcher, von denen eine von der anderen abhängig oder der anderen inkorporirt war), ausdehnte[5].

Ebensowenig wie durch das frühere v. J. 1179 ist aber durch das Konzil v. 1215 die herrschende Pluralität der Benefizien beseitigt worden. Zwar haben eine Anzahl von Partikularsynoden des 13. und 14. Jahrhunderts die Bestimmungen desselben zu wiederholten Malen eingeschärft[6], und wenn auf einzelnen derselben auch päpstliche Legaten[7] mitgewirkt haben, so haben doch die Päpste selbst diese Bestrebungen keines-

[1] c. 29, Mansi 22, 1015, auch in c. 28. X. de praeb. III. 5.

[2] So ist die Vorschrift aufzufassen, nicht dahin, dass der Verlust des früheren Pfarramtes nur bei späterer Erwerbung eines solchen, nicht aber einer Dignität oder eines Personates eintritt. In dieser Weise ist sie auch in c. 54 §. 4 (Gregor. IX.) X. de elect. I. 6. verstanden worden. S. auch die Gl. ord. zu c. 28. X. cit. s. v. in eadem ecclesia, wo die gegentheilige Meinung einzelner Aelterer verworfen wird. Vgl. ferner Phillips 7, 427.

[3] In den Dekretalen Gregors IX. ist dafür die Frist in sechs Monate, um sie mit der sonst geltenden Frist für die Devolution, s. o. S. 103 u. 168 in Einklang zu bringen, umgeändert, was Phillips a. a. O. S. 426 übersehen hat.

[4] S. auch Phillips a. a. O. S. 428.

[5] c. 32 in VIto de praeb. III. 4. Den damals im Besitz mehrerer solcher Aemter befindlichen Mönchen wurde die Wahl zwischen denselben binnen der Frist von einem Monat freigelassen.

[6] Oxford 1222. c. 41, Mansi 22, 1164; Trier 1227. c. 8; Beziers 1233 c. 12, Mansi 23, 32. 273; Breslau 1248. c. 14, Heyne Gesch. d. Bisth. Breslau 1, 364 ff.; Seaumur 1253. c. 28, s. o. S. 110. n. 2; Nantes 1264. c. 6, Bremen 1266, Wien 1267. c. 6, Mansi 23, 1119. 1159. 1172; Salzburg 1274. c. 7; Seaumur 1276. c. 3; Köln 1280. c. 15, Salzburg 1281. c. 10; Würzburg 1287. c. 10, Mansi 24, 139. 161. 360. 400. 854; Mainz 1298, Hartzheim 4, 588; Mainz 1310, Mansi 25, 315; Köln 1300. c. 4 u. Utrecht 1310. c. 13, l. c. p. 38. 178. Vgl. auch die folgende Note.

[7] So in England. Hier stand die Pluralität der Benefizien in der höchsten Blüthe. Der päpstliche Legat, welcher das Londoner Konzil i. J. 1237 abhielt, liess sich, da seine Absicht, gegen die Kumulation der Benefizien einzuschreiten, bekannt geworden war, und so grossen Unwillen bei den englischen Geistlichen erregt hatte, dass er für seine Sicherheit fürchtete, durch bewaffnete Adlige mit ihrem Gefolge zur Sitzung begleiten, Matth. Paris chron. a. 1237 maior. ed. Luard. 3, 418. Das Konzil selbst verbot dann die Vergebung der Dignitäten, Dekanate und Archidiakonate zur firma (s. o. S. 78. n. 10) und ordnete an, dass jeder Vikar an einer Kirche Priester sein und Residenz halten sollte, c. 7. 10, l. c. p. 424. 426; Mansi 22, 450 ff., um die Umgehung des Verbotes der Pluralität, insbesondere

wegs unterstützt und gefördert[1]. Der betreffende Kanon des Konzils hatte für gewisse Fälle die Dispensation von dem Verbote der Pluralität offen gelassen. Diese war zwar durch das letztere dem Papst ausdrücklich vorbehalten, indessen haben einzelne der erwähnten Konzilien noch die bischöfliche Dispensation für ausreichend erklärt[2]. Dadurch war es möglich, in einzelnen Diöcesen eine laxe Disciplin aufrecht zu erhalten. Aber die kirchlichen Lokalgewalten, welche auch bei energischem Willen zur Durchführung der Konzilsbeschlüsse in den widerstreitenden Interessen der ihnen untergegebenen Geistlichkeit, vor Allem des am meisten betheiligten Stifts-Klerus schwer zu überwindenden Hindernisse finden mussten, tragen jedenfalls nicht die Hauptschuld an der Erfolglosigkeit der beabsichtigten Reform. Vielmehr sind es die Päpste selbst gewesen, welche dieselbe durch die Ausbeutung ihres Dispensationsrechtes wesentlich verhindert, ja den früheren Zustand nur noch verschlimmert haben. Das Dispensationsrecht gewährte ihnen neben den direkten Provisionen einen weiteren Einfluss auf die Besetzung der Benefizien, da eine Verleihung der Aemter, welche an sich in Folge der Pluralität hätten zur Erledigung kommen müssen, durch die Dispensation ausgeschlossen wurde und der dispensirte Geistliche dieselben in der That der Gnade des Papstes zu danken hatte. Es ist daher nicht zufällig, dass im 13. Jahrhundert die Gewährung solcher Dispensationen in demselben Umfange, wie die Ertheilung von Provisionsmandaten und die direkte päpstliche Besetzung von Benefizien[3] zugenommen hat. Sieht man auch von solchen Dispensationen ab, welche nur in Klarstellung der Anordnung des Lateranensischen Konzils die Innehabung des früheren Amtes bis zum Erwerbe des ruhigen Besitzes des neuen gestatten[4] oder wegen der geringen Erträgnisse eines Amtes auf Beibehaltung schon früher besessener oder noch weiter zu erwerbender Benefizien ertheilt worden sind[5], so bleibt doch immer noch eine so erhebliche Anzahl von Dispensationen zu Gunsten von Bischöfen, Stiftsherren, päpstlichen und fürstlichen Kapellänen übrig, dass es gar nicht denkbar ist, dass bei ihrer Ertheilung allein wirklich

dadurch, dass der Inhaber sich nur als Vikar gerirte und nominell die Kirche einem anderen überliess, zu verhindern. Gefruchtet hat dies aber nichts, die Anordnungen des Konzils mussten vielmehr 1279 zu Reading c. 1. 2 und 1281 zu Lambeth c. 25, Mansi 24, 251. 419 wiederholt werden. Bezeichnend für die Zustände Englands ist es ferner, dass Innocenz IV. 1245 dem König von England erklärte, er werde den zu Prälaturen beförderten Geistlichen künftighin nicht mehr die Beibehaltung ihrer vorher besessenen Benefizien gestatten, Matth. Paris. a. 1246, ed. cit. 4, 522.

[1] Allerdings finden sich einzelne Dekretalen, in denen auf Beobachtung des Konzils gedrungen oder das Verbot zur Anwendung gebracht wird, c. 33 (Hon. III.) X. de praeb.; Potthast reg. n. 5457a. 5975 von Honorius III., ferner n. 11156. 12763. 13337 (gegen die Vereinigung der Bisthümer Mainz und Köln in einer Hand) von Innocenz IV.; n. 15993b v. Alexander IV.; n. 18655 von Urban IV. Dieser Umstand erscheint aber gegenüber der im Text nachgewiesenen Praxis einflusslos. Ueberdies ist auch Strenge meistens nur deshalb geübt worden, um die vakant gewordenen Aemter der päpstlichen Provision zu unterwerfen, so hat z. B. Honorius III. 1216 dem gewählten Erzbischof Engelbert von Köln eine nach seiner Beförderung von ihm beibehaltene Stiftspräpositur und andere Benefizien abgesprochen und ein Provisionsmandat auf einzelne derselben zu Gunsten des Rom treu ergebenen Propstes von Braunschweig gewährt, Potthast n. 5397.

[2] S. die S. 249. n. 6 citirten Synoden von Trier (1227), Nantes (1264) und Seaumur (1276). Dies beruht offenbar auf Festhaltung an c. 2 D. LXX, o. S. 246. n. 11.

[3] S. o. S. 118 ff.

[4] Vgl. Potthast n. 6144 (Honorius III. 1219), n. 12254 (Innocenz IV. 1249), n. 15973 (Alexander IV. 1255).

[5] Für Bischöfe von Gregor IX. 1234, Potthast n. 9490 (Chur), v. Innocenz IV. 1248 n. 13025 (Suffraganbischöfe in Preussen), Bonifaz VIII. 1299 n. 24798 (Basel), 1301 n. 25034 (Riga), wobei zu beachten ist, dass einzelne solcher Indulte den Bischöfen behufs Bezahlung von Bisthumsschulden gewährt und dass diese Schulden nicht selten durch die Kosten, welche sie im Interesse ihrer Beförderung zum Bischof aufgewendet hatten, verursacht worden sind; für andere Geistliche, insbesondere Pröpste und Archidiakonen von Innocenz IV. 1245 n. 11677. 11786; 1252 n. 14490; 1253 n. 14991; Urban IV. 1264 n. 18826.

Potthast n. 7516 (Honorius III. 1226) enthält ein derartiges Indult für den Bischof v. Glasgow, um diesem Einkünfte zur Bekehrung der entfernten Theile seines Sprengels zu verschaffen.

kirchliche Interessen das bestimmende Motiv gewesen sind. Dagegen spricht einmal der Umstand, dass sie vielfach nicht etwa blos auf die Beibehaltung zweier, sondern mehrerer Benefizien gerichtet sind, sodann auch das Vorkommen von Indulten auf Annahme von weiteren Benefizien für den Fall, dass solche dem Privilegirten in Zukunft angeboten werden sollten [1], wodurch die an und für sich schon nicht seltene Jagd der Geistlichen nach möglichst vielen Aemtern nur vermehrt werden musste.

In welchem Umfange die Pluralität der Benefizien trotz der Verbote der beiden Lateranensischen Konzilien fortdauerte, zeigt ferner die Vorschrift des 2. Konzils von Lyon (1274) [2], dass die Ordinarien der einzelnen Sprengel diejenigen Geistlichen, welche mehrere Dignitäten, Personate oder Kuratbenefizien besässen, zur Vorlegung der dafür erforderlichen Dispensationen binnen einer von ihnen zu bestimmenden angemessenen Frist zwingen, und falls solche nicht beigebracht würden, die zuständigen Verleihungsberechtigten zu anderweiter Besetzung der rechtswidrig innegehabten Benefizien veranlassen sollten [3]. Charakteristisch für den damaligen Zustand ist es weiter, dass sowohl Bonifazius VIII. [4], als auch Cle-

[1] Für alles im Text Bemerkte geben die nachstehend citirten Dekretalen die Belege: v. Innocenz IV. Potthast n. 11946. 12206a (für 20 Kleriker in Deutschland) 12344. 12548. 12579. 12872. 13006. 13048 (für den Bischof von Chur auf Beibehaltung der Abtei S. Gallen), n. 13077. 13092a. 13165. 13210. 13413. 13414. 13791. 14392. 14393. 14747. 14783 (Indult für den Archidiakon in Raab, welcher ausserdem noch mehrere Benefizien besitzt, auf Erlangung eines weiteren, selbst eines Kurat-Benefiziums in Deutschland v. 1252), n. 14837. 14838. 14961 (Indult für 2 ungarische Kleriker auf je 2 Kuratbenefizien in Burgund), n. 14996. 15051, 15052 (Indult für den Bischof von Passau auf Beibehaltung seines Archidiakonats oder anderer Benefizien v. 1253), n. 15056 (ein ähnliches für den Bischof v. Trier v. 1253), n. 15067. 15069. 15111. 15113. 15176 (Indult für den Propst in Strassburg, welcher 3 Pfarrkirchen und eine andere besitzt, auf Erlangung eines weiteren Benefiziums in Deutschland v. 1253), n. 15203; v. Alexander IV. n. 15631. 15693. 16582. 17439; von Urban IV n. 18472. 18474. 18766. 18199; Gregor X. n. 21024 (betreffend den Propst Peter, den s. g. Reichen, von Mainz, der 2 Archidiakonate, in 2 anderen Stiftern Präbenden und Kanonikate, ausserdem 2 Kirchen in seiner Hand vereinigt, Sbaralea bullar. Francisc. 3, 231), v. Nikolaus III. n. 21698 (für den Bischof v. Metz auf Beibehaltung zweier Präposituren v. 1280), v. Honorius IV. n. 22229 (zu Gunsten des Dekans in Dublin für eine Thesauraria und 3 Kirchen v. 1285) n. 22471. 22821. 22928 (Dispensation des Propstes Peter Aspelt für 2 Präposituren und Kanonikate nebst Präbenden in 3 Domstiftern, v. 1289) n. 23035. 23140. 23238. 23634. 23883. 23886; v. Bonifaz VIII. n. 24203. 24512. 24368.

S. auch ann. cap. Cracov. v. 1267, SS. 19, 603: „magister Jacobus, decanus Cracoviensis, scolasticus Bamberigensis, cantor Wladizlaviensis, canonicus Wratizlaviensis, capellanus domni pape et regis Bohemie obiit“.

[2] c. 18, Mansi 24, 92, auch in c. 3 in VIto de off. ord. I. 16.

[3] Solche Anordnungen mit der Abweichung, dass den Geistlichen die Wahl gelassen würde, welches der verschiedenen Benefizien sie behalten wollten, hatten schon die S. 249. n. 6 erwähnten Konzilien von Bremen und Wien getroffen.

[4] c. 21 in VIto de praeb. III. 3. erklärt 1) dass eine Dispensation in Betreff der Pluralität von Benefizien nicht gültig ist, wenn der Bittsteller auch nur den Besitz eines noch so mässigen Benefiziums verschwiegen hat (s. auch c. 23 eod.), 2) dass eine Verleihung, in welcher bemerkt ist, dass sie trotz eines schon innegehabten Benefiziums erfolgt, nicht als Dispensation zur Beibehaltung des ersten zu deuten sei, sondern nur die Einrede der Erschleichung ausschliesse, 3) dass ein Indult auf Annahme oder Beibehaltung zweier Kuratbenefizien sich nur auf die beiden ersten, welche der Begünstigte nach Empfang des Privilegiums übertragen erhalte, beziehe.

Ferner kann nach c. 19 ibid. derjenige, welcher durch päpstliches Provisionsmandat Jemandem ein Benefizium zu verleihen angewiesen ist, für den Fall, dass letzterer schon ein ausreichendes besitzt, dies nur dann thun, wenn es ausdrücklich im Mandat zugelassen ist oder der Bedachte auf sein bisheriges verzichtet. Im ersteren Fall ist auch allein die Verleihung eines Benefiziums ohne Seelsorge gestattet, und ferner soll ein Indult auf Kollation eines Benefiziums trotz des Besitzes mehrerer anderer nur auf Gestattung der Kumulation zweier Benefizien ohne Cura bezogen werden.

Dagegen ist nach c. 23 cit. eod. eine motu proprio (o. S. 160) vom Papste ertheilte Verleihung deswegen nicht als nichtig zu betrachten, weil dabei eines schon anderweit vom Beliehenen innegehabten Benefiziums nicht Erwähnung geschehen ist.

Ferner soll derjenige, welcher gleichzeitig zwei unvereinbare Benefizien, das eine durch den Papst, das andere durch den Bischof verliehen erhalten hat, wenn er bei der Nachsuchung des ersteren von der Kollation des letzteren keine

mens V.[1] eine Reihe von Bestimmungen über die Interpretation päpstlicher Provisionsreskripte mit Rücksicht auf den Fall, dass die Begünstigten sich schon im Besitze mehrerer Benefizien befinden, getroffen und diese in ihre Dekretalensammlungen aufgenommen haben, noch mehr aber der Inhalt einer Dekretale Clemens' V., dahin gehend, dass eine päpstlicherseits motu proprio[2] ertheilte Verleihung eines Benefiziums, ohne dass der bereits von dem Beliehenen besessenen Benefizien gedacht sei, immer Gültigkeit habe, gleichviel welche anderweite Benefizien, Dignitäten, Personaten, Benefizien mit und ohne Seelsorge, und wie viel solcher derselbe bereits in seiner Hand vereinige[3]. Diese Anordnung zeigt nicht nur, dass man bei der päpstlichen Kurie die Pluralität derartiger Aemter als etwas durchaus Gewöhnliches betrachtete[4], sondern auch in welchem Umfange die Kurie gegen dieselbe Nachsicht geübt hat[5].

Allerdings haben sich im Lauf des 13. Jahrhunderts unter den Theologen manche Stimmen gegen das Unwesen der Benefizienkumulation erhoben[6], aber sie haben bei den massgebenden kirchlichen Stellen keine Beachtung gefunden, und nur einzelne Fürsten[7] haben sich bemüht, die Reformen zu verwirklichen, deren Durchführung die Kurie durch ihre Praxis vereitelt hat.

Erst im 14. Jahrhundert schritt Papst Johann XXII. von Neuem mit gesetzgeberischen Massregeln gegen die Pluralität der Benefizien ein, und wenn er auch in seiner hierher gehörigen Konstitution: *Execrabilis*[8] als Motiv derselben die schweren Schäden hervorhebt, welche der kirchlichen Disciplin und Verwaltung aus der Gier nach geistlichen Stellen erwachsen sind, so hat dabei offenbar weniger sein Eifer für

Kenntniss gehabt, zwar nicht beide behalten, aber zwischen ihnen wählen dürfen, c. 7 eod. de rescr. I. 3.

Nur zwei Dekretalen Bonifazius' VIII. enthalten Bestimmungen, welche die Vorschrift des 4. Lateranensischen Konzils näher erläutern und ergänzen. Nach c. 26 eod. de praeb. III. 4 tritt eine Unvereinbarkeit zweier Kuratbenefizien auf so lange nicht ein, als das zuletzt verliehene dem Inhaber keine Früchte gewährt, diese vielmehr einem Bischof zur Bezahlung seiner Schulden überlassen sind, d. h. der Besitzer verliert das erste nicht früher, als er in den Fruchtgenuss des zweiten tritt.

Ferner soll, wenn ein in Folge Unvereinbarkeit verlorenes Benefizium von dem Bischof weiter verliehen worden ist, der Beliehene immer erst nach Ladung desjenigen, welcher es verloren hat, in den Besitz gesetzt werden, damit der letztere Gelegenheit erhält, sein etwaiges Recht auf Beibehaltung des Benefiziums darzuthun, c. 28 eod.

1 Clem. 1. de praeb. III. 2 des Inhaltes, dass wenn der Papst einem Dignitär eine weitere Dignität unter Dispens von der Pluralität ertheilt und in dem Reskripte der mit einer derselben verbundenen Seelsorge keine Erwähnung geschehen ist, das letztere selbst dann nicht für erschlichen gelten soll, falls in demselben bedingungsweise bemerkt ist, dass die etwa mit dem Benefizium verbundene Seelsorge nicht vernachlässigt werden dürfe.

2 S. o. S. 160.

3 Clem. 4 eod.

4 Darauf weist auch Clem. 3 eod. hin, wonach derjenige, welcher bereits mehrere Dignitäten besitzt und ohne Dispensation eine weitere oder ein Seelsorge-Benefizium annimmt, mit dem erlangten Besitz des letzteren Benefiziums, alle früheren ipso iure verliert, wie dies bei einer vorher allein besessenen Dignität der Fall sei.

5 Vgl. übrigens auch die auf dem Konzil von Vienne 1311 über die Pluralität der Benefizien erhobenen Klagen, s. o. S. 132. n. 6.

6 In zwei 1235 und 1238 gehaltenen Disputationen verwarf die theologische Fakultät der Pariser Universität die Statthaftigkeit der Benefizienkumulation und stellte unter dem Vorsitze des Bischofs Wilhelm von Paris den Satz auf, dass es Niemand mit seinem Seelenheil verantworten könne, wenn er zwei Benefizien besitze, von denen auch nur eines 15 Pariser Pfund Einkünfte abwerfe. Der genannte Bischof hat auch einen eigenen Traktat gegen die Pluralität der Benefizien geschrieben. Vgl. hierzu Thomassin l. c. c. 9. n. 9 ff., wo auch weitere Mittheilungen.

7 So Ludwig IX. von Frankreich, Guilm. de Nangiaco gesta Ludovici a. 1255, Bouquet 20, 408: „Hanc consuetudinem observabat, quod nulli, quantumcunque literato, aliquod beneficium ecclesiasticum possidenti, conferret aliud ecclesiasticum, nisi primo beneficio simpliciter resignaret" und l. c. a. 1270. p. 458 die Anweisung an seinen Sohn: „beneficia ecclesiastica personis idoneis dona de consilio spiritualium virorum et eis qui non habent aliud beneficium."

8 v. 1317, c. un. in Extr. Joann. XXII., de praeb. tit. 3 u. c. 4 in Extr. comm. eod. III. 2.

kirchliche Reformen, als sein Streben nach möglichst weiter Ausdehnung der päpstlichen Aemterreservationen bestimmend eingewirkt[1].

Der Inhalt seiner Dekretale ist folgender:

1. Alle diejenigen, welche mit einander unvereinbare Benefizien, Dignitäten, Personate, Offizien, Priorate oder Seelsorgebenefizien — als solche sollen nach der ausdrücklichen Vorschrift der Konstitution in den hier in Frage stehenden Beziehungen gelten: Pfarreien, in welchen die Seelsorge nicht durch vicarii perpetui, sondern durch eigene fest angestellte Geistliche oder deren vicarii temporales ausgeübt wird, ferner aber auch alle Benefizien, mit denen das Recht zur Visitation, zur Inquisition, zur Erhebung von Prokurationen, zur Suspension, Exkommunikation oder zur Absolution von diesen Censuren verbunden ist[2] — auf Grund einer Dispensation besitzen, sollen binnen einer einmonatlichen Frist, angerechnet vom Tage der erlangten Kenntniss dieser Konstitution, sich unter ihren bisherigen Benefizien dasjenige auswählen, welches sie behalten wollen, und neben welchem sie ausserdem auch ferner noch ein Nichtkuratbenefizium besitzen können, dagegen auf die übrigen, welche zugleich von dem erwähnten Zeitpunkt ab für erledigt erklärt werden, innerhalb der gedachten Frist vor ihren Ordinarien durch eine in öffentlicher Form abzugebende Erklärung, sowie auch thatsächlich verzichten, ferner sich dieselben nicht ohne eine neue rechtsgültige Verleihung wieder anmassen oder in ihre Verwaltung einmischen, widrigenfalls sie auch dasjenige Benefizium, welches sie nach der vorstehenden Anordnung behalten dürfen, ipso iure verlieren und zum Erwerbe gleicher Benefizien unfähig werden.

Die an die gedachten Amtsträger bereits ertheilten Anwartschaften sollen mit der Massgabe in Kraft bleiben, dass, falls sich dieselben später verwirklichen, derjenige, welcher früher auf Grund der vorstehend gedachten Anordnung ein Benefizium ausgewählt hat, sich binnen Monatsfrist bei Vermeidung der vorher erwähnten Strafen darüber entscheiden kann, ob er dieses oder das ihm neu angefallene behalten will.

2. Solche Geistliche, welche mehrere der erwähnten Benefizien ohne Dispensation in ihrer Hand vereinigt halten, sollen auf alle, mit Ausnahme des ihnen zuletzt verliehenen, binnen der gleichen Frist in der unter 1 vorgeschriebenen Form verzichten, sonst verlieren sie alle ihnen zustehenden Aemter ipso iure und werden mit Unfähigkeit zur Erlangung anderer gleichartiger Benefizien bestraft.

3. In Zukunft soll jeder, welcher eine Dignität, ein Personat- oder ein anderes mit Seelsorge verbundenes Offizium oder Benefizium besitzt und ein zweites derartiges Amt annimmt, weil er mit dem erlangten ruhigen Besitz desselben oder bei schuldhafter Unterlassung des Besitzerwerbes des ersteren ohne Weiteres verlustig geht, dieses erste in der schon erwähnten Form ohne Verzug in die Hände des Bischofs aufgeben, und im Fall des Zuwiderhandelns auch das neue Benefizium verlieren, sowie keine höheren Weihen und überhaupt keine kirchlichen Benefizien mehr erwerben dürfen[3].

4. Ferner wird den Bischöfen, bei der Sedisvakanz den Kapiteln auferlegt, dem Papst Mittheilung über die Benefizien, welche in Folge der getroffenen Bestimmungen in ihre Hände aufgegeben oder ihren Inhabern zur Strafe verloren gegangen sind, zu machen.

[1] S. o. S. 131.
[2] Const. cit. a. Ende s. v. „illa duntaxat“.
[3] Ueber die Reservation der nach den Vorschriften unter 1 bis 3 verloren gegangenen Benefizien s. oben a. a. O.

5. Endlich werden von allen vorstehenden Anordnungen die Kardinäle und königlichen Prinzen ausgenommen [1].

Bei der weiten Ausdehnung, in welcher das Uebel der Pluralität der Benefizien um sich gegriffen hatte, gelangten aber auch diese Massregeln, — sie bewegen sich im wesentlichen auf demselben Boden, wie die früheren gesetzlichen Bestimmungen —, nicht zu voller Durchführung [2]. Und obschon mehrere der Nachfolger Johanns XXII., so Benedikt XII. (1334—1342), Innocenz VI. (1352—1362) und Urban V. (1362—1370) [3] sich bemüht haben, die Aemter-Kumulationen einzuschränken, so wurde doch jeder etwaige Erfolg dieser Bestrebungen während der Zeit des bald darauf eintretenden päpstlichen Schismas wieder in Frage gestellt [4]. Der alte Krebsschaden blieb in seinem früheren Umfange bestehen, und war in der That auch nicht ohne eine Beschränkung des päpstlichen Dispensationsrechtes, durch welches alle gut gemeinten gesetzlichen Anordnungen wirkungslos gemacht werden konnten, zu beseitigen.

Auf dem Konstanzer Konzil suchte man daher die Dispensationen an besondere Voraussetzungen zu binden und dadurch zu erschweren [5], Martin V. ging aber nicht darauf ein, ja seine eigenen Reformvorschläge enthielten sogar insofern eine Milderung der const. *Execrabilis* Johanns XXII., als sie die Vorschriften derselben nur in Betreff der Unvereinbarkeit zweier Pfarrkirchen, nicht aber in Betreff der Inkompatibilität der anderen von dem gedachten Papst für Kurat-Aemter erklärten Benefizien festhalten wollten [6]. Ueber irgend welche allgemeine Vorschriften in Betreff der Pluralität der Benefizien hat man sich auf dem Konzile indessen nicht vereinigen können, und nur in dem englischen Konkordate findet sich die Zusicherung des Papstes, die Vorschriften des 4. Lateranensischen Konzils (o. S. 218) beobachten zu wollen [7].

So blieb auch diesmal wieder Alles beim Alten [8]. Erst das unter Leo X. abgehaltene Lateranensische Konzil hat nach dem Vorgange Johanns XXII. die freilich nicht einmal der seinigen an Strenge gleichkommende Anordnung erlassen, dass alle diejenigen, welche mehr als vier Kuratbenefizien oder Dignitäten, sei es als Titel, sei es als Kommenden, inne hätten, auf alle bis auf zwei innerhalb zwei Jahren in die Hände der Ordinarien verzichten sollten [9]. Eine derartige laxe Bestimmung hat selbst-

[1] Ueber die frühere Zeit vgl. Th. I. S. 332. 335.

[2] Denn ausser der Unzulänglichkeit des Benefiziums und dem Mangel von Geistlichen galt in der Doktrin seit dem 13. Jahrhundert selbst die blosse päpstliche Gnade als ein ausreichender Dispensationsgrund, Gl. s. v. intitulatam zu c. 54. X. de elect. I. 6.

Auch die Gegner Johanns XXII. in seinem Kampf mit Ludwig d. Baiern suchten durch solche Aemter-Kumulationen ihre Macht zu stärken, so hat Erzbischof Balduin von Trier 1328 das ihm vom Kapitel angebotene Erzstift Mainz angenommen und sich in den Besitz desselben gesetzt, trotzdem dass der Papst selbst einen anderen Erzbischof für dasselbe ernannt hatte. Balduin vereinigte übrigens mit diesen beiden Erzbisthümern später auch die Verwaltung der Bisthümer Worms und Speier, die des ersteren freilich nur auf kurze Zeit, C. Müller, Kampf Ludwigs d. Baiern mit d. röm. Kurie 1, 280. 286. 288 ff.

[3] S. Hefele Konziliengesch. 6, 556. 605. 817, vgl. auch die const. Urbans V. v. 1366 bei Mansi 26, 42.

[4] Hefele a. a. O. 6, 588. In dem Traktat de ruina ecclesiae c. 14, bei Hardt conc. Constant. I. 3, 11. wird erzählt, dass die Kardinäle oft 400—500 Benefizien an sich gezogen haben.

[5] Hübler, Konstanzer Reformation S. 150. n. 85. Ueber andere Propositionen a. a. O. n. 86.

[6] A. a. O. S. 150. 151.

[7] Hübler a. a. O. S. 212.

[8] Dies zeigen auch die Partikularsynoden jener Zeit, welche sich zum Theil ebenfalls mit weniger strengen Vorschriften als früher gegen die Pluralität der Benefizien richten, s. Würzburg 1407, c. 12, Hartzheim 5, 6; Salzburg 1418, c. 8, Mansi 28, 985; Sens (o. Paris) v. 1429, c. 5. 6. l. c. p. 1079; Freising 1440, c. 7, Hartzheim 5, 271, Lüttich 1446, l. c. p. 311, Würzburg 1446, l. c. p. 327; Konstanz 1463, l. c. p. 460; Basel 1503, l. c. 6, 31; Köln 1536 P. I. c. 33, l. c. p. 251; Hildesheim c. 19, l. c. p. 323.

[9] Sess. 9, Hardouin 9, 1750.

verständlich ebenfalls keine Aenderung herbeiführen können [1], und daher verblieb dem Konzil von Trient die Aufgabe, auch in Betreff dieses Uebels reformirend einzuschreiten [2]. Dasselbe traf zunächst im J. 1547 Vorschriften über die damals häufig gewordene Pluralität der Bisthümer und erneuerte im Uebrigen für die Zukunft die Vorschriften des 4. Lateranensischen Konzils [3].

Da indessen diese Festsetzungen nicht ausreichend erschienen, so kam dasselbe im J. 1563 nochmals auf den Gegenstand zurück und ordnete unter Zugrundelegung der Vorschrift des Chalcedonensischen Konzils [4] an [5], dass künftighin keinem Geistlichen, selbst auch nicht einmal den Kardinälen [6] mehr als ein Benefizium verliehen werden sollte. Nur die Ausnahme liess es zu, dass, falls ein einziges Benefizium nicht zum anständigen Lebensunterhalte des Benefiziaten ausreiche, diesem noch ein anderes, jedoch nur ein benefizium simplex, welches die persönliche Residenz nicht erfordere, übertragen werden dürfe [7].

Die Ausbreitung des Protestantismus, das durch die protestantischen Anschauungen hervorgerufene und beförderte Eingreifen der katholischen Landesherrn in die kirchlichen Angelegenheiten und der Erwerb ausgedehnter Besetzungsrechte durch die letzteren, welche für die Regel kein Interesse hatten, einzelne Kleriker mit vielen Benefizien zu überhäufen, erleichterten die Durchführung der gedachten Vorschriften in Bezug auf die niederen Benefizien [8]. In Betreff der höheren, insbesondere der Bisthümer, nicht minder auch der Verbindung der Stellen der bedeutenderen Stifter mit einander und namentlich mit Bisthümern hatten die zuerst gedachten Umstände aber

[1] Vgl. z. B. die s. g. Reformationsformel Karls V. v. 1548 bei Gaertner corp. iur. eccles. 2, 258. Von Bisthümern besass im 16. Jahrh. Albert II. Markgraf von Brandenburg, Mainz (1514—1545) und Magdeburg, Herman V. Graf v. Wied Köln (1515—1546) und Paderborn. Ueber die Vereinigung von Stiftsdignitäten und Kanonikaten vgl. Varrentrapp, Hermann von Wied S. 130.

[2] Sess. VII. c. 2. de ref. Danach soll Niemand, gleichviel welche hohe kirchliche Würde er auch besitzt, mehrere Kathedralkirchen als Titel oder Kommenden in seiner Hand vereinigen und diejenigen, welche mehrere solche Kirchen innehaben, sollen sich eine auswählen, die übrigen aber binnen 6 Monaten, wenn dieselben zur Disposition des apostolischen Stuhles stehen, sonst innerhalb eines Jahres, bei Verlust aller ausser der zuletzt erhaltenen, aufgeben. Demgemäss ging auch Paul IV. 1559 auf die Bitte Herzog Heinrichs von Braunschweig, seinem Bruder drei deutsche Bisthümer zu verleihen, nicht ein, s. dessen const. Non obliti bei Raynald. ann. a. 1559. n. 24.

[3] L. c. c. 4.

[4] S. o. S. 244.

[5] Sess. XXIV. c. 17 de ref.

[6] Dadurch ist die o. S. 254 gedachte Bestimmung der const. *Execrabilis* beseitigt worden.

[7] Für die damaligen Besitzer von solchen Benefizien, welche danach mit einander unvereinbar waren, traf das Konzil a. a. O. ähnliche Bestimmungen wie für die Besitzer zweier Bisthümer, s. Anm. 2.

[8] Einschärfungen des Verbotes der Pluralität durch die Synoden v. Lüttich 1548. c. 14, Strassburg 1549. c. 30 (unter Hinweis auf die erste Vorschrift des Tridentinums), Köln 1549, Mainz 1549, Hartzheim 6, 396. 520. 544. 580; Augsburg 1670. P. III. c. 5, l. c. 9, 59 (ebenfalls unter Bezugnahme auf das Tridentinum).

In Frankreich sind die Vorschriften des Tridentinums nicht nur auf mehreren Provinzialsynoden des 16. Jahrhunderts wiederholt und publicirt, Thomassin l. c. c. 8. n. 7, sondern auch von der weltlichen Gesetzgebung recipirt worden, vgl. die Ordonnance de Blois v. 1579. Art. 11: „Nul ne pourra doresnavant tenir deux archevêchez, evêchez ou cures ès eglises paroissiales quelques dispenses qu'on pourraît ci-après obtenir, nonobstant lesquelles suivant les saints canons et constitutions canoniques seront les benefices de ceux qui les obtiendront declarez vaquans et impetrables", recueil d'édits et ordonnances royaux. Paris 1720. 1, 522; s. auch Art. 73 der gallikanischen Freiheiten und die in den Mémoires du clergé 2, 1447 mitgetheilten Arrêts. Päpstliche Dispensationen von dem Verbote bedurften daher des königlichen Placets. Die Praxis gestattete aber dem Erwerber eines zweiten inkompatiblen Benefiziums eine einjährige Frist für die Wahl zwischen diesem und dem erst besessenen. Nach einer Deklaration Louis' XIV. v. 1681 durfte er indessen während dieser Zeit nur die Einkünfte des Benefiziums ziehen, bei welchem er residirte, während die des zweiten zur Unterhaltung des Vikars und zum Nutzen der betreffenden Kirche verwendet werden sollten, Durand de Maillane dictionnaire de droit canonique s. v. incompatibilité, ed. II. Lyon 1770, 2, 668. 669.

gerade in denjenigen Ländern, in welchen die katholische Kirche, wie in Deutschland, das weitere Vordingen des Protestantismus bekämpfen musste, die entgegengesetzte Wirkung. Hier galt es diese wichtigen und einträglichen Stellen in sichere katholische Hände zu bringen, das Interesse der Fürstenhäuser an der Aufrechterhaltung des Katholicismus zu erhöhen, und die katholische Partei unter den Reichsfürsten zu stärken [1]. Daher sind nach dem Tridentinum sogar Dispensationen [2] zur Erlangung von drei oder vier Bisthümern ertheilt worden [3], und wenn auch Clemens XII. [4] sich gegen die herrschende Praxis, diese ohne eingehende Prüfung der Gründe zu gewähren, ausgesprochen hat, so ist doch die Kumulation von Bisthümern und von Stiftsstellen mit solchen bis zur Auflösung des deutschen Reiches nicht beseitigt worden.

Ausserdem sind auch schon im 16. Jahrhundert die Vorschriften des Tridentinums, soweit sie sich auf die Kardinäle beziehen, dadurch gemildert worden, dass Sixtus V. denselben ein für alle Mal Dispensation für den gleichzeitigen Besitz solcher Benefizien ertheilt hat, deren Innehabung nicht mit der Kardinalswürde wegen der dadurch bedingten Residenzpflicht und wegen des Vortritts des Bischofs unvereinbar erscheint [5].

In Folge der Säkularisationen Ende des vorigen und Anfangs dieses Jahrhunderts ist nach der Wiederaufrichtung der dadurch zerstörten Verfassung der katholischen Kirche die Beobachtung des Verbotes der Benefizienkumulation schon durch die Lage der Verhältnisse, die geringere Zahl von Stellen zur Versorgung der Geistlichen, die von den Regierungen bei der Besetzung der Kirchenämter in Anspruch genommenen Rechte, die Ausschliessung von Ausländern vom Erwerb derselben, den Fortfall der päpstlichen Reservationen u. s. w. geboten worden, so dass jetzt eine so strenge Praxis herrscht, wie dies seit Jahrhunderten nicht der Fall gewesen ist [6].

[1] Vgl. hierzu v. Sartori, geistl. Staatsrechte d. katholischgeistl. Erzstifter I. 2, 19 ff.

[2] Dass die Erhaltung und Stärkung des Katholicismus das Motiv für diese weitgehenden Dispensationen gewesen ist, darüber s. Fagnan. ad c. 22 X. de elect. I. 6. n. 29; Riganti ad reg. I. canc. §. 7. n. 167; Bened. XIII. de synodo dioec. XIII. 8. n. 6.

[3] Beispiele derartiger Kumulation deutscher Bisthümer zusammengestellt bei Riganti l. c. n. 168 ff.; Phillips 7, 450; vgl. auch das Verzeichniss der deutschen Bischöfe bei Potthast, biblioth. hist. medii aevi, Suppl. Bd. S. 267 ff. Hierher gehören z. B. Herzog Ernst v. Baiern, Erzbischof v. Köln (1583—1612), zugleich Bischof von Freising, Münster u. Lüttich, Administrator von Hildesheim; Clemens August I., Herzog von Baiern, Erzbischof von Köln (1723—1761) und Bischof v. Münster, Paderborn, Hildesheim u. Osnabrück, welchen letzteren Papst Clemens XII. gefragt haben soll: Bist Du jener Fürst, welcher alle Bisthümer Deutschlands besitzen will, v. Sartori a. a. O. S. 19.

Ueber die Kapitelstellen vgl. v. Sartori a. a. O. S. 22, und das Verzeichniss der Kölner Domkapitulare von 1794 bei Hüffer, Forschungen z. französ.-rhein. K. R. S. 302. n. 4.

In Polen hatte sich zur Umgehung der Vorschriften des Konzils von Trient bei den dort häufig vorkommenden Translationen der Bischöfe der Missbrauch gebildet, dass der transferirte Bischof möglichst lange in seinem früheren Bisthum zu bleiben suchte, um die Einkünfte desselben noch neben denen des ihm neu übertragenen zu geniessen. Hiergegen richten sich die Dekrete d. Congr. conc. v. 1574 u. v. Urban VIII. v. 1625, Richter Tridentinum S. 48. n. 1. 2; Bened. XIV. l. c. c. 16. n. 16. 17. Vgl. auch unten §. 165.

[4] In zwei Dekreten v. 1731 an die Congregatio concilii und secretaria brevium, mitgetheilt bei Benedikt XIV. l. c. c. 8. n. 8. 9.

[5] Th. I. S. 355. — Darüber, ob die Kardinäle, welche schon ein Bisthum besitzen, eines der suburbikanischen Bisthümer, wenn das Optionsrecht an sie gelangt, wählen dürfen, sind wegen des Tridentinums Zweifel entstanden. Von Urban VIII. ist aber in seinem Dekret v. 1633 eine ausdrückliche Entscheidung darüber nach dem Vorgange Clemens' VIII. abgelehnt worden. Nachdem dann eine unter Alexander VII. 1666 eingesetzte, besondere Kongregation entschieden hatte, dass das Kardinalbisthum nicht als Kommende genommen werden könne, vielmehr nur das frühere als solche beibehalten werden dürfe, hat Clemens XII. in der Const. Pastorale officium v. 1731. §. 7, bull. Taurin. 23, 227, die Entscheidung über die Kumulation beider für jeden Einzelfall dem Papste vorbehalten, Benedikt. XIV. l. c. c. 8. n. 4. Ueber die Zeit vor dem Tridentinum vgl. Thomassin l. c. c. 5. n. 11.

[6] Ueber noch heute vorkommende Ausnahmen s. S. 260. n. 1 u. S. 263. n. 1.

II. Das geltende Recht beruht zwar auf den bereits (s. o. S. 255) erwähnten Bestimmungen des Tridentinums; da dasselbe aber die älteren Vorschriften nicht vollkommen beseitigt, vielmehr theilweise erweitert hat, so kommen dieselben wenigstens noch in mancher Hinsicht neben demselben mit in Betracht[1].

Das Tridentinum ordnet an[2], dass für die Regel Niemandem mehr als ein Benefizium übertragen werden soll. Dadurch ist also jedes Benefizium, welcher Art es auch sein mag, mit irgend einem anderen für inkompatibel[3], d. h. in derselben Hand unvereinbar erklärt. Diese Regel findet ausnahmslos Anwendung:

a. auf Dignitäten[4], Personate[5] und Kuratbenefizien in der Art, dass weder eines dieser Aemter mit einem gleichartigen, noch mit einem der genannten anderen beiden Kategorien in einer Hand vereinigt werden darf. Zu den Kuratbenefizien gehören vor Allem die Bisthümer[6], ferner die Pfarr- und Taufkirchen, sowie Benefizien, welche zur Aushülfe in der Seelsorge bestimmt sind. Wenn dagegen ein Kuratbenefizium von einem anderen Benefizium in der Art abhängig ist, dass es seine Selbstständigkeit auch nur theilweise verloren hat[7], so kommt es bei der Frage, in wie weit der Inhaber des Hauptbenefiziums noch andere Benefizien erwerben kann, nicht in Betracht[8].

b. Nach feststehender Doktrin und Praxis, welche sich an einzelne Dekretalen angeschlossen hat[9], gelten ferner unter allen Umständen mit einander inkompatibel zwei s. g. *beneficia uniformia sub eodem tecto*, d. h. solche, welche an derselben Kirche oder demselben kirchlichen Institute errichtet sind[10] und mit denen gleiche kirchliche

[1] Es ist umsomehr auf dieselben einzugehen, als über die Einwirkung des Tridentinums auf sie Streit herrscht.

[2] Trid. Sess. XXIV. c. 17 cit.

[3] Der Ausdruck: *beneficia incompatibilia*, welchen auch das Tridentinum gebraucht, kommt schon im 15. Jahrh. vor, s. die Synoden v. Würzburg 1407. c. 12 u. 1446, sowie von Freising 1440. c. 8, o. S. 254. n. 8, und die Bezeichnung: *beneficia compatibilia* in den Kanzleiregeln Martins V. v. 1417, Mansi 28, 507, und in der Synode v. Freising 1480, Hartzheim 5, 512.

[4] c. 28 (Lateran. IV.) X. de praeb. III. 5, aufrechterhalten in Trid. Sess. VII. c. 4 de ref.

[5] Gleichgültig ist es, ob die Dignitäten oder Personate bei derselben Kirche und bei verschiedenen bestehen, c. 28 X. cit., ob mit ihnen eine Seelsorge verbunden ist oder nicht, worüber freilich unter den Aelteren Streit geherrscht hat, Fagnan. ad c. 28 X. cit. n. 22 ff.

[6] Trid. Sess. XXIV. c. 17 cit.

[7] c. 6 (Bonif. VIII.) in VI^{to} de praeb. III. 4. Es gehört also hierher der Fall, wo eine Pfarrei einer Stiftsstelle, z. B. der Propstei oder einem Kanonikate inkorporirt ist, sei es quoad temporalia, sei es quoad spiritualia et temporalia, denn in keinem Falle hat der Inhaber der inkorporationsberechtigten Stelle die Seelsorge auszuüben, s. Th. II. S. 447, 452; ferner trifft das auch zu für die unio subiectiva einer Pfarrei mit einer solchen Stelle, welche indessen nach neuerem Recht ausgeschlossen ist, Th. II. S. 418. Vgl. auch Garcias tr. de benef. P. XI. c. 5. n. 187. 196. 197; Leuren. for. benef. P. III. qu. 116.

Der Inhaber zweier aeque principaliter unirter Kuratbenefizien steht in der hier fraglichen Beziehung dem Besitzer eines einzigen gleich, weil die beiden vereinigten Aemter dauernd dazu bestimmt sind, gemeinsam verwaltet zu werden.

Wenn bei einem Kuratbenefizium z. B. wegen Mangels an Parochianen, gar keine Seelsorge geübt werden kann, und auch keine Aussicht vorhanden ist, dass sich der Zustand ändert, so gilt es als simplex, fällt also nicht unter das Verbot, Fagnan. ad c. 30. X. de praeb. 14. 8. n. 41 ff.

[8] Dass nach heutigem Recht noch ebenso wie nach der const. *Execrabilis* Johanns XXII. (s. o S. 252. 253) auch die Seelsorgeämter im weiteren Sinne, Th. II. S. 371. 372, unter die Regel des Textes fallen, — über diese Kontroverse s. Leuren. l. c., — wird verneint werden müssen, da das Tridentinum Sess. VII. c. 7 nur das Lateranensische Konzil, nicht aber die erwähnte const. aufrechterhalten hat, so auch die Rota, Hieron. Gonzalez ad reg. VIII cancellar. gl. 6. n. 63. 64.

[9] c. 28. X. cit. (Verbot des Besitzes zweier Dignitäten oder Personate auch ohne Seelsorge an derselben Kirche), c. 9 (Inn. III.) X. de conc. praeb. III. 8, wonach der Kanoniker, welcher später in demselben Kapitel eine Präpositur mit einer Präbende erhält, seine frühere de iure verliert, eine Vorschrift, welche man, worüber sich freilich streiten lässt, auf einen Verlust ipso iure gedeutet hat, Fagnan. ad c. 9 cit. n. 7; vor Allem aber Clem. 6 de praeb. III. 2, in welcher diese letztgedachte Wirkung für den in c. 9. X. cit. behandelten Fall, deutlich ausgesprochen ist; s. ferner c. 1 (Bonif. VIII.) in VI^{to} de consuet. I. 4. Vgl. Garcias l. c. n. 182 ff.; Leuren. for. benef. P. III. qu. 129; van Espen J. E. U. P. II. t. 20. c. 4. n. 4.

[10] Die communis opinio verlangt aber bei der Bestimmung dieses Momentes rechtlichen und faktischen Zusammenhang, nicht blos einen der ersteren Art. Sie nimmt daher keine Inkompati-

Funktionen und zwar solche, welche demselben Zwecke dienen, verbunden sind. Blosse Gleichheit der Funktionen in abstracto genügt nicht zum Begriffe der Uniformität, denn der Grund des Verbotes ist der, eine Verminderung der Zahl derjenigen Geistlichen, welchen die Verrichtung bestimmter gottesdienstlicher Funktionen obliegt, durch etwaige Kombination der dafür bestehenden Benefizien auszuschliessen. Unter das Verbot fällt demnach die Vereinigung zweier Kanonikate, zweier anderen Chor-Benefizien oder dauernden Offizien in derselben Kathedral- oder Kollegiatkirche [1], nicht aber zweier Kaplaneibenefizien, welchen verschiedenartige Messverpflichtungen auferlegt sind [2]. In Betreff der Kanonikate ist es aber gleichgültig, ob sie accessorisch mit einer Dignität verbunden sind oder nicht [3].

c. Ebensowenig dürfen Mönche, also auch regulirte Chorherren schon nach älterer Vorschrift zwei verschiedene Priorate und Seelsorgekirchen, welche nicht von einander abhängig sind, selbst dann, wenn dieselben durch besondere, vom Bischof auf Präsentation einzusetzende Vikare verwaltet werden, gleichzeitig besitzen [4].

d. Schliesslich ist durch das Tridentinum auch der Besitz zweier anderer Benefizien verboten worden [5], jedoch mit der Ausnahme, dass mit einem nicht Residenzialbenefizium, welches seinem Inhaber keinen auskömmlichen Lebensunterhalt gewährt, ein anderes einfaches, welches keine strikte Residenz erfordert, verbunden werden kann [6].

Das eben gedachte Verbot findet sowohl Anwendung auf die Vereinigung zweier blossen beneficia simplicia [7], wie auch eines beneficium simplex mit einem duplex, also einem Seelsorge-Amte, einer Dignität oder einem Personat.

Was die erste Voraussetzung der Ausnahme, die Unzulänglichkeit des Benefiziums betrifft, so entscheidet darüber das Befinden des Ordinarius unter Berücksichtigung der Umstände des Einzelfalles [8]. Der Besitz etwaigen Privatvermögens seitens der Benefiziaten ist aber einflusslos, es wird daher die Zulässigkeit der Erwerbung eines weiteren Benefiziums nicht dadurch ausgeschlossen, dass ein Geistlicher mit unzureichendem Amtseinkommen aus den Einkünften seines eigenen Vermögens standesgemäss leben kann [9].

Was die zweite Voraussetzung anlangt, so darf die für die Benefizien erforderte Residenzpflicht nicht so streng sein, dass ihre Einhaltung nöthigenfalls durch Strafen

bilität an, wenn das Benefizium an einem besonderen kirchlichen Gebäude, z. B. einer Kapelle in der Pfarrei oder an einer Kapelle auf dem nicht im Zusammenhange mit der Kirche belegenen Pfarr-Gottesacker errichtet ist, Garcias l. c. n. 259; Reiffenstuel III. 5. n. 233.

1 Darauf, ob diese Benefizien b. simplicia oder ausreichend sind oder nicht, kommt es nicht an, Garcias l. c. n. 182.

Jede entgegenstehende Gewohnheit erklärt c. 1 in VIto I. 4 cit. für nichtig.

2 Garcias l. c. n. 225; Reiffenstuel l. c. n. 234. 235.

3 Clem. 6. III. 2. cit. Garcias l. c. n. 187. 199 ff.

4 c. 32 (Bonif. VIII.) de praeb. III. 4. Nach d. Entsch. d. Congr. conc., Richter Tridentinum S. 50. n. 9, daher auch nicht die Präpositur in einer Celle und die Abtei in einem anderen Kloster.

5 Sess. XXIV. c. 17 de ref.

6 Garcias l. c. n. 260 ff.

7 Darüber, ob es erlaubt sei, einem Geistlichen mit unzureichendem Benefizium ein solches, welches ihm an und für sich ohne Hinzurechnung der Einkünfte des bereits besessenen ein hinreichendes Einkommen abwirft, zu übertragen, ist früher viel, selbst in der Congr. conc., gestritten worden, Garcias l. c. n. 302. 303; Fagnan. ad c. 18 X. de praeb. III. 5. n. 55, doch hat sich die überwiegende Meinung für die Statthaftigkeit entschieden, Fagnan. l. c. n. 57. 58; Leuren. l. c. qu. 91. n. 2. 3; Reiffenstuel III. 5. n. 298; Phillips 7, 457.

8 Leuren. l. c. qu. 71; Reiffenstuel III. 5. n. 226. Da man es aber früher in Betreff der Feststellung der Zulänglichkeit des Benefiziums nicht genau nahm, so galten vielfach in der Praxis zwei Nichtresidential-Benefizien oder ein solches mit einem Residential-Benefizium schlechthin als kompatibel, Kreittmayr, Anmerkungen zum Cod. Maximial. bavar. V Th. c. 19. §. 29. n. 2.

9 Leuren. l. c. qu. 72; Reiffenstuel III. 5. n. 227.

erzwungen werden und schlimmstenfalls wegen fortdauernder Verletzung derselben eine Entziehung des Benefiziums erfolgen kann [1]. Die Voraussetzung liegt daher nur dann vor, wenn den Benefiziaten wegen ihrer Nichtbeobachtung kein weiterer Nachtheil als der Verlust bestimmter Emolumente trifft [2]. Bei einer sich blos an den Wortlaut haltenden Interpretation des Tridentinums würde demnach auch die Kompatibilität für zwei nicht gleichartige Benefizien an derselben Kirche, s. g. *beneficia difformia sub uno tecto* oder an verschiedenen Kirchen desselben Ortes ausgeschlossen sein, wenn nur eins derselben die strikte Residenz erfordert [3]. In vielen solchen Fällen wird aber die Erfüllung der Amtspflichten möglich bleiben, und da hier der Zweck des Verbotes der Aemterkumulation nicht zutrifft, so sind von Manchen derartige Benefizien für kompatibel erachtet worden [4]. Die Congr. conc. hat indessen diese Meinung verworfen [5], andererseits aber eine die Verbindung solcher Benefizien zulassende Gewohnheit für statthaft erklärt [6], ja später auch die Inkompatibilität nur für die Fälle angenommen, wo eine ordnungsmässige Versehung beider Benefizien nach der Lage der Umstände nicht zu erwarten steht [7].

Unter allen Umständen ist nach dem Tridentinum der gleichzeitige Besitz von mehr als zwei Benefizien, gleichviel welcher Art das zuletzt erworbene dritte ist, verboten [8], und zwar selbst dann, wenn die beiden früher besessenen nur einfache Benefizien ohne Residenzpflicht sind und ihre Einkünfte zusammen genommen dem Benefiziaten nicht einmal den standesgemässen Lebensunterhalt gewähren [9].

Die Inkompatibilität hindert nicht nur die Verleihung der unvereinbaren Benefizien im eigentlichen Sinne, sondern auch jede andere Art der Uebertragung des einen oder anderen, welches wie die Kommendirung oder Vereinigung auf Lebenszeit, dem Benefiziaten ein dauerndes, lebenslängliches Recht gewährt [10].

1 Die Aelteren bezeichnen dies mit *residentia continua et praecisa*, Garcias l. c. n. 261; Leuren. l. c. n. 109; van Espen l. c. c. 3. n. 14; so auch die Congr. conc., Richter, Tridentinum S. 50. n. 1. Nach gemeinem Recht gehören hierher die Bisthümer, die Seelsorge-Aemter, Kanonikate und andere einfache, zum Chordienst verpflichtende Benefizien. Gleich stehen ihnen die einfachen Benefizien, welchen durch die Stiftungsurkunde oder eine andere partikularrechtliche Anordnung eine derartige Residenzpflicht auferlegt ist, Congr. conc. a. a. O. n. 5—7. Daher sind inkompatibel eine Pfarrei oder eine Pfarrkoadjutorie mit einem Kanonikat und mit Kapellaneien, deren Inhaber zufolge der Stiftungsbedingungen täglich selbst in einem Hospital Messe zu lesen und in demselben zu wohnen oder in einem Erziehungsinstitut bei ihnen dort angewiesener Wohnung Unterricht zu ertheilen haben, in den letzteren Fällen selbst dann, wenn die Pfarrei sich an demselben Orte befindet, weil das Pfarrbenefizium die Residenz im Pfarrhause erfordert, Congr. conc. l. c. u. n. 2. 8. Vgl. auch o. S. 230. n. 1.

2 In diesem Fall sprechen die Aelteren von *residentia causativa*, s. vor. Anm. So weit das neuere gemeine Recht den Benefiziaten die Residenzpflicht auferlegt, ist eine solche streng genommen ausgeschlossen, s. o. S. 225 ff., vgl. auch van Espen l. c. c. 3. i. f. Allerdings ist das Tridentinum in der gedachten Beziehung nicht überall zur Anwendung gekommen. So war die Residenz in den meisten deutschen Kapiteln, s. o. S. 234. n. 5, in früherer Zeit nur eine s. g. kausative, da dieselbe blos auf einige Monate beschränkt war, Reiffenstuel III. 5. n. 229. Ein anderes Beispiel bei van Espen l. c. n. 75. Heute kann eine solche kausative Residenz immer noch durch Fundationsbestimmungen festgesetzt sein.

3 Es kommt hier in Frage die Vereinigung einer Dignität oder eines Personates mit einem Kanonikat, eines solchen mit einem einfachen Kaplaneibenefizium, die einer Pfarrei mit einem Benefizium der letztgedachten Art.

4 Garcias l. c. n. 231. 236; Reiffenstuel III. 5. n. 238. 239. Vgl. über diese Frage auch Leuren. l. c. qu. 134 ff.

5 S. die Entscheidungen bei Garcias l. c. n. 234 ff.

6 Vgl. Garcias l. c. n. 246 ff.

7 Vgl. einerseits die Entscheidung bei Richter a. a. O. S. 377. n. 5, andererseits die unter n. 4. 6. 7.

8 Diese Ausnahme lässt es überhaupt nicht zu, Garcias l. c. n. 310; Leuren. l. c. qu. 94.

9 So hat die Congr. conc. konstant entschieden, vgl. Richter a. a. O. n. 8—11. Daher kann auch der Pönitentiar, weil er einmal an der betreffenden Kirche ein dauerndes officium, ferner den demselben annektirten Kanonikat besitzt, nicht ohne Weiteres noch eine Dignität an derselben erhalten, Congr. conc. bei Garcias l. c. n. 250.

10 Trid. Sess. VII. c. 4 de ref.; s. auch Sess. XXIV. c. 17 de ref.

Die Dispensation von dem Verbote der Pluralität steht dem Papste zu[1], welcher dabei, wenn auch in seinem Gewissen, doch nicht rechtlich an bestimmte Gründe[2] gebunden ist. Der Bischof[3] ist nur ausnahmsweise dazu befugt, wenn eine dringende Nothwendigkeit vorliegt und der Papst nicht angegangen werden kann[4].

Was die Verletzung der Vorschriften über die Kumulation der Benefizien betrifft, so drohen die älteren Vorschriften für die unter a—c gedachten Fälle (o. S. 257. 258) den Verlust des früheren Benefiziums ipso iure an, wenn ein zweites der dort erwähnten Benefizien von dem Inhaber angenommen worden ist, während das ältere Recht bei anderen Arten der Inkompatibilität dem Inhaber der beiden Benefizien die Wahl gestattete und erst wenn er beide behalten wollte, Entziehung derselben durch richterlichen Ausspruch eintreten liess[5]. Mit Rücksicht hierauf hat die kanonistische Doktrin die *beneficia incompatibilia* in solche *primi generis* und *secundi generis* geschieden[6], und diese Eintheilung wird vielfach noch heute festgehalten[7]. Gegenüber dem Tridentinum erscheint dies aber nicht gerechtfertigt. Dasselbe setzt zwar einen Verlust ipso iure in seiner späteren Anordnung über die Pluralität der kirchlichen Aemter nicht fest[8], wohl aber in der zuerst von ihm aufgestellten Vorschrift unter Bezugnahme auf das IV. Lateranensische Konzil[9] für den Erwerb und Besitz mehrerer »curata aut alias incompatibilia beneficia ecclesiastica«[10]. Damit hat es deutlich zu erkennen gegeben, dass es die Verletzung des Verbotes in allen Fällen der Inkompatibilität in der gedachten Weise gestraft wissen will[11], und man ist daher genöthigt, diese Anordnung auch auf die spätere Erweiterung der Inkompatibilität anzuwenden[12], d. h. also in der Ausdrucks-

[1] Weil es sich hierbei um Beseitigung des gemeinen Rechtes handelt. Eine solche ist in der Bulle de salute animarum den Honorarkanonikern, welche zugleich Pfarrer sind, und auch in der ersteren Stellung Einkünfte beziehen, durch Entbindung von der Residenzpflicht und von dem Chordienste ertheilt, s. v. singulis profecto ex primodictorum, s. auch Th. II. S. 83; ferner enthält die Bulle: Provida solersque für die oberrheinische Kirchenprovinz eine Dispensation von der Inkompatibilität für die Domherren in Limburg, welche damals zugleich Pfarreien in der Diöcese zu versehen hatten, ein Verhältniss, welches freilich im Jahre 1868 beseitigt worden ist, Arch. f. k. K. R. 21, 342.

Ueber die Dispensation der Kardinäle s. o. S. 256.

Der Papst selbst bedarf für die Beibehaltung seiner früheren Aemter (auch Leo XIII. hat sein Erzbisthum Perugia nicht aufgegeben, s. Gerarchia cattolica. Roma 1878. ed. II. p. 51. 209) keiner Dispensation.

[2] Als solche werden von den Kanonisten angeführt: Nothwendigkeit oder Nutzen für die Kirche, Armuth und Verdienste des Benefiziaten, vgl. Garcias l. c. n. 336 ff.; Leuren. l. c. qu. 73 ff.; Reiffenstuel n. 245 ff.

Für die Auslegung der päpstlichen Dispensationsreskripte kommen die o. S. 251. n. 4 angeführten Vorschriften noch heute in Betracht, s. Reiffenstuel l. c. n. 250 ff.

Behufs Verwaltung desjenigen Benefiziums, welches der Dispensirte nicht selbst versieht, insbesondere eines derartigen Kuratbenefiziums, ist von demselben ein Vikar unter Zuweisung einer congrua aus den Früchten desselben zu bestellen, auch sind die Ordinarien nöthigenfalls selbst befugt, dergleichen Massregeln zu treffen, Trid. Sess. VII. c. 5 de ref.

[3] Die frühere Befugniss des Bischofs, für zwei Kuratbenefizien zu dispensiren, welche auf c. 2 (Placent. 1095) Dist. LXX gegründet worden ist, ist entfallen, Reiffenstuel l. c. n. 261.

[4] So die einstimmige Ansicht der Kanonisten, Garcias l. c. n. 339; Reiffenstuel l. c. n. 264; Phillips 7, 459. Praktisch wird aber dieser Fall jetzt kaum werden.

[5] S. o. S. 247.

[6] Barbosa de off. et pot. episc. P. III. all. 57. n. 201; Reiffenstuel l. c. n. 286; van Espen l. c. c. 4. n. 3.

[7] S. z. B. Schulte, K. R. 2, 303; Vering K. R. S. 496.

[8] Trid. Sess. XXIV. c. 17 de ref., s. auch o. S. 255.

[9] S. o. S. 249.

[10] Trid. Sess. VII. c. 4 de ref.

[11] Hierauf deutet auch die transitorische Bestimmung des c. 17 cit. hin, dass wenn die damaligen Inhaber die Wahl zwischen den inkompatiblen Benefizien innerhalb 6monatlicher Frist unterlassen, alle von ihnen besessenen Parochial- und anderen Benefizien ipso iure verloren gehen sollen. Diese hat also ebenfalls an der richterlichen Entziehung des älteren Rechts nicht mehr festgehalten.

[12] Darüber ist freilich gestritten worden und die Rota hat sich noch im 16. Jahrhundert für die entgegengesetzte Ansicht erklärt, vgl. Garcias l. c. n. 80. 81. Für die im Text vertheidigte Ansicht aber Garcias l. c. n. 83 ff.; Fagnan. ad c. 28 X. de praeb. III, 5. n. 3 ff., welche beide

weise der erwähnten Terminologie alle mit einander unvereinbare Benefizien für beneficia incompatibilia primi generis zu erklären.

Ueber die rechtlichen Folgen, welche bei Nichtbeachtung der Vorschriften über die Inkompatibilität eintreten, ist Folgendes zu bemerken:

Die Verleihung eines Benefiziums an Jemand, welcher schon ein mit demselben unvereinbares besitzt, ist an und für sich keineswegs nichtig. Das Verbot der Inkompatibilität hat nicht den Zweck, überhaupt die Erlangung eines anderen Benefiziums durch einen schon bepfründeten Geistlichen, vielmehr nur den gleichzeitigen Besitz und Genuss zweier Benefizien seitens desselben auszuschliessen. Daher ist auch als gesetzliche Strafe nur der Verlust des früher besessenen angedroht, und dadurch der Erwerb des zweiten gerade als gültig vorausgesetzt [1].

Das erste Benefizium verliert aber der Inhaber nicht schon dadurch, dass er die Uebertragung eines anderen annimmt [2], vielmehr erst dann, wenn er in den sowohl faktisch als auch rechtlich unbestrittenen Besitz des letztern [3], und zwar nicht nur in den des Amtes, sondern auch des Benefizial-Vermögens und der Benefizialeinkünfte oder des grösseren Theiles dieser Massen und Bezüge [4], gelangt ist. Mit diesem Augenblick erlischt ohne weiteres sein Recht [5] auf das erste Benefizium [6]. Der Benefiziat ist

eine Reihe von späteren Entscheidungen der Rota und der Congr. conc. anführen; Reiffenstuel l. c. n. 285. 293; Phillips 7, 456. Eine davon abweichende Praxis ist allerdings in einzelnen Ländern, z. B. in Spanien, früher beobachtet worden, Garcias l. c. n. 82, nur ist man nicht berechtigt, diese als die herrschende, van Espen l. c. c. 4. n. 8; Schulte a. a. O., zu bezeichnen.

[1] Darüber ist die Doktrin längst einig. Die früher aus c. 8 X. de cler. non res. III. 4 hergenommenen Zweifel sind mit Rücksicht auf die spätere Gesetzgebung, c. 28 X. cit. III. 5 und das Tridentinum, unberechtigt, vgl. Fagnan. ad c. 8 X. cit. III. 4. n. 8; Reiffenstuel III. 5. n. 267 ff. Wohl aber wird die Verleihung eines dritten inkompatiblen Benefiziums, wenn der Beliehene schon zwei andere mit päpstlicher Dispensation besitzt, wegen des c. 3 i. f. in VI^to de off. ord. I. 16 cit. allgemein für nichtig erklärt, Garcias l. c. n. 171; Fagnan. ad c. 18 X. de praeb. III. 5. n. 63 ff.; Reiffenstuel n. 310 ff. Das widerspricht indessen der Clem. 3 de praeb. III. 2. Diese ordnet an, dass wer mehrere Dignitäten besitzt und dazu eine weitere oder ein Kuratbenefizium erwirbt, mit dem Besitze des letzten Benefizium alle früheren ebenso ipso facto verliert, wie derjenige, welcher bereits ein einziges derartiges Benefizium innegehabt hat und ein zweites, damit unvereinbares erhält, behandelt also für beide Fälle die letzte Verleihung des inkompatiblen Benefiziums rechtlich völlig gleich, während das c. 3 i. f. in VI^to cit. einen Verlust der früheren Benefizien nicht festsetzt, sondern nur den Erwerb des zuletzt verliehenen ausschliesst. Beide Stellen gehen also von einer sich widersprechenden juristischen Auffassung aus, und da die Clem. 3 das jüngere Gesetz ist, muss ihre Vorschrift als die allein massgebende betrachtet werden.

[2] Also noch viel weniger dadurch, dass er erst ein ius ad rem auf dasselbe erlangt, Garcias l. c. n. 101 oder sich blos darum bewirbt, Arch. f. k. K. R. 10, 266.

[3] c. 28 X. de praeb. III. 5; Clem. 3. 6. eod. III. 2; Trid. Sess. VII. c. 4 cit. Vgl. dazu Garcias l. c. n. 105. Dass der Besitz des früher erlangten ein völlig unbestrittener ist, wird aber nicht erfordert, l. c. n. 107. 108.

[4] c. 26 (Bonif. VIII.) in VI^to eod. tit. III. 4; Garcias l. c. n. 123; Leuren. l. c. qu. 101. Ueber einzelne aus Anlass dieser Voraussetzung entstandene Kontroversen Garcias l. c. n. 135 ff. u. Leuren. qu. 102 ff.

[5] S. die Anm. 3 citirten Stellen; nicht aber der Besitz des Benefiziums. Dieser wird freilich zu einem unberechtigten und daher kann sich der Inhaber zur Erhaltung desselben nicht auf die regula de triennali possessione, Th. II. S. 656, berufen, wie dies auch die päpstlich bestätigte Entscheidung der Congr. conc. v. 1632, Richter Tridentinum S. 50. n. 10, annimmt.

[6] Dasselbe gilt, wenn der Benefiziat den ruhigen Besitz des zweiten Benefiziums lediglich wegen eigener Schuld oder Nachlässigkeit nicht erworben hat, c. 28 (Bonif. VIII.) in VI^to de praeb. III. 4. Vgl. hierzu auch die Entscheidung der Congr. conc. in den Analect. iur. pont. 1861. p. 586.

Wenn die Verleihung des zweiten Benefiziums aus irgend einem Grunde nichtig ist, kann diese Folge nicht eintreten, weil eine solche kein Recht auf das letztere giebt, also auch keine Inkompatibilität herbeiführen kann. Die älteren Kanonisten nehmen aber das Gegentheil an, wenn der Beliehene trotz seiner Kenntniss der Nichtigkeit den Besitz des zweiten Benefiziums erworben hat, Leuren. l. c. qu. 105. Die Berufung auf die Regel des c. 18 in VI^to eod., Th. II. S. 654, rechtfertigt dies nicht, vielmehr nur den Verlust des zweiten Benefiziums. Uebrigens hängt diese Ansicht mit der unrichtigen Auffassung des Verhältnisses zwischen c. 3 in VI^to de off. ord. I. 16 cit. und Clem. 3 eod. III. 2, o. Anm. 1, zu-

daher verpflichtet, dasselbe auch thatsächlich aufzugeben [1] und zur Disposition des Kollationsberechtigten zu stellen [2]. Gleichviel aber, ob dies geschieht oder nicht, hat der letztere das vakant gewordene Benefizium binnen sechs Monaten von Neuem zu verleihen [3], widrigenfalls ihn die o. S. 249 erwähnten Nachtheile treffen [4].

Wenn der Inhaber seiner gedachten Verpflichtung in Bezug auf das erste nicht nachkommt, dasselbe vielmehr neben dem ersten zu behalten sucht, so wird er auch des zweiten ipso iure verlustig [5] und der Kollator hat in diesem Falle das letztere gleichfalls neu zu besetzen [6].

Die vorstehend entwickelten Rechtssätze gelten dem Wortlaut der einschlagenden gesetzlichen Anordnungen nach nur für die Benefizien im eigentlichen Sinne und die Regularbenefizien. Ausserdem hat sie eine feststehende Praxis auch auf diejenigen officia ausgedehnt, welche einen dauernden Charakter haben und zu dauernder Verleihung bestimmt sind [7].

Sie finden dagegen keine Anwendung auf andere kirchliche Aemter, denen die Benefizial-Qualität fehlt. Solche sind also im vorgedachten Sinne weder mit einander, noch mit den eigentlichen Benefizien inkompatibel [8]. Andererseits ist aber deshalb eine beliebige Häufung solcher Stellungen in einer und derselben Hand keineswegs erlaubt. Der allgemeine Gesichtspunkt, welcher für das Verbot der Pluralität der Benefizien in

sammen. In Konsequenz derselben haben die dort citirten Schriftsteller angenommen, dass der Verlust sämmtlicher früher besessenen Benefizien bei Erlangung eines weiteren inkompatiblen trotz der von ihnen fälschlich für nichtig erachteten Verleihung des letzten erfolgt.

1 Selbstverständlich bleibt ihm aber dafür eine angemessene Frist offen, weil er berechtigt ist, sich erst zu überzeugen, ob das Benefizium nicht litigios ist, also sein Besitz ein unangefochtener sein wird. Eine bestimmte Länge der Frist ist nicht vorgeschrieben. Die älteren bemessen sie meistens auf zwei Monate, Garcias l. c. n. 113 ff.; Leuren. l. c. qu. 100. Dagegen schon Reiffenstuel III. 5. n. 326 ff.

2 Die dafür von Johann XXII. in der const. *Execrabilis* angeordneten Formalitäten, s. o. S. 253, hat aber das Tridentinum nicht erneuert, und sie sind auch nicht praktisch beobachtet worden, Garcias l. c. n. 40; Leuren. qu. 125.

3 Beziehentlich, wenn ihm die freie Kollation nicht zusteht, die Wiederbesetzung herbeizuführen. Das „libere conferat" in c. 28. X. III. 5 cit. bedeutet nur soviel, als ungehindert durch den bisherigen Inhaber, nicht aber den Eintritt der freien Kollation und die Beseitigung der Befugnisse anderer bei der Verleihung Berechtigter, Fagnan. ad c. 28. cit. n. 16. Ueber die päpstliche Reservation der ipso iure verlorenen Benefizien s. o. S. 147.

In Betreff der Einweisung des neu Beliehenen in den Besitz kommt c. 28 in VIto III. 4, S. 251. n. 4 a. E. zur Anwendung.

4 Die gedachten Vorschriften können nicht zur Anwendung kommen, wenn Jemand zwei inkompatible Benefizien gleichzeitig erhält und nicht festgestellt werden kann, welches von ihnen das zuerst verliehene ist. Hier wird dem Benefiziaten die Wahl offen gelassen werden müssen, Fagnan. ad c. 7 X. III. 5. n. 9. 10; Phillips 7, 458.

5 Diese Strafe tritt ein, wenn der Benefiziat durch sein Verhalten, z. B. fernere Verwaltung und Nutzniessung des ersteren Benefiziums zu erkennen giebt, dass er dasselbe nicht aufzugeben beabsichtigt. Einer vorgängigen Aufforderung zur Niederlegung des ersten Beneficiums oder gar der Einleitung eines richterlichen Verfahrens auf Entziehung desselben, — dies ist früher in Anhalt an c. 28. X. cit. III. 5 für nöthig erachtet worden, Glosse s. v. contenderit dazu, — bedarf es mit Rücksicht auf das Trid. Sess. VII. c. 4. cit. nicht mehr, das letztere droht den ipso iure eintretenden Verlust für das: „simul retinere" an. So auch die herrschende Meinung und die Praxis der Congr. conc., Garcias l. c. n. 92 ff.; Fagnan. ad c. 28. X. cit. n. 6 ff.; Leuren. qu. 123; Reiffenstuel III. 5. n. 314 ff. Eine vorherige Feststellung des Thatbestandes ist aber selbstverständlich nicht ausgeschlossen.

Des Weiteren kommen dieselben Grundsätze, wie beim Verlust des ersten Beneficiums, zur Anwendung, S. 261. n. 5.

6 Die sonstigen Strafen, welche die const. Johanns XXII. androht, s. o. S. 253, müssen durch das Tridentinum, a. M. Leuren. qu. 124, für beseitigt erachtet werden.

7 Wie z. B. das Offizium des Pönitentiars und des Theologus. Vgl. Garcias l. c. n. 181; Leuren. qu. 106; s. auch die Entsch. d. Rota i. Acta s. sed. 3, 453.

8 So hat auch die Congr. conc. eine Inkompatibilität eines Pfarrbenefiziums mit der Stellung eines Titularbischofs als Weihbischofs in der Diöcese, Richter Tridentinum S. 376. n. 1, eines Kanonikates mit der Verwaltung der dem Kapitel zustehenden cura habitualis als amovibler Vikar, Acta s. sed. 4, 401 nicht für vorhanden erachtet.

massgebender Weise in Betracht kommt, die Sicherung der ordnungsmässigen Erfüllung der Amtspflichten, kann auch bei derartigen kirchlichen Stellungen und Aemtern nicht ausser Acht gelassen werden. Eine Vereinigung dieser letzteren erscheint daher, soweit die gehörige Versehung der Amtspflichten dadurch beeinträchtigt wird, ebenfalls unstatthaft[1]. Der zuständige Kirchenobere ist demnach verpflichtet diese s. g. *incompatibilitas facti* seinerseits zu verhindern[2], und kann auch nöthigenfalls im Oberaufsichtswege dazu angehalten werden.

Der Anwendung dieser kirchlichen Rechtsnormen steht heute in den deutschen Staaten nichts entgegen. Für Baiern sind sie sogar ausdrücklich durch das Konkordat von 1817 für massgebend erklärt[3], und in den Staaten der oberrheinischen Kirchenprovinz ist durch die staatliche Gesetzgebung die Inkompatibilität zweier Kirchenpfründen, von denen eine jede die Kongrua trägt, ausgesprochen worden[4].

[1] Speciellere Grundsätze lassen sich wegen der Verschiedenheit der hier in Frage kommenden Stellungen nicht entwickeln. Während die Anstellung eines Geistlichen als Vikars zur Aushülfe in zwei verschiedenen Pfarreien, die Versehung zweier Missionspfarreien durch einen Geistlichen, falls sie nicht etwa einen geringen Umfang einnehmen und nahe aneinander belegen sind, für ausgeschlossen erachtet werden muss, wird in andern Fällen, namentlich, wenn die eine Stellung, wie die des Kapitularvikars nur von vorübergehender Dauer ist, oder wenn dieselbe, z. B. die des Generalvikars, eines bischöflichen Rathes, ihren Inhaber im gegebenen Falle nicht vollständig in Anspruch nimmt, eine Kombination mit andern Aemtern, z. B. mit Kanonikaten, nicht unzulässig erscheinen. Vgl. übrigens auch ausser der vorhergehenden Anmerkung noch Th. II. S. 212. 235. Für die Weihbischöfe werden übrigens sogar, um ihnen ein auskömmliches Einkommen zu sichern, unter Umständen, auch päpstliche Dispensationen für die Beibehaltung von eigentlich mit ihrer Stellung inkompatiblen Benefizien unter geeigneten Auflagen zur Sicherung der ordnungsmässigen Verwaltung derselben ertheilt, Th. II. S. 182.

[2] Also z. B. durch Versagung der Approbation für ihm vorgeschlagene Vikare, durch Entziehung von widerruflich übertragenen Stellungen, auch endlich durch arbiträre Strafen gegen die Beibehaltung zweier unvereinbarer Aemter.

[3] Art. 10, welcher aber die päpstliche Dispensation vorbehält.

Dasselbe gilt in Oesterreich nach §. 14 des Ges. v. 7. Mai 1874, nach welchem die Diöcesanverwaltung, nach den kirchlichen Vorschriften, insoweit sie den Staatsgesetzen nicht widersprechen — solche existiren nicht, denn die Hofdekrete vom 24. Mai 1774, 10. Febr. und 14. Nov. 1785 (Handb. d. V. Josephs II. 2. Aufl. 8, 593. 594) und vom 26. Okt. 1825 u. 19. April 1832 (Kropatschek, Samml. d. Ges. 58, 169) waren durch das Konkordat v. 1855. Art. 35 aufgehoben — zu führen ist.

Für Preussen schreiben die Erektionsdekrete für Gnesen und Posen, Weiss, corp. iur. cathol. p. 109, 112, vor, dass die zu einer Dignität oder zu einem Kanonikate beförderten Geistlichen ihr etwaiges Kuratbenefizium aufgeben und dass die Dignitäten und Kanonikate in Gnesen und in Posen als beneficia sub uno tecto angesehen werden sollen.

[4] Gemeinsames Edikt vom 30. Januar 1830. §. 32, welcher seinem Wortlaut nach auch die päpstliche Dispensation ausschliesst. Deswegen ist die Frage, ob dieser §. durch das badische Gesetz vom 9. Okt. 1860. §. 17, d. würtemberg. v. 30. Jan. 1862. Art. 22 u. d. hess. v. 23. April 1875 (recht. Stellung d. Kirchen etc. betr.) Art. 5 aufgehoben ist, noch von praktischem Interesse. Für Hessen kann die weitere Geltung gar keinem Zweifel unterliegen. Dasselbe muss aber auch für die beiden andern Staaten, in denen das Edikt nicht als Ganzes beseitigt worden, Spohn, bad. Staatskirchenrecht S. 164; Golther, Staat u. kath. Kirche i. Würtemberg S. 423 angenommen werden, denn um eine rein kirchliche Angelegenheit handelt es sich bei dieser Dispensation insofern nicht, als durch eine derartige Dispensation das Pfründenvermögen zu ihm fremden Zwecken, zur Verwendung für Geistliche, welche die ihnen obliegenden geistlichen Amtsverrichtungen gar nicht oder nicht ausreichend zu leisten im Stande sind, bestimmt werden kann. Aus demselben Grunde ist auch der cit. §. 32 in dem nunmehr preussischen Theil der oberrheinischen Kirchenprovinz mit Einführung der preussischen Verfassung v. 1850 Art. 15 in demselben nicht beseitigt worden.

Wo keine besonderen gesetzlichen Bestimmungen bestehen, bildet ein etwaiges Konkurrenzrecht der Staatsregierungen bei der Aemterbesetzung falls dasselbe nicht durch besondere Bestimmungen eingeschränkt ist, ein Mittel, die Pluralität zu verhindern; ferner aber kann als solches auch das Oberaufsichtsrecht über die seinen Zwecken entsprechende Verwendung des kirchlichen Vermögens, und das Placet, wenn es wie nach Art. 1 der französischen organischen Artikel für alle Erlasse des Papstes und der römischen Kirche erfordert wird, also auch päpstliche Dispensationen von der Inkompatibilität begreift, in Frage kommen.

Aus welchen Gründen Thudichum, deutsches K. R. 2, 159 einen in Deutschland allgemein geltenden Rechtssatz aufstellt, dass keinem Geistlichen zwei oder mehr geistliche Aemter übertragen werden können, sobald deren Verwal-

Fünftes Kapitel.

Von der Erledigung der Kirchenämter*.

I. Die Erledigungsfälle.

§. 160. A. *Im Allgemeinen.*

I. Abgesehen von dem selbstverständlichen Falle, dass der berechtigte Inhaber mit Tode[1] abgeht, kann die Erledigung eines Kirchenamtes durch einen Willensakt desselben, vermöge dessen er sein aus der Anstellung erworbenes Recht auf das Amt aufgiebt, also durch Verzicht oder durch Tausch, erfolgen.

Ausser den besonderen Erfordernissen, welche das kanonische Recht für diese beiden Arten der Entäusserung des Amtes verlangt[2], müssen bei ihnen jedenfalls die allgemeinen Voraussetzungen rechtsgültiger Willenserklärungen d. h. Handlungsfähigkeit, sowie Ernstlichkeit und Freiheit des Willens[3], vorliegen. Was die erstere anlangt, so kommen nur solche Ausschliessungsgründe derselben in Betracht, welche ihrer Natur nach, wie z. B. der Wahnsinn[4], die betreffende Person zu rechtlichen Willensakten jeder Art unfähig machen, nicht aber solche, welche ihr die Handlungsfähigkeit blos für das Gebiet des Civilrechtes und des Vermögensverkehres — hierher gehört z. B. die Prodigalitätserklärung[5] — entziehen.

II. Sodann kann ein Kirchenamt dadurch erledigt werden, dass der Inhaber dasselbe ohne oder wider seinen Willen verliert.

Ein solcher Verlust tritt ohne Weiteres, *ipso iure*, dadurch ein, dass der Amtsträger gewisse Unterlassungen begeht, oder bestimmte Handlungen vornimmt, welche das Recht ein für alle Mal mit dieser Folge bedroht[6].

Ferner kann die Entziehung des Kirchenamtes auch durch den Ausspruch des kirchlichen Oberen erfolgen. Bei den Benefizien im eigentlichen Sinne ist dies aber

tung durch eine Person unthunlich erscheint, ist mir unerfindlich, falls nicht darin eine freilich nicht genaue Wiedergabe des kirchlichen Rechts enthalten sein soll.

* J. Helfert, v. d. Besetzung, Erledigung und dem Ledigstehen der Benefizien. Prag 1828. S. 227 ff.; Phillips K. R. 7, 842 ff.

[1] Bei Verschollenheit des Inhabers kann eine Wiederbesetzung dann erfolgen, wenn sie so lange währt, dass eine gegründete Vermuthung für den Tod entsteht, Entsch. d. Congr. conc. bei Richter, Tridentinum S. 39. n. 21. Andererseits kann gegen den Verschollenen nur wegen Verletzung der Residenzpflicht vorgegangen und durch dieses Verfahren das Amt zur Erledigung gebracht werden, s. o. S. 229. 232. 235. 242.

[2] S. darüber §§. 161. 162.

[3] Also Abwesenheit von Zwang und wesentlichem Irrthum, in welcher Hinsicht die römischrechtlichen Grundsätze zur Anwendung kommen. c. 5 (Clem. III.) X. de renunc. I. 9; c. 2 (Alex. III.) c. 4 (Innoc. III.) X. de his quae vi I. 40.

[4] S. auch c. 14 (Greg. I.) C. VII. qu. 1. Ferner heftige, die Willensfreiheit beseitigende Affekte. Ein Lebensalter, bei welchem es noch an der erforderlichen Verstandesreife fehlt, wird kaum praktisch in Betracht kommen, s. Th. II. S. 484 ff. Jedenfalls genügt aber nach c. 3 (Bonif. VIII.) in VI^to de iud. II. 1 zu beiden Rechtsakten das vollendete 14. Lebensjahr, s. auch o. S. 73. n. 6 und Leuren. forum benef. P. III. qu. 324.

[5] Wenngleich es sich bei dem Verzichte des Prodigus auch um Entäusserung der mit dem Amte verbundenen Vermögensrechte handelt, so stehen diese doch erst in zweiter Linie, umsomehr als dabei nicht blos die Aufgabe von Rechten, sondern auch die Befreiung von Pflichten in Frage kommt. Ueberdies giebt es keine die Handlungsfähigkeit des Prodigus bei Benefizialsachen beschränkende Vorschrift des kanonischen Rechtes; derselben Ansicht d. Entsch. d. Congr. conc. v. 1878 in d. Acta s. sed. 11, 438.

Ebensowenig kann für den filius familias, welcher pubes ist, Genehmigung des Vaters erfordert werden, weil sich die Vermögensrechte des letztern nicht auf das Amtseinkommen, welches zum peculium quasi castrense gehört, erstrecken.

[6] Vgl. darüber §. 163.

nur statthaft, wenn der Benefiziat durch ein strafbares Verhalten dazu Veranlassung gegeben hat [1], nicht aber dann, wenn er durch körperliche oder geistige Krankheit zur Verwaltung seines Amtes unfähig geworden ist [2]. Für die Manualbenefizien sowie die sonstigen kirchlichen Aemter und Stellungen, welche ihrer Natur nach widerruflich sind oder widerruflich übertragen werden, gilt dieser Grundsatz nicht. Bei diesen ist vielmehr eine Enthebung der Amtsträger durch den kirchlichen Oberen auch aus anderen Gründen zulässig [3].

III. Eine Mittelstellung zwischen beiden Fällen nimmt endlich nach heutigem Recht die Versetzung ein, sofern sie nicht als Straf- oder Disciplinar-Massregel verhängt wird, weil sie zwar gewöhnlich nur mit Zustimmung des Amtsinhabers statthaben kann, aber andererseits auch ohne eine solche in gewissen Fällen zulässig ist [4].

B. Die einzelnen Erledigungsfälle.

1. Die Aufgabe des Kirchenamtes durch den berechtigten Amtsträger.

§. 161. *a. Der Verzicht auf das Kirchenamt**.

I. Die Zeit bis zum 13. Jahrhundert. In den ältesten Zeiten der Kirche, als die Ordination und die Anstellung der Kleriker zusammenfiel, musste der Austritt aus dem geistlichen Stande, welcher zunächst nicht mit Strafen bedroht war [5], auch den Verlust der in Folge der Weihe erlangten amtlichen Stellung nach sich ziehen. Andererseits schied aber auch derjenige, welcher das bisher von ihm innegehabte kirchliche Amt aufgab [6], aus dem Klerikalstande aus, weil die Ordination nach der damaligen Auffassung dem Geweihten noch keinen, ihn von den Laien für immer unterscheidenden, unauslöschlichen Charakter aufprägte, und somit das seine Zugehörigkeit zum geistlichen Stande bestimmende Moment fortgefallen war.

Schon seit dem Ende des 4. Jahrhunderts macht sich aber die Anschauung geltend, dass der Geistliche weder eigenmächtig sein Amt aufgeben [7] noch aus dem durch die Ordination erlangten geistlichen Stand austreten dürfe [8]. Das letztgedachte Ver-

[1] Hierher gehört die s. g. privatio beneficii, die Deposition, Degradation und die Strafversetzung, darüber ist unten in der Lehre vom kirchlichen Straf- und Disciplinarrecht zu handeln.

[2] Vgl. in Betreff der Bischöfe Th. II. S. 251, der Pfarrer a. a. O. S. 324, der Domherren S. 84. Zur ersteren Stelle ist noch nachzutragen Gregor. VII. reg. V. 19. v. 1078, Jaffé mon. Gregor. p. 315, woraus der Versuch des Papstes erhellt, die Absetzung des altersschwachen Bischofs von Rouen herbeizuführen, vgl. dazu Meltzer, Papst Gregor VII. (s. Th. II. S. 541. n. 6) S. 143. 161.

[3] Vgl. §. 164.

[4] S. §. 165. Uebrigens nennen die österreichischen Schriftsteller, s. z. B. Helfert, Besetzung etc. der Benefizien S. 109. 221; Ginzel K. R. 2, 217. 213, die mit dem Willen des Amtsträgers erfolgte Versetzung, „Uebersetzung," und die Translation gegen den Willen des letzteren: „Versetzung".

* Flaminius Parisius, de resignatione beneficiorum II. Tom. Rom. 1591. Ven. 1595. 1605. Col. 1683. Jo. Andreae tract. de renunciatione beneficior. Francof. 1599. Jo. d'Avezan, lib. de renunciationibus s. resignationibus et pensionibus beneficior. ecclesiastic. . . . Aurel. 1657. auch in Meermann, thesaur. t. IV; Traité des resignations in den Analecta iur. pontif. 1855. p. 1486 ff.

[5] Vgl. auch Löning, Gesch. d. deutsch. K. R. 1, 188.

[6] Denn der Uebergang zu einer andern Kirche kam damals nur ausnahmsweise vor.

[7] Schon nach dem Konzil v. Saragossa v. 380. c. 6 soll der Kleriker, welcher sein Amt aus Stolz niederlegt, um Mönch zu werden und so das Gesetz besser beobachten zu können, von der kirchlichen Gemeinschaft ausgeschlossen werden.

[8] So verbot c. 7 Chalced. v. 451, c. 3. C. XX. qu. 3, bei der erwähnten Strafe den Eintritt in den Kriegsdienst oder in ein weltliches Amt, und die weltliche Gesetzgebung des römischen Rechts ordnete als Strafe dafür die Einreihung in den Dekurionat oder unter die Offizialen der Magistrate an, l. 39. C. Th. XVI. 2. v. 408; l. 52

bot, welches das allgemeine Konzil von Chalcedon[1] zuerst ausgesprochen hat und welches mit der schon damals hervortretenden Ansicht, dass die Ordination den Kleriker dauernd an die Kirche binde, zusammenhängt[2], ist in der folgenden Zeit wiederholt erneuert worden[3], bis die Lehre von dem unauslöschlichen Charakter der Ordination zu allgemeiner Anerkennung gelangte[4] und sich von nun an die Unzulässigkeit des Ausscheidens aus dem Klerikalstande von selbst verstand.

Andererseits lässt sich aber nicht annehmen[5], dass in jener Zeit den Geistlichen, wenn sie sich keinen mit ihrem Stande unvereinbaren Beschäftigungen widmen wollten, das Aufgeben ihrer kirchlichen Stellung, aus auch noch so gerechtfertigten Gründen, wie z. B. wegen Gebrechlichkeit oder hohen Alters, überhaupt versagt gewesen sei[6]. Den Bischöfen hat man weder vor dem Koncil von Chalcedon noch nachher die Niederlegung ihres Amtes unter solchen Umständen verwehrt oder verdacht[7], und was für diese erlaubt galt, konnte für die übrigen Geistlichen unmöglich als unstatthaft erscheinen.

Eine feste Anschauung über die Gründe, aus welchen Bischöfe auf ihr Amt verzichten konnten, hatte sich demnach schon in der Zeit vom 4. bis 6. Jahrhundert gebildet[8]. Dass aber eine vorgängige Untersuchung über das Vorliegen derselben oder die Genehmigung einer höheren kirchlichen Autorität, z. B. der Provinzialsynode[9]

(53) §§. 5. 6. C. J. de episcop. I. 3 v. 531; Nov. VI. c. 7. v. 535. Die Polemik Lönings 1, 191. n. 1 gegen die Auffassung des erstgedachten Gesetzes als einer Strafbestimmung ist ungerechtfertigt. Wenn er die Anordnung dahin versteht, dass solche Kleriker sofort wieder ihrer Kurie zugetheilt werden sollten, weil sie der Privilegien des Klerus durch ihren Austritt verlustig gegangen seien, so wird damit die unbegründete Voraussetzung gemacht, dass jeder Geistliche, falls er Laie geblieben wäre, einer Kurie oder dem Stande der cohortalini (vgl. v. Bethmann-Hollweg, Civilprozess 3, 137. n. 28) angehört haben müsste. Ist es etwa keine Strafe, wenn l. 52. cit. C. I. das Gesetz von 408 dahin erweitert, dass falls in dem Heimathsort des Geistlichen eine ausreichende Zahl von Kurialen vorhanden sei, derselbe der Kurie einer anderen, selbst in der nächsten Provinz belegenen Stadt zugewiesen werden kann?

S. auch c. 7 Andegav. v. 453: „clerici qui relicto clero se ad saecularem militiam vel ad laicos contulerint, non iniuste ab ecclesia quam reliquerunt, amoventur;" c. 5 Turon. I. 461: „si quis vero clericus relicto officii sui ordine laicam voluerit agere vitam vel se militiae tradiderit, excommunicationis poena feriatur."

1 S. S. 265. n. 8.

2 S. die in der vorvorigen Note citirten Stellen.

3 Tolet. VI. v. 638. c. 6 in c. 2 C. XX. qu. 3; unter Hinweis auf das Konzil von Chalcedon ep. Zachar. pp. ad Pippin. v. 747. c. 9, Jaffé monum. Carol. p. 24 u. Cap. eccles. v. 789. c. 26, LL. 1, 58; ferner Francof. v. 794. c. 24, LL. 1, 73; conc. Aquisgr. 816. l. I. c. 85; Mogunt. 847. c. 15, Mansi 14, 202. 907; Tull. 860. c. 5, l. c. 15, 560; Tribur. 895. c. 27, l. c. 18, 145 (in der Fassung der collectio Diessensis c. 20, Phillips Synode v. Tribur. Wien 1865. S. 62 mit spezieller Beziehung auf Geistliche, welche in Klöstern erzogen sind); Bourges 1031. c. 28; Rheims 1049. c. 8, Rom 1059, Mansi 19, 505. 742. 873; s. auch c. 1 (Alex. III.) c. 3 (Innoc. III.) X. de apost. V. 9.

4 Th. II. S. 117.

5 So Schulte K. R. 2, 343. n. 5.

6 Wie denn auch die in den vorstehenden Anmerkungen angeführten Vorschriften nur das eigenmächtige Aufgeben des Klerikalstandes, um zu weltlichen Beschäftigungen überzugehen, verbieten.

7 Bischof Meletius von Sebaste, nachmals (361) von Antiochien, hat sich wegen der Schwierigkeit seiner Diöcesanen von seinem ersten Bisthum zurückgezogen, Theodoret. eccl. hist. II. 31. Gregor von Nazianz, welcher zunächst das an einem ungeeigneten Orte errichtete Bisthum Sasima wieder aufgegeben, hat auf das von ihm später innegehabte Bisthum Konstantinopel um des Friedens willen auf der dortigen Synode verzichtet, Theodoret. l. c. V. 8; Socrat. hist. eccl. V. 7; Sozomen. hist. eccles. VII. 7. Auch Augustinus hat keinen Zweifel an der Statthaftigkeit eines solchen gerechtfertigten Verzichtes ep. 69 (238) opp. ed. Migne 2, 238, contra Crescon. II. 11, ed. cit. 9, 474. Endlich erachtet Gregor I. bei physischer Unfähigkeit des Bischofes einen Verzicht desselben für zulässig, c. 13. 14. C. VII. qu. 1. Vgl. auch Thomassin vet. et nov. discipl. II. l. II. c. 50—52.

8 Ausser den Anführungen in der vor. Note ergiebt dies die Ausschliessung des Bischofs Macliavus v. Vannes aus der kirchlichen Gemeinschaft (nach Mitte des 6. Jahrh.), welcher sein Bisthum und den geistlichen Stand verlassen hatte, um sich der Herrschaft der Bretagne zu bemächtigen, Gregor. Turon. hist. Franc. IV. 4.

9 Insbesondere nicht des Papstes. Aus den von dem Verzicht abmahnenden Briefen Leo's I. an Rustikus von Narbonne v. 458/459, Leon. opp. ed. Baller. 1, 1416, und Martins I. an Amandus v. Utrecht v. 649, Mansi 10, 1183 ergiebt sich nichts für die Nothwendigkeit ihrer Genehmigung, es handelt sich hier nur um einen freundschaft-

oder gar einer staatlichen erforderlich gewesen sei, dafür findet sich kein Anhalt. Allerdings wird mehrfach seit dem 6. Jahrhundert bei den Verzichten fränkischer Bischöfe der Einholung der Genehmigung des Königs und der Mitbischöfe erwähnt[1], indessen geben diese Nachrichten keine Klarheit darüber, ob dieselbe zu der Niederlegung des Amtes oder nicht vielmehr zu der Wahl des Nachfolgers, insbesondere etwa mit Rücksicht auf eine schon dafür in Aussicht genommene Persönlichkeit nachgesucht worden ist[2]. Erst Ende des 9. Jahrhunderts sind einzelne Fälle vorgekommen, in denen die päpstliche Genehmigung zur Verzichtleistung auf Bisthümer eingeholt ist[3], und diese haben sich in der Folgezeit vermehrt[4]. Aber eine Reihe anderer Zeugnisse ergeben, dass eine solche bis in das 12. Jahrhundert hinein nicht für rechtlich nothwendig betrachtet worden ist[5]. Wenngleich ferner seit dem 12. Jahrhundert einzelne Metropoliten und Synoden gegen beabsichtigte Resignationen mit Censuren vorgegangen sind, so ist dies doch nur da geschehen, wo man die Gründe für einen solchen Schritt nicht für ausreichend erachtet hat[6].

Immerhin war aber schon im 12. Jahrhundert eine Betheiligung des päpstlichen Stuhles bei derartigen Verzichtleistungen nichts Ungewöhnliches. Mit Rücksicht hierauf konnte Alexander III. den Anspruch erheben, dass die Bischöfe die päpstliche

lichen Meinungsaustausch über die von den Bischöfen beabsichtigten Schritte, s. hierzu Th. II. S. 5. n. 3. Auch Kaiser Justin und der Bischof Epiphanius von Konstantinopel haben Papst Hormisda i. J. 521, Thiel, epistol. roman. pontif. p. 983. 984 nur von dem Rücktritt des Bischofs Paul II. v. Antiochien, welcher wegen der gegen ihn erhobenen Feindseligkeiten und der ihm drohenden Anklagen verzichtet hatte, benachrichtigt. Die Resignation scheint in diesem Fall in die Hände des Kaisers erfolgt zu sein.

[1] Vgl. Thomassin P. II. I. II. c. 51. n. 6.

[2] So bei dem Verzicht Burghards von Würzburg in 753, Rettberg Deutschlands Kirchengesch. 2, 317, s. ferner Thomassin l. c. c. 53. n. 7.

Auch hat das engere Verhältniss zwischen den Königen und einzelnen Bischöfen wohl dazu geführt, dass diese den ersteren von ihrem Entschluss vorher Kunde gaben und dann Versuche gemacht wurden, sie davon abzubringen, s. z. B. Rettberg a. a. O. 1, 490 (in Betreff des Rücktritts Arnulfs v. Metz zw. 625 u. 628).

Nach den vorliegenden Nachrichten lässt sich nur annehmen, dass die Verzichtleistungen Megingoz' v. Würzburg u. 785, Rettberg a. a. O. 2, 319; Abel Jahrb. Karl d. Gr. 1, 425, Wilikars v. Vienne u. 753 u. Leidrads v. Lyon 814, Adon. Vienn. chron. SS. 2, 319. 320, welche sich alle in ein Kloster zurückzogen, ohne Einholung irgend einer weiteren Genehmigung erfolgt sind.

[3] So haben Papst Johann VIII. und die Synode zu Troyes 878 den Verzicht des Bischofs Hedenulf v. Laon auf sein Bisthum verworfen, annal. Hinc. a. 878, SS. 1, 508; Mansi 17, 357. Dies ist indessen wahrscheinlich auf Betreiben der Anhänger Hinkmars von Rheims geschehen, um die Restitution des damals lebenden Hinkmar von Laon zu hindern, s. auch v. Noorden, Hinkmar, Erzbischof v. Rheims. S. 363.

[4] Vor Allem seit Beginn des 12. Jahrhunderts, s. Baron. ann. a. 1128. n. 2 u. a. 1137. n. 35; Thomassin l. c. c. 54. n. 4 ff. Dazu hat offenbar das seit dem Investiturstreit verschärfte kirchliche Bewusstsein beigetragen, und die dadurch hervorgerufene Niederlegung einzelner, durch Uebertragung der Fürsten erlangter Bisthümer in die Hände des Papstes, s. Th. II. S. 550. n. 9. a. E.; vita Otton. Bamberg. auct. Ebbon. c. 11, Jaffé mon. Bamberg. p. 600. Auch das dict. Gratiani zu C. VII. pr. setzt dies offenbar als das Regelmässige voraus.

[5] Adalbert von Prag hat zweimal sein Bisthum verlassen und die Bischofswürde niedergelegt. Die Art und Weise, wie er zur Rückkehr bewogen worden ist, ergiebt nicht das Mindeste dafür, dass die Aufgabe des Bisthums als nichtig betrachtet worden sei, vita Adalbert. auct. Canapar. c. 12. 13. 18. 20. 22, SS. 4, 586. 589. 590. 591. Ebensowenig lässt sich dies auch den Briefen des Petrus Damiani lib. I. ep. 9. 10 (oder opusc. 19 u. 20), Migne patrol. 145, 425. 442, worin er sein Bisthum in die Hände des Papstes aufgiebt und eine ganze Reihe von bischöflichen Resignationen anführt, entnehmen. Auch Gregor VII. ep. VIII. 15 v. 1080, Jaffé mon. Gregor. p. 446 tadelt den Bischof v. Valve nicht deshalb, weil er auf sein Bisthum ohne päpstliche Genehmigung verzichtet hat, sondern deshalb, weil dies ohne zureichenden Grund geschehen ist. Lanfrank ep. 2, ed. Giles ep. 4, 1, 21 bittet weiter den Papst in einer solchen Angelegenheit nur um Rath, nicht um seine Genehmigung, und berichtet zugleich, dass der Bischof v. Lichfield sein Bisthum in die Hände des Königs zurückgegeben habe. Dieselbe Auffassung erhellt aus den Briefen Fulberts v. Chartres ep. 35 (8), Migne patrol. 141, 129, und Ivos v. Chartres ep. 86 (19), Migne patrol. 162, 108 (an Paschalis II. in Betreff der Resignationen der Bischöfe von Paris und von Soissons).

[6] S. z. B. Konzil v. London v. 1138, Mansi 21, 509.

Genehmigung einzuholen verpflichtet und die Metropoliten nicht berechtigt seien, derartige Resignationen ohne päpstliche Bevollmächtigung entgegen zu nehmen [1]. An dieser Anschauung, womit ein weiterer Schritt zur Ausdehnung der päpstlichen Verfügungsgewalt über die höheren Benefizien gethan war, hielten die Nachfolger Alexanders III. fest [2], und Innocenz III. brachte dieselbe zu allgemeiner Anerkennung [3], indem er sie durch die der Ehe ähnliche Verbindung des Bischofs mit seiner Kirche, welche allein durch die höhere Autorität des Papstes gelöst werden könne, begründete [4], und zuerst, freilich im Anhalt an die frühere Praxis, die Voraussetzungen, unter denen künftighin eine Resignation statthaft sein sollte, näher bestimmte [5].

Was die niederen Benefizien betrifft, so lag es hier in der Natur der Sache, dass der Inhaber, wenn er ein solches aufgeben wollte, wenigstens dem kirchlichen Oberen von seinem Entschlusse Anzeige zu machen hatte und letzterem dadurch Gelegenheit gegeben wurde, die für den Verzicht massgebenden Gründe zu untersuchen. Indessen ist dieses Verfahren offenbar nicht immer beobachtet worden, und namentlich hat es die Stellung der Grund- und Patronatsherrn mit sich gebracht, dass derartige Resignationen von Benefizien vielfach lediglich in ihre Hände abgegeben worden sind [6]. Auch hiergegen ist die kirchliche Gesetzgebung seit dem 12. Jahrhundert eingeschritten, und hat Verzichte auf Benefizien ohne Konsens des kirchlichen Oberen [7], insbesondere solche in die Hände von Laien, verboten [8].

Mit diesen Anordnungen, welche in die Dekretalen Gregors IX. Aufnahme gefunden haben, waren die Grundlagen für das noch heute massgebende Recht geschaffen. Sie haben nur noch in Einzelheiten Ergänzungen erfahren, welche füglich bei der Darstellung desselben ihre Berücksichtigung finden können.

II. Geltendes Recht. A. Die einfache Resignation. Eine Verzichtleistung, *resignatio, renunciatio* früher auch *cessio* [9] genannt, ist hinsichtlich aller kirchlichen Aemter, insbesondere hinsichtlich der päpstlichen Würde [10], der Kardina-

[1] Ep. ad Hugon. archiep. Senon. v. 1167, Mansi 21, 1083: „Unde licet ipse (Bischof v. Auxerre) . . . ex humilitate pariter et ex debilitate mentis et corporis commissae sibi forte administrationi spontanea voluntate abrenunciavit, quia tamen nisi eius abrenunciatio a Romano pontifice primitus approbetur, nec ab administratione illius fuerit absolutus nec ipse a regimine credito sibi fuerit exoneratus, tibi nullo modo licuit absque conscientia et mandato nostro eius abrenunciationem recipere nec capitulum Altisiodor. de electione tractare potuit aut ad nominationem alicuius procedere"; ep. ad Lingacop. episc. v. 1171/1172, ibid. p. 939; c. 1 (Alex. III.) X. de renunc. I. 9.

[2] Vgl. die Genehmigung Cölestins III. zu den Verzichten der Bischöfe v. Arhaus und Urgel v. 1191 u. 1195, Langebek ss. rer. Danic. 5, 255 u. Mansi 22, 615.

[3] c. 9. 10 (Innoc. III.) X. de renunc. I. 9. und Potthast reg. Innoc. III. n. 404. 503. 2752. 3108. 3764. 4251. 5449b. und für seine Nachfolger l. c. n. 5458b. 5559a. 6989. 7287. 7369. 8894. 9099. 9950. 10158. 10324. 10339. 10420. 10500. 11557. 13074. 14371. 14528. 14750. 14984. 15376. 17225. 18806.

[4] Allerdings hauptsächlich im Hinblick auf die zu Translationen der Bischöfe von ihm ebenfalls geforderte päpstliche Genehmigung, s. c. 2. 4. X. de translat. I. 7, aber doch auch gleichzeitig mit Bezug auf Verzichtleistungen, c. 2 cit.

[5] c. 10 X. I. 9. cit.

[6] c. 4 (Alex. III.) X. eod.

[7] c. 1 (Alex. II.) C. XVII. qu. 2; Alex. III. ad episc. Panorm. 1159/1181, Mansi 22, 342; stat. Odon. Paris. c. 8, l. c. p. 681. Vgl. hierzu auch Thomassin l. c. P. II. l. I. c. 22.

[8] c. 8 (Innoc. III.) ibid.

[9] S. z. B. c. 2 X. I. 7 cit., u. o. Th. I. S. 296. n. 2. Auch die Bezeichnung *dimissio* kommt vor, const. Pii V. Quanta ecclesiae v. 1568, bull. Taur. 7, 664. Der Kurialstil scheidet *resignatio* und *renuntiatio*, und versteht unter der ersteren die Verzichtleistung vor dem Papst zu Gunsten Dritter, unter der letzteren jeden anderen, namentlich den einfachen Verzicht, Riganti ad reg. canc. XLV. prooem. n. 1.

[10] Th. I. S. 294 ff. Zu den dort angeführten Beispielen ist noch die Verzichtleistung Honorius' II. 1124 kurz nach seiner Wahl, welche allerdings nur zum Schein erfolgt ist, nachzutragen, s. die vita desselben v. Boso bei Watte-

late[1], der Bisthümer[2], der sonstigen Konsistorialbenefizien, der verschiedenen Stiftsstellen, der Pfarreien und der beneficia simplicia[3], selbst wenn die Benefizien s. g. beneficia manualia sind[4], sowie auch hinsichtlich derjenigen Aemter, welchen der Benefizial-Charakter, wie z. B. der Stellungen der General-, Kapitular-, Pfarr-Vikare oder Missionspfarrer, fehlt, gestattet[5].

Selbstverständliche Voraussetzung ist es, dass im gegebenen Falle dem Resignanten das Recht am Benefizium oder Amte noch im Augenblick der Resignation zusteht. Daher ist dieselbe nichtig, falls der Benefiziat sein Recht bereits durch eine Handlung, welche den Verlust seines Benefiziums ipso iure nach sich zieht[6], verwirkt hatte, wenngleich dies noch nicht durch deklaratorisches Urtheil festgestellt war[7]. Der Verzicht bedarf ferner abgesehen von dem des Papstes[8], welcher das höchste Haupt der Kirche ist, der Annahme oder Genehmigung des vorgesetzten kirchlichen Oberen[9]. In allen Fällen genügt die Resignation in die Hände des Papstes[10]. Es müssen dagegen von demselben die Verzichtleistungen auf die Kardinalate, Bisthümer[11] (also auch Patriarchate, Primate, Erzbisthümer, Bisthümer in partibus infidelium[12]), Prälaturae nullius[13], Konsistorial-Abteien und exemte Benefizien[14] genehmigt werden. In Betreff der übrigen bedarf es nur der Annahme der Renuntiation seitens des Bischofs[15] oder des ihm gleichstehenden Ordinarius (also z. B. des praelatus nullius)[16]. Sie ist ferner statthaft durch den Generalvikar des Bischofs, wenn er Spezialvollmacht dazu besitzt[17], durch seinen Koadjutor unter der gleichen Voraussetzung oder unter der anderen, dass ihm die volle Vertretung des Bischofs obliegt[18]. Was von dem Bischof gilt, findet für die Dauer der Vakanz auch Anwendung auf den Kapitular-Vikar[19]. Ob das Benefizium, auf welches verzichtet wird, in Betreff seiner Wiederbesetzung der päpstlichen Reser-

rich vitae Romanor. pontif. 2, 159 u. Bernhardi, Lothar v. Supplinburg S. 270.

1 Beispiele von Kardinälen aus fürstlichem Geschlecht im 17. Jahrhundert, welche nach ertheilter Dispensation geheirathet haben, bei W. C. Cartwright, on the constitution of popal conclaves. Edinburgh 1868. p. 120ff., aus dem 18. und dem 19. Jahrh. (um der Absetzung zu entgehen oder in den Jesuiten-Orden einzutreten) in den Analecta iur. pontif. 1855. p. 1492. 1494.

2 Vgl. v. Sartori, geistl. Staatsrecht d. deutsch. Erz- etc. Stifter II. 1, 388.

3 Leuren. forum beneficiale P. III. qu. 289 ff.

4 L. c. qu. 291.

5 Vgl. Trid. Sess. XXIII. c. 16 de ref.; Leuren. qu. 372. n. 2.

Ferner gehören hierher die Kommenden, welche den Begünstigten ein festes Recht gewähren, nicht diejenigen, welche sich blos als provisorische Verwaltungen für die Dauer einer Vakanz darstellen, Leuren. qu. 299, s. auch o. S. 109 ff.

6 S. u. §. 163.

7 Leuren. qu. 312, Reiffenstuel I. 9. n. 50. 51. Wegen der Renuntiation auf ein ius ad rem, s. unten S. 277.

8 Th. II. S. 296.

9 c. 4. 9. 10 X. I. 9. cit. Ueber Ausnahmefälle s. unten am Schluss der Erörterung zu A.

10 Denn er ist der ordinarius singulorum in der katholischen Kirche. Ueber die legati a latere s. Th. I. S. 514. 515.

11 c. 9. 10 X. cit.

12 Denn auch bei diesen tritt das eheähnliche Verhältniss des Bischofs zu seiner Diöcese ein, Th. II. S. 177.

13 c. 15 (Honor. III.) X. eod. I. 9.

14 Für die übrigen Aemter, für welche es an speziellen Vorschriften fehlt, ergiebt sich dies daraus, dass der Papst allein die Verfügungsgewalt über dieselben besitzt.

15 c. 4 X. I. 9. cit. Wegen der Konkurrenz der päpstlichen Legaten s. Th. I. S. 514. 515.

16 Th. II. S. 346. Dass die Kardinäle die Verzichtleistungen auf die Benefizien an ihren Titelkirchen anzunehmen haben, ist unbestritten, Leuren. l. c. qu. 384. n. 2. Wenngleich ihnen heute nicht mehr eine volle iurisdictio quasi episcopalis zusteht, so ist ihnen eine solche doch gerade in Betreff der Benefiziaten verblieben, Th. I. S. 352. 353.

17 Th. II. S. 215.

18 Also dann, wenn der Bischof zur Verwaltung völlig unfähig ist, Th. II. S. 255. Der apostolische Administrator oder Vikar einer Diöcese besitzt aber die Befugniss immer, falls sie ihm nicht etwa durch die Ernennungsurkunde entzogen sein sollte, weil er die iurisdictio des Bischofs auszuüben hat, a. a. O. S. 258.

19 Th. II. S. 244. Die Beschränkung seiner Befugniss auf diejenigen Benefizien, welche nicht der ausschliesslichen Verleihung des Bischofs unterliegen, Pirhing, ius canon. I. 9. n. 76; Reiffenstuel I. 9. n. 7; Ferraris s. v. resignatio n. 68, ist haltlos. Die Genehmigung von Resignationen ist ein Ausfluss der allgemeinen Leitungsgewalt in Betreff des Aemterwesens,

vation unterliegt, ist gleichgültig [1]. Ebensowenig ist es in der gedachten Beziehung bei den Kirchenämtern ohne Benefizial-Qualität von Einfluss, dass diese ihrem Inhalte nach, wie z. B. die Pfarrvikarien, nur aus abgeleiteten Befugnissen eines anderen Amtes bestehen, denn wenn einmal ein Amt durch Zuweisung eines bestimmten Amtskreises geschaffen ist, tritt dasselbe unter die Jurisdiktion desjenigen, welcher den betreffenden kirchlichen Sprengel zu leiten hat, und daher können auch solche Amtsträger ihre Stellen nicht ohne seinen Konsens niederlegen.

Fehlt es an der erforderlichen Genehmigung, so ist die Resignation nichtig, der Renuntiant verliert sein Amt und seine Amtsrechte nicht, wird also auch andererseits nicht von seinen Amtspflichten frei und kann trotz einer solchen Resignation zur Erfüllung derselben vom kirchlichen Oberen angehalten werden [2].

Andererseits genügt aber auch zur Gültigkeit der Konsens des kirchlichen Oberen, und es bedarf dazu keiner Zustimmung derjenigen, welche bei der Besetzung des fraglichen Benefiziums ein Mitwirkungsrecht haben [3], also insbesondere nicht des Patrones [4] oder eines sonstigen Nominations- und Präsentationsberechtigten [5].

Der Verzicht in die Hände eines Laien ist wirkungslos, zieht aber nichtsdestoweniger den Verlust des Amtes zur Strafe nach sich, falls der Renunciant dasselbe wieder von dem Laien entgegengenommen hat [6].

Die Genehmigung des kirchlichen Oberen ist erforderlich, um diesem Gelegenheit zur Prüfung der für den Verzicht massgebenden Gründe zu gewähren.

Die Resignation eines Bisthums ist nach ausdrücklicher Vorschrift des gemeinen Rechts [7] statthaft [8], wenn der Bischof durch Krankheit, Gebrechlichkeit oder Alter an der ordnungsmässigen Verwaltung seines Amtes gehindert wird [9], wenn derselbe sich

nicht aber ein spezielles Korrelat des Besetzungsrechtes.

[1] Das ergiebt sich aus dem in der vorigen Anmerkung gedachten Grunde. Im allgemeinen ist man darüber auch einig, Pirhing l. c. n. 70; Reiffenstuel l. c. n. 59; Leuren. l. c. qu. 383. n. 3. Gewöhnlich wird aber die Ausnahme gemacht, dass der Papst ausschliesslich zur Annahme eines Verzichtes auf die ersten Dignitäten in den Stiftern, soweit sie seiner Besetzung reservirt sind, s. o. S. 150, befugt ist. Diese Unterscheidung ist völlig prinziplos und rührt wohl daher, dass, was nicht ausgeschlossen ist, solche Verzichte faktisch für die Regel in die Hände des Papstes abgegeben worden sind.

[2] c. 8 (Innoc. III.) c. 10. i. f. cit.; c. 15 cit. I. 9, Wenn fast alle älteren Kanonisten behaupten, dass der Besitz des Amtes durch einen solchen Verzicht verloren gehe, Garcias tr. de benef. P. XI. c. 3. n. 235; Fagnan. ad c. 4 X. I. 9. n. 7; Leuren. l. c. qu. 4, so ist dies nur insoweit richtig, als sich der Amtsträger desselben ohne Genehmigung des Oberen entäussern kann, nicht aber insoweit, als nach ihrer Meinung der Besitzverlust auch ohne thatsächliche Aufgabe des Amtes bei jedem Verzicht eintreten soll.

[3] Aus dem S. 269. n. 19 angegebenen Grunde. Wenn Innocenz IV. ad c. 8 X. I. 9. n. 1. 2, dem noch Pirhing l. c. t. 8. n. 86 folgt, die Zustimmung des Kapitels bei Resignationen der Mitglieder desselben oder wenigstens bei Verzichten der Dignitäre verlangt, so hängt dies mit der früheren Auffassung zusammen, dass das Kapitel vom Bischof bei allen wichtigern Geschäften zuzuziehen ist. Eine solche Praxis besteht aber längst nicht mehr, s. Th. II. S. 153. In den Wahlkapitulationen mit den Bischöfen haben sich aber die deutschen Domkapitel oft ihre Genehmigung zur Resignation der ersteren ausbedungen, v. Sartori St. R. I. 2, 391.

[4] Leuren. l. c. qu. 4; Schulte K. R. 2, 344 verlangen den Konsens des Laienpatrons. Ebenso auch die Rottenburger bischöfliche V. v. 1868, v. Vogt, Samml. S. 602 u. Arch. f. k. K. R. 2, 722. Dagegen de Roye ad tit. de iurepatr. prolegom. c. 31. Pirhing l. c. n. 68 (s. aber n. 76); Reiffenstuel l. c. n. 61. Das preuss. A. L. R. II. 11. §§. 523. 524 schreibt nur Anzeige an den Patron vor.

[5] Also auch nicht derjenigen, welche einen Vikar zu bestellen oder zu präsentiren haben, falls die Stellung desselben als Amt zu betrachten ist. Handelt es sich dagegen blos um eine Wahrnehmung von Funktionen in Folge eines Auftrages, so kann der Beauftragte das Mandat in die Hände des Bestellers zurückgeben.

[6] c. 8 X. I. 9. cit.

[7] c. 10 X. I. 9. cit.

[8] Die Gründe fasst das Summarium zu c. 10 cit. in folgende Memorialverse zusammen: „Debilis, ignarus, male conscius, irregularis — Quem mala plebs odit, dans scandala cedere possit“.

[9] c. 10 cit. §. 3.

einer schweren strafbaren Handlung schuldig gemacht hat[1], wenn er mit einer Irregularität behaftet ist, wenn es ihm an dem zur Verwaltung seines Amtes nöthigen Wissen fehlt, wenn die Widersetzlichkeit oder Verstocktheit der dem Bischof anvertrauten Heerde jede gedeihliche Wirksamkeit des letztern hindert, endlich wenn die Fortführung der Verwaltung ein schweres Aergerniss erregen würde.

Die spätere Doktrin hat aber — freilich nicht ohne Widerspruch — die Resignation auch aus anderen gerechtfertigten Gründen[2] für zulässig erklärt, indem sie die gedachten Fälle nur als Beispiele aufgefasst hat, andererseits aber an der positiven Anordnung, dass der Bischof sein Amt nicht niederlegen könne, um das Mönchsgelübde zu leisten und in ein Kloster zu treten, festgehalten[3]. Von praktischer Bedeutung ist die Frage nicht, da der Papst die Resignation zu genehmigen hat und ihm in jedem einzelnen Falle freisteht, über die sechs genannten Gründe hinauszugehen[4].

Was die übrigen Benefizien und Aemter betrifft, so hatte das ältere gemeine Recht mit Rücksicht darauf, dass man zwischen ihnen und ihren Inhabern keine so innige Verbindung, wie bei den Bisthümern annahm, keine näheren Vorschriften über die Gründe, aus denen ein Verzicht für gerechtfertigt erachtet werden sollte, aufgestellt. Das Befinden über die Zulässigkeit einer derartigen Resignation war lediglich dem Ermessen des kirchlichen Oberen, welcher diese letztere zu genehmigen hatte, anheim gegeben. Erst Pius V.[5] hat wegen der von den unteren Instanzen in dieser Hinsicht beobachteten laxen Praxis die Anordnung getroffen, dass die Bischöfe und die ihnen gleichstehenden Oberen abgesehen von den auch für die Resignation eines Bisthumes geltenden Gründen bei Strafe der Nichtigkeit nur einen Verzicht wegen hohen Alters, Krankheit und körperlicher Gebrechen, wegen Vergehen, wegen solcher Censuren, welche die Verwaltung des Amtes hindern, wegen Erlangung eines anderen Benefiziums, wegen beabsichtigter Ablegung des Mönchsgelübdes oder Eingehung einer Ehe und wegen solcher Feindschaften, welche die Residenz am Amtssitze hindern, annehmen sollen, und zwar abgesehen von dem Falle des Eintrittes in einen Orden allein unter der Voraussetzung, dass der Resignirende, sofern er einen höheren Weihegrad inne hat, anderweitige zu einem angemessenen Lebensunterhalt ausreichende Einkünfte besitzt[6].

[1] Nach §. 2 ibid. eines crimen propter quod ipsius officii exsecutio post peractum poenitentiam impeditur. Darunter kann nur ein solches verstanden werden, welches die Absetzung des Bischofs erfordert, wie Mord, Meineid, fortdauerndes Konkubinat, von dem der Bischof nicht ablässt, Analect. iur. pontif. 1855. p. 1514. Die Aelteren suchen zum Theil die Abgränzung durch Heranziehung der Verbrechen, welche eine infamia iuris nach sich ziehen, zu gewinnen, Fagnan. ad c. 10 X. cit. n. 17 ff.; Leuren. l. c. qu. 405. n. 2. Handelt es sich aber um Verbrechen, welche wie die Simonie, Th. II. S. 667, schon bei der Erlangung des bischöflichen Amtes begangen sind und den Erwerb desselben hindern, so kann von einem Verzicht nicht die Rede sein, weil die betreffende Person gar kein Recht besitzt, welches sie aufzugeben in der Lage wäre. Wenn manche Aeltere in diesen Fällen, s. die citirten, bei nicht öffentlich bekannt gewordenen Verbrechen, zur Vermeidung eines Aergernisses eine Niederlegung des Amtes in die Hände des Papstes verlangen, so ist diese rechtlich keine Renuntiation, vielmehr nur eine Erklärung, kein Recht am Bisthum zu besitzen.

[2] So z. B. wegen einer Rauhheit des Klimas der ganzen Diöcese, welche das Leben des Bischofs gefährdet, wegen Kapital-Feindschaften mit den Diöcesanen, namentlich unter Berufung auf c. 9 X. h. t. I. 9, s. Fagnan. ad c. 9. cit. n. 1. 2. 15 ff.; Leuren. l. c. qu. 406. 407; Analect. cit. p. 1504.

[3] c. 10 X. cit. pr. u. §. 11. Hat aber der zum Bischof Designirte das Mönchsgelübde vorher abgelegt, so hat er dasselbe zu halten, c. 10 (Inn. III.) X. de voto III. 33.

[4] Dies ist auch die Praxis der congregatio consistorialis (Th. I. S. 367), welche diese Angelegenheiten vorbereitet, Fagnan. ad c. 9 X. I. 9. cit. n. 25.

[5] Const. Quanta ecclesiae v. 1. April 1568, bull. Taurin. 7, 664. Ueber eine 1567 von ihm erlassene const. *Officium creditae*, auf deren Inhalt in der citirten const. Bezug genommen wird, s. Neller in Schmidt thes. 6, 292.

[6] L. c. §. 3: „ut posthac episcopi et alii facul-

Die Bestimmungen der gedachten Bulle sind aber nicht in allen Ländern, so namentlich nicht in Deutschland und Frankreich [1], zu praktischer Geltung gelangt [2], vielmehr sind hier ebenso wie früher Resignationen in weiterem Umfange namentlich auch dann zugelassen worden, wenn die Inhaber nicht mehr Willens waren, die Lasten der Amtsverwaltung weiter zu tragen [3].

Auf Resignationen, welche bei der römischen Kurie abgegeben werden, bezieht sich die erwähnte Vorschrift nicht, und bei derselben sind solche in Betreff der einfachen Benefizien ohne Residenzpflicht, auch aus weniger erheblichen Gründen oder gar ohne solche [4], hinsichtlich der Kurat- oder anderen Residenzial-Benefizien unter der Voraussetzung, dass der Amtsträger das Amt mehrere, z. B. drei oder fünf Jahre verwaltet hat [5], stets zugelassen werden [6].

Die Resignation selbst kann nach gemeinem Recht mündlich oder schriftlich gegenüber dem zur Annahme berechtigten Oberen erfolgen [7]. Die Erklärung muss die Absicht ausdrücken, das Recht auf das Amt oder Benefizium aufzugeben oder auf dasselbe verzichten zu wollen [8].

Die Abgabe derselben durch einen mit Spezialvollmacht versehenen Vertreter, welcher auch ein Laie sein kann, ist nicht ausgeschlossen [9]. Kraft positiver Vorschrift hat ein solcher Verzicht auch trotz eines Widerrufes der Vollmacht Gültigkeit, wenn

tatem habentes, eorum dumtaxat resignationes recipere et admittere possint, qui aut senio confecti aut valetudinarii aut corpore impediti vel vitiati aut crimine obnoxii censurisque ecclesiasticis irretiti aut nequeunt aut non debent ecclesiae vel beneficio inservire seu qui unum aut aliud vel plura beneficia obtinuerint vel quos ad aliud contigerit promoveri, religionem quoque ingressuri vel matrimonium contracturi, si statim postea id re ipsa exequantur, denique cum quis ex aliis casibus acciderit, qui const. fel. record. Innoc. p. III. de dimittendis cathedralibus ecclesiis edita (c. 10 X. I. 9. cit.) continentur; qui etiam ob capitales inimicitias nequeunt vel non audent in loco beneficii residere securi. Sed nec horum ullus sacro ordini mancipatus, nisi religionem ingressurus, valeat ullo modo beneficium vel officium ecclesiasticum resignare, nisi aliunde ei sit quo vita possit commode sustentari". Ausser der Nullität (s. §. 5) droht §. 6 für die zuwiderhandelnden Oberen auch Suspension von ihren Befugnissen in Betreff der Benefizien-Verleihung bis zur päpstlichen Absolution an.

1 Engel colleg. un. iur. canon. I. 9. n. 6; Neller, diss. de statu resignat. ad favorem apud Germanos. Trier 1765, auch bei Schmidt, thesaur. iur. eccles. 6, 293 ff.; Kreittmayr, Anmkgn. üb. d. Cod. Maximil. Bavaric. Th. V. c. 19, §. 23. n. 5.

2 Die Bischöfe sahen in der Konstitution eine Schmälerung der ihnen nach dem früheren Recht zustehenden Befugnisse, da sie bei Verzichtleistungen aus anderen, als den erwähnten Gründen die Benefiziaten an die Kurie hätten verweisen müssen, und die resignirten Benefizien der päpstlichen Besetzung anheimgefallen wären, s. o. S. 145.

3 Engel l. c.

4 Daher ist in der Supplik um Zulassung der Resignation die Formel: certis ex causis animum suum moventibus völlig ausreichend und stehend, ja auch diese wird nicht einmal für absolut wesentlich erachtet, vgl. Pyrrhi Corradi praxis beneficiar. V. 1. n. 6.

5 So nach der Praxis der Dataria seit Ende des 16. Jahrh. Garcias l. c. XI. 3. n. 45 ff.; Pyrrhi Corrad. l. c. n. 47.

6 Vgl. auch Pirhing l. c. n. 54; Leuren. qu. 411.

7 Eine bestimmte Form ist nicht vorgeschrieben. Daher wird der Verzicht auch durch konkludente Handlungen erfolgen können. Ohne jeden Grund behauptet Phillips Lehrb. d. K. R. 2. Aufl. S. 164, dass die Bitte um Renunciation nur in einem Notariatsinstrument vorgetragen werden könne. Ueber die herkömmlich s. g. *resignatio tacita* vgl. übrigens u. §. 163. Der Geschäftsgang der römischen Kurie bedingt aber die Einreichung einer schriftlichen Supplik.

8 In der Supplik an die Kurie ist die stehende Formel: „Cum . . orator . . ecclesiam . . . in manibus V. S. sponte et libere resignare proponat, prout resignat de praesenti", Pyrrh. Corrad. l. c. n. 48. 49.

9 Sehr ausführlich handelt darüber Leuren. qu. 672 ff. Für die Abgabe der Resignation bei der Kurie (abgesehen von Verzichtleistungen auf Konsistorial-Benefizien) nach Genehmigung und Signirung der Supplik durch den Papst wird aber observanzmässig eine Vollmacht in öffentlicher (notarieller oder gerichtlicher) Form verlangt, Leuren. qu. 679. n. 3. 680. Auch hat derjenige, welcher bei der Kurie anwesend ist, nicht das Recht, einen Prokurator zu bestellen, Riganti ad reg. XLV. canc. §. 1. n. 47. Vgl. die 45. Kanzleiregel: „Item voluit et ordinavit, quod super resignatione cuiuscumque beneficii ecclesiastici seu cessione iuris in eo, quam in manibus suis vel in cancellaria apostolica fieri contigerit, apostolicae literae nullatenus expediantur, nisi

der letztere vor Abgabe der Renuntiation ohne eine dolose Verhinderung nicht zur Kenntniss des Prokurators oder des kirchlichen Oberen gelangt ist[1].

Wirksam wird die Resignation erst mit der Annahme durch den Oberen. Bis zu diesem Zeitpunkt kann sie der Amtsträger zurückziehen[2], nachher aber selbst dann nicht, wenn er auch den Verzicht noch nicht selbst erklärt, sondern nur die nachgesuchte Erlaubniss, auf sein Amt verzichten zu dürfen, erhalten hat[3].

Zur Verhinderung von Missbräuchen, welche insbesondere bei Resignationen zu Gunsten Dritter vorgekommen sind (s. unten S. 277 ff.)[4], hat aber Gregor XIII.[5] in der Const. *Humano vix iudicio*[6] angeordnet, dass alle Verzichtleistungen auf Benefizien[7], mögen sie bei der römischen Kurie oder in die Hände der Ordinarien geschehen, sowie die darauf hin erfolgten Besetzungen und Verfügungen, im ersteren Fall innerhalb sechs oder neun Monaten, je nachdem ein citra oder ultra montes belegenes Benefizium in Frage stehe, angerechnet von dem Datum der weiteren Disposition über das resignirte Benefizium[8], im letztern Fall, in welchem der Ordinarius über die Annahme oder Verwerfung des

resignans vel cedens, si praesens in romana curia fuerit personaliter, alioquin per procuratorem suum ad hoc ab eo specialiter constitutum, expeditioni huiusmodi in eadem cancellaria expresse consenserit et iuraverit, ut moris est." Zum Verständniss der Regel ist zu bemerken, dass, wenngleich die Resignation bereits in der dem Papste vorzulegenden Supplik erklärt wird, dieselbe doch nochmals behufs Erlangung der Ausfertigung der auf der Supplik vermerkten päpstlichen Genehmigung (s. o. S. 161) bei der apostolischen Kanzlei wiederholt werden soll, wobei, falls es sich um Reservationen zu Gunsten Dritter handelt, auch noch zugleich ein Eid über die Abwesenheit von Dolus, Simonie und anderer unerlaubter Verträge zu leisten ist. Die Wirkung dieser zweiten Resignation wird aber auf den Tag der Einreichung der Supplik bei der Dataria zurückbezogen; Riganti l. c. n. 3 ff. 42 ff.; Leuren. qu. 266.

[1] Clem. un. de renunt. I. 4.

[2] c. 3 (Alex. III.) c. 6 (Clem. III. o. Coelest. III.) X. h. t. I. 9. Die Verzichtleistung bei der Kurie, s. vorvor. Anm., wird aber erst dadurch perfekt, dass die daselbst gedachte formale Verzichtleistung nach der Genehmigung der Supplik abgegeben ist, Riganti l. c. n. 242 ff.; Pirhing l. c. n. 113.

[3] So ausdrücklich c. 28 des 4. Lateran. Konzils v. 1215, auch in c. 12. X. I. 9.

[4] Gegen solche ist schon die 19. Kanzleiregel *de infirmis* oder de *viginti*, als deren Urheber wohl ohne Grund Bonifaz VIII. bezeichnet wird, Riganti ad reg. canc. XIX. n. 5, welche aber schon unter den Regeln Johannes XXIII. von 1410 vorkommt (Hardt concil. Constant. I. 21, 963), gerichtet: „Item voluit, quod si quis in infirmitate constitutus resignaverit sive in romana curia sive extra illam aliquod beneficium sive simpliciter sive ex causa permutationis vel alias dimiserit aut illius commendae cesserit, seu ipsius beneficii unionis dissolutioni consenserit etiam vigore supplicationis, dum esset sanus, signatae, et postea infra XX dies a die per ipsum resignantem praestandi consensus computandos, de ipsa infirmitate decesserit et ipsum beneficium quavis auctoritate conferatur per resignationem sic factam, collatio huiusmodi sit nulla ipsumque beneficium nihilominus per obitum censeatur vacare." Diese sollte vor Allem Verzichte Kranker oder Sterbender zu Gunsten Dritter verhindern.

[5] In Erweiterung und Abänderung der früheren Kanzleiregel: de publicandis resignationibus, Riganti ad reg. XIX. canc. n. 173; „Item idem dom. noster statuit et ordinavit, quod quaecumque beneficia ecclesiastica sive in curia romana sive extra eam sic resignata (nisi de illis factae resignationes, si in eadem curia infra VI menses a data supplicationis et non praestiti consensus computandos, si vero extra dictam curiam factae sint, infra mensem, ex tunc ubi talia beneficia consistant, publicatae fuerint vel possessio illorum ab eis, ad quos id contigit, petita fuerit), si resignantes ista postmodum in eorumdum beneficiorum resignatorum possessione decesserint, non per resignationem sed per obitum huiusmodi vacare censeantur. Collationes quoque et aliae quaevis dispositiones de illis tamquam per resignationem vacantibus factae et inde sequutae, nullius sint roboris vel momenti," welche von Riganti l. c. n. 172 auf Sixtus IV. (1471—1484) zurückgeführt wird, wogegen van Espen P. II. t. 27. c. 6. n. 1 und Phillips 7, 854, irriger Weise Innocenz VIII. (1484—1492) als ihren Urheber angeben. Durch diese Vorschriften sollte die Umgehung der 19. Kanzleiregel (s. vor. Anm.) durch Ausstellung von Verzichten, welche seitens der Resignanten lange vor ihrem Tode abgegeben und geheim gehalten wurden, unmöglich gemacht werden. Weitere Bestimmungen über diesen Gegenstand hat Pius V. erlassen. Alle diese mit Einschluss der Regel Sixtus' IV., welche seitdem auch aus den Kanzleiregeln fortgelassen worden, sind durch Gregor XIII. beseitigt worden.

[6] Vom 5. Januar 1584, bull. Taurin. 8, 434. Ueber eine vor dieser ergangene Konstitution Pius' V., welche dadurch aufgehoben worden ist, s. Riganti l. c. n. 175.

[7] Mit Ausnahme derjenigen, welche im Konsistorium vergeben oder in die Hände des Papstes selbst resignirt werden, Riganti l. c. n. 194 ff.

[8] Also nicht dem Tage der Abgabe der Resignation.

Verzichtes binnen Monatsfrist Entscheidung treffen soll, innerhalb drei Monaten nach anderweit erfolgter Verfügung über das Benefizium [1] in der Kirche, zu welcher dasselbe gehöre, vor versammeltem Volk durch Verlesung der betreffenden Dokumente und durch die Anschlagung des über den Vorgang aufgenommenen Protokolles an die Kirchthür publicirt werden sollen [2], und zwar auf Veranlassung desjenigen, zu dessen Gunsten über das Benefizium disponirt worden ist [3]. Als Strafe für die Nichtbeachtung dieser Bestimmungen ist die Nichtigkeit der Resignation und der darauf hin erfolgten weiteren Begebung des Benefiziums festgesetzt [4]. Die Ungültigkeit der ersteren kommt aber nicht dem Resignanten zu statten, vielmehr gilt das Benefizium vom Tage des Verzichtes ab als ipso iure erledigt [5], und die weitere Besetzung desselben dem päpstlichen Stuhl reservirt [6].

Die Anordnungen dieser Konstitution sind aber namentlich mit Rücksicht darauf, dass die letztere zugleich eine neue päpstliche Reservation einführt [7], in einzelnen Ländern, insbesondere in Deutschland [8] und Frankreich [9], nicht recipirt worden und nicht in Kraft getreten [10].

Dagegen hat die Vorschrift der 19. Kanzleiregel [11], dass die Wirkung der von einem Kranken abgegebenen Resignation, sowie jede fernere auf Grund derselben erfolgte Besetzung zusammenfällt, wenn der Verzichtende innerhalb der nächsten zwanzig Tage [12] verstirbt, und dass das Benefizium dann als durch Tod erledigt betrachtet wird [13], allgemeine Geltung erlangt [14].

1 Bei Phillips 7, 855 ist der Inhalt der Konstitution in den hier gedachten Bestimmungen unrichtig wiedergegeben. Die betreffenden Vorschriften zeigen, dass wenn dieselbe auch ihrem Wortlaut nach die einfachen Verzichte begreift, sie doch hauptsächlich die Resignationen zu Gunsten Dritter in das Auge fasst.

2 Der Fristenlauf wird aber durch eintretende Hindernisse gehemmt, Riganti l. c. n. 263.

3 Die Praxis hat aber auch die Vornahme der Publikation durch den Resignanten für genügend erachtet, Leuren. l. c. qu. 800; Riganti l. c. 179.

Beide behandeln übrigens eine grosse Anzahl der diesen Gegenstand betreffenden Einzelfragen.

4 Ausserdem soll auch derjenige, zu dessen Gunsten die letztere erfolgt ist, zur künftigen Erwerbung des Benefiziums unfähig werden.

5 Sein etwaiger Besitz ist demnach ein völlig unberechtigter und es steht ihm weder die Regula de annali noch de triennali, Th. II. S. 655 zur Seite, so nach ausdrücklicher Vorschrift der const. cit.

Der Erledigungsfall tritt durch Gesetz, nicht durch die Resignation ein. Letzteres nehmen manche Aeltere an, vgl. Leuren. l. c. qu. 242. n. 5. Das Erstere ergibt sich daraus, dass nach der const. die gedachte Folge auch eintreten soll, „etiamsi illae (resignationes et cessiones) alias nullae et invalidae essent."

6 Gleichviel, ob der Verzicht bei der Kurie oder in die Hände des Ordianarius abgelegt worden ist.

7 S. S. 156.

8 Pirhing l. c. n. 109; Kreittmayr a. a. O. n. 6. Ueber Spanien vgl. Garcias l. c. n. 289.

9 Hier hat man vielmehr die Kanzleiregel: de publicandis resignationibus, S. 273. n. 5, beobachtet, van Espen l. c. n. 6; Héricourt loix ecclesiastiques de France p. 346 ff.

10 Dasselbe gilt von der const. Bened. XIV.: Ecclesiastica v. 15. Juni 1746, bull. Bened. XIV. 2, 61, welche zur Bestätigung und zur Ergänzung der Konstitution Gregors XIII. erlassen worden ist.

11 S. o. S. 273. n. 4.

12 Ob der Tag, an welchem die Resignation erklärt ist, in die zwanzig Tage mit einzurechnen ist, ist streitig. Dafür Leuren. qu. 344. n. 4; Pirhing n. 34; Riganti l. c. n. 92 und die Rota, weil diese Berechnung dem Verzichtleistenden insofern günstiger ist, als die Frist, von welcher die Gültigkeit der Resignation abhängt, schneller abläuft. Die überwiegende Meinung rechnet ferner a momento ad momentum, s. die citirten. Der Wortlaut der Regel spricht aber in beiden Fällen für das Gegentheil, s. auch Kreittmayr a. a. O. n. 9.

13 Nach der unter den Aelteren herrschenden und auch bei der Kurie geltenden Meinung wird die Regel so aufgefasst, dass sie auch die von Gesunden abgegebenen Verzichte trifft, sofern diese nur innerhalb der 20tägigen Frist sterben, Pirhing l. c. n. 33; Leuren. qu. 341. n. 3; Riganti l. c. n. 33 ff.; Reiffenstuel I. 9. n. 71 und die dort citirten. Diese stützt sich auf die Worte der Regel: „etiam vigore supplicationis, dum esset sanus, signatae". Letztere bedeuten aber nur so viel, dass die Unterzeichnung der an den Papst gerichteten Supplik bei voller Gesundheit die Anwendung der Regel nicht ausschliesst, wenn der nachher noch bei der Kurie zu erklärende Verzicht, S. 272. n. 9, schon während der Krankheit abgegeben ist, heben aber die Beschränkung im Eingang der Regel; „si quis in infirmitate constitutus" nicht auf, so auch van Espen l. c. c. 5. n. 5 ff.; Engel l. c. III. 5. n. 30; Kreittmayr l. c. n. 9.

14 Für Deutschland vgl. die in den vorigen An-

Die Rechtswirkung einer gültigen Resignation tritt mit dem Zeitpunkt, in welchem sie von dem berechtigten Oberen angenommen ist[1], ein, es sei denn, dass der Verzichtende die Entlassung aus seinem Amte erst zu einem späteren Termine nachgesucht hätte.

Sie besteht darin, dass das Beneficium oder das Amt des Verzichtenden mit dem einen oder andern Zeitpunkt erledigt wird und der Neubesetzung unterliegt[2]. Der Renunciant verliert jedes Recht auf dasselbe. Insbesondere hat er keine Befugniss mehr, den Besitz des Amtes fortzusetzen[3], sowie die Früchte und Einkünfte desselben zu ziehen. Er muss vielmehr den ersteren sofort aufgeben[4], auch die später gezogenen Früchte, an denen er kein Eigenthum erwerben kann, zurückerstatten, eventuell deren Werth ersetzen[5]. Ebensowenig ist er berechtigt, noch weitere amtliche Handlungen auf Grund des resignirten Benefiziums vorzunehmen[6]. Endlich kann er dasselbe nur auf Grund einer neuen Verleihung wieder erlangen[7].

merkungen citirten deutschen Kanonisten, in Frankreich ist sie ausdrücklich recipirt worden, jedoch nicht in Bezug auf die schlechthin in die Hände der Ordinarien resignirten Benefizien, van Espen l. c. n. 17; Héricourt l. c. p. 344. In beiden Ländern ist man sogar den päpstlichen Derogationen der Regel (über diese Riganti l. c. n. 148) entgegengetreten, s. die Reichshofrathsreskripte v. 1750 in Schmidt thesaur. 6, 325; van Espen l. c. n. 32; Héricourt p. 345. 346.

1 Beziehentlich dem Verzichtleistenden die Annahme mitgetheilt worden, Reiffenstuel III. 9. n. 148. Dies gilt auch dann, wenn der Renunciant blos seine Absicht, verzichten zu wollen, dem Oberen kund gethan hat, falls in einer solchen Erklärung nicht etwa blos das Inaussichtstellen einer späteren, in ungewisser Zeit abzugebenden Renuntiation liegt. Denn eine derartige Willensäusserung gilt nach c. 12. X. I. 9. mit der Annahme des Oberen für unwiderruflich. Und wenn die letztere Stelle sagt, dass in diesem Falle der betreffende Renunciant zum cedere gezwungen werden soll, so kann sich das cedere nur auf das faktische Verlassen des Amtes beziehen. Auf die Herbeiführung einer besonderen, formalen, auf die Gegenwart gerichteten Erklärung kann das Wort nicht bezogen werden. Denn wollte man diese zur Erledigung des Benefiziums für nothwendig erachten, so würde im Weigerungsfalle nur die Absetzung als Exekutionsmittel übrig bleiben, während die Stelle diese offenbar nicht für erforderlich hält.

2 Pirhing l. c. n. 110; Leuren. qu. 238; Reiffenstuel n. 136. Wo mit der betreffenden Stelle zugleich ein anderes Amt in der Art verbunden ist, dass ersteres die Voraussetzung für das letztere bildet, wie z. B. mit einer Dekanats- und Pfarrstelle ein Ehrenkanonikat, s. Th. II. S. 83. 704. n. 2, geht auch das letzte ohne Weiteres durch Verzicht verloren, Eichhorn, Ausführg. d. Bulle de salute animarum. Königsberg (s. a.) S. 86.

3 Die gegentheilige und verbreitete Annahme, dass der Besitz ohne Weiteres durch den Verzicht verloren geht, Garcias l. c. n. 1; Reiffenstuel l. c. n. 137, stützt sich zu Unrecht auf c. 3 (Alex. III.) X. de rest. spoliat. II. 13, worin eine Entscheidung auf das Petitorium, nicht auf das Possessorium abgegeben ist. Das Richtige schon bei Barbosa J. E. U. III. 15. n. 66 ff.

4 Für die Zwischenzeit bis zur Wiederbesetzung ist dann, wenn eine Verwesung des Benefiziums erforderlich ist, z. B. bei Pfarreien, ein interimistischer Verwalter oder Vikar einzusetzen.

5 Leuren. qu. 246. n. 2 ff.; Reiffenstuel l. c. n. 139. 152. 153. An wen die Früchte herauszugeben sind, das richtet sich danach, wer die Früchte während der Sedisvakanz zu beziehen hat. In Betreff der Berechtigung des Resignanten auf die pendenten Früchte und des Ersatzes von Aufwendungen auf dieselben s. vorläufig Leuren. l. c. qu. 247. u. Reiffenstuel l. c. n. 155 ff. Des Näheren ist davon in der Lehre von den Rechten der Benefiziaten am Benefizialvermögen zu handeln.

6 Doch kann ihm durch den kompetenten Oberen die Vornahme solcher Handlungen gestattet werden. Ueber Bischöfe, denen trotz der Resignation die Ausübung der Pontifikalien erlaubt worden ist, vgl. c. 9 (Innoc. III.) X. h. t. I. 9; Innoc. III. opp. ed. Migne 2, 682; Honor. III. ep. bei Theiner mon. Polon. 1, 13. u. Theiner mon. Hiberniae p. 23 (Potthast reg. n. 2557. 6989. 7369). Die Bischöfe dürfen auch blos auf das von ihnen innegehabte bischöfliche Amt, s. g. *resignatio loci*, verzichten, ohne gleichzeitig der bischöflichen Würde zu entsagen, s. g. *resignatio dignitatis*, c. 1 (Alex. III.) X. de ordinat. ab episc. I. 13. Im ersteren Falle sind sie befugt, die Pontifikalien mit Genehmigung des zuständigen Bischofs auszuüben, im anderen Falle ist die Ausübung eine unerlaubte, jedoch verbleibt ihnen nach c. 1. X. cit. stets das Recht, die niederen Weihen zu ertheilen, selbstverständlich ebenfalls mit Erlaubniss des kompetenten Ordinarius. S. Kober, Suspension S. 172, a Boenninghausen tract. de irregularitatibus 2, 105.

Ueber die Bischöfe, welche früher dem Regularenstande angehört und auf ihr Bisthum verzichtet haben, s. auch Th. II. S. 490.

7 c. 2 (Alex. III.) X. h. t. I. 9. Ebenso kann er auch später ein anderes Amt oder Benefizium erwerben; die frühere höhere Stellung, z. B. die bischöfliche, hindert nicht die Erlangung eines

In Betreff der einfachen Resignation ist noch Folgendes hervorzuheben:

1. Gewisse Besonderheiten kommen in Frage, wenn das Benefizium, um dessen Verzicht es sich handelt, den Ordinationstitel des Resignirenden bildet. Davon ist schon Th. I. S. 67 gehandelt[1].

2. Für die einfache Resignation auf ein streitiges Benefizium soll nach einer Ansicht die Genehmigung des kirchlichen Oberen nicht erforderlich sein[2]. Diese Ausnahme hat aber weder einen positiven Anhalt, noch ist sie innerlich begründet[3].

3. Die Resignation von Geistlichen, welche nicht Bischöfe sind, und in einen Orden eintreten wollen, ist auch ohne Genehmigung des kirchlichen Oberen gültig[4]. Der Ordnung wegen haben sie dieselbe aber, obwohl sie ihnen nicht verweigert werden darf, vorher nachzusuchen[5].

4. Der Geistliche, welcher, ohne auf sein Benefizium resignirt zu haben, in einem Orden als Novize Aufnahme gefunden hat, kann einen solchen Verzicht nicht anders als mit Erlaubniss seines Ordinarius oder des Generalvikars und nur innerhalb der nächsten, der wirklichen Professableistung vorhergehenden zwei Monate abgeben. Die Erklärung erlangt erst Rechtsbeständigkeit, wenn die Professablegung wirklich erfolgt ist, ohne dass es dabei einen Unterschied macht, ob eine derartige Renuntiation eidlich bestärkt worden ist oder nicht[6].

5. Die Regel, dass zum Verzicht auf ein Benefizium der Konsens des kirchlichen Oberen nothwendig ist, gilt auch gegenüber dem Grundsatz, dass der Benefiziat mit der Annahme eines mit seinem ersten Benefizium unvereinbaren zweiten Amtes das erstere verliert (s. o. S. 260), d. h. der Benefiziat kann sich von seiner Verpflichtung, die Genehmigung nachzusuchen, nicht dadurch frei machen, dass er ein anderes beneficium incompatibile annimmt, um ipso iure des ersteren verlustig zu werden[7]. Die ebengedachte Folge ist eine Strafe, welche den betreffenden Benefiziaten nicht von

niederen Amtes, z. B. einer Pfarrei, c. 9. X. cit. I. 9. S. auch Pirhing n. 117.

[1] Vgl. hierzu noch Leuren. qu. 305ff.

[2] Garcias l. c. n. 249.

[3] Denn daraus, dass dem Benefiziaten sein Recht bestritten wird, folgt noch nicht, dass er ein solches nicht besitzt. Vgl. auch Pirhing l. c. n. 58; Reiffenstuel l. c. n. 18. 19. In dem Falle, wo nicht das Recht, sondern der Besitz streitig ist, bedarf es unzweifelhaft der Erlaubniss des Oberen, Leuren. qu. 308. n. 5.

[4] c. 2 (Urban II.?) C. XIX. qu. 2; arg. 18 (Inn. III.) X. de regular. III. 31; Fagnan. ad c. 18. cit. n. 28. 29.

[5] c. 18. X. cit. Damit der kirchliche Obere wegen der interimistischen Verwaltung und der Wiederbesetzung des Amtes das Erforderliche veranlassen kann.

[6] Trid. Sess. XXV. c. 16 de regul. Dasselbe spricht allerdings nur von renuntiatio schlechthin, ohne des Verzichtes auf Benefizien besonders zu erwähnen, indessen ist die Meinung Garcias' l. c. XI. 9. n. 9ff., dass die Vorschrift nur Verzichte auf weltliche Güter betreffe, vereinzelt geblieben und auch von der Congr. conc. nicht angenommen worden, Fagnan. ad c. 23. X. de regul. III. 31. n. 18ff.; Reiffenstuel l. c. n. 28. Mit Rücksicht auf die Bestimmung Pius' IX. v. 1858 und 1862, Arch. f. k. K. R. No. 8, 145; 9, 439, dass die Novizen nach Ablauf des Noviziates erst die Gelübde als einfache abzulegen haben und erst nach ferneren drei Jahren zur Ableistung der vota solemnia zugelassen werden sollen, fragt es sich, ob die zweimonatliche Frist von dem Zeitpunkt der letzteren oder der Ablegung der vota simplicia anzurechnen ist. Das letztere kann um deshalb nicht angenommen werden, weil das Tridentinum von der definitiven Professleistung spricht und die vota simplicia, wenn sie auch den Ableistenden definitiv an den Orden fesseln, doch nicht die Wirkung der vota solemnia, auch den letzteren an den Professen zu binden, haben, während gerade das Konzil den Verzicht erst unter der letzteren Voraussetzung vollgültig sein lassen will.

Ein Widerspruch zwischen der No. 3 und 4 des Textes liegt nicht vor, denn das Tridentinum schliesst nur Verzichte während des Probezustandes aus, nicht aber solche, welche vorher, wenn auch mit der Absicht, in den Religiosenstand einzutreten, abgelegt werden, so auch die Congr. conc. s. Garcias l. c. n. 15; Fagnan. ad c. 23. X. de regul. III. 31. n. 42ff; Acta s. sed. 11, 438.

[7] Fagnan. ad c. 4. X. h. t. I. 9. n. 23ff.; Pirhing l. c. n. 61.

seinen Pflichten entbindet. Bei ordnungsmässigem Verfahren hat der Geistliche, ehe er das neue Benefizium erhält und übernehmen kann, seine Exkardination aus dem bisherigen Diöcesenverband nachzusuchen und zu diesem Behuf auf sein bisheriges Benefizium zu verzichten [1]. Hat er aber das zweite ordnungswidriger Weise zu erlangen gewusst, so kann ihn der bisherige Obere stets noch zur Versehung seines früheren Benefiziums zurückfordern und nöthigenfalls mit Censuren gegen ihn vorgehen [2].

6. Wegen der Wiederbesetzung der resignirten Benefizien kommt die Th. II. S. 489 gedachte Beschränkung in Betracht [3].

7. Keine juristischen Besonderheiten hat dagegen der Fall, wenn der Benefiziat, welchem eine Entziehung seines Benefiziums oder die Absetzung droht, sei es freiwillig, sei es auf Veranlassung der kirchlichen Oberen, um einer Untersuchung zu entgehen, auf sein Amt oder Benefizium verzichtet [4]. Als Disciplinarmassregel kann eine solche Resignation nicht erzwungen werden, vielmehr ist bei Weigerung des Benefiziaten im Wege des Disciplinarverfahrens gegen ihn vorzugehen [5].

Die vorstehend entwickelten Grundsätze über die Renuntiationen auf Benefizien beziehen sich nicht auf diejenigen Fälle, in denen nur erst das *ius ad rem* auf das Benefizium, also nicht schon das ius in re an demselben, erworben ist [6]. Verzichte auf ein solches Anrecht können völlig frei ohne das Vorliegen eines bestimmten Grundes und ohne dass es einer Annahme des kirchlichen Oberen bedarf, abgegeben werden [7].

B. Die Resignationen mit Vorbehalten und Bedingungen. Es widerspricht dem Wesen und dem Zwecke des kirchlichen Amtes, dass der Inhaber sein Recht auf dasselbe zur Erreichung von Vortheilen für sich selbst oder andere Personen verwerthet. Daher soll er sein Amt, wenn er auf dasselbe verzichten will, ohne jeden derartigen Vorbehalt aufgeben [8], und zwar gleichviel, ob ein solcher den Charakter der Simonie an sich trägt oder nicht. Nichtsdestoweniger hat das kirchliche Recht, von der allgemeinen Strömung nach Veräusserlichung der Kirche und von der vielfach herrschenden Auffassung der kirchlichen Aemter als Vermögens- und Einnahmequellen beeinflusst, dieses Princip nicht in vollem Umfange festgehalten, vielmehr einzelne Ausnahmen von demselben zugelassen. Es gehört hierher zunächst

1. die *resignatio in favorem tertii* [9], der Verzicht zu Gunsten einer bestimmten dritten

[1] Th. II. S. 492. Da die Erlangung eines anderen Amtes ein ausreichender Grund zur Resignation ist, S. 271, so wird die Genehmigung für die Regel — Ausnahmen können eintreten, wenn Mangel an Geistlichen vorhanden ist, — nicht verweigert werden können. Verleiht ihm aber der Bischof derselben Diöcese ein mit seinem bisherigen inkompatibles Benefizium, so liegt darin eine stillschweigende Versetzung, durch die das erste Benefizium ohne Weiteres verloren geht, s. u. §. 165.

[2] S. S. 276. n. 7.

[3] Da dieselbe auf der Konst. Pius V.: Quanta ecclesiae v. 1568 beruht (s. o. S. 271. n. 5), so ist sie in Deutschland nicht praktisch geworden, Neller l. c. p. 301. Uebrigens hat schon Gregor XIII. durch eine Deklaration- s. Pyrrh. Corrad. prax. benef. V. 1. n. 50; Neller l. c. p. 294 die Patronatsbenefizien von derselben ausgenommen. Auch die päpstliche Praxis hat sich nicht daran gehalten, da gerade Resignationen in favorem (s. unten) zu Gunsten von Verwandten, Affinen und Familiaren des Resignanten nicht selten zugelassen worden sind, Pyrrh. Corrad. l. c.

[4] Solche Resignationen sind schon in älterer Zeit vorgekommen; über den Verzicht Ebbos v. Rheims 834, welchem freilich noch die Absetzung gefolgt ist, s. Dümmler ostfränk. Reich 1, 109. Weitere Beispiele aus dem 12. Jahrh. s. bei Bernhardi Lothar von Supplinburg S. 249. 272. 375. 592. Für die Jetztzeit vgl. Acta s. sed. 1, 231 u. 568; Arch. f. k. K. R. 15, 141.

[5] Analect. iur. pont. 1855. p. 1471, s. auch Acta s. sed. l. c.

[6] Th. II. S. 653. 654.

[7] Denn hier ist die enge Verbindung zwischen dem Amtsträger und dem Benefizium noch nicht eingetreten. Ueber einen Fall des stillschweigenden Verzichtes, s. Th. II. S. 670. 671. Die Doktrin ist darüber einig, Garcias l. c. XI. c. 3. n. 247; Pirhing l. c. n. 28; Leuren. qu. 303. n. 2; Reiffenstuel l. c. n. 17.

[8] c. 8 (Gregor IX.) X. de pact. I. 35; c. 5 (Urb. III.) X. de rer. permut. III. 19.

[9] S. hierzu Neller o. S. 272. Anm. 1 u.

Person, welcher sowohl dem Grundsatze, dass der Inhaber eines Benefiziums nicht über dasselbe verfügen, insbesondere nicht seinen Nachfolger bezeichnen, wie auch dem weiteren, dass jeder Schein einer Erbfolge in Kirchenämtern vermieden werden soll, widerspricht[1]. Solche Verzichtleistungen sind seit Beginn des 14. Jahrhunderts unter Konvenienz der Päpste vorgekommen[2], und sind seitdem so häufig geworden, dass das Wort: *resignatio* im Kurialstil sogar die spezifische Bedeutung der Verzichtleistung zu Gunsten eines Dritten erhalten hat[3]. Wenngleich schon vor und sodann auf dem Konzil von Trient[4] die Beseitigung dieser Resignationen wegen ihrer Bedenklichkeit verlangt worden ist, und später auch einzelne Päpste ihre Abschaffung in Erwägung gezogen haben[5], so haben sich dieselben doch niemals dazu entschliessen können, einen entscheidenden Schritt in dieser Richtung zu thun[6]. Rechtlich unstatthaft sind also derartige Verzichtleistungen auch nach heutigem Rechte nicht, wenngleich sie heute nicht so häufig wie früher vorkommen.

Die *resignatio in favorem tertii* ist ihrem rechtlichen Charakter nach eine Resignation, welche unter der Bedingung abgegeben wird, dass ein von dem Verzichtleistenden bezeichneter Dritter, der s. g. *resignatarius*, das von dem ersteren aufgegebene Benefizium übertragen erhält und rechtsgültig erwirbt. Sie kann allein mit Zustimmung des Papstes, nicht mit der des Ordinarius erfolgen[7]. Da sie den Zweck hat, dem Resigna-

Benedict XIV. de synodo dioeces. XIII. 10. n. 14ff.

[1] Vgl. Th. I. S. 292; Th. II. S. 480. 521. 522.

[2] Riganti ad reg. XLV canc. prooem. n. 6 u. Bened. XIV. l. c. n. 20 berichten, dass nach den Registern der Dataria Clemens V. (1305—1314) der erste Papst gewesen ist, welcher sie zugelassen hat. Neller l. c. p. 283 hat die Angabe Rigantis irriger Weise auf Johann XXII. bezogen. Ihm folgt Richter-Dove K. R. §. 204. n. 4. Die Dekretalen Gregors IX. und Bonifazius' VIII. kennen diese Art der Resignation noch nicht, insbesondere ergiebt sich nichts dafür aus dem mehrfach hierher gezogenen c. 12 (Alex. III.) X. de off. iud. del. I. 29. Allerdings ist in beiden Sammlungen schon vom Tausche der Benefizien die Rede, c. 5. X. III. 19 cit. c. 7. 8. X. eod. u. c. un. (Bonif. III.) in VIto de rer. permut. III. 10. Aber dieser ist seinem juristischen Charakter nach keine Resignation, s. den folgenden §. Die Art und Weise, wie die Glosse s. v. praebendas zu c. 7 (conc. Roman. v. 1139) C. VIII. qu. 1: „Sed quid de illo qui renunciat: ut detur alii, forte consanguineo. Papa approbat. X. de off. deleg. ex parte (c. 12 cit.). Sed dic quod ibi fuit pura renunciatio", der resignatio in favorem erwähnt, ergiebt ebenfalls, dass dieselbe damals noch nicht im praktischen Gebrauch gewesen sein kann.

[3] S. o. S. 268. n. 9.

[4] Seitens des Königs Karl IX. von Frankreich, Pallavicini hist. conc. Trident. l. XIX. c. 11. n. 4, capit. ref. 22. Obwohl in Frankreich noch Anfangs des 16. Jahrhunderts darüber gestritten worden ist, ob solche Resignationen nicht als simonistisch zu verwerfen seien, so hat sich doch hier später der Grundsatz festgestellt, dass während der Zeit, wo die Regalie des Königs über ein Bisthum eröffnet war, die gedachten Resignationen in die Hände desselben abzugeben seien, G. J. Phillips, das Regalienrecht in Frankreich. S. 225ff.

Ueber die von Paul III. 1536 eingesetzte Reformations-Kommission, welche ebenfalls darauf bezügliche Vorschläge gemacht hat, s. Riganti l. c. n. 16; Neller l. c. p. 304.

[5] So Innocenz XII. (1691—1700) und Clemens XI. (1700—1721), welcher letzterer ebenfalls eine Kommission zur Erörterung über die weitere Beibehaltung oder Abschaffung niedergesetzt hat. Diese entschied sich aber für die erstere, Riganti l. c. n. 5ff.

Auch einzelne Domkapitel, so die von Mainz und Trier haben die Zulassung solcher Resignationen verweigert, Neller l. c. p. 321, und in die kaiserliche Wahlkapitulation (art. 14. §. 1) ist ebenfalls die Zusicherung aufgenommen worden, keine solche Resignationen zur Beschwerung der Stifter, Geistlichkeit und Patrone zuzulassen. Die Beschwerden der drei deutschen Erzbischöfe an den Kaiser v. 1769 und die Emser Punktation v. 1786 VIIIa, Gaertner corp. iur. eccles. 2, 336. 355 haben sogar die gänzliche Beseitigung derselben verlangt.

[6] Die Gründe dafür, welche theilweise nur Beschönigungen enthalten — es ist klar, dass die römischen Kurialbehörden wegen ihrer Gebühren für die Expedition der nothwendigen Urkunden an der Beibehaltung interessirt waren — finden sich entwickelt bei Riganti l. c. n. 8ff.; Benedikt. XIV. l. c. n. 20 ff. und danach bei Phillips K. R. 7, 863. Eine Kritik dagegen bei Neller l. c. p. 307ff.

[7] Darüber ist die Doktrin einig. Ueber die Gründe ist freilich viel gestritten worden, s. darüber Neller l. c. p. 286ff. Die Ansicht, dass diese Resignationen simonistisch seien und daher nur vom Papste gestattet werden dürften, ist jedenfalls unhaltbar. Der wahre Grund liegt darin,

tarius das resignirte Benefizium zu verschaffen, so muss der letztere, und zwar in dem Zeitpunkt, in welchem der Verzicht bindend abgegeben wird, zur Erwerbung desselben fähig sein [1]. Verzichtet der Benefiziat wissentlich zu Gunsten einer persona inidonea, so gilt die Renuntiation als unbedingt abgegeben und zieht für ihn den Verlust des Benefiziums nach sich [2].

Hinsichtlich der Wirkung der beigefügten Bedingung auf den Rechtsbestand der Renuntiation herrscht Streit. Eine Meinung fasst die Bedingung als Suspensivbedingung auf, und lässt daher den Verzicht erst dann rechtsbeständig werden, wenn der Resignatar das Benefizium wirklich erworben hat [3]. Ihre Vertreter sind aber darüber nicht einig, ob der Resignant das letztere erst in dem Zeitpunkt verliert, in welchem der Resignatar das Amt erhält [4], oder ob bei Erfüllung der Bedingung der Verlust schon in dem Moment als eingetreten gilt, wo der Verzicht an sich unwiderruflich geworden ist [5], d. h. mit anderen Worten, sie streiten darüber, ob der Bedingung die rückwirkende Kraft abzusprechen oder ob ihr eine solche beizulegen ist.

Nach der anderen Ansicht hat die resignatio ad favorem den Charakter eines resolutiv bedingten Verzichtes [6]. Daher soll sie ebenso wie die einfache Renuntiation sofort wirksam werden und den Verlust des Benefiziums herbeiführen, ihr Rechtsbestand aber zusammenfallen, wenn die Bedingung deficirt.

dass sie dem gemeinen Recht insofern widersprechen, als der Benefiziat über sein Benefizium verfügt und dasselbe, ehe es vakant geworden ist, einem Andern übertragen wird, Pirhing l. c. n. 77. Die S. 271. n. 5 cit. const. Pii V.: Quanta ecclesiae hat ausdrücklich bestimmt §. 4: „Caveant autem episcopi et alii praedicti itemque omnes electores, praesentatores et patroni, tam ecclesiastici quam laici, quicumque sint, ne verbo quidem aut nutu vel signo futuri huiusmodi beneficiis et officiis successores ab ipsis resignantibus aut aliis eorum significatione vel hortatu designentur aut de his assumendis promissio inter eos vel etiam intentio qualiscumque intercedat," und dadurch stillschweigend den Ordinarien die Befugniss zur Annahme von resignationes in favorem abgesprochen. Uebrigens ist das ausschliessliche Recht des Papstes auch in Deutschland und Frankreich, obwohl hier die betreffende Konstitution nicht recipirt war (s. S. 272. n. 1), anerkannt gewesen, Neller l. c. p. 286; Héricourt l. c. p. 338.

Was die Form betrifft, so wird in der desfallsigen Supplik an den Papst allerdings eine unbedingte Verzichtleistung abgegeben, aber zugleich die Bitte hinzugefügt, dass der letztere das Benefizium einer in derselben bezeichneten Person verleihen möge; trotzdem gilt die Resignation juristisch als bedingte. S. das Formular bei Pyrrh. Corrad. prax. benef. V. 1. n. 12 u. ibid. n. 50; van Espen l. c. c. 1. n. 7 ff.; Neller p. 281. 282.

Für den Fall, dass ein Dritter vom Papste mit der Annahme der Resignation, also auch mit ihrer Bewilligung beauftragt wird, bestimmt die 40. Kanzleiregel: „Item si committatur alicui beneficii resignatio, ponatur clausula: Attente quoque provideas etc.," welche in der Ausfertigung lautet: „Ceterum, ne, dum prodesse studemus, aliqua forte irrepat iniquitas in exitium animarum, tu istic attente circumspicias, an ex parte N. N. praefatorum super dicta resignatione, ut fieret, quam nos nullo hucusque vitio laborare deprehendimus, intercesserit simoniae labes aut aliqua alia illicita pactio seu etiam corruptela," Riganti ad reg. 40 canc. n. 2.

Die Abgabe eines derartigen Verzichtes vor dem Ordinarius ist nichtig, keineswegs kann derselbe aber als eine gültige einfache Resignation, deren Bedingung für nicht beigefügt gilt, angesehen werden. Ueber die desfallsige Kontroverse vgl. Reiffenstuel l. c. n. 120. 121.

[1] Leuren. qu. 350. S. auch das Dekret Clemens' XI. bei Riganti ad reg. 45. l. c. n. 36: „I. Quod pro resignationibus parochialium, dignitatum, canonicatuum et aliorum beneficiorum residentialium adhibenda sit attestatio ordinarii super idoneitate resignatarii, exceptis tamen resignationibus canonicatuum collegiatarum Galliae, quae admitti possint absque attestationibus ordinariorum. III. Quod pro resignationibus parochialium ubicumque existentium, excepta Gallia, resignatarius debeat esse constitutus in aetate XXX annorum."

[2] Weil er es durch seine Schuld bewirkt hat, dass die Bedingung nicht eintreten kann, diese somit zu seinem Nachtheil als erfüllt gilt, Garcias l. c. XI. 3. n. 36. 217; Leuren. l. c. qu. 240.

[3] Garcias l. c. P. II. c. 1. n. 129 ff., 139 ff.; Barbosa J. E. U. III. 15. n. 71 ff.; Reiffenstuel I. 9. n. 149. Einzelne verlangen auch noch ausserdem, dass der Resignatar den Besitz des Benefiziums erlangt hat, s. z. B. Rebuff. prax. benef. de resignatione condition. n. 18, vgl. darüber Leuren. l. c. qu. 240. n. 8.

[4] Barbosa, Reiffenstuel ll. cc.

[5] Garcias l. c. n. 155 ff.

[6] Lotter de re benef. l. III. qu. 14. n. 40; Leuren. l. c. qu. 240. n. 3—5.

Die erste Auffassung wird allein dem Wesen und dem Zweck der resignatio in favorem gerecht. Der Resignant will das Benefizium dem Resignatar durch seinen Verzicht zuwenden. Demnach bildet die Aufgabe des letzteren das Mittel zu dem von ihm beabsichtigten Zweck, dagegen soll sie nach seiner Willensmeinung keine selbstständige Bedeutung haben. Eine solche wird ihr aber beigelegt, wenn man ihr, ehe der gewollte Zweck erreicht ist, auch nur eine, obschon resolutiv bedingte Wirkung beimisst. Vielmehr bildet die Suspensivbedingung die allein entsprechende juristische Konstruktion für die beabsichtigte Abhängigkeit der Wirkung des Verzichtes von der Erreichung des vom Resignanten gewollten Zweckes [1]. Mit Rücksicht auf die Absicht des letzteren kann ferner beim Eintritt der Bedingung die Wirkung derselben nicht auf den Zeitpunkt der Annahme des Verzichtes zurückbezogen, vielmehr der Verlust des Benefiziums für den Resignanten erst in den Zeitpunkt, in welchem der Resignatar dasselbe erwirbt [2], verlegt werden.

Da die Resignation in die Hände des Papstes zu erfolgen hat, so wird das resignirte Benefizium diesem affekt [3] und die Besetzung kann allein durch ihn erfolgen [4].

[1] Die Form des Verzichtes kommt dem gegenüber nicht in Betracht, s. 278. n. 7. Wollte man darauf Gewicht legen, so könnte weder von einer suspensiv noch resolutiv bedingten Renunciation die Rede sein.

[2] Der darüber unter den Aelteren geführte Streit ist aus Anlass der Kontroverse über die Rückwirkung der Bedingung entstanden. Diese kommt hier nicht in Betracht. Will der Renunciant die Vakanz nicht anders als zu Gunsten des Resignatars, so will er sie auch erst von dem Moment ab, wo der Resignatar das Amt erlangt. Die Bedingung enthält nach der Absicht des Verzichtenden immer zugleich eine Befristung der Wirkung des Verzichts. Daher erwirbt der Verzichtende noch die Früchte und die Einkünfte des Amtes bis zu dem gedachten Zeitpunkte. Bei der Annahme einer Resolutiv-Bedingung oder einer rückwirkenden Suspensiv-Bedingung kommt man zu dem dem Willen des Resignanten sicherlich nicht entsprechenden Resultat, dass er diese Einnahmen nur bis zum Augenblick des abgegebenen Verzichtes zu ziehen berechtigt ist, dass diese aber von dem zuletzt gedachten Zeitpunkt ab bis zur Erwerbung des Amtes durch den Resignatar als Vakanzgefälle behandelt werden müssen, Leuren. qu. 246. n. 8. Dem letzteren würden sie, weil die Verleihung des Amtes an ihn keine bedingte ist, erst von dem Augenblick derselben zufallen, es wäre denn, dass er in dem gegebenen Falle auch als Nachfolger des Resignanten ein Recht auf die Früchte der Zwischenzeit besässe. Als weitere Konsequenzen der im Text vertheidigten Ansicht ergeben sich folgende. Wenn der Resignatar vor der Verleihung stirbt oder wenn er für das Amt unfähig befunden wird, ohne dass der Resignant von der Ungeeignetheit Kenntniss besass, wird das Benefizium durch den Verzicht nicht erledigt, während die Anhänger der Resolutiv-Bedingung, Leuren. qu. 240. n. 5 das Gegentheil, die Rechtsbeständigkeit der Renunciation annehmen, weil der Papst hier keine Schuld trage, dass die Resolutiv-Bedingung erfüllt sei, was freilich selbst nicht einmal von ihrem eigenen Standpunkte aus richtig erscheint, da dieselbe lediglich auf das Erlangen des Benefiziums durch den Resignatar gestellt ist. Bei dem Tode des Resignanten, welcher vor dem letztgedachten Zeitpunkt eintritt, betrachten die letzteren das Benefizium ebenfalls als durch die Resignation erledigt, andere behaupten dagegen eine Vakanz durch Tod, vgl. Leuren. l. c. n. 6. Dies ist auch das allein Richtige. Die Gültigkeit des Verzichtes wird durch das Recht auf das Benefizium bedingt, und wenn die Wirksamkeit des ersteren durch die Bedingung hinaus geschoben wird, so muss dieses Recht auch noch beim Eintritt derselben vorhanden sein. Andernfalls gesteht man dem Renuncianten die Befugniss zu, über die Dauer seines Rechtes am Benefizium hinaus zu verfügen, was unhaltbar ist. Wie ein Verzicht, welcher von einem bestimmten Tage ab seine Wirkung äussern soll, nicht rechtsbeständig bleibt, wenn der Benefiziat vorher stirbt, ebensowenig ist dies der Fall, wenn er suspensiv bedingt abgegeben worden ist.

Für den Fall, dass der Resignant zu Gunsten Mehrerer Verzichte ausgestellt hat, bestimmt die 45. Kanzleiregel: „Et si ipsum resignantem vel cedentem pluries super uno et eodem beneficium in favorem diversarum personarum successive consentire contigerit: voluit sanctitas sua, quod primus consensus tenere debeat et alii posteriores consensus ac literae eorum praetextu, etiam sub priori data expeditae, pro tempore nullius sint roboris vel momenti . . .“ Mit Rücksicht hierauf erklärt sich die bei Bewilligung von resignationes in favorem gebräuchliche Klausel: „Et cum decreto, quod si apparuerit super resignatione dictae parochialis ecclesiae antea per dictum N. N. alium consensum praestitum et extensum fuisse, praesens gratia nulla sit eo ipso,“ Riganti ad reg. cit. §. 1. n. 240.

[3] S. o. S. 145.

[4] Daher hat auch der Resignatar seinerseits eine Supplik an den Papst um Verleihung des zu seinen Gunsten resignirten Benefiziums zu richten, Pyrrhi Corradi praxis benefic. V. 1. n. 50.

Die Affektion beseitigt nur die Rechte des ordentlichen Kollators, nicht aber die der sonst bei der Besetzung zur Mitwirkung Berechtigten. Ihnen kann der Resignant ihre Befugnisse durch eine derartige Resignation nicht entziehen, und deshalb bedarf es in diesen Fällen stets ihrer Zustimmung[1]. Absolut nichtig ist aber ein ohne dieselbe zu Stande gekommener Verzicht und eine darauf folgende Kollation des resignirten Benefiziums nicht, vielmehr kann der Berechtigte die letztere nur als nichtig aufrufen[2]. Ist dies geschehen, so fällt die erfolgte Besetzung zusammen. Der Verzicht selbst wird aber von der Nichtigkeit an sich nicht berührt, weil die Einwilligung der gedachten Berechtigten nur zu dem Zwecke nöthig erscheint, damit der Resignatar das Benefizium erlangen kann. Daraus folgt, dass der Resignirende mit Rücksicht darauf, dass die dem Verzicht beigefügte Suspensivbedingung nicht eingetreten ist, das letztere behält oder es wieder zurückzufordern befugt ist, es sei denn, dass er die Berechtigung des Dritten gekannt oder sich schuldhafter Weise in Unkenntniss darüber befunden hat. In diesem letzteren Falle ist durch sein eigenes Verhalten der Eintritt der Bedingung verhindert, und diese gilt demnach als erfüllt, d. h. er ist des Benefiziums durch seinen Verzicht verloren gegangen und dasselbe kann von Neuem auf dem gewöhnlichen Wege besetzt werden[3].

Endlich folgt aus dem Wesen der resignatio in favorem, dass der Papst mittelbar gezwungen ist, dem von dem Renuntianten bezeichneten Dritten, falls dieser fähig ist, das Benefizium zu verleihen. Nur dadurch wird die dem Verzicht innewohnende Bedingung verwirklicht und das resignirte Benefizium erledigt, während im umgekehrten Falle, d. h. wenn der Papst dasselbe einer andern Person überträgt, eine solche Kollation nichtig ist[4], und der Resignant das Benefizium nicht verliert.

[1] Also des Patrons, des Nominations- und der Wahlberechtigten, Pirhing l. c. I. 9. n. 13; Leuren. l. c. qu. 273 ff.; Reiffenstuel I. 9. n. 61. 62. Ob der Patron ein geistliches oder weltliches Patronatrecht hat, ist gleichgültig, nur tritt hinsichtlich des Präsentationsrechtes des geistlichen Patrons die Derogation durch anderweitige Besetzung, des Papstes stillschweigend ein, s. o. S. 96, und daher ist es im praktischen Resultat allerdings richtig, dass der Konsens des ersteren nicht erforderlich ist, so Garcias l. c. XI. 3. n. 15; Leureñ. l. c. qu. 294. n. 3. Die Wahlberechtigten haben ihren Konsens einstimmig zu geben. Der Resignant hat kein Recht irgend einem Wähler sein Wahlrecht durch eine resignatio in favorem zu entziehen. Dass ein Majoritätsbeschluss der letzteren genügt, wenn der Verzicht zum Vortheil der Kirche erfolgt, ist zwar die unter den Aelteren herrschende Meinung, Pirhing l. c.; Leuren. l. c. qu. 293. n. 2, indessen haltlos.

[2] Darüber ist die Doktrin einig, s. die Citate in der vor. Anm. Der Grund liegt darin, dass die Berechtigten auf Ausübung ihres Rechtes verzichten können. Ihr Anfechtungsrecht ist ebenfalls ausgeschlossen, wenn der Papst ihren Befugnissen derogirt hat, s. o. S. 96.

[3] Garcias l. c. n. 35; Leuren. l. c. qu. 294. n. 9.

Die resignatio in favorem kann auch wegen entgegenstehender Berechtigungen Dritter auf das beneficium ausgeschlossen sein, dies ist der Fall, wenn ein solcher eine Antwartschaft auf das Beneficium besitzt, Leuren. l. c. qu. 296. Sie ist weiter unstatthaft und nichtig, wenn das beneficium litigios ist, weil hier die Berechtigung des Resignanten in Frage steht, jedoch mit Ausnahme des Falles, wo sie zu Gunsten der anderen Partei geschieht, Leuren. l. c. qu. 308. Endlich kann sie wegen mangelnder Verfügungsberechtigung nicht in Betreff päpstlich reservirter und unirter Benefizien abgegeben werden, Leuren. qu. 295. 298; Pirhing l. c. n. 15. In Bezug auf die letzteren kommt die Vorschrift des Tridentinums Sess. XXI. c. 6 de ref. u. Sess. XXIII. c. 18 de ref. zur Anwendung, dass der Eintritt der Wirkung bereits verfügter Unionen nicht durch Resignationen gehindert werden soll. Der Papst kann allerdings bei der Annahme von solchen dieser Bestimmung derogiren, aber falls ihm der Sachverhalt nicht vorgetragen ist, gilt seine Bewilligung des Verzichtes als erschlichen und nichtig.

[4] Lotter. l. c. l. III. qu. 14. n. 41. 42; Leuren. l. c. qu. 240. n. 3; Reiffenstuel I. 9. n. 147.

Eine besondere Art der resignatio in favorem ist die s. g. *resignatio reciproca*, d. h. der Fall, wo zwei Geistliche auf ihre Benefizien in der Weise verzichten, dass die Anverwandten des anderen das resignirte Benefizium erhalten sollen, Reiffenstuel l. c. n. 123. Solche Resignationen zu Gunsten der Söhne von Geistlichen hat das Trid. Sess. XXV. c. 15 de ref., um die Umgehung der Th. II. S. 478 gedachten Verbote der Nachfolge in Benefizien zu verhindern, für un-

2. Die *resignatio cum reservatione pensionis.* Der Verzicht des Amtsinhabers unter Vorbehalt eines Theiles der Früchte seines Benefiziums oder einer Pension aus demselben untersteht nicht blos den allgemeinen Regeln vom Verzichte, sondern auch denen über die Belastung der Benefizien mit Pensionen [1]. Er ist daher für die Regel nur statthaft und gültig mit Genehmigung des Papstes [2]. Der Ordinarius kann bei dem Verzichte eines Benefiziaten ausnahmsweise allein, wenn ein gerechtfertigter Grund dafür vorliegt, also wenn der letztere alt oder krank ist und keine anderen Einnahmequellen besitzt, oder durch die Resignation ein Process über das Benefizium beseitigt wird, eine Pension auf das Benefizium auflegen. Ein Gesuch des Benefiziaten um eine solche Pension ist nicht ausgeschlossen, und ebenso wenig ist es unerlaubt, dass derselbe sich über die Höhe derselben vorläufig mit dem etwaigen, in Aussicht genommenen Nachfolger benimmt, falls nur derartige Verabredungen nicht in bindender Weise eingegangen werden, vielmehr die definitive Regelung der Pension dem Ordinarius überlassen wird [3]. Demnach können diese Resignationen nicht als bedingte erachtet werden. Feste Verpflichtungen der hervorgehobenen Art ohne den Vorbehalt der freien entscheidenden Bestimmung des kirchlichen Oberen würden eine Simonie bilden. Nicht minder wäre dies aber der Fall, wenn der Benefiziat die Bewilligung und Konstituirung der Pension zur Bedingung seines Verzichtes auf sein Benefizium machen wollte. Da der letztere unter dieser Voraussetzung nach der Absicht des Renuntianten erst mit der Bestellung der Pension Rechtsbestand und Rechtswirksamkeit erhalten soll, so will der Benefiziat die Aufgabe seines Benefiziums von der Erlangung eines weltlichen Vortheils abhängig machen, also dasselbe simonistisch veräussern [4]. Eine derartige Renuntiation kann also selbst, wenn sie der Bischof annimmt, keine rechtliche Wirkung haben [5].

Dieselben Gründe sprechen auch gegen die Zulassung derartiger Resignationen seitens des Papstes. Diese sind aber früher in weitem Umfange gestattet worden [6],

statthaft und die darauf erfolgten Verleihungen für nichtig erklärt. Ferner gehören hierher die s. g. *resignationes triangulares* und *quadrangulares*, d. h. Renuntiationen, bei denen der erste auf sein Benefizium zu Gunsten des zweiten, dieser auf das seinige zu Gunsten des dritten, letzterer wieder zu Gunsten des vierten, und der letzte (also der dritte oder vierte) auf das seinige zu Gunsten des Ersten verzichtet, s. Reiffenstuel l. c. n. 123. 124.

[1] Th. II. S. 412 ff.

[2] A. a. O. S. 413.

[3] Dies ist die herrschende Meinung Barbosa J. E. U. III. 15. Fagnan. ad c. 21 X. de praeb III. 5; n. 49 ff.; Leuren. l. c. qu. 444. 446; Reiffenstuel III. 12. n. 102 ff.; s. auch Garcias l. c. P. I. c. 5. n. 354, welcher n. 340 zwar die Unzulässigkeit bei vorhergehenden Vereinbarungen annimmt, aber unter diesen, s. n. 343, solche versteht, welche als bindend beabsichtigt sind. Dass erst Benedikt XIV. die Zulassung solcher Pensionen in seinen Konstitutionen: In sublimi v. 29. August 1741 und Ecclesiastica v. 15. Juni 1746, bull. Bened. XIV. 1, 71 u. 2, 61, gestattet habe, so Helfert S. 266; Pachmann K. R. §. 198, ist unrichtig.

Das Verbot, Pensionen auf Pfarrbenefizien aufzulegen, Th. II. S. 414, ist auf diesen Fall nicht bezogen worden, Reiffenstuel l. c. n. 103. 104.

Ueber die Kontroverse, in welcher Art der Bischof das Benefizium belasten darf, s. Th. II. S. 414.

[4] Barbosa l. c. III. 15. n. 49; Pirhing l. c. n. 90; vgl. auch Schulte, K. R. 2, 343. Bei den Neueren, s. z. B. Permaneder §. 268; Richter-Dove §. 104; Ginzel K. R. §. 350 wird der juristische Charakter dieser Art der Resignation völlig unberührt gelassen.

[5] Weil simonistische Rechtsgeschäfte nichtig sind, München, kanon. Gerichtsverfahren und Strafrecht 2, 297. 302. Der Benefiziat geht also seines Amtes nicht durch den Verzicht, wohl aber in Folge der Simonie verlustig, wenn die Verabredung zu Stande gekommen ist, a. a. O. S. 302 u. const. Pii V.: Intolerabilis v. 1589, bull. Taur. 7, 754.

[6] Und zwar seit dem 15. Jahrhundert trotz des c. un. (Innoc. III.) X. ut eccles. benef. III. 12 auch mit Vorbehalt der vollen Einkünfte des resignirten Benefiziums, so dass sich eine unter der VI. (1492—1503), und nach ihm Alexan- Paul III. (1534—1549) und eine weitere unter Clemens XI. 1704 eingesetzte Kommission genöthigt sahen, die Gestattung derartiger Reservationen auf die Kardinäle einzuschränken, Ri-

weil man den Papst für befugt erachtet hat, von dem positiven Verbote der Simonie zu dispensiren. Auch die 45. Kanzleiregel[1] setzt sie als zulässig voraus, indem sie anordnet, dass derartige Verzichte nicht ohne Zustimmung desjenigen, welcher die Pension zu zahlen hat, angenommen werden sollen. Ihrem juristischen Charakter nach stellen sie sich als Resignationen dar, welche durch die Bestellung der Pension zu Gunsten des Resignanten suspensiv bedingt sind[2]. Herkömmlicherweise wird ihnen aber zugleich die Resolutivbedingung beigefügt, dass der Erwerber des Benefiziums und seine Nachfolger die Verpflichtung zur Zahlung der Pension fortdauernd anzuerkennen und diese letztere bedungenermassen zu leisten haben, widrigenfalls das resignirte Benefizium an den Verzichtleistenden zurückfallen und dieser das Recht haben soll, sich in den Besitz desselben zu setzen[3].

3. Ausser den unter 1 und 2 gedachten Arten bedingter Resignationen ist seit Ende des 15. Jahrhunderts[4] auch die s. g. *resignatio cum regressu*[5] Sitte geworden, d. h. eine Verzichtleistung unter dem Vorbehalt des Resignanten, dass ihm das resignirte Benefizium in gewissen Fällen, z. B. bei vorher erfolgtem Tode des Erwerbers desselben wieder zufallen solle. Diese und ähnliche Renuntiationen[6] hat das Tridentiner Konzil und zwar selbst zu Gunsten der Kardinäle für nichtig erklärt[7]. Ganz sind sie aber damit nicht beseitigt worden, vielmehr hat sie die Praxis der Kurie in einzelnen Fällen, so namentlich für den Fall, dass die bei der Resignation bedungene Pension nicht gezahlt werden sollte, auch nach dem Konzil zugelassen[8].

ganti ad reg. 45 canc. §. 2. n. 23—26; Thomassin l. c. P. III. l. 2. c. 31. n. 15. Die Zulassung dieser Reservationen hat übrigens zu Geschäften Veranlassung gegeben, welche im Grunde nichts als ein Verkauf und Kauf von Benefizien gewesen sind. Mit der Resignation unter dem Vorbehalt einer Pension wurde zugleich die in favorem tertii verbunden und mit dem Resignatar die Verabredung getroffen, dass er demnächst die Ablösung, cassatio, abolitio oder extinctio der Pension zu einer vereinbarten Summe vorzunehmen habe. Dagegen richten sich die S. 282. n. 3 citirten Konstitutionen Benedikts XIV., von denen schon die erstere ausser der Nichtigkeit derartiger Verträge und der Verpflichtung des Resignanten, die empfangene Ablösungssumme zur Verwendung zu frommen Zwecken herauszugeben, auch die Strafe des Verlustes aller Rechte am Benefizium und der Unfähigkeit zur Erlangung anderer Aemter festsetzt.

1 „. . . nec literae resignationis vel assignationis, etiam motu proprio, cuiusvis pensionis annuae super alicuius beneficii fructibus expediri possint, nisi de consensu illius, qui pensionem persolvere tunc debebit". Ueber die Derogation dieses Konsenses vgl. Riganti l. c. n. 42 ff.

2 Gewöhnlich auch, weil bei diesen Resignationen zugleich eine in favorem tertii konkurrirte, bedingt durch die Erwerbung des Benefiziums seitens des Resignatars. Eine Supplik für diesen Fall bei Pyrrh. Corrad. l. c. n. 1.

3 S. die in der vor. Anm. angeführte Stelle von Pyrrhus Corradus.

4 Thomassin l. c. P. II. l. I. c. 22. n. 1.

5 Rebuff. praxis benef. tit. de regressibus; Pirhing l. c. n. 11; Leuren. l. c. qu. 235. n. 2; Riganti ad reg. 26 canc. o. 155 ff.

6 Ausser dem Regress auch den s. g. *ingressus* und *accessus*. Unter dem ersteren verstand man den Fall, in welchem der Erwerber des Benefíciums vor erlangtem Besitze auf dasselbe mit dem Vorbehalte resignirte, unter gewissen Bedingungen das Benefizium wieder zu erwerben und sich in den Besitz desselben setzen zu können. Der s. g. *accessus* lag dann vor, wenn das Benefizium, welches einem wegen seines Alters zur Erwerbung desselben unfähigen bestimmt worden war, inzwischen einem anderen (auch nur zur Verwaltung) übertragen und dem ersten bei Erreichung des gesetzmässigen Alters die Befugniss gewährt wurde, das Benefizium eigenmächtig in Besitz zu nehmen, s. die Citate in der vorigen Anm.

Durch den regressus und ingressus wird der Verzicht resolutiv bedingt; beim accessus ist dagegen der Erwerb für den Begünstigten suspensiv, die Stellung des Zwischeninhabers oder des Verwalters des Benefiziums resolutiv bedingt.

7 Sess. XXV. c. 7 de ref. — Nach der const. Pii V: Intolerabilis v. 1589, bull. Taurin. 7, 754, über die simonia confidentialis, welche das Verbot des Konzils wiederholt, treten auch wegen des gedachten Vergehens Strafen, insbesondere der Verlust des Benefiziums, ein.

8 Riganti l. c. n. 160; Leuren. qu. 606, weil man das cit. c. 7 Sess. XXV wegen des dort angegebenen Zweckes, den Schein jeder Erbfolge auszuschliessen, auf sie nicht für anwendbar erklärte.

Ausserdem ist auch bei Bisthümern, insbesondere deutschen, zu Gunsten fürstlicher Personen, päpstlicherseits der accessus gestattet worden, Riganti l. c. n. 164 und ad reg. 24. §. 2. n. 35 ff.

Was die Stellung des Staates zu der kirchengesetzlichen Regelung des Aemterverzichtes betrifft, so hat derselbe prinzipiell kein Recht, eine Mitwirkung bei einfachen Renunciationen zu fordern. Solche berühren sein Interesse nicht und aus einem etwaigen Betheiligungsrecht bei der Anstellung lässt sich eine derartige Befugniss, weil in Betreff dieser völlig andere Gesichtspunkte in Frage kommen, ebensowenig herleiten [1]. Nur vereinzelt, so in Frankreich, ist als Ausfluss der Nomination des Regenten für die bischöflichen Stühle das Genehmigungsrecht desselben zu Verzichtleistungen der Bischöfe auf ihre Stellen in Anspruch genommen worden [2].

Wohl aber kann der Staat eine Anzeige über die erfolgte Annahme einer Resignation vorschreiben, wie dies in Oldenburg [3], Oesterreich [4] und im Königreich Sachsen (hier nur in Betreff der geistlichen Aemter) [5] geschehen ist, damit er in den Stand gesetzt wird, seine Rechte bei der Wiederbesetzung wahrzunehmen. Eine solche Benachrichtigung der Staatsbehörde liegt sogar im Interesse der Kirche, falls der Staat Fonds zur Unterhaltung ausgedienter katholischer Geistlichen gewährt, und sie ist daher mit Rücksicht hierauf auch in einzelnen Staaten kirchlicherseits in Aussicht gestellt worden [6]. Darüber hinaus fordert aber das bairische Recht auch Genehmigung der Staatsregierung, wenn die resignirte Pfründe landesherrlichen Patronates ist [7].

Auch den Resignationen zu Gunsten eines Dritten steht an und für sich, sofern bei der Wiederverleihung des Amtes dem Mitwirkungsrecht des Staates [8] Raum für seine Bethätigung gelassen wird, nichts entgegen. Jedoch sind dieselben in einzelnen Ländern, so in Baiern [9] verboten.

Was die Gewährung einer Pension für den verzichtenden Geistlichen betrifft, so ist im landrechtlichen Gebiete Preussens die Belastung der Pfarrbenefizien bis zu einem bestimmten Betrage, welcher aber nicht mehr als ein Drittel der Pfarreinkünfte ausmachen darf, für alte und kranke Pfarrer statthaft [10], ebenso in Baiern die aller Bene-

In Frankreich haben einzelne Parlamente die Regresse schon im 15. Jahrhundert für unstatthaft erklärt, und später galten sie bei Pfründen königlicher Ernennung oder Laienpatronatspfründen als ausgeschlossen, Art. 54 der gallikanischen Freiheiten, sowie im Uebrigen nur ausnahmsweise als erlaubt, Durand de Maillane dict. de droit canonique 4, 298.

[1] So gilt auch das kirchliche Recht, was die Berechtigung zur Annahme von Verzichten betrifft, in Preussen (vgl. §. 102. A. L. R. II. 11, welcher die Nothwendigkeit des Konsenses des geistlichen Oberen nicht ausschliesst), Baiern, Würtemberg, Baden, Hessen, Königreich Sachsen, Oldenburg (wo aber für den Bischof von Münster der Offizial in Vechta die betreffende Befugniss ausübt, Vertrag vom 5. Januar 1830. §. 14), in Sachsen-Weimar und in den kleineren deutschen Staaten, für welche übrigens nur einzelne Pfarrstellen in Betracht kommen können. Vgl. auch die folgenden Anmerkungen.

[2] Circ. R. d. Kult.-Min. v. 1828 bei Dursy, Staatskirchenrecht in Elsass-Lothringen 1, 74, welches sich auf einen Beschluss des königlichen Rathes von 1670 beruft. Die Erklärung ist von dem Kultusminister aufzunehmen, und mit dem Datum derselben beginnt die Vakanz, Min.-Cirk. v. 29. Sept. 1827, a. a. O. S. 75. Eine unmittelbare, beim Papst nachgesuchte Demission wird erst mit der Genehmigung des Regenten wirksam, und eine bereits seitens desselben genehmigte bleibt auch gültig, wenn sie vom Papste aus anderen als kanonischen Gründen zurückgewiesen wird.

[3] Normativ. v. 5. April 1831. §. 17.

[4] Ges. v. 7. Mai 1874. §. 11; s. auch Arch. f. K. R. 24, 81.

[5] Ges. v. 23. Aug. 1876. §. 25.

[6] So in Würtemberg, s. d. Ordinar. Erl. v. 2. März 1858, v. Vogt, Samml. kirchl. Verordn. S. 604.

[7] Erlass vom 8. April 1852. Nr. 10 u. Erlass v. 10. Nov. 1873, Nr. II. 3, Dove u. Friedberg, Zeitschr. f. K. R. 12, 259; Krick, kathol. Pfründenwesen in Baiern S. 70; Stingl, Verwaltung d. kath. Pfarrämter S. 99; bei Privatpatronatspfründen ist auch der Konsens des Patrons nöthig, M. E. v. 10. Jan. 1848, Döllinger fortges. Samml. S. 236.

[8] S. o. S. 183.

[9] V. v. 14. Februar 1803, Döllinger, Samml. 8, 741; Silbernagl, Verfassung d. Religionsgesellschaften in Baiern S. 71; Krick a. a. O. S. 70; Stingl S. 100; s. auch die vor. Anm.

Die in Oesterreich früher bestehenden Verbote, s. Hofdekret v. 7. Okt. 1782 und v. 6. u. 28. April 1783, Handbuch d. Verordn. Joseph II. 2, 237, sind durch das Konkordat v. 1855 beseitigt worden.

[10] A. L. R. II. 11. §§. 528. 529, nur soll der

fizien bis zur Höhe derselben Quote, aber niemals über 500 Gulden hinaus[1]. In denjenigen Ländern, in welchen ein derartiger Rechtstitel nicht ein für alle Mal gesetzlich begründet ist, hängt die Zulässigkeit davon ab, ob der Bischof nach den bestehenden gesetzlichen Vorschriften allein die Benefizialeinkünfte zu belasten befugt ist oder nicht[2].

Soll aber durch die Renuntiation und durch die Pension der Staat belastet werden, so kann dies selbstverständlich nicht ohne Genehmigung der Regierung geschehen[3].

Der Vorbehalt des Regresses endlich, welcher freilich praktisch kaum mehr in Frage kommen wird, ist jedenfalls in denjenigen Ländern, in denen die dauernde Besetzung bestimmter Aemter angeordnet ist[4], ausgeschlossen, weil eine Besetzung unter einer Resolutivbedingung mit dieser Vorschrift unvereinbar ist, und kann auch da, wo eine staatliche Bestätigung der Besetzung erfordert wird[5], stets durch Verweigerung derselben verhindert werden.

§. 162. *b. Der Tausch der Kirchenämter**.

Der Tausch der Benefizien (*permutatio beneficiorum*) setzt nothwendig eine vorgängige Vereinbarung unter den beiden betheiligten Benefizialen voraus. Wenngleich eine solche in Betreff der Erwerbung und Veräusserung von Benefizien im Allgemeinen verboten ist[6], so hat das kirchliche Recht doch die Statthaftigkeit eines Uebereinkommens behufs des Tausches anerkannt[7], weil eine darauf gerichtete Verabredung nicht nothwendiger Weise aus unerlaubtem Ehrgeiz und unerlaubter Gewinnsucht zu entspringen braucht, und unter Umständen die Vertauschung von Benefizien durch ihre Inhaber so gar im kirchlichen Interesse liegen kann. Auf einen weiteren, mehr als zwei Personen umfassenden Benefizienwechsel ist aber die Ausnahme nicht ausgedehnt worden[8]. Ferner ist auch die Zulässigkeit des Tausches unter zwei Benefiziaten von besonderen Kautelen abhängig gemacht.

Es steht den Betheiligten nicht frei, lediglich und allein durch ihre Willenseinigung den Tausch in bindender Weise zu verabreden. Falls sie ihrer Uebereinkunft einen derartigen Charakter geben oder sie gar zu verwirklichen suchen, verlieren sie vielmehr zur Strafe ihre Benefizien[9]. Ein Abkommen unter ihnen kann nur im Sinne

Betrag selbst nicht in einer pars quota festgesetzt werden, §. 519 a. a. O. Es ist unrichtig, wenn Schulte K. R. 2, 343. n. 3 behauptet, dass das A. L. R. wegen d. Verf. Urk. v. 1850, Art. 15 nicht mehr in Betracht kommt, denn die vermögensrechtlichen Verpflichtungen hat dieser Artikel nicht beseitigt.

[1] Der für den Nachfolger übrig bleibende Ertrag muss aber bei Pfarreien immer noch 1000 Gulden, bei anderen Benefizien 400 Gulden betragen, Döllinger a. a. O. S. 742; Silbernagl S. 71; Krick a. a. O. S. 71.

In Oesterreich war die Resignation mit Vorbehalt einer Pension verboten, s. Hofdekret vom 4. Nov. u. 16. Dez. 1784, cit. Handbuch 6, 492, s. aber jetzt S. 284. n. 9.

[2] Im letzteren Fall müssen die dafür zuständigen Organe mitwirken.

[3] Für Baiern s. S. 284. n. 7. Vgl. würtemb. Verf. Urk. v. 1819. § 74 und dazu den S. 284. n. 6 cit. Erl., cit. österr. Ges. §. 9. Ein solcher Fall tritt stets ein, wenn der Amtsträger ein staatliches Gehalt bezieht, und für ihn nach seinem Abgang eine Pension aus Staatsmitteln beschafft werden soll.

[4] S. o. S. 190.

[5] S. o. S. 189.

* Jo. a Chokier tract. de permutationibus beneficiorum. Rom. 1580. 1700. Leod. 1616. 1632.

[6] S. o. S. 277.

[7] c. 8 (Turon. v. 1163) X. de praeb. III. 5 verbietet den Tausch von Dignitäten, es kann darunter aber nur ein eigenmächtiger verstanden werden, vgl. c. 5 (Urban. III) c. 7. 8 (Inn. III.) X. de rer. permut. III. 19; c. un. (Bonif. VIII.) in VI^to eod. tit. III. 10; Clem. un. eod. III. 5.

[8] Die Verabredung eines Wechsels der Benefizien unter Dreien (oder Vieren) in der Weise, dass der Zweite das Benefizium des Ersten, der Dritte das des Zweiten, der Erste das des Dritten erhalten soll, s. g. *permutatio triangularis* (oder *quadrangularis*) ist kein Tausch und könnte nur durch den Papst zugelassen werden, Leuren. l. c. qu. 815.

[9] c. 7 cit. X. III. 19 schreibt Entziehung der

eines den Tausch vorbereitenden, noch nicht allein rechtswirksamen Aktes eingegangen werden, und muss, um Rechtsgültigkeit zu erlangen, seinem vollen Inhalte nach der Prüfung und Genehmigung des kirchlichen Oberen unterbreitet werden.

Dieser letztere ist bei niederen Benefizien der Ordinarius des Sprengels[1], bei exemten und höheren der Papst[2]. Gehören die Benefizien zwei verschiedenen Diöcesen an, so ist die Mitwirkung beider Ordinarien erforderlich[3]. Bei dem Austausch eines niederen Benefiziums gegen ein exemtes oder ein höheres wird aber der Konsens des Papstes allein ohne den des Ordinarius als genügend angesehen werden müssen[4].

Der Ordinarius darf den Tausch nur dann genehmigen, wenn eine ausreichende Ursache dafür vorhanden ist[5], d. h. wenn der Wechsel der Benefiziaten beiden betheiligten kirchlichen Anstalten oder auch nur einer derselben zum Vortheil gereicht[6], mag der Nutzen auch durch die Berücksichtigung des persönlichen Interesses der Benefiziaten herbeigeführt und das letztere dabei in erster Linie befriedigt werden[7]. Er hat also vorher in dieser Richtung die erforderlichen Untersuchungen anzustellen. Ein Tausch, welcher ohne einen genügenden Grund zugelassen worden ist, ist nichtig[8].

Andererseits ist der Ordinarius verpflichtet, den Tausch zu genehmigen, falls der Wechsel der Benefiziaten durch die Nothwendigkeit geboten erscheint oder einen augenscheinlichen Nutzen für die Kirche herbeiführt[9]. Bei einer etwaigen Weigerung ist die Beschwerde an den höheren Kirchenoberen gestattet[10].

Die Objekte, welche von beiden Seiten ausgetauscht werden sollen, müssen kirchliche Benefizien[11] sein. Unstatthaft und nichtig ist der Tausch eines Benefiziums gegen

Benefizien vor. Wegen des c. 2 (Paul. II.) de simonia in Extr. comm. V. 1 hat früher die gemeine Meinung Verlust ipso iure angenommen, s. Garcias l. c. P. XI. c. 4. n. 59, wogegen andere, Leuren. qu. 847; Reiffenstuel I. 9. n. 86 an dem c. 7. X. cit. festgehalten haben. Das richtige ist offenbar zu scheiden, je nachdem im eigenmächtigen Tausch eine Simonie enthalten ist oder nicht. Für den letzteren Fall ist c. 7 cit. noch massgebend.

1 c. 5 X. cit. Der Vertreter desselben ist zur Genehmigung berechtigt, wenn er sowohl die Befugniss hat, Verzichte anzunehmen, als auch die, Benefizien zu verleihen, weil beides beim Tausch in Frage kommt, s. o. S. 269, der Kapitularvikar kann daher einen solchen nur bewilligen, wenn das in seiner Diöcese belegene Benefizium nicht freier bischöflicher Kollation ist, s. Th. II. S. 241; es sei denn, dass der Bischof vor seinem Ausscheiden noch den Tausch genehmigt habe, weil es sich dann nur noch um die Ausführung desselben durch die Verleihung handelt, diese also vorgenommen werden muss, vgl. auch Garcias l. c. n. 75 ff.

2 Das folgt aus seiner Jurisdiktion über diese Benefizien.

3 Denn der eine hat kein Recht über das mitbetheiligte Benefizium des Andern zu befinden, Garcias l. c. n. 65; Leuren. l. c. qu. 827; Reiffenstuel I. 9. n. 92.

4 Weil der Papst eine mit dem Ordinarius konkurrirende Jurisdiktion besitzt. Vgl. auch c. 31 (Bonif. VIII.) in VI^to de praeb. III. 4.

5 c. 5. X. cit., const. Pii V. cit. (S. 271. n. 5) §. 3 i. f.: „Ad haec beneficiorum et officiorum permutationes admittere quae sacris canonibus et apostolicis constitutionibus permittuntur"; wozu Benedict XIV. de synod. dioec. XIII. 24. n. 10 bemerkt: „quod perinde est ac dicere, quae respiciant utilitatem vel necessitatem ecclesiae aut in quibus permutantium utilitas quodammodo in utilitatem vergat ecclesiae".

6 Ohne dass dadurch ein Nachtheil für die andere entsteht; wenn also z. B. von den Betheiligten jeder geeigneter ist, das Amt des andern zu verwalten oder ein kränklicher nicht mehr vollkommen leistungsfähiger Pfarrer mit dem in voller Kraft stehenden Inhaber eines einfachen Benefiziums tauschen will.

7 Falls ein Geistlicher, welcher das Klima seines Residenzortes nicht vertragen kann, oder welcher von seinen Untergebenen angefeindet wird, tauschen will.

Dagegen reicht das alleinige persönliche Interesse der Betheiligten nicht aus. Vgl. überhaupt Garcias l. c. n. 47. 49; Leuren. qu. 856.

8 S. die o. S. 271. n. 5 cit. const. Pius' V., wonach die so vertauschten Benefizien vakant werden und dem Papst reservirt sind. Wegen der Reception derselben s. o. S. 272.

9 Garcias l. c. n. 48; Leuren. qu. 856. n. 5, weil er die Pflicht hat, bei seiner Amtsführung das Interesse der Kirche so viel als möglich zu fördern.

10 Dieser kann den unteren durch Censuren zur Genehmigung anhalten und nöthigenfalls letztere selbst ertheilen.

11 Ob sie an verschiedenen Kirchen oder an derselben Kirche errichtet sind, ist gleichgültig, so steht dem Tausche einer Dignität mit einer andern oder einem blossen Kanonikat an demselben

eine Pension, einen kirchlichen Zehnten und andere kirchliche Rechte [1], insbesondere auch der eines solchen gegen ein ius ad rem auf ein Benefizium und zweier derartiger iura ad rem gegen einander [2]. Wohl aber können mehrere Benefizien, welche der eine besitzt [3], gegen ein einziges fortgegeben werden. Ferner ist es gleichgültig, ob die beiden Benefizien Einkünfte von verschiedener Höhe abwerfen [4], jedoch ist der Kirchenobere, welcher den Tausch zu genehmigen hat, berechtigt, zur Ausgleichung für den Erwerber des geringeren Benefiziums eine Pension auf das reichere zu bestellen [5].

An und für sich kann auch der Tausch eines Benefiziums gegen ein Kirchenamt, welches keine Benefizial-Eigenschaft hat, sowie zweier derartiger Aemter gegen einander nicht für ausgeschlossen erachtet werden. Weder der Umstand, dass es ihnen an einem radicirten Einkommen fehlt, noch dass ihre Inhaber vom Kirchenoberen abberufen werden dürfen, bildet eine wesentliche Voraussetzung des Tausches noch hindert sie an sich einen solchen. Auf die blos vermögensrechtliche Seite des Benefiziums legt das kirchliche Recht selbst bei diesem Rechtsgeschäft nicht das Hauptgewicht, und ferner begründet die Uebertragung derartiger Aemter immer bestimmte Rechte auf die letzteren, wenngleich dieselben dem Erwerber leichter, wie eigentliche Benefizien, entzogen werden können [6]. Allerdings liegt ein praktisches Bedürfniss für die Gestattung eines Tausches bei diesen Aemtern in viel geringerem Umfange, wie bei den Benefizien, vor. Bei letzteren kann unter Umständen die Zulassung eines solchen das einzige Mittel sein, wodurch es dem kirchlichen Oberen möglich wird, einen nicht für das Benefizium geeigneten Geistlichen von demselben zu entfernen, während ihm das Recht der Abberufung bei den blossen Kirchenämtern für solche Fälle viel mehr freie Hand gewährt. Ausserdem liegt auch in der immerhin prekären Stellung der Inhaber der in Frage stehenden Aemter, welche zum Theil nur Durchgangsstufen in der geistlichen Laufbahn sind [7], kein Anreiz zu Tauschgeschäften, weil der Erwerber niemals die Sicherheit erlangt, das neue Amt auf die Dauer zu behalten.

Endlich ergiebt sich aus dem Zweck des Tausches, dass jeder der Betheiligten auch fähig sein muss, das von ihm eingetauschte Benefizium zu erwerben. Er muss also alle Eigenschaften besitzen, welche sowohl nach gemeinem als auch nach partiku-

Kapitel nichts entgegen. S. hierzu Leuren. qu. 824.

Wenn aber nur der Eine ein Benefizium besitzt, und der Andere blos fingirt, ein solches zu haben, s. g. *beneficium de pertica*, damit die beabsichtigte Resignation des ersten zu seinen Gunsten in der Form des Tausches vom Ordinarius genehmigt wird, so ist das Geschäft nichtig, Leuren. qu. 822; Riganti ad reg. XL. canc. n. 18. A. M. Rebuff. prax. benef. P. III. tit. de permutatione n. 14. Indessen fehlt es hier an einer wesentlichen Voraussetzung des Tausches.

[1] Aus dem in der vor. Anm. a. E. angegebenen Grunde, und weil hier gleichzeitig in den meisten Fällen eine Simonie vorliegen wird, Leuren. qu. 821; Reiffenstuel I. 9. n. 100.

[2] Denn dieses Anrecht ist ein persönliches, welches nicht auf einen anderen übertragen werden kann, Leuren. qu. 820.

[3] Sofern sie nicht inkompatibel sind. Sonst muss für den Erwerber die päpstliche Dispensation hinzutreten, da die dem früheren Inhaber ertheilte für den ersteren nicht wirksam sein kann, Leuren. qu. 826.

[4] Leuren. l. c. qu. 827; Riganti l. c. n. 55.

[5] Th. II. S. 414. n. 1, s. ferner Leuren. l. c. qu. cit. n. 4. Dagegen Garcias P. I. c. 5. n. 344 ff., welcher dazu Konsens des Papstes verlangt.

[6] Die ältere Doktrin, welche sich mit der Frage des Textes nicht beschäftigt, hat wenigstens kein Bedenken, den Tausch von beneficia manualia, Th. II. S. 373, zuzulassen, Pirhing I. 9. n. 13; Leuren. qu. 291. Uebrigens erwähnt die const. Pii V., s. o. S. 271. n. 5 auch des Tausches der officia.

In der That ist auch nicht abzusehen, weshalb man unter allen Umständen einen Tausch ihrer Stellungen zwischen zwei in den Diöcesen anderer Bischöfe aushelfenden Weihbischöfen, zwei Missionspfarrern oder zwei Pfarrkaplänen für rechtlich unstatthaft erklären sollte.

[7] Oder auch nur ihrem Wesen nach, wie das des Kapitularvikars, von vorübergehendem Bestande sind.

lärem Rechte und nach besonderen statutarischen Bestimmungen dafür erforderlich sind [1] oder Dispensation von dem Hindernisse erhalten haben [2].

Mit der Genehmigung des Ordinarius oder falls zwei Ordinarien mitzuwirken haben, mit dem Augenblick, in welchem die des zweiten ertheilt ist, wird das auf den Tausch gerichtete Rechtsgeschäft perfekt, und es erlangt nunmehr jeder der Betheiligten das Recht, die Erfüllung desselben zu verlangen, seinerseits überkommt er aber auch die Pflicht, diese, soweit es von ihm abhängt, zu ermöglichen und nicht zu hindern.

Der Verzicht beider Theile auf ihre Benefizien ist zur Begründung des Rechtsgeschäftes nicht erforderlich, er bildet vielmehr nur einen Bestandtheil der Erfüllung. Dies folgt daraus, dass der Tausch auf gegenseitige Auswechselung der Benefizien gerichtet ist, und daher für das Zustandekommen desselben schon die Uebereinstimmung des betreffenden Willens der beiden Kontrahenten und die positiv vorgeschriebene Genehmigung des kirchlichen Oberen genügen muss [3]. Der Verzicht kann allerdings gleichzeitig mit der Nachsuchung des letzteren erklärt werden, dann liegt aber nichts anderes als eine schon anticipirte theilweise Erfüllung des Tauschgeschäftes vor.

Ist der Verzicht nicht vorher ausgestellt, so hat jeder Theil denselben zu der vereinbarten oder zu der sich aus den Umständen ergebenden Zeit in die Hände des zuständigen Ordinarius zu erklären, und kann dazu sowohl durch diesen von Amtswegen [4] wie auch auf Antrag des anderen Theils gezwungen, also ihm auch sein bisheriges Benefizium bei fortgesetzter Renitenz abgesprochen werden. Andererseits ist aber nunmehr der Ordinarius auch den auf Grund des bindenden Tausches abgegebenen Verzicht nicht mehr zurückzuweisen befugt [5].

Durch den letzteren tritt die Erledigung der resignirten Benefizien ein [6] und damit ist der eine nothwendige Schritt zur Erfüllung des Rechtsgeschäftes geschehen.

Weiter bedarf es aber dazu noch der Erwerbung jedes der vertauschten Benefizien durch den andern Kontrahenten. Mit Rücksicht auf das Objekt des Tausches kann zwar keiner der Verpflichteten dem anderen sein Benefizium verschaffen, aber er hat, soweit es an ihm steht, dem anderen die Verleihung desselben zu ermöglichen.

Hieraus ergiebt sich seine Pflicht, falls das von ihm resignirte Benefizium nicht der freien Verleihung des Ordinarius unterliegt, sondern andere z. B. Patronats- [7], Nominations-, Wahl- [8], Einspruchs-Berechtigte [9] dabei mitzuwirken haben, die Einwilligung dieser zu der Uebertragung des Benefiziums einzuholen, sowie wenn das Benefizium nicht von dem Ordinarius selbst zu verleihen, sondern ein Kollationsrecht

[1] Vgl. hierzu Leuren. qu. 835 ff. u. o. Th. II. S. 476 ff. In allen Fällen, in denen der Mangel einer solchen Qualifikation absolute Nichtigkeit der Verleihung nach sich zieht, muss diese daher auch für den Tausch eintreten.

[2] S. hierzu Th. II. S. 476 ff.

[3] Das positive Recht schreibt die Nothwendigkeit eines vorgängigen Verzichtes nicht vor, und die Analogie des Sachtausches, welcher durch den Konsens der beiden Kontrahenten zu Stande kommt, ohne dass eine Aufgabe des Eigenthums der zu vertauschenden Sachen nothwendig wäre, führt ebenfalls zu der Auffassung des Textes.

[4] Weil der kirchliche Obere den Tausch, welchen er aus öffentlichrechtlichen Gründen genehmigt hat, seinerseits ebenfalls zur Durchführung zu bringen berechtigt ist.

[5] Denn auch für ihn ist der Tausch durch seine Genehmigung bindend geworden.

[6] Clem. un. h. t. III. 5.

[7] Leuren. qu. 824. n. 8. 13. Genehmigungserklärungen der Patrone aus dem 15. u. 16. Jahrh. bei Würdtwein dioecesis Moguntina 1, 15. 98 ff.

[8] S. auch o. S. 281. n. 1.

[9] Z. B. der Landesherr, welcher das Privileg besitzt, personae minus gratae auszuschliessen.

eines praelatus inferior darauf begründet ist, die Bereitwilligkeit desselben zur Uebertragung herbeizuführen [1].

Dieselbe Pflicht besteht auch für die Wegschaffung anderer, der Erwerbung entgegenstehender Hindernisse, so wenn das aufgegebene Benefizium litigios [2], dem Papste reservirt [3], bereits mit einer Anwartschaft belastet [4] oder schon eine Union in Betreff desselben verfügt [5] oder dasselbe den Ordinationstitel für den Verzichtenden bildet [6].

Die herrschende Lehre fasst die Zustimmung der erwähnten Berechtigten und die Abwesenheit der gedachten Hindernisse als wesentliche Voraussetzungen die Gültigkeit des Tausches auf [7]. Dies ist aber unrichtig. Fehlt es daran, so wird nur die Erfüllung des Rechtsgeschäftes insofern gehindert, als theils der dazu nothwendige Verzicht nicht rechtsgültig und wirksam abgegeben, theils eine rechtsgültige Verleihung des Benefiziums nicht erlangt werden kann. Die Rechtsbeständigkeit des Geschäftes selbst wird aber davon ebensowenig beeinflusst, wie wenn bei dem civilrechtlichen Tausch die eine der in Frage stehenden Sachen eine fremde ist.

Freilich wird der Ordinarius, falls die erwähnten Hindernisse schon zu der Zeit, wo seine Genehmigung zum Tausche beantragt wird, diese nicht nur zu versagen berechtigt, sondern auch verpflichtet sein. Denn das öffentliche Interesse der Kirche, welches er wahrzunehmen hat, schliesst die Genehmigung von Rechtsgeschäften aus, deren Erfüllung durch rechtliche Hindernisse, wenngleich dieselben möglicher Weise beseitigt werden können, in Frage gestellt wird [8]. Eine Verletzung dieser Pflicht durch den Ordinarius macht aber das Rechtsgeschäft an sich ebensowenig nichtig, wie wenn er dasselbe ohne Kenntniss der betreffenden Umstände genehmigt hätte. In beiden Fällen kann, falls die Ausführung des Tausches, also die Erfüllung des Geschäftes durch Wegschaffung der Hindernisse nicht zu bewirken ist, allein die Frage in Betracht kommen, wie sich die Eviktionsleistung bei dem Benefizientausch wegen der eigenthümlichen Natur desselben gestaltet [9].

Diese letztere bedingt es weiter, dass die Erfüllung des Rechtsgeschäftes, also der Erwerb des einzutauschenden Benefiziums, sich nicht ohne Mitwirkung desjenigen, welchem dasselbe zu verleihen ist, vollziehen kann. Daraus folgt, dass der betreffende Betheiligte, wenn er seinerseits die ihm angebotene Uebertragung des Benefiziums zurückweist oder dieselbe in Folge seines schuldbaren Verhaltens unmöglich macht [10],

[1] Einzelne, Rebuff. l. c. n. 20; Reiffenstuel I. 9. n. 98. behaupten, dass das Kollationsrecht eines solchen dadurch, dass er den Konsens zum Tausche eines seiner Verleihung unterstehenden Benefiziums ertheilt, für den betreffenden Fall auf den zur Genehmigung des Tausches zuständigen Bischof übergeht. Dies kann aber weder aus c. 5. X. h. t. III. 19 noch aus inneren Gründen hergeleitet werden. Das Richtige schon bei Pirhing III. 16. n. 26; Riganti ad reg. 40. canc. n. 66.

[2] Riganti l. c. n. 16. Ein solches Hinderniss liegt aber nicht vor, wenn das litigiose Benefizium an den Gegner gegen ein demselben zustehendes, unstreitiges Benefizium ausgetauscht werden soll, Leuren. qu. 826. n. 5.

[3] Leuren. l. c. n. 1.

[4] Leuren. l. c. Eine Anwartschaft, welche nicht auf ein bestimmtes, sondern auf das erste erledigt werdende Amt eines gewissen Bezirkes oder einer gewissen Kategorie von Aemtern ertheilt ist, hindert aber den Tausch nicht, c. un. (Bonif. VIII.) in VI[to] h. t. III. 10.

[5] Trid. Sess. XXI. c. 5 de ref. Ist diese aber erst nach der Perfektion des Tausches verfügt, so bildet sie kein Hinderniss, Leuren. qu. 825. n. 3.

[6] Vgl. Th. I. S. 67. n. 3 a. E.

[7] Vgl. die Citate in den vorhergehenden Anmerkungen.

[8] Dies ist auch offenbar die Auffassung des bischöflich rottenburgischen Erlasses v. 2. März 1858, v. Vogt Sammlg. kirchl. Verordn. S. 604, welcher für Gesuche um Genehmigung eines Stellentausches bei Patronatspfründen die Beilegung der Zustimmungserklärungen der Patrone fordert.

[9] S. darüber S. 292.

[10] Z. B. in der Zwischenzeit zwischen der Genehmigung des Tausches bis zur Kollation sich durch ein Verbrechen irregulär macht.

seinen Anspruch darauf verliert, andererseits aber nicht das von ihm aufgegebene Amt zu behalten oder zurückzufordern berechtigt ist [1].

Dasselbe muss aber auch für den Fall gelten, dass er wegen eines seine Person betreffenden Zufalles, z. B. wegen Todes, wegen Eintrittes einer unverschuldeten Irregularität ausser Stand gesetzt wird, das Benefizium zu erlangen. Wenn der Tausch einmal gültig geschlossen ist, so können dem anderen Theil durch solche Zufälle [2] die daraus erworbenen Rechte nicht mehr entzogen werden [3].

Um die Erfüllung des Tausches zu sichern, hat ferner das kirchliche Recht dem Ordinarius, welcher das Rechtsgeschäft genehmigt und die resignirten Benefizien zu vergeben hat, die Verpflichtung auferlegt, diese ausschliesslich an die betheiligten Personen gemäss der getroffenen Uebereinkunft zu verleihen [4] und jede anderweitige Kollation derselben für nichtig erklärt [5]. Eine Frist hat das ältere Recht dafür nicht festgesetzt. Es liegt aber in der Natur der Sache, dass die Verleihung sobald als thunlich nach der stattgehabten Resignation vorzunehmen ist. Von einer Anwendung der sonst geltenden Besetzungsfristen kann hier keine Rede sein [6], da diese dazu bestimmt sind, dem Verleihungsberechtigten die erforderliche Zeit für die Ermittelung von Kandidaten und für die Prüfung derselben zu gewähren, in dem fraglichen Falle aber die nothwendige Untersuchung über die Statthaftigkeit des Tausches, mithin auch über die Geeignetheit jedes der Betheiligten für das einzutauschende Benefizium der Genehmigung des Geschäftes vorauszugehen hat. Der kirchliche Obere verletzt daher schon seine Pflicht dadurch, dass er die Benefizien nicht so bald als möglich verleiht. Es wird daher, da das gemeine Recht die Devolution bei der Besetzung der kirchlichen Benefizien im Princip anerkennt [7], bei unbegründeter Zögerung die Beschwerde an den höheren Kirchenoberen, also für die Regel an den Erzbischof gestattet sein, und dieser ist dann berechtigt, dem säumigen Untergebenen eine Frist zu setzen, nöthigenfalls auch die Verleihung selbst vorzunehmen [8]. Erst die const. Gregors XIII.: *Humano*

[1] Im Resultate stimmen die Aelteren, soweit sie überhaupt die Frage behandeln, allerdings auf Grund einer wesentlich anderen principiellen Auffassung, mit der Ansicht des Textes überein, s. Rebuff. l. c. n. 17 u. Leuren. qu. 875. n. 5.

[2] Welche übrigens auch die Rückkehr des ersteren auf sein altes Benefizium unmöglich machen würden.

[3] So auch Garcias l. c. P. XI. c. 4. n. 10; Barbosa J. E. U. III. 15. n. 169; Leuren. qu. 871. n. 4. Der letztere nimmt freilich an, dass wenn der Eine bei dem Tode des Anderen sein früheres Benefizium noch nicht aufgegeben habe, er dasselbe neben dem eingetauschten, falls beide nicht inkompatibel sind, behalten könne. Dies ist aber irrig, weil die aus dem genehmigten Tausch erwachsenen Pflichten durch den Tod des Anderen nicht beseitigt und dadurch keine weiteren Rechte, als die einmal begründeten, erlangt werden können.

Nicht minder erscheint es unrichtig, wenn Barbosa l. c. ausnahmsweise dem Ueberlebenden jedes Recht auf das ihm noch nicht verliehene Benefizium des Verstorbenen abspricht und ihm nur das Behalten des früheren oder die Rückkehr zu demselben gestatten will. Van Espen J. E. U. P. II. t. 27. n. 15. 16 lässt sogar das schon erworbene Benefizium für denjenigen, welcher es eingetauscht hat, in diesem Falle verloren gehen, weil er den Tausch als suspensiv bedingte Resignation auffasst.

[4] Wegen der Beobachtung des Pfarrkonkurses dabei s. Th. II. S. 495, insbesondere Anm. 5.

[5] Clem. un. cit. III. 5, welche auch analogisch auf den inferior collator, welcher seine Zustimmung zum Tausch oder zur Verleihung an den durch diesen Berechtigten gegeben hat, anzuwenden ist.

In allen Fällen wird die Nullität nur eine relative sein, da der Berechtigte sein Recht auf Erwerb des eingetauschten Benefiziums durch Verzicht aufgeben kann. Vor der cit. Clem. war die Nichtigkeit der an einen anderen erfolgten Verleihung noch nicht festgestellt und daher von der Doktrin nicht angenommen, s. Glosse dazu s. v. ne concessione u. gl. assignari zu c. 17. X. de praeb. III. 5.

[6] Diese in früherer Zeit vereinzelt hervorgetretene Ansicht ist von der herrschenden Meinung allerdings aus dem Grunde verworfen worden, weil die gedachten Fristen bei der collatio necessaria nicht massgebend seien, s. darüber Garcias l. c. P. X. c. 4. n. 3 ff.; Leuren. qu. 866. n. 1.

[7] S. o. S. 167.

[8] So auch Garcias und Leuren. ll. cc.

vix iudicio [1] hat den Ordinarien u. A. auch die Erledigung der ihnen zur Prüfung unterbreiteten Tauschgeschäfte von Benefizien, einschliesslich der Wiederverleihung der letzteren [2] binnen Monatsfrist bei Strafe der Devolution an den Papst vorgeschrieben, indessen ist diese Konstitution, wie schon oben bemerkt, in Deutschland nicht praktisch geworden.

Wenn einzelne Aeltere behauptet haben [3], dass die Verleihung und der Erwerb der vertauschten Benefizien sich durch die Genehmigung des Tausches seitens des Ordinarius von selbst vollziehe, es also der ersteren nicht bedürfe, so ist dies unrichtig. Diese Genehmigung kann ihrem Zwecke nach nicht als eine konkludente, eine Kollation enthaltende Handlung betrachtet werden [4], um so weniger, als ihre Ertheilung nicht einmal voraussetzt, dass die in Frage stehenden Benefizien schon durch Verzichte erledigt sind [5].

Kraft ausdrücklicher Vorschrift findet die 19. Kanzleiregel *de infirmis* [6] auch auf die zum Zwecke eines Tausches abgegebenen Resignationen Anwendung. An und für sich müsste, da nicht die Resignation, sondern die Genehmigung des kirchlichen Oberen den Tausch bindend macht, die 20tägige Frist von dieser, gleichviel, ob die Resignation schon vorher erfolgt ist oder nicht, berechnet werden; indessen steht die positive Vorschrift der Kanzleiregel, welche die Frist in allen Fällen vom Tage der auf die Resignation gerichteten Willenserklärung an bemisst, entgegen.

Endlich verlangt die schon citirte Konstitution Gregors XIII.: *Humano vix iudicio* die nachherige Publikation der zur Erfüllung eines Tausches vorgenommenen Resignationen und Kollationen. Diese wird hier von jedem Theile vorzunehmen sein, weil jeder resignirt und ein Benefizium erhalten hat [7]. Da der Tausch als solcher aber nicht publicirt zu werden braucht, und die Konstitution nur Strafen für denjenigen Theil festsetzen will, welcher ihren Vorschriften nicht nachkommt, so können diese nur für den nachlässigen eintreten, wogegen der Erwerb des eingetauschten Benefiziums für denjenigen, welcher die Publikation vorgenommen hat, gültig bleiben muss [8].

Die hier vertretene Auffassung, welche streng zwischen der Eingehung sowie dem Eintritt der Rechtswirksamkeit des Tausches einerseits und der Erfüllung desselben andererseits scheidet, stimmt mit der herrschenden Lehre nicht überein. So wenig auch die Vertreter derselben versucht haben, das juristische Wesen des Benefizientausches klarzustellen und so sehr sie im Einzelnen von einander abweichen, haben sie doch alle denselben für eine bedingte Resignation erklärt [9], und damit ein Moment, welches in der Sphäre der Erfüllung des Rechtsgeschäftes liegt, zum charakteristischen

1 §§. 7. 8, s. o. S. 273.

2 Gegen die irrige Ansicht, dass die Wiederverleihung nicht innerhalb dieser Frist zu erfolgen hat, s. Riganti l. c. n. 72 ff.

3 Innocenz IV. ad c. 17. X. de praeb. III. 5. n. 3; Hieron. Gonzalez ad reg. VIII. cancell. gl. 14. n. 44. u. gl. 15. §. 2. n. 56 ff.; Lotter de re benef. III. 19. n. 10. 11.

4 Dies ergiebt auch die Clem. un. cit.

5 Die Ansicht des Textes ist übrigens die herrschende, s. Garcias P. XI. c. 4. n. 85; Barbosa l. c. n. 183; Pirhing III. 19. n. 16; Reiffenstuel I. 9. n. 97.

Umgekehrt liegt aber in der Kollation an die Betheiligten auf Grund eines dem Ordinarius unterbreiteten Gesuches um Zulassung des Tausches eine Genehmigung des letzteren. Demgemäss erklärt auch der S. 289. n. 8 erwähnte Erlass, dass diese letztere durch Gewährung der Verleihung oder kanonischen Institution (bei Patronatspfründen) ertheilt werde.

6 S. o. S. 273 n. 4 u. S. 274.

7 Einzelne, so Barbosa l. c. n. 193, lassen auch die Publikation schon durch einen genügen.

8 Leuren. qu. 776.

9 S. z. B. Pirhing I. 9. n. 11; Helfert a. a. O. S. 235; Richter-Dove K. R. §. 104. Vgl. ferner die Anführungen in den folgenden Noten. Auch der Sprachgebrauch der Kurie begreift den Tausch unter dem Worte: resignatio, s. die cit. Kanzleiregel de infirmis und die Regel XL; ferner die const. Gregor. XIII. cit.

Merkmal desselben gemacht[1]. Des Näheren hat man den Tausch als eine gegenseitige *resignatio in favorem tertii*[2] oder eine Resignation unter einer Suspensivbedingung[3] bezeichnet. Wäre dies der Fall, so könnte er erst Rechtsbestand und Rechtswirksamkeit erlangen, wenn sich der Erwerb beider Benefizien für beide Theile vollzogen hätte, also bei nicht gleichzeitiger Verleihung an dieselben in dem Moment, wo die letzte stattgefunden hätte, und es würden alle Zufälle, welche nur den Erwerb des einen Benefiziums durch den einen der Betheiligten hindern, den Tausch nicht zur Wirksamkeit gelangen lassen. Diese Auffassung widerspricht aber einmal den Quellen, denn diese setzen voraus, dass durch die behufs des Tausches abgegebenen Verzichte die Benefizien schlechthin und ohne Bedingung erledigt werden[4]. Sie ist aber auch mit dem Wesen des von beiden Theilen gewollten Rechtsgeschäftes unvereinbar. Die Parteien beabsichtigen durch dasselbe sich schlechthin und unbedingt zum Tausche zu verpflichten, also jeder das Benefizium des andern zu erlangen; der Zweck ihrer Vereinbarung ist nicht der Verzicht als solcher, sondern der Verzicht ist nur Mittel zum Zweck, und dieses müssen sie behufs Erreichung des letzteren unbedingt wollen.

Nicht minder unhaltbar ist die Ansicht, dass der Tausch ein resolutiv bedingter Verzicht sei, also an und für sich rechtswirksam erfolge, jedoch dadurch, dass der Betreffende das Benefizium nicht erhalte oder nicht rechtsgültig erwerbe, die Rechtswirkungen der Renuntiation und der auf Grund derselben erfolgten Weiterverleihungen wieder hinfällig würden[5]. An den Quellen hat diese Meinung ebenfalls keinen Anhalt, und wenngleich sie nicht wie die andere begriffswidrig ein unbedingt eingegangenes Rechtsgeschäft für ein suspendirtes erklärt, so liegt ihr doch der Fehler zu Grunde, dass sie die bedingte Erfüllung eines unbedingten Rechtsgeschäftes für statthaft erachtet.

Offenbar sind aber die erwähnten Auffassungen von dem an sich richtigen Gedanken beeinflusst worden, jedem der Tauschenden Schutz gegen die spätere Entziehung des von ihm erlangten Benefiziums in Folge solcher rechtlichen Mängel, welche schon zur Zeit des Tausches dem endgültigen Erwerb desselben entgegengestanden haben, zu gewähren, also, um einen civilistischen Ausdruck zu brauchen, beiden Theilen einen Eviktionsanspruch zu sichern. Irriger Weise hat man denselben aber durch die unhaltbare Annahme eines bedingten Verzichtes an ein zur Erfüllung des Rechtsgeschäftes gehöriges Moment angeknüpft[6].

In der That aber kann derselbe nur aus dem Rechtsgeschäft selbst hervorgehen, und es steht nichts entgegen, in dieser Beziehung den für den Sachtausch geltenden Grundsatz, dass jeder Theil dem anderen für die Eviktion der Sache haftet, analogisch anzu-

[1] Ist jemals die Ansicht aufgestellt worden, dass der Sachtausch eine bedingte Eigenthumsentäusserung sei?

[2] Leuren. qu. 235. n. 3 (welcher aber nichtsdestoweniger qu. 871. n. 2. wieder von einer Resolutivbedingung spricht); Phillips 7, 870.

[3] Chokier l. c. III. 32; van Espen P. II. t. 27. c. 7. n. 4. 5; Garcias P. XI. c. 4. n. 7 ff. wenigstens für die in die Hände des Papstes abgelegte resignatio permutationis causa.

[4] c. un. in VIto u. Clem. cit.; s. auch c. 8. X. h. t. III. 19, in welchem der Gesichtspunkt der Bedingung für die Entscheidung nicht herangezogen ist. Auch steht dem entgegen, dass der Bischof den Tausch genehmigen kann, während bedingte Resignationen sonst nur vom Papst angenommen werden dürfen.

[5] S. z. B. Schmalzgrueber III. 19. n. 81; auch Leuren. qu. 871. n. 2.

[6] Also ein Verfahren eingeschlagen, das nicht haltbarer ist, wie wenn man die Eviktionshaftung beim Sachtausch darauf gründen wollte, dass jeder das Eigenthum seiner Sache nur unter der Resolutivbedingung, dass er das Eigenthum der neuerworbenen nicht wieder verliert, auf den anderen übertragen habe.

wenden [1]. Der Anspruch selbst kann indessen, weil die Objekte des Tausches Benefizien und keine Vermögensobjekte sind, sich also nicht schätzen lassen, nicht in einer geldwerthen Entschädigung bestehen, vielmehr nur darin, dass die stattgehabte Erfüllung des Tausches zu Gunsten des Benachtheiligten rückgängig gemacht wird und dieser dasjenige zurückerhält, was er in Folge des nicht zur vollen Verwirklichung gelangten Geschäftes weggegeben hat [2]. Demnach kann der eine der Betheiligten, wenn er das eingetauschte Benefizium verliert, weil sich herausstellt, dass der andere gar kein Recht an demselben besessen hat [3] oder über dasselbe wegen eines der o. S. 289 erwähnten Hindernisse nicht frei zu verfügen befugt gewesen oder weil bei der Verleihung eine zur Mitwirkung berechtigte Person, z. B. der Patron, nicht zugezogen worden ist, dasjenige Benefizium, welches er durch den Tausch weggegeben hat, wieder zurückverlangen [4], und die auf Grund des Geschäftes stattgehabten Rechtsakte, d. h. den von ihm abgegebenen Verzicht und die in Folge dessen erfolgte Verleihung seines Benefiziums für nichtig erklären lassen [5], sowie die Wiedereinweisung in den Besitz desselben verlangen [6]. Gleichzeitig werden ihm auch die Früchte, welche in der Zwischenzeit von dem Besitzer des Benefiziums [7] gezogen sind, zu erstatten sein [8], weil auch die Zurück-

[1] Allerdings hat diese Ansicht keinen direkten quellenmässigen Anhalt, aber die anderen noch viel weniger.

[2] Zu diesem Resultate sucht auch die bisherige Doktrin vom Standpunkt des bedingten Verzichtes zu gelangen. Einen quellenmässigen Anhalt für dasselbe bietet c. 8 (Inn. III.) X. h. t. III. 19. cit. Es behandelt den Fall, dass zwei Kleriker allerdings ohne Genehmigung des kirchlichen Oberen, mithin ungültig, einen Tausch ihrer Benefizien verabreden. Der eine erfüllt den Tausch insoweit, als er seiner Präbende entsagt. Diese wird aber einem anderen als seinem Mitkontrahenten verliehen und der letztere weigert sich nun, da er sie nicht erhalten kann, seinerseits zur Erfüllung des Tausches auf seine bisherige Präbende zu verzichten. Der Papst entscheidet, dass der Tausch an sich ungültig sei, dass aber, damit „simplicitati venia tribuatur“, also aus Billigkeit, die resignirte Präbende dem dritten Besitzer oder dessen Nachfolger entzogen und dem ersteren restituirt werden soll. Er will also diesem den erlittenen Schaden ersetzen und ordnet deshalb seine Restitution an. Das ausgesprochene Princip ist also das, dass die Entschädigung in der Rückkehr zur früheren Präbende besteht, und dieses wird man, da es für einen Fall ausgesprochen ist, wo die Entschädigung blos auf Billigkeitsrücksichten gegründet wird, sicherlich auch auf den anwenden können, wo die Pflicht dazu aus Rechtsgrundsätzen folgt.

[3] Vgl. hierzu auch reg. cancell. XL: „. . . Et si ex causa permutationis resignationes fiant, ponatur clausula: *Quod neuter permutantium ius acquirat*, nisi quilibet ipsorum ius habuerit in beneficio per ipsum resignato“.

[4] Er braucht es aber nicht, da die Geltendmachung einer Eviktionsforderung keine Pflicht ist. Die Ansicht, dass der Tausch ein bedingter Verzicht ist, muss den Rückfall an den früheren Benefiziaten ipso iure eintreten lassen, und drängt ihm wider Willen das frühere Benefizium auf. Sie nöthigt ihn also, wenn er es dem Andern belassen will, dazu, nochmals darauf zu verzichten, und den letzteren seinerseits eine neue Verleihung nachzusuchen. Das entspricht ebenfalls nicht dem Wesen des Rechtsverhältnisses.

[5] Eine blosse Rescission ex tunc genügt nicht, um denjenigen, welcher auf sein Benefizium verzichtet hat, die erforderliche Entschädigung zu gewähren, wenn der Mitkontrahent das von ihm eingetauschte Benefizium bereits verloren hat und dasselbe einem Dritten übertragen worden ist. Der letztere würde, falls der Verzicht und die darauf hin stattgehabte Verleihung nicht annullirt wird, das Benefizium nicht wieder herauszugeben brauchen. Für die hier vertheidigte Auffassung kann auch das Anm. 2 besprochene c. 8. X. cit. geltend gemacht werden, welches in dem erörterten Falle den dritten Besitzer ebenfalls zur Restitution verpflichtet.

[6] Dieser bedarf es, weil sich Niemand eigenmächtig in den Besitz eines ihm zukommenden Benefiziums setzen darf, Th. II. S. 654, so auch van Espen l. c. n. 19ff. u. Leuren. qu. 871. Eine neue Kollation ist aber nicht nöthig, denn durch die Nichtigkeitserklärung des Verzichtes wird zugleich festgestellt, dass das vor dem Tausch auf das Benefizium bestandene Recht nicht verloren gegangen ist. Die Aelteren sind darüber abweichender Meinung, eine neue Verleihung erfordern Rebuff. l. c. n. 11; Barbosa l. c. III. 15. n. 19, und bei einem vom Ordinarius (nicht aber vom Papst) genehmigten Tausch Garcias P. XI. c. 4. n. 6. 7, der gegentheiligen Ansicht z. B. Lotter l. c. II. qu. 4. n. 90; Leuren. qu. 870. n. 1. 2; Schmalzgrueber III. 19. n. 81; van Espen l. c. n. 19ff.

[7] Oder den mehreren.

[8] Nach den Regeln über eine Restitution seitens des redlichen Besitzers, falls nicht Unredlichkeit nachgewiesen werden kann. Diese liegt z. B. dann vor, wenn der Besitzer der Mitkontrahent ist und beim Tausch wusste, dass er kein Recht auf das von ihm weggegebene Benefizium hatte, weil er dann darauf rechnen musste,

gewährung dieser zur Entschädigung gehört. Ja, für den Fall, dass sich diese Mängel in Bezug auf das einzutauschende Benefizium schon nach genehmigtem Tausche, aber vor Abgabe des Verzichtes auf das eigene Benefizium herausgestellt haben, wird er die Entbindung von seiner Pflicht zur Erfüllung des Tausches zu fordern berechtigt sein [1].

Was das Partikularrecht der deutschen Staaten betrifft, so besteht nur für Baiern die ausdrückliche Vorschrift, dass zum Pfründentausch ausser der Genehmigung des Bischofs auch die der Staatsregierung erforderlich ist [2]. Können auch etwaige staatsgesetzliche Bestimmungen über die bedingten Resignationen nicht auf den Benefizientausch angewendet werden, so werden doch die o. S. 284 gedachten allgemeinen Anordnungen in Betreff der Resignationen, sowie die für die Verleihung von Kirchenämtern massgebenden allgemeinen Normen, insbesondere diejenigen über das staatliche Einspruchs- oder Genehmigungsrecht bei den in Folge eines Tausches stattfindenden Verzichten und Wiederverleihungen beobachtet werden müssen, weil in diesen Vorschriften kein Unterschied in Betreff des Rechtsgrundes, aus welchem eine Resignation oder eine Aemterbesetzung vollzogen wird, gemacht ist.

2. Die Erledigung der Kirchenämter wider Willen des Berechtigten.

§. 163. *a. Der Verlust des Kirchenamtes zufolge Rechtsvorschrift.*

Abgesehen von den bisherigen Fällen geht ein Benefizium oder Kirchenamt für den Amtsträger ohne Weiteres (*ipso iure*) verloren, wenn er sich gewisse Unterlassungen zu Schulden kommen lässt oder gewisse Handlungen begeht.

A. Von dem Gesichtspunkt aus, dass unter Umständen der Erwerb eines Amtes gestattet werden kann oder muss, wenngleich der Betheiligte noch nicht alle zur Verwaltung desselben erforderlichen Eigenschaften besitzt, dass derselbe dann aber die fehlende Qualifikation sich nachträglich zu beschaffen verpflichtet ist, ist die Anordnung getroffen, dass

1. der Inhaber eines Pfarramtes, welcher die Erwerbung der Priesterweihe schuldbarer Weise innerhalb eines Jahres nach erlangtem ruhigen Besitz des Amtes versäumt, das letztere ipso iure verliert [3], und

2. dass derjenige, welcher nach Beförderung zu einem Bisthum die bischöfliche Weihe aus eigener Schuld nicht rechtzeitig genommen hat, desselben auf gleiche Weise verlustig geht [4].

B. Sodann tritt eine derartige Erledigung ein, wenn ein kirchlicher Amtsträger sich durch eigene Handlungen in Verhältnisse bringt, mit denen eine weitere Verwaltung seines bisherigen Amtes nach den Anschauungen der Kirche unvereinbar ist. Es gehört hierher:

dass er das eingetauschte Benefizium wieder zurückzugeben hatte.

[1] Diese Frage kann die herrschende Theorie vom Standpunkt des bedingten Verzichtes aus nicht beantworten, da sie die der Eviktionspflicht gleichstehende Verbindlichkeit erst durch den Verzicht entstehen lässt.

[2] V. v. 28. Juli 1813 u. Minist. Entschliessg. v. 5. Mai 1833; Döllinger Samml. 8, 646. 650. Krick a. a. O. S. 72, bei Privatpatronatsbenefizien auch die des Patrons. Endlich soll für die Regel kein Tausch von Pfarreien genehmigt werden, wenn die beiden Pfarrer sich noch nicht zwei volle Jahre auf ihren Stellen befunden haben, Krick a. a. O. S. 72.

[3] Th. II. S. 482.

[4] A. a. O. S. 676.

3. die schon oben Th. I. S. 161 erörterte Vorschrift, dass die Kleriker der niederen Weihegrade, welche eine gültige Ehe schliessen, ipso iure ihre Benefizien verlieren [1]. Da ihnen gleichzeitig auch die geistlichen Standesrechte entzogen und sie von nun an als Laien betrachtet werden, so wird der Grundsatz ebenfalls auf andere kirchliche Amtsstellungen, welche keine Benefizien im eigentlichen Sinne bilden, z. B. die Aemter des General- und Kapitular-Vikars, angewendet werden müssen [2].

4. Die Ablegung der Profess in einem religiösen Orden bringt das bisher von dem Professen besessene Benefizium ohne Weiteres zur Erledigung [3], weil die Verwaltung eines solchen mit dem neuen Stande des Inhabers nicht vereinbar ist. Die Vorschrift ist ebenfalls auf andere Kirchenämter auszudehnen. Sie kann aber nicht auf die blosse Ablegung der vota simplicia vor der definitiven Profess [4], ebensowenig aber auf den Eintritt in blosse ordensähnliche Kongregationen bezogen werden. In beiden Fällen entsteht zwar auch dieselbe Kollision zwischen den Pflichten des neuen Standes, insbesondere der Gehorsamspflicht gegen die Oberen, und den Pflichten, welche das bisherige Amt seinem Besitzer auferlegt. Die citirte Dekretale macht indessen die gedachte Folge ausdrücklich von der absolut bindenden Professleistung abhängig, indem sie die Verwaltung des Benefiziums während des Probejahres durch einen Vikar vorschreibt, und also dem bisherigen Inhaber auf so lange, als eine Rückkehr für ihn möglich bleibt, das Benefizium offengehalten wissen will [5]. Andererseits ist aber ihre Anordnung in Betreff der interimistischen Amtsverwaltung nicht auf die erwähnten Fälle zu beziehen, welche sie nicht im Auge haben konnte. Daher darf der zuständige Ordinarius gegen denjenigen, welcher sein Amt nicht freiwillig aufgeben will, trotzdem dass er die vota simplicia in einem Orden abgelegt oder in einer Kongregation Profess gethan hat, wegen Nichtinnehaltung der Residenz oder Nichterfüllung der Amtspflicht, wie in sonstigen Fällen, vorgehen [6].

5. Ferner gehört hierher der schon o. S. 261 besprochene Fall der Erwerbung eines anderen, mit dem schon besessenen in primo genere inkompatiblen Benefiziums.

6. Sodann verliert derjenige, welcher auf Grund einer Wahl und Bestätigung den ruhigen Besitz eines Bisthums erworben hat, seine bisherigen Aemter ipso iure in dem Augenblick, wo er konsekrirt wird oder die gesetzliche, beziehentlich die weiter bewilligte Frist für die Erlangung der Konsekration abgelaufen ist. Diese Vorschrift des III. Lateranensischen Konzils [7] ist durch die späteren Bestimmungen, insbesondere die des Tridentinums über die Inkompatibilität der Benefizien [8] nicht beseitigt worden [9]. Sie

[1] S. jetzt auch noch Kohn: Arch. f. k. K.R. 41, 395. Die Eingehung der staatlichen Civilehe führt aber einen derartigen Verlust nicht herbei, diese ist vom kirchlichen Standpunkt aus keine gültige Ehe, Acta s. sed. 11, 43. Für die Kleriker, welche zu den unirten Orientalen gehören, gilt aber die Vorschrift nicht, s. Th. I. S. 147 u. Leuren. l. c. qu. 37.

[2] So auch Schulte K. R. 2, 341.

[3] c. 4 (Bonif. VIII.) in VI^{to} de regul. III. 14. Wird aber später die Professablegung für nichtig erklärt, so fällt auch die durch dieselbe eingetretene Erledigung zusammen, Leuren. l. c. qu. 51.

[4] S. o. S. 276. n. 6.

[5] Von diesem Gesichtspunkt aus haben auch schon die Aelteren, s. Leuren. qu. 52, behauptet, dass durch die Ablegung der zunächst nach dem Noviziat bei den Jesuiten geforderten vota simplicia das bisherige Benefizium des Professen nicht ipso iure erledigt wird.

[6] Dass dies auch geschehen könne, wenn sich bei demjenigen, welcher in einen Orden eintreten will, das Noviziat länger als die gewöhnliche Zeit hinzieht, ist schon von den Aelteren, s. Leuren. qu. 55, angenommen worden.

[7] c. 7. §. 1. X. de elect. I. 6.

[8] S. o. S. 257 ff.

[9] Wie sie denn auch die Aelteren ohne Weiteres als in Geltung stehend betrachten, s. z. B. Garcias l. c. P. XI. c. 6; Barbosa de off. et pot. episc. P. III. alleg. 57. n. 69 ff.; Leuren. qu. 149 ff.; Reiffenstuel III. 5. n. 321.

reicht weiter als die letzteren, wenn sie sich gleich in grossem Umfange mit denselben deckt. Soweit letzteres der Fall ist, enthält sie allerdings eine abweichende Vorschrift über den Zeitpunkt des Verlustes der früher besessenen Benefizien [1]. Dieser ist aber als einer speziellen Bestimmung durch die späteren generellen Normen über die Inkompatibilität nicht derogirt. Indessen hat die gedachte Verschiedenheit keine praktische Bedeutung, weil nach der Kurialpraxis die von dem Beförderten bisher besessenen Aemter im Moment der Promotion des Bischofs durch den Papst für erledigt erklärt werden [2].

Auf die Beförderung zu einem Titularbisthum bezieht sich die Regel nicht [3], wohl aber ist sie auf die päpstliche Beförderung zu einem klösterlichen Leitungsamt, z. B. zu Abteien ausgedehnt worden [4].

Aus der ratio legis, dass es für den Inhaber einer so hohen kirchlichen Würde, wie der bischöflichen, nicht angemessen erscheint, gleichzeitig in anderen untergeordneten Aemtern zu fungiren, folgt weiter, dass sie über ihren Wortlaut hinaus auch auf bischöfliche Promotionen ohne vorgängige Wahl, also z. B. in Folge landesherrlicher Nomination [5], und ferner auf solche kirchliche Aemter, welche keine Benefizien sind, auszudehnen ist.

Selbstverständlich steht es dem Papste frei, durch Ertheilung eines Indultes auf Beibehaltung der früheren Aemter den Verlust derselben ganz oder auf Zeit auszuschliessen [6].

6. Endlich tritt nach dem älteren deutschen Reichsrechte [7] eine Erledigung der

[1] S. o. S. 261.

[2] S. o. S. 146.

[3] Dieser erlangt den Besitz seines Titularbisthums nicht. Darüber herrscht Einstimmigkeit, Garcias l. c. c. 6. n. 24; Leuren. qu. 151, Reiffenstuel l. c. n. 325. Wohl aber trifft die Vorschrift an sich auch den Papst, da dieser Bischof von Rom wird, zu, s. Garcias P. I. c. 5. n. 113; Leuren. qu. 150. Ueber die Beibehaltung ihrer früheren Bisthümer seitens einzelner Päpste s. o. S. 247. n. 2; S. 248. n. 8; S. 260. n. 1.

[4] S. die erste Kanzleiregel o. S. 145 und ferner die Sechsundzwanzigste s. v. de quibusvis beneficiis vacaturis per promotionem quorumcunque ad ecclesiarum et monasteriorum regimina". Das sonst angezogene c. 38 (Gregor I.) C. XVI. qu. 1 spricht nicht vom Verlust ipso iure. Vgl. Garcias P. XI. c. 7; Leuren. qu. 158.

[5] S. die auch in der vor. Anm. angeführten Kanzleiregeln, welche von bischöflichen Promotionen schlechthin ohne Unterscheidung sprechen.

[6] S. o. S. 250. n. 5; S. 251. n. 1 u. S. 256.

[7] Diese an sich selbstverständliche Folge, der s. g. geistliche Vorbehalt oder das *reservatum ecclesiasticum*, ist festgestellt durch den Augsburger Religionsfrieden v. 1555. §. 18, Koch Samml. der Reichsabschiede 3, 18; und das Instr. Pac. Osnabrug. V. §. 15 (gleichlautend auch instr. Monast. V. §. 15): „Si igitur *Catholicus* archiepiscopus, episcopus, praelatus aut *Augustanae Confessioni addictus* in archiepscopum, episcopum, praelatum electus vel postulatus, solus aut una cum capitularibus seu singulis seu universis aut etiam alii ecclesiastici religionem imposterum mutaverint, excidant illi statim suo iure, honore tamen famaque illibatis, fructusque et reditus citra morem et exceptionem cedant, capituloque aut cui id de iure competit, integrum sit, aliam personam religioni ei, ad quam beneficium istud vigore huius transactionis pertinet, addictam eligere aut postulare, relictis tamen archiepiscopo, episcopo, praelato etc. decedenti fructibus et reditibus interea perceptis et consumptis".

Nach dem kirchlichen Recht gehört der Konfessionswechsel zu der im Text unter C erwähnten Kategorie, weil er nach demselben ein kirchliches Verbrechen (die Ketzerei oder Apostasie) bildet und in Folge dieses letzteren die Benefizien verloren gehen.

Für den Fall, dass ein kirchlicher Amtsträger zum Altkatholicismus übergeht, ist aber die gedachte Folge ausdrücklich durch das badische Gesetz v. 15. Juni 1874 betr. die Rechtsverhältnisse der Altkatholiken Art. 1 (Dove u. Friedberg Ztschr. f. K. R. 12, 258) ausgeschlossen. Für Preussen spricht das Gesetz v. 4. Juli 1875 §. 3 diesen Grundsatz aus unter der Beschränkung, dass in dem Amtssitze des Uebertretenden schon eine erhebliche Anzahl von Katholiken vorhanden ist, s. auch §§. 1. 5, u. meine preussischen Kirchengesetze der Jahre 1874 u. 1875 S. 186, was freilich Thudichum deutsch. K. R. 1, 285, welcher aber den cit. §. 5 ausser Acht gelassen hat und nur deshalb den §. 3 weiter auffasst, bestreitet. Für andere Fälle ergiebt sich indessen nach preussischem Recht dasselbe Resultat, welches in Baden durch ausdrückliche gesetzliche Vorschrift festgestellt ist, weil das preussische Gesetz indirekt das Princip sanktionirt hat, dass die Altkatholiken für den

bisher besessenen Benefizien und Aemter ohne Weiteres durch den Konfessionswechsel ihres Inhabers ein.

Die bisher besprochenen Erledigungsfälle sind vielfach, namentlich in älterer Zeit, als stillschweigende Verzichtleistungen, s. g. *renunciationes tacitae*, bezeichnet worden[1]. Indessen lassen die gesetzlichen Vorschriften die Vakanz lediglich durch die erwähnten Thatsachen völlig unabhängig von dem Willen des Amtsinhabers eintreten. Der letztere ist nicht berechtigt, sie durch einen Protest oder einen Vorbehalt abzuwenden, und es kann daher von einem aus konkludenten Handlungen zu entnehmenden, s. g. stillschweigenden Verzichte keine Rede sein[2].

C. Ferner knüpft das kirchliche Recht den Verlust der Kirchenämter an die Begehung bestimmter strafbarer Handlungen[3]. In diesen Fällen hat das gegen den Thäter ergehende, verurtheilende Erkenntniss in der hier fraglichen Hinsicht nur die Bedeutung, die Thatsache, welche die Erledigung bewirkt, festzustellen und den Eintritt derselben zu deklariren[4].

Staat als Katholiken gelten, also der Uebertritt zu den ersteren staatlich nicht als Konfessionswechsel betrachtet werden kann, s. meine cit. Kirchengesetze S. 179. Daraus folgt aber weiter, dass der zum Altkatholicismus übergegangene Stelleninhaber bei seinem Rücktritt die Stelle ebenfalls nicht verliert, sondern sie in die katholische Kirche wieder zurückbringt. In Betreff der von den Altkatholiken neu gegründeten Aemter kommen aber die entwickelten Grundsätze nicht zur Anwendung, weil die beiden Gesetze das Verhältniss und die Berechtigung der vatikanischen Katholiken an den Anstalten der Altkatholiken nicht geregelt haben und nicht haben regeln wollen.

1 Rebuff. l. c. P. III. de tacita renunciatione; Pirhing I. 9. n. 2; Reiffenstuel I. 9. n. 8; Helfert a. a. O. S. 228; Phillips 7, 844.

2 Mit Recht dagegen schon Barbosa J. E. U. III. 15. n. 38; Leuren. qu. 235; s. auch Pachmann K. R. §. 199.

Den im Text aufgezählten Fällen hat man ferner noch angereiht: 1. den Verlust des Benefiziums durch Widerruf einer Schenkung, welche der Benefiziat der betreffenden Kirche gemacht hat, s. B. Helfert a. a. O. S. 229; 2. durch den Eintritt des Benefiziaten in den Militärdienst oder in eine mit dem Klerikerstande unvereinbare Lebensweise („si factus est ioculator"), s. Glosse s. v. redierint zu c. 17. X. de cler. non resid. III. 4; Barbosa de off. et pot. episc. P. III. alleg. 57. n. 211; Leuren. qu. 59; Reiffenstuel III. 1. n. 124 und sogar noch Phillips 7, 844, zum Theil unter der Beschränkung nur auf Kleriker in den niederen Weihen; 3. durch Abwesenheit des Benefiziaten während eines so lange währenden Zeitraums, dass jedes weitere Verfahren überflüssig erscheint, Schulte K. R. 2, 343; 4. durch eigenmächtige und gewaltthätige Okkupation einer Pfründe und 5. durch Verletzung der für die Besetzung von weltgeistlichen Kuratpfründen wesentlichen Form, s. Ginzel K. R. 2, 212.

Die zuletztgedachten beiden Fälle gehören ersichtlich nicht hierher, in dem unter No. 4 erwähnten erfolgt der Verlust wegen Begehung einer strafbaren Handlung, Th. II. S. 654 und gehört zu der im Text unter C bezeichneten Kategorie, im Fall 5 aber steht eine nichtige Erwerbung in Frage.

Den Eintritt der Erledigung durch Widerruf einer Schenkung (s. unter No. 1) gründet man auf c. 3 (Alex. III.) X. renunc. I. 9. Die Stelle handelt aber von einer stillschweigenden Verzichtleistung im eigentlichen Sinne, und diese wird daraus gefolgert, dass ein Geistlicher, welcher sich behufs Ablegung der Professleistung in ein Kloster begeben hatte, auf sein Bitten die seiner früheren Kirche gemachte Schenkung aus dem Vermögen derselben zurückerhalten hat.

Die Annahme unter No. 2, welche bei den Aeltern sehr verbreitet ist, ist ebenfalls durch kein Quellenzeugniss gerechtfertigt, (c. 6 [conc. Meld. v. 845] C. XXIII. qu. 8 spricht nicht von einem Verlust ipso iure). Allerdings kann in der Ergreifung einer derartigen Lebensweise eine tacita renunciatio gefunden werden, namentlich dann, wenn sie mit Zustimmung der geistlichen Oberen gewählt ist, andererseits wird aber, wenn der Benefiziat sein Amt nicht freiwillig aufgiebt, also seinerseits nicht verzichtet, ihm das Amt wegen Verletzung seiner Amtspflichten aberkannt werden dürfen, s. c. 6. l. cit., c. 5 (Inn. III.) X. de poen. V. 37, vgl. auch Kober Deposition S. 694. 711. 723.

In dem 3. Fall liegt endlich ebenfalls kein Verlust in Folge einer bestimmten, damit bedrohten Handlung vor, vielmehr eine Erledigung durch Tod, welcher freilich nicht erwiesen ist, aber vermuthet wird. So hat auch die Congr. conc., Richter's Tridentinum S. 39. n. 21 dem Bischof die Wiederbesetzung der Stelle eines seit 28 Jahren verschollenen Geistlichen, welcher bei seiner Entfernung schon 62 Jahr alt war, „ad instar vacationis per obitum" gestattet.

3 Es gehört hierher z. B. Ketzerei, s. ferner Th. I. S. 131 insbesondere Anm. 2 (und dazu noch Acta s. sed. 4, 378. 394), S. 350; Th. II. S. 654.

4 Diese Vorschriften des Kirchenrechtes sind durch die neueren Gesetzgebungen, welche, wie

Die Partikularrechte einzelner deutschen Staaten, so das preussische[1], badische[2] und hessische[3], lassen endlich die kirchlichen, das erstere nur die geistlichen[4] Aemter durch Verurtheilung des Inhabers zur Zuchthausstrafe, sowie durch Aberkennung der bürgerlichen Ehrenrechte oder der Fähigkeit zur Bekleidung öffentlicher Aemter seitens der weltlichen Strafgerichte verloren gehen und zwar vom Tage des Beginnes der Rechtskraft des Erkenntnisses ab[5], während nach sächsischem Recht[6] durch eine Verurtheilung zu diesen ehrmindernden Strafen nur für alle staatlichen Beziehungen[7] die Erledigung der Stelle, die Unfähigkeit zur Ausübung des geistlichen Amtes und der Verlust des Amtseinkommens von rechtswegen eintritt.

§. 164. *b. Verlust der Kirchenämter zufolge Abberufung durch den kirchlichen Oberen oder anderer in der Person desselben eintretender Gründe, insbesondere bei widerruflichen Anstellungen.*

I. Abberufung. Die kirchlichen Aemter, welche Benefizial-Charakter haben, sollen dauernd und lebenslänglich übertragen werden[8]. Aus diesem Grundsatz ergiebt sich die Regel, dass sie ihrem Inhaber nicht beliebig oder gar willkürlich gegen seinen Willen wieder entzogen werden dürfen; vielmehr kann dies nur aus solchen Gründen geschehen, welche eine weitere Verwaltung durch den Inhaber als mit dem kirchlichen Interesse unvereinbar erscheinen lassen. Als ausreichenden Grund dafür erkennt das kirchliche Recht im Allgemeinen[9] allein die Begehung strafbarer Handlungen an, gleichviel ob dieselben in gemeinen Verbrechen bestehen oder eine gröbliche Verletzung der Amtspflichten enthalten, also Disciplinarvergehen bilden[10]. Verhängt daher ein kirchlicher Oberer in anderen Fällen eine Entziehung des Benefiziums, so ist diese absolut nichtig und entzieht dem Benefiziaten weder seine Rechte an dem Benefizium, noch die aus demselben herfliessenden Befugnisse[11]. Nur dem Papst hat die ältere Doktrin[12] eine derartige Befugniss eingeräumt, und allerdings kann ihm diese vom Standpunkt des kanoni-

das preussische Gesetz v. 12. Mai 1873 §. 2 u. das hessische d. Missbrauch d. geistlichen Amtsgewalt betr. v. 23. April 1875. Art. 5, die Entfernung aus dem Amte nur auf Grund eines vorangegangenen geordneten Prozessverfahrens gestatten, nicht aufgehoben. Materielle Strafandrohungen schliessen die erwähnten Gesetze nicht aus. Die betreffenden Bestimmungen finden daher nur insofern Anwendung, als bei der Feststellung der mit dieser Strafe bedrohten Handlung ein derartiges Verfahren beobachtet werden muss und der Inhaber, welcher ohne ein solches entfernt wird, nach staatlichem Rechte nicht zu weichen braucht.

[1] Ges. v. 11. Mai 1873 §. 21.

[2] Ges. v. 23. Dezember 1871 Art. 14. VII. (Th. II. S. 369. n. 8).

[3] Ges. v. 23. April 1875. Art. 8.

[4] Th. II. S. 505.

[5] Das österr. Str. G. B. v. 27. Mai 1852 §. 26e hat als gesetzliche Folge der Verurtheilung wegen eines Verbrechens „bei Geistlichen die Entsetzung von der Pfründe, sowie die Unfähigkeit, ohne ausdrückliche Bewilligung des Kaisers je wieder eine solche zu erlangen“, angeordnet, indessen ist diese Vorschrift, welche mit dem Art. 14 des Konkordates nicht vereinbar war, schon aus Anlass der Verhandlungen über dasselbe durch kaiserliche Entschliessung v. 3. August 1855 beseitigt worden, Gautsch v. Frankenthurm d. confessionellen Gesetze v. 7. u. 20. Mai 1874. S. 56. Dabei hat es auch das Ges. v. 7. Mai 1874 §. 8 belassen.

[6] Ges. v. 23. August 1876. §. 13.

[7] Also soweit es sich um mit dem Amte verbundene staatliche Geschäfte, um staatliche Privilegien oder um Rechte, bei denen der Staat der Verpflichtete ist, z. B. um die Befugniss ein vom Staat gewährtes Gehalt weiter fortzubeziehen, handelt.

[8] S. o. S. 108; vgl. auch Th. II. S. 367.

[9] Ueber die Ausnahmen s. den folgenden §.

[10] Darüber in der Lehre vom kirchlichen Straf- und Disciplinarrecht. Vgl. ferner o. S. 265, andererseits auch den folgenden §.

[11] Dies folgt daraus, dass der Obere dann völlig unberechtigt handelt, und der von ihm vorgenommene Entziehungsakt selbst nichtig ist.

[12] Hieron. Gonzalez ad reg. VIII. canc. prooem. §. 1. n. 33 ff.; Garcias l. c. P. V. c. 1. n. 1 ff.; Lotter l. c. P. II. qu. 22. n. 37; Leuren. P. I. qu. 512. n. 2 und die dort citirten.

schen Rechts aus insofern nicht bestritten werden, als er kraft seiner obersten Gesetzgebungsgewalt auch begründete Rechte zu beseitigen, in der Lage ist [1].

Für diejenigen kirchlichen Aemter, welche keine Benefizien im eigentlichen Sinne sind, also für die s. g. *beneficia manualia* [2], sowie die anderen Kirchenämter und kirchlichen Anstellungen gilt aber der gedachte Grundsatz nicht. Bei ihnen ist das Recht der kirchlichen Oberen zur Entfernung des Inhabers im Wesen derselben begründet, und wenngleich auch einzelne kirchliche Aemter, wie die der Kapitular-Vikare [3] und Landdekane [4] an sich nicht widerruflich übertragen werden, so kommt ihnen doch die allein für die Benefizien im eigentlichen Sinne geltende Unentziehbarkeit rechtlich nicht zu.

Mit Rücksicht hierauf ergiebt sich die Frage, ob bei diesen Aemtern und Stellungen die Entfernung und Abberufung des Inhabers durch den kirchlichen Oberen rein beliebig erfolgen kann oder ob auch bei ihnen der blossen Willkühr desselben Schranken gezogen sind.

Gemeinrechtliche Bestimmungen darüber bestehen nicht. Im Allgemeinen hat aber das partikuläre Recht und die kirchliche Praxis auch bei ihnen, und zwar selbst bei denjenigen, deren Inhalt nur durch eine umfassende oder theilweise Ausübung der mit einem anderen Amte verbundenen Funktionen gebildet wird, und bei denen die Anstellung in der Uebertragung derselben, also in einer Beauftragung, besteht [5], trotz des nach strengem Rechte dem Mandanten und Deleganten zukommenden freien Widerrufsrechtes [6] die blos willkührliche Entfernung ausgeschlossen [7], weil auch bei diesen Stellungen ein häufiger Wechsel der Amtsträger nicht im Interesse der Kirche liegt, und ferner die Ehre und der Ruf der Geistlichen mit Rücksicht auf den Stand derselben und die Kirche selbst durch plötzliche, zu Missdeutungen Veranlassung gebende Abberufungen nicht in Frage gestellt werden kann.

Der Unterschied zwischen den hier in Rede stehenden Aemtern und den eigentlichen Benefizien liegt aber nicht allein darin, dass jene ihren Inhabern schon aus anderen und leichteren Veranlassungen, wie die letzteren, entzogen werden dürfen. Da das gemeine Recht selbst die Entziehbarkeit der letzteren nicht beschränkt hat, so ergiebt sich weiter, dass die willkührliche Entfernung des Amtsträgers an sich immer rechtsgültig ist [8]. Sie ist nur unerlaubt und das einzige Schutzmittel dagegen besteht in der Anrufung des höheren kirchlichen Oberen, damit dieser die willkührliche Verfügung rückgängig macht und die Wiederanstellung des Abberufenen anordnet.

[1] In c. 2 in VIto de praeb. III. 4 und in Clem. 1. i. f. ut lite pend. II. 5 wird dem Papst die libera dispositio über alle Benefizien zugesprochen. Aus dieser Anschauung ist allerdings das oberste Kollations- und Reservationsrecht desselben an den Benefizien hergeleitet worden, aber keineswegs als Korrelat dazu eine allgemeine Befugniss zur beliebigen Absetzung der Benefizieninhaber, sondern nur eine Berechtigung zur Versetzung derselben in gewissen Fällen (s. den folgenden §.). Nach dem geltenden gemeinen kirchlichen Recht hat er also die erstere nicht, und es bedarf daher immer erst eines das Recht des Benefiziaten beseitigenden gesetzgeberischen Aktes. Aus diesem Grunde ist auch die bei den Aelteren vielfach vorkommende Behauptung: „respectu papae omnia beneficia esse manualia“ unrichtig, vielmehr ist auch ihm gegenüber jede Benefizienverleihung an sich so unwiderruflich, wie gegenüber jedem anderen Kollator.

[2] Th. II. S. 373.

[3] A. a. O. S. 238. 246.

[4] A. a. O. S. 287.

[5] Wie bei den Generalvikaren, Landdekanen, Kuratkaplanen und Missionsgeistlichen.

[6] Th. I. S. 193.

[7] Abgesehen von den Stellungen, zu welchen der Papst oder die ihn vertretende oberste Kurialbehörde, wie zu denen der Legaten, s. Th. I. S. 516. 517 oder der Missionsoberen, Th. II. S. 354, ernennt.

[8] Th. II. S. 221; Leuren. l. c. P. I. qu. 72. n. 2. Des Weiteren s. unten.

Bei der Verschiedenheit der einzelnen, zu der hier besprochenen Kategorie gehörigen Stellungen kommen des Näheren verschiedene Grundsätze zur Anwendung. Von der Entfernung und Abberufung der Kapitular- und Generalvikare, sowie der der Landdechanten [1] ist bereits an anderen Stellen gehandelt. Hier stehen demnach noch in Frage die ad nutum eingesetzten Vikare, welche in Vertretung des Pfarrers die Pfarrverwaltung versehen [2], solche Pfarrvikare [3], welche neben demselben nur Aushülfe leisten, sodann die französischen Desservants [4], und endlich die Pfarrer der Missionsparochieen [5].

Was die beiden ersten Kategorien betrifft, so bestehen über die Statthaftigkeit ihrer Abberufung, welche ausser durch den Bischof auch durch die Inhaber von Pfarreien erfolgen kann, wenn letztere ihre Vertreter selbst ernennen [6], Meinungsverschiedenheiten [7].

Von den Aelteren ist die Frage im wesentlichen nur in Bezug auf die Manualbenefizien erörtert.

Die Einen leiten aus dem Begriffe der Widerruflichkeit die Freiheit des Anstellenden zur Abberufung des eingesetzten Amtsträgers her und erklären eine solche nur dann für unzulässig, wenn die Enthebung aus Hass oder aus Böswilligkeit (*ex odio* oder *ex malitia*) geschieht [8].

Andere wollen den Widerruf daneben auch ausgeschlossen wissen, wenn die Entfernung für den Abberufenen Ehrenkränkungen und Schande oder einen sonstigen schweren Nachtheil herführen würde, wenn sie von einem Prälaten erfolgt, welcher sonst nicht die Gewohnheit hat, die blos widerruflich eingesetzten Geistlichen abzuberufen [9], oder wenn die Entfernung zum Schaden eines Dritten, z. B. der Parochie, gereicht [10].

Die dritte Meinung endlich geht dahin, dass die Abberufung allein aus einem zureichenden Grunde erlaubter Weise geschehen dürfe [11].

Nur diese letztere kann für haltbar erachtet werden. Nach dem formellen Recht ist allerdings bei den in Frage kommenden Stellungen die beliebige Abberufung des bisherigen Inhabers gestattet. Dieselbe kann daher keine Verletzung seiner Rechte bilden, noch überhaupt nichtig sein [12]. Andererseits ist das Rechtsverhältniss des Anstellenden

[1] A. a. O. S. 221. 238. 246. 287.
[2] A. a. O. S. 324.
[3] A. a. O. S. 319.
[4] A. a. O. S. 294. n. 1.
[5] A. a. O. S. 363.
[6] Wie in älteren Zeiten die aushelfenden Pfarrvikare überhaupt a. a. O. S. 319, ferner die Vikare zur Verwaltung inkorporirter Pfarreien a. a. O. S. 448. 453, sodann die Vikare zur Ausübung der einem Kapitel zustehenden cura habitualis, a. a. O. S. 304. 454.

[7] Vgl. dazu Analecta iur. pontif. 1855. p. 1057 ff. Bouix tractat. de parocho p. 403 ff. 652 ff. Deneubourg, étude canonique sur les vicaires paroissiaux. Paris 1871. p. 85 ff.

[8] Hieron. Gonzalez ad reg. VIII. canc. gl. 5. §. 6. n. 42 ff. 47. 48; Garcias l. c. P. I. c. 2. n. 88; Barbosa J. E. U. III. 6. n. 65; Pyrrh. Corrad. prax. benef. I. 6. n. 274; Lotter l. c. q. l. I. qu. 33. n. 19. 20 (für den Fall, dass die beliebige Remotion ganz klar gestattet ist). Vgl. auch Anm. 11.

[9] de Luca de beneficiis disc. 97. n. 6. 11 ff. für die drei erwähnten Ausnahmen.

[10] So Reiffenstuel III. 5. n. 45, der hier allerdings einer schon früher aufgestellten Ansicht folgt, s. H. Gonzalez l. c. n. 46. 47.

Hierher gehört ferner Bouix l. c. p. 416. 417. welcher auch den zuerst gedachten Ausnahmefall hinzufügt.

[11] Leuren. l. c. qu. 72. n. 3 u. qu. 74, jedoch nur für die Manualbenefizien, während er in Betreff aushelfender oder stellvertretender Kuratkapläne und Vikare die erste Ansicht theilt, s. qu. 72. n. 1; für diese ebenso Ferraris s. v. vicarius parochialis n. 41. Dagegen vertheidigt die dritte Meinung in Betreff der aushelfenden Kapläne oder Vikare, soweit es sich um den Widerruf durch den dieselben einsetzenden Bischof oder Pfarrer handelt, Deneubourg p. 91 ff. 97. S. übrigens wegen der von den letzteren angestellten Kapläne auch Th. II. S. 321 und wegen der Vikare bei Inkorporationen a. a. O. S. 451. 452.

[12] Das letztere behauptet allerdings Deneu-

zu dem eingesetzten Amtsträger kein privatrechtliches, bei welchem der erstere seine Befugnisse nach reinem Gutdünken wahrnehmen dürfte. Der öffentlich rechtliche Charakter desselben legt dem Berechtigten zugleich die Pflicht auf, dieselben nur im Interesse und zum Vortheil der Kirche auszuüben. Ein Zuwiderhandeln dagegen bildet eine Verletzung der Amtspflichten und muss daher der Korrektur durch die kirchliche Aufsichtsbehörde unterliegen [1].

Von diesem Standpunkt aus ergiebt sich, dass eine Abberufung nur dann gerechtfertigt erscheint, wenn sie aus einem dem kirchlichen Interesse nicht widerstreitenden, also aus einem angemessenen Grunde erfolgt ist, gleichviel ob sie die persönlichen Interessen des Entfernten beeinträchtigt [2], dass aber der kirchliche Obere, welcher sie verfügt, den Grund dafür weder dem von der Entfernung betroffenen Geistlichen anzugeben noch viel weniger nachzuweisen hat [3].

Weiter folgt, dass wenn der Obere die erwähnten Gränzen nicht innehält, eine Beschwerde über ihn statthaft ist, um Abhülfe gegen sein pflichtwidriges Verfahren zu erreichen. Zu dieser ist der abberufene Geistliche legitimirt; nicht deshalb, weil seine Rechte auf die Stelle verletzt sind, sondern darum weil die Beiseitesetzung des kirchlichen Interesses ihn in erster Reihe berührt [4], und zwar auch dann, wenn er nicht für seine Person selbst, z. B. in seiner Ehre, verletzt worden ist.

Die Beschwerde kann aber nicht an den Erzbischof [5], muss vielmehr direkt nach Rom gerichtet werden, wo nach der bestehenden Praxis die Congregatio concilii darüber entscheidet [6]. Dieser ist der kirchliche Obere, welcher die Entfernung verfügt hat,

bourg l. c. p. 97, aber ohne irgend einen juristischen Grund. Seine weitere Berufung auf die Praxis der Congr. conc. ist ebenfalls verfehlt.

1 Dieser Gesichtspunkt hat offenbar der älteren Doktrin schon unklar vorgeschwebt, da sie mit Einstimmigkeit die Abberufung ex odio oder ex malitia für unstatthaft erklärt, und wenigstens theilweise diesem Falle noch andere gleichgestellt hat.

2 Also z. B. wenn die Entfernung eines Pfarrvikars deshalb erfolgt, weil die Dismembration einer Pfarrei nothwendig geworden und der Vikar in der alten Stammparochie überflüssig wird. Bildet die persönliche Beeinträchtigung des Abberufenen zugleich eine Beeinträchtigung des kirchlichen Interesses, so ist die Entfernung ebenfalls unerlaubt. Z. B. handelt der Bischof pflichtwidrig, wenn er einen verdienten Pfarrvikar, welcher sich nicht das Mindeste hat zu schulden kommen lassen, in einer Weise abberuft, welche die Ehre und das Ansehen desselben nothwendig kompromittiren müssen, da der kirchliche Obere im allgemeinen kirchlichen Interesse auch die Würde des geistlichen Standes zu wahren hat. Mit der Auffassung des Textes stimmen auch die Entscheidungen der Congr. conc. Analect. cit. p. 1657, bei Deneubourg p. 93 ff. u. Acta s. sed. 3, 511 überein.

Der Grundsatz, dass Geistliche wegen Krankheit und Gebrechlichkeit ihrer Benefizien nicht enthoben werden sollen, wird von Einzelnen auch auf die amoviblen Geistlichen schlechthin übertragen, s. z. B. Fagnan. ad c. 6. X. de cler. aegr. III. 6. n. 40; Analecta iur. pont. 1855. p. 1651 u. 1872 p. 329. 335. Dies ist aber nicht richtig, vielmehr bemisst sich auch für diesen Fall die Zulässigkeit oder Unstatthaftigkeit der Enthebung nach den gedachten Grundsätzen. Es verstösst gewiss gegen das allgemeine Interesse der Kirche, wenn ein Pfarrvikar oder amovibler Pfarrer, welcher Jahrzehnte seiner Pfarrei treu gedient hat, in höherem Alter durch Abberufung dem Elende preisgegeben wird, nicht aber, wenn der Bischof einen jungen Vikar, welcher wegen seines Gesundheitszustandes zur Verwaltung geistlicher Aemter unfähig ist und den Gemeinden nur unnütz zur Last fallen würde, seiner Stellung enthebt.

3 Dies ist auch die Praxis der Congr. conc. Anal. 1855. p. 1657. 1660.

4 Es ist aber nicht ausgeschlossen, dass auch andere, deren Interessen betroffen werden, Beschwerde erheben können, z. B. die Parochianen, wenn ein bei ihnen segensreich wirkender Pfarrvikar ohne Grund abberufen wird.

5 Derselbe hat seiner heutigen Stellung nach nicht die Befugniss, die Amtsführung des Bischofs in allen Beziehungen zu überwachen und ihn zur Verantwortung zu ziehen. Die Abberufung eines amoviblen Geistlichen durch den letztern ist kein richterlicher, sondern nur ein Verwaltungsakt, gegen welchen eine Appellation nicht statthaft erscheint, vgl. Th. II. S. 19; Deneubourg p. 99. Der Erzbischof könnte höchstens seinerseits eine Ermahnung an den Bischof richten und wenn diese nichts fruchtet, Anzeige nach Rom machen, Th. II. a. a. O. n. 8.

6 S. die in den vorhergehenden Anmerkungen citirten Entscheidungen derselben.

verpflichtet, die erforderliche Aufklärung und Rechenschaft über sein Verhalten zu geben[1].

Dieselben Grundsätze müssen auch hinsichtlich der Desservants in Frankreich und in Belgien, sowie in Betreff der Missionspfarrer zur Anwendung gebracht werden[2], weil die erörterten Gesichtspunkte auch für ihre Stellungen zutreffen, und sie haben in der That in den Vorschriften der neueren Partikularsynoden[3] und in der römischen Praxis Anerkennung gefunden[4].

So weit nicht durch die Staatsgesetzgebungen eine dauernde Besetzung einzelner der hier in Frage stehenden Aemter vorgeschrieben ist[5], steht der Bethätigung der gedachten Grundsätze in den deutschen Staaten im Allgemeinen nichts entgegen[6]. Eine Einschränkung erleidet diese Regel aber dann, wenn die Entfernung vom Amte als Disciplinarmassregel verfügt wird, weil unter dieser Voraussetzung die die Ausübung der kirchlichen Disciplinargewalt regelnden Bestimmungen der Staatsgesetzgebungen in Betracht kommen[7]. In Preussen hat überdies der aus seinem Amt entfernte Geistliche das Recht zur Berufung an den kön. Gerichtshof für kirchliche Angelegenheiten, falls seine Enthebung wider seinen Willen verhängt ist und ausserdem ,,die Entscheidung der klaren thatsächlichen Lage widerspricht oder die Gesetze des Staates oder allgemeine Rechtsgrundsätze verletzt''[8].

[1] So auch die herrschende Praxis, wie die erwähnten Entscheidungen zeigen.

[2] S. Bouix l. c. p. 418; Pricotte i. Arch. f. k. K. R. 22, 71.

[3] In Betreff der Desservants s. conc. Turon. v. 1849. X. 2, acta conc. coll. Lac. 4, 265: „ut hac rectores revocandi et transferendi auctoritate haud frequenter et nonnisi prudenter ac paterne utantur, adeo, ut sacri ministerii stabilitati, quantum fieri potest in hisce rerum adiunctis, satis consultum videatur;" ähnlich auch Burdigal. v. 1850. X. 2, l. c. p. 585; Avenion. v. 1849. t. VI. c. 6. n. 5, l. c. p. 349: „ordinarie nullus eorum, in singulis dioecesibus provinciae a sua parochia invitus amovebitur aut tolletur, nisi prius inquisito officialitatis aut auditorii nostri privati consilio"; Bitur. v. 1850, l. c. p. 1097: „facultate, de qua utentur episcopi quam mature et moderate, nec ut dominantur in cleris, sed ut animarum saluti et ipsorum bono parochorum consulant."

Hinsichtlich der Missionspfarrer in Nordamerika conc. plenar. Baltimor. II. v. 1866. n. 125, cit. coll. 3, 433: „hortamur, ne episcopi hoc iure suo, nisi graves ab causas et habita meritorum ratione uti velint." Auch ist es auf dem 10. Prov.-Concil v. Baltimore v. 1869, l. c. p. 584, wünschenswerth erklärt worden, dass der Bischof vor Entfernung verdienter Pfarrer seine Konsultoren, Th. II. S. 361. n. 4, gutachtlich anhöre.

In England sollen sogar die rectores missionarii der congregationes, welche als Hauptpfarreien gelten, nur nach gutachtlicher Aeusserung dreier Mitglieder der besonders gebildeten s. g. Investigations-Kommission entfernt werden, conc. Westmon. v. 1852. XIII. n. 4 u. app. X. coll. cit. 3, 925. 960.

[4] So ist die Praxis der belgischen Bischöfe, dass sie ihr Abberufungs- und Versetzungsrecht der Desservants haud frequenter et nonnisi prudenter ac paterne uti solent, adeo ut sacri ministerii stabilitati, quantum fieri potest, satis consultum videatur" auf Anfrage des Bischofs von Lüttich, durch päpstlichen Bescheid v. 1. Mai 1845 gebilligt worden, Arch. f. k. K. R. 21, 424. 430; 22, 58; vgl. ferner die Entsch. d. Congr. conc. v. 1868, a. a. O. 21, 431 und bei Reuss et Lingen causae select. congr. conc. p. 827. Allerdings hat eine in den 60er Jahren zur Erwägung der Verhältnisse der Desservants eingesetzte Spezialkommission von Kardinälen, cit. Arch. 22, 62. 74 die Aufstellung allgemeiner Grundsätze über die hier in Rede stehenden Fragen abgelehnt, aber nur deshalb, weil die Hauptfrage dahin ging, ob überhaupt die Disciplin in Bezug auf die Desservants aufrecht zu erhalten sei, und man über diese mit Rücksicht auf das damals bevorstehende vatikanische Konzil keine Entscheidung treffen wollte. Uebrigens sind auch einzelne Rekurse der Desservants vor der Congr. episcoporum et regularium, Th. I. S. 466, verhandelt worden, s. Acta s. sed. 4, 13, während die aus den Missionsländern vor die Congreg. de propaganda fide, a. a. O. S. 476, gehören würden.

[5] S. o. S. 190.

[6] Für Oldenburg ist das Abberufungsrecht des Offizials hinsichtlich der Kooperatoren, Vizekuratoren und Hülfsgeistlichen ohne Benefizien, durch Normativ v. 1831, §. 13, Müller, Lexikon d. K. R. 2. Aufl. 5, 413, für Elsass-Lothringen u. Frankreich die gleiche Befugniss der Bischöfe in Betreff der Pfarrvikare und Desservants durch die organ. Art. 31 ausdrücklich anerkannt. Nach älterem französischem Recht, Ordonnance von 1629. art. 12 und dem Edikt Ludwigs XIV. v. 29. Januar 1686, recueil d'édits royaux 1, 191; 2, 202 war dagegen die Einsetzung amovibler Pfarrvikare durch Klöster und Kapitel, sowie die Anstellung von Pfarrern ad nutum verboten.

[7] Das Nähere darüber in der betreffenden Lehre.

[8] Also wenn die Entfernung auf Grund eines

II. Tod des anstellenden kirchlichen Oberen oder andere Ereignisse in der Person desselben. Hinsichtlich derjenigen Stellungen, welche ihrem Inhalte nach in der stellvertretenden Ausübung der Funktionen eines anderen Amtes bestehen, fragt es sich aber noch, ob bei ihnen die Fortdauer der Rechte des Stelleninhabers durch solche Ereignisse, welche, wie z. B. Tod, Absetzung oder Geisteskrankheit[1], für den Träger des vertretenen Amtes den Verlust des letzteren oder eine Suspension der Ausübung desselben herbeiführen, beeinflusst wird.

Dies ist nur da der Fall, wo das Amt seinem Wesen und seinem Zwecke nach von demjenigen Jurisdiktionsinhaber, aus dessen Rechten sein Funktionskreis abgeleitet ist, in jeder Beziehung abhängig bleiben muss, also die Bestellung zu demselben ihrem Charakter nach als reine Beauftragung, nicht als Verleihung erscheint und beim Fortfall des Vertretenen kein Bedürfniss nach einer Fortdauer des Amtes besteht[2].

Die beneficia manualia und die Aemter, welche einen selbstständigen Funktionskreis haben[3], scheiden hier zunächst aus. Bei ihnen kann die ad nutum erfolgte Uebertragung mit dem Tod des Verleihenden ebenso wenig, wie bei den eigentlichen Benefizien hinfällig werden[4].

Dagegen bilden die Aemter der Landdechanten, der Pfarrvikare und der Missionspfarrer die Mitte zwischen den Manualbenefizien und jenen Stellungen, welche ihrem Inhalte nach als blos abhängige Stellvertretungsämter erscheinen.

Die Befugnisse der erwähnten Amtsträger sind zwar ebenfalls aus einem anderen Amte abgeleitet, die der Landdekane aus dem des Bischofs, die der Pfarrvikare aus dem des Pfarrers und die der Missionspfarrer im Grunde und mittelbar aus dem des Papstes, indessen bei aller Beweglichkeit des materiellen Umfangs ihrer Rechte hat sich doch ein herkömmlich fester Kreis von Befugnissen für sie gebildet, sie sind regelmässige Hülfsstellungen oder gar, wie die der Missionspfarrer solche geworden, welche die anderweit bestehenden festen Einrichtungen ersetzen. Darin nähern sie sich den Manual- und sogar den anderen Benefizien. Von den abhängigen, reinen Stellvertretungsämtern unterscheiden sie sich dagegen dadurch, dass ihr Inhaber denjenigen Amtsträger, aus dessen Gewalt seine Befugnisse abgeleitet sind, nicht vollständig zu ersetzen bestimmt ist. Sie haben sich aus dem Bedürfniss der kirchlichen Verwaltung nach gewissen regelmässigen Hülfsorganen mit beschränkten Befugnissen neben den leitenden Beamten entwickelt. Wo ein solches Bedürfniss einmal vorhanden ist, fällt dasselbe nicht durch Ereignisse, welche die Person des kirchlichen Oberen treffen und dessen Befugnisse aufheben oder suspendiren, zusammen, es besteht vielmehr unabhängig von dieser, sowohl während der Vakanz des fraglichen höheren Amtes, wie auch für den Nachfolger in dem letzteren fort.

Es ist daher principiell unrichtig, die Grundsätze von dem Erlöschen der iurisdictio delegata oder mandata durch den Tod des Auftraggebers auf die hier in Rede

offensichtlich unrichtigen Thatbestandes oder — und das wird allein praktisch vorkommen — wegen Beobachtung absolut gebietender Gesetze des Staats, welche die Kirche nicht anerkennt, oder solcher, bei denen die ersteren die absolute Freiheit der Entschliessung gewahrt wissen wollen, z. B. wegen einer Abstimmung bei Landtags- und Reichstagswahlen, angeordnet worden ist. Vgl. auch meinen Kommentar zu den preuss. Kirchengesetzen v. 1873. S. 68. 70.

[1] S. Th. I. S. 193. Th. II. S. 221.

[2] So bei dem Amte des Generalvikars, Th. II. S. 221. Für die Legaten des Papstes gilt dies aber nicht, Th. I. S. 516. 517; s. auch Kaempfe, d. Begriffe d. iurisdictio ordinaria etc. S. 151. 152.

[3] Z. B. die der französischen Succursalpfarrer oder Desservants.

[4] Darüber ist die Doktrin einig, s. Hieron. Gonzalez ad reg. VIII. conc. gl. 5. n. 6. n. 38. 39; Leuren. I. qu. 82.

stehenden Stellungen anzuwenden [1]. Es handelt sich, wie nachgewiesen, bei ihnen nicht um eine einfache vorübergehende Uebertragung einzelner Befugnisse des kirchlichen Oberen, sondern um dauernde Wahrnehmung gewisser Geschäfte, welche allerdings materielle Ausflüsse der Gewalt des letzteren sind und insofern in seiner Stellvertretung wahrgenommen werden, welche sich aber andererseits in ihrer Gesammtheit schon zu einem regelmässig bestehenden Amte zusammengeschlossen und verdichtet haben [2]. Die Uebertragung solcher Stellungen lässt sich demnach nicht mehr als Beauftragung auffassen, sie ist eine Verleihung ähnlich der der Manualbenefizien, und demnach in der Fortdauer ihrer Wirkungen völlig unabhängig von den Schicksalen der Person des kirchlichen Oberen, welcher ihre Träger bestellt.

Dazu kommt, dass diese Auffassung allein mit dem Bedürfniss der kirchlichen Verwaltung in Einklang steht. Eine juristische Theorie, welche dazu führen müsste, die Stellungen aller Landdekane in einer Diöcese oder aller Missionspfarrer in einem Missionsbisthum oder apostolischen Vikariat bei dem Tode des Bischofs, Missionsbischofs oder apostolischen Vikars für erloschen zu erklären und dadurch einen erheblichen Theil der unteren Verwaltung kirchlicher Bezirke zum plötzlichen Stillstand zu bringen, ist durch ihre Unfähigkeit, die juristische Konstruktion mit den realen Verhältnissen in Einklang zu bringen, ohne Weiteres gerichtet, und in der That würde sich diese auch mit der in der Kirche herrschenden Praxis in Widerspruch setzen [3].

Dass diese Grundsätze insbesondere auch auf die ad nutum eingesetzten Pfarr-Kapläne oder Vikare, welche heute in Deutschland überall von den Bischöfen bestellt werden, Anwendung finden, kann keinem Zweifel unterliegen. Sie haben neben dem Pfarrer ein Hülfsseelsorgeamt, welches ebenfalls einen herkömmlich festen Kreis von Funktionen umfasst [4]. Ihr Amt erlischt demnach ebensowenig, wie das der übrigen erwähnten kirchlichen Beamten beim Tode des Bischofs [5]. Neuerdings ist aber die mit der bisherigen kirchenrechtlichen Auffassung [6] in Widerspruch stehende Ansicht hervorgetreten [7], dass die Dauer ihres Amtes von dem Fortbestande der Amtsgewalt in der Person desjenigen Pfarrers, neben welchem sie als Hülfsgeistliche fungiren, abhängig sei. Dies ist entschieden unrichtig. Wenngleich die Pfarrkapläne in ihren Funktionen den Pfarrer vertreten, und weil sie dessen Hülfsbeamte sind, nach seinen Aufträgen und Anweisungen handeln müssen, so sind doch sie nicht Mandatare oder Delegaten des Pfarrers [8], welche ihre Amtsbefugnisse von ihm ableiten. Sie empfangen

[1] Die Congr. conc. hat diese auf apostolische Vikare niemals angewendet, s. Th. I. S. 182. 183; Th. II. S. 258; vgl. auch a. a. O. S. 362.

[2] Diesen Prozess aus einer reinen Beauftragung bis zu einem völlig selbstständigen Amt hat auch das heutige feste Pfarramt durchgemacht, Th. II. S. 262. Bei ihm ist der Charakter einer Stellvertretung des Bischofs verschwunden. Die im Text besprochenen Stellungen sind in diesem Prozesse aber nicht soweit fortgeschritten und können sich auch ihrem Wesen nach nicht in dieser Weise umbilden.

[3] In dieser herrscht kein Zweifel, dass das Amt des Landdekans nicht mit dem Tode des Bischofs erlischt, trotzdem, dass die Jurisdiktion des ersteren gewöhnlich als eine delegirte bezeichnet wird, s. prov. Prag. v. 1860. t. 6. c. 6 u. Ultraiect. v. 1865. t. 2. c. 7, acta conc. coll. Lac. 5, 559 u. 793.

[4] Th. II. S. 318. Selbstverständlich handelt es sich hierbei nicht um solche Geistliche, welche blos vorübergehend im Falle eines augenblicklichen Bedürfnisses dem Pfarrer zur Aushülfe überwiesen werden.

[5] Dies ist auch die herrschende Meinung, s. Craisson manuale totius iuris canonici n. 1527; Deneubourg l. c. p. 177 ff.

[6] Craisson l. c.; Deneubourg l. c. p. 180; s. auch die Schrift: Die Amtsgewalt der Capläne nach d. Tode ihres Pfarrers. V. e. rheinischen Juristen. Mainz 1878. S. 21 ff.

[7] So beim preuss. Ob.-Tribunal in d. Entsch. v. 16. März 1876 u. v. 15. Mai 1877, Oppenhoff, Rechtsprechung d. O. Tr. 17, 207 u. 18, 336.

[8] Das ist allerdings für frühere Zeit richtig, Th. II. S. 318. Jetzt ist dies aber nicht mehr in Deutschland der Fall, s. a. a. O. S. 320 und dazu

diese vielmehr vom Bischof[1], und daher können dieselben weder mit dem Tode oder der Absetzung des Pfarrers noch mit der Suspension der Amtsgewalt des letzteren (z. B. durch Exkommunikation) hinfällig werden, um so weniger als gerade ihre aushelfende Stellung es bedingt, dass sie für den Pfarrer ohne Weiteres einzutreten haben, wenn die Verwaltung der Pfarrgeschäfte durch denselben nicht wahrgenommen und von ihm auch keine darauf bezügliche Anweisung ertheilt werden kann.

§. 165. *3. Die Versetzung der kirchlichen Amtsträger* *.

I. Geschichte. 1. Wechsel der Bisthümer[2]. Schon das Konzil von Nicäa (325) ist dem Wechsel der Bisthümer, um ehrgeizigen und habgierigen Bestrebungen nach besseren Stellungen, sowie Streitigkeiten und Unordnungen vorzubeugen, durch die Vorschrift entgegengetreten, dass kein Bischof von einer Stadt zur anderen übergehen und im Falle des Zuwiderhandelns in seine frühere Stellung zurückgebracht werden solle[3]. Das Verbot ist ohne jede Ausnahme aufgestellt und trifft demnach nicht nur den eigenmächtigen Wechsel des Bisthums, sondern auch die Annahme eines solchen bei einer ordnungsmässig stattgehabten Wahl und Berufung[4]. In der Praxis ist dasselbe aber, wie die Wiederholung der Anordnung des Nicänums durch einzelne Partikularsynoden[5] noch in demselben Jahrhundert unter gleichzeitiger Androhung schwerer Strafen[6] zeigt, nicht streng beobachtet worden[7]. Man hat offenbar vielfach eine nicht eigenmächtige, mit Zustimmung einer Provinzial- oder grössern Synode aus Gründen des kirchlichen Interesses erfolgte Versetzung von Bischöfen als erlaubt angesehen[8],

noch Vering, Lehrb. d. K. R. S. 580; Kohn im Arch. f. k. K. R. 39,15, ebensowenig in Frankreich, Bouix l. c. p. 659 u. Kohn a. a. O. S. 18, u. in Belgien Deneubourg p. 102. Selbst da, wo heute noch der Pfarrer den Kaplan ernennt, wird man ein Zusammenfallen der Befugnisse des letzteren in den erwähnten Fällen nicht annehmen können, wiewohl das freilich streitig ist, s. Deneubourg p. 179. Denn ein Mandat oder eine Delegation liegt dann nicht mehr vor, wenn die Kaplanstelle ein Hülfsamt geworden ist.

[1] Der Pfarrer, welchem sie assistiren, kann den Umfang derselben nicht einmal ändern, Vering a. a. O. S. 579; Kohn a. a. O. S. 24.

* Neller dissert. I. II de translatione episcopi. Trevir. 1763, auch in Schmidt thesaur. 3, 1 u. 30.

[2] Thomassin vet. et nov. discipl. P. II. l. II. c. 60 ff.; Phillips K. R. 5, 413 ff.

[3] c. 15 in c. 19 C. VII. qu. 1.

[4] So ausdrücklich Antioch. v. 341. c. 21 in c. 25 C. cit.

[5] S. die vor. Anm.

[6] So droht die Synode v. Sardika v. 343. c. 1 u. 2 (c. 1 u. 2. X. de cler. non res. III. 4 u. c. 2. X. de elect. I. 6) Entziehung der Laien-Kommunion für die Uebertreter des Verbotes an.

[7] Vgl. Sokrates (geb. u. 380) hist. eccles. VII. 36: „Οὕτω μὲν οὖν παρὰ τοῖς παλαιοτέροις ἡμῶν ἀδιάφορον ἦν ἀπὸ πόλεως εἰς πόλιν μετάγειν ἐπίσκοπον, ὁσάκις χρεία ἐκάλει ... Γρηγόριος ὁ Ναζιανζηνὸς πρότερον Σασίμων μίας τῶν ἐν Καππαδοκίᾳ πόλεων ἐπίσκοπος ἦν, εἶτα (381) γέγονε Ναζιανζοῦ. Μελίτιος πρότερον τῆς ἐν Σεβαστείᾳ προέστη ἐκκλησίας καὶ μετὰ ταῦτα (361) τῆς ἐν Ἀντιοχείᾳ προέστη. Δοσίθεον τὸν Σελευκείας ἐπίσκοπον Ἀλέξανδρος ὁ Ἀντιοχείας ἐπίσκοπος εἰς Τάρσον τῆς Κιλικίας (415) μετήγαγεν. Ὁ Ῥεβέρέντιος ἀπὸ Ἀρκῶν τῆς Φοινίκης μετὰ ταῦτα (u. 381) μετηνέχθη εἰς Τύρον. Ἰωάννης ἀπὸ Γόρδου τῆς Λυδίας μετηνέχθη ἐν Προκονήσῳ (431) ... Παλλάδιος ἀπὸ Ἑλενουπόλεως μετηνέχθη εἰς Ἄσπουνα (u. 400). Ἀλέξανδρος ἀπὸ Ἑλενουπόλεως μετηνέχθη εἰς Ἀδριανούς (4. Jahrh.). Θεόφιλος ἀπὸ Ἀπαμείας τῆς ἐν Ἀσίᾳ μετηνέχθη εἰς Εὐδοξιούπολιν, τὴν τὸ παλαιὸν Σαλαμβρίαν καλουμένην (4. Jahrh.). Πολύκαρπος ἀπὸ Σεξαντοπρίστων τῆς Μυσίας μετηνέχθη εἰς Νικόπολιν τῆς Θράκης (4. Jahrh.). Ἱερόφιλος ἀπὸ Τραπεζουπόλεως τῆς Φρυγίας μετηνέχθη εἰς Πλωτινούπολιν τῆς Θρᾴκης (vor 431). Ὄπτιμος ὁ ἀπὸ Αγδαμείας τῆς Φρυγίας μετηνέχθη εἰς Ἀντιόχειαν τῆς Πισιδίας (381).“ Ueber Eudoxius, der erst Bischof von Germanika, dann (357) von Antiochien und (360) von Constantinopel war, ibid. II. 37. 43. 44. Namentlich waren es Arianer, welche sich durch solchen Wechsel die Leitung bedeutender Bisthümer zu verschaffen suchten, Theodoret. hist. eccles. I. 19.

[8] Vgl. c. 14 (13) apostol.: „Ἐπίσκοπον μὴ ἐξεῖναι καταλείψαντα τὴν ἑαυτοῦ παροικίαν ἑτέρᾳ ἐπιπηδᾷν, κἂν ὑπὸ πλειόνων ἀναγκάζηται, εἰ μή τις εὔλογος αἰτία ᾖ τοῦτο βιαζομένη αὐτὸν ποιεῖν, ὡς πλέον τι κέρδος δυναμένου αὐτοῦ τοῖς ἐκεῖσε λόγῳ εὐσεβείας συμβάλλεσθαι καὶ τοῦτο δε οὐκ ἀφ᾽ ἑαυτοῦ, ἀλλὰ κρίσει πολλῶν ἐπισκόπων καὶ παρακλήσει μεγίστῃ. Ob dieser Kanon älter oder jünger als der des Nikänums ist, ist zweifelhaft, denn die Annahme, dass c. 15 desselben bei der Bezeichnung des Wechsels als „παρὰ τὸν κα-

und das Konzil von Chalcedon (451)[1] hat, wenngleich es eine solche auch nicht ausdrücklich billigt, sie doch anderntheils nicht für unstatthaft erklärt[2].

In der afrikanischen Kirche ist das Verbot ebenfalls noch im 4. Jahrhundert recipirt worden[3], jedoch scheint es hier gleichfalls nur auf die eigenmächtigen Translationen bezogen worden zu sein[4].

Dasselbe gilt von der römischen Kirche. Die römischen Bischöfe haben sich zwar seit dem 4. Jahrhundert[5] in ihren Dekretalen sehr scharf gegen den Wechsel von Bisthümern ausgesprochen und gegen die Statthaftigkeit eines solchen schon auf das der Ehe ähnliche Verhältniss des Bischofs zu seiner Diöcese hingewiesen, indessen richten sich diese nur gegen eigenmächtige Translationen und gewähren theilweise einen Anhalt dafür, dass Versetzungen aus gerechtfertigten Gründen von ihnen nicht als unstatthaft erachtet worden sind[6].

Ebensowenig hat die spanische Kirche die älteren Kanones als ausnahmslose

νόνα“ an die apostolischen Kanones gedacht hat, erscheint nicht zwingend. Mit dem Wortlaute des Konzils war aber die zuletztgedachte Ausnahme nicht unvereinbar, denn das Verbot des μεταβαίνειν („transire“ übersetzt die Hispana und Gratian; Dionysius allerdings „transferri“) trifft dem Wortlaut nach nur den eigenmächtigen Wechsel, möge er aus eigenem Antriebe oder aus Veranlassung anderer erfolgen. A. M. anscheinend Phillips 5, 420. n. 16.

1 c. 5, auch in c. 26 C. VII. qu. 1.

2 Es spricht nur allgemein eine Wiederholung der früheren Vorschriften aus.

3 Carth III. v. 397. a. 38 in c. 107 D. IV de cons.

4 Dies zeigt der bei Gratian nicht mitgetheilte Inhalt des Kanons.

5 Ep. Iulii ad Danium etc. v. 342, Coustant. p. 363: „. . . non potius qui contentiose . . . CCCorum decreta (d. h. das Nicänum) violarunt . . . ? Non solum enim Ariani admissi, sed et a loco in locum episcopi sese transferre meditati sunt. Si igitur vere et parem eumdemque existimatis episcoporum honorem neque ex magnitudine civitatum, uti scribitis, episcoporum dignitatem metimini, oportuit eum cui parva civitas concredita fuit, in illa manere nec contemta illa quae sibi credita erat, ad aliam sibi non commissam transire“; Damasi ad Achol. n. 380, ibid. p. 538: „Illud praeterea commoneo dilectionem vestram, ne patiamini aliquem contra statuta maiorum nostrorum de civitate alia ad etiam transduci et deserere plebem sibi commissam et ad alium populum per ambitionem transire. Tunc enim contentiones oriuntur, tunc schismata graviora occipiunt; cum et illi qui amiserint sacerdotem sine dolore animi esse non possunt et illi qui alterius civitatis acceperint episcopum, etiamsi gaudeant, invidiosum sibi intelligunt fore, sub alieno se agere sacerdote“; Damasi ad Paulinum v. 378 ibid. p. 513 u. c. 43. C. VII. qu. 1, worin den ihr Bisthum wechselnden Bischöfen die Gemeinschaft auf so lange versagt wird, als sie nicht zu ihrem früheren Sitz zurückgekehrt sind; römische Synode unter Innocenz I. v. 402 u. ep. ad Gall., Coustant p. 697 (hier dem Siricius beigelegt): „Item de his qui de ecclesia ad ecclesiam transeunt, iussi sunt haberi quasi relicta uxore ad alienam accesserint, quod impunitum esse non possit. Talem episcopum, invasorem pudoris alieni, episcopatu privari iusserunt“; Leon. I ep. ad Anast. Thessal. c. 8, ed. Baller. 1, 689, c. 31. C. VII. qu. 1 verfügt als Strafe Verlust des neuen und alten Bisthums.

6 ep. Gelasii I. ad ep. Lucan. a. 494. c. 23, Thiel p. 375: „Quisquis propriae desertor ecclesiae nullis existentibus causis ad aliam putaverit transeundum temereque susceptus fuerit et promotus, reverendorum canonum vel ipse vel receptor eius atque provector constituta non fugiet, quae de huiusmodi praesumptoribus praefixere servanda“. Ueber Cölestin I. (422—432) berichtet Socrat. hist. VII. 40 bei der Erzählung von der Besetzung des Bischofsstuhles zu Konstantinopel mit Bischof Proklus von Cyzikus seitens des Kaisers: „Τούτῳ γὰρ καὶ τοῦ ἐπισκόπου τῆς Ῥωμαίων Κελεστίνου ἐπιστολαὶ παροῦσαι ἐγίνοντο σύμψηφοι . . . . διδάσκων ὡς οὐδὲν κωλύει τὸν τε ἑτέρας πόλεως ὀνομασθέντα ἢ καὶ ὄντα ἐπίσκοπον εἰς ἄλλην μετατίθεσθαι“. Da aber dieser Vorgang in das Jahr 434 fällt, so kann der Brief Cölestins jedenfalls nicht aus Anlass dieser Gelegenheit geschrieben sein, Coustant p. 1224; Valesius zu VII. 40 cit., ed. Hussey 3, 546. Ist der Brief echt, so spricht der Papst sich nur über die Statthaftigkeit der Translationen im Allgemeinen aus. Er ist jedenfalls kein Beweis dafür, dass Cölestin dem Proklus den Wechsel seines Bisthums gestattet hat, so Phillips 5, 427, noch weniger kann darin die Bethätigung eines angeblich von Anfang an dem Papst zustehenden Genehmigungsrechtes zu jeder Translation eines Bischofs, — ein solches behauptet Phillips 5, 413 ff. —, gefunden werden. Dieses müsste ebenso wie das angebliche Mitwirkungsrecht der Päpste bei Besetzung der bischöflichen Stühle Jahrhunderte lang latent geblieben sein. Ueber den weiter von Phillips in diesen Zusammenhang gestellten Fall des Perigenes von Korinth s. Th. II. S. 521. Anm. a. E.

Ueber die von Gregor I. innerhalb der römischen Metropolitansprengel in der Form von Inkardinationen vorgenommenen Translationen s. Th. I. S. 313. 314.

Verbote aufgefasst, vielmehr sind hier ebenfalls Translationen und zwar unter der Autorität der Nationalkonzilien [1] und der Könige vorgenommen worden.

In Gallien war gleichfalls die Rechtsanschauung herrschend, dass eine Versetzung mit Genehmigung der Provinzialsynode stattfinden könne, falls der Bischof von dem Klerus und dem Volk des neuen Bisthums gewählt worden und seine Versetzung auf dasselbe durch ein kirchliches Interesse gerechtfertigt sei [2]. Später nahmen aber hier die merovingischen Könige, als sie einen weitgreifenden Einfluss auf die Besetzung der Bisthümer erlangt [3] und die Provinzialsynoden ihre Bedeutung eingebüsst hatten [4], die Translationen aus eigener Machtvollkommenheit ohne Mitwirkung der letzteren vor [5]. In karolingischer Zeit hat zwar die kirchliche Partei wieder auf eine Betheiligung der Bischöfe gedrungen [6], indessen ist eine Genehmigung der letzteren weder bei der Vergebung des Bisthums Hildesheim an den von Rheims vertriebenen Ebo durch Ludwig den Deutschen [7], noch bei der Osnabrücks an den für Schweden geweihten Bischof Gauzbert [8] erfordert worden.

Einen Wendepunkt in der Entwicklung der Rechtssätze über die Translationen von Bischöfen, welche bisher im Abendlande nicht häufig gewesen waren [9], bildet Pseudo-Isidor [10]. Die gefälschten Dekretalen desselben erkennen einen Wechsel des Bisthums aus Nothwendigkeit oder zum Nutzen der Kirche für zulässig an, verlangen aber, dass ein solcher stets mit päpstlicher Genehmigung erfolge [11]. In Uebereinstimmung hiermit ist auch durch Hadrian II. allerdings auf Ansuchen der Synode von Doucy der aus Nantes vertriebene Aktard in der Form einer Inkardination nach Tours

[1] So auf dem 16. Konzil von Toledo i. J. 656, Hefele Konciliengesch. 3, 96 und auf d. 16. v. Toledo v. 693, decret., Bruns I. 1, 378: „. . auctoritatem . . . nostri domini, per quam . . iussit . . . Felicem Hispalensis sedis episcopum de praefata sede Toletana iure debito curam facere, nostro eum in postmodum reservans ibidem decreto firmandum, ob id nos cum consensu cleri ac populi ad . . . Toletanam sedem pertinentis . . . Felicem . . . de Hispalensi sede . . . . in Toletanam sedem canonice transducimus et in eadem Hispalensi cathedra . . . Faustinum Bracarensis sedis episcopum nec non et Felicem Portucalensis ecclesiae antistitem in praefatae Bracarensis sedis pontificem subrogamus . .“, s. hierzu auch Th. II. S. 517. Wenn Papst Hilarus 465 auf Anfrage der Bischöfe der Provinz Tarragona die Translation des Irenäus auf das Bisthum Barcelona verworfen hat, Thiel p. 157. 167; c. 30 C. VII. qu. 1, so kam hierbei zugleich in Betracht, dass dieser von seinem Vorgänger zum Nachfolger bestellt war, s. Th. II. S. 522.

[2] Statuta ecclesiae antiqua (saec. V.) c. 27: „Ut episcopus de loco ignobili ad nobilem per ambitionem non transeat nec quisquam inferioris ordinis clericus. Sane si id utilitas ecclesiae fiendum poposcerit, decreto pro eo clericorum et laicorum porrecto in praesentia synodi transferatur, nihilominus alio in loco eius episcopo subrogato“ in c. 37 C. VII. qu. 1.

[3] Th. II. S. 518.

[4] Löning, Gesch. d. deutsch. K. R. 2, 208.

[5] In den von Gregor. Turon. II. 23. 36. III. 2. IX. 24. X. 31. §. 10 (Th. II. S. 39. n. 9), berichteten, dem Ende des 5. und 6. Jahrh. angehörigen Fällen handelte es sich um Bischöfe, welche aus dem burgundischen und westgothischen Reich hatten entfliehen müssen.

[6] S. c. 10 capit. exc. de canone, LL. 1, 147 u. Ansegis. I. 131: „Ne de uno loco ad alium transeat episcopus sine decreto episcoporum.“

[7] Im J. 844 oder 845, Dümmler, ostfränk. Reich 1, 247.

[8] I. J. 845, Dümmler a. a. O. S. 265. 268. Die Translation des Bischofs Hildegrim v. Chalons auf das neu errichtete Bisthum Seligenstadt (später Halberstadt) i. J. 781 ist Fabel, Rettberg, Deutschlands Kirchengesch. 2, 470 ff., Abel Jahrb. unt. Karl d. Gr. 1, 290.

[9] Dies ergiebt die verhältnissmässig geringe Anzahl der überlieferten Beispiele, s. die vorangehenden Anmerkungen, wobei noch zu berücksichtigen ist, dass nach dem älteren Recht der Bischof de gremio ecclesiae genommen werden sollte, Th. II. S. 492. n. 5.

[10] Phillips 5, 431 von seinem Standpunkt aus bestreitet dies natürlich.

[11] Am ausführlichsten darüber ep. Pelagii, ed. Hinschius p. 725, theilweise in c. 35. 36 C. cit., s. ferner ep. Calixt. c. 16 l. c. p. 140, = c. 39 C. cit., ep. Anter. c. 2, l. c. p. 152 = c. 34 C. cit., Evarist. c. 4, l. c. p. 90 = c. 11. C. cit., wo auch wieder das Bild von der Ehe verwendet wird. Darüber, dass diese Stellen und die damit in Verbindung stehenden Fälschungen über die Vertreibung von Bischöfen und Einsetzung eines andern Bischofs bei Lebzeiten des Vorgängers durch den Fall Ebbos v. Rheims mit veranlasst worden sind, ist man jetzt einig, s. Dümmler ostfränk. Reich 1, 247; Hinschius decret. Pseudo-Isid. p. CCXXVI; Goecke, de ex-

(871)[1], und in gleicher Weise durch Johann VIII. (876) sogar gegen den Beschluss der Synode von Ponthion der Erzbischof Frothar von dem verwüsteten Erzbisthum Bordeaux nach Bourges transferirt worden[2]. Selbst Hinkmar von Rheims hat dieses Recht dem Papste nicht bestritten[3], obwohl er die Statthaftigkeit der Versetzung Aktards aus andern Gründen angefochten hat[4].

Die praktische Durchsetzung der pseudoisidorischen Forderung im Westfrankenreich war durch die Schwäche der damaligen karolingischen Regenten sowie den damit zusammenhängenden Aufschwung der päpstlichen Macht und den wachsenden Einfluss der Reformpartei ermöglicht worden.

Seit dem Ende des 9. Jahrhunderts aber, als die Stellung des Papstthums mit der Auflösung des karolingischen Reichs sich völlig verändert hatte, ist von der ferneren Anwendung des pseudoisidorischen Grundsatzes, ja sogar der früheren Kanones, so gut wie keine Rede mehr[5]. Eine solche hatte neben der im 10. und im 11. Jahrhundert fast überall geübten Ernennung der Bischöfe durch die Fürsten keinen Raum[6]. Die Translationen sind allerdings in dieser Zeit ebenfalls noch selten gewesen[7], aber wenn sie vorgenommen wurden, geschahen sie nach dem Ermessen oder unter wesentlichem Einfluss der besetzungsberechtigten Fürsten[8]. Ja selbst an der Versetzung von Bischöfen auf den päpstlichen Stuhl, über deren Zulässigkeit aus Anlass der Formosianischen Angelegenheit ein erbitterter Streit geführt worden war[9], hat man zwar noch Anfangs des 10. Jahrhunderts, aber weder später im weiteren Verlauf desselben[10], noch im 11. Jahrhundert, wo eine solche mehrfach seitens der deutschen Kaiser erfolgt ist, Anstoss genommen[11].

Erst seit der Mitte des 11. Jahrhunderts, als die streng kirchliche Reformpartei sich zum Kampfe gegen das Ernennungsrecht der weltlichen Fürsten zu rüsten begann,

cept. spolii. diss. inaug. Berol. 1858. p. 51 ff., v. Noorden Hinkmar v. Rheims S. 25.

1 Ep. Hadriani II. ad episc. syn. Duac., Mansi 15, 852, s. auch Dümmler a. a. O. 670. 782.

2 S. die 4 Schreiben Johanns VIII. b. Mansi 17, 9. 12. 13. 35; Dümmler a. a. O. 2, 39. 40; Hefele Konc. Gesch. 4, 500.

3 Vgl. seine Schrift de translationibus episcop. c. 6 Migne patrolog. 126, 213: „Si autem causa certae necessitatis vel utilitatis exegerit, ut quilibet episcopus de civitate, in qua ordinatus est, ad aliam civitatem transferatur, synodali dispositione vel apostolicae sedis consensione apertissima ratione manifestum fieri debet". Das „vel" kann sowohl oder, wie auch und heissen. Der Zusammenhang spricht eher für die Bedeutung von oder, nicht für das letztere, wie Richter-Dove §. 205. n. 1 annimmt, um so mehr als das erste vel nur oder bedeutet.

4 Vgl. v. Noorden a. a. O. S. 292.

5 Allerdings ist die Versetzung des nach 871 vertriebenen Bischofs Stephans von Sorrent nach Neapel unter Genehmigung des Papstes Benedikt IV. (900—903) erfolgt, Auxilii lib. in defensionem Stephani c. 3 bei Dümmler Auxilius und Vulgarius. Leipzig 1866. S. 98, s. ebendas. S. 36; hier handelte es sich aber um den Metropolitanbezirk von Rom.

Dagegen hat schon Arnulf i. J. 899 seinem Kanzler Viching, Bischof von Neitra, das Bisthum Passau verliehen, Dümmler ostfränk. Reich 2, 463. Freilich ist derselbe durch eine vom Erzbischof Theotmar v. Salzburg berufene Provinzialsynode wegen dieses Wechsels seines Bisthums „contra instituta patrum" abgesetzt worden, annal. Fuld. a. 899, SS. 1, 414.

6 S. Th. II. S. 530 ff. 538 ff. 583 ff.

7 Mit Ausnahme Englands, wo namentlich in dieser Zeit mehrfache Translationen anderer Bischöfe nach Canterbury vorgekommen sind, Migne patrolog. 179, 1456 (Guilelm-Malmerb. gest. pont. Angl.).

8 So hat Bruno in Stellvertretung Ottos I. den von Verona vertriebenen Bischof Rather 953 zum Bischof v. Lüttich wählen lassen, Köpke-Dümmler Otto d. Gr. S. 227 und Otto II. 982 dem Bischof Giselher von Merseburg das Bisthum Magdeburg gegeben, a. a. O. S. 545; Thietmar. chron. II. 23, SS. 3, 755; annal. Magdeb. SS. 16, 156. Anfang des 11. Jahrhunderts sind durch Knut von Dänemark ebenfalls mehrere Bischöfe von England nach Dänemark transferirt, Adam Brem. II. 53, SS. 7, 325, und in Frankreich die Versetzungen Roberts von Lisieux nach Coutances 1025 u. 1026, Gallia christ. 11, 869, sowie des Gervasius von Le Mans nach Rheims 1055, ibid. 9, 69 u. 11, 869 (hierbei nur der Betheiligung des Königs, Metropoliten, Klerus und Volk erwähnt) anscheinend ebenfalls ohne päpstlichen Konsens zu Stande gekommen.

9 Th. I. S. 228.

10 Th. I. S. 244.

11 Th. I. S. 246.

griff dieselbe[1] auch in der hier fraglichen Beziehung auf die früheren Kanones[2] zurück, und nunmehr suchten die Päpste[3] das schon von Pseudo-Isidor geforderte Zustimmungsrecht zu Translationen wieder zur praktischen Geltung zu bringen[4]. Dies gelang ihnen leichter, als die Beseitigung des fürstlichen Investiturrechtes, weil, ganz abgesehen davon, dass einflussreiche, der Reform ergebene Männer diese Auffassung vertheidigten[5], die der päpstlichen Partei angehörigen Bischöfe stets in der Lage waren, für eine ihnen angebotene Translation die Zustimmung des Papstes einzuholen.

Freilich hat der Kampf mit den Fürsten, von denen vor Allem die Wahrung des päpstlichen Rechtes gefordert wurde, noch bis in das 12. Jahrhundert hinein gedauert[6], indessen ist es während desselben den Päpsten mit Unterstützung der kirchlichen Reformpartei[7] gelungen, ihr beanspruchtes Recht zu immer weiterer Anerkennung zu bringen[8].

[1] Wenn Clemens II. 1047 dem Bischof Johann von Pästum, welcher von Klerus und Volk in Salerno unter Zustimmung des dortigen Fürsten zum Erzbischof von Salerno gewählt worden war, die Genehmigung zu dieser Translation ertheilt, Mansi 19, 621, so hängt dies wohl eher mit dem fortdauernd grösseren Einfluss der Päpste auf die italienischen Bisthümer zusammen.

Ob die Nachricht der vita Stephans (vom Bischof Chartuitius oder Hartwig) bei Baron. ad a. 1002. n. 19, dass Stephan d. H. von Ungarn zu einer Versetzung des Bischofs v. Kolocza nach Gran die Zustimmung des Papstes eingeholt hat, richtig ist, steht dahin, denn diese vita ist über 100 Jahr später verfasst und noch Anfangs des 12. Jahrhunderts ist in Ungarn die Zustimmung des Papstes zu Translationen nicht eingeholt worden, s. unten Anm. 6. Der Verfasser kann also sehr wohl seine kirchliche Anschauung dem h. Stephan untergeschoben haben.

[2] Vgl. die Synode zu Rouen a. 1048. c. 3, Mansi 19, 752, welche das Uebergehen eines Bischofs von einer Stadt zur andern „amplioris honoris causa" unter Berufung auf die Canones der Väter verbietet.

[3] Dict. Gregor. VII. v. 1075, Jaffé monum. Gregor. reg. II. 55ᵃ p. 175: „Quod illi liceat de sede ad sedem necessitate cogente episcopos transferre".

[4] So hat Gregor VII. 1081 seinem Legaten Hugo v. Die die Erlaubniss ertheilt das Erzbisthum Lyon anzunehmen, falls er dort gewählt werden würde, reg. VIII. 41, l. c. p. 492. Schon i. J. 1068 ist von Alexander II. dem Bischof von Avranches auf den Bericht Lanfranks, welcher die königliche Ernennung desselben zum Erzbischof von Rouen dem Papste mitgetheilt hatte, die Genehmigung zur Annahme des gedachten Erzbisthums gegeben worden, Bouquet recueil. 14, 545. Die Translation des Bischofs Amatus von Oleron nach Bordeaux 1089 ist wohl ebenfalls kaum ohne päpstliche Zustimmung erfolgt, da derselbe sowohl vorher wie nachher päpstlicher Legat war, Gallia christ. 2, 807; Hefele Konziliengesch. 5, 142. 186.

[5] Anselm von Canterbury erklärt dem König Heinrich I. v. England ep. 126 lib. III, Migne patrol. 159, 162: „episcopus non potest institui in alia provincia episcopus sine consilio archiepiscoporum et episcoporum eiusdem provinciae cum auctoritate apostolica nec sine absolutione archiepiscopi et episcoporum provinciae in qua sacratus est". In dem Prolog des freilich Ivo v. Chartres nicht mit Sicherheit zugeschriebenen decretum heisst es Migne l. c. 161, 54: „Eadem discretione romani pontifices translationes episcoporum, quae districte apostolicis et canonicis sanctionibus prohibitae antea fuerunt, maiori ecclesiae utilitati consulentes fieri permiserunt."

[6] So wendet sich Paschalis II., s. c. 4. X. I. 6 (vgl. S. 203. n. 6) gegen die in Ungarn herrschende Praxis, dass Translationen „nutu regis" geschehen; desgleichen hat er das Zustimmungsrecht bei der Versetzung des Bischofs von Rochester nach Canterbury dem König von England gegenüber zur Geltung gebracht, s. die 3 Schreiben v. 1115 bei Mansi 20, 1066. 1067. Ueber den Streit Eugens III. mit Kaiser Friedrich I. wegen der Translation Wichmanns von Zeitz nach Magdeburg s. Th. II. S. 566. n. 4 u. 6. 567. n. 4.

[7] S. das Schreiben Ivos über die Translation von Beauvais nach Paris i. J. 1004, Th. II. S. 580. n. 4; Bernardi Clarevall. ep. 131 v. 1135, Migne patrol. 182, 286 an die Mailänder: „Si voluistis licuisse vobis quod illicitum, nisi pro magna quidem necessitate canones iudicant translationem episcopi scilicet in archiepiscopum, concessum est"; Petri Cluniac. venerab. ep. 9. l. IV. ad Innocent. II., Migne patrol. 189, 314: „electionem Salamantini episcopi in archiepiscopum s. Jacobi ab omni clero, ab omni populo canonice, pacifice communiter factam praedictus imperator (Alphons VII. bez. VIII. † 1157) . . . maiestati apostolicae repraesentat. . . Quod potestatis vestrae solius est, translationem eius . . . concedatis.

[8] Ueber die Genehmigung der Translation des Bischofs v. Arles nach Jerusalem durch Paschalis II. i. J. 1111 s. ep. eiusd. bei Mansi 20, 1003, die des Hildebert von Lemans nach Tours i. J. 1125 durch Honorius II. Orderic. Vital. hist. eccles. P. III. l. 12. c. 20, Migne patrol. 188, 911. In dem Konkordate zwischen Hadrian IV. u. Wilhelm I. v. Sizilien v. 1156, Th. II. S. 594, hat letzterer versprechen müssen: „translationes in ecclesiis fient, si necessitas aut utilitas ecclesiarum aliquem de una ecclesia ad aliam vocaverit et vos aut vestri successores concedere volueritis"; ein ähnlicher Verzicht auf einseitige

Den Abschluss der Entwicklung bildet auch hier die Regierung Papst Innocenz' III. (1198—1216). Mit der definitiven Zurückdrängung des Einflusses der weltlichen Regenten auf die Besetzung der Bisthümer und der Erweiterung der Rechte des Papstes bei derselben[1] war das hauptsächlichste Hinderniss, welches der Geltungmachung der gedachten Befugniss durch die Päpste entgegenstand, beseitigt, während ein etwaiger Widerstand der Metropoliten und ihrer Suffragane, welche einst das Zustimmungsrecht zu den Translationen gehabt hatten[2], umsoweniger mehr zu fürchten war[3], als die Nothwendigkeit einer päpstlichen Genehmigung zu den letzteren schon in den weitesten kirchlichen Kreisen Anerkennung gefunden hatte.

Anknüpfend an die längst übliche Vergleichung des Verhältnisses des Bischofs zu seiner Diöcese mit der Ehe[4] erachtet Innocenz III. die Lösung eines solchen als des heiligeren Bandes, ebenso wie die der Ehe, allein durch die göttliche Autorität, d. h. durch den Papst als Stellvertreter Christi, nach Abwägung der Nothwendigkeit oder des Nutzens[5] für statthaft[6], und indem er in weiterer Anwendung des Bildes die Konfirmation des Bischofs der gültigen Eingehung, die Konsekration aber der Konsummation der Ehe gleichstellt, fordert er die Genehmigung des Papstes auch schon zur Versetzung eines blos konfirmirten Bischofs[7]. Zugleich hat er für die Verletzung dieses päpstlichen Rechtes durch die Metropoliten gegen die letzteren die Suspension von dem Konfirmationsrecht der Bischöfe, gegen die durch diese transferirten Bischöfe aber die Enthebung von der Ausübung der bischöflichen Funktionen verhängt[8], und für eigenmächtige Translationen die schon früher festgesetzte Strafe[9] des Verlustes des früheren und des neueren Bisthums wieder eingeschärft[10].

Demgemäss hat Innocenz III. schon von Anfang seines Pontifikates an über die Einholung seiner Genehmigung zu Translationen eifersüchtig gewacht[11] und sie auf jede Weise zu erzwingen gesucht[12], indem er sein Zustimmungsrecht im Interesse der Ver-

Translationen ist 1169 von Stephan III. v. Ungarn abgegeben worden, Th. II. S. 600 Anm. Eine Mitwirkung Alexanders III. hat stattgefunden bei den Versetzungen des Bischofs Gilbert v. Herford nach London i. J. 1163, s. die Briefe des ersteren bei Gilbert Foliot ep. ed. Giles 1, 192; Twysden hist. angl. 5 c. 1, 534 u. Mansi 21, 877; des Bischofs Stephan v. Meaux nach Bourges u. 1171, Reuter Alexander III. 3, 454; des Erzbischofs Wilhelm v. Sens nach Rheims i. J. 1176, Roger de Hoveden chron. a. 1176, ed. Stubbs 2, 100; Reuter a. a. O. S. 407; Siegfrieds v. Anhalt, Bischofs von Brandenburg nach Bremen, ann. Pegav. a. 1180, SS. 16, 263: „Imperator curiam habuit Geilinhusen... Ibi legati d. papae affuerunt II cardinales. Ubi etiam Sifridus transfertur ab episcopatu Brandenburgensi ad Bremensem archiepiscopatum", Reuter a. a. O. S. 437.

[1] Th. II. S. 573. 588. 594. 595.

[2] S. o. S. 305. 307.

[3] Vgl. auch unten Anm. 8.

[4] Th. II. S. 39, s. auch o. S. 306 u. S. 307. n. 11.

[5] c. 2. 4. X. h. t. I. 7; c. 3. X. eod. („ecclesiarum necessitate vel utilitate pensata"). Damit hängt es auch zusammen, dass er selbst dem legatus a latere die Befugniss zu Translationen abspricht, Th. I. S. 514.

[6] In c. 1. X. eod. gründet er allerdings die Befugniss des Papstes auch auf den Satz, dass alle causae maiores zur päpstlichen Entscheidung gebracht werden sollen. — Mit dieser Auffassung Innocenz' III., sowie seiner ganzen Anschauung von der Stellung des Papstes zu der Besetzung der Bisthümer hängt es ferner zusammen, dass durch ihn der Begriff der Postulation seine noch heute massgebende Fixirung erhalten hat, Th. II. S. 678. n. 1.

[7] c. 2 cit. Dies war bisher nicht ausgesprochen.

[8] c. 1 u. 2. X. cit.

[9] S. o. S. 306. n. 5 a. E.

[10] c. 3. X. cit.

[11] Fälle, in denen Innocenz III. seine Zustimmung ertheilt hat, bei Potthast reg. n. 489. 1486. 1841. 4018 (Frankreich), n. 342. 1628. 2024. 3580 (Italien), n. 1963 (England), n. 3680 (Spanien), über Deutschland s. Th. II. S. 574. n. 6; Winkelmann Philipp v. Schwaben 2, 268 u. die folgenden Noten. Charakteristisch ist das Verhalten Innocenz' III. bei der von seinem Legaten genehmigten Translation des Bischofs Walther von Troja nach Palermo, welche er als Eingriff in seine Rechte erklärt hat, Winkelmann a. a. O. 2, 34. 35; ferner die historisch unrichtige Behauptung in ep. V. 14, Migne opp. 1, 969: „cum nullus imperator, nullus princeps episcoporum translationi se umquam praesumpserit immiscere".

[12] S. c. 1 u. 2. X. h. t. I. 7, betreffend eigen-

wirklichung des von ihm vertretenen Systems des päpstlichen Absolutismus als Mittel dazu benutzte, ihm politisch ergebene Bischöfe zu befördern, seinen Plänen feindliche von wichtigen Bischofssitzen auszuschliessen, sowie überhaupt die Bischöfe fester an seine Politik zu ketten[1].

Auf diese Weise hat er den Grundsatz, dass die Genehmigung des Papstes zu jeder Translation eines Bischofs erforderlich sei, zur vollen Durchführung gebracht[2]. Seitdem ist derselbe zu unbestrittener Geltung gelangt, und diese letztere ist sodann durch die Sammlung Gregors IX., in welcher einzelne der die Translationen behandelnden Dekretalen Innocenz' III. als allgemeine kirchliche Gesetze Aufnahme gefunden hatten[3], für alle Zeiten gesichert worden[4].

Als selbstverständliche Voraussetzung jeder Translation hatte es bisher gegolten, dass dazu die Zustimmung des zu versetzenden Bischofs erforderlich sei[5]. Seit Ende des 14. Jahrhunderts, als die Päpste bei den Aemterbesetzungen sich vielfach den Fürsten gefällig zeigen mussten und ihnen bei der finanziellen Ausbeutung ihres Kollationsrechtes wiederholte Vakanzen erwünscht waren, haben sie aber auch Versetzungen aus ihrer obersten Machtfülle und mit Bezug auf die den Bischöfen obliegende Gehorsamspflicht[6] vorgenommen, theils um die von den Günstlingen der Fürsten erstrebten Bisthümer für diese zur Erledigung zu bringen[7], theils um durch öftere Besetzungen wiederholte Einnahmen zu erzielen[8]. Nachdem schon der auf der Synode zu Pisa 1409 gewählte Papst Alexander V. ein auf Abstellung solcher willkührlichen Translationen gerichtetes Versprechen hatte abgeben müssen[9], verordnete das Konzil von Konstanz[10],

mächtige Translationen seitens des Patriarchen von Antiochien und des Erzbischofs von Tours, für welche die S. 310 gedachten Strafen der Suspension von ihm verfügt sind, s. dazu auch Potthast n. 108. 511. 512; c. 4. X. eod. über die eigenmächtige Besitznahme Würzburgs durch Konrad von Hildesheim, s. Potthast n. 611 u. Winkelmann Philipp v. Schwaben 1, 133. Ausser den gedachten Strafen ist auch die Exkommunikation verhängt worden, so gegen den letztgedachten Bischof, Potthast n. 1598 u. Winkelmann 1, 167. Weiter kommen die von Innocenz III. für die Verletzung der Vorschriften über die Postulation festgesetzten Strafen in Betracht, s. Th. II. S. 681. 682 u. Potth. n. 1518. 1643. 1647.

[1] Dies zeigt sein Verhalten gegenüber der Translation Konrads v. Hildesheim, Winkelmann a. a. O. u. 1, 232. 233; Lupolds v. Worms a. a. O. 1, 191, Eberhards v. Brixen a. a. O. 1, 235. 236; Wolfgers v. Passau a. a. O. 1, 307. Nach Hurter Innocenz III. 3, 259 ff. und Phillips 5, 447 ff. sind alle diese Massnahmen Innocenz' III. freilich im rein kirchlichen Interesse erfolgt.

[2] Ueber Honorius III. s. Potthast l. c. n. 5485. 5731. 7162. 7546.

[3] S. o. S. 310. Der tit. 7 h. t. I. X. enthält nur solche von Innocenz III.

[4] Ueber Translationen im 13. Jahrh. vgl. Potthast l. c. n. 15087. 16990. 18678. 19018. 19091. 19384. 19826. 20493. 20602. 21198. 21378. 21503. 21545. 21608 (21616). 21951; ferner Th. II. S. 574. 590. 597.

[5] Höchstens suchten die Päpste die Bischöfe durch eindringliche Ermahnungen zu bewegen, eine Translation anzunehmen, s. ep. Clement. IV. ad Guidon. Antissidor. ep. v. 1268, welcher die Translation nach Lyon abgelehnt hatte, Lebeuf histoire ecclesiast. d'Auxerre ed. 1855. 4, 122.

[6] Ueber die weite Ausdehnung, welche dieser schon im 13. Jahrh. gegeben wurde, s. o. S. 205. Selbst Mattheus Paris chron. maior. a. 1241 ed. Luard. 4, 159 bemerkt aus Anlass eines Falles, in welchem der König v. England den Bischof von Norwich zwingen wollte, auf seine Postulation in Winchester zu verzichten, „quod omnino dissonum fuit ratione et episcopali contrarium professioni. Quia si dominus papa in virtute obedientiae id ei praeciperet, nullo modo, si filius esset obedientiae, aliquatenus posset contradicere".

[7] Eine solche Translation war die des Bischofs von Linkoln nach Chicester i. J. 1398 durch Bonifazius IX., Thomas Walsingham ypodigma Neustriae a. 1398, ed. Riley London 1876. p. 380.

[8] S. die Anklageakte gegen Papst Johann XXIII. (1410—1415) art. 18, v. d. Hardt conc. Const. 4, 240: „plerosque etiam invitos de suis ecclesiis transtulit, ut viduatas carius vendere posset, in scandalum et dedecus Christi fidelium plurimorum palam et publice"; art. reform. univers. Oxon. art. 7, Wilkins conc. M. Britan. 3, 361. Vgl. Hübler Konstanzer Reformation S. 71. 103.

[9] Sess. XXI, Mansi 26, 1238: „Item dominus noster sacro approbante concilio disponit, non facere translationes de invitis, nisi parte audita et vocata et de consensu maioris partis cardinalium, nisi ex causis iustis et rationabilibus".

[10] Wesentlich mit Rücksicht auf die missbräuch-

dass die Versetzung eines Bischofs nur nach Anhörung desselben und nach Untersuchung der Sache beim Vorliegen eines gewichtigen Grundes unter dem schriftlich zu bezeugenden Beirath der Kardinäle erfolgen sollte [1], und diese Vorschrift hat auch das Konzil von Basel [2] wiederholt. Beide Reformkonzilien, mit welchen die kirchliche Gesetzgebung über den fraglichen Gegenstand abschliesst, haben also den früheren Rechtszustand nicht wiederhergestellt, sondern dem Papste die Befugniss gelassen, unter Umständen eine Translation des Bischofs ohne Zustimmung desselben vorzunehmen.

2. Der Wechsel anderer geistlicher Stellungen als der bischöflichen ist ebenfalls seit dem 4. Jahrhundert durch die allgemeinen Konzilien und Partikularsynoden, zum Theil durch dieselben Anordnungen, welche sich auf die Bisthümer beziehen [3], verboten und unter Strafe gestellt worden [4]. Aber die kirchliche Gesetzgebung hat auch hier für diejenigen Fälle, in welchen ein Wechsel durch eine Nothwendigkeit [5] oder durch den kirchlichen Nutzen bedingt war, seit dem 5. Jahrhundert eine Ausnahme gestattet. Die Erlaubniss hatte der Diöcesanbischof zu ertheilen, und handelte es sich um Anstellung in einer anderen Diöcese, so bedurfte es selbstverständlicher Weise auch der Mitwirkung des Bischofs der letzteren [6].

Diese Vorschriften sind in den späteren Jahrhunderten wiederholt erneuert worden [7], und ebenso hat sie das Dekretalenrecht als massgebend anerkannt [8].

Gegen die gleichzeitig mit den eigenmächtigen Versetzungen von Bischöfen seit dem 14. Jahrhundert vorgekommenen derartigen Translationen anderer kirchlicher

liche Anwendung des Translationsrechtes unter Johann XXIII.

1 Sess. XXXIX. c. 4: „Cum ex praelatorum translationibus ecclesiae de quibus transferuntur plerumque gravibus in spiritualibus et temporalibus subiaceant dispendiis et iacturis, praelati quoque nonnumquam iura et libertates ecclesiarum suarum translationis formidine non adeo solertes ut alias prosequantur, ne ad importunitatem quorundam quae sua et non quae Jesu Christi sunt, quaerentium Romanus pontifex forsan, ut homo facti nescius, in huiusmodi circumveniatur aut alias leviter inclinetur: praesentibus statuimus et ordinamus invitorum episcoporum et superiorum translationes absque magna et rationabili causa quae vocata parte cognita fuerit et decisa, de consilio S. R. E. cardinalium vel maioris partis et cum subscriptione eorundum de cetero fieri non debere, inferiores vero, ut abbates aliique perpetuo beneficiati absque iusta et rationabili causa cognita immutari amoveri seu privari non debeant, adiicientes quod in mutationibus abbatum subscriptio cardinalium interveniat, sicut in episcopis est praemissum, salvis constitutionibus et privilegiis ecclesiarum et monasteriorum et ordinum quorumcunque“.

2 Sess. XXIII. c. 3 i. f., Mansi 29, 116: „Salvo decreto s. Constantiensis concilii de praelatis non transferendis invitis“.

3 S. o. S. 305 und Th. II. S. 491.

4 c. 20 Chalcedon. v. 451 (c. 4. D. LXXI).

5 Die Statuta eccles. ant. c. 27 schliessen die o. S. 307. n. 2 mitgetheilte Stelle mit der Anordnung: „Inferioris vero gradus sacerdotes vel alii clerici concessione suorum episcoporum possunt ad alias ecclesias transmigrare“; s. auch c. 12 Emerit. a. 666, o. S. 244. n. 5.

6 S. auch die vorhergehenden Anmerkungen.

7 Vgl. gegen den eigenmächtigen Wechsel einer geringeren mit einer grösseren Kirche die Konzilien v. Rheims v. 813. c. 20; Tours v. 813. c. 14, Mansi 14, 79. 85; c. 32 (Meld. a. 845) C. VII. qu. 1; Nantes (9. Jahrh.?) c. 16, Mansi 18, 171: „Ut si quilibet presbyterorum defunctus fuerit, vicinus presbyter apud saecularem seniorem nulla precatione vel aliquo xenio ecclesiam illam obtineat, quia titulus per se constans antea extitit, sed neque capellam sine consultu episcopi. Quod si fecerit, definitam sententiam sibi prolatam suscipiat, sicuti de episcopo canonica decrevit auctoritas, ut si per ambitionem maiorem civitatem appetierit et illam perdat quam tenuit et illam nequaquam obtineat quam usurpare tentavit“; gleichlautend damit Hincmari cap. ad presbyter. c. 17, Mansi 15, 479; s. ferner Capit. 48 Herardi Turon. v. 858, Hardouin 5, 453: „Si presbyter aut diaconus deserit ecclesiam suam, deponatur, nisi petitione populi licentiaque episcopi et utilitate maiori“. (Vgl. auch Bened. Lev. II. 59. 85. 200; III. 131. 245); Nemaus. a. 1096. c. 9, Mansi 20, 936: „Quodsi (sacerdotes) ambitionis vel cupiditatis causa ad aliam ditiorem migraverint ecclesiam, utramque amittant“.

8 c. 5. i. f. (Urb. III.) X. de permut. 19: „Si autem episcopis causam inspexerit necessariam, licite poterit de uno loco ad alium transferre personas, ut quae uni loco minus sunt utiles, alibi se valeant utilius exercere.“ Die Stelle handelt zwar speciell vom Tausch, sie spricht aber gleichzeitig am Schluss ein allgemein massgebendes Princip aus, welches schon in den früheren, theilweise im Dekret Gracians enthaltenen Kanonen seine Anerkennung gefunden hat, s. o. S. 305 ff.

Amtsträger ist das Konzil von Konstanz ebenfalls eingeschritten und hat auch diese letzteren wider den Willen der Benefiziaten auf gerechtfertigte Ursachen beschränkt [1].

II. Geltendes Recht. Die Versetzung (*translatio*) ist die Uebertragung eines kirchlichen Benefiziums [2] an einen schon mit einem solchen ausgestatteten Geistlichen an Stelle des bisher von ihm innegehabten. Ob die beiden Benefizien gleichartig sind, erscheint rechtlich irrelevant [3]. Sie unterscheidet sich von der gewöhnlichen Verleihung eines Benefiziums dadurch, dass mit ihr nothwendig die Erledigung eines anderen erfolgt. Gegenüber dem Tausch, bei welchem die Vergebung der vertauschten Benefizien als eine wechselseitige Versetzung ihrer Inhaber erscheint, liegt ihre Eigenthümlichkeit darin, dass sie sich nicht als Erfüllung eines vorher eingegangenen Rechtsgeschäftes über die Erwerbung von Benefizien darstellt, und dass daher die Wiederbesetzung des durch die Translation seines Inhabers erledigten Benefiziums in keinem rechtlichen Zusammenhang mit der Uebertragung des neuen Benefiziums an den Transferirten steht. Endlich kann die Translation auch nicht als eine mit einem Verzicht auf ein Benefizium verbundene Verleihung eines neuen an den Verzichtenden aufgefasst werden [4]. Ein solcher kommt jedenfalls bei einer Versetzung des Amtsträgers wider seinen Willen [5] nicht vor. Aber auch in den Fällen, wo sie im Einverständiss mit dem letzteren geschieht, richtet sich diese Zustimmung in erster Linie auf die Erwerbung des neuen Benefiziums, während die Aufgabe oder der Verlust des bisherigen nur als Folge derselben erscheint und keine selbstständige juristische Bedeutung besitzt. Dies zeigt sich darin, dass eine Verzichtleistung auf das frühere Benefizium nicht erforderlich ist, und die Regeln über die Statthaftigkeit von Renuntiationen bei der Translation nicht zur Anwendung kommen. Die Zulässigkeit der letzteren bemisst sich vielmehr mit wesentlicher Rücksicht auf das neue Benefizium, und die Erledigung des alten wird, ebenso wie die Erwerbung des neuen, durch einen Willensakt des kirchlichen Obern (allerdings auf Grund der Zustimmung des zu versetzenden kirchlichen Benefiziaten) bewirkt, nicht aber, wie beim Verzicht, durch einen Willensakt des letzteren, welcher nur der Genehmigung des ersteren zur vollen Rechtswirksamkeit bedürfte.

Wie bemerkt, ist jede Translation zugleich Neubesetzung eines kirchlichen Benefiziums.

Daraus folgt zunächst, dass sie von demjenigen kirchlichen Oberen vorgenommen werden muss, welchem die Uebertragung des für den Transferirten bestimmten Benefiziums zusteht. Besitzt der Obere aber keine Jurisdiktion über das bisherige Benefizium des zu versetzenden Geistlichen, so muss die Genehmigung des in dieser Beziehung zuständigen Kirchenbeamten hinzutreten, weil kein Benefiziat sein Benefizium eigenmächtig aufgeben [6] und aus seinem bisherigen Diöcesanverbande ausscheiden darf [7]. Demnach ist der Papst berechtigt, Translationen von Bischöfen [8] und Inhabern exemter Benefi-

[1] S. o. S. 312. n. 1.

[2] Wegen der blossen Kirchenämter s. weiter unten S. 317.

[3] Allerdings wird gewöhnlich bei der Versetzung an den Uebergang zu einem gleichartigen Benefizium gedacht, nicht aber an den von einem geringeren, z. B. von einem beneficium simplex auf ein bedeutenderes und wichtigeres, wie ein Seelsorgebenefizium, weil der Benefiziat in den seltensten Fällen einem solchen widerstreben wird.

[4] So wird das Verhältniss von manchen, z. B. Frey, kritischer Kommentar üb. d. Kirchenrecht 5, 781 und Helfert, von der Besetzung etc. der Benefizien S. 109, betrachtet.

[5] S. unten S. 314. 316.

[6] S. o. S. 305. 312.

[7] Th. II. S. 491. 492.

[8] Eine Ausnahme besteht für die Bisthümer Gurk, Seckau und Lavant, auf welche der Erzbischof von Salzburg kraft seines Ernennungsrechtes ebenfalls transferirt, Th. II. S. 612; Ginzel K. R. 2, 218.

zien, der Bischof die von Benefiziaten, welche Benefizien in seiner Diöcese innehaben, vorzunehmen, wogegen, falls ein Benefiziat eines fremden Sprengels in Frage steht, der Ordinarius desselben ausserdem die Entlassung des letzteren zu gewähren hat.

Ferner ergiebt sich aus dem gedachten Charakter der Translation, dass dieselbe gültig nur unter Wahrung der übrigen, bei der Besetzung des Benefiziums zur Mitwirkung berechtigten Personen geschehen kann [1], sowie dass bei ihr auch alle sonstigen für die Verleihung des Amtes geltenden Regeln zu beobachten sind [2].

In ersterer Hinsicht dürfen also bei Bisthümern bestehende Wahl- oder Nominationsrechte der Kapitel, bez. der Regenten [3], bei niederen Benefizien etwa vorhandene Präsentationsrechte der Patrone nicht verletzt werden. Was das letztere betrifft, so kommen in Betreff der Qualifikation für das neue Benefizium die für den Erwerb desselben geltenden Bestimmungen zur Anwendung und desgleichen ist die Art der Ernennung dieselbe, wie bei jeder anderen Verleihung, also je nach Umständen eine freie Besetzung des kirchlichen Oberen, eine admissio [4] oder eine institutio collativa desselben [5].

Die Veranlassung zur Translation kann von dem verleihungsberechtigten Oberen, von den bei der Besetzung zur Mitwirkung berechtigten Personen [6], endlich auch von demjenigen, welcher das durch Translation zu besetzende Benefizium zu erhalten wünscht [7], ausgehen.

Die Translation der Bischöfe von einem Bisthum zum andern erfolgt nach der herrschenden Disciplin der katholischen Kirche nur mit dem Einverständniss derselben [8].

Ohne Zustimmung des Betheiligten kann sie niemals geschehen, wenn derselbe blos konfirmirter, aber noch nicht konsekrirter Bischof ist [9], weil Niemandem die Bischofsweihe aufgezwungen wird [10], vielmehr das aus der Konfirmation erlangte Recht am Bisthum durch schuldhafte Verzögerung der Konsekration über sechs Monate hinaus verloren geht [11].

Dagegen ist darüber, ob der Papst berechtigt sei, einen schon konsekrirten Bischof wider seinen Willen auf ein anderes Bisthum zu versetzen, gestritten worden [12]. Eine Ansicht, welche freilich in der Minorität geblieben ist, spricht ihm diese Befugniss ab [13]. Die Mehrzahl der Kanonisten erklärt den Papst aber dazu berechtigt, und zwar theils schlechthin, theils für den Fall, dass die Translation durch das allgemeine kirchliche Interesse, durch eine Nothwendigkeit oder durch den Nutzen der Kirche, gerechtfertigt ist. Eine dritte Meinung endlich räumt ihm unter der letzteren Voraussetzung wohl das Recht ein, dem widerwilligen Bischof sein bisheriges Bisthum zu entziehen, nicht aber

[1] Darüber ist man einig, Richter-Dove K. R. §. 205; Schulte K. R. 2, 346; Ginzel K. R. 2, 218.

[2] Bei Pfarrbenefizien also auch der Konkurs, s. Th. II. S. 494 ff.

[3] Dem entspricht auch die Praxis der Kurie. Vgl. z. B. über Translationen französischer Bischöfe, welche nach vorgängiger Nomination des Präsidenten der Republik erfolgt sind, Acta s. sed. 9, 274. 276.

[4] Im Fall der Postulation zu Bisthümern, a. a. O. S. 677. 679.

[5] Wenn der Patron präsentirt hat.

[6] So wenn das wahlberechtigte Kapitel einen Bischof postulirt.

[7] Z. B. durch Meldung zum Pfarrkonkurse.

[8] Benedict. XIV. de syn. dioeces. l. XIII. c. 16. n. 13.

[9] Dies ist unbestritten, vgl. Fagnan. ad c. 3. X. I. 7. n. 12; Reiffenstuel ius can. I. 7. n. 19.

[10] S. Th. I. S. 110, denn eine unter Widerstreben des Betheiligten vorgenommene Konsekration würde keine Wirkung haben.

[11] S. Th. II. S. 676.

[12] Ausführlich handeln über diese Kontroverse Fagnan. l. c. n. 15 ff. u. Reiffenstuel l. c. n. 20.

[13] S. darüber Fagnan. l. c. n. 16; Reiffenstuel l. c. n. 20. 21.

die Befugniss, denselben zur Annahme des neuen, auf welches er transferirt werden soll, zu zwingen [1].

Mit Rücksicht auf die Bestimmungen der Konzilien von Konstanz und Basel [2], sowie die Pflicht der geistlichen Berufsträger, sich den Anforderungen zu fügen, welche zur Förderung des allgemeinen Interesses der Kirche an sie gestellt werden [3], kann es keinem Zweifel unterliegen, dass der Papst an sich die Berechtigung hat, die Bischöfe zur Beförderung des kirchlichen Besten von einem Bisthum auf ein anderes zu versetzen [4]. Daraus folgt aber zugleich, dass sie das neue Bisthum auch annehmen müssen, nur wird selbstverständlich ein Zwang, falls wirklich ein absoluter Widerstand geleistet werden sollte, aus praktischen Gründen nicht angewendet werden.

Das Dekretalenrecht bindet jede Translation eines Bischofs, also auch eine solche, welche mit seinem Einverständniss vorgenommen wird, an die Voraussetzung, dass dieselbe durch eine Nothwendigkeit bedingt ist oder dass sie wenigstens einen Nutzen für die Kirche herbeiführt [5]. Selbstverständlich hat der Papst über das Vorhandensein dieser Gründe allein zu befinden [6], und da es keine höhere Instanz über ihn giebt, so bleibt eine Versetzung, wenn er sie auch aus blosser Willkühr vorgenommen haben sollte, doch rechtlich immer unanfechtbar.

Ehe die Zuweisung des neuen Bisthums an den Versetzten erfolgt, wird bei einer solchen Translation eine Absolution von der bisherigen Diöcese ausgesprochen [7], selbst dann, wenn der Bischof nur ein Titularbischof ist [8].

Die Erledigung des bisherigen Bisthums vollzieht sich in dem Augenblick, wo diese Absolution in Verbindung mit der Translation seitens des Papstes verkündet wird, ohne dass es erst noch der Expedition der erforderlichen päpstlichen Bullen oder der Erlangung des Besitzes des neuen Bisthums bedarf. Daher hat sich der Bischof, sowie er durch den Sekretär des Kardinalkollegiums von seiner Versetzung benachrichtigt worden ist, der Verwaltung seines Bisthums zu enthalten [9]. Diese beiden Rechtssätze beruhen auf einem von Urban VIII. i. J. 1625 [10] bestätigten Dekret der Congr. episcoporum [11] und sind in demselben nur in Betreff derjenigen Bischöfe ausgesprochen, deren Versetzung mit ihrem Wissen und Willen erfolgt. Dadurch ist die früher verbreitete Auffassung, dass die Vakanz erst mit der Erwerbung des Besitzes des neu übertragenen Bisthums eintrete [12], gemissbilligt worden, indessen ist diese in der Praxis

[1] So Fagnan. l. c. n. 73 ff. 118 ff.; Reiffenstuel l. c. n. 26 ff. 30 ff., indem sie sich darauf berufen, dass die Regel, dass Niemand zu einer Ehe gezwungen werden könne, auch hier Anwendung finde.

[2] S. o. S. 312.

[3] S. o. S. 215.

[4] So auch die Neueren s. Richter-Dove a. a. O.; Schulte K. R. 2, 346; Phillips 5, 454.

[5] S. o. S. 310.

[6] Die Vorbereitung der Translation erfolgt für die Regel durch die congregatio consistorialis, s. Th. I. S. 366. 367. Die von Benedikt XIV. durch die const. Ad apostolicae v. 17. Okt. 1740, bullar. magn. 16, 7, eingesetzte Kongregation für die Bearbeitung der die Besetzung von Bisthümern betreffenden Angelegenheiten, welcher auch die Translationen überwiesen waren, hat nur kurzen Bestand gehabt, s. Bangen, röm. Kurie S. 85.

[7] Die Formel, welche der Papst bei der Verkündigung im Konsistorium gebraucht, s. Th. I. S. 365 lautet: „A vinculo, quo tenetur eccl. N. N. absolvimus X et ad eccles. I. transferimus et ei licentiam tribuimus transeundi," Riganti ad reg. II. canc. II. §. 3. n. 28.

[8] Th. II. S. 177.

[9] Nach der Kurialpraxis tritt aber die Reservation der Besetzung der erledigten Benefizien nicht erst von dem letztgedachten Zeitpunkt, sondern schon mit der Loslösung von der früheren Kirche ein, s. o. S. 146. n. 1 u. Neller l. c. p. 15.

Bei dem Aufhören der bischöflichen Verwaltung ist in herkömmlicher Weise der Kapitularvikar zu bestellen.

[10] Durch Breve v. 20. März 1625 bei Barbosa de potest. episc. P. III. app. const. pontif. n. 68.

[11] v. 14. Dezember 1624 bei Reiffenstuel l. c. n. 38; Neller l. c. p. 11 und Ginzel 2, 218. n. 11.

[12] So schon die Glosse zu c. 3. C. XXI. qu. 2.

einzelner Länder, z. B. in Polen, herrschend geblieben [1]. Ueber den Fall einer Translation wider Willen des Bischofs ist in dem Dekret Urbans VIII. nichts bestimmt. Für diesen muss der Moment der Erledigung des früheren Bisthums auf den Zeitpunkt gesetzt werden, in welchem der Transferirte von der Uebertragung des neuen Bisthums unter päpstlicher Ergänzung seines mangelnden Konsenses Kunde erhalten hat [2].

In den gedachten beiden Augenblicken verliert der versetzte Bischof in Folge der eintretenden Erledigung das Recht auf die Früchte seines Bisthumes, so dass er in demjenigen Fall, wo die Versetzung mit seinem Einverständniss erfolgt, die Früchte, welche er in der Zwischenzeit zwischen der vom Papst vollzogenen Translation und der von der letzteren erhaltenen Kenntniss gezogen hat, wieder herauszugeben verpflichtet ist [3]. Andererseits erhält er aber unter der eben gedachten Voraussetzung gleichzeitig das Recht auf die Erträge desjenigen Bisthums, auf welches er versetzt worden ist [4].

Die Strafen für eigenmächtige Translationen sind die schon oben S. 310 angegebenen [5].

Was die Versetzung der übrigen Benefiziaten betrifft, so ist diese im Falle einer Nothwendigkeit oder Nützlichkeit gestattet [6]. Eine solche liegt dann vor, wenn der Geistliche in dem neuen Amt der Kirche bessere Dienste leisten kann, als in seinem bisherigen [7]. Daher ist auch die Translation von Geistlichen, welche sich in einem geringeren Benefizium bewährt haben, auf ein wichtigeres, z. B. von einem Kaplans- auf ein Pfarr-Benefizium, also eine Versetzung in der Form der Beförderung statthaft, um so mehr, als es im Interesse der Kirche geboten erscheint, dass die höheren Stellungen mit solchen Geistlichen besetzt werden, welche in der Verwaltung niederer erprobt worden sind. Da für die Regel kein Benefiziat wider Willen aus seinem Amte entfernt werden darf, kann die Versetzung im Allgemeinen nur unter seiner Zustimmung erfolgen. Ausnahmsweise ist sie aber auch ohne dieselbe erlaubt, wenn ein dringender Grund dafür [8] vorliegt, also z. B. der zu versetzende Benefiziat der einzige ist, welcher

s. v. translatus unter Berufung auf c. 6 Dist. XCII. u. c. 38 X. de praeb. III. 5.

[1] Riganti l. c. n. 135 ff. In Frankreich galt das Bisthum erledigt, wenn der Papst dem Transferirten die Institution für das neue Bisthum ertheilt hatte, G. J. Phillips, Regalienrecht in Frankreich S. 179.

[2] Denn erst in diesem Augenblick wird die Translation demjenigen gegenüber, welcher von der Absicht des Papstes bisher keine Kunde hatte, oder sich dem Willen desselben nicht fügen wollte, vollendet, da der einseitige entscheidende Willensakt des Papstes nicht eher Rechtswirkungen für den davon Betroffenen äussern kann, als bis er diesem mitgetheilt worden ist. Manche Kanonisten wollen auch hier den Grundsatz des Breves Urbans VIII. massgebend sein lassen, Fagnan. l. c. n. 101; Reiffenstuel I. 7. n. 43. Dabei ist aber übersehen, dass die Translation ein einheitlicher Akt ist und dem Bischof sein früheres Bisthum nur entzogen wird, um ihm ein anderes zu übertragen, sowie dass das Breve eine singuläre Vorschrift enthält, welche sich allein dadurch rechtfertigen lässt, dass der zu Versetzende schon mit seiner bevorstehenden Translation einverstanden ist und von dieser schon vorher Kenntniss besitzt. Der hier vertretenen Ansicht auch Benedict. XIV. l. c. n. 13. Hat der Papst, welcher die Translation ohne Willen des Bischofs verfügt, dabei aber die Zustimmung des letzteren vorbehalten, so ist der entscheidende Zeitpunkt derjenige, wo diese ertheilt wird, s. l. c.

[3] So auch Benedict. XIV. l. c. n. 7; vgl. Riganti l. c. n. 38. 39; Neller l. c. p. 15. Für die Translation wider Willen gilt dies aber nicht, derselb. Ansicht Schulte K. R. 2, 347. n. 1.

[4] Denn durch die Translation, in welcher zugleich die Verleihung des neuen Bisthums liegt, erwirbt er das ius in re an demselben.

[5] S. hierzu Neller l. c. p. 30 ff.

[6] Dies folgt aus der Analogie der Vorschriften über die Translation von Bischöfen, s. o. S. 310.

[7] Vgl. auch c. 5. X. de permut. III. 19. i. f.

[8] c. 5. X. cit. Es steht mit dieser Stelle und der Vorschrift des Konstanzer Konzils (s. o. S. 312. n. 1) im Widerspruch, wenn Phillips Lehrb. 2. Aufl. S. 167 dem Bischof das Recht schon beim Vorhandensein genügender Gründe zuspricht. Vgl. auch Schulte K. R. 2, 346 u. Lehrb. 3. Aufl. S. 329. Dass die Befragung des Kapitels nothwendig ist, so Schulte Lehrb. a. a. O. n. 26, lässt sich aber mit Rücksicht auf

die erforderliche Fähigkeit besitzt, eine unter schwierigen Umständen zu leitende Pfarrei zu versehen, oder seine Amtsverwaltung, ohne dass ihm strafbare Handlungen oder Disciplinarvergehen zur Last fallen, wegen besonderer obwaltender Verhältnisse der Kirche zum Schaden gereicht [1]. Da es sich hierbei aber nicht um eine Bestrafung des Benefiziaten handelt, so kann die Versetzung allein auf ein gleichwerthiges Benefizium erfolgen und in allen Fällen steht dem Transferirten der Rekurs an die Congregatio concilii zu [2].

Die Erledigung des bisherigen Benefiziums vollzieht sich in dem Moment, wo dem Versetzten das neue übertragen wird [3]; bei der Translation wider Willen des Benefiziaten in dem Augenblick, wo ihm die Verwerfung seines Widerspruches [4] durch den kompetenten kirchlichen Oberen zur Kenntniss gebracht worden ist [5]. Den Antritt der neuen Stelle wird der letztere nöthigenfalls durch die Anwendung von Censuren erzwingen [6], schlimmsten Falls ihm auch diese bei fortgesetztem Widerstand entziehen können.

Bei der Beförderung zu einem Bisthum, welche ebenfalls eine Versetzung ist, soll nach gemeinem Recht die Vakanz der bisher besessenen Benefizien zwar erst mit der Erlangung der bischöflichen Konsekration eintreten [7], indessen wendet die Kurialpraxis auch hier die allgemein gültige Regel an [8].

Die Versetzung der Träger solcher kirchlicher Aemter, welche keine Benefizien bilden, bedingt stets ihre Abberufung aus dem bisher verwalteten Amte. Es kommen daher die für die letztere geltenden Grundsätze zur Anwendung [9]. Eine Versetzung wider Willen ist demnach stets zulässig, wenn ausreichende Gründe für eine einseitige Enthebung von der Stelle seitens des kirchlichen Oberen vorliegen.

Die Versetzung kann endlich sowohl bei Benefizien, wie auch bei anderen Aemtern

die heutige Stellung desselben gegenüber dem Bischof, s. Th. II. S. 156, nicht behaupten.

1 Wenn der Pfarrer wegen seines Charakters sich die Abneigung seiner Parochianen in dem Maasse erworben hat, dass keine Förderung, sondern nur eine Schädigung des kirchlichen Lebens in der Pfarrei zu erwarten steht, s. die Entsch. d. Congr. conc. v. 1857 in den Anal. iur. pontif. 1858. p. 794, deutsch i. Arch. f. k. K. R. 3, 408.

2 Nicht die Appellation an den Metropoliten, weil diese heute kein allgemeines Aufsichtsrecht über ihre Suffraganen besitzen, Th. II. S. 19 und es sich in diesem Falle nur um eine Verwaltungsmassregel des Bischofs handelt. Trägt aber das Versetzungsdekret auch nur äusserlich den Charakter einer Disziplinarstrafe, so ist allerdings die Appellation an den Erzbischof gestattet.

3 Das ergiebt sich aus dem Wesen der Translation, so auch Phillips Lehrb. 2. Aufl. S. 167; Ginzel K. R. 2, 218. In den Moment der Erlangung des ruhigen Besitzes des zweiten kann der Eintritt der Vakanz, so Craisson man. tot. iur. can. n. 530, auf Grund von c. 28 in VI^to de praeb. III. 4 nicht gesetzt werden. Das cit. cap. bezieht sich auf die Erwerbung eines weiteren inkompatiblen Benefiziums, nicht auf die Versetzung. Statthaft ist es aber, dass der Bischof für den Eintritt der Wirkung der letzteren einen späteren Termin festsetzt, um inzwischen für die Wiederverleihung der freiwerdenden Stelle Sorge tragen zu können. Für einzelne Diöcesen findet sich die Bestimmung, dass der versetzte Pfarrer seine bisherige Stelle noch interimistisch zu versehen hat, bis er dieselbe verlässt, so für Köln, Dumont, Samml. kirchl. Erlasse S. 303; ferner partikularrechtlich hinsichtlich des Bezuges der Einkünfte die besondere Vorschrift, dass der versetzte Geistliche das Einkommen der neuen Pfründe erst vom Tage des Dienstantrittes und das des bisherigen Amtes bis zum Verlassen desselben bezieht, so in Würtemberg, v. Vogt, Samml. kirchl. Verordn. S. 507; in Frankreich und Elsass-Lothringen, Dursy, Staatskirchenrecht i. Elsass-Lothringen 1, 93. Das Weitere in der Lehre vom Amtseinkommen der Geistlichen.

4 Bei diesem wird der Benefiziat jedenfalls vorher zu hören sein, um eine gründliche Untersuchung darüber zu ermöglichen, ob der Fall der Nothwendigkeit vorliegt.

5 Damit ist auch zugleich das ius in re des Benefiziaten an der neuen Stelle erworben, einer Acceptation der Uebertragung bedarf es hier nicht.

6 Dies ist in der Anm. 1 angeführten Entscheidung im Prinzip anerkannt, wenngleich die Congr. conc. das Verfahren des Bischofs in dem vorliegenden Fall nicht für vollkommen angemessen erachtet hat.

7 S. o. S. 295.

8 S. o. S. 296.

9 S. o. S. 299.

als Straf- und Disciplinarmassregel wider Willen des Amtsträgers verhängt werden. Ueber diese ist in der betreffenden Lehre zu handeln.

III. Staatliches Recht. Besondere Vorschriften über die Versetzung der kirchlichen Beamten kennen die Gesetzgebungen der meisten Staaten nicht[1]. Da aber jede Translation die Erledigung eines Amtes herbeigeführt und zugleich eine Widerbesetzung eines anderen enthält, so müssen die für die erstere, sowie für die letztere massgebenden staatlichen Anordnungen beobachtet werden. Wo eine Anzeige der Erledigung an die staatliche Behörde stattzufinden hat, ist diese auch bei der Translation vorzunehmen[2], und ebenso müssen dabei die etwaigen Bestätigungs- oder Einspruchsrechte der Regenten oder Staatsbehörden gewahrt werden[3]. Abgesehen von Preussen, für welches bei Versetzungen wider Willen die schon o. S. 302 gedachte Bestimmung in Betracht kommt, sollen in Baiern Pfarrer, welche nicht wenigstens zwei Jahre in ihrer bisherigen Pfarrei gedient haben, nur bei Vorliegen ganz besonderer Gründe auf landesherrliche Patronatspfarreien versetzt werden[4]. Ferner ist die Versetzung des Inhabers eines Privatpatronatsbenefiziums auf eine Pfarrei königlichen Patronats davon abhängig, dass der Privatpatron in dem dadurch eintretenden Erledigungsfall die Ausübung der Präsentation für das gedachte Benefizium dem Könige in einem besonders auszustellenden Revers überlässt[5].

§. 166. *II. Die interimistische Verwaltung erledigter Kirchenämter und die Beendigung der Vakanz.*

Wenn ein kirchliches Amt erledigt ist, so bedarf es unter Umständen für die Zwischenzeit bis zur Wiederbesetzung einer Fürsorge für die interimistische Verwaltung der damit verbundenen Funktionen. Dies ist der Fall, wenn dasselbe ein mit einer selbstständigen äusseren Leitungsgewalt oder ein mit der Seelsorge verbundenes Benefizium ist. Bei blossen Kirchenämtern tritt aber das Bedürfniss nur dann ein, wenn ein solches ein Benefizium der erstgedachten Art im kirchlichen Organismus dauernd zu ersetzen bestimmt ist, und seine Wiederbesetzung nicht in kurzer Zeit erfolgen kann.

[1] §. 531. II. 11 des preuss. L. R.: „Hat ein Pfarrer ohne bösen Vorsatz durch unvorsichtiges Betragen das Vertrauen seiner Gemeine verloren, so müssen die geistlichen Oberen seine Versetzung an einen anderen Ort veranstalten", hat, insoweit als er eine Verpflichtung für die Kirchen-Oberen ausspricht, durch Art. 15 der Verf.-Urk. seine Bedeutung verloren, denn die Erwägung, unter welchen Voraussetzungen eine Versetzung wider Willen angemessen erscheint, ist eine kirchliche Angelegenheit, bei der der Staat nicht mitzusprechen hat.

[2] S. den folgenden §.

[3] S. 183 ff.

[4] V. v. 28. Juli 1813, Döllinger Samml. 8, 646; Krick d. kathol. Pfründenwesen in Baiern S. 41; Silbernagl, Verfg. sämmtl. Religionsgesellschaften S. 69. Andererseits soll einem bereits bepfründeten Geistlichen, welcher nach Verleihung einer neuen Pfründe landesherrlichen Patronats sich weigert, diese anzutreten und auf seiner bisherigen Stelle bleiben will, dies zwar gestattet werden, er verliert aber für die drei folgenden Jahre den Anspruch auf Beförderung und es soll von diesem Präjudiz nur dann eine Ausnahme gemacht werden, wenn die neue Stelle nach Einreichung des Gesuches um dieselbe und vor ihrem Antritte durch Zufall bedeutend geschmälert worden ist, V. v. 23. Septbr. 1810, Krick a. a. O. S. 48. 206.

[5] Als Aequivalent dafür, dass die Beförderung der in königlichen Patronatsstellen fungirenden Geistlichen durch eine solche Besetzung zu Gunsten anderer Geistlichen unterbrochen wird, Min. Erl. v. 7. Okt. 1815, Döllinger 8, 646, Krick a. a. O. S. 44; Silbernagl S. 70. Uebrigens darf auch Geistlichen, welche der König auf Benefizien einer anderen Diöcese ernennt, was freilich nur ausnahmsweise geschieht, die Entlassung aus der bisherigen Diöcese seitens des Ordinarius nicht verweigert werden, Erl. v. 5. Febr. 1825 u. Min. Erl. v. 16. Febr. 1826, Döllinger 8, 649, s. auch Krick u. Silbernagl a. a. O.

Das erstere gilt für die Stellungen des Papstes, der Bischöfe und der Pfarrer, über deren interimistische Verwaltung bereits bei der Darstellung des Aemterorganismus das Erforderliche bemerkt worden ist[1].

Das letztere trifft zu für die Aemter der Feldvikare oder Feldpröpste[2], der Missionsoberen[3], der Militär-, Sukkursal- und Missions-Pfarrer[4], sowie der Landdekane. Für die letzteren sind ebenso wie für die Feldpröpste und Missionsoberen gewöhnlich Vertreter und zwar in den Kämmerern oder Definitoren für den Fall der Vakanz ihres Amtes im Voraus bestellt[5], und eventuell betraut der Bischof oder sonstige ihm gleichstehende Obere einen Pfarrer des Bezirks mit der interimistischen Versehung den betreffenden Funktionen. Die Verwaltung der gedachten Pfarreien erfolgt dagegen durch Bestellung eines Pfarrvikars seitens des dazu berechtigten Oberen (Feldpropstes, Bischofs, Missions-Bischofs oder apostolischen Vikars) wie bei den Pfarrbenefizien.

Ausser diesen beiden Fällen kann eine interimistische Verwaltung nur noch bei denjenigen Stellen in den Kapiteln erforderlich werden, mit welchen bestimmte Kapitelsgeschäfte, namentlich leitender Natur, verbunden sind. Diese ist des Näheren durch die Statuten, welche den Stellvertreter ein für alle Mal bestimmen, geregelt[6].

Dagegen ist die Einrichtung einer Stellvertretung im Allgemeinen nicht nothwendig bei einfachen Benefizien[7], insbesondere nicht bei blossen Kanonikaten[8], bei Aemtern, welche zur Unterstützung des Bischofs oder eines ihm gleichstehenden kirchlichen Oberen oder des Pfarrers, wie die des Generalvikars[9], der bischöflichen geistlichen Räthe[10], und der neben dem Pfarrer in der Seelsorge fungirenden Kapläne[11] bestimmt sind. Sie kann endlich der Natur der Sache nach niemals vorkommen bei Erledigung derjenigen Aemter, deren Funktionen in der interimistischen Wahrnehmung eines anderen Amtes bestehen, — hierher gehört das Amt des Kapitular-Vikars und des Pfarrverwesers im Falle der Vakanz — weil beim Wegfall des Vertreters der ihn ersetzende Geistliche immer die Geschäfte des letzteren versehen muss, also die Verwesung des betreffenden Amtes selbst führt, nicht aber die Verwesung des interimistischen Verwaltungsamtes ausübt[12].

Die kirchlichen Normen über die Art der Bestellung der Verweser und über die für dieselben erforderten Qualifikationen sind bereits früher behandelt[13], und ebenso schon die in den gedachten Beziehungen massgebenden staatlichen Vorschriften angeführt[14].

1 Th. I. S. 369. Th. II. S. 228. 327. 346. 289. 506. 507; s. auch diesen Th. S. 186.

2 Ueber ihre Vertreter Th. II. S. 338. 340. n. 9.

3 Vgl Th. II. S. 357. 361.

4 Ferner gehört hierher auch der Fall, wo die cura habitualis und actualis getrennt ist, und der die letztere ausübende Geistliche fortfällt.

5 Th. II. S. 290.

6 A. a. O. S. 115.

7 Sind mit solchen fundationsmässig zu lesende Messen verbunden, so müssen diese allerdings von demjenigen, welcher ein derartiges Benefizium zu verleihen hat, einem anderen Geistlichen zur Persolvirung gegen das übliche Stipendium übertragen werden, Helfert v. d. Besetzung etc. S. 269.

8 Weil hier die übrigen Kanoniker und Benefiziaten die Funktionen versehen können.

9 Th. II. S. 224.

10 Die Möglichkeit ist auch hier nicht ganz ausgeschlossen. So kann bei schon geringer Zahl der Räthe und grosser Geschäftslast ein Geistlicher zur Vertretung einberufen werden.

11 Weil hier für die Regel der Pfarrer mit den etwa vorhandenen Kaplänen interimistisch die Geschäfte des fortgefallenen Vikars wird mitversehen können. Allerdings bleibt auch hier die interimistische Versetzung derselben durch einen Hülfsgeistlichen möglich.

12 Der beim Fortfall eines Kapitularvikars neu bestellte Verweser ist ebenfalls wieder Kapitularvikar, nicht interimistischer Verweser des Amtes eines solchen.

13 S. Anm. 1 ff. u. Th. II. S. 476 ff.

14 Th. II. S. 505 ff. u. in diesem Theil S. 186. 194.

Beim Eintritt von Vakanzen ist, wenngleich das gemeine Recht in dieser Beziehung keine allgemeinen Bestimmungen aufgestellt hat, eine Anzeige an den höheren kirchlichen Oberen und die bei der Besetzung der Stelle mitberechtigten Personen, z. B. die Patrone, üblich, theils um diese letztere, theils auch um die Einrichtung der erforderlichen Verwesung herbeizuführen. Des Näheren bestimmt sich das Verfahren nach dem Charakter der erledigten Stelle und nach der Art ihrer Erledigung [1]. So wird z. B. bei den Diöcesanbenefizien der Eintritt einer Vakanz herkömmlicher Weise von den Dekanen dem Bischof, sowie den etwaigen bei der Wiederbesetzung betheiligten Personen mitgetheilt [2].

Für einzelne Staaten ist durch die weltliche Gesetzgebung ebenfalls die Erstattung von Anzeigen über den Eintritt von Erledigungsfällen entweder bei allen oder auch nur bei gewissen Aemtern an die staatlichen Behörden den betheiligten kirchlichen Oberen vorgeschrieben, um die Wahrung der den Regierungen bei der Verwesung und Wiederbesetzung der Stelle zukommenden Rechte leichter zu ermöglichen [3], während freilich in den meisten Ländern die zu diesem Behuf erforderliche Kontrole den verschiedenen Organen der Staatsgewalt überlassen ist [4], oder wohl auch, wie in Baden, die kirchliche Behörde selbst freiwillig eine solche Mittheilung macht [5].

Nach dem Vorgange des Tridentinums, welches für die Wiederbesetzung der Pfarreien durch den Konkurs eine öffentliche Aufforderung zur Bewerbung um dieselben angeordnet hat [6], pflegt vielfach eine Ausschreibung der gedachten Stellen und auch der anderen Diöcesan-Pfründen in den Diöcesanblättern [7], oder auch in den für die Publikationen staatlicher Behörden bestimmten Blättern [8] zu erfolgen.

Die Erledigung eines kirchlichen Amtes hört mit dem Augenblick auf, in welchem

[1] Weil der kirchliche Obere durch diese schon unter Umständen, z. B. wenn er eine Versetzung verfügt hat, ohne Weiteres Kenntniss von der Vakanz besitzt.

[2] Th. II. S. 289 u. Dumont Samml. kirchl. Erlasse für Köln S. 302. Bei Bisthümern, auf welche dem Landesherrn ein Nominationsrecht zusteht, wird diesem eine Anzeige vom Kapitel gemacht.

[3] S. österreich. Gesetz v. 7. Mai 1874. §. 11: „Jede Erledigung eines kirchlichen Amtes oder einer kirchlichen Pfründe ist der Landesbehörde sofort anzuzeigen"; oldenburg. Normativ v. 1831 (Müller Lexikon d. K. R. 2. Aufl. 5, 414) §. 17: „Von Annahme der Resignation einer Pfründe, von einem Straf-Erkenntniss auf Suspension oder Absetzung eines Geistlichen oder Kirchendieners ist der Commission, vor der Vollstreckung Anzeige zu machen" . . . §. 18: „Von jeder Eröffnung eines fundirten Benefiziums, einer Küster- oder Organisten-Stelle hat das Amt sofort der Kommission und dem Offizialate Anzeige zu machen. Am Schlusse jedes Jahres wird der Offizial ein Verzeichniss aller im Laufe desselben vorgefallenen Dienstveränderungen, sowie der am Schlusse desselben noch nicht besetzten Stellen, §§. 11—15, an die Kommission einreichen"; sächs. Ges. v. 23. August 1876. §. 25.: „Jede Erledigung eines geistlichen Amtes ist der Staatsregierung von der katholisch-geistlichen Behörde des Bezirks sofort anzuzeigen"; französ. organische Artikel 37: „Les métropolitains, les chapitres cathédraux, seront tenus sans delai, de donner avis au gouvernement de la vacance des sièges et des mesures qui auront été prises pour le gouvernement des diocèses vacantes". In Würtemberg ist nur alljährlich von den Dekanaten ein Verzeichniss der erledigten Pfarreien und Kaplaneien an den katholischen Kirchenrath einzureichen, v. Vogt Samml. kirchl. Verordnungen S. 506.

[4] So z. B. in Baiern, wo die Gemeindeverwaltung den Tod des Pfarrers an das Bezirksamt und dieses wieder an die Kreisregierung anzeigt, Krick kath. Pfründenwesen S. 25. In Preussen erhalten sich die Ober-Präsidenten durch Vermittlung der Landräthe, Amtshauptmänner, Polizei-Direktionen und Magistrate fortdauernd über die eingetretenen Vakanzen in Kenntniss, s. meine preuss. Kirchengesetze v. 1873. S. 130. n. 5; auch geben ihnen über solche Straferkenntnisse, welche den Verlust des geistlichen Amtes herbeiführen, die Staatsanwaltschaften Mittheilung, a. a. O. S. 197.

[5] S. erzbischöfl. freiburg. V. v. 30. Nov. 1861. §. 2, Arch. f. k. K. R. 7, 129.

[6] Th. II. S. 496. 497.

[7] Vgl. die Anm. 5. cit. Verordng.

[8] Wie in Baiern und Würtemberg bei Pfründen landesherrl. Patronats, Krick a. a. O. S. 25; v. Vogt a. a. O. S. 305; in Baiern ausserdem bei solchen, welche einem Privatpatronate von Gemeinden unterstehen; Krick a. a. O. S. 27.

die Wiederbesetzung desselben zum Abschluss gelangt ist. Dadurch findet aber die interimistische Verwaltung nicht von selbst ihr Ende, vielmehr erst dann, wenn das Bedürfniss für sie fortfällt, d. h. wenn der neue Amtsträger sein Amt antritt oder in der Lage ist, dasselbe seinerseits auszuüben. Bei Pfarrämtern[1] erlischt sie daher gewöhnlich mit der Besitzeinweisung des neuen Pfarrers[2] oder mit seinem Eintreffen in der Parochie zu dauerndem Aufenthalt[3].

§. 167. *Anhang zu Abtheilung II: Die Stellungen der weltlichen Kirchenbediensteten.*

Die Kirchenämter, von welchen in der vorhergehenden Abtheilung II gehandelt worden ist, dienen entweder den Zwecken des Gottesdienstes und der Seelsorge oder denen der kirchlichen Leitung und Verwaltung.

Für die Ausübung derselben werden aber vielfach gewisse Verrichtungen untergeordneten und unterstützenden Charakters erfordert, welche die Amtsträger selbst nicht wahrnehmen können, oder deren Vornahme ihnen mit Rücksicht auf ihre amtliche Stellung nicht zuzumuthen ist.

Was zunächst die gottesdienstlichen Aemter betrifft, so bedarf es zu ihrer ordentlichen Versehung der Unterhaltung des kirchlichen Gebäudes in einem würdigen Zustande, also einer regelmässigen Beaufsichtigung und Ueberwachung, der Oeffnung und Schliessung, der Reinerhaltung, nöthigenfalls auch der Ausschmückung desselben, der Beschaffung der erforderlichen Beleuchtung und der Besorgung des Geläutes, sodann der Aufrechterhaltung der Ordnung bei den öffentlichen Gottesdiensten, ferner der Aufbewahrung der gottesdienstlichen Schmuckgegenstände, Geräthschaften und Gewänder, der Bereitstellung der jeweilig erforderten Gegenstände dieser Art und der Rücknahme derselben nach stattgehabtem Gebrauch, endlich auch der Verrichtung gewisser persönlicher Dienstleistungen und Handreichungen für diejenigen Geistlichen, welche die gottesdienstlichen Handlungen vollziehen.

Für die Besorgung einzelner Arten der gedachten Geschäfte hatte schon die ältere Kirche bestimmte Aemter dienenden Charakters, wie die der Ostiarien, Akoluthen und Subdiakonen, welche zugleich die Durchgangsstufen für die höheren gottesdienstlichen Aemter bildeten, geschaffen[4], und zu ihnen sind dann die ebenfalls durch Geistliche verwalteten Aemter des *custos* und des *sacrista*[5] hinzugetreten.

In den Kapiteln, wo die beiden letztgedachten Aemter im Laufe der Zeit vielfach vereinigt worden sind[6], haben dieselben allerdings den ursprünglich dienenden Charakter verloren. Sie sind hier Stifts-Aemter zur Ueberwachung der betreffenden Funktionen geworden. Denn für die Ausübung der letzteren wurden eigene Unterbeamte, theils ebenfalls *custodes*, aber auch *campanarii*, oder *aeditui* genannt[7], welchen zugleich besondere Bezüge als Präbenden zugewiesen waren[8], von den Kapiteln angestellt.

[1] Wegen der Bisthümer s. Th. II. S. 245.

[2] S. z. B. für Baiern d. Instr. v. 6. Juli 1845 §§. 10. 12. 13, Krick a. a. O. S. 67; für Würtemberg bischöfl. V. v. 1829 bei v. Vogl a. a. O. S. 232.

[3] So nach d. erzbisch. kölnischen V. v. 1869, Dumont a. a. O. S. 303.

[4] Th. I. S. 3. 4. 111.

[5] Th. II. S. 103.

[6] A. a. O. 103. 104.

[7] A. a. O. S. 104. n. 11.

[8] S. z. B. für die Kathedralen in Münster und Lübeck, Urk. v. 1223, Möser, Osnabr. Gesch. Urkdbch. S. 182 (hier heisst ihre Pfründe: spentprevende) u. Urk. v. 1266. Urkdbch. d. Bisth. Lübeck S. 189.

Bei den übrigen Kirchen, bei welchen nur eine geringere Zahl von Geistlichen unterhalten werden konnte, sind nach der Ausbildung der Parochialverfassung sowohl die Geschäfte des custos und sacrista, wie auch diejenigen Verrichtungen, welche einst von den Inhabern der niedrigen Weihestufen besorgt worden waren, zu einem einzigen Amte, dem Küster- oder Glöckner-Amt, *custodia* oder *campanaria* [1], welches ebenfalls mit bestimmten festen Gefällen dotirt war und an Geistliche verliehen wurde, vereinigt worden.

Besondere Rechtsnormen hat das gemeine Kirchenrecht [2] für diese Stellungen nicht ausgebildet. Sie waren ihrem Charakter nach niedere kirchliche Benefizien und es fanden daher die für diese geltenden Regeln auf sie Anwendung.

Schon in den letzten Jahrhunderten des Mittelalters ist aber das Amt, weil es in Folge des Aufkommens der absoluten Ordinationen und der veränderten Bedeutung der niederen Weihestufen an Geistlichen fehlte, welche sich an einem solchen genügen liessen, namentlich auf dem Lande und bei den blossen Pfarrkirchen vielfach an Laien übertragen worden [3], und diese Uebung hat sich bis heute erhalten. Die Bezeichnung des Amtes selbst ist dieselbe geblieben [4] und seine Träger wurden, obwohl sie nicht mehr Geistliche waren, noch wie früher *custodes* [5], *campanarii* [6], *sacristae* [7], *aeditui* [8], deutsch *Küster* [9], *Glöckner* [10], *Sakristane* oder *Sigristen* [11], sodann auch *Messner* [12] genannt, ein Sprachgebrauch, welcher gleichfalls in Geltung geblieben ist.

Trotz dieser Veränderung, welche sich in der Person des Trägers des Amtes vollzogen hat, wird dasselbe noch immer als kirchliches Amt zu betrachten sein. Die Geschäfte, welche seinen Inhalt bilden, haben allerdings weder einen spezifisch geistlichen noch kirchlichen Charakter. Sie stehen aber in so enger und naher Beziehung zu den Funktionen der Seelsorge- und gottesdienstlichen Aemter, dass sie jedenfalls im weiteren Sinne noch als kirchliche angesehen werden können. Als solche sind sie von der Kirche selbst nicht nur in früherer Zeit [13], sondern auch bis auf den heutigen Tag betrachtet worden [14], und damit hängt es weiter zusammen, dass die Kirche herkömmlicher Weise sich die Leistung dieser Verrichtungen nicht auf dem Wege eines privatrechtlichen Dienstmiethevertrages, sondern durch Anstellung geeigneter Persönlichkeiten, durch Begründung eines eigentlichen Beamtenverhältnisses mit diesen, beschafft.

1 Urkd. v. 1341 bei Binterim u. Morren, Erzdiözese Köln 4, 203.

2 Aus dem corp. iur. canon. gehören hierher die tit. 26 u. tit. 27. I. X de off. sacristae et custodis mit je einem Kapitel, welche nur von der ursprünglichen Gestaltung beider Aemter handeln.

3 Allerdings ist es auch vorgekommen, dass Geistliche von Nebenkirchen, oder gar der Pfarrer selbst, das betreffende Amt zur Aufbesserung ihrer Einkünfte übertragen erhalten haben, und es dann durch angenommene Leute unter ihrer Aufsicht und auf ihre Kosten versehen liessen, Back, d. evang. Kirche i. Lande zw. Rhein. Mosel etc. Bonn 1872. 1, 135.

4 S. z. B. Hartzheim, conc. 8, 633.

5 dipl. v. 1319 Urkdbch. des Bisthums Lübeck S. 587; syn. Colon. v. 1549, Hartzheim 6, 555, s. auch ibid. 9, 162. 1066.

6 syn. Colon. v. 1300, c. 16. Colon. v. 1310; c. 4 Brem. u. 1350, Hartzheim 4, 42. 124. 359; s. auch ibid. 6, 555. 1066.

7 Basel. v. 1503. 24, l. c. 6, 22.

8 Warmiens. 1610, l. c. 9, 144. Auch matricularii kommt in dieser Bedeutung vor, Colon. 1549, l. c. 6, 555.

9 S. z. B. Grimm, Weisthümer 1, 720. 843; 2, 326; 3, 72 No. 3 u. 3, 97. 867. n. 17; 4, 380, 5, 103. 481 n. 14.

10 A. a. O. 2, 634; 3, 559; 4, 560 n. 6; 5, 240 (n. 10). 244 (n. 4). 634; 3, 559; 5, 553 (n. 23). 573 (n. 8).

11 So in der Schweiz Grimm 1, 163. 166; 5, 435 (n. 11) u. 455 (n. 7).

12 A. a. O. 1, 188. 419. 445; 6, 277. §. 6.

13 Dies zeigt die dargestellte Entwickelung.

14 Denn nach dem Trid. Sess. XXIII. c. 17 de ref. sollen die Bischöfe, wo es angänglich, die alte Einrichtung, dass die ursprünglichen Funktionen der niederen Weihengrade durch Kleriker versehen werden, wieder einführen. Die neueren Staatsgesetzgebungen begreifen dagegen das Küsteramt nicht unter der Bezeichnung Kirchenamt, s. Th. II. S. 505.

Die Errichtung und die anderweitige Verfügung über derartige Aemter gehört selbstverständlich zur Kompetenz des Bischofs oder des ihm gleichstehenden Leitungsbeamten.

Die Besetzung der gedachten Stellen ist im Mittelalter meist durch das Herkommen bestimmt worden, und daher eine sehr verschiedenartige gewesen [1]. Dasselbe gilt auch noch heute. Die Anstellung kommt theils auf Grund eines besonderen Titels, z. B. des Patronatrechtes einem speziell Berechtigten [2], theils und zwar für die Regel in Ermangelung einer Drittberechtigung den zur kirchlichen Vermögensverwaltung berechtigten Organen [3], theils auch der kirchlichen Behörde, entweder dem bischöflichen Ordinariate [4] oder dem Pfarrer zu [5]. Wenn mit dem Küsteramt zugleich eine Schullehrerstelle verbunden ist, so tritt mindestens eine Mitwirkung der Schulbehörden, wenn nicht eine alleinige Verleihung des Amtes durch dieselbe ein [6].

Was die Qualifikation zu den gedachten Stellen betrifft, so versteht es sich von selbst, dass der Bewerber der katholischen Kirche angehören muss [7]. Nicht minder liegt es in der Natur der Sache, dass Unbescholtenheit und guter Ruf, körperliche Fähigkeit zur Verrichtung der ihm obliegenden Dienste sowie der Besitz der dazu nothwendigen Kenntnisse gefordert wird [8]. Die Anstellung erfolgt übrigens in manchen

[1] Bald stellt der Patron oder die Herrschaft, dipl. v. 1341 bei Binterim und Mooren a. a. O. 4, 203; Grimm, Weisthümer 3, 559; Back a. a. O. S. 133, bald der Inkorporationsberechtigte, Grimm, 1, 188; 5, 435. §. 11 den Küster an. Ferner kommt Wahl desselben durch die Herrschaft und Gemeinde, a. a. O. 3, 867. §. 17, oder blos durch die Gemeinde, dipl. v. 1319, Urkdbch. d. Bisth. Lübeck S. 587; Grimm 1, 163. 166; 2, 634; 5, 455. §. 7, und statt derselben durch ihre Vertreter, theils das Bauerngericht, a. a. O. 1, 419, theils die Kirchenverwalter (procuratores), conc. Basil. v. 1503. tit. 24, Col. v. 1612. tit. 4, Hartzheim 6, 22 u. 9, 162, vor, doch sollte, was kirchlicherseits wiederholt eingeschärft worden, s. die cit. Konzilien u. d. Urk. v. 1319, die Zustimmung des Pfarrers, welcher dem Gewählten auch das Amt zu übertragen hatte, Grimm 1, 163; 5, 455, eingeholt werden (vgl. auch a. a. O. 2, 165: „Auch so setzt man heut ein glöckner, gefelt dem pfarrer der glöckner nit wohl, so mag er ihnen auch absetzen, gefelt ihnen der ander nit, er mag ihnen auch absetzen, den dritten soll er daran lassen er sey krumb oder schlecht").

[2] Nach preuss. L. R. II. 11. §§ 556 ff. i. d. Regel dem Patron, welcher vorher das Gutachten des Pfarrers über die in Aussicht genommene Person einzuholen hat, jedoch entscheidet prinzipaliter Gewohnheit und Herkommen (s. hierzu Vogt, preuss. Kirchenrecht 1, 411); vgl. ferner für Baiern Stingl, Bestimmungen des baier. Staates üb. Verwaltung d. kath. Pfarramtes S. 289, für Würtemberg V. v. 29. Sept. 1836, v. Vogt, Samml. v. Verordn. S. 364; für Oldenburg Normativ v. 1831. §. 14; in den beiden zuletzt gedachten Ländern hat aber der Patron nur ein Präsentationsrecht.

[3] So nach preuss. L. R. a. a. O. §. 562 den Pfarren und den Kirchenvorstehern, jetzt aber statt letzterer nach d. Ges. v. 20. Juni 1875. §. 57 dem Kirchenvorstand, in Baiern, falls es sich nicht um eine mit dem Schuldienst vereinigte Stelle handelt, der sog. Kirchenverwaltung, Stingl a. a. O. S. 290; in Würtemberg dem s. g. örtlichen Stiftungsrath, v. Vogt a. a. O. S. 364; in Elsass-Lothringen in den Städten nach d. franz. Fabrikdekret v. 30. Dez. 1809. Art. 33 dem s. g. bureau des marguilliers, d. h. dem Ausschuss des conseil de fabrique auf Vorschlag des Pfarrers, s. Dursy, Staatskirchenrecht in Elsass-Lothringen 1, 220. n. 2. In der preuss. Rheinprovinz ist auf Grund des schon ang. Ges. v. 1875 an Stelle der marguilliers der Kirchenvorstand getreten.

[4] So in der Diöcese Freiburg auf Vorschlag des Pfarrers, s. V. v. 1863, Arch. f. k. K. R. 16, 477; in Oldenburg dem Offizialate, welches jedoch das staatliche placet einzuholen hat, §. 14 des Anm. 3 citirten Normativs.

[5] So in Elsass-Lothringen in den Landgemeinden Ordn. v. 12. Jan. 1825, Art. 7, Dursy a. a. O. 1, 236. Ueber die preuss. Rheinprovinz s. Anm. 3. In einzelnen österreichischen Diöcesen erfolgt die Bestellung durch den Pfarrer und die Kirchenpröpste (Kirchenvorsteher) unter Genehmigung des Ordinariates, Arch. f. k. K. R. 25, 292.

[6] Wie z. B. in Baiern, Stingl a. a. O. S. 289. Das Weitere gehört nicht hierher.

[7] Dies ist z. B. für die Erzdiöcese Köln schon seit dem 17. Jahrh. vorgeschrieben, Hartzheim conc. 9, 162. 1066 u. Dumont, Samml. kirchl. Erlasse f. d. Erzdiöcese Köln. S. 329.

[8] Vgl. Dumont a. a. O., Stingl a. a. O. S. 292. Kraft staatlicher Vorschrift sind ferner diese Stellen, soweit der Staat bei ihrer Vergebung konkurrirt, vorzugsweise mit civilversorgungsberechtigten ehemaligen Militärs zu besetzen, s. z. B. d. preuss. R. v. 16. Juni 1867. §. 8, M. Bl. f. d. innere Verwaltung S. 280 u. d. bair. V. v. 6. April 1869, Stingl S. 293.

Orten und Ländern nicht auf Lebenszeit, sondern nur widerruflich [1] oder auf Kündigung [2]. Ihr geht eine Untersuchung über die Fähigkeit des Kandidaten voraus, welche gewöhnlich der Pfarrer oder Dekan vornimmt. Nach derselben hat der Ernannte in einzelnen Diöcesen das Tridentinische Glaubensbekenntniss oder ein Gelübde auf treue Erfüllung seines Amtes abzulegen [3]. Zu seinen Amtspflichten gehört auch die Beobachtung der Residenz an dem Orte seines Amtes, welchen er nur mit Urlaub des Pfarrers verlassen darf [4]. Bei der Erfüllung seiner Amtsgeschäfte hat er zunächst den Weisungen des letzteren zu folgen, selbstverständlich ist er auch den Anordnungen der höheren kirchlichen Behörden Gehorsam schuldig [5].

In Betreff der Erledigung des Amtes kommen analogisch die Grundsätze über die sonstigen Kirchenämter zur Anwendung.

Vielfach sind von den Geschäften des Küsters die Funktionen des Organisten oder Chorregenten getrennt und werden durch eigends dafür angestellte oder angenommene Personen versehen. Auch ist die Verrichtung gewisser niederer Dienste, namentlich solcher, welche in dem Amte des Küsters enthalten sind, an grösseren Kirchen, vor Allem an den Kathedralen, besonderen Personen übertragen. Hierher gehören die s. g. Kirchendiener, Kirchhüter, Schweizer [6], Pedelle (*apparitores*) [7] und die Bälgetreter oder Kalkanten.

Diese Stellungen können in Anbetracht des Charakters ihrer Funktionen nicht mehr als Kirchenämter betrachtet werden [8]. Dem entsprechend findet auch bei ihnen meistentheils eine Anstellung im eigentlichen Sinne wie bei den sonstigen Kirchenämtern, nicht statt, vielmehr werden zur Beschaffung der betreffenden Verrichtungen mit geeigneten Personen civilrechtliche Dienstleistungsverträge auf Widerruf oder gegen Kündigung geschlossen, so dass dieselben zu der Kirche nicht in ein öffentlich rechtliches, sondern nur in ein privatrechtliches Verhältniss treten. Das erstere ist freilich nicht ausgeschlossen [9], dann erlangt aber die betreffende Person auch die Stellung eines kirchlichen Beamten [10]. Die Annahme oder Anstellung der erwähnten Kategorien von Bediensteten erfolgt durch dieselben Organe, wie die der Küster [11].

Das Gesagte gilt auch für die Todtengräber, so weit diese für Kirchhöfe, welche im Eigenthum der Kirche stehen, angenommen sind [12].

1 So in Baiern, s. Stingl a. a. O. S. 292.

2 S. z. B. cit. oldenb. Normativ §. 14.

3 S. Freiburger V. v. 1863 (S. 323. n. 4), syn. prov. Colocens. t. 4. c. 16, acta conc. coll. Lac. 5, 686.

4 S. z. B. Dumont a. a. O. S. 327; oldenb. Normativ v. 1831. § 14. Für die Verletzung der Residenzpflicht kann er selbstverständlich disciplinarisch und zwar auch mit Entziehung eines Theiles seiner Amtsbezüge bestraft werden.

5 Preuss. A. L. R. II. 11. §. 566; syn. Colon. prov. 1860. t. 6. c. 7, acta conc. coll. cit. 5, 563; Stingl a. a. O. S. 295.

6 S. z. B. französ. Fabrikdekret, Art. 33 (S. 323. n. 3).

7 Kölner Kapitelsstatuten §. 23.

8 Vgl. auch Th. II. S. 364. n. 5.

9 So scheint nach den Mittheilungen im Arch. f. k. K. R. 25, 277 ff. sich die Praxis in einzelnen österreichischen Diöcesen in Betreff der Organisten gestaltet zu haben.

10 Auch für die kirchlichen Beamten gilt dasselbe, wie für die staatlichen Beamten, dass ihre Geschäfte wie die der letzteren nicht nothwendiger Art obrigkeitlicher Natur zu sein brauchen, s. Laband, Staatsrecht des deutsch. Reichs 1, 385. 389; G. Meyer, Lehrb. d. deutsch. Staatsrechts S. 362, nicht unter allen Umständen einen rein kirchlichen Charakter tragen müssen. S. Th. II. S. 364. n. 5. Dass solche kirchliche Beamten nicht dieselben Rechte haben, wie die Inhaber der Kirchenämter im eigentlichen Sinne, schliesst ihre Beamtenqualität nicht aus.

11 Vgl. S. 323. Anm. 2 ff. Die Bevorzugung der Militärs (a. a. O. n. 8) ist auch für diese Stellungen vorgeschrieben.

12 Ueber ihre Annahme oder Anstellung, welche meistens in gleicher Weise, wie die der Küster, erfolgt, s. auch Arch. f. k. K. R. 18, 153; 24, 14. In Baiern werden aber die Todtengräber nicht zu den Kirchenbediensteten gerechnet, sie werden hier von der politischen Gemeinde bestellt, Stingl a. a. O. S. 287. 289.

Die bisher erwähnten Bedientesten mit Einschluss der Küster werden gewöhnlich unter der Bezeichnung: *niedere Kirchendiener* begriffen [1].

Abgesehen von der Verwaltung der Seelsorge und des Gottesdienstes bedarf die Kirche für ihre sonstige Administration sowohl einer Reihe mechanischer, wie auch technischer Dienste. In ersterer Beziehung kommt namentlich die Leistung von Büreaudiensten der verschiedensten Art, insbesondere bei den bischöflichen Behörden und den Domkapiteln, in letzterer die Bearbeitung und Besorgung von civilrechtlichen Angelegenheiten oder von Bausachen in Frage. Die betreffenden Büreau- und technischen Beamten (Registratoren, Expedienten, Kanzlisten u. s. w. einerseits, Syndici und Baumeister andererseits) können ebenfalls [2], wie die niederen Kirchendiener, blos durch einen civilrechtlichen Dienstleistungsvertrag angenommen oder als kirchliche Beamte angestellt werden, und unterliegen je nachdem das Eine oder das Andere der Fall ist, in Betreff ihrer Stellung einer verschiedenen rechtlichen Beurtheilung.

[1] Preuss. A. L. R. II. 11. §. 566; Stingl a. a. O. S. 287. Auch das Kölner Provinzialkonzil (S. 324. n. 5) spricht von den „aeditui et minores ministri". S. aber wegen der Todtengräber die vorige Anm.

[2] Vgl. auch Th. II. S. 364. n. 5. Ueber die Stellung der bei der Vermögensverwaltung betheiligten weltlichen Kirchenvorsteher vgl. die betreffende Lehre.

Druck von Breitkopf und Härtel in Leipzig.

Druck von Breitkopf und Härtel in Leipzig.

Kolibri 360 GmbH
Ferdinand-Jühlke-Straße 7
99095 Erfurt, Deutschland
produktsicherheit@kolibri360.de